세계의
절반 구하기

THE WHITE MAN'S BURDEN

세계의 절반 구하기

왜 서구의 원조와 군사 개입은 실패할 수밖에 없는가

윌리엄 R. 이스털리 지음 | 황규득 옮김

목차

대단히 흥미로운 책이다. 이스털리가 제시한 수많은 자료들은 개발경제학을 더욱 풍성하게 할 것이며, 이에 대해 우리는 그에게 감사해야 할 것이다. ___ 아마르티아 센Amartya Sen, 『포린 어페어스』

『세계의 절반 구하기』는 중요한 책이다. 현실을 직시하는 경험주의와 가난한 사람들에 대한 연민으로 무장한 이스털리는 정당한 의문을 제기한다. 보노와 기부자들은 그의 말에 귀를 기울어야 할 것이다. ___ 버지니아 포스트렐Virginia Postrel, 『뉴욕 타임스』

세계의 빈곤에 관해 최근에 나온 세 권의 책 중에서 이스털리의 책이 단연코 가장 인상적이었다. ___ 앨런 비티Alan Beattie,『파이낸셜 타임스』

『세계의 절반 구하기』에서 이스털리는 해외 원조의 유용성에 대해 날카롭게 분석하는 데 초점을 맞춘다. 매우 설득력 있다. ___『월스트리트 저널』

새롭고 야심적인 책. 가차 없고 위트가 넘친다. ___『이코노미스트』

이 책을 가치 있게 만드는 것은 끝내주는 디테일이다. 이스털리는 계획가들의 개입주의적 충동을 해부한다. 진정 강렬한 책. ___『워싱턴 포스트』

원조에 대해 좀 더 온건하고, 결과지향적으로 접근해야 한다는 이스털리의 주장은 정말로 옳다. ___『로스앤젤레스 타임스』

이스털리는 결코 쉬운 답을 주지 않는다. 그것이 이 책의 최고 미덕이다. ___ 사릴 트리파티Salil Tripathi, 『인디펜던트』

이스털리는 오늘날 해외 원조 체제는 제대로 작동하지 않는다는 자신의 주장을 뒷받침하기 위해 수많은 최신 연구들과 원본격의 통계 분석들, 자신이 겪은 일화들과 역사적 선례들을 모두 모았다. 『세계의 절반 구하기』는 충격적이다. 그러나 착한 사마리아 인이 되고자 하는 사람들은 반드시 읽어야 할 필독서이며, 개혁에 대한 강력한 요청을 담고 있다. ___『비즈니스 위크』

THE WHITE MAN'S BURDEN

1장

—

계획가 대 탐색가

아마레치

나는 에티오피아의 아디스아바바에서 시골로 차를 몰고 가고 있다. 맞은편으로 여인들과 소녀들이 끝도 없이 줄을 지어 도시로 걸어간다. 이들의 나이는 아홉 살에서 쉰 아홉 살까지 다양하다. 제각기 땔감을 져서 허리가 거의 꺾일 지경이다. 등에 진 무거운 짐은 이들의 발걸음을 재촉한다. 나는 눈에 보이지 않는 노예 감독이 노예들을 몰아서 가는 장면을 상상한다. 이들은 아디스아바바에서 수 킬로미터 떨어진 유칼립투스 수풀이 있는 곳에서부터 도시를 둘러싸고 있는 황폐한 지역을 지나 땔감을 이고 왔다. 여성들은 도심의 시장에 나무를 가져가서 2~3달러에 팔 생각이다. 무거운 땔감을 아디스아바바로 가져갔다가 다시 돌아가는 데 꼬박 하루가 걸리기에, 이것이 그들에게는 하루 수입의 전부이다.

나는 후에 BBC 뉴스의 웹 페이지에서 땔감 수집업자에 관한 이야기를 발견했다. 10살의 소녀 아마레치Amaretch는 유칼립투스 가지와 잎을 줍기 위해 새벽 3시에 일어나 도시로의 고통스럽고 머나먼 여정을 시작한다. '아름다운 자' 라는 뜻의 아마레치는 네 아이 중 막내이다. 그는 말한다. "저는 평생 나무나 이고 다니고 싶지 않아요. 하지만 우리가 너무 가난해서 다른 방법이 없어요. 우리들은 모두 엄마 아빠가 우리를 위해 먹을거리를 살 수 있도록 나무를 지지요. 전 그냥 학교에 다닐 수 있고 돈 버는 일은 걱정할 필요가 없었으면 좋겠어요."[1]

서구의 텔레비전 카메라맨들은 에티오피아의 가난이 얼마나 극심한지를 처음으로 알고 나서 호텔에 돌아가 눈이 퉁퉁 붓도록 울었다고 한다.[2] 그들은 상황에 걸맞은 반응을 보여주었다. 무엇이 이보다 더 중요하겠는가? 나는 이 책을 아마레치와 그녀와 같은 처지에 있는 세계의 수백만 아동들에게 바친다.

제1장

계획가와 탐색가

백인의 의무를 져라
오래 참으면서,
공포의 위협을 은폐하고
그리고 자존심의 표출을 확인하라
단순한 공개 연설을 통해,
수백 번이나 명백하게 주장되었던,
다른 이의 이익을 취하기 위해
그리고 다른 이의 몫을 얻기 위해

백인의 의무를 져라
평화를 위한 잔인한 전쟁을
기근의 입을 가득 채워라
그리고 질병이 그치라고 명하라

__러디어드 키플링Rudyard Kipling, 「백인의 의무The White
Man's Burden」, 1899년

고든 브라운Gordon Brown 현(이 책이 출간될 당시에는 현직 총리였으나
2010년 노동당이 총선에서 패배하면서 총리직에서 물러났다. ― 옮긴이) 영
국 총리는 재무부 장관 시절, 전 세계 빈민의 두 가지 비극 중 하나에

대해서 웅변했다. 2005년 1월에 그는 쉽게 예방할 수 있는 질병을 미처 예방하지 못해 수백만 명의 어린이들이 죽어가고, 수십억 명의 사람들이 극심한 빈곤으로 고통 받고 있는 비극적 현실에 대해 동정 어린 연설을 했다. 그는 대외 원조를 두 배로 늘리고, 세계의 빈민층을 위한 마셜 플랜Marshall Plan을 세웠으며, 국제 금융 기금(IFF: 국제 금융 시장에서 공여국들의 지원 공약에 기초한 채권을 발행하여 이를 원조 자금으로 활용한다는 구상 — 옮긴이)을 창설할 것을 촉구했다. IFF는 향후 원조를 위해 100억 달러 이상의 금액을 오늘날의 빈민 구제를 위해 차용할 수 있게 하는 것이다. 그는 자선을 행하는 것이 얼마나 쉬운지를 언급하며 희망을 제시했다. 말라리아로 인한 치사율을 절반으로 줄일 수 있는 약품의 가격은 1회분에 불과 12센트밖에 되지 않는다. 어린이들이 말라리아를 예방할 수 있는 모기장은 4달러에 불과하다. 초보 엄마들에게 단돈 3달러씩을 지급하면 향후 10년간 약 500만 건의 어린이 사망을 예방할 수 있다. 아마레치와 같은 어린이들을 초등학교에 입학시킬 수 있도록 가족들에게 현금을 지급하는 원조 프로그램은 큰 비용이 들지 않는다.[3]

고든 브라운은 세계 빈민에 대한 또 다른 비극에 대해서는 침묵했다. 이는 서구 세계가 지난 50년간 대외 원조로 2조 3000억 달러를 지출했지만, 말라리아 치사율을 절반으로 감소시키기 위한 12센트에 불과한 약품을 어린이들에게 제공하지 못하고 있다는 것이다. 서구 세계는 2조 3000억 달러를 지출했지만, 가난한 가정에 4달러짜리 모기장을 제공하지 못하고 있다. 서구 세계는 2조 3000억 달러를 지출했지만, 500만 건의 어린이 사망을 예방할 수 있는 3달러를 초보 엄마들에게 지급하지 못하고 있다. 서구 세계는 2조 3000억 달러를 지출했지만, 아마레치는 여전히 나무를 하느라 학교에 가지 못하고 있다. 선의의 동정심을 가지고도 정작 도움이 필요한 사람들에게 이러한 편의를 제공하지 못했다는 것은 그야말로 비극이다.

2005년 7월 16일, 미국과 영국 경제는 해리 포터 시리즈 제6권 900만 부를 기다리고 있던 독자들에게 단 하루 만에 배달하는 저력을 보여주었다. 도서 판매상들은 소비자들이 이 책을 사 가기 무섭게 서가를 새 책으로 채워 넣어야 했다. 아마존과 반스앤드노블Barnes & Noble 인터넷 서점은 예약 받은 책들을 소비자의 집으로 직접 배송했다. 물론 해리 포터를 위한 마셜 플랜이나 나이 어린 마법사들에 대한 IFF는 애초에 존재하지 않았다.[4] 국제 사회가 부유한 어른들과 아이들에게 오락거리를 전달하는 데 이와 같이 고도로 효율적인 방법을 개발하였음에도 불구하고, 죽어가는 가난한 어린이들에게는 12센트짜리 약품도 전달할 수 없다는 사실은 실로 가슴 아픈 일이다.

이 책은 바로 이 두 번째 비극에 관한 책이다. 선각자, 유명 인사, 대통령, 재무부 장관, 관료, 심지어 군 관계자도 첫 번째 비극에 대해서 연설한다. 그들의 동정심과 수고는 존경 받을 만하다. 그러나 이 두 번째 비극을 말하는 사람은 훨씬 적다. 많은 사람들이 빈민을 돕고자 하는 선의와 동정심을 가지고 있음에도 이러한 두 번째 비극이 발생하는 것은 마치 스크루지가 이 두 번째 비극에 대해 지적하는 것 같은 느낌이 든다. 나는 빈민을 도우려는 서구의 거창한 계획의 힘을 믿는 많은 독자들에게 말하는 것이다. 나 역시 이 계획들을 믿고 싶지만, 나는 성 요한 바오로 2세의 후임자를 뽑기 위한 추기경들의 교황 선거 회의에 어쩌다 걸려든 죄 많은 무신론자처럼 느낄 때가 있다. 빈민 구제를 위한 대계획Big Plan에 대해 무수한 합의가 이루어진 상황에서, 마치 추기경들이 대중 가수 마돈나의 차기 교황 임명 소식을 듣게 된 것처럼 나는 이러한 계획에 대한 의심을 가지고 있다.

그러나 나 자신과 나에 동조하는 많은 사람들은 빈민에 대한 원조를 포기하지 않고, 원조가 이들에게 도달하는지를 확인하려고 노력하고 있다. 만일 부국들이 첫 번째 비극에 대해 조금이라도 진전을 이루길 원한다면, 우선 두 번째 비극을 해결해야 한다. 그렇지 않으면, 세계 빈곤 해결에 대한 열기는 이상주의, 높은 기대치, 결과에 대한 실망, 냉소적 반발과 같은 과거의 흐름을 반복할 뿐이다.

두 번째 비극은 세계 빈곤 문제에 대한 서구의 전통적 지원이 잘못된 접근 방법을 취한 데에서 기인한다. 이 책 역시 대외 원조를 개혁하고 빈민을 부유하게 하고, 배고픈 자를 먹이고, 죽어가는 자를 살리기 위한 올바른 대계획을 결국 찾았다고 할 수 있을까? 나보다 더 똑똑한 수많은 사람들이 50년간 수많은 여러 다른 계획들을 시도했지만 실패했을 때, 내가 성공할 수 있는 계획을 발견한다면 얼마나 획기적일까?

당신은 안심해도 된다. 이 책의 저자는 그러한 과대망상에 빠지지 않았다. 올바른 계획을 가진 것에 대해 야단하는 것은 과거에서 현재까지 수많은 사람들이 대외 원조를 그릇된 방향으로 이끌어온 것의 한 증상일 뿐이다. 올바른 계획이란 계획을 하지 않는 것인데 말이다.

계획가의 실패와 탐색가의 성공

대외 원조에 대한 전통적인 접근 방식을 추구하는 사람들을 계획가라고 부르고, 대안적인 접근 방식의 변화를 모색하는 사람들을 탐색가라고 해보자. 부유하고 건강한 어린이들이 해리 포터 시리즈를 구하기는 쉬워도, 죽어가는 빈민 어린이들이 12센트짜리 약품을 공급 받지 못하는 현실에 대한 짧은 해답은 이것이다. 『해리 포터』는 탐색가가 공급하고, 12센트짜리 약품은 계획가가 공급하기 때문이다.

이것이 모든 것을 『해리 포터』를 생산하고 분배한 자유 시장에 넘겨야 한다는 뜻은 아니다. 단지 세계의 극빈층 인구는 자신들의 절박한 필요를 채우려고 시장 내의 탐색가에게 동기를 부여할 만한 돈이 없다. 그러나 시장에서 탐색가의 정신은 대외 원조에 대한 건설적 접근에 대한 지침이 될 수 있다.

대외 원조에서 계획가들은 선한 의도를 표방하지만 이를 수행할 수 있도록 동기를 부여하지 않는다. 탐색가들은 일이 되는 것을 찾아서 이에 대한 보상을 받는다. 계획가들은 기대감을 불러일으키지만 이를 충족시키기 위한 책임을 지지 않는다. 탐색가들은 자신들의 행동에 대한 책임을 수용한다. 계획가들은 무엇을 공급할지를 결정하지만, 탐색가들은 무엇이 필요한지 발견해낸다. 계획가들은 전 지구적 차원의 청사진을 상황에 적용하려 들지만, 탐색가들은 지역적 환경에 스스로 적용한다. 최상위에 속하는 계획가들은 밑바닥 계층에 대한 지식이 부족하지만, 탐색가들은 밑바닥의 현실을 발견해낸다. 계획가들은 계획에 포함된 사람들이 실제로 필요한 것을 얻었는지에 대한 반응을 듣게 되는 법이 없지만, 탐색가들은 소비자가 만족하였는지를 알아낸다. 새로운 원조 열기에도 말라리아에 감염된 어린이에게 12센트짜리 약품을 제공할 수 없다고 해서 고든 브라운 총리가 이에 대해 책임을 지게 될까?

계획가는 그가 이미 가난에 대한 해답을 알고 있다고 생각한다. 즉 가난을 기술적으로 조정할 수 있는 문제로 보고 그가 가진 해법으로 이를 해결할 수 있는 것으로 본다. 탐색가는 사전에 이에 대한 해답을 알지 못한다는 것을 인정한다. 대신 가난이란 정치적 · 역사적 · 제도적 · 기술적 요인이 복잡하게 뒤엉킨 산물이라는 것을 믿는다. 탐색가는 시행착오를 겪은 실험을 통해서만 개별적인 문제의 해답을 구할 것을 희망한다. 계획가는 외부자도 가난에 대한 해결책을 강구할 수 있을 정도로 충분히 알고 있다고 믿는다. 탐색가는 내부자만이 문제 해결에 대한 충분한 지식을 가지고 있다고 믿으며, 대부분의 해결 방법은 내부에서 자생된 것이어야 한다고 본다.

컬럼비아대학교 교수이자 유엔 밀레니엄프로젝트(the Millennium Project: 1996년에 미래학자, 사업가, 정책 결정권자, 학자 등이 모여 만든 세계적인 독립 싱크탱크. 2000년 유엔이 채택한 인류 공동의 발전을 위한 협력의 일환으로 "절대 빈곤" 퇴치 문제를 연구하고 있다. — 옮긴이)의 국장이었던 제프리 삭스Jeffrey Sachs는 구변이 좋고 동정심이 많은 사람이다. 나는 그가 말하는 것을 들으면 늘 감동을 받는다. 그러나 불행히도 그의 지적인 해결책은 그다지 설득력이 없다. 제프리 삭스는 세계의 빈곤을 퇴치하기 위해서 대계획을 제안한다. 이에는 토지의 산출력을 회복시키기 위한 질소 고정 뿌리혹 나무에서부터 AIDS 치료를 위한 항레트로바이러스 요법, 보건 계획가들에게 실시간 자료를 공급하기 위해 특별 고안된 휴대 전화, 빗물 재활용 시스템, 배터리 충전소, 말라리아 감염 어린이에 대한 12센트 상당의 약품 지급 등 —— 총 449개 개입안 —— 이 포함되어 있다. 삭스 교수는 서구 세계에 비서구 세계를 위해 더 많은 일을 하도록 촉구하는 중요한 역할을 해왔으나 안타깝게도 그가 내놓은 실행 전략은 그다지 건설적이지 않다. 삭스 교수와 밀레니엄프로젝트에 따르면 유엔 사무총장은 6개 유엔 기구와, 유엔 국가 조사 팀, 세계은행World Bank, 국제통화기금IMF과 그 외 20~30개 부국의 원조 단체 직원들을 총지휘하면서 이 계획을 운영해야 한다. 이 계획은 빈곤 퇴치를 위해 계속되어온 서구의 계획 중 가장 최근의 것이다.

그래서 계획가는 12센트짜리 약품을 공급하는 것과 동시에 나머지 448건의 문제에 개입하게 되면서 주의가 크게 분산된다. 그들은 각 현장에서 얼마나 많은 어린이들이 말라리아에 감염되었는지, 그리고 수많은 보건소에 얼마나 많은 약품이 필요한지 알 수 있는 충분한 지역 정보를 가지고 있지 않다. 그들은 이 약품을 그곳으로 가져갈 요원들도 보유하고 있지 않다. 지역의 보건 업무 종사자들은 급료가 적고 일에 대한 성취동기도 낮다. 많은 원조 기관들이 보건 시스템과 말라리아에 대한 여러 가지 개입을 하고 있지만, 지역 보건소에 12센트짜리 약이 떨어져도, 혹은 이 약이 죽어가는 어린이에게 제대로 전달되고 있지 않아도, 누구에게 또 무엇에 대해 책임을 물어야 할지 아무도 모른다. 해당 지역에 사는 부모들은 약이 그들에게 도착했는지에 대해 계획가와 소통할 방법조차 가지고 있지 않다.

탐색가들은 성취동기 면에서 더 나은 인센티브를 가지고 있고, 더 좋은 결과를 얻는다. 한 가지 물건에 돈을 지불하고자 하는 의지가 크면 그 물건을 저가에 살 수 있다. 탐색가는 이것이 소비자에게 전달될 수 있는 방법을 강구할 것이다.

시장은 해리 포터 최신작을 광적으로 기다리는 독자들에게 2005년 7월 16일에 책을 쥐어준 도서 소매업자, 도매업자, 출판사에게 보상을 해주었다. 이 도서 판매업자, 도매업자, 출판업자들은 해리 포터 시리즈의 재고가 떨어지지 않도록 유지할 경우 이에 따르는 인센티브가 있다. 수많은 어린이 도서 작가들은 많은 독자를 끌어모아 더 많은 수입을 얻을 수 있도록 어린이들을 끌어들일 수 있는 캐릭터와 이야기를 찾아다닌다. 복지 수당을 받고 있던 스코틀랜드 출신의 싱글맘인 J. K. 롤링J. K. Rowling은 악에 승리하는 10대 마법사의 이야기로 히트를 치고 세계에서 가장 부유한 여성 대열에 끼게 되었다.

탐색가들은 거대한 계획에 집중하기보다 특정한 임무 —— 가령 죽어가는 어린이들에게 약품을 공급하는 업무 —— 의 수행 방법을 고안할 수 있다. 그들은 특정한 한 가지 임무가 제대로 수행되지 않았다면, 그것이 빈민들에게 수익성이 높은지, 그리고 만약 그렇다면 높은 수익을 성취하는 데 적절한 보상을 받는지, 실패에 대한 책임을 지는지 시험해볼 수 있다. 우리는 탐색가가 이미 실질적인 혜택을 창출한 경우를 보게 될 것이다. 그러나 이들은 전 지구적 빈곤 문제에는 참여할 기회가 많지 않았다. 왜냐하면 대외 원조는 주로 계획가들이 주도해왔기 때문이다.

계획가들은 빈곤 퇴치라는 위대한 사업을 약속하는 일에 대해서는 웅변을 잘 한다. 계획가들이 싫어하는 유일한 것은 그들이 세계에 빈곤의 비극을 가중시켰다는 사실이다. 빈민들은 그들의 가난에 대한 전 세계의 무관심 때문에 죽어간 것뿐만 아니라 자신들을 보살핀다고 했던 자들의 비효율적인 노력으로도 죽어간 것이다. 이러한 비극의 악순환을 피하기 위해 우리는 계획가들의 선의에 대해서 경의를 표하면서도 그들의 생각에 대해서는 좀 더 신중할 필요가 있음을 통감한다.

대문제와 대계획

구매력을 감안할 때 거의 30억 명의 사람들이 하루에 2달러도 채 못 되는 돈으로 살아간다.[5] 전 세계의 약 8억 4000명의 사람들은 먹을거리가 충분치 않다.[6] 약 1000만 명의 어린이들이 쉽게 예방할 수 있었던 질병 때문에 매년 죽어간다.[7] 에이즈는 일 년에 약 300만 명의 인명을 앗아가고 있으며 지금도 확산 중이다.[8] 전 세계 약 10억의 인구가 깨끗한 물을 마시지 못하고 있고, 약 20억의 인구는 공중위생이 결여된 환경에서 살고 있다.[9] 또한 약 10억 명의 성인이 문맹이다.[10] 빈국 어린이들 중 약 4분의 1이 초등학교를 제대로 졸업하지 못하고 있다.[11] 그래서 아마레치도 공부하며 학교 운동장에서 뛰어노는 대신에 장작을 지고 노예처럼 살아가고 있다.

세계 다른 지역의 빈곤은 많은 서구인들의 마음을 크게 움직인다. 서구는 대외 원조 외에도 다양한 개입 노력을 펼치고 있다. IMF와 세계은행의 기술 자문과 차관을 비롯하여 자본주의와 민주주의의 전파, 질병 치료를 위한 과학적 개입, 국가 건설nation-building, 신제국주의, 군사 개입 등이 이에 포함된다. 우파와 좌파 모두 이러한 노력에 참여하고 있다.

그럼 '서구'란 누구를 말하는 것인가? 이는 국제기구들을 주로 관장하고 빈국 변화를 위한 노력을 담당하고 있는 북아메리카와 서유럽의 부유한 정부를 말한다. 그러나 시간이 흐르면서 일부 비서구 국가(일본)와 세계 각지의 전문가들이 이에 관여하기도 하였다.

빈민들의 비극은 변화에 대한 꿈을 불어넣는다. 제임스 울펀슨 James Wolfensohn 전 세계은행 총재는 재임 당시 '우리의 꿈은 빈곤 없는 세계OUR DREAM IS A WORLD FREE OF POVERTY'라는 글귀를 세계은행 로비 벽에 붙여놓았다. 그는 이 꿈에 대해 영감이 깃든 웅변적 수사修辭를 사용해 다음과 같은 글을 썼다.

> 우리가 현실 감각과 선견지명을 가지고 지금 바로 행동한다면,
> 우리가 우리의 용기를 드러낸다면,
> 우리가 전 지구적으로 생각하고
> 그에 따라 우리의 자원을 배치한다면,
> 우리는 우리 아이들에게 좀 더 평화롭고 공정한 세상을 물려줄 수 있을 것이다.
> 고통이 줄어든 세상
> 모든 지역의 어린이들이
> 희망을 가질 수 있는 세상

이것은 단순한 꿈이 아니다.
이것은 우리의 책임이다.[12]

유엔은 세계의 수도인 뉴욕에서 새 천년을 시작하면서 영감 어린 비전을 제시했다. 유엔은 '유례없이 많은 정상들'을 모아놓고 '빈곤 퇴치, 인간의 존엄성과 평등의 고양, 평화·민주주의·환경적 지속 가능성' 달성을 약속했다.[13]

당시 세계 각지에서 모인 정치 지도자들은 특별히 새 천년 개발 목표Millennium Development Goals, MDGs를 설정하고 이에 동의했다. 2015년을 향한 8가지 MDGs는 (1) 극빈 상황 및 기아의 제거, (2) 초등학교 의무 교육 달성, (3) 양성 평등 진흥과 여성에 대한 능력 부여, (4) 어린이 사망률 감소, (5) 모성 보건 개선, (6) HIV/AIDS, 말라리아 및 기타 질병 퇴치, (7) 환경적 지속 가능성 보장, (8) 개발을 위한 전 지구적 협력 관계 계발 등이다. 실로 멋진 목표들이다.

2005년 1월 다보스에서 당시 영국의 총리였던 토니 블레어Tony Blair는 새 천년 개발 목표에 도달하기 위해 대외 원조를 늘려서 조달한 자금으로 아프리카에서 '대규모 개발 원조를 통한 전진a big, big push forward'을 실행할 것을 촉구했다.[14] 블레어는 '아프리카 보고서'를 의뢰했고, 조사 결과는 2005년 3월에 발표되었다. 이 역시 '빅 푸시(Big Push: 빈곤의 악순환을 끊기 위해 한 번에 자본을 대량 투자해 광범위한 산업을 동시에 개발해야 한다는 주장. 1950년대 미국의 경제학자 R. 누르크세R. Nurkse의 균형 성장론에 기초한 이론이다. — 옮긴이)'를 촉구하고 있다.

고든 브라운과 토니 블레어는 2005년 7월 스코틀랜드에서 열린 G8 정상 회의의 최상위 의제로 아프리카의 빈곤 퇴치를 내놓았다. 밥 겔도프Bob Geldof는 G8 정상들에게 아프리카의 '가난을 역사로 만들기'를 주제로 로비 활동을 벌이기 위해 2005년 7월 2일 '라이브 에잇 Live 8' 콘서트에 유명한 밴드들을 불러 모았다. 1985년의 라이브 에이드Live Aid 콘서트의 베테랑들인 엘튼 존과 마돈나도 콜드플레이와 같은 신예 밴드와 함께 공연에 참여했다. 수십만 명의 인파가 이를 위해 G8 정상 회의에 반대하는 행진을 벌였다. 라이브 에잇이 빈민 돕기에 나선 것과 그들의 고통을 극화한 것은 감동적이었고, 록 스타들이 도움이 필요한 사람들과 절망에 빠진 사람들을 위해 자신들의 시간을 할애했다는 것은 훌륭한 일이다.

그러나 오늘날 빈민 구제는 과거의 노력에 대한 선행 학습이 필요하다. 불행히도 서구는 이전부터 이미 수많은 멋진 목표들을 가지고 있었다. 1990년 유엔 정상 회의를 예로 들면, 2000년을 초등학교 의무 교육화의 해로 정했다. (이는 현재 2015년으로 조정되었다.) 그 이전의 1977년 정상 회의에서는 1990년을 물과 위생 시설에 대한 보편적 접근권을 확보하는 해로 정했다. (이 역시 MDGs하에서 2015년으로 마감 기한이 조정되었다.)[15] 그러나 이러한 빗나간 목표에 대해 어느 누구도 책임을 지지 않았다.

2005년 7월에 G8은 아프리카에 대외 원조를 2배 증액하는 데 동의했다. 즉 대폭적인 지원을 위해 원조액을 매년 250억 달러에서 500억 달러로 증액하고, '빅 푸시'를 할 경우에는 이전에 체결되었던 아프리카 원조 차관을 탕감하는 것에 동의했다.

현재 대계획 수립에 대한 열정은 '테러와의 전쟁'과 함께 새로운 모습을 갖추었다. 사담 후세인Saddam Hussein의 군대를 격파한 후 조지 W. 부시George W. Bush 대통령은 2003년 5월 연안경비사관학교의 임관식 겸 졸업식에서 다음과 같이 힘주어 말했다. "질병, 기아, 가난에 대항하여 전진한다는 목표는 …… 미국의 영향력이 가지는 도덕적 목표입니다. 우드로 윌슨Woodrow Wilson 대통령은 '미국은 인류의 해방을 위해 다른 국가가 기여할 수 없는 영적인 힘을 가지고 있다.'고 했습니다. 이 새로운 세기에 우리는 그 힘을 세계 각지의 사람들의 번영을 위해 사용해야만 합니다."[16] 이와 같은 새로운 군사 개입은 냉전기의 군사 개입과 유사하다. 이는 신제국주의자들의 망상이 과거 식민주의자의 망상과 유사한 것과 마찬가지이다. 군사 개입과 점령은 계획가의 전형적인 정신세계를 보여준다. 비서구 지역의 복잡한 내부 문제에 대해 서구는 자신들의 지극히 간단하고 피상적인 해답을 적용하는 것이다.

이와 유사하게 최근에 재등장한 원조 금융인 빅 푸시는 1950년 대와 1960년대에 대외 원조를 촉발시켰던 초기의 사고와 유사하다. 이 시기는 중앙 집권적 계획과 '빅 푸시'가 모두 만연할 때였다. 이 유산은 세계은행, 역내 개발 은행, 미국국제개발처USAID와 같은 미국 내 원조 기관과 유엔 산하 원조 기관을 통해 경제 개발에 대한 계획적인 접근 방식에 영향을 미쳤다. 처음에 이 기구들은 빈국 경제를 계획할 것을 요청했다. 후에 이들은 이 국가들에 대한 자유 시장이 필요함을 옹호하는 쪽으로 바뀌었으나, 이 기구들은 여러 가지 면에서 계획가의 방식으로 계속 운영되었다(그리고 오늘날에도 유엔, 세계은행, IMF

는 빈곤 감축 전략 보고서Poverty Reduction Strategy Paper, PRSP로 불리는 국가
적 계획을 옹호한다.).

제프리 삭스는 2005년에 『빈곤의 종말The End of Poverty』이라는
멋진 책을 출간했다. 그는 세계의 빈민들이 "빈곤의 덫"에 걸린 것으
로 보고, 그 안에서 부실한 보건, 교육, 인프라 등이 서로의 상황을 더
욱 악화시킨다고 보았다. 그러나 대계획에도 희망은 있다. 삭스는 그
의 책에서 "빈곤의 덫을 제거하는 것"은 "보기보다 훨씬 쉬울 것"이라
고 주장했다.

그러나 부자들이 빈민들을 돕기 원한다면 이들은 한 가지 불쾌한
현실에 직면해야만 한다. 빈곤의 덫을 제거하는 것이 그렇게 쉽다면,
계획가들은 왜 아직까지 이를 역사의 한 페이지로 만들지 못했는가?

대외 원조를 무력화시키는 역방향 질문

어떻게 하면 서구 세계가 비서구 세계의 빈곤을 퇴치할 수 있을까?
가난을 역사의 한 페이지로 만들자는 고결한 목표를 수립하면서 당시
계획가들은 이상적인 원조 기관과 행정적 계획, 그리고 이를 움직일
자금원을 설계하려고 했다.

이에 따라 지난 60년 동안 원조 기관과 수십 가지의 계획에 대해
셀 수 없이 많은 개혁안이 쏟아졌는데, 안타깝게도 2조 3000억 달러
를 쏟아부은 후에도 원조 산업은 그 고결한 목표에 도달하지 못하고
있다. 이는 결국 대계획들은 언제나 그 고결한 목표를 완성시키지 못

할 것이라는 달갑지 않은 결론에 이르게 한다.

　나는 빈곤의 종말을 위해 대외 원조가 필요한가에 대한 질문의 해답을 찾기 위해 애썼던 많은 사람들 중 하나이다. 나는 뒤늦게야 내가 그 질문을 거꾸로 하고 있었다는 것을 깨달았다. 즉 나는 계획가들의 정신세계에 사로잡혀 있었던 것이다. 탐색가들은 다음과 같이 똑바로 질문을 한다. 대외 원조를 통해 빈민들에게 해줄 수 있는 것이 무엇인가?

　대외 원조에서 미리 설정한 (그리고 과장된) 목표를 고정시키는 것은 그리 합리적인 방법이 아니다. 왜냐하면 그 목표가 실행 가능한 수단과 합리적인 비용을 통해 반드시 달성될 수 있다고 추론할 만한 근거가 없기 때문이다. 예를 들어 당신의 소를 켄터키 경마(1875년에 창설된 뒤 매년 5월에 미국의 켄터키 주 루이빌에서 열리는 경마로 미국의 3대 경마 중 하나이다. ― 옮긴이)에서 우승하도록 만들겠다는 목표를 가지는 것은 말이 되지 않는다. 아무리 전문적인 훈련을 받는다 하더라도 소가 큰 규모의 경마에서 우승할 수는 없다. 대신 이렇게 질문하는 것은 말이 된다. "소가 할 수 있는 유용한 일은 무엇인가?" 소 한 마리는 원유, 버터, 치즈, 그리고 (소에게는 불행한 일이지만) 살코기를 한 가구에 꾸준히 공급할 수 있다. 물론, 당신이 우승 전력이 있는 말을 가지고 있다면 켄터키 경마에서 승리할 수도 있다. 그러나 이 책에서는 원조 기관들이 수십 년간 경주마가 아닌 소의 역할을 해왔던 것을 되새겨볼 것이다.

　이와 같이 우리는 이 책에서 원조 기관들이 세계의 빈곤을 퇴치할 수는 없으나, 대신 빈민들의 절실한 필요를 채워주고 새로운 기회를 부여하기 위해 필요한 많은 유용한 일들은 할 수 있다는 것을 알게 될 것이다. 예를 들면, 원조 기관은 에티오피아를 '발전' 시키려고 하는 대신에 어린 자녀들이 학교에 계속 다닐 수 있도록 부모들에게 현금 보조금을 지급하는 사업을 고안할 수 있다. 이러한 사업들은 다른 곳에서 이미 실행했던 사업이었으므로 아마레치와 같은 어린이들을 잔인한 장작 나르기에서 구출하여 미래에 대한 희망을 줄 수 있을 것이다. 그러나 지금 많은 원조가 나아가야 할 방향을 잃고 흘러가고 있다. 왜냐하면 우리가 소로 비유되는 원조 기관들을 켄터키 경마에서 우승하도록 훈련시키고 있기 때문이다.

탐색가는 고통 경감의 기회 —— 예컨대, 학교 교육을 위한 현금 지급 사업 —— 를 추구한다. 그리고 불가능한 목표에 연연하지 않는다. 이 책에서 계획가의 미래를 예측해본다면, 이들은 그 목표에 도달하는 데 과거에 많은 실패 경험이 있고, 그 목표가 실현 불가능하거나 그 계획이 운영 가능하지 않다는 과거 기록들이 있음에도 불구하고, 여전히 확립된 목표에 자원을 쏟아붓는다는 것이다. 계획가들은 과거에 추진했던 개입이 실패할 경우 개입의 범위를 더욱 확장한다. 그들은 빈민 구제를 위해 무엇이 실제로 운영 가능한 것인지를 찾지 못한다. 결국 두 번째 비극은 지속된다. 그러나 탐색가형 원조는 빈민 구제에 필요한 일들을 미리 발견한다. 우리는 원조의 세력 균형이 계획가에서 탐색가로 조정된다면 더 많은 것들을 발견하게 되리라는 것을 알 수 있다.

목표 설정은 동기 부여에는 좋을 수 있지만 실행에는 역효과를 낸다. 자유로운 시장은 특정하게 고정된 목표 없이, 단지 일반적 목표

(예를 들어 사업가는 이익을 창출하고, 소비자는 소비에서 만족을 얻는다.) 와 함께 운영될 뿐이다. 『실행 가능한 것의 미학The Art of What Works』 은 컬럼비아 비즈니스스쿨의 교수인 윌리엄 더건William Duggan이 쓴 경이로운 책이다. 그는 레오나르도 다빈치의 말을 인용했다. "당신이 원하는 것을 할 수 없다면, 당신이 할 수 있는 것을 원하라."[17] 더건은 사업의 성공은 미리 결정된 목표를 설정하고 이를 달성하기 위해서 맹렬히 수고를 아끼지 않는 데서 오는 것이 아니라고 지적한다. 오히려 성공한 사업가들은 소비자를 만족시켜 이익을 창출할 수 있는 기회를 엿보는 탐색가들이다. 그들은 많은 다른 목표를 도달했을 때 다가오는 기회를 평가하고 최저 비용으로 가장 높은 기대 이익(다른 말로 하면 최고의 이익)을 약속하는 것을 선택한다. 출판업자들은 J. K. 롤링이 자신의 책을 통해 독자를 만족시키는 방법을 발견한 이후에야 10대 마법사에 대한 그 책을 판매하려는 목표를 고정하였다.

윌리엄 더건은 한때 다용도 믹서 판매원이었던 맥도날드 회장 레이 크록Ray Kroc을 예로 들었다. 이 다용도 믹서는 한 번에 밀크셰이크 6잔을 만들 수 있는 기계였다. 그는 원래 생각은 다용도 믹서를 가능하면 많이 파는 것이었다. 그러던 중 1954년에 캘리포니아 샌버너디노에 있는 맥도날드라고 하는 음식점을 방문했다. 그는 맥도널드 형제가 꼬박 24시간 동안 8개의 다용도 믹서를 모두 작동시키는 것을 목격했다. 처음에 그는 다용도 믹서의 판매를 늘리기 위해 다른 고객에게 하듯이 자신들의 방법을 추천해주려 하다가 곧 마음을 바꾸었다. 그는 조립 라인 체제로 햄버거, 튀김, 밀크셰이크를 준비하는 것이 패스트푸드 체인을 성공적으로 운영하는 방법이라는 것을 알게 된 것이다. 그 이후 크록은 다목적 믹서에 대해 모두 잊어버리게 되었고, 대신 맥도날드의 골든 아치가 전 세계 구석구석까지 뻗어 나가게 되었다. 지금도 얼마나 많은 제2, 제3의 레이 크록들이 계획만 강조하는 풍토 때문에 대외 원조가 성공할 기회를 놓치고 있는가?

빈민들에 대한 모기장 공급

2005년 다보스에서 열린 세계 경제 포럼World Economic Forum에서 고든 브라운부터 빌 클린턴Bill Clinton에 이르는 유명 인사들은 빈민을 위한 주요 대책으로 모기장 공급에 대해 좋은 평가를 내렸다. 샤론 스톤은 탄자니아에 더 많은 모기장을 공급할 수 있도록 자리에서 벌떡 일어나 현장에서 수백만 달러의 기부금을 모았다(당시 참석자들은 대부분이 중년 남성이었다.). 살충 처리된 모기장은 사람들이 말라리아모기에 물리지 않도록 보호하여 말라리아로 인한 감염과 사망을 크게 줄일 수 있다. 그러나 모기장이 그렇게 효과적인 해결책이라면 그동안 계획가들은 왜 이를 빈민들에게 전해주지 못했는가? 불행히도 유명 인사들이나 원조 행정가들 역시 모기장을 빈민에게 전달해줄 수 있는 여러 방법을 가지고 있지 않다. 오히려 이것들은 종종 암시장에 흘러 들어가 보건소의 공급 물량을 동나게 하거나, 심지어 어망이나 면사포로 쓰이기도 한다.

    워싱턴 DC에 주재한 국제인구서비스Population Services International, PSI라는 비영리 조직은 이러한 모기장을 빈민들에게 전달해주는 일을 감당하여 포상을 받았으며, 이로 인해 더 많은 자금을 끌어들이고 있다. 이는 계획가라기보다는 탐색가로서의 활동 범위를 넓히게 한다. PSI는 공식 원조 기관에서 초기 자금과 병참 지원을 받아 말라위 빈민들에게 살충 처리된 모기장을 전달할 수 있는 경로를 발견했다. PSI는 농촌 지역의 임산부 진료소를 통해 임산부들에게 모기장을 50센트에 판매하고 있다. 모기장이 필요하고 그 가치를 아는 사람들에게 이를 공급하고 있는 것이다. (임산부와 5세 이하 어린이는 말라리아 감염 위험이 높은 집단이다.) 모기장을 공급하는 간호사들은 모기장 1개당 9센트를 받게 되어, 모기장은 늘 재고가 있다. PSI는 더 부유한 도시의 말라위 인들에게는 민간 경로를 통해 모기장 1개당 5달러에 판매하고 있다. 모기장 판매 수익은 보건소에서 판매되는 모기장에 대한 보조금 지불에 쓰이며, 그래서 이 프로그램은 자급자족이 가능하다. PSI의 모기장 공급 프로그램은 5세 이하 모기장 사용 어린이의 국내 평균치를 2000년도의 8퍼센트에서 2004년도에 55퍼센트로 증가시켰고, 모기장을 쓰는 임산부들도 이와 비슷하게 늘어났다.[18] 추후 조사에서는 모기장을 구매한 사람들이 거의 보편적으로 이를 사용하고 있음이 드러났다. 그러나 잠비아에서와 같이 사람들이 원하건 원하지 않건 간에 무료로 모기장을 나누어준 프로그램(이는 계획가들이 선호하는 방법이다.)에 관한 연구에서는 70퍼센트가 이를 사용하고 있지 않음이 드러났다. '말라위 모델'은 다른 아프리카 국가로도 확산되고 있다.

PSI의 워싱턴 본부는 다보스 세계 경제 포럼과는 달리 말라리아에 대한 특정한 해결책을 지시하지 않았다. 말라위의 PSI 지역 사무소는 (여러 해 동안 그 프로그램을 진행해온 말라위 인이 대부분 직원으로 일하고 있는데) 말라리아 감염을 막을 수 있는 진전된 방법을 강구하고 있었다. 그들은 모기장이 이를 해결할 것이라고 결정하고, 임산부 진료소에 이를 공급했고, 판매를 두 가지 경로로 하는 아이디어를 짜냈다. 물론 이와 같은 계획은 모든 상황에서 원조 업무가 잘 이루어지도록 할 수 있는 마법의 만병통치약은 아니고, 특정한 문제에 대한 한 가지 창조적인 대응으로 볼 수 있다.

사회 변화의 철학

서구의 원조에서 계획가와 탐색가 간의 논쟁은 사회 변화에 관한 서구 지성사에서 오래 지속되어온 철학적 분열 가운데 가장 최근의 논쟁이다. 위대한 과학철학자 칼 포퍼Karl Popper는 이를 두고 '유토피아적 사회 공학utopian social engineering' 대 점진적 민주개혁piecemeal democratic reform으로 묘사했다.[19] 이는 에드먼드 버크Edmund Burke가 18세기 후반에 '혁명' 대 '개혁'으로 묘사했던 것과 같다(프랑스 혁명은 유토피아적 설계의 잔인한 실험이었다.). 사회 공학 실험은 그 이후 탄자니아의 강제 정착촌을 국영 마을로 만들거나, 소련과 동유럽 산업화를 위한 공산주의의 5개년 계획을 세우는 것과 같은 다양한 상황에서 적용되어왔다. 역설적이게도 사회 공학은 공산주의에서 자본주의로 가는 과도기(5개년 계획이 실패한 이후)에서 '충격 요법'으로 떠올랐다. 이는 '점진주의gradualism'라는 대안을 회피한 것이다. 사회 공학은 1980년대와 1990년대에 아프리카와 라틴아메리카에 등장했는데, 이는 '구조 조정'으로 불리는 IMF와 세계은행이 후원한 포괄적 개혁으로 드러났다. 극악한 독재자를 권좌에서 끌어내리고 다른 국가의 사회를 서구의 민주적 자본주의를 반영하도록 개조하려는 군사 개입은 현대의 유토피아적 사회 공학의 극단적 형태이다. 세계 빈곤 종식 계획은 유토피아적 사회 공학의 모든 주장을 보여준다.

민주주의적 정치는 점진적 해결책을 찾는 것에 관한 것이다. 즉 지역 단체는 쓰레기 수거와 같은 공공 서비스가 제공되지 않을 경우 이에 대한 캠페인을 펼치기 위해 정치 활동에 관여한다. 그리고 정치인들은 이러한 필요를 충족시키고 특정 단체를 자기편으로 끌어들이는 것으로 정치적 이득을 얻으려 한다.

우리 주변의 정치인들이 반드시 그 역할을 가장 잘하는 것은 아니더라도, 민주주의는 그 풍요성으로 인해 어느 정도 유지된다. 정치학자인 찰스 린드블롬Charles Lindblom은 그의 뛰어난 논문에서 부유한 국가의 정치를 "헤쳐 나가는 과학science of muddling through"으로 묘사한 적이 있다. 그는 부유한 나라의 민주주의는 "실제 정치 관행이 비교 대상을 제한하는 개별적 과정이자, 시도를 수정해가면서 겪는 시행착오의 연속이고, 과거 경험에 대한 의존"[20]이라고 말했다. 다른 말로 하면, 부국의 정치인들은 자국에서는 탐색가들이라는 뜻이다.

버크와 포퍼는 사회의 정치 경제적 복잡성에 주목했다. 이 복잡성은 계획을 통해 빈곤을 퇴치하려는 시도를 암울하게 만드는데, 이러한 방식으로 가난을 퇴치한 부유한 사회는 없다. 부유한 나라의 정치인들은 비서구 지역의 비유권자들을 응대할 때에만 계획가로 변한다. 이는 계획의 양상을 알 수 있게 해주는 또 하나의 실마리이다. 문제의 외부에 있는 자들은 계획가가 될 가능성이 높고, 문제의 내부에 있는 자들은 동료 내부자들에 의해 탐색가가 되도록 강요받는다는 것이다.

피드백과 책임

피드백feedback과 책임accountability은 탐색을 가능하게 하는 두 가지 중요한 요소이면서, 동시에 이것이 없을 경우 계획 수립에 치명적인 영향을 미친다. 탐색가들은 가장 밑바닥에 있는 사람들이 반응을 보여주는 경우에만 일의 진행 상태를 알 수 있다. 성공적인 탐색가들이 세계의 상층을 조사하기보다는 가장 밑바닥의 소비자들과 밀접하게 관계를 유지하는 것은 바로 이 때문이다. 소비자들은 상품을 구매함으로써 '이 상품이 가치가 있다.'는 것을 회사에 말해준다. 그들은 상품이 가치가 없다고 판단되면 이를 다시 반품하기도 한다. 유권자들도 지역의 정치인들에게 '공공 서비스가 형편없다는 것'을 표현하면, 정치인들은 그 문제를 해결하기 위해 노력하게 된다.
　　피드백의 부족은 현재 진행되는 원조에서 가장 중대한 결함 중 하나이다. 이는 세계의 멀리 떨어진 지역에서 원조 기관들의 노력과 그로 인한 결과가 거의 눈에 보이지 않는다는 사실에 기인한다. 이 책의 나머지 부분은 이러한 결점에 어떻게 대처할지를 알아보려 한다. 즉 원조 사업의 지역 '감시관'을 등용하는 것에서부터 사업들의 개별적인 평가를 진행하는 것까지를 포함한다.

물론, 피드백의 수집은 누군가 듣고 있을 때에만 가능하다. 책임이 따르지 않는 피드백은 언젠가 보았던 대형 트레일러 트럭의 범퍼 스티커와 같다. '내 운전이 맘에 들지 않나요? 1-800-SCREW-YOU로 전화하세요.' (1-800은 수신자 부담 전화번호를 뜻하고, SCREW-YOU는 '망할 놈' 정도의 의미이다. — 옮긴이) 탐색가들은 탐색의 결과를 실행하기만 하면, 결과에 대한 책임을 진다. 이익을 추구하는 기업들은 수요가 많다고 생각하는 상품을 만들지만 이에 대한 책임도 진다. 만약 그 상품이 소비자에게 해를 끼친다면, 기업은 이에 대한 책임을 지거나, 사업을 철수할 것이다. 정치 개혁가는 그 개혁의 결과에 대한 책임을 진다. 직무상 오류가 있다면 정치적 책임을 지고 아마 자리에서 물러날 것이다. 물론 개혁이 성공할 경우에는 정치적 보상을 받게 된다.

모든 정부에는 관료제가 구축되어 있지만, 발전된 민주 정부의 관료들은 국민들에 대한 특정 결과에 대해 좀 더 전문적이고 책임이 있다(비록 신은 그들이 그런 상황을 피하려 한다는 것을 아시겠지만). 관료들은 린드블롬의 '해체된 점진주의disjointed incrementalism'를 통한 점진적 개선을 추구한다. 적극적인 시민 단체와 정치적 압력 단체는 지도자들과 관료들의 실수를 교정하고 긍정적 성과들에 대해 보상해주는 한편, 지도자들과 관료들이 밑바닥에서부터 상향식으로 책임을 지도록 한다. 부유한 유권자들은 아마존에서 배달된 『해리 포터』의 운송 박스를 폐기한 이후 쓰레기 수거가 되지 않았을 때 불만을 제기할 것이다. 정치인들과 관료들은 쓰레기 수거 시 이상이 없도록 시정할 정치적 동기를 가진다. 피드백은 민주 정부가 시장이 공급할 수 없는 서비스와 시장이 작동할 수 있도록 하는 제도를 제공할 수 있도록 이끌어준다.

더 높은 수준에서, 책임은 전체 조직 또는 정부가 탐색가들을 활용하도록 동기를 부여하는 데에 꼭 필요하다. 이와 반대로 계획가들은 책임을 지지 않는 곳에서 가장 활발하게 활동한다. 다시 말하면 국외자들은 많은 책임을 지지 않으며, 이들은 계획가이다. 내부자들은 더 많은 책임을 지며, 이들은 탐색가가 될 가능성이 높다.

우리는 권력이 계획가에서 탐색가로 이동하면서 책임이 증가될 때 원조를 이행하는 데에서 발생할 수 있는 몇 가지 유익한 변화에 대해 살펴볼 것이다. 원조 기관들은 미약한 동기를 가지고 광범위한 목적을 위해 집단적 책임을 추구하기보다는 구체적인 업무에 대해 책임을 질 수 있다. 원조 기관 직원들은 비효율적인 만능인이 되는 경향이 있는데, 책임 부여를 통해 이들을 좀 더 효율적인 전문인으로 만들 수 있다.

간단히 말하면 부유층의 필요가 충족되는 이유는 부유층이 정치경제적 탐색가들에게 그들의 의견을 전달하기 때문이며, 그들은 탐색가들에게 특정 행동에 따르는 책임을 지울 수 있기 때문이다. 반면 빈곤층의 필요는 잘 채워지지 않는데, 이는 빈곤층이 자신들의 필요를 알리기 위한 자금력 또는 정치력이 부족하기 때문이며, 이들은 그 필요를 충족시킬 수 있도록 어느 누구에게도 책임을 지우지 못하기 때문이다. 그들은 계획가들에게 억지로 떠맡겨져 있다. 그리고 두 번째 비극은 계속된다.

왜 계획가들은 인기를 누리는가?

인간이 할 수 있는 노력 중에서 생활에 필요한 각종 요금을 납부할 수 있는 사람들이야말로 행복한 사람들이다. 대외 원조와 관련된 대문제 Big Problem와 비서구 세계를 변화시키려는 서구의 노력에서 가장 크게 문제가 되는 것은 요금 납부자들이 부유한 사람들이며, 이들은 빈민들에 대한 지식이 거의 없다시피 하다는 것이다. 부유한 사람들은 대문제를 해결하는 데 대규모의 행동을 요구한다. 이는 충분히 이해할 수 있고 동정 어린 행동이다. 대계획은 가장 높은 위치에서 부자들을 계속 즐겁게 하는데, 이는 세계 빈곤과 같은 비극에 대해 '무언가 일이 이루어지고 있기Something is being done' 때문이다. 2005년 6월 『뉴욕 타임스New York Times』는 '그냥 뭔가 해라Just Do Something' 라는 제목으로 아프리카를 위한 대계획을 옹호하는 사설을 실은 바 있다. 라이브 에잇 콘서트의 책임자인 밥 겔도프는 이렇게 말했다. "무언가가 이루어져야 한다. 어떤 일이라도 이루어져야 한다. 그것이 실행 가능하든 실행 가능하지 않든."[21] 무엇이든, 어떤 일이든, 모든 대계획은 빈민들의 핵심적 필요를 처리하는 데 부유층의 부담을 덜어주려 한다. 참으로, 비효율적인 대계획이 빈민을 돕기 위해 부유층의 부담을 덜어준다면 여기에 두 번째 비극이 있다. 왜냐하면 그렇게 되면 효율적인 점진적 행동이 취해지지 않을 것이기 때문이다.

비효율적인 계획의 우세는 서구 원조의 결과가 서구 대중의 시각에서 벗어나 있기 때문이다. 원조의 결과가 더 가시적이라면 비효율적인 접근 방법은 더 많이 사라졌을 것이다. 대계획은 좋은 평판을 얻으려는 정치인, 유명 인사, 행동가 들에게는 아주 매력적이다. 그러나 서구의 대중은 최상층의 이러한 계획이 밑바닥의 현실과 연결되어 있지 않다는 것을 깨닫지 못하고 있다.

유명한 책, 영화, 텔레비전 프로그램은 세계를 구하는 영웅, 선택 받은 자들 일색이다. 평범한 10대 소년이 용기와 동정심을 가지고 악에게 승리한다는 해리 포터 시리즈는 이러한 이야기 구성에서 특히 성공적인 사례이다.

우리는 선택 받은 자가 되고 싶어 한다. 대계획이 서구에서 지지 받는 것의 부분적 이유는 부유한 서구가 주연을 맡아 비서구 세계를 구하는 선택 받은 자가 되기 위함이 아닐까?

계획가 대 탐색가의 구도는 좌파 대 우파의 구도와 같지 않다. 대계획은 부국의 좌파와 부국의 우파 모두의 지원을 받고 있음을 보여준다. 좌파는 지구의 빈곤에 맞서기 위해 국가 주도의 대대적 노력을 선호한다. 우파는 서구의 자본주의를 확산시키고 서구에 대한 반대 세력을 불식시키기 위해 호의적인 제국주의를 선호한다. 그래서 이 책에서 앞으로 살펴보겠지만, 비록 좌파와 우파는 각각 상대 세력을 부인하려 하겠지만 우리는 좌파의 대외 원조와 우파의 군사 개입이 기이한 방식으로 결합됨을 목격하게 될 것이다. 군사 개입을 지지하는 운동가들 또는 대외 원조 지지자들은 해리 포터 역할을 하고 싶은 유혹을 부인하기 어렵다.

이와 마찬가지로 대계획 주류에 대한 비판은 좌파뿐 아니라 우파의 반대자들도 한다. 우파 반대자는 빈민의 희망이 국내에서 자생한 시장과 민주주의에서 주로 싹틀 것이라고 말한다. 좌파 반대자는 빈민들을 서구인들이 생각하는 이미지로 바꾸려는 서구 제국주의자들의 시도를 좋아하지 않는다. 우파와 좌파 반대자들은 모두 각자의 자리에 서 있다. 그 중간에 있는 탐색가들은 좌파의 대계획이나 우파의 대계획이나 (대외 원조나 해외 군사 개입이나) 모두 비서구 세계에서의 빈곤을 종식시킬 수 없다고 입을 모은다. 그러면 빈민들을 도울 수 있는 몇 가지 구체적인 일들을 찾아보자.

분명한 사실은 세계 빈곤을 위해 일하는 많은 사람들은 이러한 공상에서 벗어나, 진정으로 빈민을 돕기 원하며 자신들의 직무를 잘 감당하기 위해 노력하고 있다는 것이다. 계획가들의 양상은 아주 다양하다. 이들은 종종 극명하게 의견이 대치하기도 하고, 이 중 다수는 이 책에 소개된 극단적 사례들을 받아들이려 하지 않는다. 그러나 대목표Big Goal와 대계획을 선호하는 흐름은 놀랄 정도로 많이 확산되어 있다. 부유한 자들이 아무리 선한 의도를 가지고 빈민들을 위해 열심히 일한다 하더라도, 결국 비효율적인 경로를 통하게 된다는 것은 두 번째 비극의 일부분이다.

원조 기관이나 비정부 기구의 현장 종사자들은 계획가라기보다는 탐색가가 될 가능성이 높다. 불행히도 대계획을 초당파적으로 지지하는 부국들의 정치적 현실은 현장 종사자들에게 대계획을 떠맡기고 있으며, 탐색 과정에서 발견한 실행 가능한 조치에서 돈과 시간과 에너지를 빼앗아 가고 있다.

유토피아니즘

19세기 공상적 사회주의자 로버트 오언Robert Owen은 산업 혁명에 열광했다. 그는 한 세기 반 이후 세계 지도자가 할 새 천년 선언을 예측하면서, 1857년에 낸 책에서 "세계의 주도 세력들이 어떤 길을 채택해야 할지 더 이상 주저하지 않도록 하자."고 말했다. 그들이 올바른 계획을 수용한다면 "인류는 순조롭게 출생하고, 식품을 섭취하며, 옷을 갖춰 입고, 잠자리를 제공 받고, 훈련 및 교육을 받을 것이며, 취업을 하고, 휴식을 취하며, 지역적 및 전체적인 통치를 받으며, 지구상에서 가장 합당한 방법으로 삶을 영위하고, 사후 일어날 수 있는 모든 변화에 대해 잘 준비할 수 있게 할 것이다."[22] 오언은 공상주의자가 된 이후 평판이 나빠졌다. 그러나 사후 세계를 준비하는 것에 대한 언급을 제외하고 그가 19세기에 썼던 수사와 제프리 삭스와 같은 현대의 계획가들이 쓴 수사 사이에는 강한 상관관계가 있다(하단 참고). 유토피아는 오늘날 재등장하고 있다.

로버트 오언, 1857년	제프리 삭스, 2005년
당신이 중국, 일본, 버마 등 전 세계에서 주도적인 역할을 하는 정부의 모임을 조직하려고 한다면 …… 진실, 평화, 조화, 영구적인 번영, 행복이 승리하여 지배할 때,	2000년 9월〔은〕 역사상 세계 지도자들이 가장 많이 모였던 시간이다. …… 그 자리에 모인 지도자들이 채택한 그 문서는 …… 전쟁과 평화, 보건과 질병, 부와 빈곤의

인간을 위한 합리적인 존재 가치를 가지는 새로운 국가가 등장할 것이다.

문제에 대해 조사하며, 세계는 인류가 처한 상황을 개선하기 위해 일련의 사업을 벌이고 이에 헌신하도록 한다." (210~211쪽)*

이는 자연과학 및 정신과학의 진보를 통해 …… 남아돌 정도로 풍부한 수단을 모두 써서 의식주를 해결하고, 훈련 및 교육을 받으며, 즐거운 삶의 영위하면서, 끊임없이 진보하는 번영 속에서 ── 전쟁 없이 ── 인류를 통치하는 …… 이러한 결과는 현재 인류사에서 최초로 성취될 것이다.

기술적 진보는 인간의 기본적 필요를 충족시키고 …… 역사에 유례없이 기본적 필요 이상으로 달성할 수 있도록 한다." (347쪽) "우리의 놀랄 만한 기회는 …… 과학과 기술의 혜택을 …… 세계 모든 지역에 …… 항구적인 평화를 확보하기 위해 …… 전파하는 것이다. …… (351~352쪽)

그들이 보편적 사랑과 자선의 정신을 수용하게 될 때 …… 우리 인류의 영구적인 우월한 행복에 이르는 직접적인 경로를 확보하게 될 것이다.

세계 공동체는 그 일을 해내기 위해 인간적 용기와 동정심을 마음껏 사용한다.(2005년 1월, 밀레니엄 프로젝트 보고서의 서두)

---

* 여기에 나오는 쪽 번호는 삭스의 책 『빈곤의 종말The End of Poverty: Economic Possibilities for Our Time』(New York: Penguin Press, 2005)의 것이다.

이러한 결과는 …… 상상보다 훨씬 어렵지 않고 시간이 덜 걸리면서 …… 성취될 것이다.

지금까지 의도는 좋았으나 경험이 없고 근시안적인 개혁가들에 의해 제안된 모든 사소한 부분적 계획은 궁극적인 목적이 달성되기 위해서 쓸모없는 것으로서 폐기될 것이다.

빈곤의 덫을 성공적으로 종식시키는 일은 보기보다 훨씬 쉬울 것이다.(289쪽)

한 가지씩 사업을 하는 것은 공허하다."(『워싱턴 포스트Washington Post』, 2005년 3월 27일)
더 중요한 것은, 보건, 교육, 농업 생산성 등 무엇이든 간에 어느 한 부분에서의 성공은 전면적인 투자에 의존한다는 점이다.(256쪽)

불행히도, 유토피아에 대한 새로운 선호는 무해하며 영감을 주는 수사에만 있지 않다. 유토피아적 목표 설정은 원조 활동가들이 사람들을 이롭게 할 실행 가능한 업무 대신에 실행 불가능한 일에 노력을 기울이게 될 것을 의미한다.

절박한 필요

우리가 빈민들을 위한 단순하고 절박한 몇 가지 필요를 고려한다면 각종 계획에 낭비된 노력은 더욱더 비극적이다. 이에 대해 탐색가들은 하나씩 하나씩 설명할 것이다. 전형적인 아프리카의 한 국가에서 5

세 이하 어린이의 3분의 1이 영양실조로 인해 발육에 장애가 있다고 한다. 나이지리아의 한 여성 집단은 기아로 인해 몸이 쇠약해져 아기에게 모유 수유를 할 수 없다고 보고하고 있다. 아프리카 전역에는 지난번 수확한 작물이 바닥나고 새로운 작물을 수확할 때까지 겪어야 하는 오랜 '기아의 계절'이 있다. 라틴아메리카와 같이 좀 더 발전한 지역에서도 어린이의 5분의 1이 영양실조로 고통 받고 있다. 영양실조는 어린이의 수명을 줄일 뿐 아니라 치사병에도 더욱 취약하게 만든다. 에콰도르의 볼룬타드데디오스의 한 여성은 말했다. "어린이들은 먹을 것이 부족하여 질병에 걸리게 된다. 우리는 가난하다. 우리는 먹고사는 데 쓸 돈이 없다."[23]

말라위의 콸랄라에서는 우기 동안 관리 부족으로 우물이 파손되곤 하는데, 마을 주민들은 고원에서 방출된 인분 때문에 호수가 오염되어 있는 것을 알고도 호수에서 물을 길어 식수를 마련할 수밖에 없다. 이러한 관행은 설사와 주혈흡충증과 같은 질병을 유발한다.[24] 주혈흡충증은 오염된 물을 통해 전염되는 기생충에 의해 유발되며, 허파, 간, 신장 및 장기에 치명적 영향을 끼친다.[25]

에티오피아에 사는 한 노인은 말하길 "가난은 내게서 아내를 빼앗아 갔다. 그녀가 아팠을 때 나는 테벨tebel〔성수聖水〕과 워카비woukabi〔독주毒酒〕로 그녀를 치료하기 위해 최선을 다했다. 나 같은 가난한 사람이 마련할 수 있는 유일한 것이었기 때문이다. 그러나 하느님은 그녀를 내게서 앗아 가셨다. 내 아들도 말라리아로 죽었다. 이제 나는 혼자이다."[26]

브라질의 파벨라스(빈민 거주 지역 — 옮긴이)에 대한 연구는 심각한 하수도 문제를 제기한다. 노바칼리포르니아에서는 "집 앞에서 흐르는 하수는 질병을 유발하며, 숨을 쉴 수 없을 정도로 악취가 심하다. 비가 오면 그 물이 현관문으로 흘러, 바닥에 둔 것을 모두 치워놓아야만 한다." 빌라우니앙에서는 "겨울에 하수도가 넘쳐 거리에 하수가 가득 차면, 말할 것도 없이 모기가 마구 몰려든다." 모루다콘세이상에서는 하수도가 어린이들을 병들게 하며 "심각한 악취를 일으킨다."[27]

26세의 친웨 오코로Chinwe Okoro는 나이지리아 남동부의 농촌인 옥푸제에 산다. 홀로되신 친웨의 어머니는 친웨를 학교에서 중도 하차 하도록 한 뒤에 농장일과 기름야자를 채취하는 일을 시켜 가계 소득에 보탬이 되도록 했다. 기름야자 외에도 옥푸제에서는 카사바(카사바 녹말의 원료가 되는 열대산 식물 — 옮긴이), 얌(참마 속屬의 식물과 뿌리 — 옮긴이), 수공예품을 생산한다. 마을의 도로 사정이 나빠서 지역 상품을 시장까지 옮기는 운송료가 도로 사정이 좋은 곳보다 다섯 배나 더 든다. 이로 인해 친웨의 수입과 앞으로 그가 얻을 수 있는 여러 기회를 삭감시키고 있다. 나쁜 도로 사정으로 인한 고립은 보건 당국 직원들과 교사들을 옥푸제에서 일하는 것을 꺼리게 한다. 나는 아프리카에서 골이 지고 웅덩이가 패거나 진흙탕인 도로를 많이 다녀보았는데, 이는 정말 고통 그 자체이다. 친웨의 마을 사람들은 물을 긷기 위해서도 형편없는 길을 이용해야만 한다. 왜냐하면 13년 된 우물이 4년 전에 부서진 이후 아직 수리되지 않았기 때문이다. 여자들과 아이들은 샘물을 길어 오기 위해 8킬로미터를 걸어야 하며, 어떤 경우는 물을 사러 가장 가까운 마을로 가기 위해 22킬로미터를 걸어야 하

는 경우도 있다.[28]

원조 기관들의 몇 가지 성공 사례를 들어보면, 이 같은 문제에서 성과를 이뤄낼 수 있다는 것을 알 수 있다. 우선 굶주린 사람을 위한 식량 지원 사업이 성공했다. 이로서 에콰도르의 볼룬타드데디오스의 어린이들이 먹을 식량을 구할 수 있었다. 깨끗한 물을 마실 수 있는 길이 확대됨으로써 말라위의 콸랄라 마을 사람들이 도움을 받기도 했다. 말라위의 음브와드줄루에서는 수맥 두 곳을 새로 시추해 지역 주민들이 오염된 호숫물 사용을 중단하게 하였고, 이는 콜레라 감염률을 떨어뜨렸다.[29] 에티오피아 인의 비극도 저렴한 의약품만 있었다면 피할 수 있는 것이었다. 브라질의 빈민촌도 적절한 공중위생 혜택을 볼 수 있었다. 사실 10년 전과 비교해볼 때 공중위생에는 이미 진전이 있어왔다. 나이지리아 옥푸제의 고립은 도로를 잘 정비하고 유지함으로써 해소할 수 있었다. 콸랄라와 옥푸제의 파손된 우물도 수리될 수 있다. 원조 기관들이 그들의 힘을 유토피아적 계획에 쏟지 않았다면 이 문제에 대해 더욱 많은 일들을 할 수 있었을 것이다. 또한 주민들에 대한 식량 지급, 도로, 식수, 위생, 의약품 공급 등의 의무에 좀 더 책임 있는 자세를 취할 수 있었을 것이다.

백인의 의무

로버트 오언의 사례가 보여주듯이 비서구 세계의 문제에 대한 유토피아적인 해결책을 선호하는 현상은 새삼스러운 것이 아니다. 이는 서구와 비서구 세계의 역사에서 일관된 테마라고 할 수 있다. 어느 날 대외 원조와 군사 개입으로 드러나는 대계획은 18세기부터 이미 나타났다. 이에 대한 대부분의 기록은 식민주의에서 대외 원조로의 갑작스러운 변화와 호의적인 군사 개입에 강조점을 둔다. 물론 서구의 태도와 정책에 큰 변화가 있었던 것도 사실이다. 빈민들의 이익은 그 시작부터 부자들의 허식에 비해 중요성을 가지지 못했다. 백인의 의무는 서구의 자아도취적 공상에서부터 등장했다. 즉 '우리'가 비서구 세계를 구원할 선택 받은 자라는 것이다. 백인은 구舊 해리 포터 시리즈에서 주연을 자처했다.

계몽주의Enlightenment는 비서구 세계를 서구 세계가 자신의 우월적 이상을 새길 수 있는 빈 서판blank slate —— 의미 있는 역사나 자체 제도를 갖지 않은 상태 —— 으로 보았다. 뷔퐁Comte de Buffon이 기록한 것처럼 "문명이 도래한 것은 …… 유럽 인들을 통해서이다. …… 그들의 우월성이라는 정확한 이유 때문에 문명화된 민족은 진화하는 세계에 대한 책임을 진다." 콩도르세Marquis de Condorcet는 말하기를 "이 광대한 땅은 문명화되기 위해 우리의 지원만을 필요로 한다."[30]고도 했다.

18세기 후반과 19세기 초반의 노예 무역 반대 운동과 같은 유익한 점진적 개혁을 할 때에도 백인들의 오만은 곧 수그러들지 않았다. 영국 토리당의 수상이던 로버트 필 경Sir Robert Peel은 1840년 6월의 연설에서 백인들이 노예 무역을 중지하지 않는다면, 아프리카 인들에게 "유럽 동지들의 우월성"을 확신시킬 수 없을 것이라고 말했다.[31]

노예제 반대 운동의 지도자 중 한 사람인 윌리엄 윌버포스William

Wilberforce는 그 후에 인도에 대해 말하기를 "우리가 이 가엾은 존재들을 이러한 비참한 상황에서 구출하기 위해 노력해야 하지 않겠는가?"[32]라고 했고, 제임스 밀James Mill은 1810년에 인도의 "원주민들을 위해" 영국이 "그들을 자신들의 길로 가도록 내버려 둘 수 없었다."[33]고 말했다.

유럽 식민주의자들이 아프리카를 분할한 1885년의 베를린 회의에서도 일부 이타주의적 표현이 포함되었다. 당시 회의에 모인 사람들은 마치 피냐타(안에는 사탕 같은 것이 들어 있고, 눈을 감고 터뜨리는 것. ─옮긴이)가 터뜨려진 뒤에 거기서 떨어지는 사탕을 빼앗으려고 다투는 어린아이들 같았다. 서명국들은 "원주민을 교육하고, 그들에게 문명의 축복을 가져다주기 위해"[34] 모였었다.

이와 의견을 달리하는 드문 경우로 마크 트웨인Mark Twain이 있는데, 그는 1901년 이후의 문명화 시도를 다음과 같이 풍자했다. "문명의 축복은 …… 어둑어둑한 조명 아래에서는 이보다 더 좋을 순 없다. …… 초점이 약간 흐려진 상품들을 가지고 그들은 고대하던 전시회를 꾸몄다. 즉, 법과 질서 …… 자유 …… 훌륭한 거래 …… 약자에 대한 보호 …… 교육 …… 좋은가? 각하, 그것은 너무 쉬운 일입니다. 그거면 어둠 속 어딘가에 앉아 있는 바보들을 우리 진영으로 데려올 수 있을 것입니다."[35]

1차 세계 대전 이후 채택된 국제연맹League of Nations 규약은 "아직 자립할 수 없는 국민들"에게, "이러한 국민들의 복지와 발전은 문명에 대한 신성한 신뢰감을 형성한다."고 약속했다. 따라서 "이러한 국민들의 보호는 선진국에 위탁되어야만 한다."[36] 이에 대해 의구심을 품은 소수만이 이러한 보호가 대상 종족들에게 "좀 더 원시적인 …… 형식의 착취라기보다는 더 큰 시험대가 될 수 있는 가능성에 대해 궁금해 했다."[37]

　2차 세계 대전 이후 사람들의 언어에서 (그리고 생각에서도) 변화가 일어났다. 인종적 우월성, 후진적 민족들에 대한 보호, 스스로를 통치할 준비가 되어 있지 않은 민족에 대한 용어들은 폐기되었다. 대신 자치와 탈식민화decolonization가 보편적 원칙이 되었다. 서구는 낡은 인종적 조어를 새로운 조어와 맞바꾸었다. "문명화되지 않은"은 "저개발"이 되었다. "야만족들"은 "제3세계"가 되었다. 인종주의는 발상의 전환을 통해 평등에 대한 존중으로 대체되었으나, 대신 온정주의와 강박적 기류는 살아남았다. 이 책의 뒷장에서는 오늘날 "국가건설"에 대한 식민사적 교훈을 고찰해볼 것이다.

　한편, 비서구 세계를 변화시키려 했던 서구의 사업은 해외 원조라는 새로운 이름을 얻게 되었다. 해외 원조는 해리 S. 트루먼Harry S. Truman의 포인트 포 계획(Point Four Program: 저개발국에게 기술 지원과 경제 원조를 제공하기 위해 마련된 계획. 1949년 트루먼 대통령 취임식에서 네 번째 정책 사안으로 발표되어 포인트 포 계획으로 불린다. ― 옮긴이)과 함께 시작되었다. 1949년 1월 20일의 취임 연설에서 그는 (반세기 뒤의 제프리 삭스와 유엔의 밀레니엄프로젝트를 예감한 듯이) 다음과 같이 말했다. "우리는 저개발 지역의 개선과 성장을 위해 대담무쌍한 신계획에 착수해야만 합니다. 세계 인구의 절반 이상이 절망적인 상황에서 생활하고 있습니다. …… 역사상 처음으로, 인류는 이러한 사람들의 고통을 경감시키기 위한 지식과 기술을 소유하였습니다." 트루먼은 과거의 서구화 시도를 마치 파크 에비뉴에서 치러진 결혼식에 참석한 시골뜨기 친척처럼 무시해버렸다. 즉 "역사상 처음으로" 그들은 비서구 세계의 사람들("이러한 사람들")을 도울 수 있는 방법을 알고 있다고 한 것이다.

트루먼은 사업에 착수했다. 곧이어 선교사와 식민 관리의 후임 격인 개발 전문가가 탄생했다. 트루먼 집권 2년 후, 유엔의 전문가 집단은 각국의 "1인당 국민 소득이 2퍼센트 증가"하려면 "매년 약 30억 달러"의 대외 원조가 필요하다는 결론을 내렸다. 1960년, 월트 로스토Walt Rostow는 베스트셀러 『경제 성장의 단계The Stage of Economic Growth』에서 "외부 원조external aid의 경우 아시아, 중동, 아프리카, 라틴아메리카 모두의 고른 성장을 위해 1인당 국민 소득이 연간 1.5퍼센트 정도 증가하는 것을 목표로 할 때, 약 40억 달러 정도가 필요할 것"이라고 주장했다. 여기에는 자신들을 위한 이익 추구가 깔려 있다. 로스토는 그의 책의 부제로 '비공산주의자의 선언A Non-Communist Manifesto'이란 말을 붙여놓았다. 서구(제1세계)는 제3세계에 유일한 길One Path을 제공하기 위해 공산주의자들(제2세계)과 경합했다. 서구는 공산주의 체제에서보다 자유주의 체제(사유 재산, 자유 시장, 민주주의)하에서 물질적 풍요를 더 잘 이룰 수 있음을 비서구 세계에 증명하기 위해 애썼다. 때때로 서구의 군대는 비서구 세계가 번영으로 가는 길에 서 있는지를 확인해야 했다. 냉전은 (테러와의 전쟁이 오늘날 대외 지원에 영향을 끼쳤던 것처럼) 다가올 미래에 대한 서구의 노력에 영향을 끼쳤다.

로스토는 존 F. 케네디John F. Kennedy의 (국가안보전략회의 — 옮긴이) 고문이었다. 케네디는 1961년에 말하기를 "현존하는 해외 원조 프로그램과 개념은 대부분 불만족스럽다. …… 우리는 대외 원조가 더 이상 필요치 않은 …… 최후의 날을 바라보면서 향후 몇 십 년간 저개발 국가의 운명에 결정적 전환을 가져오는 발전을 목표로 한다." 고 했다.

이러한 개혁 운동을 실행하기 위해 2차 세계 대전 이후 알파벳 약자로 지칭되는 여러 기구가 생겨났다. IMF, 세계은행, 미국국제개 발처USAID, 영국 국제개발부DFID, 미주개발은행IDB, 아프리카개발은 행AFDB, 아시아개발은행ADB, 유엔개발계획UNDP, 세계보건기구 WHO, 식량농업기구FAO, 국제노동기구ILO, 유엔아동기금UNICEF을 비롯해 다수가 생겨났다.

서구는 대외 원조에만 관여한 것이 아니었다. 비서구 세계를 변 화시키기 위한 개혁 운동의 일환으로 자문, 외교 관계, 군사 개입을 장려했다. 냉전주의자들은 빈국에 간첩, 군인, 총기류를 보내 그들을 공산주의에서 구원하고 자본주의를 실행시키고자 했다.

한편 "개발경제학development economics"이라는 완전히 새로운 경제학 분야가 고안되기도 했다. 폴란드 태생의 경제학자인 폴 로젠 스타인-로단Paul Rosenstein-Rodan은 1940년대에 제3세계를 제1세계로 편입시키는 "빅 푸시"를 촉구했다. 한편 정치학, 사회학 및 기타 많은 분야의 학자들은 빈국의 "개발"에 대해 연구했다.

경제학자이자 사회학자이며 후에 노벨상을 받은 군나르 뮈르달 Gunnar Myrdal은 1956년에 빈곤에 대한 해답은 계획이라고 말한 바 있 다. "저개발 국가는 반드시 …… 선진국들의 격려와 축하의 박수 속에서 …… 국가의 전면적 통합 계획을 필요로 하는데, 이는 현재 공통적으로 합의된 것이다." 뮈르달은 이러한 계획을 옹호하는 데에서 지금까지도 반향을 일으키는 극적인 언어를 사용했다(강조는 원저자). "영웅적 시도에 대한 다른 선택지는 경제적 및 문화적 침체 또는 후퇴를 계속 묵인하는 것이다. 이는 오늘날 세계에서 정치적으로 불가능하다."[38] 그의 말에 기독교식으로 "아멘" 할 수는 있지만 그 영웅적 계획은 경제 침체를 종식시키거나 더 단순한 필요를 처리하기 위한 잠재성 실현에도 실패했다.

지성적 선호도에 약간의 부침이 있긴 했지만 이것들은 모두 현대판 백인의 의무에 영감을 준 동일한 아이디어들이다. 당시 이에 대한 보기 드문 반대자로서 헝가리계 영국인 경제학자인 피터 바우어Peter Bauer가 있었다. 그는 이미 40년 전에 대외 원조를 통한 계획된 "개발"의 실패를 선견지명으로 예측했다.[39]

혹 내가 번영과 평화가 충만한 사회에서 연구하고 생활했기 때문에 다른 사회의 번영과 평화를 위한 계획을 세울 정도로 충분히 알고 있다고 생각한다면 오류이다. 내 친구인 에이프릴이 전에 말한 것처럼 이는 경주마에게 경주로를 만드는 책임을 지울 수 있다고 생각하는 것과 같다.

빈민은 스스로를 돕는다

보노(Bono: 록 그룹 U2의 리드 싱어. ─ 옮긴이)는 삭스의 『빈곤의 종말』

에 대한 추천사에서 "우리에게 달렸다."고 말했고, 삭스는 "우리 세대의 도전"이라고 주장했다. 고든 브라운 총리는 그의 빅 푸시 계획에서 아프리카 인들에게 어떻게 이야기를 던질지에 대해 말했다. "우리는 이렇게 말해야만 합니다." "우리가 당신들이 무역하는 데 필요한 역량을 구축할 수 있도록 도울 것입니다. 문만 여는 것이 아니라 여러분들이 문지방을 넘을 수 있는 힘을 가질 수 있도록 돕는 것입니다."[40]

계획가들에 대해 가장 화가 나는 일은 (대부분 무의식 중에) 그들이 선심 쓰는 척하는 자세를 보인다는 것이다. 여기에 한 가지 비밀이 있다. 만약 서구 정치인들 또는 운동가들이 '우리' 라는 말을 쓰는 것을 듣는다면, 이는 바로 '우리 백인들' 을 의미하는 것이다. 이 역시 현대판 백인의 의무이다. (이는 빈민 구제를 위한 모든 서구의 노력과 자동적으로 연결되는 것이다. 세계에는 빈민에 대해 진정으로 관심을 가지고 있으면서 선심 쓰는 척하지 않는 부자들도 있다.)

카메룬의 변호사이며 저널리스트인 장클로드 샨다 톤메Jean-Claude Shanda Tonme는 2005년 7월 『뉴욕 타임스』의 특집 칼럼에 라이브 에잇 콘서트의 조직 위원들에 항의하는 글을 실었다. "그들은 우리를 자신들이 반드시 구해야 할 어린아이인줄 착각하고 있다. 그래서 우리를 위해서 자진해서 해결책을 제시하는 것이다."

우리는 이 책에서 그들의 은인인 체하는 사고방식을 버린다면 일어날 수 있는 새로운 변화들에 대해 살펴볼 것이다. 즉 원조와 IMF 차관에 붙은 조건의 폐기에서부터 군사 개입의 종식, 그리고 나쁜 정부의 응석을 받아주기보다는 개개인의 기회를 증대시킬 수 있는 적합한 장려금 지급 등이 여기에 포함된다.

세계의 빈민들은 서구가 그들을 구해줄 때까지 소극적으로 기다릴 필요가 없다. (그리고 그들이 서구의 도움을 그렇게 기다리는 것도 아니다.) 빈민들은 그들 스스로가 최고의 탐색가들이다. 서구의 계획가들이 모든 빈국을 위한 대외 원조를 500억 달러로 증가시킬지 여부를 논의하는 동안 두 거대 빈국 —— 인도와 중국 —— 의 국민들은 그들 스스로 매년 7150억 달러씩의 소득 증대를 이루어내고 있었다.[41] 4인방 —— 홍콩, 한국, 싱가포르, 대만 —— 은 지난 40여 년간 제3세계에서 제1세계로 이동했다. 중국, 인도와 4인방은 그들의 수입에서 상당한 부분을 차지하는 서구의 지원 없이도, 자국 정부의 노력으로, 서구가 그들에게 이래라저래라 하지 않아도 (피드백과 책임의 이상적 수단인) 시장에 참여하는 수많은 분산된 기관들의 노력을 통해 제1세계로의 이동을 이뤄냈다. 원조액이 소득의 1퍼센트로 원조 수령액 측면에서는 최하위에서 네 번째인 개발 도상국들은 건전한 경제 성장률을 달성하는 데 아무 문제가 없었다. 이 국가들은 지난 40여 년간 2.5배의 소득 증가를 맛보았다.

자생적 발전homegrown development은 세계 여러 지역의 빈곤과 정치적 혼란이 보여주듯이 늘 잘 이루어지는 것만은 아니다. 그러나 국가 발전이 실패할 때에도 빈민들은 계획가들이 인정하는 것보다 더 영리하다. 에티오피아에서, 38세의 에테네시 아옐레Etenesh Ayele는 아디스아바바로 장작을 져 나르는 일만 12년을 했다. 이제 그녀는 아마레치와 같은 여성들과 소녀들을 도우려 하고 있다. 그녀는 장작나르기출신여성협회를 운영하고 있으며, 이 협회 회원들은 교육을 통해 소녀들이 장작 나르기에서 탈피하도록 하고 있다. 에테네시 아옐레와 동료들은 여성들에게 직물 짜기와 같은 대체 기술도 가르치는데, 창업 자본으로 소액 대출을 해주기도 한다. 아옐레는 말한다. "대부분의 여성들이 직물 짜는 법을 알고 있어도 재료를 살 돈이 없어요.""그래서 우리가 자금을 제공하고 최신 디자인 및 기타 다양한 디자인을 알려주어 좀 더 쉽게 숄과 치마를 만들고 이것들을 팔 수 있게 도와줍니다."[42] 이 협회의 존재가 만병통치약이 될 수는 없지만 —— 이 협회가 생겼어도 아직 아마레치와 같은 소녀들에게까지 다 닿지는 못했다. —— 해외 후원자들이 더 많은 지원을 할 수 있게 하는 자생적 노력을 보여준다.

빈민들은 계획가들이 빈민들을 위해서 이루어낸 업적보다 훨씬 더 많은 것들을 이미 스스로 이루어냈다. 이에 대해서는 '자생적 발전'에 대한 장에서 살펴보게 될 것이다. 만일 서구 세계가 원조 기관에 있는 탐색가들과 에테니시 아옐레와 같은 현지인들에게 좀 더 의존했다면 가난한 이들의 고통을 훨씬 더 많이 덜어줄 수 있었겠지만, (그럼에도 불구하고) 서구 세계는 비서구 세계를 근본적으로 변화시킬 수는 없다. 서구가 다양한 역사와 문화를 가진 복잡한 사회들을 또 다른 이미지의 사회로 변화시킬 수 있다고 생각하는 것은 공상에 불과하다. 빈민들이 서구에서 아이디어와 기술을 적합한 시점에 빌려 와 자신들이 스스로 탐색가들이 되도록 하는 데 빈민을 위한 희망이 있는 것이다.

우리는 주로 하나로 뭉뚱그려지던 두 질문을 구분해야 한다. 서구의 원조가 과연 무엇을 할 수 있는가? 비서구 세계에서의 번영이 얼마나 더 지속되겠는가? 이 책은 서구의 원조가 두 번째 질문에 대한 답이 아니라는 것을 주장하는 것 외에는 첫 번째 질문을 위한 책이다.

　두 번째 질문 역시 제기할 가치가 있다! 이는 계속 연구자들과 정책 입안자들이 모색할 수 있는 가치 있는 분야가 될 것이다. '번영을 누리기 위해 우리가 지금 무엇을 할 수 있겠는가?' 라는 큰 질문에 대답할 여유가 없는 독자들을 위해 과거 50여 년간의 연구로도 간단한 해답을 얻지 못했다는 것을 상기시키려 한다. 만약 이에 대한 간단한 해답이 있었다면 지금보다 더 많은 개발 성공 신화들이 있었을 것이다. 그 대질문Big Question의 특정 부분에 대한 수많은 작은 해답들이 있어왔고, 그와 동일한 방식으로 더욱 많은 진전이 이루어질 것으로 보인다. 이는 거창한 질문에 대한 전면적 공격을 통해서가 아니다. 17세기에 프란시스 베이컨 경Sir Francis Bacon은 "큰 것이 작은 것을 발견하기보다는 작은 것이 큰 것을 발견하는 것이 자주 발생하는 일이다."[43]라고 말했다. 이 책은 서구의 원조를 통해 실행될 수 있는 바로 그런 소소한 해답에 관한 책이다.

　보기 드문 성공 신화로 1960년부터 지금까지 세계 최고의 1인당 국민 소득 성장률을 기록한 나라가 있다. 이 나라는 동아시아가 아니라 아프리카에 있는 보츠와나이다. 보츠와나는 이 기간 동안 1인당 국민 소득 성장률이 6퍼센트를 기록했는데, 이는 기간상으로 볼 때 유례없는 수치이다. 그러면 보츠와나의 성공에서 해외 원조로 인한 원인이 얼마나 되었을까? 처음에 보츠와나에서 국민 1인당 원조는 1인당 국민 소득의 중요한 일부분이었다. 그러나 소득이 증대되면서 원조가 줄게 되었다(그림 1 참조). 보츠와나 역사에서 독립 초기에는 원조가 중요한 역할을 담당했지만 빠른 성장기 동안 그와 같은 흐름은 재고될 수밖에 없었다. 보츠와나는 다행히도 풍부한 다이아몬드 광산을 보유하고 있는데, 다른 많은 빈국들은 자연자원을 보유하고 있음에도 이를 잘 개발하지 못하고 탕진한 사례가 많이 있었다. 더욱이 빈국으로서 보기 드문 사실은 보츠와나가 민주주의를 수용했다는 것이다.

그림 1 국민 소득과 원조액의 변화*

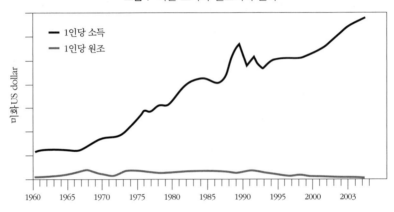

미래를 향한 전진

서구가 원조 기관들과 개발 요원들에게 유토피아적 이상을 달성하라고 요청한 것은 탐색가들이 촉구했던 실행 가능한 일들을 달성하는

---

* 그림에서 Y축의 수치는 없으며, 이 그림은 소득이 증가할수록 원조 액수가 줄어든 다는 것을 보여주는 것이다.

것을 더욱 어렵게 만들었다. 또한 특정한 사업을 진행하는 데 책임을 덜 부과하도록 만들었다. 이는 대계획의 대목표로 초점을 맞추는 것이 사람들의 관심을 더 많은 아이들에게 12센트짜리 약품을 제공하도록 할 것인가의 문제로부터 다른 곳으로 흐트러뜨리기 때문이다. 서구의 원조 기관들이 개발은 자생적 노력을 통해 주로 이뤄진다는 것을 인정한다면 유토피아적 목표에서 탈피할 수 있을 것이다. 즉 개발 당사자들이 빈민의 삶의 질을 높이기 위해 좀 더 온당하며 실현 가능한 조치에 집중하도록 해방시키면서 말이다.

세계의 이상주의자, 행동가, 개발 당사자들은 유토피아니즘의 사슬 밖에는 잃을 것이 없다. 이제 개발 분야에서 이미 종사하고 있는 수많은 탐색가들에게 더 많은 권한을 주고 자금을 지원하자. 당신이 세계의 빈곤을 즉시 제거하거나, 평화를 가져오거나, 환경을 구할 필요는 없다. 당신은 그저 빈민들의 삶에 변화를 줄 수 있도록 당신이 가진 적절한 자원으로 할 수 있는 일을 하면 된다.

당신이 더욱더 높은 수준에서 특정 사안에 참여하고 싶다면, 더 많은 권한과 자금을 부여 받은 탐색가들 역시 존재해야만 한다. 왜냐하면 실무를 맡고 있는 탐색가들은 대외 원조 체제에 점진적인 변화를 줄 수 있기 때문이다. 점진적 변화의 한 가지는 원조 기관에 대한 정직하고 독립적인 평가를 내리는 것이다. 이를 통해 실행 가능한 사업을 찾고 이런 사업을 더 많이 할 수 있도록 자금을 재조정하는 것에 대하여 보상을 해줄 수 있게 될 것이다. 탐색가들은 빈민들이 스스로 그들이 가장 원하는 것과 원하지 않는 것이 무엇인지 보여줄 수 있는 체제를 생각해낼 수 있다. 우리는 서구가 '먼저 해로움을 제거하라.'

는 원칙을 따르게 하기만 해도 개선의 폭이 훨씬 넓어진다는 것을 알게 될 것이다. 이 책은 앞으로 서구의 지원에 대한 실험적 측면의 개선 방안을 제안하는 데 많은 부분을 할애하겠지만, 대외 원조를 개혁하기 위한 대계획은 기대하지 말기를 바란다. 유일한 대계획은 대계획을 중지하는 데 있다. 유일한 대해답은 대해답이라는 것이 없다는 것이다.

서구에서는 소수의 엘리트만이 계획가가 될 수 있다. 그러나 서구만이 아니라 모든 지역의 사람들은 모두 탐색가가 될 수 있다. 탐색가들은 빈민의 삶, 대외 원조의 진행 과정, 사적 시장 활동, 비서구 세계에 영향을 미치는 서구 정부의 행동에서 모두 점진적인 개선을 탐색할 수 있다. 많은 탐색가들은 세계의 여러 현장에서 대외 원조가 진행되는 상황을 감독할 수 있고 물품이 전달되지 않을 때 자신들의 목소리를 낼 수 있다. 이제 세계의 빈민들의 두 번째 비극을 중지시켜야할 때이다. 이는 첫 번째 비극에서도 좋은 쪽으로 진전이 있게 할 것이다. 탐색가들은 그들이 알고 있는 것과 그들이 가장 필요로 하는 것에 대해 빈민들이 좀 더 책임 있는 관리자에게 좀 더 많은 의견을 표시할 방법에 대해 서서히 알 수 있게 된다. 대계획과 유토피아적 꿈은 그나마 많지도 않은 에너지까지도 소진시키며 방해가 될 뿐이다. 탐색가들이 자선 단체 직원들로 하여금 방법을 찾도록 하면 어떨까? 어린이들이 말라리아 때문에 사망하는 것을 방지하기 위해 12센트짜리 약품을 얻을 수 있는 방법을, 빈민들이 말라리아에 감염되는 것을 예방하기 위해 4달러짜리 모기장을 구할 수 있는 방법을, 어린이의 죽음을 막기 위해 새로 엄마가 된 여성들에게 3달러씩을 줄 수 있는 방법

을, 아마레치를 학교로 인도할 수 있는 방법을 실질적으로 강구할 수
있도록.

내 인생의 가나

폭스바겐 비틀 자동차가 아크라에서 케이프코스트로 이어지는 길을 따라 가나의 작은 마을로 느릿느릿 나아간다. 지금은 밤이고 아주 덥다. 다섯 명이 타기에는 비틀 안이 비좁다. 공기 중에는 나무 타는 냄새가 난다. 가로등은 없다. 운전석에 앉은 아버지는 길가를 지나는 가나 인 보행자들 사이로 천천히 차를 몬다. 가다 보면 심심치 않게 웅덩이가 나온다. 반대편에선 조명을 켜지 않은 차량들이 지나간다. 우리는 그 마을에서 나와서 수풀에 있다. 열대 꽃 냄새가 난다. 우리는 잠을 청할 여관에 왔다. 방갈로에도 전등은 없다. 어떤 사람이 랜턴을 켠다. 등유 랜턴의 심한 악취는 다른 냄새를 다 쫓아낸다. 여생 동안 나는 이 등유 냄새를 맡을 때마다 가나를 생각할 것이다. 내 형제자매와 나는 영국 식민주의자들이 남기고 간 베란다 딸린 목조 여관에서 졸려서 비틀거리며 걸어갔다. 접근하는 다른 차량을 분간하기 어려운 커브길은 신경이 예민한 우리 어머니에게는 실존적 위기인데, 다행히도 이러한 열대의 무질서와 잘 맞서 싸우고 있다. 방갈로에는 침실이 하나뿐이어서 남은 우리들은 소파와 의자를 끌어모아 잠자리를 만든다. 우리는 방갈로에 적지 않은 곤충들과 심지어 박쥐까지 있는 것을 보고 난 후 겁이 덜컥 났지만, 그래도 인근 마을의 북 장단과 바닷가의 파도 소리를 들으며 잠을 청한다. 우리 아버지는 아프리카 개발에 대한 지식을 전수해주는 미국식 프로그램의 일환으로 가나의 케이프코스트대학교의 생물학 교수직을 맡게 되었다. 우리 가족은 오하이오 주 볼링그린 출신으로 총 다섯 명이다. 우리는 백인이며 당신들을 구하기 위해서 왔다. 나는 올해 열 두 살이다.

35년 후 나는 다시 아크라에서 케이프코스트로 가는 길에 있다. 나는 개발경제학 교수가 되었는데, 그 사이 많은 시간을 세계의 빈국을 변화시킬 방법을 탐색하는 데 썼고, 그중 16년을 세계은행에서 일했다. 우리 차는 내가 이제까지 본 도로 중에서 가장 형편없는 도로를 겨우겨우 달리고 있다. 공여국들은 이 형편없는 도로 옆으로 새 도로를 건설하고 있다. 우리 차는 초가지붕의 진흙 오두막으로 이루어진 음푸루멘의 작은 마을로 덜컹거리며 가고 있다. 나와 함께 가는 사람들은 음푸루멘 추장을 알고 있다. 그는 특이하게도 가나 출신의 미국 이민자이며 오하이오 주 애크런에서 대학 교수로 재직 중이다. 그는 매년 일정 기간을 음푸루멘에서 체류한다.

마을 원로들이 우리를 맞이하러 온다. 그들은 뒤따라오는 호기심 많은 어린아이들과 함께 염소들과 닭들을 쫓으며 예복을 차려 입고 깎은 지팡이를 쥐고 엄숙하게 두 줄로 행진해 온다. 환영 행사의 한 부분으로 원로들은 독주 한 잔씩을 돌린다. 우리는 각각 돌아가면서 (어린아이들은 빼고) 잔에 담은 술을 반씩 마시고 나머지는 땅에 뿌린다. 그러면 시중드는 사람이 다음 사람을 위해 잔을 다시 채운다.

더욱 연로한 마을 원로들은 그동안 삶이 얼마나 바뀌었는지에 대해 우리에게 말한다. 많은 주민들은 오염된 웅덩이에서 물을 길어 오는 탓에 메디나충증에 시달리곤 했다. 메디나충증은 애벌레를 품은 작은 물벼룩에 의해 발생한다. 사람들이 이런 벼룩이 기생하는 물을 마시면 그 애벌레에 감염된다. 그 애벌레는 사람들 몸속에서 알을 까고 길이 1미터 정도의 벌레로 성장하게 된다. 벌레는 피부에 생긴 상처를 뚫고 나오게 된다. 벌레가 몸 밖으로 나오는 데 몇 주가 걸리는데, 그 기간 동안 감염된 사람은 극심한 고통을 겪으며 일을 하거나 학교에 갈 수도 없다.[44]

이제 마을 주민들은 인근 도시인 위네바에서 파이프로 보낸 식수를 사용하게 되었고, 메디나충도 사라졌다. 식수 공급의 확대는 그 일부가 대외 원조에 의한 자금을 지원 받은 것이다. 식수 공급이 주기적으로 중단되긴 하지만 마을 추장은 단수가 될 때 주민들이 이를 극복할 수 있도록 (서구 후원 기관의 지원을 받아) 식수 저장 시설을 만들었다. 어린이들은 더 건강해졌다. 더욱이 다시 돌아온 추장은 역시 서구의 지원을 받아 중학교도 지었다.

밤이 된다. 몇 집만 전기가 공급되고, 마을은 서구의 도시인들이 상상하기 어려울 정도의 깊은 어둠에 잠긴다. 은하수가 머리 위 하늘에 선명하다. 마을의 대로를 따라 걸으며 나는 어둠 속을 걷는 보행자들과 부딪히지 않으려 노력한다. 길거리에서 촛불을 켜고 오믈렛을 파는 행상들에게서 작은 불빛이 새어 나온다. 50명의 사람들은 많지 않은 전기 연결부를 이용해 야외에서 텔레비전을 보기 위해 모여 있다. 그들은 장례식 중계를 보고 있다. 내가 완전히 이해하지 못했던 장례식의 한 부분은 장례식 도중에 길 건너 스피커가 헤비메탈을 틀어대고 있는 광경인데, 이는 35년 전 장례식에서 북을 치던 것과는 사뭇 다른 모습이다. 얼마 안 되는 전기 연결부도 수많은 마을에 전기 시설이 아예 안 되어 있었던 35년 전과 비교해보면 큰 발전이다(그래도 나는 개인적으로 헤비메탈보다는 북소리를 더 좋아한다.). 숙박 시설은 초보적이지만 곤충이나 박쥐는 찾아볼 수가 없다.

이와 같은 장면은 이 책 군데군데에서 볼 수 있는 다른 장면들처럼 오하이오 주 애크런 출신의 추장이나 원조 기관의 일부 관계자들과 같은 탐색가들이 전력 공급, 상수도 설치, 물 저장고 건설, 메디나충 근절, 중학교 설립 같은 실행 가능한 점진적 개선 사례를 발굴한 것을 보여준다. 내가 이 일화를 통해 보여주고자 하는 것은 원조 탐색가들이 계획가들보다 더 잘한다는 '증거'를 말하고자 하는 것이 아니라 그것이 시사하는 바가 있다는 것이다. (이 책의 주 내용은 그 큰 사안을 다룬다.) 내가 설명한 소규모의 개입안은 엄격한 평가를 받았다. 이 책이 앞으로 논의하겠지만 그 부분은 반드시 진전이 필요하다. 그러나 대외 원조에서 엄격하게 평가된 부분은 거의 없다. 실행 가능한 일들에 대한 아이디어를 얻기 위해서는 어디에선가 새로운 시작이 필요하다.

가나에서 불필요한 비극을 방지하기 위해 해야 할 일들은 더 많다. 설사병에 걸린 영아 중 46퍼센트만이 치사 위험을 급격히 감소시킬 수 있는 저렴한 경구 수분 보충 요법(탈수 증세를 막기 위해 물과 전해질을 먹이는 치료법. — 옮긴이)으로 처치를 받고 있다. 어린이 중 29퍼센트는 영양실조로 성장 장애를 앓고 있는데, 이는 항설사 프로그램, 식이 프로그램, 영양 공급과 같은 적절한 치료로 완화될 수 있다.

어린이 중 31퍼센트는 아동기 치사병을 예방할 수 있는 저렴한 예방
접종도 받지 못하고 있다.[45]

　　이러한 개입은 계획가들의 거대한 목표와 비교해볼 때 늘 미약해
보인다. 그러나 당신이 탐색가들을 기하급수적으로 증가시킨다면, 사
실상 실행되고 있지 않은 계획과 그들의 무수한 개입안을 대조시킨다
면, 원조 분야에 충분한 탐색가들이 없기 때문에 이루어지지 않는 실
행 가능한 일들을 고려한다면, 당신은 고든 브라운 총리의 웅변 이상
으로 빈민 구제를 위한 원조에 대한 나름의 사고방식을 가지고 있는
것이다.

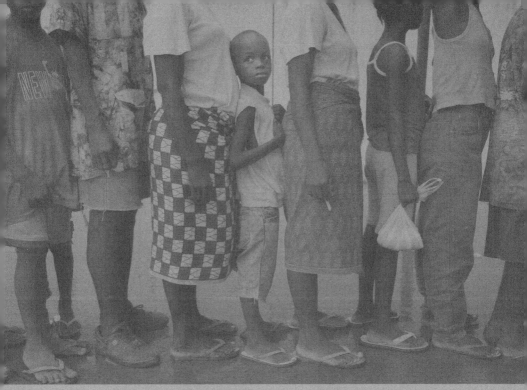

THE WHITE MAN'S BURDEN

1부

|

계획가가 풍요를 가져오지 못하는 이유

제2장

빅 푸시의 신화

진실이라고 가정할 만한 근거가 없을 때 계획을 신뢰하는 것은
바람직하지 않다.

__ 버트런드 러셀Bertrand Russell

왜 헛된 유토피아적 계획이 경제 개발에 대한 논의를 주도할까? 우리
가 제1장에서 살펴보았듯이, 부분적으로는 유토피아적 계획이 부유
한 나라의 정치인들에게 정치적 호소력이 있기 때문인 것으로 볼 수
있다. 또한 계획가들의 지적 영감은 서구의 노력으로 장기적 개발이
어떻게 실현될 수 있는지에 대한 오래된 신화였는데, 그것은 끈질기
게 다시 돌아왔다.

　이 신화는 1950년대로 거슬러 올라간다. 1950년대 이후로는 많
은 변화가 있었다. 현재 우리는 에어컨, 인터넷, 생명을 연장시키는
신약新藥, 성애를 다룬 영화를 누린다. 그러나 한 가지 바뀌지 않은 것
이 있다. 1950년대에 대외 원조를 촉발했던 신화가 오늘날의 대외 원
조를 고무하는 동일한 신화라는 것이다.

　이 책의 첫 번째 장은 이 신화의 일부분을 드러낸다. 이 신화의

전반적인 내용은 다음과 같다. 최빈국은 빈곤의 덫(그들은 단지 빈곤하게 삶을 시작했기 때문에 가난하다.)에 걸려 있으며, 빅 푸시의 자금 지원이 없이는 빈곤의 덫에서 빠져나올 수 없다. 이 과정에서 개발에 장애가 되는 모든 요소를 처리하기 위한 투자와 행동이 개입되며, 그 후에 그들은 자립 성장으로 도약take-off하게 되고, 원조는 더 이상 필요치 않게 된다. 이것이 바로 1950년대의 대외 원조를 불러일으킨 신화였다. 또한 이는 오늘날 대규모 지원을 늘려야 한다고 주장하는 자들이 말하는 신화와 동일하다. 이 장에서는 최초의 신화와 50년 뒤에 개작된 신화 사이에 지난 50년간 축적되어온 증거들을 바탕으로 이 신화를 검증해볼 것이다. 나는 당신이 이미 무엇을 생각했는지 알아맞힐 수 있다. 그 증거들은 신화의 신빙성을 뒷받침하지 않는다. 이는 계획가들의 한 특징처럼 과거에 작동되지 않았던 것을 다시 시도해보는 것과 같은 전형적인 사례이다.

이제 개발 신화의 구성 요소들을 검증해보자.

| 첫 번째 신화 |
최빈국들은 원조를 통한 빅 푸시 없이는
헤어 나올 수 없는 빈곤의 덫에 걸려 있다

빅 푸시는 유엔 밀레니엄프로젝트가 '빈곤의 덫'이라고 일컫는, 빈국의 성장을 저해하는 덫에서 빈국을 이미 구출했어야 했다. 제프리 삭스가 2005년 그의 저서 『빈곤의 종말』에서 설명했듯이, "사람들이

표 1 장기적 빈곤의 덫 검증

연 평균 1인당 경제 성장률	1950~2001년	1950~1975년	1975~2001년	1980~2001년	1985~2001년
제시된 시기 초기의 최하위 1/5 국가	1.6	1.9	0.8	0.5*	0.2*
나머지 국가	1.7	2.5 †	1.1	0.9	1.3 †
최하위 1/5 국가에 대한 소득 안정성 부정	예	예	예	예	예
최하위 1/5 국가에 대한 소득 안정성 부정 실패	예	예	예	예	예

* 최하위 1/5의 국가는 통계적으로 성장률 제로와 별 차이가 없다.
† 나머지 모든 국가의 성장률은 최하위 1/5의 국가와 통계적으로 분명한 차이가 있다.
표본 : 137개국. 통계적 검증은 12개 전환기 경제국과 페르시아 만의 산유국을 제외한다.

…… 완전히 곤궁에 빠져 있을 때, 그들은 그저 생존만을 위해서도 소득액의 전부 또는 그 이상이 필요하다. 미래를 위해 투자할 수 있는 생존 수준 이상의 소득은 남아 있지 않다. 이로써 낮은 또는 마이너스 경제 성장률이 지속될 경우, 최극빈층은 그 누구보다 심한 경제적 어려움에 빠질 수밖에 없게 된다. 그들은 너무 가난해서 미래를 위해 저축할 수가 없으며 현재의 절망적 상황에서 그들을 벗어나게 해줄 수 있는 자본을 모을 수 없다."(56~57쪽)

다음의 이야기를 다시 살펴보자. 표 1에서 볼 수 있는 바와 같이,

여기 1950년부터 2001년도까지 137개국의 1인당 국민 소득에 대한 자료가 있다. 이는 경제학자인 앵거스 매디슨Angus Maddison이 통계 자료화한 것이다. (공산주의 경제와 페르시아 만의 산유국 경제는 특별한 경우로서 제외하기로 한다.) 우리는 1950년에 이 국가들의 1인당 국민 소득에 따라 국가들의 순위를 매겼다. 1950년 최빈국이던 국가들이 그 다음 반세기 동안에도 여전히 빈곤의 덫에 갇혀 있는가? 사실, 그렇지 않다. 1950년 당시 최하위 5분의 1에 해당하는 국가들은 그 뒤 50년간 2.25배까지 소득을 증가시켰다. 그 밖의 5분의 4에 해당하는 국가들은 소득을 2.47배 증가시켰다. 이 두 집단에서 나타나는 성장률의 차이는 통계학적으로 불규칙 변동random fluctuation과 별 차이가 없다. 한 집단으로서 최빈국들의 성장률이 제로라는 것을 우리는 통계상 무시할 수 있다. 이 신화에 들어맞는 유일한 시기는 1985년부터 2001년까지인데, 이에 대해서는 차후에 다시 살펴보기로 하겠다.

빈곤의 덫이라고 하는 신화를 평가해볼 수 있는 통계적 시험 결과는 더 많이 있다. 그 신화가 진실성을 가지고 있다면, 최빈국들은 아주 낮은 수준에서 소득이 정체되어 있어야만 한다. 소득은 이 수준에서 이따금 예상 밖으로 변동하겠지만 늘 다시 그 수준으로 회귀할 것이다. 오랫동안 지속되는 저소득 상태는 결코 긍정적인 안정성으로 볼 수 없는데, 이러한 저주받은 안정성cursed stability(통계학 용어로는 '정상성stationarity'이라고 한다.)을 시험해볼 수 있는 두 가지 방법이 있다. 우리는 소득 정체를 가정할 수 있고, 데이터가 그 가정을 부정하는지 여부를 살펴볼 수 있다. 또는 소득의 불안정성 —— 1인당 성장이 플러스라는 것은 불안정성을 잘 보여주는 형태이다. —— 을 가정할 수 있고, 그 데이터가 그 가정과 일치되는지를 살펴볼 수 있다(그 데이터는 불안정성을 부정하지 않는다.). 1950년부터 그 후로 약 50년 동안 최하위 5분의 1에 해당하는 나라들의 소득 정체를 조사할 때, 우리는 소득이 정체한다는 정체 가설hypothesis of stagnation을 결정적으로 부정하게 된다. 우리가 플러스 성장과 같은 불안정성을 가정할 때 그 데이터는 바로 그 가정을 부정하는 어떠한 증거도 제시하지 않는다.

아마도 빈국들이 소득 정체에서 벗어날 수 있었던 것이 원조 때문은 아닐까? 그 빈국들을 평균 이상의 해외 원조를 받은 국가와 평균 이하의 해외 원조를 받은 국가로 나누었을 때, 1950~2001년 동안의 결과가 앞서 조사된 소득의 안정성 경우와 동일하다는 것을 발견했다. 1950~2001년 동안 평균 이하의 해외 원조를 받은 국가들은 평균 이상의 해외 원조를 받은 국가들과 동일한 성장률을 보였다. 원조를 받지 않은 빈국들이 플러스 성장을 하는 데 아무런 문제가 없었다.

이는 최빈국이 스스로 성장하고 발전할 수 있다는 사실을 보여준다는 점에서 매우 중요한 발견이다. 해외 원조 수혜로 이러한 경제 성장을 설명할 수 없다면, 이것은 아마도 순전히 자생적인 이유로 발생한 것이라고 할 수 있다. 빈민들 가운데 탐색가들은 좀 더 수준 높은 생활을 누릴 수 있는 방안을 찾아낸다. 그들은 서구 세계가 와서 그들을 구원해주기를 기다릴 필요가 없다.

분명한 사실은 최빈국들 중에서도 성장에 실패한 일부 국가가 있다는 것이다. 차드(아프리카 중앙부에 있는 공화국 — 옮긴이)는 1950년에서 2001년까지 성장률이 0퍼센트였다. 자이르/콩고민주공화국DRC은 같은 기간 동안 1인당 성장률이 마이너스를 기록했다. 원조는 한 국가를 전반적인 경제 침체에서 벗어나게 할 수 있는 근본적인 해결책이 못 된다. 다만 경제가 침체된 국가에서 태어날 정도로 불운한 사람들에게 도움을 줄 수는 있다.

보츠와나 같은 성공 사례는 이러한 경제 침체의 흐름을 상쇄시킨다. 보츠와나는 1950년에 세계 4위의 최빈국이었으나 2001년까지 소득을 13배까지 증대시켰다. 레소토는 1950년에 세계 5위의 최빈국이었으나 다음 반세기 동안 소득을 5배까지 증가시켰다. 또한 1950년에 최빈국 대열에 속했던 나라 중에서 또 다른 성공 사례가 두 곳 있는데, 바로 중국과 인도이다.

빈곤의 덫이라는 신화에 대한 두 가지 중요한 예측을 계속 확인해보도록 하자. (1) 최빈국의 성장률은 기타 국가들보다 더 낮다는 것과 (2) 최빈국의 1인당 성장률은 제로이거나 마이너스라는 것이다. 최빈국은 1950~1975년까지의 시기에 다른 국가들보다 낮은 성장률을 보이긴 했다. 그러나 이는 빈곤의 덫으로 인한 것이 아니었다. 왜냐하면 1950~1975년까지 최빈국의 평균 성장률은 연간 1.9퍼센트(이는 미국 경제의 장기 성장률과 거의 동일하다.)로 꽤 건실했기 때문이다.

1975~2001년 또는 1980~2001년 같이 최근에도 최빈국들이 더 낮은 성장률을 보인다는 증거는 없다. 최빈국들의 성장률이 이전 시기보다 훨씬 더 저조하여 실망스러웠던 것은 사실이다. 그러나 중간 소득 국가에서도 성장률이 저조하기는 마찬가지였다. 이 시기 초기에 최하위 5분의 1의 국가들은 나머지 5분의 4의 국가들과 통계적으로 별다른 차이를 보이지 않았던 그 이후의 기간에 더 나은 성장 실적을

보였다. 1985년을 출발점으로 삼았을 때에만 최빈국들의 성과가 더 나빠진 것을 발견할 수 있다.

제프리 삭스가 그의 책 『빈곤의 종말』에서 빈곤의 덫으로 제시한 증거는 그 이후의 시기에서 나온다. 그래서 1985년부터 현재까지 최하위 5분의 1의 국가들은 다른 국가들보다 약 1.1퍼센트 더 낮은 상당히 저조한 1인당 성장률을 기록했다. 다음에 나오는 두 번째 섹션에서는 이 시기가 빈곤의 덫을 보여주는 전형적인 신화에 적합한지 여부를 살펴볼 것이다.

표 1의 숫자들은 늘어나는 것 같지 않다. 최빈국들은 1950~2001년 동안 줄곧 낮은 성장률을 기록한 것은 아니지만, 1950~1975년에는 약간 저조한 성장률을 보였으며, 좀 더 최근에는 훨씬 더 낮은 성장률을 기록했다. 이 수수께끼에 대한 해답은 각 기간의 초기에 보여준 최빈국의 정체성이 계속 변화한다는 데서 찾을 수 있다. 1985년의 28개 최빈국 중 11개국이 1950년에는 최하위 5분의 1에 속하지 않았다는 사실은 빈곤의 덫이라는 신화의 신빙성을 떨어뜨린다. 이 11개 최빈국은 아래로부터 기인한 빈곤(민초들의 부진한 경제 활동 — 옮긴이)에 빠졌다기보다는 위로부터 기인한 빈곤(국가 경제의 방만한 운용 — 옮긴이)에 빠지게 된 것이다. 다른 국가들이 그것에서 탈출하는 동안에 말이다. 누가 빈곤의 덫에 갇혀 있는가에 대한 정체성이 계속 변한다면, 그 빈곤은 빈곤의 덫이라고 할 수 없다.

다른 학자들 역시 '빈곤의 덫'에 대한 어떤 물증도 발견하지 못했다.[1] 빈곤의 덫이라는 가설에 꼭 필요한 요소 중 하나는 빈민들의 저축률은 매우 낮고, 일부 중간 소득 수준에서만 증가할 뿐이라는 점이다. 아르트 크라이Aart Kraay와 클라우디오 라닷츠Claudio Raddatz는 2005년 1월 보고서에서 데이터를 가지고 있는 모든 국가의 저축률에 대해 연구했는데, 저축은 낮은 소득 수준에서도 빈곤의 덫이 요구하는 방식대로 이뤄지지 않음을 발견했다. 국가가 빈곤한 상태로 계속 남게 되는 이유는 다른 데 있는 것이 틀림없다.

일부 국가가 빈곤의 덫에 갇혀 있을 수도 있다. 문제는 평균적인 빈국이 그렇지 않다는 데 있다. 빈곤의 덫 이론은 꽤 호소력이 있고, 국가들이 그 덫에 걸려 있다고 생각할 수 있는 여러 가지 점들이 있다. 나는 이전에 출판한 책에서 전체 인구의 낮은 평균 노동 숙련도가 노동 시장에 새로 진입한 노동자들의 기술 습득을 어렵게 할 뿐만 아니라, 결국 저숙련의 덫을 지속시킨다는 사례를 제시했다. 수준 높은 공식 제도와 같은 일부 요소가 빠져 있다면(그것 자체는 불충분한 소득의 결과이다.) 빈곤의 덫은 높은 소득 수준에서도 형성될 수 있으며 경제를 중간 소득 수준에서 정체되도록 할 수 있다.

빈곤의 덫에는 가능한 여러 종류가 있기 때문에 일반적으로 빈곤의 덫에 대한 존재를 명확하게 증명하거나 논박한다는 것은 불가능하다. 나는 단지 최빈국에 대한 원조 논쟁에서 논의된 빈곤의 덫에 관한 특정한 형태를 검증해볼 수 있을 뿐이다. 이러한 빈곤의 덫이 예견하는 바는 가난이란 한 국가가 외부의 지원 없이는 성장하지 못할 것으로 보는 것이다. 그러나 수집된 데이터들은 이러한 이론을 거부한다.

| 두 번째 신화 |

빈국의 성장이 저조한 것은
나쁜 정부 때문이 아니라 빈곤의 덫 때문이다

표 1에서 제시되었던 빈국의 저조한 경제 성장과 침체의 시기(1985~
2001년)는 어떻게 볼 것인가? 유엔의 밀레니엄프로젝트는 빈국의 경
제 성장이 저조하고 새 천년 개발 목표MDGs로 나아가는 데 실패한
원인이 나쁜 정부Bad government에 있다기보다는 빈곤의 덫에 있다고
주장한다. 제프리 삭스는 "아프리카의 부패가 문제[빈곤의 덫]의 근원
이라는 주장은 실제 경험 또는 면밀한 조사를 해보면 틀렸다는 것을
알 수 있다."[2]고 말했다. 이와 마찬가지로 밀레니엄프로젝트 측은 "비
교적 통치가 잘 이뤄지고 있는 많은 국가들도 너무 가난해서 첫걸음
을 내딛기 위해 필요한 투자를 하지 못하고 있다."[3]고 밝히고 있다.

나쁜 정부 때문인지 아니면 기술적인 빈곤의 덫 때문인지가 왜
문제가 되는가? 계획가의 주장은 그들이 나쁜 정부의 복잡성을 다룰
경우 힘을 더 잃게 된다. (우리는 제4장에서 그것이 얼마나 어려웠는지 알
게 될 것이다.) 그래서 원조 옹호자들은 빈곤이 정부의 실책 때문에 비
롯되었다는 것을 끝까지 믿지 않으려 한다. 이것은 마치 자신의 신도
들이 모두 숫처녀라고 믿고 싶어 하는 교회 청년부 담당 목사의 경우
와 비슷하다. 나쁜 정부는 원조를 위한 자금 마련에서도 취약하다. 제
프리 삭스는 『빈곤의 종말』에서 다음과 같이 우려했다. "빈민들이 그
들의 정부가 부패했기 때문에 가난하다면 …… 국제적 협력이 어떻게
이를 도울 수 있을까?"[4]

저조한 경제 성장에 대한 설명으로 빈곤의 덫에 상충되는 나쁜 정부에 대해 검증해보기로 하자. 우리가 부패에 대해 보유하고 있는 평가 중 가장 최근의 평가는 1984년의 국제 국가 위험 지수International Country Risk Guide이다. 또한 같은 해에 정체 IV(Polity IV: 메릴랜드대학교 테드 거Ted Gurr의 연구 전통에 따라 '정치 체제의 특징과 전환'을 조사하는 프로젝트. 통치 제도에 나타나는 민주주의와 권위주의 권력에 주목하고 있다. — 옮긴이)라는 메릴랜드대학교의 연구 프로젝트도 민주주의에 대한 평가를 했다. 이제 부패와 민주주의 모두에서 가장 낮은 평가를 받은 국가들을 '나쁜 정부'라고 하자. 빈국들의 성장률이 더 저조했지만, 1984년 24개국의 나쁜 정부들이 1985년부터 현재까지 상당히 낮은 성장률을 기록했다는 것 역시 사실이다. 이는 나머지 국가보다 1.3퍼센트가 낮은 수치이다. 빈국들이 나쁜 정부일 가능성이 훨씬 더 높기 때문에 이 두 가지 사례(빈국과 나쁜 정부)에는 중복되는 부분이 있다. 그러면 문제는 나쁜 정부인가 아니면 빈곤의 덫인가? 우리가 초기의 빈곤과 나쁜 정부를 모두 통제할 때, 경제 성장 둔화를 설명할 수 있는 것은 나쁜 정부이다. 우리가 일단 나쁜 정부를 통제해보면 초기 빈곤이 그 이후 성장에 미치는 어떠한 영향도 통계적으로 확인할 수 없다. 우리가 나쁜 정부의 용어에 대한 정의를 부패만으로 제한한다면 이러한 주장은 더욱 설득력이 있다. 최빈국의 최근 경제 침체는 유엔과 삭스의 가설과는 대조적으로 빈곤의 덫과 관련이 있기보다는 나쁜 정부와 더 관련이 있는 것으로 보인다. 통치가 비교적 잘 이뤄지는 국가가 빈곤의 덫을 모면할 수 있는 방안에 대한 유엔 밀레니엄프로젝트 보고서를 준비하는 사람들이 밀레니엄프로젝트의 자체 국가 연구 보고서를 살펴보았다면, 그들은 이 결과에 대한 흥미로운 단서를 발견했을 것이다. 캄보디아의 한 학교 선생님은 이렇게 말했다. "많은 사람들이 시험 문제와 답안을 판매하거나 학생들에게 뇌물을 받아서 소득을 보충한다. …… 그 결과 학생들이 학교를 중도에 그만두는 경우가 많다."[5]

빈곤의 덫을 정말 지지하는 것처럼 보이는 증거가 또 하나 더 있다. 지난 두 세기 동안 부국과 빈국 사이에는 큰 격차가 있었다. 세계은행의 경제학자인 랜트 프리쳇Lant Pritchett은 그의 유명한 글에서 이를 "대분기Divergence, Big Time"이라고 했다. 한편 경제학자인 앵거스 매디슨은 50개국에 대한 자료를 추출하기도 했다. 최부국과 최빈국 사이의 격차는 지난 두 세기 동안 크게 확대되었다. 100년 전에는 최대치와 최소치가 6 대 1이던 것이 오늘날에는 70 대 1로 벌어진 것이다. 1820년부터 2001년까지의 1인당 경제 성장률과 1820년의 초기 소득 수준에는 명확한 상관성이 있다.

이것이 과연 빈국들이 빈곤의 덫에 걸렸기 때문일까? 무엇보다 이 자료는 빈곤의 덫이라는 용어의 정의에 딱 들어맞지 않는다. 최빈국의 연간 1인당 성장률의 예상치는 제로가 아니었다. 1820년 표본에서 최빈국에 대해 예상되는 연간 1인당 경제 성장률은 1.05퍼센트였다. 여기에는 오차 범위는 0.25퍼센트였다. 한 가지 한계는 아프리카 국가가 표본에 포함되지 않았다는 것이다. 그러나 매디슨은 1820년에 아프리카 대륙 전반에 걸친 1인당 국민 소득을 산출했다. 1820년부터 2001년까지 아프리카의 1인당 경제 성장률은 매년 0.7퍼센트인데, 이는 3.5배 증가한 것으로, 빈곤의 덫이라고 주장할 수 없다.

그럼에도 불구하고 최빈국의 성장 둔화가 빈곤의 덫을 유발하게 하는 요소인 것으로 생각해보자. '빈곤의 덫'에 대한 대안적 설명은 바로 유럽과 그 지류 국가들의 정부 상태가 비서구 지역 국가들보다는 더 낫다는 것이다. 좋은 정부Good government는 1820년의 1인당 소득과 관련되었을 수 있고, 이는 왜 1820년에 더 부유했던 국가들이 그 이후 더욱 빠른 성장을 경험하였는지를 설명해준다. 반면 빈국들은 권위주의 정부(또는 식민 지배와 같은 또 다른 형식의 권위주의적 지배)로 인해 발목이 잡혔다. 이는 빈곤의 덫이 나쁜 정부에서 기인하며, 유엔과 삭스의 주장처럼 저축과 기술의 결핍에서 기인하지 않았음을 의미한다.

나는 1820년 이후 민주주의를 다루는 정체 IV 연구 프로젝트에서 뽑은 자료를 다시 사용하여 이 이야기를 검증하고 있다. 나는 1820~2001년의 시기 동안 각국이 사용 가능한 정체Polity에 관련된 자료를 모두 평균화하였다.[6] 그 결과 평균적으로 민주주의는 대부분의 경우에서 장기적 경제 성장과 뚜렷한 상관관계가 있다는 사실이 밝혀졌다. 당신이 정부의 자질을 통제할 경우 경제 성장과 초기의 1인당 국민 소득과의 확실한 관계는 약화되거나 불확실한 관계로 바뀐다는 사실이 드러난다. 후자의 결과로 볼 때 빈국들은 (좋은 정부를 위한 대리자로서 민주주의를 활용한) 좋은 정부 체제를 갖춘다면 부국보다 더욱 빠른 성장을 할 수 있을 것이라는 점을 보여준다. 이는 밀레니엄 프로젝트가 제시한 "비교적 통치가 잘 이뤄지고 있는 많은 국가들도 너무 가난해서 첫걸음을 내딛기 위해 필요한 투자를 하지 못하고 있다."는 의견과 대조를 이룬다. 이러한 결과의 유효성은 당신이 경제 성장과 나쁜 정부와의 상관관계에서 나쁜 정부에 기인한 역인과관계 reverse causality의 가능성을 통제할 때 효력을 발휘하게 된다. 만일 당신이 좋은 정부를 통제할 수 있다면 처음부터 가난했던 국가들이 계속 가난할 수밖에 없다는 어떠한 증거도 찾아볼 수 없다. 빅 푸시는 문제가 빈곤의 덫인 경우보다 나쁜 정부인 경우 잘 작동하지 않는다는 데 있다. 우리는 제4장에서 나쁜 정부에 해외 원조가 제공될 경우 원조의 수수께끼를 더 풀기 어렵게 한 것은 무엇인지에 대해 살펴보게 될 것이다.

| 세 번째 신화 |
대규모 원조는 국가들이 자립 성장할 수 있도록 한다

현재 해외 원조와 성장에 대한 연구 문헌에는 주기적인 사이클이 있다. 혹자는 이 사이클에 대한 증거를 조사하여 대외 원조가 성장을 낳지 않는다는 사실을 발견하게 될 것이다. 문헌에서 원조와 성장 사이의 상관성에 대한 긍정과 부정이 오가는 가운데 몇몇 연구 조사에서는 성장에 대한 원조의 긍정적 효과를 발견하게 될 수도 있다. 이런 경우 대외 원조 기관은 주로 그중 한 가지 연구에 초점을 맞추어 원조의 긍정적인 효과를 포착하고, 이를 널리 선전할 것이다. 연구자들은 그 한 가지 긍정적 결과를 좀 더 자세히 검증할 것이고, 결국 이는 거짓이라는 사실을 발견하게 될 것이다. 그러면 그 문헌에서 더 많은 논쟁이 촉발될 것이고, 원조가 성장에 긍정적인 효과가 있다는 새로운 왜곡이 발견될 것이다. 원조 기관들은 이 긍정적 효과에 또다시 집착하게 되고, 이 사이클은 처음부터 다시 시작하게 된다.

우리는 아프리카에서 대규모 원조에 관한 신구新舊 이론을 검증하였다. 아프리카와 같은 가난한 지역에서의 원조 수령액은 이미 빅푸시를 하기에 충분할 정도로 크다. 아프리카 국가들은 1990년대에 해외 공여국供與國으로부터 국민 소득의 15퍼센트 이상을 받았다. 그림 2는 아프리카에서 원조와 성장의 상호 연관성에 대한 전반적인 결과를 보여준다. 성장률이 떨어지면 원조는 증가되었다. 아프리카의 성장률은 (약간의 원조와 함께) 1975년경까지 지난 10년간 2퍼센트라는 상당한 증가치를 보였다는 사실에 주목할 필요가 있다. 이는 아프리카가 원조 없이는 언제 어디서나 성장이 저조하다는 기존의 생각과 크게 모순된다. 부정적인 시사점도 있지만 나는 원조의 증가가 성장의 하락을 **불러일으켰다**고 생각하지 않는다. 오히려 성장의 하락이 원조의 증가를 가져왔을 것이다. 그러나 원조의 증가는 1인당 국민 소득 증가율의 하락 또는 정체를 멈추게 하거나 반등시키지 못하였다.

이제 좀 더 공식적인 통계적 검증을 해보기로 하자. 1960년대와 1970년대, 1980년대에는 원조와 경제 성장에 대해 장황하지만 결론에는 이르지 못한 문헌들이 출간되었다. 이 문헌들은 자료의 유효성이 제한적이고 원조가 어떤 기제에 의해 경제 성장에 영향을 주게 되는지에 대해 결론을 짓지 못하면서 난관에 직면하였다. 역인과관계의 가능성은 결론 도출을 어렵게 만들었다. 즉 만약에 공여국들이 성장세 둔화에 대한 대응으로 더 많은 원조를 제공할 경우, 원조 유입이 성장에 어떤 영향을 끼칠지를 해석한다는 것은 힘든 작업이 될 것이다. 이러한 문헌은 1996년에 런던정경대학교LSE의 경제학자인 피터 분Peter Boone의 논문으로 새로운 힘을 얻게 되었다. 그는 원조가 투자보다는 소비에 자금 지원을 한다는 사실을 발견했다. (소수 빈민들의 소비를 위해 자금을 대는 것이 그렇게 나쁜 일은 아니지만, 대규모 원조가 원조 자금을 투자에 지원하여 성장으로 이끄는 총체적 사회 변혁을 가져올 것이라고 희망하였다.) 분Boone은 어떤 국가가 원조를 받았는지 예측하기 위해 정치적 요소를 사용하여 역인과관계에 관한 문제를 제기하였다. 보통 부국들은 정치적 동맹 관계 또는 식민사적 관계를 맺고 있는 빈국들에게 원조를 제공했다. 경제 성장의 결과와 직접적으로 관련이 없는 정치적 요소에 의한 원조가 예상될 때, 당신은 예상되는 원조의 가치가 더 높은 성장률을 가져왔는지 또는 그렇지 않은지를 검증해볼 수 있다. 분은 가능한 역인과관계를 통제함으로써 원조가 투자에 아무런 효과가 없다는 것을 발견했다. 마찬가지로 역인과관계를 통제함으로써 그는 원조가 성장에 아무런 효과가 없음을 보여준다는 것을 발견했다. 『이코노미스트The Economist』는 분의 연구를 실었고, 이는 원조 정책을 입안하는 집단에 폭넓게 알려졌다.

분의 연구는 심각한 분열을 초래했다. 즉 원조 정책은 원조가 성장을 증가시킨다는 전제에 입각해 있지만, 이제 그 문제에 대해 가장 권위 있는 연구가 그 전제는 오류라고 말하고 있는 것이다. 이에 따라 원조 정책과 연구 사이의 틈새를 메우기 위한 연구가 등장했는데,[7] 곧 세계은행의 경제학자인 크레이그 번사이드Craig Burnside와 데이비드 달러David Dollar가 주도한 학문적 연구이다.[8] 나는 번사이드와 달러가 의도적으로 이미 정한 결론에 도달하기 위해서 이 연구에 착수했다고

그림 2 아프리카의 원조와 성장(10년 이동 평균)

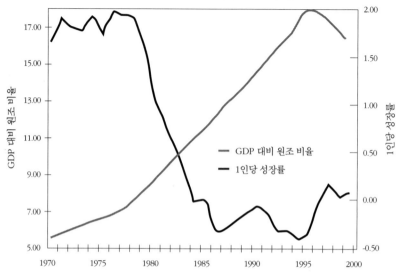

말하는 것은 아니다. 그렇게 했다면 이는 훌륭한 사회과학적 성과가
되지 못했을 것이다. 반대로 그들의 작업은 진지한 사회과학적 연구
였다. 또한 이것과 마찬가지로 진지하게 다뤄진 연구 중에서 이와는
다른 결과를 도출한 연구들도 있다. 문제의 핵심은 정책 집단이 자신
들이 실행하기를 원했던 원조 정책에 대해 가장 우호적인 연구 결과
를 믿으려 했다는 것이다.

그림 2가 아프리카의 상황을 잘 보여주듯이 번사이드와 달러는
개발 도상국의 성장률을 대외 원조 수혜와 연관이 있다고 생각했다.
그러나 (낮은 재정 적자, 낮은 인플레이션, 자유 무역과 같은 것들로 측정되
는) '좋은' 정책을 가진 수원국受援國들과 '나쁜' 정책을 가진 수원국

들 사이에서 새로운 문제가 눈에 띄게 나타났다. 그들의 가설에 따르면 좋은 정책은 원조에 대한 이익을 증대시켜, 성장은 좋은 정책을 가진 국가들 사이에서 원조에 연결된다는 것이다. 이는 직관적인 호소력이 있었다. 이는 이전 섹션(두 번째 신화 — 옮긴이)에서 논의된 바와 같이 나쁜 정부가 문제의 근본적인 원인이 될 수 있다는 점을 인식했기 때문이다. 빈국들이 좋은 정부를 가졌다면 아마도 원조가 결국 성장을 증대시키는 결과를 낳았을 것이다.

그들의 견본 자료는 1970~1973년부터 1990~1993년까지 총 6개의 4개년 계획을 포함했다. 이들 중 많은 사례는 한 국가가 좀 더 많은 대외 원조와 좋은 정책을 모두 가졌을 때 성장이 증가했다는 것을 보여준다. 그들은 요약하기를 "우리는 건전한 재정과 금융 상태 및 무역 정책을 가진 개발 도상국에서 원조가 성장에 긍정적인 영향을 끼친다는 것을 발견했지만 나쁜 정책으로는 그런 효과가 거의 나타나지 않는다는 사실을 확인했다."(847쪽)

그들의 논문은 원조가 훌륭한 업적을 세울 수 있다는 희망을 한층 강화시켰는데, 이는 한 국가의 정책이 건전한 경우에만 그 국가에 대한 대외 원조를 증가시킬 수 있다는 정책 권고안을 옹호했다. 2002년 초 『이코노미스트』는 당시 미국 재무부 장관이었던 폴 오닐Paul O'Neill이 대외 원조를 회의적으로 바라보자 다음과 같은 사실을 근거로 비판했다. "세계은행의 경제학자인 …… 데이비드 달러와 크레이그 번사이드의 연구에서 확인할 수 있듯이, 국가들이 합리적인 경제 정책을 가지고 있을 때 원조가 성장을 이끈다는 확실한 일련의 증거들이 있다." 2002년 『뉴요커New Yorker』에 실린 기사도 달러와 번사이드 연구에 기초하여 "원조는 현명한 경제 정책이 동반되는 국가에서 효과적"이라면서 이에 동의했다.

조지 W. 부시 대통령은 분명히 『아메리칸 이코노믹 리뷰American Economic Review』를 읽고 있었던 것이 분명하다. 2002년 3월 14일(테러와의 전쟁과 우연히 맞아떨어진 것처럼 보이지만 순전히 의도적이었다.) 그는 미국의 대외 원조에 50억 달러를 증액하겠다고 발표했는데, 이것은 약 50퍼센트가 증가된 액수이다.[9]

백악관은 여세를 몰아 2002년 11월 26일에 새천년도전공사 Millennium Challenge Corporation, MCC를 창설했는데, 그 업무는 대외 원조에서 증액분 50억 달러를 집행하는 것이었다. 부시 행정부는 좋은 정책이 존재할 경우에만 원조가 좋은 성과를 낼 수 있다고 주장하면서, MCC의 원조를 받을 국가의 기준으로 16개의 국가 실적 지표를 발표했다. 그 지표 중 세 가지는 번사이드와 달러의 정책 수단policy measures에서 빌려온 것이었다(나머지는 제도의 우수성을 평가하는 수단이었다.). 백악관은 자체 웹 사이트에서 "개발 도상국에 대한 경제 개발 원조가 건전한 정책과 연결되어 있을 때에만 성공할 수 있다."[10]는 사고를 통해 새로운 원조가 착안된다고 표명하였다.

2004년 5월, MCC는 2004년 회계 연도의 기금에서 원조 보조금을 신청할 수 있는 자격 요건을 갖춘 국가들 중 "좋은 정책"을 확보한 국가로 16개국을 선정했다고 발표했다.[11] 2005년 3월, MCC는 "좋은 정책"을 확보한 마다가스카르와 최초로 새 천년 도전 협약Millennium Challenge Compact을 체결하였다.

화물 열차를 선로로 보내버린 것과 같은 이 참신한 연구를 우리는 얼마나 의지할 수 있을까? 내가 로스 러바인Ross Levine(브라운대학교), 데이비드 루드먼David Roodman(지구개발센터Center for Global Development)과 함께한 연구는 번사이드와 달러가 했던 것과 거의 똑같은 테크닉과 조건을 사용했으나 번사이드와 달러의 연구 이후에 나온 새로운 자료를 추가하였다. 또한 우리는 원표본 기간인 1970~1993년 사이에서 더 많은 자료를 조사하였다. 우리는 2차 자료보다 1차 자료에 더 의존함으로써 심지어 원표본 기간에 대한 자료를 더 많이 찾아냈다. 새롭게 업데이트된 자료를 활용하여 우리는 동일한 통제 변수를 사용한 4개년 평균과 동일한 통계 실습statistical exercise을 시도했다. 여기에는 원조/GDP의 조건과 정책 지표(재정 적자의 가중 평균/GDP, 인플레이션, 무역에 대한 개방도 지표)가 포함된다. 우리는 원조가 좋은 정책을 가진 국가들에 한하여 성장을 증대시킨다는 증거를 찾지 못했다. 이는 "원조가 좋은 정책 환경에서 효과적으로 실행된다."는 결론을 지지해주지 못한다는 것을 가리킨다. 우리의 연구는 번사이드와 달러에 대한 논평으로서 『아메리칸 이코노믹 리뷰』에 실렸다.

기존 연구자들과 다른 연구자들은 많은 다른 통계 실습을 시도했다. 그러나 비록 다른 통계 실습이 이에 대한 아무런 증거도 발견하지 못했을지라도, 원조 정책 집단은 (확증 편향confirmation bias이라고 알려진) 기존의 믿음을 확인하는 연구를 선택하려고 한다. 오래된 통계 실습에 새로운 자료를 도입하는 것은 초기 결과가 실제로 유효한지 그리고 단순한 확증 편향이 아닌지를 검증할 수 있는 좋은 평가 기준이 된다. 새로운 자료를 활용한 통계 실습은 오래된 통계 실습에 의해 제한된다. 그래서 당신은 많은 다른 실습들 중에서 기존의 믿음을 확증

해주는 하나를 고르기 위해 탐색하지는 않는다. 심지어 훌륭한 1차 연구조차도 확증 편향으로 인해 어려움에 처할 수 있다.[12]

이 사이클은 이제 처음부터 다시 시작한다. 공동 저자들과 내가 "원조는 훌륭한 정책 환경에서 잘 실행된다."는 결론에 대한 증거를 발견하지 못한 이후 지구개발센터의 마이클 클레먼스Michael Clemens, 스티븐 라델렛Steven Radelet, 리킬 바브나니Rikhil Bhavnani(이후부터는 CRB로 약칭하기로 한다.)는 새로운 연구를 내놓았다. 나는 이 저자들을 깊이 존경하며 그들이 높은 학문적 수준을 추구하고 있다고 생각한다. 통계 실습에 대한 그들의 새로운 도전은 인도주의적 목적을 갖거나 또는 보건이나 교육 원조와 같이 장기적으로만 실행될 수 있는 원조로부터 단기적으로 성장에 영향을 끼칠 것으로 예상되는 원조를 분리하는 것이었다. 그들은 수원국에서 좋은 정책이 있을 때만이 아니라 자신들이 선호하는 원조의 범주("단기 영향 원조short-impact aid")에서 강력한 성장 효과를 발견했다.

다시 말하면 기존 연구는 과학적이었지만, 이를 활용하는 것은 그다지 과학적이지 못했다. 원조 옹호자들은 다시 한 번 그 새로운 발견이 자신들의 권고를 지지하는 것으로 인식했다. 2005년 1월 유엔 밀레니엄프로젝트 보고서는 CRB의 연구를 밀레니엄프로젝트의 원조 대폭 확대 제안에 지지를 보내는 것으로 인용했다.[13] 2005년 3월, 블레어아프리카위원회Blair Commission for Africa는 아프리카에 대한 원조를 즉각 두 배 증액할 것을 권고했고, CRB의 연구 결과를 그 권고에 대한 지원으로 인용했다.[14]

불행히도 연구자들은 이러한 권고를 위해 다시 한 번 긍정적인 원조 결과를 향후 조사에 위임했고, 그 조사가 목표에 이르지 못함을 발견했다. 국제통화기금IMF의 수석 경제학자인 라구람 라잔Raghuram Rajan과 연구원인 아르빈드 서브라마니안Arvind Subramanian은 CRB의 발견을 통계적 검증에 맡겼다. 그들은 부정적인 국가적 특징으로부터 원조 수령까지 가능한 역인과관계를 통제하기 위한 가장 단순한 설계서를 사용했고, 성장의 결정 요소를 위한 표준 설계서를 사용했다. 2005년 5월 연구에서 라잔과 서브라마니안은 '단기 영향 원조' 또는 어떤 타입의 원조도 성장에 긍정적인 영향을 끼친다는 증거를 발견하지 못했다.[15] 한술 더 떠서 그들은 번사이드-달러의 가설을 다시 한 번 검증했으며, "원조가 훌륭한 정책 환경에서 잘 실행된다."는 가설에 대한 증거를 발견하지 못했다.

또한 그들은 왜 대외 원조가 경제 성장을 증대시키지 않는가에 대한 몇 가지 대안적인 설명들을 생각하였다. 원조에 대해 곧잘 정당화되는 불만은 원조가 공여국의 상품을 구매하고 이 국가들로부터 자문을 구해야 하는 것과 종종 연계되어 있다는 것이다. 이러한 원조는 수원국의 성장에 방해가 될 것이다. 또 다른 가능성은 공여국이 정치적 이유로 원조를 제공하는 경우인데, 이는 원조의 효율성을 또다시 제한할 것이다. 이 설명에 대해 한 가지 단순한 테스트가 있다. 국가 원조 기관(양자 원조)의 원조만이 구속적이며, 세계은행과 지역 개발 은행(다자 원조)의 원조는 그렇지 않다는 것이다. 이와 마찬가지로 양자 원조는 다자 원조보다 훨씬 더 정치화되어 있다. 그러나 라잔과 서브라마니안은 양자 원조와 다자 원조가 성장에 주는 영향에서 차이가 없다는 것을 발견했다. 그들이 시도한 또 다른 테스트는 스칸디나비아 국가들(이 국가들은 정치적 동맹에 의한 원조의 동기 부여가 덜한 편이며 구속성 원조의 성격이 약한 편이다.)이 공여한 원조의 큰 몫을 갖는 것이 더 빠른 성장과 연결되었는지를 보는 것이었는데, 결과는 그렇지 않다는 것이었다.

성장에 관한 통계 연구에서 거의 주목 받지 못했지만, 이러한 큰 그림은 원조와 성장의 관계를 평가하는 데 여전히 유용할 것이다. 소득 대비 원조가 세 배로 증가하지 않았다면, 우리는 아프리카의 성장이 1970년대 중반부터 지금까지 더욱 급격하게 하락했을 것이라고 믿고 있는가?

번사이드-달러와 CRB 연구 모두에 또 다른 측면이 있는데, 원조 기관들과 원조 옹호자들은 이를 훨씬 덜 강조하는 쪽이었다. 번사이드-달러와 CRB는 모두 성장 효과를 조금이라도 발견했지만 이는 원조가 이미 큰 수준일수록 원조 투입량의 증대로부터 얻는 추가적인 성장 혜택은 작아진다는 것이었다. CRB 연구에서 원조가 수원국 GDP의 8퍼센트에 도달했을 때 성장에 미치는 효과는 제로였고, 그 이후의 추가 원조는 성장에 부정적인 효과를 냈다. CRB의 연구 특징은 모든 중대한 문제들을 한꺼번에 해결하기 위해서는 충분한 정도의 대규모 원조가 동원되어야 하기 때문에 적은 규모의 원조는 도움이 되지 않는다는 빅 푸시의 추론(그래서 반드시 빅 푸시가 되어야 한다.)과 직접적으로 모순된다. 빅 푸시 이론이 함축하는 것은 원조가 커질수록 추가 원조 투입으로 추가적 성장 혜택이 더 증대될 수 있다는 것이다. 이는 CRB의 주장과 반대되는 입장이다. CRB는 GDP의 8퍼센트 이상을 원조 받는 27개국이 추가로 원조를 받는 경우 추가 원조의 효과가 부정적인 것으로 나타났다고 주장한다. 공여국들이 현행 빅 푸시의 제안을 채택한다면 사실상 모든 저소득 국가들(47개국)은 그러한 수준보다 훨씬 심해질 것이다.[16] 불행히도 블레어 보고서와 밀레니엄프로젝트 보고서는 선별 연구에서조차 자체 모순에 빠진 빅 푸시의 아이디어를 지지하기 위해 연구 결과를 선별한다.

우리는 원조와 경제 성장의 이야기에서 중간 단계의 일부분을 확인할 수 있다. 제프리 삭스와 공동 저자들은 예전에 대규모의 원조 증가가 "아프리카의 농촌과 도시의 기본 생산성에서 급격한 '단계' 적 증가를 가져오기 위해 공공 투자에 적극적으로 자금을 공급할 수 있을 것"[17]이라고 예측했다. 안타깝게도, 우리는 이미 이 영화를 보았고, 그 결말이 해피엔딩이 아님을 안다. 1970~1994년 기간 동안 아프리카 22개국의 공공 투자에 대한 좋은 자료가 있다. 이 아프리카 국가들의 정부는 공공 투자에 3420억 달러를 지출했다. 공여국들은 그 기간 동안 동일한 국가에 원조로 1870억 달러를 제공했다. 불행히도 1인당 생산으로 측정되는 생산성에서 이에 상응하는 '단계' 적 증가는 제로였다. 아마 그 부분적 이유는 재난이나 다름없는 사례로 설명할 수 있다. 나이지리아에서 1979년에 설립된 공공 소유인 아자오쿠타 Ajaokuta 제강 공장은 50억 달러를 지원 받고도 아직까지 강철봉 하나 생산하지 못했다.[18]

자립 성장으로의 불투명한 '도약' 은 어떤가? 우리가 '도약' 을 제로 성장에서 지속적인 긍정적 성장으로 한 번에 전환되는 것으로 정의한다면, 개발 경험에서 이에 해당되는 국가는 거의 없을 것이다. 극심한 빈곤을 탈출한 대부분의 국가는 때로는 제로 또는 마이너스 성장에 의해 중단되기도 하면서 점진적으로 성장을 증대시킴으로써 빈곤 탈출을 가능케 했다. 일본은 도약이라는 수단을 활용하여 부유해진 유일한 부국이다. 좀 더 최근 자료에서 1950~1975년까지 도약했던 국가로는 8개국(이 국가들은 모두 남아시아 및 동아시아에 있다.)이 있을 뿐이다. 즉, 중국, 홍콩, 인도, 인도네시아, 싱가포르, 한국, 대만, 태국이 해당된다. 8개국 중 3개국은 GDP 대비 원조 비율이 기준 이상인데, 바로 인도네시아, 한국, 대만이다. 다른 국가에서는 원조가 도약에 중요한 역할을 하지 않았다. 더욱이 나머지 국가들은 이 기간 동안 많은 대외 원조를 받았지만 도약하지 않았다. 빅 푸시의 예상과는 반대로, 통계상 원조를 많이 받는 국가들은 원조를 적게 받는 국가들보다 도약할 가능성이 더 크지 않은 것으로 보인다.

그래서 비록 경제 성장에 대한 원조의 효과는 증명되고 있지 않지만, 그럼에도 불구하고 원조 계획가들은 더 높은 성장을 자극한다는 고정된 목표와 함께 원조 자원을 계속 쏟아붓고 있다.

백인의 의무에 대한 평가의 문제점

원조에 대한 논의를 더욱 논쟁적으로 만드는 한 가지 중요한 사실은 빅 푸시의 결과를 평가하는 것이 쉽지 않다는 것이다. 실제로 빅 푸시 프로그램을 반대하는 한 가지 주된 이유는 이 프로그램들을 평가하기가 너무 어렵다는 데 있다. 백인의 의무로서 이뤄지는 모든 주요한 개입은 이와 마찬가지로 평가에 어려움이 있다.

내 딸 그레이스가 몇 해 전에 나와 워싱턴의 벨트웨이를 달리고 있을 때 이렇게 물은 적이 있다. "아빠, 구급차들은 왜 그렇게 사고를 많이 내요?" 물론 지금은 그레이스가 아홉 살이 되어서 모든 사고에 구급차가 출동하는 것이 사고의 원인이라기보다는 그 결과라는 사실을 알고 있다. 위기를 겪는 국가들에게 IMF와 원조 기관들의 존재는 사건 사고의 원인이라기보다는 결과인 것이 확실하다. 선별 효과 selection effect란 이런 거다. 구급차는 야외 파티가 아니라 차량 전복 사고에 출동한다는 것. 이것은 대외 원조에 대해 막 언급했던 역인과 관계의 문제에도 마찬가지로 적용된다. 당신이 선별 효과를 통제하기만 한다면, 당신은 원조 없이 상황이 오히려 더 악화될 경우를 발견할 수 있을 것이다. 이것은 소위 사후 가정적counterfactual 질문으로 다음과 같은 예를 들 수 있다. 백인의 의무와 함께 발생했던 것이 백인의 의무 없이 발생할 수 있었던 것과 어떻게 비교될 수 있을까?

선별 문제와 백인의 의무라는 대문제에 대한 사후 가정적 질문을 (완전히는 아니지만) 부분적으로 해결할 수 있는 여러 접근 방법이 있다. 그중 한 가지는 경제 위기에 의해 스스로 결정되지 않는 요소들을 발견해내는 것이고 그러한 요소와 연관된 백인의 의무 프로그램에서 변화가 긍정적 또는 부정적 효과들을 갖고 있는지에 대해 질문해보는 것이다. 시장이 거주한다는 이유로 몇 대의 구급차가 특정 지역을 순회한다면 우리는 시장의 이웃집에 살던 심장마비 희생자에게 발생했던 상황과 다른 지역의 희생자에게 발생했던 상황을 비교해봄으로써 심장마비 생존자에 대한 구급차 순회의 효과를 평가해볼 수 있다. 내가 '역인과관계를 통제'하는 것에 대해 이미 언급했던 것들은 이와 같은 몇 가지 방법에 기초한다. 이 방법은 결코 완벽하지는 않다. 예를 들면 시장의 이웃이 된다는 것이 구급차 순회와는 관련이 없는 생존 적응도에 직접적인 영향을 끼친다면 이 방법은 제대로 실행되지 않을 것이다. 이는 결국 시장의 이웃과 다른 사람들 간의 비교에 흠집을 낼 것이다.

또 다른 한 가지는 백인의 의무를 실천하려 했던 반복된 노력을 보여주는 사례들을 분석하는 것이다. 구급차가 사고에 계속 출동해도 부상자들이 부상에 대해 제대로 도움을 받지 못한다면 당신은 그 구급차의 서비스가 얼마나 좋은지에 대해 의문을 제기할 것이다. 불행히도 이러한 방법이 늘 유용한 것은 아니다. 그러나 우리는 어떤 식으로든 앞으로 진행될 실제 세계에서 이뤄지는 사업을 평가하는 데 몇 가지 방법이 필요하다. 결코 완벽하지는 않지만 여전히 중요한 통찰을 제공하는 마지막 수단은 프로그램의 결과 또는 개입의 결과를 단순히 기술하는 것이다. 프로그램과 비참한 결과 사이에 상호 연관성이 있다면 그 프로그램이 없었다고 가정할 경우 더 심각한 상황이 초래될 수도 있다는 점을 생각해야 한다. 모든 구급 환자들이 병원에 도착했을 때 이미 사망했을 경우, 구급차가 제 역할을 충실히 잘하고 있다고 믿기는 어렵다. 이 책은 이러한 모든 방법을 활용할 것이다.

개발 신화에 대한 대안

다행히도 원조와 가난 문제에 종사하는 사람들 가운데 좀 더 중립적이고 온건한 사고방식을 가지고 있는 사람들이 있다. 이들은 주로 경제학자들인데, 안타깝게도 빈곤 퇴치와 세계 평화 달성에 대한 계획에서는 문외한이다. 그들은 탁월한 공상가들이 아니며 홍보 활동에는 아주 서툴다. 그들은 실험을 하며, 빈민들을 돕기 위해 국외자들이 할 수 있는 작지만 좀 더 유용한 작업을 생각해낸다. 이들은 그것들이 실제로 잘 운영되는지 보기 위해 냉혹한 실험을 감내한다.

더 적은 간섭, 더 엄격한 평가는 사후 가정적 질문을 처리하는 데 사용할 수 있다. 한 가지 과학적으로 사용되는 방법은 대조 실험이다. 대조군은 실험(인위적인 조작 — 옮긴이)이 없었다면 실험군이 어떻게 될 것인가를 나타낸다. 두 집단 사이의 차이는 실험의 효과이다.

연구자는 양 집단을 무작위로 선택해야만 한다. 추첨으로 누가 실험군인지, 누가 대조군인지를 결정한다. 당신이 어떤 다른 기준에 기초하여 사람들을 배치한다면 실험군과 대조군 사이의 차이는 실험보다는 선택 기준을 반영할 것이다. 예를 들어 당신이 실험군에 좀 더 심각한 문제를 가진 사람들을 배치했다면 당신은 실험의 그럴듯한 부정적인 효과를 얻게 될 것이다(당신은 구급차에 탄 응급 환자의 건강을 길거리에 있는 사람들의 건강과 비교함으로써 건강에 미치는 구급차의 영향을 검증하고 싶지는 않을 것이다.). 거꾸로 당신이 실험군에 대한 실험으로부터 혜택을 받을 가능성이 가장 큰 사람들을 배치한다면, 당신은 실험의 효과를 과대평가하게 될 것이다.

미국 식품의약국FDA은 신약의 효능을 결정할 때 이 방법을 따른다. 먼저 실험군과 대조군을 무작위화하는 것이다. 대조군과 비교할 때 신약이 실험군에서 잘 기능한다면 사람들은 누구나 이 약을 구입할 수 있게 된다.[19] FDA는 유권자들에게 민주적으로 책임져야 하기 때문에 원조 기관보다는 과학적인 방법을 쓸 더욱 강력한 인센티브를 갖는다. 유권자들은 FDA가 승인한 약을 사용하게 될 동일한 집단이다. 약이 일반 대중 사이에서 잘 듣지 않거나 환자들에게 사망을 초래하는 부작용을 낳는다면, 신약 사용자들(또는 신약을 먹고 생존한 사람들)은 정치인들에게 불만을 제기할 것이다. 정치인들은 FDA에 압력을 가할 것이며, FDA는 신약의 효능이 과학적으로 입증되긴 하였지만 부작용은 유발하지 않도록 시험을 거치는 데 더 많은 주의를 기울일 것이다. 원조 기관이 도움을 주려는 사람들 —— 최빈국의 극빈층 —— 은 원조 기관에 대해 압력을 가할 수 있는 이와 유사한 방법을 가지고 있지 않다.

네덜란드 원조 기관인 국제크리스천지원기금International Christian Support Fund, ICS은 케냐의 부시아 남부 지역의 학교 어린이들에게 구충제를 배급했다. 이 지역에서는 92퍼센트의 어린이들이 무력증과 영양실조 및 각종 고통을 일으키는 회충에 감염되어 있다. 하버드대학교 경제학자인 마이클 크레머Michael Kremer와 버클리대학교의 에드워드 미겔Edward Miguel은 구충제의 효과를 조사하는 데 무작위 접근을 선택했다. 크레머와 미겔은 케냐 부시아 지역 어린이들에게 약을 복용시키고 기생충 감염 예방 교육을 실시하는 프로그램을 조사했다. ICS 프로젝트는 3년 기간 동안 단계적으로 실시되었기 때문에 크레머와 미겔은 세 집단을 연구할 수 있었다. 첫 번째 단계에서 1단계 학교들은 2단계 및 3단계 학교와 비교될 수 있었다. 두 번째 단계에서 1단계 및 2단계 학교들은 3단계 학교와 비교될 수 있었다. 크레머와 미겔은 구충제가 학교 출석에 긍정적 효과가 있었다는 점을 알아냈고, 기생충 구제 교육은 기생충 감염률에 아무런 효과가 없었다는 점을 확인할 수 있었다. 구충제의 복용은 결석률을 4분의 1까지 감소시켰다. 학교 교사인 위아프레드 무제마Wiafred Mujema는 이에 대해 "비참한 상태에 있었던 학생들이 이제 활발하고 생기가 넘치게 되었다."고 말했다.[20]

크레머와 미겔의 실용적인 과학적 접근은 어린이들이 학교를 계속 다닐 수 있는 방법(아이들에게 구충제를 제공하는 것)을 알아냈고, 또한 다른 방법(기생충 감염을 예방하기 위해 아이들의 행동을 교육하는 것)이 작동하지 않는다는 것을 규명해냈다. 결과가 나온 후 ICS는 기생충 구제 프로그램을 확대했다. 이는 부시아의 전 지역뿐 아니라 인근의 테소 지역까지 망라하고 있다. 다른 원조 기관들은 전 세계적으로 기생충 구제 프로그램을 모방했다. 이러한 실용적 및 비평적 접근 방법이 확산된다면, 사용 가능한 대외 원조 자금이 훨씬 더 많이 실제로 빈민들에게 도달할 수 있을 것이다! 그리고 아마도 원조 옹호자들은 더 많은 대외 원조를 위한 사례를 창출할 수 있을 것이다.

모든 과학적 연구가 개별적 개입의 무작위 검증으로 이뤄지는 것은 아니다. 일부는 전체 자료의 통계적 분석에 의존한다. 그리고 모든 결과가 다 긍정적인 것은 아니다. 일부는 정책 입안자와 원조 업무 담당자들에게 무엇을 하지 말아야 할지를 알려준다. 토르스텐 벡Thorsten Beck, 아슬리 데미룩-쿤트Asli Demirgüç-Kunt(이상 세계은행)와 로스 러바인(브라운대학교)은 중소기업들이 빈곤 감축에 촉매제 역할을 했는지 여부를 연구했다. 원조 공동체는 중소기업의 촉매적 역할을 믿고 있다. 이와 함께 세계은행은 지난 5년간 중소기업 지원을 위해 100억 달러를 대출해주었다.[21] 미국국제개발처USAID는 영세 기업micro-enterprise 진흥을 위해 한 해에 1억 7000만 달러를 지출하고 있다.[22]

불행히도 기업 수준과 거시 경제적 자료를 철저하게 재고찰한 후, 벡, 데미룩-쿤트와 러바인은 중소기업 진흥책이 경제 성장 또는 가난 경감을 가져온다는 증거를 발견하지 못했다. 그들은 소기업을 특별히 존중할 만한 점이 없다고 적절하게 지적했다. 회사의 규모는 시장에서 거래를 처리하는 것이 좀 더 효율적인지 아니면 회사 내에서 처리하는 것이 좀 더 나을지, 또는 주어진 기술력이 대규모에서 더 생산적인지 아니면 소규모에서 더 생산적인지에 관한 것처럼 많은 것들을 반영한다. 일부 국가와 부문에서는 소기업이 좀 더 경쟁력을 갖고 있을 수도 있고, 다른 국가와 부문에서는 대기업이 좀 더 우수한 경쟁력을 유지할 수 있다. 원조 계획가들이 다양한 규모의 회사를 진흥시켜야 할지 한 가지 규모의 회사를 진흥시켜야 할지에 대해 인위적으로 애쓸 이유는 없다.

이 회의적인 보고서는 중소기업을 옹호하는 공여국 사회에 큰 혼란을 일으켰다. 나 역시 원조 기관의 납품업체로부터 벡, 데미룩-쿤트와 러바인을 반박하는 글을 써달라는 이메일을 받았다. 나는 이를 거부하면서, 학문을 하는 연구자들은 보통 처음부터 피고에게 유죄를 선고하지는 않으며 그다음에 재판을 개시한다고 설명하였다.

다른 개발 관련 연구자들은 개발에 기여하는 것처럼 보이는 것들을 규명하기 위해서 빈국의 경제 정책, 제도, 정치의 여러 양상을 연구한다. 이는 가계 수준, 기업 수준, 국가 수준의 자료에서 취한 통계적 증거에 의거한다. 이러한 연구는 번영을 향해 나아가기 위해 개별적이고 점진적인 방법에 주목한다. 즉 도로의 상태를 잘 유지하도록 한다든지 인플레이션 비율을 낮추기 위해 훌륭한 금융 정책을 추구한다든지 하는 것이다. 이들은 거대한 해답이나 포괄적인 개혁이 아니다.

불행히도 실패의 증거에도 불구하고 대량 원조의 신화가 끈질기게 생존함으로써, 개발에 대한 계획 중심의 접근 방법은 지속적으로 유지 및 양산되었다. 과거의 개입 실패에 대한 계획가의 반응은 더욱 더 집중적이고 포괄적인 개입을 하는 것이었다. 다음 두 장에서는 하향식 계획을 실패하게 만드는 정치 경제적 복잡성의 일부를 고찰할 것이다.

십대 응급 구조사

분만 중에 산모가 사망하는 일은 부국에서는 사실상 흔한 일이 아니지만, 안타깝게도 빈국에서는 흔한 일이다. 부국에 살고 있는 우리들 중 다수가 분만을 통해 새 생명을 얻는 것을 인생 최고의 순간으로 여기는 것과는 다르게, 빈국의 가족들은 너무 자주 아내나 엄마의 (그리고 때로는 신생아까지) 죽음에 맞닥뜨려야 한다. 이러한 여성들은 발작이나 자간(子癎: 주로 분만할 때 전신의 경련 발작과 의식 불명을 일으키는 질환. 임신 중독증 가운데 가장 중증으로 사망률이 높다. — 옮긴이)으로 인한 극심한 흥분 현상을 보이면서 고통 속에 죽어간다. 자간(과 분만 중 다른 사망 원인들)은 경고 증상을 인식하고 그러한 증상이 나타났을 경우 산모를 병원으로 호송하는 산전 관리prenatal care를 통해 예방될 수 있다. 산전 관리 서비스의 보급은 빈국이 해결해야 할 주요 과제이다.

페로자 야스민 샤히다Feroza Yasmin Shahida는 19세의 가난한 농촌 출신의 방글라데시 소녀이다. 그녀는 중등학교를 마치기까지 USAID와 세계은행이 운영하는 프로그램에서 장학금을 받았다. 이제 그녀는 방글라데시의 사바르 주변 시골 지역에서 515가구를 책임지는 자전거 응급 구조사(bicycle paramedic: 자전거를 이용하여 응급 처치를 제공해주는 구조사. — 옮긴이)이다. 그녀는 이 515가구의 유일한 보건 근로자이다. 그녀는 '국민보건센터Gonoshasthaya Kendra, GK'에서 일하는 대가로 한 달에 25달러를 번다.

GK는 자프룰라 초두리 박사Zafrullah Chowdhury(닥터 자프Dr. Zaf라는 애칭으로 불린다.)의 창의적인 사고의 소산이다. 그는 방글라데시가 1971년 독립한 이후 영국에서 귀환한 방글라데시 인 의사이다. 닥터 자프는 흔한 질병들을 치료하고, 임산부들에게 출산 전후 진료를 제공하며, 응급 상황 시 그가 설립한 병원으로 보낸다. 외국인 원조자들과 방글라데시 정부는 닥터 자프에게 자금을 지원했으나, 그는 의료 서비스를 더 확대하기 위해 가난한 환자들에게 소액의 진료비를 부과했다. 그는 빈민들조차 양질의 서비스에 요금을 지불하려는 의지를 갖고 있음을 알게 되었다. 의료 서비스를 제공할 때 빈민들에게 약간의 요금을 부과한다는 생각은 계획가들과 반세계화 운동가들을 화나게 할 만하지만, 이는 의료 서비스 제공에 책임감을 증대시키는 방법이다. 마을 주민 자신들이 대가를 치르는 희생을 한 후에 좋은 서비스를 받지 못한다면, 그들은 크게 불만을 터뜨릴 것이다. 닥터 자프는 "여성 한 명이 죽으면 보건 인력은 마을 전체를 상대해야 한다. 책임감이 바로 여기에 있다."고 말한다. GK는 산모의 출산 중 사망과 영아 사망률을 줄이는 데 성공했고 여성이 갖고자 하는 자녀의 수를 줄이는 데에도 기여했다. GK가 관할하는 지역에서 산모 사망률은 전국 평균 4분의 1에 불과하다.

페로자가 계속해서 닥터 자프의 가장 훌륭한 응급 구조사 중의 한 사람이 된다면, 그녀는 관리직으로 승진하게 될 것이고, 한 달에

100달러를 받게 되며, 자전거가 아닌 스쿠터를 몰게 될 것이다. 닥터 자프는 방글라데시의 많은 빈민들의 삶을 개선시키는 개별적이고 점진적인 방법을 탐색했고 찾아냈다.

그라민은행의 신비로운 역사

그라민은행Grameen Bank 창시자이며 마이크로크레디트(microcredit: 무담보 소액 대출 — 옮긴이) 계획의 주 고안자인 방글라데시의 모하메드 유누스Mohammad Yunus가 원래부터 빈민들의 신용 대출을 목표로 시작한 것은 아니었다. 컬럼비아대학교 경영대학원 교수인 빌 더건은 『나폴레옹의 직관Napoleon's Glance』이라는 훌륭한 책에서 실행 가능한 일을 발견한 사람들을 다루는 가운데 유누스를 소개했다. 유누스는 녹색 혁명과 관개 사업이 방글라데시의 빈곤에 대한 해답이라는 확신을 가지고 출발했다. 그는 반더빌트대학교에서 "다목적 저수지 용수의 최적 배분: 역동적인 프로그램형 모델Optimal Allocation of Multi-Purpose Reservoir Water: A Dynamic Programming Model"이라는 제목으로 박사 학위 논문을 발표하였다. 빈민을 돕기 위한 그의 첫 번째 시도는 건기에 관개를 위해 펌프 우물을 지원하여 농부들이 매년 이모작을 할 수 있도록 하는 것이었다. 유누스는 농부들에게 이 계획을 위한 자금을 지원하기 위해 자신의 사재를 털어 대출을 해주었다. 농부들은 풍작을 거두었다. 역설적으로 이러한 아이디어의 창시자에게도 빈민들은 신용상 위험이 될 소지가 충분히 있었기 때문에, 농부들은 유누스에게 돈을 다 갚지 못하였고, 결국 그는 돈을 잃었다. 그러나 그는 이 사업을 계속해서 진행하였고, 그 시티 보이(매너 있고 잘 차려입은 도시 거주자. 유누스를 비유한 말. — 옮긴이)는 가능한 한 많은 시골 마을을 방문하면서 이 지역을 어떻게 도울지를 이해하려고 노력하였다. 그는 대나무 의자를 만드는 수피야 베굼Sufiya Begum이라는 여성을 만났는데, 베굼은 의자 한 개당 2센트를 받는 가련한 처지에 있었다. 왜냐하면 주로 사채업자가 그녀에게 그 대나무를 선지급하는 데 (연간 120퍼센트에 해당하는) 아주 높은 이자율을 부과했기 때문이다. 유누스는 소액만 대출해주어도 빈민들의 삶은 크게 변화될 수 있다는 것을 깨달았다. 당시의 일반적인 통념과는 달리, 그는 빈민들이 신용에 대한 거대한 잠재적 수요가 있다는 것을 발견하였다. 그는 여러 경험 끝에 소액 대출을 받는 사람들이 미래에 대출을 하기 위해, 그리고 소액 대출을 받는 다른 사람들에게서 받는 '동료 집단 간 사회적 압력peer pressure'으로 인해 대출금을 상환할 것이라는 점을 알게 되었다. 그가 처음으로 신용 대출을 해준 사람은 수피야 베굼이었고, 그녀는 그 돈으로 더 많은 대나무 의자를 만드는 대신에 소매업을 성공리에 시작했다. 이러한 대출에 대한 수요가 증가하면서, 그라민은행은 오늘날 신화가 되었고 전 세계에서 이를 모방하려는 사람들이 있다.

유누스의 성공 이후 혹자가 주장하듯이 마이크로크레디트가 빈곤 감축을 위한 만병통치약은 아니다. 마이크로크레디트에 대한 몇몇 사람들의 각성은 그 기대감이 이미 지나치게 부풀려진 후에 나온 것이다. 마이크로크레디트가 모든 것을 해결해주지는 않았다. 그것은 단지 한 가지 특정한 상황하에 있는 한 가지 특정한 문제를 해결했을 뿐이다. 가령, 마이크로크레디트는 빈민들이 대부자들에게서 높은 이자로 빌리는 경우를 제외하고 신용 대출에 접근하기 어려웠던 점을 해소하는 데 도움이 되었다.

제3장

시장은 계획될 수 없다

인간의 본성은 뒤얽혀 있고
사회의 객체들은 그중에서도 가장 복잡하다.
따라서 인간의 본성 또는 인간사의 특성에 적합한
권력의 단순한 특성이나 지배는 있을 수 없다.

__에드먼드 버크, 「프랑스 혁명에 대한 고찰」, 1790년[1]

빅 푸시의 실패로 대외 원조 관련 기구들은 1980년대 초반부터 몇 가지 자기 성찰적 탐구를 하게 되었다. 아마도 빅 푸시의 실패 원인은 자유 시장에 간섭한 빈국 정부에 돌아갔을 것이다. 서구 번영의 비밀 중 하나가 자유 시장이 갖는 피드백과 책임이었다면, 서구 세계가 비서구 세계를 변화시키기 위해 할 수 있는 가장 분명한 일은 결국 자유 시장을 소개하는 것이었다.

　백인의 의무를 가중시키는 다음 단계는 비서구 세계가 시장 경제로 급격하게 전환하는 것을 원조의 조건으로 붙이는 것이었다. 시장을 선호하는 사람들과 그렇지 않은 사람들 사이에는 뚜렷한 구분이 있는 것이 보통이다. 각 진영은 각자의 입장을 다른 진영에 양보하는 것을 두려워한다. 이 책은 한 가지 역설에 다다른다. 자유 시장은 잘

105

작동되긴 하지만, 자유 시장으로의 개혁은 종종 그렇지 않다는 것이다.

이 역설을 설명하기 위해서 이 장에서는 하향식으로 자유 시장을 소개하는 방식이 그렇게 단순하지 않다는 점에 대해 논할 것이다. 또한 부유한 서구 경제에서 자유 시장이 발전하도록 장기간 계속되어온 선택들, 제도들, 혁신들을 조망해볼 것이다. 또한 아프리카, 라틴아메리카, 아시아, 과거 공산주의 블록과 같은 저소득 사회에서 시장이 종종 어떠한 이유 때문에 제대로 작동하지 않는지에 대한 상향식 시각도 조망한다. 모든 지역의 시장은 외부인들이 고안한 개혁에 의해 출현하기보다는 지역의 전통과 상황에 적응하면서 계획이 아닌 자율적인 방식으로 출현한다. 자유 시장은 복잡한 제도와 사회 규범이 상향식으로 출현하는 것에 기초한다. 이러한 제도와 규범은 외부인들이 이해하기에는 어렵고, 급격하게 많이 변화하지 않는다.

역설적으로 서구는 **시장**이라는 과제를 달성하기 위해 **계획**을 시도했다. 이렇게 외부인들이 주관한 자유 시장이 잘 운용되지 않는다는 증거가 축적되었음에도, 서구의 정책에 변화를 줄 만큼 빈민들의 이해관계가 충분한 비중을 차지하지 못했다는 사실이 안타깝다. 계획가들은 시장이 사회적으로 유익한 방향으로 작동되도록 하는 것이 얼마나 어려운 일인지를 과소평가하였다. 자유 시장으로 나아가는 데에서 세계 모든 지역의 사람들은 점진적이고 실험적 단계들을 거쳐야만 하는데 말이다.

러시아의 어두운 밤

러시아는 1992년 1월 1일에 자유 시장 경제로 전환되었다. 러시아 인들이 오만한 서구 전문가들의 자문을 받아 가격 통제를 철폐하고 곧이어 국영 기업을 민영화했을 때, 서구는 러시아가 최소한 자유 시장경제로 전환했음을 인정하였다. 서구의 경제학자들은 1992년에 쓴 중요한 글에서 "몇 년 내에 러시아의 평균 생활 수준이 대폭 높아질 것"[2]이라고 러시아 인들에게 약속했다. 1991년 12월에는 그렇게 말했던 바로 그 경제학자가 러시아식 "충격 요법" 계획(시장의 하향식 강요)을 두고 "시장 경제로의 신속한 전환을 위한 모든 필수 요소를 다 포함하고 있다."[3]고 말하기도 했다.

러시아는 1990년대에만 열 세 차례의 구조 조정 차관을 받았다. 그러나 인플레이션이 수천 퍼센트에 달하고 10여 년간 생산성이 붕괴하자, 우리 같은 외부 전문가들은 "몇 년 내에 평균 생활 수준이 대폭 높아질 것이란 기대를 시장이 실현하지 못했다."는 점을 시인할 수밖에 없었다. 러시아에서의 시장 경제로의 돌연한 개혁은 실패한 유토피아적 계획의 목록에 이름을 하나 추가했을 뿐이다.

당시 나와 같은 경제학자들은 상황을 잘 이해하지 못하고 있었다. 그래서 시장의 하향식 강요가 제대로 기능하지 않을 것이라는 것을 깨닫는 데 10여 년이나 걸리는 실패를 감수해야 했다. 1990~1995년까지 세계은행과 함께 러시아 문제를 연구해왔던 나 역시 충격 요법을 신봉했다. 당시 나는 모스크바에 몰려들던 다른 많은 서구 경제학자들처럼 러시아의 제도와 역사에 대한 가장 피상적인 지식만을 가지고 있었다. 개혁 이전 시기의 소련에 대해 좀 더 정통했던 경제학자들은 좀 더 예지적으로 사고하고 있었다. 메릴랜드대학교의 경제학자 피터 머렐Peter Murrell —— 오랫동안 중앙 계획 경제를 연구해온 학자 —— 은 1991~1993년에 유토피아적 사회 공학과 같은 충격 요법을 반박하는 일련의 글을 썼다. 하지만 당시, 그는 논쟁에서 패했다. 그는 최근 나에게 보낸 편지에서 다른 경제학자들에게 자신의 견해를 설득시키는 작업이란 그야말로 '유토피아적'인 일이라고 했다. 1993년 이후 그는 관심을 다른 주제로 돌렸다. 역사는 충격 요법에 대한 머렐의 냉혹한 비판적 설명을 입증했다. "존재하는 것은 무엇이든 경멸할 만한 점이 있다. …… 개혁 프로그램의 선택에서 현 제도권하에서의 역사, 사회, 경제학은 모두 사소한 이슈이다. …… 시장 경제의 구축은 대개 파괴를 동반하는 것처럼 보이고 …… 충격 요법 전문가들은 기술적인 해법을 실행하기가 아주 쉽다고 가정하는데 …… 우리는 현존하는 모든 합의 사항들을 거부해야만 한다."[4]

머렐은 러시아에서 일어난 사건들에 대해 버크와 포퍼의 주장이 타당하다는 것을 재빨리 발견해냈다. 1992년에 포퍼의 글을 인용한 것을 보면, 머렐은 러시아의 개혁이 어떻게 실패할 것인지를 완벽하게 예견해냈다. "우리 사회 시스템이 다 재건되었다고 해서, 단번에 작동 가능한 시스템으로 이어질 것이라고 가정하는 것은 합당하지 않다."[5]

오랫동안 소련 관련 전문가였던 클리퍼드 개디Clifford Gaddy와 배리 아이크스Barry Ickes와 같은 경제학자들은 새로운 시장 환경에 대한 구소련의 기업 반응을 면밀하게 살폈다. 충격 요법에 따르면, 새로운 시장이 결정한 가격 선에서 경쟁력을 가장 잘 갖춘 기업들은 살아 남아 사업이 좀 더 확장되겠지만 비효율적인 공룡 기업들은 곧 멸종 될 것이라고 예견되었다. 그러나 개디와 아이크스에 따르면, 이러한 예측은 현실로 드러나지 않았다. 소련의 공장장들은 자신들을 생존하 게 해주는 정부 관료 및 기타 공장장들과 관계망을 가지고 있었다. 그 들은 세금 부담을 줄이기 위해 상품의 교환과 운송을 활용하여, 충격 요법의 공상과 닮은 데라고는 전혀 없는 "가상 경제virtual economy"에 서 아무도 원하지 않는 상품들을 근근이 생산해냈다. 손실을 보는 러 시아 기업의 비율은 충격 요법 초기에 사실상 증가했고, 그 이후로는 안정세를 유지하고 있다.[6]

한 가지 실례로서, 러시아의 사마라 오블라스트(oblast: 러시아연 방의 자치 주州에 해당하는 행정구 — 옮긴이)에 있는 중부볼가화학공장 은 유독성 화학제품 10톤을 내다 팔 '시장'을 가까스로 찾아냈다. 이 공장은 실업 기금을 불입하는 의무를 유독성 화학제품들을 사마라 오 블라스트 정부에 전달하는 것으로 대신했다. 그러자 이번에는 사마라 정부가 상대적으로 부유한 지역의 의무인, 가난한 지역에 이전 지출 (transfer payments: 실업 수당이나 재해 보상금, 사회 보장 기금과 같이 정부 가 당기의 생산 활동과 무관한 사람에게 대가 없이 지급하는 것. — 옮긴이) 을 할 의무를 충족시키는 데 이 화학제품을 사용하였다. 이는 사마라 정부가 가난한 마리엘공화국의 실업 보상 기금으로 화학제품을 보내 주겠다고 러시아 노동부와 합의함으로써 이뤄진 것이다. 그래서 유독 성 화학제품 10톤이 마리엘공화국의 수도인 요슈카르올라에 도착했 다. 마리엘공화국의 실업자들이 유독성 화학제품 10톤을 가지고 무엇

을 했는지는 아무도 모른다.[7]

　이러한 사례에서 알 수 있듯이, 일부 소련 기업들은 가치 있는 것을 투입해 무가치한 것을 산출했음에도 불구하고 살아남을 수 있었다. 그들은 전기 및 가스의 국영 독점 기업으로부터 전기 보조금과 가스 보조금을 지급 받았다. 러시아의 국영 가스 기업 가즈프롬Gazprom은 엄청난 양의 천연가스 매장량을 발판 삼아 러시아 경제에서 진정한 가치를 창출하는 몇 안 되는 기업 가운데 하나이다. 다른 많은 기업들은 사실상 가치를 창조한다기보다는 가치를 파괴하였다. 그들은 소련 시대에 다른 무가치한 기업들과 맺은 관계를 활용하여 쓸모없는 산출에 대한 수요를 지속시킬 수 있었다. 예를 들면 A 기업이 쓰레기 같은 제품을 생산하면, B 기업은 자사의 쓰레기 같은 제품을 생산하는 데 A 기업의 제품을 투입함으로써 이를 용인하고, 이번에는 B 기업이 이를 C 기업으로 전수할 것이고, 그러면 C 기업은 이 쓰레기 제품을 A 기업에 판매하여 A 기업의 쓰레기 제품 생산에 다시 투입됨으로써 그 순환이 완료된다. 그러는 동안 A, B, C 기업은 귀중한 가스와 전기를 모두 탕진해버린다. 밑바닥에서 소련식으로 훈련 받은 공장장들은 상부의 충격 요법 전문가들을 압도하였던 셈이다. 지역 당국 그리고 종종 연방 당국도 이러한 게임에 찬성하였는데, 이는 그들이 대량 실업에 직면하고 싶지 않았기 때문이다.

　실제로 가치를 창출하는 기업을 살펴보았을 때, 이 기업들은 기업가적인 활동의 대상이라기보다는 개인적인 약탈의 표적이었다. 러시아의 '자유 시장 개혁'은 과거 국영 기업의 민영화를 포함했다. 먼저 이윤 추구 행위가 사회에 유익한 결과를 가져올 수 있도록 하는 규칙이 마련되지 못한 상태에서, 이러한 개혁 이후 자유 시장과 민영화로 인한 비참한 결과들이 잇달아 발생했다. 시장에서 탐색가들은 규칙이 필요한데, 만약 규칙이 없을 경우에 이들은 상대방을 희생시켜 이익을 얻는 기회주의자가 될 것이다. 예를 들면 1995년에 러시아 재계 거물들은 '친親시장적인 개혁가'인 보리스 옐친Boris Yeltsin의 지원을 받아 가치 있는 기업들을 헐값에 낚아챌 수 있었다. 옐친 정부는 러시아 최고의 석유 수출 기업인 유코스Yukos를 매각하면서 자본이 풍부한 경쟁자들을 제거하는 와중에 해외 바이어들을 입찰에서 제외시켰다. 또한 옐친 정부는 은행들이 자신들이 경매하고 있던 자산에 입찰을 할 수 있도록 허용했다. 그래서 미하일 호도르코프스키Mikhail Khodorkovsky는 그가 메나텝Menatep이라는 경매 주관 은행을 소유하였음에도 불구하고 유코스의 경매에 입찰할 수 있었다. 러시아 민영화의 중추 역할을 하던 알프레드 코Alfred Kokh는 호도르코프스키가 유코스에 입찰하기 위해 유코스 자체 자금을 사용했다고 주장하였는데, 이는 아마도 대출금에 대한 보상으로 향후에 원유를 인도할 것을 약속함으로 가능하였을 것이다. 1995년 12월, 호도르코프스키는 3억 900만 달러에 유코스 지분의 77퍼센트까지 매입할 수 있었다.[8] 2003년까지 시장 가치가 300억 달러에 달하던 회사로서는 상당히 좋은 거래였다.[9] 그는 『포브스Forbes』의 올해의 억만장자 명단의 맨 위에 이름을 올릴 수 있었다.

　　러시아를 미국과 같은 모습으로 재구성하려는 공식적 개혁 운동이 시작된 지 13년 후, 환자와 같은 러시아는 아직도 투병 중이다. 이는 단순한 은유가 아니다. 많은 러시아 인들은 급속도로 죽음을 선택

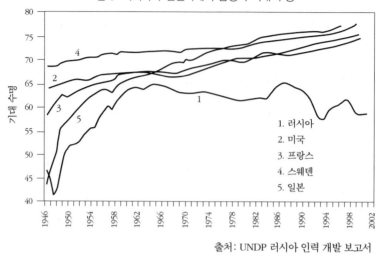

그림 3 러시아와 선진국에서 남성의 기대 수명

1. 러시아
2. 미국
3. 프랑스
4. 스웨덴
5. 일본

출처: UNDP 러시아 인력 개발 보고서

하고 있다. 공산주의 붕괴 이후, 러시아의 자살률은 50퍼센트까지 치솟았다. 평균 기대 수명은 에이즈 위기 국가를 제외하고는 모든 지역에서 증가되었으나, 러시아에서만 감소되었다. 특히 남성의 경우에 그렇다(그림 3 참조). 이러한 경향은 소련의 후반기부터 시작되었고, 소련 이후 러시아에서도 계속되어왔다.[10]

　옐친과 같은 '민주적 개혁가'를 지지했던 서구의 망상 이후, 옐친이 지명한 후임자인 블라디미르 푸틴Vladimir Putin은 옐친이 남기고 간 미미한 수준의 민주주의를 대부분 짓밟았다. 2004년에 미국의 인권 운동 단체인 프리덤하우스(Freedom House: 미국 주재의 국제적인 비정부 기구로 민주주의, 정치적 자유 및 인권에 대해 연구한다. — 옮긴이)는 러시아의 상태를 '부분적으로 자유로움'에서 '자유롭지 않음'으로 등급을 낮추었다. 푸틴은 미하일 호도르코프스키의 세금 체납(러시아 국민 대부분에게 적용되는 범죄) 혐의를 추적했다. 법원은 2005년 5월에 호도르코프스키의 유죄를 인정했고, 징역 9년을 선고했다.

러시아 경제는 1998년 위기 이후로 강력한 성장세를 기록했으나, 이는 최저점에서 부분적인 회복이 이루어졌을 뿐이다. 2004년 러시아의 1인당 국민 소득은 소련 시기의 정점이던 1989년보다 17퍼센트나 낮았다. 시민들은 이에 대해 실망하였는데, 2004년 12월의 한 조사에서 러시아 인구의 41퍼센트가 자국의 경제 성적을 '저조'하다고 평가했고, 낙관적인 46퍼센트의 국민들은 이를 '보통'이라고 평가했다. 7년간의 '과도기' 이후 1999년에 실시한 조사에서 러시아 인구의 70퍼센트는 러시아가 '잘못된 방향'으로 가고 있다는 견해를 보였다. 그러나 부분적 경제 회복 이후 2005년 1월에 이뤄진 조사에서는 56퍼센트만이 러시아가 잘못된 방향으로 가고 있다고 밝혔는데, 이는 러시아 인들의 사기가 많이 진작됐음을 보여준다.[11]

이카루스의 비행

충격 요법이란 세계은행과 IMF가 말하는 '구조 조정'이라는 방식을 러시아에 적용한 것이었다. 바꿔 말하면 이것은 빅 푸시의 계승자라고 할 수 있다. 구조 조정 차관은 세계은행 총재인 로버트 맥나마라 Robert McNamara와 부총재인 어니스트 스턴Ernest Stern의 작품이었다. 그들은 1979년 9월 말 베오그라드에서 열린 세계은행/IMF 연례 회의를 위해 함께 비행기를 타고 가던 중 이 아이디어를 착안하였다. 구조 조정 차관은 수입import을 위한 자금 조달을 위해 지급되었고, 이는 자유 시장을 채택하고 있는 국가에 한한다는 조건을 붙였다. 이미 오랫동안 조건부 차관을 시행해오던 IMF는 새로운 아이디어를 채택했다. 세계은행이 점진적 개선에 자금을 지원하는 대신 포괄적 개혁에 자금을 지원하는 역사적인 실수를 저지르게 한 그 영감의 정체는 무엇이었는가? 그 아이디어는 개발 도상국들에 대해 개별 프로젝트의 생산성을 위한 대규모 개혁이 필요하다는 것과 더 나아가 세계은행의 개입이 단계적으로 확대된다는 것이었다.

이러한 논리는 호소력이 있었다. 나도 한때 충격 요법과 구조 조정을 신봉했었던 사람이다. 그러한 포괄적 개혁을 지지했던 우리들은 당시 모든 상보적 개혁이 빠르게 그리고 동시에 이뤄지지 않는다면 부분적 개혁은 잘 실행되지 않을 것이라고 확신했다. 어떤 때는 '두 개의 도약대 사이에 벌어진 간극은 건너뛸 수 없다.'는 비유를 들어 논쟁을 매듭짓기도 했다. 모든 정치 경제 시스템이 혼란스러운 경우에는 소규모 개입에 대한 보상도 적을 것이라는 것이 그럴듯해 보였다. 따라서 단번에 그 시스템을 개조하려는 시도를 해야 한다는 것이다.

우리와 같은 충격 요법 전문가들이 미처 깨닫지 못했던 것은 모든 개혁은 부분적이라는 사실이다. 모든 것을 한 번에 하는 것은 불가능하고, 심지어 '모든 것'이 무엇인지 파악하기 위한 정보를 충분히 가지고 있는 정책 결정자도 존재하지 않는다는 사실이다. 문제는 (충격 요법에서 포괄적 개혁으로 잘못 칭하고 있는) 대규모의 부분적 개혁이냐, 또는 소규모의 부분적 개혁이냐의 선택에 달려 있다. 대규모 개혁이든 소규모 개혁이든 실패할 수는 있으나, 큰 실수보다는 작은 실수를 교정하는 편이 훨씬 쉽다. '의도되지 않은 결과'의 문제는 소규모 개혁보다는 대규모 개혁에서 발생할 가능성이 더 크다. 다음 장에서 살펴보게 될 바와 같이 상부에서 시도된 변화는 하부의 복잡성과 크게 동떨어진 것이다. 간단히 말해서 충격 요법은 종종 공적 부패와 사적 횡령의 예방에 실패했던 빈약한 조직과 충돌했다. 충격 요법과 구조 조정이라는 지나치게 야심적인 세계은행과 IMF의 개혁은 이카루스의 비행과도 같았다. 그 기관들은 태양을 목적지로 삼았지만 실패의 바다로 추락했다.

1980년대와 1990년대 세계은행과 IMF는 코트디부아르에 스물여섯 차례에 걸쳐 구조 조정 차관을 지급했다. 코트디부아르는 이 시기에 국내 경제 사상 최악이자 최장의 경제 침체를 겪었고, 1인당 국민 소득도 곤두박질쳤다. 오늘날 코트디부아르는 내전의 수렁에 빠져 있다. 세계은행과 IMF가 코트디부아르에 깊이 개입한 이후 최근에 발생한 거의 모든 상황이 무정부 상태로까지 붕괴 일로를 걷게 된 것은 실로 당황스러운 일이다. 비록 IMF와 세계은행이 코트디부아르의 붕괴를 유발했다고 생각하지는 않지만, 그 기관들이 개입한 것이 장기적으로 긍정적인 효과를 가져왔다고 논하기는 어렵다.

나는 세계은행과 IMF로부터 받은 구조 조정 차관의 수급 횟수에서 상위 20위를 차지하는 아프리카 국가들을 추출했다. 구조 조정으로 집중적인 관리를 받은 대부분의 아프리카 국가들은 성장률이 마이너스 또는 제로였다. 나는 구 공산주의 국가 중에서도 구조 조정 차관 수급 횟수에서 상위 10개국의 명단을 뽑았다. 충격 요법이 시행되고 수많은 구조 조정 차관을 받은 대부분의 구 공산주의 국가들은 급격한 마이너스 성장을 기록하거나 높은 인플레이션을 겪었다(표 2 참조).

결국, 잦은 구조 조정 차관 지급과 관련된 결과는 형편없는 것으로 드러났다. 앞서 언급한 평가 방법을 사용해볼 때, 우선 구조 조정 차관의 수급국이던 많은 국가들의 상황이 너무 좋지 않아, 차관의 강력한 긍정적 효과에 대한 신념이 왜곡된 것이었음을 알 수 있다. 두 번째, 구조 조정 차관이 매년 반복적으로 지급됐다면, 이는 마치 환자가 약을 계속 복용함에도 불구하고 병세가 호전되지 않는 것과 마찬가지가 아닌지 질문해볼 수 있다. 마지막으로, 위기로부터 이를 대처하기까지의 가능한 역인과관계를 통제하기 위해 사용되는 공식적인 통계학 방식에 따르면 구조 조정 차관 지급은 여전히 경제 성장에 아무런 효과가 없거나 마이너스의 효과만 나타낼 뿐이다.[12] 뉴욕대학교 NYU의 애덤 쉐보르스키Adam Przeworski와 예일대학교의 제임스 브릴랜드James Vreeland는 최근에 또 다른 권위 있는 연구를 통해 IMF의 프로그램이 경제 성장에 부정적인 효과를 나타냈다고 밝혔는데, 이 연구는 역선택adverse selection 효과를 통제했을 때조차도 동일하게 부정적인 것으로 드러났다. 또 다른 증거가 있는데, 우리가 이 장의 마지막에서 살펴보게 되겠지만, 아프리카 국가들은 (심지어 '성공 사례'에 드는 국가인 경우에도) 무이자의 구조 조정 차관을 상환할 수 없었고 세계은행과 IMF는 채무를 면제해주어야 했다. 백인의 의무는 다른 동유럽 국가와, 러시아를 제외한 구소련에서도 발휘되었다. 엄밀히 말

표 2 구조 조정 차관, 성장, 인플레이션(구조 조정 차관의 최다 수급 빈국의 경우)

	1980~1999년의 IMF와 세계은행의 구조 조정 차관 횟수	첫 번째 구조 조정 차관 지급 후의 연간 1인당 성장률(%)	첫 번째 조정 차관 지급부터 1999년까지 연간 인플레이션율(%)
1980~1999년의 구조 조정 차관 수급에서 상위 20개국에 속하는 아프리카 국가			
니제르	14	-2.30	2
잠비아	18	-2.10	58
마다가스카르	17	-1.80	17
토고	15	-1.60	5
코트디부아르	26	-1.40	6
말라위	18	-0.20	23
말리	15	-0.10	4
모리타니	16	0.10	7
세네갈	21	0.10	5
케냐	19	0.10	14
가나	26	1.20	32
우간다	20	2.30	50
구 공산주의 국가 중 1990~1999년 구조 조정 차관 수급에서 상위 10개국 (첫 번째 조정 차관 지급부터 1999년까지 측정된 성장률과 인플레이션율)			
우크라이나	10	-8.4	215
러시아	13	-5.7	141
키르기스스탄	10	-4.4	25
카자흐스탄	9	-3.1	117
불가리아	13	-2.2	124
루마니아	11	-1.2	114
헝가리	14	1.0	16
폴란드	9	3.4	52
알바니아	8	4.4	40
그루지아	7	6.4	37

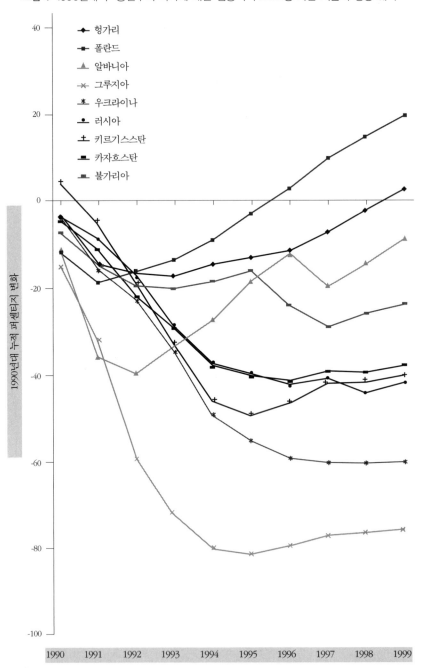

그림 4 1990년대 구 공산주의 국가에 대한 집중적 구조 조정 차관 지급의 성장 궤적

범례:
- 헝가리
- 폴란드
- 알바니아
- 그루지아
- 우크라이나
- 러시아
- 키르기스스탄
- 카자흐스탄
- 불가리아

세로축: 1990년대 누적 퍼센티지 변화

해서 이 국가들 내에도 백인들이 있었지만, 서구의 백인들은 동유럽의 백인들에게 선교할 수 있는 능력을 가지고 있다고 확신했다. 그림 4에서 볼 수 있듯이 폴란드의 성공 사례를 제외하고는, (경제 성장의 — 옮긴이) 간격을 메우기 위해 시도된 도약이 다른 편까지 이르지 못했다는 점은 안타깝다. 이러한 불행한 상황에 대해 어떻게 문책할지 모르겠지만, 분명한 것은 서구 개혁가들의 높은 기대가 현실화되지 못했다는 점이다.

　　다른 지역 중에서 포괄적 개혁에 대한 강한 열망이 있었던 지역

그림 5 라틴아메리카 경제적 자유 지수

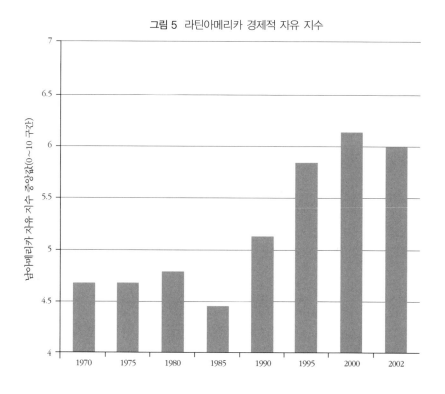

은 라틴아메리카이다. 이 지역은 1950년대부터 1970년대까지 자유 무역을 제한하고 국가 개입 체제를 따랐다. 1980년대 초기의 외채 위기 이후 라틴아메리카 국가들은 국제 민간 은행으로부터의 신규 차관 이용이 차단되었고, 자유 시장제로 나아가기 시작했다. 보통 때와 마찬가지로, 세계은행과 IMF의 구조 조정 차관은 이러한 포괄적 개혁을 지원했다. 현재 폭넓게 상용되고 있는 다음의 지수는 1985년부터 2000년까지 라틴아메리카의 경제적 자유가 확대된 평균 수치를 보여준다(그림 5 참조).

불행히도 라틴아메리카의 포괄적 개혁은 경제 성장을 수반하지 않았다. 구조 조정의 지지자들은 역설적으로 느끼겠지만, 라틴아메리카에서 성장의 최절정기는 국가가 개입했던 1950~1980년이다. 그러한 성장이 지속되었다면 라틴아메리카의 국민 소득은 현재 1950년대보다 3배는 증가했을 것이다. 하지만 1980~2003년 기간에 라틴아메리카의 국민 소득은 거의 증가하지도 않았으며 다만 2003년도의 국민 소득은 반세기 이전보다 겨우 2배 남짓 증가했을 뿐이다(그림 6 참조). 자유 시장이 구조 조정이라는 유토피아적 기대로 인해 퇴색되면서, 안타깝게도 지금 라틴아메리카에서는 자유 시장에 대한 반발이 힘을 얻고 있다.

그래서 구조 조정과 충격 요법에 큰 희망을 품게 해주었던 세 지역 —— 아프리카, 구 공산주의 국가들, 라틴아메리카 —— 에서 그 희망은 좌절되었다. 이에 대한 서구의 반응은 어떠하였는가?

실패에 대한 서구의 반응은 동일한 행동을 더 많이 하는 것이었다. IMF와 세계은행은 실패에도 불구하고 20년 이상이나 구조 조정 차관을 계속 지급하고 있다. 오늘날, 그들은 여전히 이러한 차관을 지급하고 있고, 최근에 그 명칭만 "빈곤 감축 차관"으로 바꾸었을 뿐이다. 이는 계획가들이 목표 달성에 반복적으로 실패하고 있음에도 불구하고 여전히 큰 목표에 집착하고 있음을 보여준다.

그림 6 라틴아메리카 1인당 국민 소득 지표(로그의 밑 2, 1950년 = 1)
1950∼2003년의 실제와 흐름

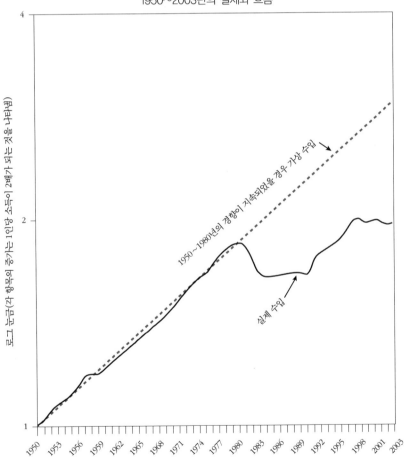

배고프다. 자유 시장을 창안하자!

자유 시장은 보편적으로 유용한 체제인 것이 분명하다. 경제적 자유는 인류의 업적 중 가장 제대로 평가 받지 못한 창안물 중 하나이고, 그 사촌격인 정치적 자유보다는 훨씬 덜 알려져 있다. 경제적 자유는 단지 생산, 판매, 소비를 제한 받지 않을 권리를 의미한다. 우리는 우리가 원하는 것들을 선택할 수 있고, 다른 사람들이 우리 자신을 대신해서 가장 적합한 것을 고르도록 하지는 않는다. 우리는 또한 우리가 가장 잘하는 것과 가장 좋아하는 일에 따라, 무엇을 판매하고, 어떤 직업을 택할 것인지 자유롭게 선택할 수 있다.

선택의 자유와 사적인 지식의 자유는 전문화로부터 큰 이익을 얻게 만든다. 내가 만들 수 있는 것 또는 내가 스스로 하는 것들만을 소비하도록 제한을 받는다면 그 결과는 좋지 않을 것이다. 예를 들면 나의 요리 솜씨는, 내 아이들이 증언해주겠지만, 한계가 있다. 나의 자녀들인 레이첼, 케일럽, 그레이스는 삶은 스파게티, 마카로니와 치즈, 쌀밥과 콩과 같은 나의 주 메뉴에 예전부터 싫증이 나 있었다. 그래서 우리는 테이크아웃이라는 역사적인 시장 혁신에 의존하게 되었다. 이에 따라 베이글, 피자, 그리고 중국, 에티오피아, 일본, 태국, 베트남, 텍스멕시코(Tex-Mexico: 멕시코와 미국 남서부 지역(대표적으로 텍사스)의 문화가 혼합된 것 — 옮긴이) 문화에서 온 새롭고 훌륭한 음식의 세계를 접하게 되었다. 내가 늘 하는 요리를 고수할 때에도 슈퍼마켓에서 파스타, 치즈, 쌀, 콩 등을 사올 수밖에 없다. 시장이 없다면 어쩔 수 없이 밀, 콩, 쌀을 직접 재배해야 하고, 우유를 얻기 위해 젖소의 젖을

짜며, 곡물과 콩을 먹기 좋게 가공하고, 치즈와 파스타를 만들어야 할 것이다. (이런 것들을 어떻게 하는지에 대해 나는 전혀 지식이 없다.) 하지만 대신에 나는 자유 시장에서 나의 경제학적 지식을 매매하고(설명하기는 어렵지만 뉴욕대학교에서 고객을 찾아내고) 그 대가로 돈을 받는다. 나는 그 돈으로 집에서 요리할 거리를 선택하고 테이크아웃 음식을 주문하는 데 쓴다.

애덤 스미스Adam Smith는 1776년 『국부론The Wealth of Nations』에서 전문화를 높이 평가했다. 우리는 각자 어떠한 일을 하는 데 천부적인 장점과 단점을 가지고 있다. 시장에서의 교환은 우리가 무엇을 잘하는지를 결정할 수 있도록 하고, 그것을 생산하는 데에서 전문화하도록 하며, 다른 것을 생산하는 데 소질이 있는 사람들이 생산한 것들과 교환하도록 한다. 이는 개인들뿐 아니라 국가에서도 마찬가지로 적용되며, 자유 무역에 대한 지적 사례의 일부분이다. 오래된 농담 중에 이런 농담이 있다. 천국은 주방장은 프랑스 인, 경찰관은 영국인, 애인은 이탈리아 인, 자동차 정비공은 독일인, 그리고 이 모든 것들은 스위스 인에 의해 준비되고 계획되는 곳이라는 것이다. 대신 지옥은 주방장은 영국인, 경찰관은 독일인, 애인은 스위스 인, 자동차 정비공은 프랑스 인, 그리고 이 모든 것들은 이탈리아 인에 의해 준비되며 계획되는 곳이라고 한다.

전문화가 반드시 천부적인 능력을 필요로 하는 것은 아니다. 위의 지독한 농담은, (비록 내가 그 농담에 함축된 것들을 입증할 필요는 없지만) 우리가 이런 농담에서 국민성의 차이를 몇몇 보게 되더라도 이러한 차이를 천부적인 것으로 믿지 않기 때문에 이를 두고 지독한 농담이라고 할 수 있다. 프랑스 인들은 훌륭한 요리사나 또는 형편없는 자동차 정비공이 되도록 하는 어떤 유전자를 가지고 있는 것은 아니지만, 그들은 자신들의 요리 전통을 한 세대에서 다음 세대로 이어가며 다듬어왔다. 이는 또한 개인들에게도 적용된다. 우리는 행함을 통해 배운다. 각자가 한 가지 업무를 반복적으로 하면, 그 일이 모차르트의 소나타를 연주하는 일이든 지붕의 널을 박는 일이든 간에, 그 일에 대한 연습은 우리로 하여금 완벽을 기하게 한다. 우리 각자가 전문성을 가지고 우리가 만들거나 할 수 있는 최종 산물을 서로서로 교환하면 우리는 모두 더 나은 생활을 할 수 있다.

시장의 또 다른 큰 업적은 다른 사람들의 선택과 자신들을 위한 선택을 조화시키는 역할을 한다는 것이다. 저녁 식사를 하는 식탁에서, 우리는 뉴욕 사람들에게 필요한 파스타, 쌀, 치즈, 다양한 문화권의 테이크아웃 요리의 양이 어느 정도인지를 결정하는 데 요구되는 방대한 정보를 처리하는 것에 계획가가 필요치 않다는 것을 발견하게 된다. 이러한 시장의 위대한 업적은 탐색가에 의해 달성된다. 탐색가는 소비자를 탐색하고, 소비자는 공급자를 탐색하고, 가격은 수요와 공급을 맞추기 위해 위아래로 조정된다. 그래서 시장은 공급자와 수요자의 수요와 능력을 조정하기 위해 가격과 수량을 결정한다. 가격은 공급자들이 추가 품목을 공급하기 위해 부담하는 추가 비용과 소비자가 각 품목을 하나씩 더 구매하는 것에서 얻는 추가 이익을 모두 반영한다. 따라서 시장은 각 품목을 생산하는 사회에 대한 추가 비용과 이를 소비하는 사회에 대한 추가 이익을 조화시킨다. 시장은 가장 낮은 가격으로 생산되는 생필품을 가장 높은 가격에 내다 파려는 장이 된다. 각자가 초기 다량의 소유물을 가지고 있다고 가정할 경우, 경제학자들은 특정한 상황하에서 자유 시장이 모든 사람을 위한 경제적 자원을 최적으로 배치할 수 있다는 수학적인 증거 자료를 가지고 있다. (물론, 일부 사람들이 다른 사람들보다 기본 재산이 더 작다는 점은 문제가 될 수 있다. 이에 대해서는 후에 논할 것이다.) 애덤 스미스는 비록 우리 각자가 개인의 이익 추구를 위해서 기능하였다 할지라도, 이러한 체계 가운데 달성된 사회적 선善을 높이 평가했다.

서구는 종종 자신들이 시장을 창안했다고 자부하지만, 이것은 말도 안 되는 소리이다. 아프리카, 중동, 라틴아메리카의 길거리 시장을 가보면 빈국의 시장도 역동적이라는 것을 재빨리 알 수 있다. 역사의 일화는 이러한 시장이 서구와 접촉하기 이전부터 존재했다는 점을 말해준다.

그리고 시장의 본능은 인간 본성과 부합된다. 부모라면 모두 알겠지만 아이들은 일찍부터 거래로부터 얻는 이익에 대해 이해하게 된다. 내 아이들인 레이첼, 케일럽, 그레이스가 어렸을 때 이웃을 돌며 '부활절 달걀 찾기Easter egg hunt'를 하고 나서 제일 먼저 하는 일은 갖고 있던 사탕을 쏟아 거래를 시작한 것이다. 레이첼은 다크 초콜릿을, 그레이스는 밀크 초콜릿을, 케일럽은 땅콩버터 컵을 좋아한다. 톰 소여가 이빨 하나와 허클베리 핀의 사슴벌레를 맞바꾼 것은 경영학석사MBA 과정을 밟아서가 아니라 본능적으로 행동한 것이었다.[13]

어떤 물품에서 공급자가 원하는 가격은 소비자가 지불하려는 가격보다 훨씬 더 높아, 공급자들이 생산을 하지 않게 되는 경우가 있다. 내가 오하이오 주의 볼링그린에서 자랄 때 우리 어머니가 만들어준, 프루트카테일이 들어 있고 마시멜로를 얹은 젤리를 뉴욕의 시장에서는 구입할 수가 없다. 베이글과는 달리 젤리는 소비자가 공급자에게 충분히 높은 가격을 치르려 하는 시장 조사market test에 부합되지 않는다. 그래서 베이글 가게는 있어도 젤리 가게는 없는 것이다.

시장은 상호 유익한 거래에 잠재력을 갖고 있다. 오하이오 사람이 자기가 원하는 것보다 더 많은 베이글을 가지고 있고 뉴욕 사람도 자기가 원하는 것보다 더 많은 젤리를 가지고 있다면, 베이글과 젤리를 서로 맞바꾸어 모두에게 이익이 되게 할 수 있다. 베이글과 젤리를 갖고 싶어 하는 강한 바람이 있고 이것들을 보유하고 있다는 사실은 거래의 조건을 결정한다. 자유 시장을 비판하는 이들은 이 점, 즉 모든 자발적인 교환은 양 당사자에게 꼭 동일한 정도는 아니라 하더라도 이전보다 더 나은 상태를 얻게 한다는 것을 간과한다. 가격이 한쪽 당사자나 다른 당사자에게 너무 높은 듯하면 우리의 공정한 사고에 저촉된다. 뉴욕 사람이 원하지도 않는 젤리를 너무 많이 갖고 있으면서 베이글을 많이 필요로 한다면, 오하이오 사람은 자신이 가진 베이글로 싼 값에 많은 양의 젤리를 얻을 수 있다. 설령 오하이오 사람이 뉴욕 사람보다 더 많은 이익을 본다 해도 이들은 모두 거래를 통해 상호 이익을 보게 된다.

소비자 탐색가들은 항상 이익이 되는 거래를 물색하며, 한편 공급자 탐색가들은 공급할 수 있는 수익 상품을 조사한다. '새 천년 젤리 계획'은 시장에서는 아무 쓸모가 없는 것이다.

금융 시장도 좋다

이 모든 것에 대해 금융 시장은 어떠한 태도를 취하는가? 금융 시장은 미래에 대한 투자는 반드시 현재 가지고 있는 자금의 한도에 제한된다는 일반적인 인식을 반박한다. 당신은 땅을 사기 위해 돈을 빌릴 수도 있고, 소규모 사업을 시작할 수도 있다(실제 필요한 정도보다는 적게 이루어지지만, 금융 시장이 존재하지 않았을 때보다는 더 자주 이루어진다.). 금융 시장의 매력은 모든 사람들에게 고수익 투자를 하도록 해준다는 것이다. 이러한 생각은 방글라데시의 그라민은행과 같이 절망에 빠진 사람들에게 다가갈 수 있는 마이크로크레디트 계획에 대한 열정을 불러일으킨다.

모든 사람들이 진입할 수 있다는 조건하에서, 금융 시장은 경제 전반의 다양한 투자 형태에 대한 수익(원래 투자 비용을 초과하는 비율)을 균등 분배한다. 모든 사람은 모든 형태의 산업에 진출할 수 있다. 베이글 가게가 고수익을 보장한다면, 많은 사람들이 정상 수준의 수익을 얻을 수 있을 때까지 베이글 판매업에 진출할 것이다. 사람들이 모든 종류의 활동(교육을 받고, 토지를 사고, 소규모 사업을 시작하는 등)에 대한 수익을 균등 분배하지 못하게 하는 경제는 자유 시장 경제가 아니다. 또한 자유 시장 경제에서는 저축만 해서는 돈을 최대 한도로 벌 수 없다. 당신이 저수익 활동(젤리 가게)으로 돈을 벌어 고수익 활동(베이글 가게)에 투자한다면 어떤 일이 일어날지 자문해봄으로써 이를 확인할 수 있다. 즉 베이글 가게의 산출 가치가 올라가기보다는 젤리 가게의 산출 가치가 더 내려갈 것이다. 따라서 이런 경제 운용은 동일한 저축액으로 더 많이 생산하게 된다. 수익이 불균등할 때, 이렇게 공짜로 산출상의 이익을 볼 수 있다. 월스트리트의 금융 천재들, 기업가, 또는 빌 게이츠와 같은 사람들은 상당한 고수익을 보장하는 활동을 탐색하며, 그러한 활동에 투자함으로써 투자 수익을 확보하지만, 저수익 활동에서는 거침없이 자본을 빼간다. 다시 말하면 중앙의 관료가 투자를 관장하는 것이 아니라, 금융 회사와 같은 무수한 탐색가 집단이 투자를 관장한다. 계획가들은 금융 시장의 어떤 부문이 고수익이 되는지 정보를 구할 수 있는 방법이 없기 때문에 전 부문에 걸쳐 돈을 할당하는 식의 형편없는 행동을 하려 한다. 세상에는 많은 저축자들과 투자가들이 있는데, 금융 회사는 둘 사이에서 매개자 역할을 하는 것이다.

따라서 결론은 금융 시장이 (1) 효율적인 자유 시장의 원천이라는 것과 (2) 대출과 투자를 통해 부자가 되고 싶어 하는 모든 사람에게 기회를 창출한다는 것이다.

우리가 상품 시장과 금융 시장의 장점들을 결합한다면, 시민들의 필요에 부응하기 위한 성공적인 탐색을 위해 양성 되먹임 고리(positive feedback loop: 반응이 원래의 자극을 한층 더 증가시키는 방향으로 작용하는 것. 즉 초기의 작은 차이가 증폭되는 것인데, '선점 효과'도 상당 부분 양(+)의 피드백에 의존한다. — 옮긴이)를 얻을 수 있다. 만일 우리가 수요가 많은 한 가지 상품을 공급한다면, 우리는 고수익을 창출할 것이다. 수익은 생산 확대를 유발하고, 수요가 많은 상품을 생산하기 위해 수요가 적은 다른 상품에서 노동력과 원자재를 빼올 것이다. 외부 투자자들은 투자 규모를 좀 더 확대시킬 수 있는 금융 자금을 공급함으로써 고수익을 함께 공유하길 원한다. 소비자의 필요를 충족시키기 위한 신제품 고안은 그와 마찬가지로 강력한 인센티브를 가지고 있다. 소비자의 문제 해결을 위해 탐색하는 양성 되먹임 고리는 시장을 사람들의 필요를 충족시키기 위한 역사상 최대의 상향식 시스템으로 만들었다. (대외 원조가 이처럼 작동한다면!)

뿐만 아니라 지난 수십여 년간의 성공 사례 —— 홍콩, 한국, 싱가포르, 대만, 중국, 인도, 칠레, 보츠와나 등 —— 에서 볼 수 있는 공통된 실마리는 (자유방임 시장 경제와는 종종 거리가 먼) 이 국가들에서 성공을 지향하는 탐색가들이 시장이라는 시험대를 종종 국제 시장을 통해 통과하기 위해 노력했다는 것이다. 이 국가들에 대해 민간 외국인 투자자들이 투자했을까? 세계가 그들이 생산하는 것을 구매하려 했을까? 대답은 '그렇다.'였다. 이는 시장 성공을 향하는 그들의 길이 충격 요법의 단순한 비전에서 벗어나긴 했지만, 탐색가들에게는 번영의 길로 계속 나아갈 수 있게 하는 피드백을 보여준 것이다.

시장의 상향식 문제

이토록 영광스러운 시장에 대한 찬가와 함께 떠오르는 질문은 왜 시장이 모든 사회를 부유하게 만들지 못하는가이다. 이 책은 한 국가의 성공을 위한 단순한 비결을 제공하고자 하는 것이 아니다. 본 장의 핵심은 그 반대이다. 그런 비결은 존재하지 않으며, 상향식 조직들과 시장에 필수적인 개념들이 혼란스럽게 뒤섞여 있을 뿐이다. 이는 수많은 행위자의 행동으로부터 제각기 느리게 전개된다. 서구의 국외자들과 계획가들은 이러한 규범과 제도를 만들 수 있는 방법을 알지 못한다.

또한 시장은 현재 극빈층에 크게 도움이 되는 것도 아니다. 무엇보다 빈민들은 자신들의 필요를 충족하기 위해 시장 탐색가들에게 동기를 부여할 수 있는 재력이 없다. 빈민의 희망은 이 책에서 강조하는 두 가지 중요한 힘에 달려 있다. 즉 (1) 부자와 빈민 모두를 끌어올리는 자생적인 시장에 기초한 발전(이에 대해 이 장에서 주장하는 바는 서구 원조가 감당하기에는 너무 복잡한 과제라는 것이다.)과 (2) 자생적인 시장에 기초한 발전이 빈민들에게까지 미칠 때까지 빈민의 가장 절박한 필요를 충족시키기 위한 서구의 원조이다. (서구 원조는 또한 소비자에게서 반응을 유도하는 것과 같이 시장에서 몇 가지 의미 있는 아이디어를 빌려올 수 있을 것이다.)

빈민 구제를 위한 여정은 당신이 연구를 하면 할수록 더욱 복잡하겠지만, 포기하지는 말길 바란다! 당신이 자유 시장을 위에서부터 획일적으로 설정하는 계획가의 야망을 포기한다면 희망은 있다. 나는 본 장에서 빈국의 시장과 관련된 몇 가지 보편적 문제를 지적하고자 한다. 그러나 그에 대한 해결책은 각국의 복잡한 역사만큼이나 복잡다단하다.

시장에 대한 찬사와 관련된 문제는 바로 시장이 잘 운영되도록 하기 위해 필요한 모든 상향식 탐색을 간과했다는 것이다. 사회적 제도와 규범이 반드시 추구해야 하는 것들 중 한 가지는 시장 참여자가 보통 '사기'로 알려진 '기회주의적 행동'에 참여하지 않도록 하는 방법을 강구하는 것이다. '보이지 않는 손invisible hand' 이론은 개인의 이익 추구를 사회적으로 유익한 것으로 평가하지만, 이는 당사자 간의 상호 유익한 거래를 가능하게 하는 규범이 있을 경우에만 사실이 된다. 탐욕에 대한 견제와 균형의 부족은 시장이 없는 것과 마찬가지로 경제 발전을 저해한다.

사기의 한 유형은 내가 상대방에게 제공하고자 하는 상품의 질을 상대방이 감지할 수 없을 때 발생한다. 예를 들어 나는 멕시코에서 타코 판매점을 운영하면서 불결한 위생 조건에서 만들어진 타코를 판매함으로써 당신을 속일 수 있다. (자세한 것은 다 밝히지 않겠지만, 여기에서는 그냥 손을 자주 씻지 않는다고 하자.) 당신이 그 가게의 타코를 먹고 몸이 아프게 되면, 그 타코가 얼마나 불결한지 미리 알았을 때보다 훨씬 더 많은 대가를 치렀다는 것을 깨닫게 된다. 서비스 질의 문제는 어디에나 있고, 가장 간단한 종류의 교환도 문제가 생길 소지는 있다. 당신이 타코의 상태가 불결할 수도 있다는 것을 미리 알았다면, 더 낮은 가격을 제시했을 것이다. 내가 돈은 많이 들지만 안전한 음식물 처리 방법을 채택하고 건강에 좋은 타코를 판매했어도 당신이 나의 안전한 음식물 취급 과정을 지켜볼 수가 없어서 여전히 낮은 가격을 제시했다면, 그 교환에서 손해를 본 사람은 내가 될 것이다. 그래서 나는 안전한 음식물 취급에 신경 쓰지 않고, 당신의 예상대로 불결한 타코를 판매한다. 나는 최고의 타코 재료와 함께 가장 위생적으로 만든 타코를 내 가족에게 먹일 수도 있고, 싸구려 재료를 써서 비위생적으로 만든 타코를 당신에게 팔 수도 있다. 그렇기 때문에 시장에서는 건강에 좋은 타코를 잘 공급하지 않는 것이다! 버클리캘리포니아대학교의 경제학자인 조지 애컬로프George Akerlof는 이 같은 통찰로 노벨상을 수상했다. 이는 중고차 판매에도 적용된다.[14] 그는 약간 사용된 적이 있는 차가 새 차보다 훨씬 덜 팔린다고 했다. 왜냐하면 소비자들이 중고 차량의 질에 대한 정보를 갖고 있지 않기 때문이다. (그리고 중고차 판매자는 고장 난 차를 파는 경향이 있다.)

사기에는 다른 유형이 존재한다. 여러 가지 거래에서, 우리가 서비스를 받는 바로 그때 돈을 지불하는 것은 효율적이지 않다. 서비스가 먼저 제공되거나 지불이 먼저 이루어지거나 하는 경우가 많다. 그래서 두 번째로 행동하는 사람은 누구든지, 돈을 지불하지 않던지 또는 그 서비스를 제공하지 않던지 해서 계약을 취소할 수 있다. 가령 내가 농부에게 신선한 고기, 토마토, 칠리 고추, 고수 잎(멕시코 요리에 사용하는 일종의 향신료. — 옮긴이), 양파 등을 주문해 내가 운영하는 멕시코 음식점으로 배달시킨다고 하자. 농부는 생산물을 배달하는 데 필요한 운임을 해결하기 위해 선납을 요구한다. 그런데 내가 사전에 돈을 지불했는데도 배달하기로 한 사람이 나타나지도 않고 사라져버릴 수가 있다. 극단적인 경우에 신용 시장은 이런 문제를 안게 된다. 즉 채무자는 채권자가 채무 상환을 강제할 수 없다면 채권자에게 빚을 갚아야 할 어떤 인센티브도 갖게 되지 못할 것이다.

공급자가 저지를 수 있는 또 다른 유형의 사기는 가장 많은 사람들이 몰리는 점심시간대 이전에 나타나서, 내가 이미 지불한 금액 이상의 요금을 요구하는 경우이다. 나의 난처한 입장 —— 다른 공급자를 찾기에는 시간이 부족하다는 점 —— 을 이용하는 것이다. 이것이 바로 '바가지 씌우기'의 문제이다. 즉 거래 시점에서 종종, 한 당사자가 다른 당사자의 활동을 방해하면서 추가 지급을 강요하는 것이다. 율리우스 카이사르Julius Caesar와 동시대인이었던 크라수스Crassus는 민영 소방대를 운영하여 로마 시대 초기에 큰돈을 벌었다. 이 회사는 화재가 난 동안에 진화 작업의 가격을 흥정했다.[15]

당신을 믿을 수 있을까?

시장 거래 사기에 대한 해결책은 있다. 당신과 내가 매우 정직하다면, 우리는 서로를 속이지 않는다. 지혜로운 인간Homo sapiens으로서 우리는 정직함과 공정성을 우리 안에 생물학적으로 내장하고 있고, 이는 순수한 이익 추구의 경우보다는 더 많은 거래를 가능하게 한다.[16] 이러한 최소한의 생물학적 특징 이상으로 사람들과 이들이 모이는 집단에서는 신뢰의 다양한 변이가 존재한다. 문화를 강조하는 어떤 사람들은 특정한 종족 집단이 정직성이라는 규범을 발전시켜왔다고 말한다. 다른 부류의 사람들은 정치적·사회적·경제적 인센티브가 정직성을 결정한다고 주장한다.

서로 다른 사회는 서로 다른 정도의 '사회적 자본social capital' 또는 '신뢰trust'를 가진다. 즉 얼마나 많은 사람들이 강제 수단 없이도 규칙에 따를 것인가 하는 것이다. 신뢰는 완전히 새로운 것에 대해 우리가 가지고 있는 확신의 정도를 나타낸다. 우리 각자가 다른 사람을, 심지어 아예 모르는 이방인까지 신뢰한다면, 사기 문제는 생기지 않을 것이다. 세계은행 경제학자인 스티브 낵Steve Knack과 필 키퍼Phil

Keefer는 외국인들에게 다음과 같은 설문 조사를 실시하여 신뢰의 효과를 검증했다. "일반적으로, 당신은 대부분의 사람들을 신뢰할 수 있는가? 또는 당신이 사람들을 대하는 데에서 아무리 주의해도 지나치지 않다고 생각하는가?" 넥과 키퍼는 첫 번째 대답을 선택한 사람들의 비율로 '신뢰도'를 측정했다. 그들은 저소득 사회가 부유한 사회에서보다 신뢰도가 떨어지며, 신뢰도가 낮은 사회는 경제 성장률도 낮다는 것을 발견해냈다.[17] 그림 7은 신뢰도와 소득 간에 강력한 긍정적 관계가 존재함을 보여준다. 우리가 설문 표본을 저신뢰 집단에서 고신뢰 집단까지 동등한 크기의 집단 넷을 순서대로 배열해보면, 1인당 소득은 저신뢰 집단에서보다 고신뢰 집단에서 훨씬 더 높게 나온

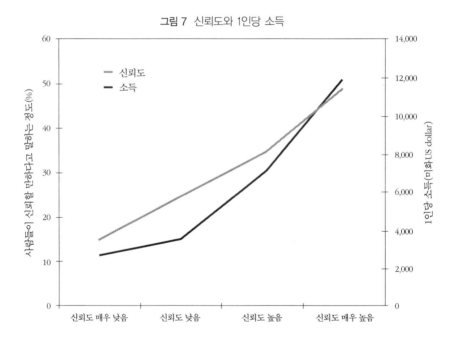

그림 7 신뢰도와 1인당 소득

다. 부유한 덴마크에서는 신뢰도가 아주 높아서 어머니들이 쇼핑을 할 때 아기를 길거리에 두고도 크게 신경을 쓰지 않는데, 실제로 덴마크 인의 58퍼센트가 사람을 신뢰한다고 말했다. 가난한 필리핀에서는 국민 중 단 5퍼센트만이 서로를 믿을 만하다고 평가했다.

여기에서 중요한 것은 당신이 이방인을 신뢰하는지 안 하는지를 주목해보라는 것이다. 거의 모든 사회는 친인척 간에 협력 관계를 이룬다. 중요한 사실은 신뢰의 반경이다. 당신은 당신의 직계 가족만을 신뢰하는가? 아니면 그 신뢰의 동심원이 당신의 확대 가족 또는 씨족, 마을, 종족 집단, 심지어 이방인에게까지 확대되는가? 신뢰도가 낮은 사회에서 사람들은 친구와 가족 외에는 아무도 신뢰하지 않는다. 필리핀의 한 사업가는 다음과 같이 말하며 애석한 마음을 표현했다. "우리에게는 조직적인 충성심은 없고, 개인적 충성심만 있을 뿐이다."[18]

신뢰는 이방인에 대한 자율적인 선한 행동과도 관련이 있다. 『리더스 다이제스트Reader's Digest』는 미국과 유럽의 도시에서 돈이 들어 있는 지갑을 무작위로 거리에 떨어뜨린 뒤 사람들의 반응을 조사해보았다. 당시 이 조사는 원래 금액이 들어 있는 채로 다시 돌아온 지갑이 얼마나 많았는지에 대한 것이었다. 돌아온 지갑의 수는 신뢰도 조사 질문에 '예'라고 답했던 숫자와 큰 관련이 있다. 덴마크는 이방인에 대한 신뢰 조사와 마찬가지로 지갑 반환 조사에서도 좋은 성적을 거두었다(거의 대부분의 지갑이 돌아왔다.). 당시의 자유로운 관측으로는 개개인의 관계가 깊지 않은 도시에서보다 작은 마을에서 신뢰도가 높았다고 전한다. 예를 들면 오하이오의 볼링 그린에서는 극장 앞 창구에서 영화표를 사고 나면, 영화관 복도로 걸어 들어가게 되어 있는데, 그 통로에는 아무나 다 들어갈 수 있고, 심지어 누가 표를 샀는지 안 샀는지 확인도 하지 않는다!

신뢰도의 반경이 더 클수록, 당신은 비즈니스 사기에 대해서도 걱정하지 않게 된다. 멕시코와 같은 신뢰도가 낮은 사회는 내부자/국외자를 엄격히 구분하는 사고를 특징으로 한다. 이곳에서 친구에 대한 슬랭은 '쿠아테스(cuates: '당신의 쌍둥이'라는 뜻)'이다. 이곳 사람들은 쿠아테스를 위해서는 무슨 일이든 하겠지만, 이방인의 돈을 갈취하는 것은 상관하지 않는다. 사회적으로 안면이 있는 사람들에게는 놀랄 정도로 예의가 바르겠지만, 잘 모르는 사람들에게는 무례한 경향을 보인다. 그래서 사교적인 상황에서는 여성을 위해 문을 잡아주려고 달려가겠지만, 그 이후 함께 전철로 들어가는 낯선 여성들은 밀칠 수 있다.

신뢰는 사업을 수행하는 모든 차원에서 실질적인 영향을 미친다. 말라가시(마다가스카르의 옛 이름 — 옮긴이)의 양곡 판매업자는 부하 직원들을 믿을 수 없어 많은 양의 곡물을 직접 검사한다. 판매업자들의 3분의 1은 도둑맞을까봐 점원들을 더 많이 고용하지 않는다고 말한다. 이는 양곡 판매업자의 사업 규모를 제한하며, 향후 성공 가능성도 감소시킨다.[19] 많은 국가에서 기업은 가족 기업화 되는 경향이 있는데, 이는 그들에게 가족 구성원만이 믿을 수 있는 유일한 사람들이기 때문이다. 그래서 사업의 규모도 가족의 규모에 맞춰 제한된다.

사기꾼들을 위한 다른 처방

우리가 서로를 신뢰하지 않는다 하더라도 기회주의에 대한 상향식의 다른 해결책이 존재한다. 상품을 배달하지 않거나 채무를 이행하지 않는 경우에는 이러한 문제를 다루는 신용 평가 기관credit reporting agency과 경영개선협회(Better Business Bureaus: 1912년에 설립되어 미국과 캐나다에 150개 지부를 갖춘 비영리 민간단체. 소비자 불만 처리, 물품 및 서비스 구매 시의 주의 사항, 업체 평가 정보를 찾아볼 수 있다. — 옮긴이)가 여러 곳 있고, 상품 결함에 대한 소비자 보호는 제품 보증을 통해 이뤄진다.

빈국은 부국과 동일한 해결책을 사용할 수 없다. 거래 규모가 충분히 크지도 않고 신용 평가 기관 또는 경영개선협회에 가기에는 비용이 너무 많이 든다. 공급자는 채무 불이행을 할 수 있는 것과 마찬가지로 제품 보증을 이행하지 않음으로써 책임을 회피할 수 있다.

법원으로 직행하는 것이 간단한 해결책이라고 성급한 결론을 내리지는 말라. 법에 호소하여 초래되는 비용은 소규모 거래에는 적합하지 않다. 한 연구 결과는 아프리카의 제조업자들이 분쟁 조정에서 법원을 거의 이용하지 않고 있다고 보고했다. 예상대로 소규모 기업들은 법원을 거의 이용하지 않는 경향을 보였다.[20] 빈국에서 법원과 같은 조직은 일반적으로 신뢰할 수 있는 기관이 아니다. 이들이 오히려 더 부패한 경우가 많다. 재력이 있거나 권력을 가진 당사자는 판사에게 뇌물을 제공하거나 자신들에게 이롭게 사건을 다루도록 위협하기도 한다.

신용 평가 기관 역시 빈국에서는 잘 운영되지 않는다. 사기꾼들은 서류상의 흔적을 남기지 않기 때문에 그들을 추적하는 것이 어렵다. 사람들이 거의 운전을 하지 않을 경우 운전 면허증을 거의 소지하지 않는 것과 마찬가지이다. 빈민가에서는 주소조차 분명하지 않다. 사기 방지를 위한 공식 또는 민간 차원의 제도 부재는 그곳의 서비스 수준이 낮을 수밖에 없음을 의미한다(예를 들면 음식점에서도 질이 낮고 건강에 해로운 음식을 판매한다.). 빈국에서의 거래는 수준 낮은 상품을 현금과 맞바꾸는, 익명의 현금 거래인 경우가 대부분이다. 부국에서 이런 거래와 가장 근접하다고 볼 수 있는 것으로는 벼룩시장이나 차고 세일(자기 집 차고에 중고 가정용품을 벌여놓고 싼 값에 판매하는 것 — 옮긴이) 정도일 것이다. 경제학자 마르셀 파프샹Marcel Fafchamps(이 장의 일부 이론에 대한 설명은 그의 연구에 기초하고 있다.)은 아프리카의 경제는 자유 시장 경제라기보다 벼룩시장 경제라고 비꼬기도 했다.

당신이 알고 있는 그 사람

그럼에도 불구하고 빈민들은 사기에 대한 해결책을 찾는 데 창의성을 가지고 있다. 서아프리카에서 연령 집단은 동시에 성년이 된 부족 내 모든 남자들의 결사체이다. 나이지리아의 오우쿠 지역 책임자는 다음과 같이 말한다. "연령 집단은 보통 자생적으로 발전된 것이다. 이 집단은 …… 검약 및 신용 결사체로서 행동하며, 회원들을 위해 농장을 확보한다. …… 동년배의 남성들은 공동체의 정직한 구성원이 됨으로서 집단 내 구성원 자격을 증명하여야 한다. 그들은 열심히 일하며, 올바른 정신을 가지고, 어떤 범죄도 저지르지 않아야 한다."[21] 연령 집단은 그 회원들을 통해 기회주의적 행동을 사전에 예방한다.

사기에 대한 또 한 가지 해결책은 지속적인 거래 관계를 통해, 우리 중 누구도 다른 사람을 속이지 않고 향후에 있을 모든 거래를 놓치지 않도록 하는 것이다. 잠재적인 사업 파트너들은 당신이 그들을 신뢰할 때까지 잠깐 동안의 시험 기간을 거치게 된다. 마르셀 파프샹은 말라가시 양곡업자들의 경우 고객 한 사람과 현금 거래를 열 번을 한 이후에야 그 고객에게 신용장trade credit을 허가한다고 보고하였다. 아프리카의 제조업자들은 고객에게 신용장을 허가할 때까지 6개월에서 12개월까지 상호 작용의 반복을 요구한다고 말한다.[22] 사업가가 상호 신뢰 관계를 형성하면, 그들은 새로운 관계를 시작하는 데 지불해야 할 비용을 절감하기 위해 이미 형성된 상호 신뢰 관계를 지속시킨다. 한 조사 결과는 아프리카에서 비즈니스 관계의 평균 지속 기간이 7년 정도라고 보고하고 있다.

또한 우리는 우리의 행동을 제재하고 제3자에게 추천을 허락했던 다수 회원 사업 네트워크multimember network of business의 일원이 될 수 있다. 즉 다른 타코 판매점 주인들은 누가 믿을 만한 공급자인지 정보를 공유하는 협회를 결성할 수 있다. 타코 판매점 한 곳을 속이는 공급자는 시장 전부를 잃을 수 있다는 위험을 감수해야 한다.

이러한 네트워크는 다른 이유들로 상호 작용하는 사람들 가운데서 가장 낮은 비용을 치루면서 형성된다. 경제사학자인 네이선 로젠버그Nathan Rosenberg와 L. E. 버드젤L. E. Birdzell은 19세기 미국의 산업화 배후에 수많은 재무 전문가와 기업가들이 남북 전쟁에 함께 참여하면서 서로를 신뢰하는 것을 배웠다고 말한다.[23] 사회적 상호 작용에 대한 좀 더 일반적인 장치는 가족이나 종족 집단이다. 이 구성원들은 결혼식, 장례식, 생일 파티, 종족 축제 등의 만남을 통해 서로에 대한 신뢰를 발전시킨다. 서로를 깊이 신뢰하는 사업가들은 신용 대부를 제공하고, 공급자나 소비자를 추천해주며, 바가지를 쓰지 않도록 하는 사회적 연결망을 형성한다. 특정 종족 집단은 주로 빈곤한 사회에서 사업상 두각을 나타내곤 한다. 산업화 이전의 유럽에서 유대인들이 그랬고, 동아프리카에서는 인도인들이 그렇다. (인도인 수는 케냐인구의 1퍼센트에 불과하지만, 케냐에 있는 거의 모든 사업체를 소유하고 있다.) 서아프리카에서는 레바논 인들이 그렇다. 남아프리카에서는 백인과 인도인들이 이에 해당한다. 아프리카 원주민 집단 중에는 특정종족 집단이 상거래를 장악하고 있다. 카메룬에서는 바밀레케 족Bamileke이, 콩고민주공화국에서는 루바 족Luba이, 서아프리카에서는 하우사 족Hausa이, 나이지리아에서는 이그보 족Igbo이 감비아에서는 세라훌레 족Serahule이 그렇다. 동남아시아에서는 화교(이른바 '대나무 네트워크bamboo network')들이 이 역할을 감당한다. 사업상 두각을 나타내는 하위 종족 집단도 종종 존재하는데, 예를 들어, 화교들은 광저우에서 푸저우에 이르는 연안의 이민족 거주지(바로 이 지역이 오늘날 중국의 경제 붐을 이끌고 있다.) 출신이다.[24]

이러한 종족적 네트워크는 거래 사기 문제의 많은 부분을 해결한다. '대나무 네트워크'에 관해 한 연구자가 언급한 바와 같이, 중국인 사업가가 계약을 어길 경우 그는 블랙리스트에 오르게 된다. 화교들은 여러 나라에 걸쳐 퍼져 있기 때문에, 무역으로 얻는 국제적 이익 및 국내적 이익을 증진하는 위치에 있다. 경제학자인 제임스 로치James Rauch는 무역을 하는 양 국가에 소수 민족인 화교가 많을 경우, 국제 무역이 신기할 정도로 잘 이뤄진다고 밝힌 바 있다.

다른 종족적 네트워크는 선한 행위를 강화시키기 위해 다른 전략을 발전시켰다. 나이지리아 이바단의 하우사 족은 집을 소유한 상태에서, 가축과 콜라 열매의 원거리 무역을 중개한다. 중개인들이 사업 파트너를 속이고 이바단에서 사라져버릴 경우, 문제는 귀중한 집이 저당된다는 점이다. 하우사 지역의 추장은 사기꾼들이 도망칠 때, 그들이 자신들의 집을 팔지 못하도록 할 것이다.

경제학자인 애브너 그리프Avner Greif는 대리인이 상인들의 네트워크를 속이지 못하도록 하는 '다자 처벌 전략multilateral punishment strategy'에 대해 설명했다. 그리프는 대리인이 사기를 친 이후에도 그 대리인을 다시 고용할 가능성이 높을수록, 대리인이 사기를 칠 가능성도 크다고 주장했다. 어떤 상인이 자신을 속인 대리인을 블랙리스트에 올려놓아도, 다른 상인은 여전히 그 상인을 고용할 수 있다. 그래서 양자 처벌은 다자 처벌과 같이 제대로 작동하지 않는다. 네트워크에 있는 모든 사람이 그들 중 어느 누구에게라도 사기를 친 적이 있는 대리인을 절대로 고용하지 않겠다는 데 동의한다면, 그것은 사기를 친 대리인의 향후 고용 가능성을 차단하게 된다. 이 네트워크는 사기 행위를 하는 대리인에 대한 정보를 충분히 수집할 수 있을 정도로 자주 상호 작용을 하는 상인들로 구성된다. 또한 상인들은 다자적 처벌을 통해 대리인들이 사기를 치지 않을 것이라는 점을 신뢰할 수 있다. 그리프는 이 아이디어를 11세기 마그레브 상인들(카이로에 주재한 유대인 상인들)에게 적용했는데, 그들은 법원조차 존재하지 않는 지중해 지역 근처에서 대리인을 활용하여 상점을 개점했다.[25]

종족적 네트워크는 새로운 사업을 찾고 있을 때 추천도 해준다. 대나무 네트워크는 누가 어떠한 부품과 하위 부품 공장, 자금을 필요로 하는지에 대한 정보를 수집한다. 이에 연관된 사람들은 서로서로를 알며, 이 정보를 잠재적 사업 파트너가 정해지지 않은 네트워크 내의 제3자에게 전해줄 수 있다. 네트워크에서 잘못 행동하는 사람은 누구든지 추방되며, 정보에 대한 이용권을 모두 잃게 된다.[26]

시장 네트워크

나는 아프리카에서 가장 큰 노천 시장인 아디스아바바 시장에 와 있다. 이곳에서는 시장이 넘쳐난다. 나는 수공예품과 아이들 선물을 사러 가는 중이다. 택시 운전사가 가게를 추천해주었고, 나는 그가 추천한 곳에서 물건을 많이 샀다. 그 후, 가게 주인이 나를 데리고 시장의 다른 가게도 소개해주었다. 그는 나와 함께 걸으면서, 자기가 주로 상업에 종사하는 에티오피아 소수 민족인 구라게 족Gurage이라고 말해주었다. 구라게 족이 아디스아바바 노동력에서 차지하는 비율은 4퍼센트에 불과하지만 상업 분야에서는 34퍼센트를 점유하고 있다. 그는 나를 시장 내의 다른 구라게 족의 가게로 데려갔는데, 나를 위해서 흥정을 해주었다(자기 가게에서 할인 받았던 것보다 더 싸게 물건을 구입하게 해주었다.). 그는 다른 구라게 족 가게로 나를 추천해줌으로써 그 점주들과 내가 거래를 할 수 있는 기회를 만들어주었다.

이러한 종족적 전문화ethnic specializations는 항구적으로 지속될 수 있다. 케냐의 루오 족Luo은 빅토리아 호수 근처에 살면서 생선 무역을 한다. 그들은 이러한 평판을 발판 삼아 빅토리아 호수에서 멀리 떨어진 인도양에 면한 몸바사에까지 진출하여 생선 무역업을 하였다. 루오 족이 품질 좋은 생선을 보장하는 네트워크를 가졌다고 케냐 인들이 생각한다면, 케냐 인들은 다른 종족 집단에게서보다 루오 족 상인에게서 생선을 구입하려 할 것이다. 루오 족이 다른 종족 집단을 생선 판매 사업에서 몰아내려고도 하겠지만, 다른 종족 집단 또한 다른 틈새시장을 발견할 것이다. 예를 들면, 인도인들은 나이로비에 소매업 네트워크를 가지고 있다. 케냐 인들은 인도인 생선 가게 상인들에게서 생선을 사지 않는 것처럼 이제 나이로비에 있는 루오 족 소매점에서 소매 물품을 사지 않을 것이다. 차세대 루오 족들은 소매점 주인보다는 생선 가게 상인이 되는 것이 좀 더 미래를 보장한다는 것을 깨달을 것이다. 반면 차세대 인도인들은 그 반대의 결정을 하겠지만 말이다.

종족적 전문화 사례는 이미 많이 퍼져 있다. 시장이 풍부한 뉴욕에서조차 직업별로 종족적 집중 현상이 있다. 하시디즘(율법의 내면화를 주장하는 유대교의 경건주의 종파. — 옮긴이)을 따르는 유대인들은 맨해튼 47번가에서 다이아몬드 판매를 장악하고 있는 것으로 알려져 있다. 연구에 따르면 미국의 수많은 도시에서 베트남 인들이 전체 네일nail 숍 중 많은 부분을 소유하거나 운영하고 있다고 한다. 이러한 유형은 케냐에서 나타난 바와 같이 동일 종족의 '브랜드' 효과brand-name effect를 반영한다. 파프샹은 인도의 카스트 제도를 카스트에 의해 직업을 대물림한 과정의 결과로 추측했다. 인도에서 일부 직업은 다른 직업보다 보람이 있거나 다른 사람들보다 숙련도가 높기 때문에, 종족적 (또는 카스트의) 소득 불평등을 지속시키는 원인이 된다.

그러나 부국에서는 종족적 전문화가 빈국처럼 어디에나 존재하는 것은 아니다. 왜냐하면 부국에서는 양질의 서비스와 공정한 거래에 대한 평판을 굳히기 위한 객관적인 해결책이 존재하기 때문이다. 그것은 바로 거대 기업을 세우는 것이다. 그 기업은 브랜드로서 좋은 평판을 받도록 많은 자금을 투입하여 선행 투자를 하며, 만약 사기를 당할 경우에는 큰 손해를 보게 된다. 그러나 빈국에서는 거래 규모가 너무 작기 때문에 기업 차원의 해결이 이뤄지기 어렵다.

또한 종족적 차별성은 계속 유지되는데, 이는 네트워크가 외부인을 몰아내는 특성이 있기 때문이다. 짐바브웨에서는 백인과 아시아인이 이 나라 기업의 대부분을 소유하고 있고, 아프리카 인이 소유한 기업과는 거래를 하지 않는다.[27] 외부인들과의 거래 거부는 경쟁을 제한하고 기존의 연줄이 있는 기업들에게는 보통 이상의 이익을 남길 수 있도록 해줌으로써 특정 부문으로의 진입을 제한한다. 네트워크에 속한 사람들은 또한 외부인에 대해서 비교 우위를 누릴 가능성이 있는데, 이는 그들이 기술적인 지식을 서로 공유하기 때문이다. 경제학자 팀 콘리Tim Conley와 크리스 우드리Chris Udry는 가나의 농부들이 유럽으로 새롭게 수출할 파인애플 재배에 대한 기술적 지식을 사회적 네트워크 내에서 공유하고 있었다는 것을 밝혀냈다. 예를 들면 얼마나 많은 비료를 쓸 것인지와 같은 것이다.

그러나 네트워크는 시장 운영을 위한 완벽한 해결책과는 거리가 멀다. 네트워크는 배제하기도 하고 포함시키기도 한다. 그 과정에서 거래를 소수에게 제한시켜 많은 기업가들과 공급자들을 놓치기도 한다. 사적 교환을 통한 거래에서 얻는 이득은 공식 제도formal institution에 따른 일반적인 교환보다 훨씬 적다.[28]

또한 소수 종족 집단 사이에 기업의 네트워크가 형성된다면, 다수 인구 가운데 시장에 대한 종족적 적대감을 키울 수 있다. 러시아에서 시장 개혁에 대한 저항은 반유대주의 및 기타 편견과 관련이 있었다. 왜냐하면 일부 사람들은 캅카스 출신의 종족 집단인 유대인들과 기타 소수 종족 집단이 자유 시장에서 지나치게 많은 이익을 보았다고 여겼기 때문이다.

연줄이 튼튼한 사람들은 자질이 뛰어난 사람들보다 앞서 나간다. 빈국의 기업들은 종종 가족 기업의 형태를 띤다. 나의 친구인 한 상인은 기업이 마을의 천재를 고용하기보다 가족 중 바보를 한 명 고용하는 것이 낫다고 말한다. 가족은 적어도 자신들을 속이지 않을 것이라고 믿을 수 있는 것이다. 공식 제도가 게임의 규칙을 만들 때, 시장은 마을에서 가장 똑똑한 사람을 찾아내고 그가 가진 장점을 활용한다. 사회적 네트워크는 공식 제도의 성장을 방해할 수 있다. 왜냐하면 이 네트워크의 구성원은 공식 제도가 일부 비판적 대중에 도달할 때까지 이 공식 제도와의 경쟁에서 압도하게 될 것이다.

오래된 학연은 부국의 기업가들을 한데 묶는 역할을 한다. 그럼에도 불구하고 부국에서는 공식 제도가 더 잘 운영된다. 이러한 네트워크는 빈국에서보다 그 구성원들을 장점을 보고 채용하는데, 학연의 경우는 관련된 학교가 좋은 학교일 경우에만 가치가 있을 것이다.

혼란스러운가? 아직 진짜 혼란스러운 지경에까지 이르지는 않았다. 자유 시장만이 아니라 교환을 용이하게 하는 사회 규범, 생산자와 소비자의 네트워크, 친족 관계에 대한 상향식 이해가 요구되는 마당에 어떻게 하향식 계획가들이 시장이 돌아가도록 만들 수 있단 말인가? 당신과 내가 시장을 통해 더 나은 상태로 나아가는 것은 이제 우리의 개인적인 선택권 그 이상에 달려 있다. 한 사회에서 모든 사람들은 개인적인 시장 선택을 가능하게 하는 비공식적인 사회적 관계를 개발해야만 한다. 시장이 우리를 위해 작동하기 충분할 만큼 국제적인 제트 족(제트 여객기로 세계를 돌아다니는 부유층 — 옮긴이)이 우리를 이해할 가능성은 적다. 가난한 사람들을 돕기 위해 모색하는 과정에서 그들의 비공식적인 사회적 장치에 대해 배우려는 노력은 거의 이뤄지지 않았다.

약탈자의 통로에서의 대결

사회가 해결해야 하는 또 다른 문제는 재산과 인명을 보호하는 일이다. 재산 가치가 높으면 이를 보호해야 할 필요가 커진다. 만약 우리를 보호해줄 규칙이 없는 가운데 당신과 내가 위협과 자기 보호라는 무서운 게임을 한다고 치자. 우리 각자는 같은 액수의 돈을 가지고 있지만, 그것을 가지고 할 수 있는 일은 단 두 가지라고 하자. 즉 우리의 자금 전부를 신상품 생산에 투자하여 자금을 키우거나, 재원의 일부를 총기류 구입에 쓴다는 선택이다. 후자의 경우는 자신의 재산도 보호하고, 권총 위협을 통해 이웃의 재산도 강탈할 수 있다. 당신이 총을 사고 내가 사지 않는다면, 당신은 내 돈을 갖게 되고 당신이 원래 가진 돈에서 총의 가격을 뺀 금액도 갖는다. 그러면 나는 아무것도 갖지 못하게 된다. 내가 총을 사고, 당신이 사지 않으면 그 반대가 된다. 우리가 모두 총을 산다면, 우리는 약탈자의 평형predators' equilibrium에 이르러, 우리 중 누구도 상품을 생산하지 않게 되고 각자 원래 가진 돈을 유지하게 된다.

우리는 모두 총을 사지 않고 그냥 상품 생산만 해서 더 잘 살 수는 있다. 그러나 무법천지에서 이러한 일은 절대로 일어날 수 없다. 우리 각자는 다른 사람이 무엇을 하든지 말든지 총을 구입하여 더 잘 살 수 있다. 당신이 총을 사지 않으면 나는 당신의 재산을 강탈할 수 있고, 상품을 생산했을 때보다 나의 보유 자금을 더 늘릴 수 있다. 만약 당신이 진짜로 총을 산다면 나는 적어도 당신에 대항하여 나의 재산을 보호할 수 있다. 그래서 총을 사는 것은 언제나 내가 할 수 있는 최선의 선택이다. 당신도 마찬가지이다. 결과적으로 우리는 모두 갖고 있는 돈으로 평화롭게 살 수 있었던 것보다 돈이 더 줄어든다. 게임 이론에서 이 내기는 전형적인 죄수의 딜레마(공범끼리 협력해 범죄 사실을 숨기면 형량이 낮아짐에도 상대방의 범죄 사실을 실토하면 형량을 감해준다는 수사관의 제안에 넘어가 도리어 무거운 형량을 받는 것. 즉, 협력으로 서로 이익을 얻기보다 더 불리한 상황을 선택하는 것. ― 옮긴이)이다.

이 게임에서는 총을 사는 것이 합법적이라고 가정한다. 미국에서는 공항 고속 도로상에서 공격용 무기를 살 수 있지만, 공항 내부의 안전 요원은 당신의 손톱깎이까지 샅샅이 검사할 것이다. 따라서 이런 미국에서 총을 사는 것이 합법적이라는 것은 납득할 만한 가설이 될 수 있다. 약탈자의 평형을 피할 수 있는 한 가지 방법은 정직한 경찰관만 총을 가지게 하는 것이다.

그러나 당신을 감시하는 경찰관이 없을 경우조차, 이 이론이 예측하는 것처럼 약탈이 자주 발생하는 편은 아니다. 좀도둑질을 할 수 있는 많은 기회도 잘 실현되지 않는다. 도둑질이 망신스러운 일이라는 사회 규범은 약탈을 제재한다. 대부분의 사회적 분쟁 해결은 무장 협박을 포함하지 않는다. 학술 세미나는 지적으로 폭력성을 띨 수는 있겠지만, 교수들이 반자동 화기를 휴대하지 않는다는 것은 다행스런 일이다.

이러한 사회 규범은 신원 불명의 사회적 상호 작용이 일어나는 상황과는 달리 서로 대면을 통해 상호 작용을 하는 공동체에서 좀 더 효과적이다. 이것이 바로 소도시가 대도시보다 1인당 범죄율이 낮은 이유이다. 또한 빈민들보다 부자들의 사회 규범이 더욱 강력한 것으로 알려져 있다. 부자들은 사회적으로 불명예스러운 일을 당할 경우 더 많은 경제적 기회와 소득을 잃기 때문이다. 이는 양복을 차려입은 회사 중역이 당신에게 달려들어 물건을 빼앗지 않을 것이라는 점을 확신할 수 있는 이유이다.

약탈에 대항하는 사회 규범은 오늘날 많은 빈민 공동체에서 잘 지켜지지 않는다. 브라질 도시 슬럼가의 한 젊은 남자와 여자는 "모든 사람이 다 개처럼 자기 집만 지키려 하고 …… 집밖의 사람들이 강도를 당하거나 죽으면 …… 아무도 신경을 쓰지 않는다."[29]고 말했다. 방글라데시의 다카와 치타공 슬럼 지역의 '폭력단원들'은 어린 소녀들을 유괴해서 강간한다. 그들은 집을 불태우겠다고 위협하면서 슬럼가 주민들에게 보호 명목으로 돈을 요구한다.[30] 말라위의 쿠페라 마을의, 과거에 부유했던 나시베코라는 여성은 "소를 도둑맞기 전까지는 삶이 괜찮았지만, 그 후의 삶은 비참해졌다."고 말했다. 말라위의 음탐바 지역에 사는 농부들은 "도둑들이 와서 훔쳐 가기 때문에, 밀 농사가 끝나고도 요즘에는 카사바를 재배할 수가 없다."고 말한다.[31]

비효율적인 사회 규범에 대응하기 위해 빈민 공동체들은 종종 자체적인 자위 조직self-protection group을 만들기도 한다. 이 집단들은 좀더 친절한 방식으로 공동체의 안전을 보장한다. 탄자니아의 일부 마을에서, 숭구숭구sungusungu라는 자위 조직은 가축 도둑질을 막는다. 공동체의 젊은 남자들은 순번제로 이에 참여하며, 여성들은 이에 대한 암묵적인 대가로 그들의 먹을거리를 댄다. 나이지리아의 연령 집단 또한 지역 공동체에 법과 질서를 유지하는 데 도움을 준다. 그리고 말라위의 페테케레 마을 주민들은 범죄율을 낮추기 위한 이웃 마을 방범대 활동을 개시했다.

안타깝게도, 자위 조직은 통제 불능 상태에 빠질 수가 있다. 덜 온순한 형식으로 조직된 자경단(vigilante band: 지역 주민들이 도난이나 화재 등 재난에 대비하고 스스로를 지키기 위하여 조직한 민간단체. — 옮긴이)은 스스로 판사, 배심원, 사형 집행인의 역할을 하면서 소문과 풍자에 대해 변덕스럽게 반응한다. 말라위 페테케레 마을의 어떤 사람은 인터뷰가 있기 일주일 전에 그 마을에서 도둑 한 명을 불살라 죽였다고 인터뷰하는 사람에게 전했다.[32] 나는 케냐 나이로비에서 폭도를 목격한 적 있는데, 피의자로 지목된 강도의 옷을 벗기고 때리면서 수레에 태운 채 거리로 질질 끌고 갔다.

(사기뿐만 아니라) 약탈을 통제하는 정말이지 별로 좋지 않은 방식은 마피아 같은 조직이다. 동남아시아에서 중국인들은 무역으로만 유명한 것이 아니라 마피아와 같은 갱단인 삼합회三合會로도 유명하다. 어떤 사람이 삼합회 회원을 속이면, 그는 그 사기꾼이 돈을 갚도록 설복시키기 위한 폭력적인 수단을 가지고 있다. 홍콩 기업에 대한 한 연구는, 정보가 불확실하긴 하지만, 홍콩 기업의 40퍼센트가 이사회에 삼합회 회원을 두고 있다고 추정하고 있다.[33]

마약왕들은 자메이카 슬럼 지역의 법을 실행한다.[34] 마피아는 소련이 붕괴된 이후 러시아에서 만연했다. (러시아나 그 이전의 19세기 시칠리아에서 그랬던 것처럼) 법과 질서가 무너질 때에는 극악무도한 마피아까지도 진정한 사회적 필요를 충족시킬 수 있다. 마피아는 강도를 제지하기 위한 위협만으로도 자신들의 영역에 있는 모든 사람들이 강도를 당하지 않게 예방할 수 있다. 문제는 마피아의 보호에서 빠져나올 수 있는 방법이 없다는 것이다. 즉 마피아 조직은 너무 오래 머물러서 폐를 끼치는 식으로 늘 존재하고 있다.[35]

세계 다른 지역에서 군벌들이나 씨족 지도자, 준봉건적 지주들, 부족 추장, 마을의 수장들은 많은 빈국 사회에서 정의를 실현하는 역할을 한다. 말라위 주민들은 마을 수장에 의한 분쟁 해결에 크게 만족한다고 보고한다.[36] 마피아 두목들, 군벌들, 봉건 지주들은 아마 그만큼의 고객 만족에는 도달하지 못할 것이다. 이러한 사례는 상향식 해결책이 항상 만족스러운 결과를 보여주지는 않는다는 것을 보여준다. 그러나 서구 세계는 상향식 메커니즘, 관대한 사회 규범의 멋진 조합, 자기 보호적 조직, 지역의 실력자들을 통하여 점진적으로 발전해왔다. 아마 서구 국가의 이야기는 군벌들이 어려운 상황들을 잘 진정시킨 것으로 볼 수 있는데, 그 이유는 가장 강력한 군벌이 나머지 군벌들을 진압한 후 점점 더 관대하고 책임 있는 정부로 진화시켜 나갔기 때문이다. 일부 학자들은 이러한 관대한 결과가 주어진 것은 부분적으로는 유럽 인들이 불량한 사법 관할권jurisdiction으로부터 좀 더 나은 방향으로 진화할 수 있었던 것이 이유라고 추측했다.

이는 물론 지나친 단순화이다. 서구의 사회과학자들은 서구에서의 국가 형성 및 법치의 복잡한 절차에 대해 충분히 이해하지 않았다. 따라서 그것이 다른 지역에서 어떻게 작동할 것인지 예단하는 것은 너무 성급하다.

재산권

재산권 또한 시장이 잘 기능하는가의 여부를 결정한다. 내가 타코 가판대를 설치하는 경우 토지, 빌딩, 장비에 대한 소유권을 가지고 있는가? 에르난도 데 소토Hernando de Soto는 그의 저서, 『자본의 신비The Mystery of Capital』에서 개발 도상국 도시의 가난한 거주민 다수가 점유하고 있는 토지의 대부분은 법적 소유권이 없다고 했다. 사실상 아무도 그것을 소유하고 있지 않은 것이다. 나는 타코 가판대를 보유하는 것이 안전하다고 느꼈을 경우에만, 더욱 위생적인 식품 가공 장비에 투자할 것이다. 나는 내가 담보물로 설정할 수 있는 재산에 대한 법적 소유권을 가질 경우에만, 장비를 구입하기 위해 은행에서 돈을 빌릴 수 있다. 그럴 경우에만 은행은 내가 그 채무를 이행하지 않고 종적을 감춰버리는 일이 없을 것으로 안심할 것이다. 그렇게 된 경우조차도 내가 채무를 이행하지 않으면 법은 은행이 나의 타코 판매점을 압류하도록 허용할 경우에만 대출이 가능할 것이다. 내가 창업을 선택할 경우에도 역시 재산권은 중요하다. 채권자와 주주들은 그들이 실질적으로 기업 재산권을 가지고 있다고 안심할 수 있어야 한다.

재산권은 세월과 세대에 걸쳐 자산을 축적하기 위한 인센티브이다. 이에는 종종 소비자의 필요를 충족하기 위한 생산적 역량이 꼭 필요하다. 내가 토지, 공장, 또는 다른 자산을 매입하기 위해 소비를 희생했다면, 나는 다른 사람이 그 자산을 압류하는 것을 원하지 않을 것이다. 예를 들면, 에콰도르의 이슬라트리니타리아 지역의 한 남성은 소규모의 조개류 사업에 뛰어들기 위해 필요한 돈을 저축하려고 음식과 옷을 사는 것도 줄였다. 그러나 그곳 시장이 그 땅을 압류하면서 그는 모든 것을 다 잃었다.[37]

재산권을 결정하는 것이 무엇인가? 유감스럽게도 재산권은 국가가 재산권을 하향식으로 집행하는 것보다는 더 복잡한 양상을 띤다 (그리고 다음 장에서 논의하게 될 바와 같이 국가 자체가 도둑이 될 수도 있다.). 재산권은 시장의 다른 복잡성과 마찬가지로 해결책에 대한 분산된 탐색에서부터 발생한다. 당신의 재산에 대한 당신의 권리는 당신 주변의 사람들이 흔쾌히 인정하는 만큼만 힘을 가질 뿐이다.

좀 더 강력한 종족 집단들은 종종 약자에게서 토지를 압류한다. 인도의 힌두교인 정착민들은 토착 원주민인 아디바시 부족민Adivasi을 척악 임지(산지 비탈면이 여러 해 동안 표면 침식과 토양 유실로 인하여 산림 토양이 척박한 지역 — 옮긴이)와 황폐한 경사 비탈면, 관목지(키가 작고 가죽처럼 두꺼운 잎을 지니며 종종 향기로운 냄새가 나는 상록 관목으로 이루어진 지대 — 옮긴이)와 돌밭으로 밀어냈다.[38] (백인들만이 다른 이들을 밀어낸 것이 아니다.)

강력한 재산권을 가진 국가들도 오늘날 그러한 권리가 밑에서부터 점진적으로 흥기되어왔다. 미국의 재산권은 '건국의 아버지들Founding Fathers'의 정신에서부터 본격적으로 시작된 것이 아니다. 오히려 당시의 재산권은 서로 다른 집단에 서로 다르게 적용되었다.

조지 워싱턴이 여기서 잠들다

나의 첫 번째 책을 읽어볼 정도로 어리석은 사람들은 이미 평판이 좋지 않은 나의 조상이자 개척자였던 토머스 크레셉Thomas Cresap과 조우했을 것이다. 나는 기회가 있을 때마다 친척들을 끌어들였는데, 이제 크레셉의 아들 마이클Michael에 대해 말하고자 한다. 1774년에 마이클(나의 고-고-고-고-고조할아버지!)은 오늘날 웨스트버지니아 주의 휠링 근처 오하이오 강가에 살고 있었다. 마이클 크레셉은 휠링 하류로 흘러나오는 오하이오 강에 특별히 관심을 가지게 되면서, 일부 강변 지대에 대한 권리를 주장했다. 그가 권리를 주장하는 엄선된 강변 저지대의 두 지역은 '크레샙 저지대'와 '둥근 저지대'였다. 마이클이 토지에 이름 붙이는 방법은 이렇게 간편했다.

그의 방식에 이의를 제기한 사람은 건국의 아버지 자신이었다. 조지 워싱턴George Washington은 군대와 플랜테이션에서 나오는 수입을 보충하기 위해 오하이오 강변 지대에 투기하고 있었다. 마이클과 조지는 모두 둥근 저지대라 불리는 땅의 일부에 대한 권리를 주장했다. 조지 워싱턴은 썰렁한 농담을 섞어 말하기를 "48킬로미터에 이르는 오하이오 강의 둥근 저지대와 다른 토지에 대한 마이클의 요구는 마찬가지로 근거가 충분하다." 즉 조지는 마이클의 주장이 아무것도 아닌 것에 근거를 두고 있었다고 말했다. 조지가 비웃었던 마이클의 방식은 "강가의 모든 좋은 저지대의 소유권을 주장하고, 타인이 드나들지 못하도록 통나무집을 세우고, 그것들을 팔아서 이와 똑같은 방법으로 다른 토지를 계속 소유해 나가는 것"이었다.

미국의 개척지였던 변경 지역에 대한 또 다른 소유권 결정 방식은 마이클의 방법을 공식적인 법정 심리와 같이 보이게 했다. 또 다른 수법은 당신이 주장하고 있는 토지의 경계선을 따라 나무를 베는 것이었다. 토지에 대한 점유자의 권리는 오래된 전통이다. 의회는 후에 미국 독립 전쟁에 참전했던 퇴역 군인들을 위해 동일한 변경 지역의 토지 일부를 임의로 전유專有했다. 따라서 변경 지역에서의 토지에 대한 소유권을 주장하는 사람들이 많았다. 토지 소유권을 두고 다투던 백인들이 유일하게 의견이 일치했던 것은 토지의 실제 소유자들 —— 미국 원주민 —— 은 아무런 권리도 없다는 것이었다.

1790년 이후 연방 정부는 원주민들을 제외하고 오직 백인들을 위한 토지 문제 정리를 시도했다. 1799년과 1830년 사이 의회는 무수한 주州별 입법 조례와 함께 스무 개 이상의 법령을 통해 토지 문제를 처리했다. 토지 점유자들의 권리와 좀 더 공식적인 법적 소유권 사이의 줄다리기가 계속되었다. 느슨한 법 집행은 현장에서 일관성 있게 법적 처리가 이루어지는 것을 방해했다. 1830년에는 주로 토지 점유자들의 권리를 법률상 정당하다고 인정하면서 우선 매수권preemption right이 최종적으로 승인되었다.[39] 연방 소유의 토지에 대해 정착에 의해 법적 소유권을 획득할 수 있도록 남북 전쟁 기간 동안에 자영농지법(Homestead Act: 서부 개척 시대에 이주자들에게 공유지를 부여한 1862년의 연방법 ― 옮긴이)이 승인되었다.

마이클 크레샙은 1775년 독립 전쟁에서 워싱턴 휘하에서 싸우다 전사했다. 그의 상속자들에게는 토지 소유권에 대한 소송 제기의 책임이 남겨지게 되었다. 1773년까지 거슬러 올라갔던 크레샙가와 워싱턴가 사이의 둥근 저지대 분쟁은 결국 1834년 버지니아 주의 리치먼드 법원에서 놀랍게도 워싱턴가에 유리한 방향으로 일단락되었다.

그러나 크레샙 저지대에 대한 마이클의 요구는 지속되었다. 그의 아들 마이클 주니어는 크레샙 저지대의 비옥한 토지를 경작했다. 우리 할머니는 할머니의 어머니인 해나 크레샙Hannah Cresap이 성장했던 오래된 오하이오 강의 집과 대지를 방문했던 일을 내게 이야기해 주었다. 20세기에 들어와 큰 이익을 남기면서 석탄 회사에 팔아넘기기 전까지 그 토지는 크레샙 가족의 소유였다. 오늘날 거대한 발전소와 석탄 광산이 크레샙 저지대를 차지하고 있고, 이 회사의 소유주는 재빨리 법원 명령을 통해 불법 토지 점거자들을 쫓아낼 것이다. 해나 크레셉이 죽었을 때, 우리 어머니는 유산으로 연녹색 소파를 샀다. 나는 크레셉 저지대에서 2세기 전에 확립된 재산권으로 지원 받은 라임 그린 색깔 소파에서 책을 읽으며 성장했다.

소유권을 부여할 것인가 말 것인가의 문제

법적 소유권은 자산 가치가 없을 때는 효력이 없다. 투박한 통나무집에 대해 법적 소유권을 가지는 것은 별다른 가치가 없다. 소유권 소송 비용은 (나와 내 전처가 이혼 소송 전문 변호사의 수임료를 통해 알게 된 것처럼) 소유물 자체의 가치 그 이상이 될 수 있다. 토지에 대한 하향식 소유권 부여는 토지 조사, 지도 제작, 경계 획정, 지적land record의 유지에서 실질적인 투자가 필요하다. 소유권 부여는 오랫동안 유지되어 온 문서 전승written tradition이 필요하다. 그러면 당신은 그 재산에 대하여 법적 권리를 가지고 있는 모든 당사자에 대한 (아마도 오랫동안 잊혀진) 법원의 기록을 찾아볼 수 있다.[40] 자산 가치가 높지 않은 한, 거액의 고정 비용은 가치가 없다.[41] 현재 크레셉 저지대에서 발전소 한 곳을 보호하는 것은 의미가 있다.

　미국의 재산권 법은 다른 많은 종류의 법과 함께 특정한 문제가 발생했을 때 문제 해결을 위한 점진적 해결책으로 발전되었다. 1849년 골드러시 때 캘리포니아 광부들은 채광권을 분리하는 데 의견이 일치했고, 각 탄광촌에서 선출된 위원들이 이것을 집행했다. 광부들은 어떤 주장이 더 일확천금을 가져다줄지에 대해 사전 정보가 전혀 없었고, 폭력적인 난투를 피하는 것이 이익이었다. 더 나아가 그들은 토지를 분할하기로 사전에 동의하고, 각 광부들에게 그가 자신의 토지에서 발견한 것이라면 무엇이든 가질 수 있도록 했다. 캘리포니아 주 법률은 이후 광부들이 스스로 고안한 비공식적 소유권을 소급하여 인정했다.[42] 과거 실제적인 해결책을 축적해놓은 것들이 점진적으로 법 규범을 결정짓는다.

관습과 법

우리는 개발 도상국에서 이와 동일한 과정을 보게 된다. 소유권 설정은 해당 토지가 서로 다른 당사자들에 의해 (예를 들어 목축민에 의해 방목이 이루어지고, 농부에 의해 작물이 경작되는 등) 다른 목적으로 사용되고 있다면 더욱 복잡해진다. 빈곤한 사회에서 소유권은 공식적인 소유권 설정에 의한 것보다 구전이나, 관습적 협의, 또는 비공식적인 공동체 합의에 의해 규명된다. 이러한 상황하에서 비용이 드는 토지 등기land title 체계는 무의미하다(원조 기관들이 토지 등기 자료의 전산화를 권하는 것처럼, 계획가들은 이를 얻기 위해 필요한 지역적 관습을 조사하지 않는다.).

또한 모든 사람들이 각자의 소를 방목할 수 있는 공동의 목초지처럼 관습적 협의는 공동체가 소유한 재산도 처리할 수 있다. 공동 재산은 '공유지의 비극(지하자원, 공기, 물처럼 모두가 사용해야 할 자원은 사적 이익을 주장하는 시장에 맡겨두면 이를 당대에 남용해 자원이 고갈될 위험이 있다는 것. — 옮긴이)' 을 낳을 수밖에 없다. 즉, 목동들이 목초지에 가축을 지나치게 많이 방목한다는 것이다. 왜냐하면 그에 들어가는 비용이 목동에게 부과되는 것이 아니라 공동체에게 부과되기 때문이다. (나는 당신의 소가 풀을 뜯기 전에 내 소가 풀을 뜯길 바란다.) 그러나 인구 밀도가 낮고 토지가 풍부할 경우, 공유지의 비극은 발생하지 않고, 공동체의 소유권도 잘 유지된다. 토지에 대한 압력이 심해질 때조차, 비공식적인 공동체 협의로 여전히 초과 방목을 제어할 수 있다(마을 원로들이 당신과 내가 하루씩 교대로 소를 공동 목초지에서 풀을 먹일 수 있게 결정했다고 해보자.).

뉴욕대학교 교수인 레너드 원체콘Leonard Wantchekon은 베냉에 있는 자신의 마을에서 마을 공동 재산인 낚시 연못(과다 낚시는 공유지의 비극의 전형적 사례이다.)을 어떻게 관리했는지를 설명했다. 낚시 철 개장을 위해 마을 원로들은 마을에서 15킬로미터 떨어진 호수인 암레에서 의식적인 시험을 선보인다. 고기가 자라면 이삼일 동안 낚시가 허용된다. 고기가 너무 작으면 모든 낚시는 금지되며, 이 시기에 호수에서 몰래 낚시하다 걸린 사람은 마을의 사회 구조를 형성하는 공식 집단 및 비공식 집단에서 추방된다. 신뢰 관계를 깬 사람들은 공동체 모두의 기피 대상이 되어, 아무도 그에게 말을 걸지 않고 심지어 일 년 이상 그 존재를 인정하지도 않는다.

토지 가치가 증대하면 공식적인 소유권 설정은 거래 비용만큼의 가치가 있어서 그 대가로 더 큰 소유권 보장을 받는다. 이제 느슨한 형태의 관습적인 협의는 유효하지 않을 것이고, 관습을 무시하는 것이 더 이익이 된다. 더 나아가 경제가 성장하면서 관습법은 공적인 법률로 전환되지만, 외부인들은 이러한 전환을 감독할 만한 충분한 지식을 가지고 있지 않다.

그렇게 자연스럽게 전환되지 않게 한 예가 바로 서구가 1990년 이후 동유럽에서 시도했던 것처럼 하향식으로 서구의 변호사들과 회계사들로 하여금 하룻밤 사이에 법전을 새로 쓰도록 한 것이다. 동유럽에서 대외 원조의 주요 수령인은 서구의 대형 회계 법인 6곳이었다.[43] 그들은 동유럽의 신법을 기초하고, 서구 법률로 수천 명의 동유럽 인들을 훈련시켰다. 동유럽 의회는 서구가 기초한 법을 통과시켰는데, 이는 서구의 원조 조건을 충족시키는 것이었다. 그러나 서류화된 신법은 실제적인 행동 규칙에는 별 영향을 미치지 못했다. 공여국들의 요청으로, 알바니아는 재산권의 한 요소인 1994년의 파산법을 '예의바르게' 통과시켰다. 하지만 1990년대 중반 전국적인 피라미드 조직이 투자자들에게 GDP의 60퍼센트에 이르는 손실을 입힌 이후에도, 알바니아 법원에서 심리된 파산 사례는 단 한 건에 불과하다.[44]

변호사인 웨이드 채널Wade Channell은 1990년 이후 동유럽의 법률 개혁 경험을 다음과 같이 요약하였다. "원조 전문가들이 자국에서 이러한 방식으로 법률 개혁을 추구하는 법치는 전혀 상상할 수 없다. 내가 유럽 또는 미국에서 인정받는 전문가 예닐곱 명을 불러놓고 미국의 법관 윤리 장전을 고쳐 쓰고, 의회 위원회, 사법부, 법조계, 기업의 이익 단체, 법학 대학원, 또는 이해관계자가 제안한 초안을 아무런 정보 없이 미국 의회에서 통과시키려 한다면 나는 빨리 다른 직업을 찾는 편이 차라리 나을 것이다. 그럼에도 불구하고 수많은 현행 관례로 볼 때, 이와 동일한 과정을 겪고 있는 국가의 전환을 '돕는' 직업

제3장 시장은 계획될 수 없다 **159**

은 해외에서 쉽게 찾을 수 있을 것이다."[45]

케냐의 혼란스런 소유권 설정

영국의 아프리카 식민 지배의 설계자 루가드 경Lord Lugard은 토지 보유권land tenure이 "사회적 진보의 진화와 함께 지속적인 진화"를 한다고 말했다. 이 '자연스러운 진화'는 '개인의 소유권'으로 이어진다. 1956년에 케냐의 원주민토지보유법The Native Land Tenure Rules은 토지를 사유화시켰다. 이를 국가 진화 과정의 '정상적인 단계'로 선전하면서 말이다. 이 법 아래에서 의욕적이거나 또는 부유한 아프리카인들은 더 많은 토지를 획득할 수 있게 된다는 것이다.

문화인류학자인 파커 쉽톤Parker Shipton은 이 지역에 대한 세부 연구를 마다하지 않은 몇 안 되는 외부인 중 하나였는데, 그는 1980년대 초기 케냐 서부의 루오 족에 대한 토지 소유권 설정(토지 등기) 결과를 관찰했다.[46] 루오 족은 전통적으로 친족 간 교환이 이뤄지는 작게 구획된 토지가 복잡한 미로를 형성하고, 노동력과 가축을 위한 토지를 계절 교환을 해왔다. 경작된 토지에는 개인적 권리와 가족적 권리가 공존했고, 추수 이후 공동체를 위한 자유 방목권이 있었다. 각 가구의 토지 소유권은 다른 토양과 지형의 작게 구획된 많은 토지를 포함했고 거기에서 다양한 곡물들이 자랐다. 이는 불확실한 기후 조건에서 위험을 분산시킬 수 있는 괜찮은 시스템이었다. 전통적인 토지 후원자weg lowo는 종종 고객jodak에게 한시적인 토지 사용권을 부여하였다. 토지를 얻기 위해 쟁기와 발갈이용 가축을 계절 교환을 하기도 했고, 노동력을 얻기 위해 토지를 교환하기도 했다.

토지 등기는 이 복잡한 체계에 불확실성을 한층 더했다. 정부가 토지 후원자 또는 고객에게 소유권을 부여할까? 이 체계는 주로 고객 쪽으로 치우쳐서, 두 집단 간에 격렬한 갈등을 유발하였다. 가끔은 토지 후원자가 그의 과거 고객의 고객이 되기도 했다. 봉급을 받지 않는 판결위원회가 결정권을 가졌는데, 이들은 양 당사자가 자신들을 위해 잔치를 베풀어주기를 기대했다. 이 체계는 잔치에 염소를 더 많이 가져오는 사람이면 누구든지 선호했다. 잔치 비용이 재산 가치를 초과하면서 종종 소유권을 주장하는 사람들은 판결에 신경을 쓰지 않기도 했다.

비록 토지 매매가 공식적으로 등록된 이후 증가하긴 했지만, 매입자 또는 매도자 누구도 토지 매매 등록과 관련된 고비용 또는 관료적 형식주의를 원하지 않았다. 따라서 공식적인 소유권 설정 체계는 지역민들이 토지를 소유했다고 알고 있는 사람들과 점차 일치점을 잃었다. 점점 더 많은 수의 공식적인 소유권 보유자들이 지역 묘지에 묻혀 있었다.

시장 거래를 어렵게 하는 기회주의적인 행동은 케냐의 토지 매매에도 악영향을 끼쳤다. 자신들의 토지를 이미 대출 담보로 저당 잡힌 매도인들은 그 토지를 요구하는 매수인들에게 이러한 사실을 알리지 못할 것이다. 은행도 채무 불이행 이후 담보 설정된 토지를 경매 처분하는 데 정치적으로 어려움이 있음을 발견했다. 왜냐하면 채무 불이행자의 친족이 소유한 토지가 경매 처분을 하는 일에 깊이 연루되어 있기 때문이다. 일부 매도인들은 각각 다른 원로들을 증인으로 내세워 한 번에 여러 명의 매수인들에게 토지를 매도하기도 했다.

판결위원회는 매도인들이 가족을 부양할 만큼 충분한 땅을 보유할 것을 요구했다. 때때로 매도인들은 매수인들이 땅을 구입한 돈을 회수하지 않을 것이고, 반면에 토지규제위원회가 그들의 토지의 일부를 돌려줄 것이라는 데 내기를 걸고 '지나치게 많은' 토지를 매도함으로써 이 규칙을 악용하기도 했다.

카남카고의 오촐라 오그웽Ocholla Ogweng은 1979년 바클리은행에서 3만 케냐 실링을 대출 받았다. 담보를 마련하기 위해 그는 장인인 오그웍 은야얄Ogwok Nyayal의 도움을 요청했다. 은야얄 씨는 매부인 알로이스 오헤로Alloyce Ohero 씨에게 오그웽의 대출 자금을 위해 담보로 그의 토지를 제공하도록 미리 준비를 해두었다. 그러고 나서 알로이스 오헤로 씨는 바클리은행의 선취 특권(법률이 정한 특수 채권을 가진 자가 다른 채권자보다 먼저 채무자의 재산에서 채권을 변제 받을 수 있던 권리. ― 옮긴이)을 공지하지 않은 채 자신의 토지를 두 명의 이방인에게 매각했고, 그들은 그 토지에 정착했다. 오헤로 씨는 1981년에 사망했고, 오그웽 씨는 그의 채무를 불이행했다. 알로이스 오헤로의 아들 둘은 팔리지 않은 아버지의 토지 일부를 상속할 것으로 예상했고, 바클리은행의 선취 특권도 인지하지 못하고 있었다. 1982년, 관련된 모든 사람들이 깜짝 놀란 가운데, 법정 브로커는 바클리은행을 대신하여 오헤로 씨의 과거 토지 전부를 경매로 처분할 준비를 했다. 두 이방인은 오헤로 씨의 아들들에게 책임을 물었다. 아들들은 삼촌인 오그웍 은야얄에게 책임을 돌렸고, 은야얄은 알로이스 오헤로에게 책임을 돌렸다. 오촐라 오그웽이 만약 살아있기만 한다면 오헤로는 그에게 책임을 물을 참이었다. 결국 모든 사람들에게 아무것도 남지 않는 거래라는 것이 바로 이것이다.

기회주의적인 행동처럼 보이는 이 일은 친족에게 이방인 또는 은행 그 이상의 의무를 부과하는 전통과 사유 재산이 서로 혼합된 것일 수 있다. '사유 재산권'은 이렇게 복잡한 사회적 관습에 대해 토지 등기를 강요함으로써 토지 보유권의 불안정성을 감소시킨다기보다는 사실상 증대시킨다.

케냐의 공식적인 토지법은 아마도 이러한 경험에 의해 단련되어 관습적 권리를 인식하는 쪽으로 다시 옮겨 가고 있다. 케냐 정부는 서면상 소유권의 소멸을 허가하고 있다.[47] 재산권 보장을 확대하기를 원하는 개혁가들은 각 현장에서 무엇이 실행 가능한지 탐색해야만 한다. 공식 법률을 위해 나아갈 길은 관습법을 부정하기보다 이를 바탕으로 하여 구축해나가는 것일 것이다.

법률의 상향식 발전

연구자들은 법률에 대한 상향식 접근이 하향식 접근보다 경제 발전에 더 우월하다는 증거를 수집해왔다. 일련의 연구는 영미법common law 전통을 가진 국가에서의 개발 성과와 대륙법civil law 전통을 가진 국가의 개발 성과를 비교한다. 영미법 전통은 영국에서 시작되었고 영국 식민지로 전파되었다. 이 전통하에서 판사는 동일한 사건의 판례에 기초하여 판결을 내리는 독립성을 가진 전문가이다. 법의 원칙들은 실제 현실에 대한 반응으로 진화되며 새로운 상황에 적용될 수 있다. 훌륭한 미국인 판사인 올리버 웬델 홈스Oliver Wendell Holmes는 "재판에서 판결을 먼저 하고 원칙을 나중에 정하는 것이 영미법의 장점"[48]이라고 말했다.

근대 대륙법 전통은 프랑스의 나폴레옹 치하에 기원을 두고 탄생하였고, 프랑스 및 에스파냐 식민지에 전파되었다. (당시 에스파냐는 나폴레옹 지배하에 있었다.) 대륙법 전통에서 법률은 법률가가 모든 상황을 포괄할 수 있도록 하향식으로 성문화된다. 판사는 성문법을 그냥 적용하기만 하면 되는 일종의 미화된 사무원이다. 이러한 법체계는 판례가 법률로 결정되는 영미법의 상향식 피드백을 결여한다. 그 결과, 대륙법은 현장에서 현실을 적용하는 능력이 떨어지며, 기술과 사회의 변화에 따른 새로운 상황을 적용하는 데 어려움이 있다. 여기서 프랑스가 프랑스 식민지나 에스파냐 식민지보다 민법 적용에서 더욱 유연한 것으로 판명되었다는 점은 역설적이다. 프랑스 식민지나 에스파냐 식민지들은 변화하는 환경에 제대로 적응하지 못했을 뿐 아니라 느린 속도로 진행되는 사법상 형식주의를 따라왔다.

제도에서도 차이점이 드러난다. 판례법case law에 의존하는 체제는 법률과 경제 행위자들이 시장 운영을 위해 필요한 협정 사이의 양성 되먹임 고리를 가지고 있다. 따라서 판례법 국가들은 대륙법 국가들보다 결국 더 큰 번영을 지지하는 다양하고 광범위한 공식 제도 —— 재산권, 계약의 이행, 법치, 무엇보다 기업의 책임 —— 와 함께하게 된다. 호주, 캐나다, 뉴질랜드, 파키스탄, 우간다, 미국은 자국의 소득 수준에 대해 재산권 보호가 잘 되어 있는 과거 영국 식민지의 사례이다. 알제리, 콜롬비아, 아이티, 니카라과는 자국의 소득 수준에 대해 재산권 보호가 잘 되지 못한 과거 프랑스 식민지나 에스파냐 식민지의 사례이다.

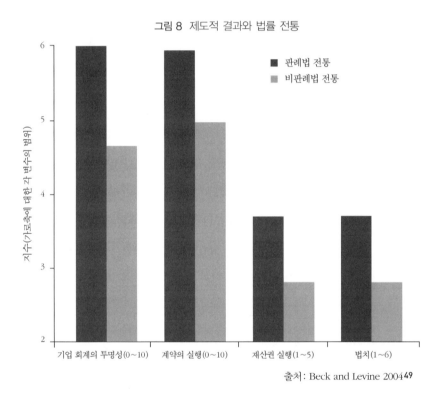

그림 8 제도적 결과와 법률 전통

출처: Beck and Levine 2004[49]

영미법의 탐색 과정은 금융 시장 지원에서 특히 중요했다. 금융은 기업의 주주에 대한 법적 보호와 채권자들의 부채를 정리하기 위한 파산 절차와 같이 좀 더 복잡한 조정이 필요하다. 실제로, 영국에 법률적 기원을 두고 있는 국가들은 프랑스에 법률적 기원을 둔 국가들보다 주주들과 채권자들에게 더 나은 법적 보호를 제공하고 있음이 드러났다. 결과는 판례법 국가들이 훨씬 더 금융 시장을 발전시켰다는 것이며, 이는 GDP에서 민간 신용이 차지하는 몫과 주식 시장 자본 총액, 유동성 같은 지표로 측정되는 것과 같다.

훌륭한 법률을 갖추지 못한 금융

멕시코는 훌륭한 금융 관련 법률의 구축에 실패한 대륙법 국가이다. 1991년에 시작한 멕시코 국영 은행의 민영화 사례를 보자. 민영화는 세계은행과 IMF가 촉구한 자유 시장 개혁의 일환이다. 그러나 멕시코의 경우는 계획대로 민영화가 이뤄진 것이 아니었다. 문제는 민영화 자체 프로그램에서 시작되었는데, 이 프로그램에서 은행 바이어들이 은행을 매수할 때 사들이고 있던 바로 그 은행에서 대출을 받을 수 있었던 것이 문제였다. 한 바이어는 이러한 편법으로 매수 가격의 75퍼센트를 충당했다. 보통은 저축자들이 이렇게 금융 상태가 위태한 은행에 저축하려고 하지 않겠지만, 이들은 멕시코 정부의 예금 보험(deposit insurance: 금융 기관이 예금 가입자의 예금을 상환할 수 없는 경우를 대비하여 예금액 지급을 보장하기 위해 만든 보험 — 옮긴이)을 들었다. 이에 따라 새롭게 민영화된 은행들은 위험은 아랑곳하지 않고 재빠르게 대출을 확대했다. 느슨한 은행 규정은 대출자들이 채무 불이행을 선언하지 않고도 상환하지 않은 대출을 연장할 수 있게 했다. 은행 신용은 1991년부터 1994년까지 실질적으로 매년 20퍼센트 이상 증가했다. 반면 기한이 지난 대출은 연간 40퍼센트 이상으로 증가했다.[50] 은행이 정말 차용인에게서 대출을 회수하려고 했다면, 그들은 멕시코의 복잡한 (대륙법) 파산 법률을 접했을 것이다. 은행이 이 법을 통해 차용인에게서 담보물을 되찾는 데는 3년에서 7년이 걸렸다. 또한 무모한 신용 확장은 1994년 12월에 시작된 페소 가치의 붕괴에 일조했다. 이로써 화폐 가치는 절반으로 떨어졌고, 멕시코는 심각한 불경기에 진입했다.

페소 위기 이후 멕시코 정부는 은행 업무 시스템의 부실 대출에 대한 구제 금융 방안을 계획했다. 불행히도 멕시코 정부는 (세계은행과 IMF의 묵인하에) 구제 금융을 지체시켰다. 은행 소유주들은 구제 금융을 기대하고 자신들에게 대출한 다음 채무 불이행을 선언할 인센티브를 가지고 있었다. 1995년에서 1998년 동안 은행들은 이사회 소속 임원들에게 20퍼센트의 대규모 자금을 대출해주었다. 은행의 횡령 행위는 정부에 대한 구제 금융 비용을 증가시켰는데, 이는 결국 멕시코 GDP의 15퍼센트를 차지하게 되었다.

1998년 이래로 은행 규제는 더욱 강화되었고, 멕시코 정부는 멕시코 은행에 대해 경쟁 압력을 불어넣기 위해 해외 은행의 진입을 허용했다. 부실 대출 문제는 결국 해결되긴 했지만, 이것은 은행들이 민간 부문에 대출을 덜 해주었기 때문이다. 여전히 위태위태한 파산법으로 인해 은행들은 이제 민간 대출자들에 대해 극도로 예민한 태도를 보이고 있다. 은행 자산에서 민간 대출이 차지하는 비율은 1997년의 49퍼센트에서, 2003년에는 30퍼센트로 떨어졌다. 멕시코는 여전히 상향식 규칙들과 인센티브 권리를 명확하게 숙지하는 데 따르는 어려움 때문에 금융 시장 운영의 문제를 해결하지 못하고 있다.[51] 이 이야기는 왜 라틴아메리카의 '자유 시장' 개혁의 결과가 실망스러웠는지에 대한 통찰을 제공해준다.

하향식의 꿈

그래서 서구는 시장이 작동하는 데 필요한 선의의 법률과 훌륭한 제도를 창안하기 위해 빈국들을 대신하여 포괄적 개혁을 고안해낼 수는 없다. 우리는 시장이 잘 작동하도록 하는 규칙들이 사회 규범, 네트워크, 그리고 가장 큰 보상을 가져다주는 공식 법률과 제도에 대한 복잡다단한 상향식 탐색을 반영하고 있음을 살펴보았다. 설상가상으로 이러한 규범, 네트워크, 제도는 변화된 환경과 그들 자신의 과거사에 호응하면서 변화해간다. 버크, 포퍼, 하이에크Hayek는 이러한 사회적 상호 작용이 너무 복잡한 나머지 모든 규칙을 단번에 변화시키려 했던 하향식 개혁은 상황을 더 좋게 만들기보다 나쁘게 만들 것이라는 기본적인 통찰력을 가지고 있었다.

경제 이론가인 애비너시 딕시트Avinash Dixit는 왜 하향식 개혁이 의도하지 않은 결과로 나아가는지에 대한 좀 더 최근의 사례를 가지고 있다. 한 사회가 주로 네트워크를 통해 시장 거래를 수행한다고 가정할 경우, 우리는 그러한 네트워크에는 자기 구속적self-enforcing인

특성이 있어서 사기를 치는 자는 그 네트워크에서 추방될 수 있고 이후의 사업 기회를 잃게 된다는 것을 살펴보았다. 이제 세계은행이 법원의 감독을 받는 공식적인 규칙의 체제를 구축하기 위해 정부를 압박할 경우를 가정해보라. 그리고 이러한 병렬적 체제가 적어도 부분적으로는 효과가 있어 공식적인 규칙을 통해 일부 사업 기회가 실현될 수 있는 경우를 가정해보라. 비공식 네트워크의 일부 참여자들은 협력자들에게 사기를 치거나, 네트워크를 빠져 나가거나, 공식적 체제 내에서 활동을 시작할 수도 있다. 사회는 이전 거래를 중단하면서 네트워크가 붕괴되는 재앙 같은 상황을 맞이할 수 있지만, 공식적인 체제는 새로운 거래의 범위를 제한하면서 불완전하게나마 여전히 작동한다. 두 종류의 규칙을 갖는 것은 종종 하나만 갖는 것보다 못하다. 공식적인 규칙의 점진적인 도입으로 현존하는 네트워크를 강화하는 개혁은 공식적인 규칙으로 교체하려고 했던 경우보다 더 잘 진행될 것이다. 서구에서 제도의 발전에 대한 한 가지 그럴듯한 이야기는 네트워크 내의 비공식적 관계와 규범이 점차 공식적인 규칙으로 굳어진다는 것이다(이렇게 굳어진 공식적인 규칙은 여전히 비공식적 관계와 규범의 지지를 받는다.).[52]

이는 추측에 불과하지만, 딕시트의 이야기는 왜 구소련이 공산주의에서 자본주의 체제로 전환하는 데 그러한 파국을 맞을 정도로 힘들었는지 그리고 라틴아메리카와 아프리카에서 있었던 시장 개혁이 왜 그렇게 실망스러운 결과를 낳았는지를 설명하는 데 도움을 줄 수 있다. 시장이 극심하게 왜곡되어 있다 해도 시장 참여자들은 시장의 체제를 일정 수준에서 기능할 수 있게 만드는 상호 거래망과 의무 규정을 설정했다. 자유 시장을 재빠르게 도입하여 모든 규칙을 단번에 변화시키려는 것은 오랜 유대감을 깨트리는 반면, 새로운 공식적인 제도들은 자유 시장이 잘 작동하도록 하기에는 아직 힘이 너무 미약했다. 좀 더 자유로운 시장에 점진적으로 진입했다면 시장 참여자들은 그들의 관계와 거래에 적응할 수 있는 더 많은 시간을 가질 수 있었을 것이다.

이 이야기에서 얻을 수 있는 주된 교훈은 자유 시장의 기회가 상향식의 사회적 선택에 의존한다는 것이다. 계획가들은 이에 대해 보통 이해하지 못한다(또는 심지어 이해하려는 시도조차 않는다.). (이 장을 작성하는 데 도움을 준 많은 훌륭한 연구자들처럼) 연구자들이 조금만 더 열심히 시도한다면, 빈민들 사이에서 탐색가가 나와 그들의 자발적인 노력으로 점진적인 개혁이 이루어질 것이라는 희망은 있다.

그리고 현재 상황은 정책 결정자들이 그냥 포기하고 희망이 없다고 말할 정도로 극단적으로 복잡한 것은 아니다. 빈민들은 계획가들이 저지른 중대한 실수에도 불구하고 풍부한 지략을 가지고 있다.

경제 침체와 개인의 역동성

사실, 아프리카, 라틴아메리카와 구 공산권 국가에서는 하향식 구조 조정과 충격 요법의 실패에도 불구하고 긍정적인 상향식의 시장 흐름이 있어왔다. 더 많은 신세대들이 국내와 서구에서 석사나 박사 학위를 받으면서 자신들의 지평을 확대할 수 있는 기회를 포착하고 있다

(인도와 중국의 성공 사례들이 이에 속한다.). 신세대 자녀들은 시장을 경험적으로 이해하면서 어른이 되어가고 있고, 부모 세대보다 시장을 더 잘 운용할 수 있을 것이라는 기대를 받고 있다. 컴퓨터, 인터넷, 휴대 전화, VCR과 DVD 같은 새로운 전자 제품 기술은 빠르게 확산되고 있다.

1992년에 나이지리아의 영화 제작자인 켄 은네부Ken Nnebue는 《속박된 삶Living in Bondage》이라는 영화를 출시했는데, 이 영화는 자기 부인을 제물로 내놓을 경우 큰 부를 약속하는 비밀 종파에 가담하는 한 남성에 관한 멜로드라마이다. 이 영화는 이그보어로 제작되었고 영어 자막이 달렸다. 나이지리아 인들이 영화를 쉽게 볼 형편이 아니라는 점을 감안하여, 이 영화는 극장에서 먼저 상영되기보다는 비디오로 출시되었다. 이를 통해 할리우드Hollywood와 발리우드Bollywood 이후 세계에서 세 번째로 활발한 날리우드Nollywood라고 알려진 나이지리아 영화 산업이 탄생하게 되었다. 나이지리아 영화 제작자들은 적은 예산과 빡빡한 스케줄로 영화를 찍으면서 가난한 아프리카 인들도 볼 수 있는 수천 편의 영화들을 대량으로 찍어내고 있다. 이 산업은 아프리카 인들에게 가장 적합한 주제와 지역의 문화를 강조함으로써 아프리카의 대중 시장에 접근한다. 나이지리아의 비디오 대여점에 온 사람들은 날리우드 영화를 보기 위해 종종 최신 할리우드 영화도 포기하곤 한다.[53]

아프리카가 경제 침체를 겪고 있다고 해도 아프리카에서 삶의 변화가 이루어지고 있지 않음을 의미하는 것은 아니다. 신기술 확산으로 아프리카 인들에게는 더 많은 정보, 오락 및 각종 선택권들이 부여

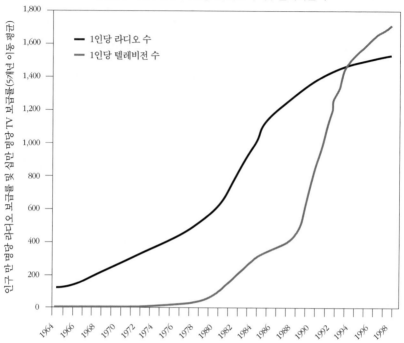

그림 9 아프리카의 1인당 라디오 수 및 텔레비전 수

1인당 라디오 수
1인당 텔레비전 수

되고 있다. 과거 라디오 수요가 폭발적으로 급증한 이후, 날리우드 영
화를 시청하는 TV 세트의 수는 엄청나게 증가했다. (그림 9 참조)

상향식 시장의 성장에 대한 흥미로운 지표는 또 있다. 1990년대
후반, 나는 휴대 전화 산업이 모스크바에서 프라하로, 프라하에서 아
크라로, 아크라에서 소웨토(남아프리카공화국 하우텡 주에 있는 도시 —
옮긴이)로, 소웨토에서 라파스(볼리비아의 수도 — 옮긴이)로, 거의 모든
지역에서 급성장하는 것을 목격했다. 가끔씩은 미국과 같이 더 잘 사
는 나라에서보다 이런 곳에서 휴대 전화를 들고 거리를 걷는 사람들

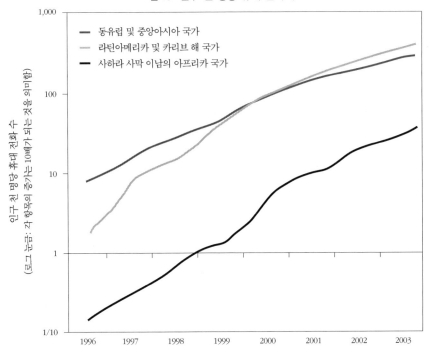

그림 10 인구 천 명당 휴대 전화 수

세로축: 인구 천 명당 휴대 전화 수
(로그 눈금: 각 항목의 증가는 10배가 되는 것을 의미함)

범례:
— 동유럽 및 중앙아시아 국가
— 라틴아메리카 및 카리브 해 국가
— 사하라 사막 이남의 아프리카 국가

이 더 많은 것처럼 보일 때도 있다. 이 수치는 아프리카, 라틴아메리카, 구 공산권 국가의 휴대 전화 성장세를 보여준다(그래프상의 각 항목은 인구 천 명당 휴대 전화 수가 10배로 증가되었음을 보여준다.).

1996년 이래 아프리카에서 휴대 전화 수는 3년마다 10배로 증가되어왔다. 휴대 전화의 폭발적 성장은 얼마나 많은 빈민들이 휴대 전화를 홍보하기 위한 국가 개입이나 구조 조정, 충격 요법이 없이도 신기술을 탐색하고 있는지를 보여준다. 이는 고객 만족만 의미하는 것이 아니다. 휴대 전화는 농부, 어부, 기업가가 가격, 공급자, 소비자를 확인하는 데 도움을 줄 뿐 아니라, 회의를 조직하고 자금을 송금하는 데에도 도움이 된다. 또한 유선 전화 시설이나 실용적인 우편 서비스, 적절한 도로망이 잘 갖춰지지 않아, 물류상 악몽과 같은 곳에서도 많은 도움이 된다.[54]

기업가인 알류 콩테Alieu Conteh는 1990년대에 콩고민주공화국(구 자이르)이 내전 중일 때 휴대 전화망을 구축하기 시작했다. 그는 반군들이 진을 치고 있는 콩고민주공화국에서 휴대 전화 송수신탑을 운송해줄 외국 제조업자들을 찾지 못해, 지역민들을 불러 금속 조각을 용접해 임시로 송수신탑을 만들도록 했다. 콩테의 휴대 전화는 폭발적으로 판매되었고 2001년도에는 남아프리카공화국 기업인 보다콤Vodacom과 합작 투자를 시작했다. 콩고 강 유역에서 고기를 잡으며 전기도 없이 살고 있는 문맹의 한 여성 어부는 이제 생선을 판매하는 데 휴대 전화에 의지한다. 그녀는 생선을 냉장고에 보관할 수가 없어서 구매자가 전화로 주문을 할 때까지 생물 상태로 생선을 강가의 줄에 매달아 둔다. 보다콤콩고는 이제 110만 명의 고객을 보유하게 되었고 이 숫자는 매일 천 명씩 증가하고 있다고 한다.[55]

동유럽, 라틴아메리카, 아프리카에서는 이와 유사하게 인터넷이 폭발적으로 성장해왔다. 1985년 처음으로 세계은행 업무차 가나로 출장을 갔을 때, 나는 당시 아크라에서 유일한 국제 전화로 미국에 긴급 전화를 해야 했다. 통화는 호텔 지하에 2차 세계 대전 이전에 설치된 전화 교환대로만 할 수 있었다. 현재 가나의 호텔방에는 와이파이 인터넷망이 설치되어 있고, 나는 거기서 매일 고국에 연락을 취할 수 있게 되었다. 1996년에 전형적인 아프리카 국가의 인터넷 사용자는 인구 2만 7000명당 한 명에 불과했던 반면, 2003년에는 138명당 한 명에 이르렀고, 이 수치는 지금도 빠르게 증가하고 있다. 구 공산권 국가들은 1996년에 사실상 인터넷 사용자가 한 명도 없던 상태에서 출발했으나 그간 인터넷 접속률이 빠르게 증가하여 지금은 라틴아메리카와 카리브 해 국가(이 지역에서도 인터넷의 확산이 빠른 속도로 이루어지고 있긴 하다.)의 접속률을 뛰어넘었다.

그림 11 인구 천 명당 인터넷 사용자 수

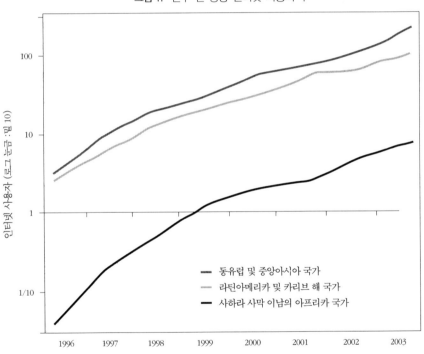

경제가 전반적으로 실망스러운 성장을 보일 때에도 어떤 사람들은 그

런 흐름을 뚫고 나간다. 아크라 근처에 있는 테쉬 마을의 아요코르란 이름의 40세 된 한 여인은 다음과 같이 자신의 이야기를 들려주었다.

나는 푼돈을 저축해가면서 아이들을 길렀다. 충분한 돈을 저축하려고 애를 쓰면서, 삶은 얌Yam을 팔기 시작했고, 거기서 돈을 좀 더 벌어 겨우 저축할 수 있었다. 다행히 나는 한 친구에게서 중고 옷들을 외상으로 얻어서 팔 수 있었는데, 그 장사를 아주 잘해서 자본을 마련하기 시작했다. 이제 나는 내 돈으로 거래를 한다. 첫째와 둘째는 고등학교를 다니고, 18개월인 막내는 크레체(보육 시설)에서 지낸다. 나는 포기하려 하지 않았기 때문에 가난에서 벗어날 수 있었다. 그리고 열심히 가난과 싸웠고, 친구의 도움으로 성공한 것이다.

나이지리아의 이콧이템에서 온 우도란 이름의 76세 남성은 부인 두 명과 자녀 열 세 명을 두고 있는데, 위의 경우와 비슷하게 가난에서 벗어나게 된 이야기를 했다.

나는 어른이 되어 스스로 삶을 꾸려나가게 되면서 비누를 팔기로 결심했다. 초기 자본은 야자열매를 주워 판 수익금을 저축한 돈으로 마련했다. 2마닐라(전통 화폐 단위)의 초기 자본금을 가지고 현명하게 투자해서 많은 이익을 거두었다. 내가 20마닐라를 저축하게 되었을 때 초기 자본금 3마닐라를 들여 암탉을 여러 마리 샀다. 나는 여러 해 동안 고생한 끝에 결혼할 수 있었다. 결혼 후 다시 가난해졌지만, 경제적 안정을 위해 충분한 돈을 저축할 수 있을 때까지 야자열매를 계속 수확했고 야자주를 만들었다. 15실링을 저축했을 때, 나는 씨를 사서 머리에 이고 아주미니에 팔러 다녔다. 이렇게 해서 우리는 비누 판매를 야자 씨 사업과 성공적으로 결합시켰다. 나는 새 자전거를 사기 위해 20파운드를 저축했고, 더 큰 규모로 장사를 할 수 있게 되었다. 아내와 나는 이제 좋은 옷도 입을 수 있게 되었다. 우리는 추가로 땅을 사서 작물 생산을 강화했다. 나는 충분한 땅을 얻어서 정부의 허가를 받아 야자나무를 재배했다. 나는 묘목을 돌보고, 정부에서 비료와 농경 자금을 받아 자체 플랜테이션을 만들었다. 또 야자 플랜테이션에다 살 집도 지어 식구들을 먹여 살릴 수 있게 되었다.

이러한 서민들의 역동성이 이 장과 다음 장에서 살펴보는 바와 같이 아직 사회 전체를 지속적인 성장으로 이끌지는 못하였다. 개인들은 역동적이지만, 사회에서 개인들의 복잡한 상호 작용은 경제 침체를 유발할 수도 있다. 그러나 서민층의 역동성은 종종 광범위한 사회를 침체에서 벗어나도록 이끌 수 있다.

샤오강의 기적

안후이 성 —— 중국의 쌀 재배 중심지 —— 의 샤오강이라는 작은 마을에서 1978년에 20가구가 비밀 회동을 했다. 마을 주민들은 기아로 인해 절박한 상황에 놓여 있었다. 스탠퍼드대학교의 경제학자인 존 맥밀런

John McMillan이 언급한 이 이야기는 공산주의자들이 중국 전역에 설치한 인민공사가 식량 생산 붕괴를 이끌고 있었음을 말해준다. 이 체제하에서 주민들은 토지 경작에 대한 집단적 책임을 지게 되었고, 모든 사람들이 경작지의 산출에서 일정한 몫을 배당 받았다. 말하자면 일을 했든 안 했든 쌀을 얻을 수 있었기 때문에, 사람들은 일을 거의 하지 않았다. 결국 샤오강 마을 주민들은 땅을 분할하여 이를 각자 경작해서, 자기 땅의 소출은 자기가 갖도록 한다는 데 합의를 보았다. 샤오강에서 쌀 생산이 크게 증가했다. 그 결과는 너무 놀라워서 오랫동안 비밀에 붙여두기가 어려워졌다. 인근 마을 주민들도 와서 쌀 수확을 그렇게 많이 증대시킨 방법을 알고 싶어 했다. 그래서 다른 마을들도 개별 농경을 실시하게 되었다.

오래지 않아, 공산당 당국은 시골 지역에서 자발적으로 재산권이 발생한 것을 알아챘다. 이 소식은 적절한 시기에 도착했는데, 당내 개혁가들이 교조적인 마오주의자들을 축출하려는 시도를 하고 있을 때였다. 개별 농경으로 식량 생산이 엄청나게 증가했다는 증거에 대해, 안후이 성의 공산당 관리는 그들을 정식으로 인정해주었고 이러한 발전상을 베이징 당국에 보고했다. 1982년에 공산당은 시골 지역에서 개별 농경이 이미 진행되고 있었던 것을 확인하고, 이를 허가했다. 1984년에 이르러 인민공사는 자취를 감추었다.[56] 이는 중국 경제의 기적 같은 성과의 발단이 된 한 가지 사례에 불과하다. 중국의 점진적이고 자생적인 개혁은 러시아의 충격 요법과 같은 외부인의 망상보다는 훨씬 더 좋은 결과를 냈다.

점진적 개혁가들은 외국인이든 내국인이든 간에, 더 나은 체계를 향해 나아갈 수 있도록 시도할 수 있다. 이는 지역의 조건에 민감하고, 모든 지역에서 개인의 역동성을 이끌어내는 체계이다. 밑바닥 빈민층의 역동성은 최상부에서 이뤄지는 계획보다 훨씬 더 큰 잠재력을 가지고 있다.

쉘재단, 자선도 사업처럼

빈곤 문제 중 가장 알려져 있지 않은 부분은 요리할 때 발생하는 실내 공기 오염이다. 나는 최근의 아프리카 여행에서 어린 소녀가 하루 종일 환기가 되지 않는 오두막에서 요리하는 것을 목격했다. 그 연기가 너무 짙어서 나는 단 몇 초 동안도 오두막에 더 있을 수가 없었다. 이러한 장면은 아프리카 전역의 가정집에서 흔하게 볼 수 있다. 이 때문에 호흡기 감염으로 인한 어린이의 사망 위험이 몇 배나 증가한다. 세계보건기구WHO는 연기가 자욱한 오두막의 실내 공기 오염은 유럽연합이 정한 실외 공기 오염의 최대 기준치를 60배나 초과한다고 추정하고 있다.[57]

심각한 호흡기 감염으로 인한 고통을 부국 사회의 시민들에게 전달하기는 어렵다. 그들은 더 이상 이러한 경험을 하고 있지 않기 때문이다. 폐는 고름으로 가득 차고, 환자들은 이를 기침으로 뱉어낸다. 감염은 오한과 발열, 경련, 심한 가슴 통증, 구토를 유발한다. 호흡기에 감염되면 제대로 치료 받지 못할 경우 사망하게 된다. 이렇게 실내의 오염된 연기가 사망까지 불러오는 것이다. 이로 인한 사망률은 전 세계적으로 연간 180만 명에 이른다.

쉘그룹Shell Group은 세계화 반대 시위자들에 의해 가장 도전을 받는 거대 다국적 기업 중 하나이다. 쉘그룹의 기업 중 많은 수는 자선 재단을 세움으로써 이러한 사회적 압력에 대응하고 있다. 그들은 그들만의 고유한 사업 기술을 가져와 자신들이 계획가라기보다는 탐색가로서 여겨지도록 한다. 쉘그룹의 자선 조직인 쉘재단Shell Foundation은 자신들의 박애적인 접근을 다음과 같이 설명한다.

> 우리 파트너들은 그들이 어떻게 운영할 것인지와, 그들이 제안하는 개입안에 대한 비즈니스 사고방식과 비즈니스 원칙을 적용하는 데 능숙할 필요가 있다. …… 〔우리는〕 파트너들이 가진 동일한 기술과 기업가적 본능에 의한 전개를 〔격려한다.〕 …… 이는 모든 지역의 기업인들이 비즈니스 기회를 인식하고 평가하기 위해 사용하며, 그 후 기업을 세우고 운영하는 도중에 반드시 해결해야 하는 문제를 극복하는 것을 말한다. 이는 시장을 이해하고 누가 소비자인지, 그들이 원하는 것이 무엇인지, 얼마를 지불할 것인지를 아는 것을 포함한다. …… 우리 파트너들은 보통 …… 그들이 해결책을 탐색할 때 특히 진취적이 될 것이다.

예를 들면, 쉘재단은 실내의 연기 문제와 싸우고 있다. 원조의 전통적인 접근은 이 문제에 대해 크게 진척을 시키지 못했다. 공식적인 원조 기구는 연기를 감소시키도록 고안된 스토브와 같은 기술적 해결책을 강행했다. 새로운 스토브의 활용률은 실망스러웠다. 원조 계획가들은 합리적인 가격에 고객들이 원하는 것을 제공하는 기업가들처

럼 생각하지 않았다. 쉘재단은 시장 기반적 접근market-based approach
을 실험하고 있다. 수십 수백 개의 소규모 기업들은 지역 소비자가 원
하는 대로 제품을 수정하면서 스토브를 생산하고 분배한다. 이 접근
방식은 실용적이다. 즉 소비자에 대한 현금 판매, 비정부 기구와 자체
적인 사회적 분배망을 사용하는 공공 기관에 대한 판매, 스토브 구입
자금을 지원하기 위한 소액 대출 실험, 현금보다는 상품으로 대금 지
급 수락 등 여러 요소가 혼합된 것이다.

기업의 자선이 공적 대외 원조를 대체할 수는 없지만, 기업의 유
사 시장적 접근marketlike approach은 탐색가가 무엇인지를 보여주는
훌륭한 모델이다.

사업의 개선

모든 점진적 개선책이 실체적 프로젝트인 것은 아니다. 세계은행의 시미온 잔코프Simeon Djankov는 많은 협력자들과 함께 빈국에서의 사업 진행에서 걸림돌을 줄이는 전도유망한 이니셔티브를 추진하기 시작했다. 그는 연구를 통해 새로운 사업을 착수하는 데 관료주의 행태가 더 많이 요구되는 국가에서는 부패율이 더 높고, 법망을 벗어난 곳에서는 대규모의 비공식 경제informal economy가 운영되고 있다는 사실을 발견했다. 빈국에서 사업은 또한 채권 추심과 계약 시행, 재산 등록, 파산한 사업 파트너로부터의 징수와 같은 성가신 절차로 인해 발목을 잡힌다.[58] 마푸토에서는 사업을 시작하는 데 153일이 걸리지만 토론토에서는 단 이틀이면 족하다. 계약 시행에서도 자카르타에서는 2042달러 또는 부채 가치debt value의 126퍼센트가 들지만, 서울에서는 1300달러 또는 부채 가치의 5.4퍼센트만 들어갈 뿐이다. 상업용 재산을 등록하는 데 아부자에서는 스물 한 단계의 절차를 거쳐야 하지만 헬싱키에서는 3단계의 절차만 거치면 된다. 채무자가 지급 불능 상태가 되어 파산하게 될 경우, 뭄바이의 채권자는 달러당 13센트를 받게 되지만, 도쿄에서는 90센트 이상을 받게 된다.[59]

잔코프와 그의 동료들은 세계에서 최대한 많은 국가들을 택하여 사업 비용 지표를 정리함으로써 이 문제를 밝히려 했다. 그들은 매년 가장 많은 개선이 이루어진 국가와 개선이 가장 덜 된 국가를 중점적으로 다루는 보고서를 발행한다. 그들의 정직한 보고는 국가의 자본 유치 능력에 영향을 주고, 과도한 규칙 관행에 대한 점진적 변화를 자극시키고 있다.

제4장

계획가와 갱단

국회가 개회 중인 기간에는 어느 누구의 생명, 자유, 재산도 안전
하지 않다.

__머피의 법칙으로 인한 결과

신생 독립국인 볼리비아의 초대 대통령 호세 데 수크레 알칼라José de
Sucre Alcalá는 3년간 통치한 뒤인 1828년 망명 직후에 자국의 상태를
이렇게 요약했다. "해결책을 찾는 것이 불가능하다."[1] 그로부터 195
명의 대통령이 나왔고, 볼리비아의 대통령 카를로스 메사Carlos Mesa
는 2005년 6월 외압에 못 이겨 사임하였을 때 수크레와 비슷한 생각
을 했던 것으로 보인다.

16세기에 (당시 상부페루Upper Peru로만 알려져 있던) 볼리비아는
에스파냐의 아메리카 제국에서 가장 부유한 지역에 속했다. 그러나
오늘날에는 에스파냐어권 아메리카에서 가장 빈곤한 국가에 속한다.

볼리비아를 그렇게 가난하고 통치가 어려운 나라로 만든 것은 무
엇일까? 아마도 민족 다수가 인디오로 구성된 국가를 백인 엘리트가
450년간 통치했던 것이 이와 어느 정도 관련이 있을 것 같다. 볼리비

아의 원주민 정당 대표들은 1997년이 되어서야 의회의 1퍼센트에도 못 미치는 의석을 확보하였다. 볼리비아 정부는 부패 수준에서 최악의 정부 순위 25퍼센트 안에 들었다.

1545년에 에스파냐 인들은 볼리비아의 포토시Potosí에 아메리카 대륙 최대의 은 광맥을 발견했다.[2] 포토시는 그때부터 1650년대까지 세계 최대의 은 광산이었고, 볼리비아 최초의 경제 붐을 일으켰다. 포토시는 당시 서반구 최대의 도시이기도 했다.[3] 유럽 광산 소유주들은 잉카제국 치하에서 존재했던 강제 노역 제도를 부활시켰다. 미타mita라고 불린 이 제도는 원주민들을 광산의 허드렛일에 징발했다.

이러한 붐으로 광산 노동자들을 위해 옥수수, 밀, 코카 잎을 재배하던 유럽 농부들은 이익이 증대되었다. 엥코미엔다(encomienda: 왕이 정복자들에게 허가장을 주어 특정 지역의 인디오를 다스릴 수 있게 한 제도. 허가장을 받은 정복자들은 인디오 보호와 기독교 전파를 조건으로 공물을 징수할 수 있었다. — 옮긴이) 체제에서 연줄이 탄탄한 에스파냐 인 정복자들은 그곳에 살고 있던 인디오들의 생산물과 노동력 사용권과 더불어 엄청난 규모의 토지를 양도 받았다.

유럽에서 온 질병으로 인한 인디오들의 사망은 전통적 공동체를 해체시켰고 토지를 자유화시켰다. 가장 부유했던 유럽 인들은 오늘날 아시엔다(hacienda: 대농장 — 옮긴이)로 알려진 엥코미엔다에 이 토지를 흡수했다. 아센다도(hacendado: 에스파냐 인 대농장주 — 옮긴이)들은 전통적 공동체의 쇠퇴로 인해 어려움에 처한 인디오들을 노동력으로 활용했다.[4] 나머지 인디오들은 그들 고유의 공동체 속에서 거주하면서, 왕에게 조세를 바쳐야 했다.

볼리비아는 1825년에 아메리카 대륙에서 에스파냐 식민지로서는 가장 늦게 독립하였다. 신생 독립국인 볼리비아의 상황은 식민지 시기와 별반 다르지 않았다. 대농장주들에게만 중요성이 더욱 커졌다. 1846년에는 5153명의 대농장주들이 40만 명의 인디오 소작농들의 노동력을 관리하였다. 62만 명의 인디오들은 자치 공동체에 거주하였다. 그 외 20만 명은 보잘것없는 토지 소유주이거나 대농장 또는 자유인 공동체로부터 토지를 임대하였다.[5] 1880~1930년의 주석 붐은 토지 소유주들의 토지에 대한 탐욕을 더욱 부추겼다. 정부는 개인 소유권을 토지에 도입하여 인디오의 자유인 공동체를 해체하였다. 대농장들은 공동체의 결속력을 깨트리기 위해 각 공동체에서 소규모로 땅을 사들였고, 그 후 직접 매수뿐 아니라 사기, 폭력 등의 방법을 사용하여 인디오의 토지를 획득하였다. 그 결과 자유인 공동체의 토지 소유율은 1880년에 절반으로 하락하였고, 1930년에는 3분의 1 미만으로 추락했으며. 이 3분의 1의 토지도 대부분 불모지였다.[6]

인디오들이 이에 저항하기 위해 어떤 특별한 대책을 강구할 수 있었던 것도 아니었다. 엘리트들은 국민 다수의 교육에 비중을 두지 않았다. 19세기 중반에는 전 인구의 20퍼센트 정도만이 에스파냐어를 할 수 있었다.[7] 취학 연령 아동 가운데 학교에 다니는 아이의 비율은 10퍼센트에 불과했다.[8] 투표는 문자 해독을 필수 조건으로 하여 투표권을 백인에만 제한시켰다. 1900년에 유권자 수는 약 3~4만 명에 불과했다.[9] 1900년의 인구 조사로는 당시 볼리비아 인의 13퍼센트가 백인이었다고 한다. 인디오들은 용익권(대륙법에서 다른 사람의 소유물을 일정 기간 사용하여 이익을 얻을 수 있는 권리 — 옮긴이)이 있는 토지를 사용하는 대가로 대농장에서 일을 했다. 그들은 대농장주 가족의 개인적 필요를 위해 시중들며, 토지 소유주를 위해 하기 싫은 퐁고 pongo 서비스를 수행했다. 인디오들은 토지 소유주가 설령 먼 도시에 거주한다고 할지라도 교통비를 감수하면서까지 퐁고 서비스를 수행해야 했다.

1952년 혁명은 가난한 볼리비아 인들이 빈곤에서 벗어나도록 하는 데 실패했다. 대신 혁명 이후 보수주의로 회귀하여 백인 엘리트 계층이 주도권을 다시 장악했다. 불안정한 민간 정부 이후 불안정하기는 마찬가지인 군사 정부가 권력을 장악하였다. 1964년부터 1982년까지 군사 정부가 볼리비아를 통치했다. 1964년부터 1981년까지는 여덟 차례의 쿠데타가 있었다. 볼리비아는 1982년에 민주주의로 복귀했지만 이행 과정은 순조롭지 않았다. 첫 번째 민주 정부하에서는 부실한 금융 관리로 초超인플레이션을 불러일으켜 인플레이션 비율이 1985년에 2만 5000퍼센트까지 치솟기도 했다.[10]

1985년 이후 공여국들은 볼리비아에 손을 뻗치기 시작했다. 정부는 국제통화기금IMF과 세계은행의 요청으로 인플레이션을 감소시켰고 자유 시장 개혁을 추구했지만, 그래도 경제는 다시 회복될 기미가 보이지 않았다.

볼리비아 역사는 이처럼 부침을 거듭했지만, 현재 인디오의 지위는 자국 내에서 주변부에 머물러 있다. 의회에서 원주민 정당 대표는 1982~1997년의 신민주주의 시기에도 1~2퍼센트밖에 의석을 차지하지 못했다. 2002년 극심한 빈곤에 놓여 있던 원주민 비율은 52퍼센트를 기록하여 비원주민의 27퍼센트에 크게 대비되었다.

볼리비아는 소수 유럽 인이 지배했던 격동의 역사를 경험한 이후 국가 기관도 힘이 약화되었다. 1931년에서 1982년 사이에 사법 부문에서 16차례의 대규모 숙청이 있었고, 이는 법원으로 하여금 정치적 이해관계에 영합하도록 하였다.[11] 한 조사는 볼리비아의 관세청과 국세청을 가장 정치적이며 부패한 정부 기관이라고 평가하였다. 기업 평가 조사에 따르면, 법원과 경찰의 부패 및 부정직한 관행이 사업 수행의 장애물이라고 증언한 기업의 비율에서 볼리비아가 세계 최고 수준으로 나타났다.[12]

현재의 정치 위기는 원주민 집단에 대한 대표성 부여 요구가 늘어나면서 촉발했다. 코카인 밀수에 대해 미국이 전쟁을 선포하면서 (역시 토착 식물인) 코카 잎 재배 농가는 고립될 수밖에 없었다. IMF가 제시한 구조 조정의 조건은 별 인기가 없었다. 원주민 집단은 과거 은과 주석 붐이 있었을 때 자신들에게는 거의 혜택이 돌아오지 않은 경험을 한 후, 외국 기업들이 주도한 초기 천연가스 붐에 대해 의구심을 갖게 되었고, 급기야 2000년 4월, 2000년 9월/10월, 2002년 1월, 2003년 2월에는 격렬한 봉기가 발생했다. 2003년 10월 봉기로 곤살로 산체스 데 로사다Gonzalo Sánchez de Lozada 대통령은 권좌에서 축출되었다.[13] 이와 유사하게 원주민 시위대는 가스 산업의 국유화를 주장하면서 볼리비아의 수도 라파스의 진입로를 봉쇄하였는데, 원주민 시위대의 봉기에 제대로 대처할 수 없게 되자 후임인 카를로스 메사 Carlos Mesa 대통령도 2005년 6월에 사임하게 되었다.[14]

계획가와 정치

국가 빈곤에 대해 많은 사람들이 가지고 있는 한 가지 직감은 아마도 목표 대상과 밀접한데, 그것은 바로 모든 것이 정치라는 것이다. 빈국들은 시장과 관련된 문제만으로는 충분하지 않았던지, 나쁜 정부의 문제까지 가지고 있다. 좋은 정부라면 이미 논의된 바와 같이 시장과 관련된 문제의 일부를 해결할 수 있을 것이다.

계획가들은 나쁜 정부에 대하여 두 가지 진영 중 한 가지를 선택한다. (미국 정부, 세계은행, IMF와 관련된) 한 진영은 말하기를, 빈국 정부의 상태가 너무 형편없어서, 서구는 반드시 그런 나쁜 정부에게 강경한 자세 ── 원조의 대가로 변화를 요구하는 것 ── 를 취해야 한다고 했다. (유엔과 제프리 삭스와 관련된) 다른 진영은 말하기를, 빈국 정부는 그렇게 나쁘지는 않으며 빈국들은 자유롭게 자체적인 발전 전략을 결정해야 한다고 했다. 그러나 이러한 두 가지 관점은 인위적으로 논의를 제한시킨다. 빈국 정부가 나쁜 것이 사실일 수도 있고, 그와 마찬가지로 그들을 변화시키려는 서구의 노력이 전혀 성과가 없었다는 것이 맞을 수도 있다. 나는 가장 정치적으로 호소력이 없는 이러한 진실에 대해 잠재적인 탐색을 계속하면서, 위의 두 진술이 모두 사실일 경우 우리가 무엇을 해야 할지를 이 장에서 생각해보려 한다.

나는 다른 국가들 중 어떤 정부가 나쁜 정부인가를 찾아 지적하는 데 수완이 너무나 부족함을 느낀다. 이 책에 흐르는 기조에 따르면, 나와 같은 외부인들은 다른 사회의 정부에 대한 판단을 내릴 때 아주 겸손한 태도가 필요하다. 우리 정부(미국 ── 옮긴이) 역시 납득할 수 없는 이유로 타국을 침범했는데, 이는 전혀 모범적인 사례라고 할 수 없다. 테러와의 전쟁에서 포로에 대한 인권 침해가 있었고, 기업의 뇌물로 정치 자금을 조달하는 등 여러 불미스러운 사건이 있었다. 나는 어떤 사람들이 생각하고 있는 것처럼 개발 도상국들은 모두 나쁜 정부라고 하는 바나나 공화국(banana-republic: 과일 수출과 외국 자본으로 경제를 유지하는 중남미 소국에 대한 경멸적 호칭 — 옮긴이)식의 편견을 지지하지는 않는다. 정부 관리의 자질과 관련하여 전체 개발 도상국들과 개발 도상국 정부 안에는 다양한 편차가 존재한다. 거의 모든 정부 내에는 능력 있고 정직하며 선의의 기술 관료 계층이 존재한다. 그들은 빈민들의 발전 기회를 확대할 방안을 강구하는, 장래가 촉망되는 탐색가 집단이다. 나는 수십 년간 개발 도상국을 위해 일해오면서 모든 대륙에서 탁월한 정부 관료를 많이 만나보았고, 그들을 무척 존경한다. 그들은 자국의 악한 정치와 부패에 대한 식견을 가지고 외부인들보다 현명하게 불만을 제기한다.

여기에서 우리는 반드시 현실을 직시해야 한다. 일상적 관찰은 차치하고서라도, 수십 년간 사회과학자들의 연구는 많은 비서구 국가들의 정부가 어떻게 해서 기능 장애 상태에 빠지게 되는지를 보여준다. 우리가 국민을 억압하는 악한 통치자들의 신경을 건드리지 않는다고 해서 빈민들을 위하는 것이 아니다.

이 장의 주제는 자유 시장에 관해 쓴 앞 장과 유사하다. 즉 민주주의는 실행되지만, 외부로부터 부여된 민주주의는 잘 실행되지 않는다는 것이다. 먼저 이 장은 좋은 정부가 민주주의를 통해 어떻게 작동되는지를 설명하기 위해 국민 윤리의 기초Civics 101를 기술할 것이다.

이 장은 민주주의가 어떻게 작동하는지와 실제 작동하는지 작동하지 않는지와 같은 복잡한 문제들을 해결하려는 것이 아니다. 서구의 원조와 비교해볼 때보다 더 눈에 띄게 주목 받고 있는 민주주의의 한 단면을 살펴보려는 것이다. 여기서 민주주의는 피드백과 책임을 특징으로 하며, 탐색가들에게 보상을 제공하지만 대외 원조(또는 다음 장에 나오는 군사 개입)는 이러한 특징들이 나타나지 않는다.

반면 피드백과 책임에 무관심한 계획가들은 피드백과 책임의 체계를 부과할 수가 없다! 이 장은 민주주의와 굿 거버넌스(good governance: 거버넌스는 의사 결정 과정을 중시하는데, 그 과정에서 거버넌스의 3대 특징인 투명성transparency, 효율성efficiency, 참여성participation을 모두 갖출 경우 '굿 거버넌스'라 한다. — 옮긴이)가 효과적으로 달성되는 데 내부인들에게는 말할 것도 없고 외부인들에게도 더욱 어렵게 만드는 수많은 복잡한 요소가 있음을 보여줌으로써 이 사실을 좀 더 명백하게 제시할 것이다. 마지막으로 이 장은 공여국들이 나쁜 정부에 대해 어떻게 대응했는지에 대한 일부 증거 자료를 살펴볼 것이다.

자유 시장 개혁의 실패 이후 (주로 1990년대에) 백인의 의무가 가중되면서 그 다음 단계는 좋은 제도를 마련하는 데 초점이 맞추어졌지만, 공여국들이 나쁜 정부를 좋은 정부로 변화시키려는 시도는 헛수고가 되었고, 그들은 이제 갱단을 선발하지 않을 수 없게 되었다. 우리는 계획가들이 실행 가능한 일을 탐색가들에게 맡기지 않고, 불가능한 목표를 설정하는 또 한 가지 사례를 보게 된다. (우리는 다음 두 장에서 외부 계획가들이 '탈근대적' 신탁 통치와 무력 침공을 통해 어떻게 좋은 정부를 강요하려는지에 대해 살펴볼 것이다.)

국가는 좋은 사회를 만들 수 있는가?

법원, 판사, 경찰과 같은 정부 기관들은 앞 장의 시장 거래에서 보았던 문제 가운데 일부를 해결할 수 있다. 공정한 법원과 경찰은 계약 시행, 재산권 보호, 약탈자로부터의 안전 보장, 범법자 처벌 등으로 부국의 시장이 작동하도록 돕는다.

여기서 아킬레스건은 약탈자에 대항하여 시민들을 보호할 수 있을 정도로 강력한 정부는 또 한편으로 스스로 약탈자가 되기에 충분하다는 점이다. "Quis custodiet ipsos custodes?"라는 로마 속담이 있는데 이는 "왜 가게의 물건을 훔치는 연쇄 살인범보다 정부 관료를 더 신뢰하는가?"라는 말이다.

"누가 감시관들을 감독할 것인가?"(위의 속담에 대한 좀 더 통상적인 번역)에 대한 민주주의의 대답은 모든 사람이 감독의 역할을 맡아야 한다는 것이다. 자유 시장 이외에 인간 사회의 또 다른 위대한 발명은 정치적 자유이다. 민주주의에 대한 가장 단순한 견해는 언론, 표현 및 집회의 자유와 반체제 인사에 대한 정치적 권리의 부여가 좋은 정부를 보장하는 길이라는 것이다. 자유로운 개인은 나쁜 정부가 저지르는 모든 약탈적 행위를 폭로할 것이며 그런 정권을 투표로 축출할 것이다. 유권자들은 법원, 판사 및 경찰을 좀 더 공정하게 만드는 방법을 강구하는 정치가들에게 더 오랜 임기를 보장할 것이다. 정당들은 마치 기업들이 소비자를 만족시키기 위해 경쟁하듯이 유권자들을 만족시키기 위해 경합할 것이다. 물론 이러한 이상에 부합되게 운영되는 진정한 민주주의는 실제로 없지만, 그렇게 발전하도록 어느

정도 근접한 민주주의는 존재한다.[15]

좋은 제도가 실시되어 있다고 가정한다면, 사적으로 소비되는 민간재, 즉 자신들의 개별 소비자에게만 영향을 미칠 뿐 다른 사람들에게는 영향을 미치지 않는 상품들을 위한 시장은 잘 작동된다. 그러면 도로와 물과 같은 공공재는 어떠한가? 민주주의의 또 다른 잠재적 성과는 유권자들이 얼마나 많이 그리고 어떤 종류의 공공재를 필요로 하는지에 대해 그들의 의견을 수렴해 알려준다는 것이다. 유권자가 특정 지역의 도로 부족 상황을 알게 되면 그들은 도로 건설 증대와 도로 관리를 약속하는 정치인들에게 로비를 할 것이고 표를 던질 것이다. 정치적 탐색가들은 유권자의 정치적 지지에 대한 보답으로 이러한 필요에 대해 반응한다. 이는 사적 탐색가들이 소비자의 수요에 부응하는 것과 유사한 방식이다. 만약에 달 분화구만 한 웅덩이가 주요 간선 도로에 있는 것을 정부가 방치한다면, 유권자들은 그 정부를 외면할 것이다. 부국의 대도시에 교통 체증과 같은 작은 문제들이 존재한다는 것은 비록 교통 체계가 완벽하지는 않아도 대규모 도로 운송이 가능할 만큼 충분히 잘 작동하고 있다는 것을 말해준다.

이러한 자료에서 정형화된 사실은 민주주의가 공공 서비스를 원활하게 공급하고 있음을 뒷받침한다. 세계은행의 일부 연구원들은 전세계 정부들의 수많은 다양한 특징을 조사했다. 여기서 가장 적절하게 사용될 수 있는 두 척도는 '시민의 참여와 책임성'(민주주의)과 '정부의 효율성'(정부가 움푹 팬 도로 웅덩이를 보수하는가의 문제)이다. 물론 이 두 가지는 1인당 국민 소득과 함께 증가하기 때문에 상관관계가 크다(1인당 국민 소득의 증대는 아마도 두 척도의 원인과 결과 둘 다에 해당된다.). 그럼에도 불구하고 1인당 국민 소득이 각 결과에 미친 효과를 제한한 이후에도 민주주의는 공공 서비스 수행에서 정부의 효율성과 큰 상관관계를 가지고 있다. 그림 12는 1인당 국민 소득으로 설명되지 않는 민주주의와 정부 효율성의 일부분을 보여준다. 민주주의의 설명되지 않는 부분은 정부 서비스 수행 수준의 설명되지 않는 부분과 큰 관련이 있다.

민주주의는 자유 시장과 유사하게, 지역적이며 전문화된 지식을

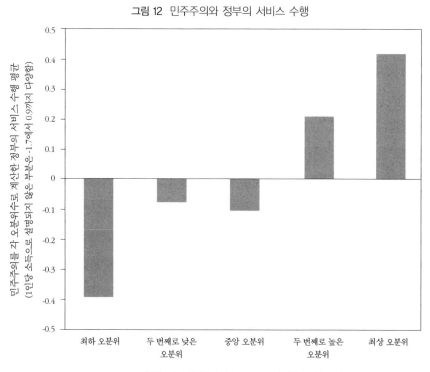

그림 12 민주주의와 정부의 서비스 수행

보상해주는 상향식 체제이다. 민주주의에서는 바퀴가 삐걱거리는 곳에 기름을 친다. 자신의 지역 문제에 대해 문제의 심각성에 따라 가장 큰소리로 불만을 제기하는 사람이 정치가들의 관심을 끌어 배상을 받게 되는 것이다. 민주적으로 선출된 국가 단위의 정치가들은 외부 자선가들보다는 지역 문화, 사회 규범, 환경의 특수성에 좀 더 민감하게 반응하면서 국내 문제에 대한 해결책을 고안해낼 것이다. 하버드대학교의 경제학자인 대니 로드릭Dani Rodrik은 민주주의를 "메타 제도meta-institution"라고 칭했는데, 이것은 한 사회를 운영하기 위해 다른 모든 적합한 제도를 선택하는 데에서 지역적으로 특별한 지식을 사용한다는 의미이다.[16]

민주주의 달성이 간단하지만은 않은 이유

안타까운 사실은 자유 시장의 효과가 빈국에서 빠르게 나타나지 않듯이 민주주의도 빈국에서 즉효약이 되지 못한다는 것이다. 안정적인 민주주의로 가는 길은 효율적인 시장으로 가는 길보다 훨씬 복잡하다. 시장과 마찬가지로 민주주의의 기능은 공정한 규칙의 점진적이고 상향식의 진화·발전에 의존하고 있다. 전 세계에서 치러지는 부정선거의 뼈아픈 역사가 증언하듯이, 당신은 시장의 소비자들에게 사기를 치는 것처럼 선거에서도 사기를 칠 수 있다. 그러면 선거 사기는 어떻게 방지할 수 있을까? 한 가지 사례를 들자면 판사가 공정한 정치적 경합을 중재할 수 있다. 그러나 누가 선거 관련 판사를 임명하느냐라는 문제가 남는다.

사기 문제를 제쳐두더라도, 민주주의는 단순히 선거를 실시하는 것 이상으로 훨씬 복잡한 일련의 제도이다. 민주주의와 관련된 또 한 가지 문제는 다수의 폭정에 관한 것이다. 사회의 다수가 소수를 증오할 경우 다수는 그 소수를 학대할 수 있다. 다수가 소수의 일부 견해를 싫어한다면 그들은 반체제 인사들을 검열하는 데 동의할 것이다. 이는 민주주의의 덕목인 언론의 자유를 제한한다. 이러한 점은 빈국의 민주주의에서 결코 가설적인 이야기만은 아니다. 왜냐하면 빈국의 민주주의는 민족 및 계층에 따라 종종 분극화되고, 승자가 종종 패자를 학대하기 때문이다.

이것이 바로 민주주의의 완전한 정의定義가 다수결 원칙뿐 아니라 개인의 권리와 반체제 인사들의 자유를 보호해주는 것까지 포괄하는 이유이다. 이러한 것들이 보장되지 않으면 민주주의가 왜 잘 작동되지 않는지를 알기 위해 민주주의의 역설을 한번 생각해보자. 이 역설은 국민 다수가 민주주의를 폐지하는 데 동의할 것이라는 것이다.

민주주의의 역설이 나타날 수 있는 한 가지 방식을 알아보기 위해서 국민 다수가 자신들이 선호하는 정책을 항구적으로 지지 받길 원한다고 가정해보자. 그들은 향후 선거에서 소수의 투표권을 부정하는 데 동의할 수 있다. 예를 들어 2004년 선거에서 근소한 차로 다수당이 된 미국의 공화당 우세 지역red state은 앞으로 미국 정부가 낙태를 하는 게이 부부보다 독실한 기독교도인 총기 소지자들로 구성되기를 원할 수도 있다. 그래서 그들은 민주당 우세 지역blue state 시민들의 투표권을 인정하지 않는 선거법 개정안을 통과시킬 수 있다. 그러면 남아 있는 가장 열렬한 유권자 대다수는 그다지 열성적이지 않은 소수의 선거권을 박탈하는 데 동의할 수 있다. 그래서 이제 유권자는 전체 국민의 25퍼센트를 약간 웃도는 수준으로 낮아지게 된다. 이러한 경향은 텔레비전에 나와 설교하는 복음주의자(미국에서 보수주의적 개신교도를 지칭하는 말 — 옮긴이)들만 투표할 때까지 무한정 지속될 수 있다.

다행히도 미국 헌법과 수정헌법은 모든 시민에게 투표 및 언론의 자유와 같은 기본권을 보장한다. 그리고 보통 정직한 대법원 판사들이 헌법을 집행한다. 또한 민주당 우세 지역의 권리가 침해될 경우 이에 항의하는 사회 규범은 강력하다. 미국의 민주주의는 이상향utopia이 아니다. 단지 미국의 민주주의는 국민 다수를 위해 훌륭한 경제 성과를 모색하는 데에서 상당히 잘 작동되어온 체제일 뿐이다. 사회 규범은 민주주의를 건설하는 데 가장 어려운 부분일 것이다. 그러나 많은 빈국들은 그러한 사회 규범에서 동떨어져 있다. 많은 빈국에서 선거의 주요 구성 요소는 반대 세력을 괴롭히고 협박하여 투표하지 못하게 하는 것이다.

소수자의 권리는 민족적으로 좀 더 이질적인 사회에서 훨씬 더 중요하다. 하버드대학교의 필립 아기온Philippe Aghion, 알베르토 알레시나Alberto Alesina, 프란체스코 트레비Francesco Trebbi가 최근에 지적한 바와 같이, 안타깝게도 민족적 이질성은 소수자를 보호하는 민주주의의 확립을 어렵게 하는 것으로 보인다. (오늘날 이라크의 수니파가 보여주고 있는 것처럼) 규범을 제정하는 사람들은 다수 민족에 속한 사람들일 것이고, 그들은 소수 집단에 자신들의 권력 일부를 이양하는 규범을 법적으로 제도화하려 하지 않을 것이다. 아기온, 알레시나, 트레비는 민족적 이질성이 더 높은 곳에서는 다수파의 행정권(과 민주주의 일반)에 대한 견제가 통계적으로 가능하지 않다는 것을 발견했다.[17] 사실 정체 IV의 민주주의 지수에서 일반적으로 규명하는 바와 같이, 최근 연구 결과에서 민주주의는 모든 소수자들의 권리를 가장 극단적으로 침해할 가능성을 감소시키지 않는다. 즉 국가가 정치적 또는 민족적 희생자들을 대량 살상(심지어 제노사이드(genocide: 특정한 인종·민족·종교 집단에 대한 계획적이고 조직적인 학살 — 옮긴이))을 후원하기도 했다.[18] 민주주의가 좀 더 완전하게 정의되기 위해서는 소수자 보호를 포괄해야 할 것이다.

재산권과 민주주의

국민 다수가 소수의 소득을 재분배하기로 결정했을 경우 또 다른 형태의 개인 권리 침해가 발생할 수 있다. 만약 국민 다수가 가난하고 소수가 부유하다면 이는 정치적으로 호소력이 있는 것으로 입증될 수 있다. 오랫동안 민주주의는 이러한 이유 때문에 사유 재산에 대한 위협으로 간주되어왔다. 제임스 매디슨James Madison과 알렉산더 해밀턴Alexander Hamilton은 미국 헌법에 대한 글에서 이에 대해 심각한 우려를 보이면서, 대중적 다수에 대항하는 견제 장치 —— 상원이나 대법원 등 —— 의 구축을 추구했다. 미국 수정헌법 제5조(자기 부죄 진술(형사상 자신에게 불리한, 즉 유죄 선고를 받을 수도 있는 진술 — 옮긴이))을 거부할 수 있는 수정 조항)를 통해 어느 누구도 "합법적인 절차 없이 재산을 박탈당하지 못하며, 사유 재산은 응분의 보상 없이 공적인 용도로 취득될 수 없다."고 명백히 규정했다. 그러나 대중적인 다수는 향후 발전 전망을 저해하면서까지 부자들에게 높은 과세를 부여하는 안에 찬성투표를 던질 가능성이 있다.

따라서 과두제oligarchy(부유한 소수에 의한 통치)는 민주주의와 비교해볼 때 (정의의 수준이 형편없을지라도) 적어도 잠깐 동안은 상당한 경제 성장이 이루어질 수 있다. MIT대학교의 경제학자 대런 애서모글루Daron Acemoglu는 최근 발표한 논문에서 경제 성장을 위한 과두제와 민주주의 사이의 상충 관계(tradeoff: 두 종류의 가치나 재화 사이에서 어느 하나를 많이 가지려면 다른 하나를 줄여야 하는 관계 — 옮긴이)에 대해 이야기하였다.[19] 과두제는 재산권에 대한 민주적 위협을 제거할 수 있는 이점을 가지고 있다. 이는 엘리트 집단이 자신들이 잘하는 분야에 투자하고, 여기서 돌아오는 수익을 얻을 수 있도록 보장해줌으로써 잠시 동안은 경제 성장률을 높이 끌어올릴 수 있다. 그러나 탐색가들에게 과두제는 좋은 체제가 아니다. 엘리트 집단은 현직에 있는 부자들만 보호할 뿐이며 새로 진입하는 사람들에 대해서는 장벽을 구축한다. 애서모글루는 역동적인 세계 경제에서 구부문이 쇠퇴하고 신부문이 등장함에 따라 특정 경제 활동에 대한 이익이 늘 변화한다고 지적한다. 모든 사람에게 동등한 권리를 부여하는 민주주의는 탐색가들에게 새로운 기회를 더 잘 제공할 것이다. 따라서 우리는 탐색가들로 하여금 신생 부문이 부상하도록 할 필요가 있다.

상황을 구체화하기 위해 애서모글루는 18세기와 19세기의 카리브 해 국가들과 뉴잉글랜드(미국 북동부 코네티컷, 매사추세츠, 로드아일랜드, 버몬트, 뉴햄프셔, 메인의 6개 주의 총칭. ― 옮긴이)의 사례를 들었다. 18세기 초 카리브 해 국가들은 아프리카 노예가 노동하고 유럽 정착민이 소유한 설탕 플랜테이션이 수익을 내는 덕분에 훨씬 더 부유했다. 카리브 해의 백인 과두제는 그들의 인적 재산 및 부동산에 대해 가혹할 정도로 엄격하게 재산권을 보장하면서 수익성이 높은 설탕 경제에 투자를 많이 했다. 뉴잉글랜드 인들은 좀 더 민주주의적이었지만 가족 밀 농장, 낚시, 해운업에서 근소한 소득밖에 얻지 못했다. 그럼에도 불구하고 뉴잉글랜드는 산업 혁명으로부터 신기술의 혜택을 보았고 이와 함께 출신이 그리 좋지 못한 가문에서도 새로운 사업가들이 등장할 수 있는 기회가 있었다. 카리브 해의 과두제 독재자들은 19세기의 설탕 산업이 사양길로 접어들었음에도 불구하고 설탕 산업만을 고집하였다. 그 결과 19세기 말에는 카리브 해보다 뉴잉글랜드가 훨씬 더 윤택하게 되었다.

과두제, 민주주의, 혁명

애서모글루와 하버드대학교의 정치학자 제임스 A. 로빈슨James A. Robinson은 『독재와 민주주의의 경제학적 기원Economic Origins of Dictatorship and Democracy』이라는 흥미로운 신간에서 과두제의 역할에 대해 논의하고 있다. 이 두 사람은 민주주의가 부유한 소수와 빈곤한 다수 사이의 전략적인 대결에서 등장한 것이라고 본다.[20] 부자들은 재분배의 위협 때문에 민주주의가 없는 상태를 선호한다. 그러나 엘리트 집단에 대한 더 큰 위협은 빈민에 의한 총체적 혁명total revolution인데, 이는 그러한 혁명이 엘리트 집단을 완전히 무너뜨릴 수 있기 때문이다. 빈민들은 부자들에게서 민주적 양보democratic concession를 얻어내기 위해 혁명을 일으키겠다고 위협할 수 있다. 전쟁이나 주요 경제 위기와 같이 혁명을 일으킬 수 있는 기회는 대개 일시적일 뿐이다. (애서모글루와 로빈슨은 전통적인 엘리트를 염두에 두었겠지만, 부유한 소수는 국가 세입을 다 먹어 치워버린 최근에 만들어진 정치적 내부 집단일 수도 있다.)

왜 부자들은 민주주의에 동의하는 대신 빈민에 대해 어느 정도의 재분배를 약속함으로써 단지 일시적인 위기를 완화시키지 않는가? 또는 왜 부자들은 무력으로 빈민들을 억압하지 않는가? 이에 대해 애서모글루와 로빈슨은 빈민들이 어리석지 않기 때문에 첫 번째 선택이 가능하지 않다는 것을 보여준다. 즉, 빈민들은 혁명적 위기가 지나가면 독재 엘리트 집단이 재분배 정책을 뒤집을 수 있다는 것을 안다. 민주주의를 향한 지속적인 제도적 변화만이 빈민들로 하여금 자신들이 계속해서 책임성을 가지고 정치에 참여할 수 있을 것이며 재분배로부터 지속적인 혜택을 보게 될 것이라는 점을 확신시켜준다.

억압은 가난하고 무질서한 국민에게는 효과적일 수 있으나, 국민 다수가 더 많은 교육을 받고 정치적으로 활동적인 탐색가들이 더 많이 생기면 더 큰 대가를 치를 것이며 (또한 성공할 가능성도 낮을) 것이다(이 점을 종종 대중 교육을 봉쇄하는 과두제가 놓칠 리 없다.). 이러한 상황하에서 엘리트 집단은 민주주의로의 이행에 동의한다. 애서모글루와 로빈슨은 19세기 영국의 보편적 참정권을 위한 점진적 변화의 움직임을 한 예로 들고 있다. 1831년, 얼 그레이Earl Grey 수상은 자신의 세계적인 차茶 브랜드를 진출시키기 전에 이렇게 말했다. "연례적 의회 개회, 보편적 참정권, 투표에 대해 이제까지 나보다 더 반대하려는 사람은 없었다. 나의 목표는 그러한 희망과 프로젝트를 지지하자는 것이 아니라 이를 종식시키자는 것이다. …… 나의 개혁 원칙은, 전복시키기 위한 개혁이 아니라 보존하기 위한 개혁을 추진하면서 …… 불가피한 혁명을 예방하는 것이다."[21]

영국과 미국의 부자들은 민주주의에 대해 더 쉽게 굴복했는데, 이는 새로운 민주적 체계가 다수의 재분배 권력에 대한 일부 견제 장치를 가지고 있기 때문이다. 양원제는 다수의 지배에 영향을 덜 받는 상원을 두고 있다. (부자들에게 얼마나 많이 과세할 것인가에 대해 국민 투표를 실시하는 것과는 반대로) 승자 독식의 의원 선거 체제는 급진적 재분배주의자들이 좀 더 많이 선출되는 것을 막았다.

부자들 또한 자신들의 돈을 재분배에 반대하기 위한 로비에 사용할 수 있다는 데 안심한다. 민주주의하에서는 부자들을 위해서 적당한 정도의 보호만 필요할 뿐이다. 그 보호의 정도가 너무 작으면 부자 엘리트 집단은 민주주의를 용인하지 않을 것이고, 너무 크면 빈민들이 결국 혁명에 참여하게 될 것이다. 좀 더 최근 사례로는 칠레의 군사 과두제가 1973년에서 1990년까지의 잔인했던 집권기에 자신들이 도입한 자유 시장과 사유 재산을 보호할 수 있도록 군부에 계속 충분한 잔여 권력을 부여하는 조건으로 1990년에 민주주의를 인정한 경우를 들 수 있다.

천연자원 생산국이나 아주 불평등한 사회(우리가 논의한 바와 같이 이 두 범주는 중첩되는 부분이 많다.)에서는 일이 그리 술술 풀리지는 않을 것이다. 이러한 사회에서 부자들의 자산은 토지나 천연자원에 있는데, 이것들은 기계나 인간의 기술보다는 과세하기가 훨씬 쉽다. 그래서 부자들은 세금을 결정하는 민주적 다수에게서 입는 손실이 훨씬 크다. 불평등이 더 심화될수록 빈민들은 더 높은 세율을 선택할 것이다. (그들은 빈부 격차가 클 경우 재분배로부터 더 많은 것을 얻을 수 있고, 세율이 소득 증가에 지장을 줄 경우에도 향후 손실될 소득이 더 적다.) 가난한 농부들 역시 부유한 산업 노동자들보다 힘으로 억압하기가 훨씬 쉽다. 그래서 19세기와 20세기 대부분의 시기 동안 라틴아메리카에서 보여주었듯이, 영속적인 과두제는 좀 더 평등한 산업 사회에서보다 불평등한 농업 또는 광업 사회에서 발생할 가능성이 더 높다. 교차 국가 연구cross-country study는 소득의 많은 부분이 중산층에게 가는 사회에서 민주주의를 더 많이 발견할 수 있다는 것을 밝혀냈다. 심지어 중산층 규모에 대한 민주주의의 가능한 역인과관계를 설명할 때조차 그렇다고 한다(그림 13 참조).[22]

서로 다른 국가에서 중산층 규모가 결정적으로 다른 이유는 무엇인가? 많은 저자들은 천연자원의 혜택을 지적해왔다. 경제사학자인 스탠리 엥거먼Stanley Engerman과 케네스 소콜로프Kenneth Sokoloff는 라틴아메리카와 카리브 해 국가의 높은 불평등의 원인으로 설탕 플랜테이션과 은 광산의 역할에 주목했다(이는 이미 서술했던 카리브 해 국가의 경제 침체에 대한 또 다른 시각을 제공한다.). 플랜테이션과 광산은 대규모로 경영되었지만, 소수에게 장악되었다. 또 농장주들은 설탕 플

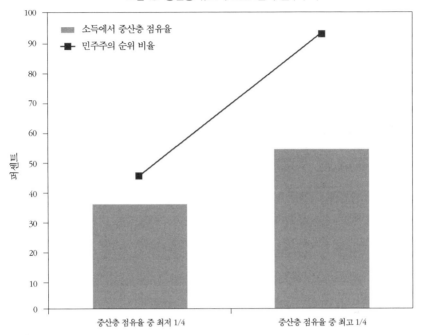

그림 13 중산층 규모와 2004년의 민주주의

소득에서 중산층 점유율
민주주의 순위 비율

퍼센트

중산층 점유율 중 최저 1/4   중산층 점유율 중 최고 1/4

랜테이션의 노동력을 충당하기 위해 노예제 —— 극단적인 불평등 사례
—— 에 의존했다. 한편 북아메리카에서는 설탕을 재배할 수 없었다.
대신 밀이 재배 작물로 선택되었다. 밀은 소규모로 재배될 수 있었고,
미국과 캐나다의 중산층은 가족 경영 농업인family farmer으로 구성되
어 있었다. 그러나 열대산 물자와 광물에 대한 극심한 의존은 역시 세
계 다른 지역의 불평등과 연관되었다.

불평등한 사회에서 빈민에 대한 부자들의 광포한 억압은 억압의
희생자들 사이에서 불만을 낳는다. 폭력은 더 큰 폭력을 낳기에, (이
전에 설명한 기분 좋은 민주적 타협과는 반대로) 폭력 혁명이 발생할 가능

성이 더 커진다. 더 나아가 우리는 20세기 초 라틴아메리카의 멕시코, (적어도 미완의 혁명인) 볼리비아, 쿠바, 니카라과에서의 혁명 같은 성공적인 폭력 혁명을 보았다. 또한 엘살바도르, 과테말라, 콜롬비아에서도 혁명 시도가 있었다. 대규모의 성공적인 공산주의 혁명은 마르크스가 예견했던 대로 산업 사회에서 발생하지 않고 가난한 농업 사회 —— 1917년의 러시아와 1949년의 중국 —— 에서 발생했다. 불평등한 농업 사회에서 민주주의는 잘 지속되지 않는 경향이 있는데, 이런 사회는 재분배를 시도하는 민중 선동가populist demagogues들과 군사 쿠데타로 역공하는 부유층 사이를 왔다 갔다 하고 있기 때문이다. 민주주의는 (비록 농업이 차지하는 몫이 소득의 대용물일 뿐이라 하더라도) 교차 국가 자료에서 중산층의 크기(이는 민주주의의 중요한 통계적 예측 지표로 남아 있다.)를 대조했을 때, 경제에서 농업이 차지하는 몫과 부정적으로 연관되어 있는 것이 사실이다.

천연자원 과두제는 특히 민주주의를 적대시한다. 석유는 민주주의를 침해하거나 방해하는 것으로 악명 높다. 석유 세입은 재분배가 매우 쉽기 때문에, 독재 정권이 통제하는 석유에서 이익을 얻은 부유하고 인맥이 탄탄한 내부자들은 민주주의를 통해 많은 손실을 입는다. 이는 민주주의가 틀림없이 재분배를 초래할 수 있기 때문이다. 더 나아가 우리는 석유 부국인 중동에서 아프리카까지, 민주주의를 저지하는 데 필사적인 산유국들을 보게 된다. 뉴욕대학교 정치학 교수인 레너드 원체콘은 다른 사람들이 세계적 유형을 수집한 것과 마찬가지로, 아프리카의 독재 정치와 풍부한 자원의 연관성을 체계적으로 정리했다.[23] 원체콘은 베냉, 마다가스카르, 말리와 같은 자원 빈국에서 신생 민주주의가 주로 성공한 반면, 알제리, 카메룬, 가봉, 리비아와 같은 산유 부국에서는 여전히 독재자를 정치 지도자로 두고 있음을 보여준다. 세계은행 연구원 세 명이 계측한 전 세계 산유국들의 민주주의 평균 점수는 2004년에 최저 점수대 4분의 1에 속했다.[24] (안타까운 점은, 우리가 이후에 알게 되겠지만, 대외 원조는 민주화 인센티브에 대한 부정적 파급 효과 면에서 석유 세입처럼 될 수 있다는 점이다.)

민주주의에 대한 석유의 부정적 영향은 '자원의 저주'의 주요 메커니즘의 한 가지일 것이다. 이 자원의 저주 이론에서 자연 자원은 바람에 떨어진 과실과 같이 국민 소득을 직접적으로 증대시킴에도 불구하고 향후 경제 성장에는 부정적인 효과를 가진다.

소수 유럽 인 국가[25]

애서모글루의 예측을 확인시키는 과두제에 대한 한 가지 중요한 역사적인 실험이 있다. 이는 서구와 비서구 간 상호 작용을 통해 발생한 불미스러운 단면과 간접적으로 관련되어 있다. 유럽 인들은 아메리카 대륙 전체와 아프리카 몇몇 지역에서 가난한 원주민들 속에 상대적으로 부유한 소수 집단으로 정착해 살고 있다. 소수 유럽 인들이 정착한 곳은 라틴아메리카 대부분 지역과 카리브 해 지역, 알제리, 앙골라, 케냐, 로디지아, 남아프리카공화국이다. 이 지역의 부유한 유럽 인은 정치권력에 대한 독점권과 토지 및 교육에 대한 특권을 자신들에게 부여하였다(그러나 라틴아메리카보다 아프리카가 훨씬 더 심하였는데,

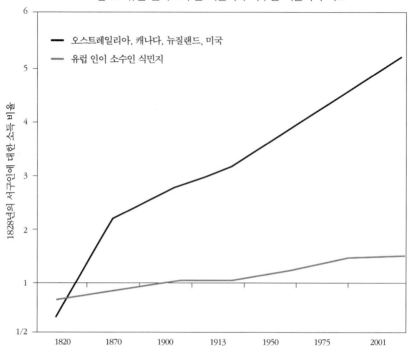

그림 14 유럽 인이 소수인 식민지와 다수인 식민지의 비교

그 이유는 라틴아메리카의 인종적 구분이 그다지 뚜렷하지 않기 때문이다.).
따라서 이 지역의 백인들은 '과두제'의 정의定義와 예상되는 행동에
거의 완벽하게 들어맞는다. 비록 백인 소수 민족 사회가 오늘날 빈국
의 작은 부분에 불과하지만, 그들은 훨씬 더 폭넓게 확산되어 있는 과
두제의 일반적 문제를 설명해준다.

그림 14는 소수 유럽 정착민들이 1820년의 오스트레일리아, 캐
나다, 뉴질랜드, 미국의 평균보다 더 부유했다는 것을 보여준다. 이
네 국가는 인구 구성상 유럽 인이 다수 거주한 민주 국가였다. 그러나

이러한 민주 국가들은 그 후 2세기 동안 과두제 경제보다 더 좋은 성과를 거두었다. 애서모글루가 예측했듯이 과두제는 잠깐 동안은 좋은 성적을 낼 수는 있지만 결국은 침체하는 경향이 있다. 이 장의 첫머리에 소개된 볼리비아의 사례는 과두제와 경제 침체의 패턴에 잘 들어맞는다.

비자유민주주의

파리드 자카리아Fareed Zakaria는 2003년 출간한 『자유의 미래Future of Freedom』에서 "비자유민주주의illiberal democracy"를 언급해 많은 주목을 받았다. 왜 민주주의는 자유선거를 시행했음에도 불구하고 무서운 정부를 양산하는가?

특히 교육받지 못한 유권자들과 관련해, 민주주의와 경제 발전의 커다란 문제는 정치인들이 선거에서 이기기 위해 증오, 공포, 민족주의, 인종주의라는 유권자들의 직관에 호소할 수 있다는 것이다. 하버드대학교의 에드워드 글레이저Edward Glaeser는 증오심이 다른 상관없는 정치적 목표를 달성하는 데 도움이 된다면 정치인들은 증오심을 조장할 것이라는 점을 간파했다.[26] 빈민에 대한 재분배를 회피하길 원하는 한 정치인은 민족적으로 식별이 가능한 빈곤한 소수에 대해 민족적 증오심을 설파하려 들 것이다. 예를 들면 미국 남부 지방의 부유한 백인 지도층 인사들은 가난한 백인들을 설득하여 가난한 흑인들을 증오하도록 함으로써 19세기 후반에 포퓰리즘의 기세를 꺾을 수 있었다. (이는 과두제가 민주주의에서도 권력을 유지할 수 있는 한 방편이다.) 안타깝게도 정치적 기업가들은 공공 서비스에 대한 다수의 필요뿐만 아니라 (또는 다수의 필요 대신에) 다수의 증오심에도 영합할 수 있다.

앞서 논의된 소수자 권리의 보호 장치가 부재할 경우, 민주주의에서 다수 민족 집단은 소수 민족 집단을 착취할 수 있다. 오늘날 민족적으로 분리된 수많은 국가에서 정치인들은 종종 '그들'에게서 '우리'에게로 소득 재분배를 추구하는 연합을 구축하기 위해 민족적 적개심을 이용한다. 아프리카의 민족 집단 간 끊임없는 분배 다툼은 아프리카의 민주주의를 악화시켰으며 장기적 발전을 어렵게 만들었다. 설령 정치적 지지가 그렇게 표면적으로 드러나 있지는 않더라도, 유권자들은 단순히 자신들의 이익을 위해 다른 민족 집단 출신의 지도자를 신뢰하지 않을 것이다. 서로 다른 민족 집단들은 공공 서비스에서 이해관계가 상충될 수도 있다. 'A' 집단이 자신들의 지역에 도로 개통을 원하는데, 'B' 집단도 자신들의 지역에 도로가 생기길 원한다고 하자. 민족 집단 간의 분리가 심할수록 'B' 집단의 유권자들이 'A' 집단의 지역 도로를 사용하려고 하거나 신경 쓸 가능성은 줄어들 것이다. 이는 전반적으로 유권자들이 낮은 수준의 공공 서비스를 선택하도록 만들 것이다. 연구자들은 민족적 분리와 부실한 학교 교육 및 인프라 사이의 관계 그리고 민족적 분리와 공공 서비스에 대한 지출 저조 현상의 관계를 입증했다.[27]

민족 간 적개심은 민주 정치가 이뤄지지 않을 때에도 생기게 된다. 예를 들어 아랍 지도자들은 이스라엘에 대한 끊임없는 적개심을 가르친다. 왜냐하면 적개심이 강한 군대를 정당화시키기 때문이다.

강력한 군대의 존재는 정치적 반체제 인사들을 억압하고 독재 정권의 권력 유지를 용이하게 한다. 파키스탄 지도자들은 인도에 대한 적개심을 가르쳐왔고 그와 동일한 이유로 카슈미르 분쟁이 지속되도록 했다. 민족주의는 빈국에서 더 많은 인기를 누리고 있는 정치 강령이다. 하지만 빈국의 대중들은 민족 간 전쟁을 치르게 되면 그나마 축적한 적은 부마저 잃게 될 위기에 빠지게 된다. 이는 많은 민족주의자들의 불만이 사실이 아니라고 말하는 것은 아니다. 단지 민족주의 지도자들은 미래 경제 발전을 희생시키면서까지 그러한 불만 사항들을 추구하는 것으로 보인다는 것이다.

민주주의의 이상적인 비전과 관련된 또 다른 문제는 부패이다. 경쟁 선거는 부패를 방지해주는 확실한 보증이 되지 못한다. 정치인들은 좋은 정부를 통해 유권자들의 표를 획득하는 대신에 유권자들의 표를 매수할 수 있다. 정치인들은 자신들을 지지해주는 사람들에게 보답하기 위해 국고를 훔칠 수 있다. 정당들이 자신들의 민족 집단을 위한 자원 확보를 위해 경쟁할 때 부패한 정치는 민족 정치와 결합하게 된다. 정치인들은 자신들의 작은 과오를 폭로할 수 있는 기자들이나 반체제 인사들을 매수할 수 있다. 심지어 민주적으로 선출된 정치인들이 향후 선거에서 반대 세력을 위협하기 위해 군대와 경찰로부터 지지를 구할 수도 있다. 모든 정당은 부패할 뿐 아니라, 단지 선거를 이기기 위해 잘 조직된 도구일 뿐일 수도 있다. 예를 들면 1990년대 파키스탄의 민주주의는 둘 다 모두 부패했던 베나지르 부토Benazir Bhutto와 나와즈 샤리프Nawaz Sharif가 이끄는 두 라이벌 정치 조직이 선도했다. 파루크 레가리Farooq Legari 파키스탄 대통령은 부토 총리가 이끄는 정부가 정치적 반대파들에 대한 살해 혐의에 연루되어 있다고 비난했다. (부토는 자신에 대한 혐의를 부인한다(부토는 이 책이 출간된 뒤인 2007년에 암살되었다. — 옮긴이)).) 부패한 민주주의를 전복시키기 위해서는 종종 언론 및 출판의 자유가 요구되며, 이는 또한 부패한 정치인들이 매수할 수 없는 수많은 독립적 권력의 원천을 필요로 한다.

여러분은 자유선거가 실현될 것인가, 그리고 자유선거가 시행되면 잘 운영될 것인가의 문제에 대해 이리저리 왔다 갔다 하면서 지쳤는가? 나는 여러분이 지금은 좀 지쳤으면 좋겠다. 그래서 빈국에 대해 지나치게 단순한 민주주의의 청사진을 그리지 않았으면 좋겠다! 나는 무엇이 민주주의를 가능하게 또는 불가능하게 만드는지, 무엇이 민주주의를 잘 작동하게 하는지 또는 잘 작동하지 않게 하는지에 대한 소모적인 설문 조사에는 근처도 가지 않았다. 그러나 이러한 민주주의에 대한 피상적인 밑그림과 취약성은 왜 민주주의가 확립되지 않는지에 대한 여러 가지 이유를 드러내왔다. 엘리트들의 정치적 게임 규칙의 조작, 취약한 사회 규범, 토지 소유를 통해 축적한 부, 천연자원, 심각한 불평등, 부패, 종족적 민족주의 및 증오심 등.

안타깝게도 원조 기관들은 자신들이 나쁜 정부를 좋은 정부로 바꾸려고 시도했을 때, 외부자의 관점에서 이러한 문제들을 어떻게 개선할 것인지에 대해 무지하였다. 우리는 유럽이 비서구를 변화시키려 했던 —— 식민지화, 유럽에 의한 국경 획정, 탈식민화, 군사 개입 등 —— 과거 역사 동안, 서구가 많은 차원에서 종종 좋은 결과를 내기보다는 오히려 상황을 악화시켰음을 이후의 장에서 살펴보게 될 것이다.

문제성 정부

비서구 세계의 많은 국가들이 놓인 환경은 민주주의와 좋은 정부에 우호적이지 않다. 즉 그들은 석유와 같은 자원 생산국이자(이거나), 불평등한 농업 사회이며(이거나), 단순히 불평등할 뿐이고(이거나), 수많은 민족 갈등을 겪고 있다. 그래서 많은 비서구 국가의 정부는 부패하고 비민주적이다. 나쁜 정부의 국가들은 빈국이다.

우리는 민주주의와 국민 소득의 연관성을 살펴볼 수 있다(그림 15 참조). 이 그래프는 대수對數적이며, 그래프에서 한 단위가 증가할 때

그림 15 2002년 다양한 수준의 민주주의에서 1인당 국민 소득 비교

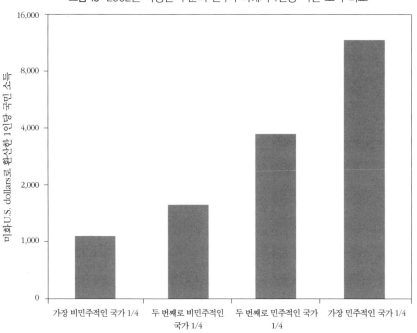

마다 1인당 국민 소득이 2배가 된다. 가장 비민주적 국가에서 가장 민주적인 국가로 갈수록 소득은 10배로 증가한다.

상관관계는 인과 관계가 아니다. 단지 부유한 국민들은 더 많은 정치적 권리를 요구하며 일반적으로 좋은 정부를 요구한다고 볼 수 있다. 민주주의는 좋은 정부의 일부 다른 단면을 대신할 수도 있을 것이다. 그럼에도 불구하고 이 첫 번째 문제를 처리하기 위한 연구 조사는 (주로) 빈곤이 나쁜 정부를 유발한다고 보기보다는 나쁜 정부가 빈곤을 유발하는지 여부를 탐색할 수 있다. 왜냐하면 연구자들은 나쁜 정부의 결정 요소에 대해 조금은 알고 있기 때문이다. 우리는 상품과 천연자원과 같이 이미 언급한 요소들이 야기한 나쁜 정부의 일부 측면을 고찰해보면 나쁜 정부와 빈곤의 상호 연관성을 확인할 수 있다. 만약 연관성이 있다면 이는 나쁜 정부가 빈곤을 유발했다고 볼 수 있다. 또한 우리는 이러한 비경제적 요소들이 빈곤에 직접적인 영향을 끼치는지, 아니면 나쁜 정부만을 통해서 그렇게 되는지를 검증해볼 수 있다. 이러한 방법을 취한 대부분의 연구에서 나쁜 정부는 실제로 빈곤을 유발하며, 비경제적 요소의 영향은 나쁜 정부를 통해서 이뤄지고 빈곤에는 직접적으로 영향을 주지 않는다는 것을 밝혀냈다.[28]

이러한 연구 조사는 민주주의 대對 부패와 같은 나쁜 정부의 어떤 부분이 문제가 되는가를 규명하는 데 그다지 성공적이지 못했다. 좋은 정부의 서로 다른 차원은 한데 묶여 나타나는 경향이 있어서, 무엇이 경제 발전을 유발하는지를 알아내기가 어렵다.

우리는 이미 나쁜 정부가 '빈곤의 덫'에 걸려 있다고 알려진 빈국의 저조한 경제 성장과 관련이 크다는 것을 살펴보았다. 이제 우리는 첫 번째로 나쁜 정부와 그 나라들의 빈곤화가 서로 관련이 크다는 몇 가지 증거를 살펴보겠다.

이러한 공식 자료와 함께 우리는 빈국 정부가 계약 이행과 재산 및 인권의 보호를 감당하지 못했던 수많은 일화를 알고 있다. 태국의 한 빈민가에서는 경찰이 너무나 비효율적으로 업무를 처리해서 부모들이 가택 침입으로부터 가족을 보호하기 위해 아이들을 학교에 보내지 않았다고 했다.[29] 말라위의 음탐바 마을에서 경찰은 범죄 피해자들에게 절도범이나 살인범을 잡아서 경찰서에 데려오라는 달갑지 않은 과제를 주기도 했다.[30] 경찰은 재산권을 보호하는 법을 집행하기는커녕 종종 뇌물을 받기 위해 일부러 재산을 몰수하기도 한다. 인도의 파트나에서 경찰은 알리 아흐마드Ali Ahmad의 차茶 전문점을 빼앗고, 아흐메드를 유치장에 감금시켰다. 아흐마드는 가게를 되찾기 위해 경찰에게 920루피를 뇌물로 주었는데, 이는 아내가 이웃에게 고리高利를 주고 빌려온 것이었다. 파트나에서는 경찰과 범죄자들이 가게 주인들과 채소상들에 대한 공갈, 협박, 강탈을 위해 공조한다.[31]

마찬가지로 카메룬의 식량 작물 상인들은 군인들과 경찰들이 뇌물을 받으려고 도로에 바리케이드를 설치한다고 이야기한다. 상인들은 반드시 뇌물을 헌납하든지 아니면 자신이 가진 물건을 몰수당할 위험을 감수해야 한다. 이는 거래를 용이하게 하는 일종의 강력한 재산권과는 차원이 다른 것이다.[32]

부자들은 종종 빈민들보다 경찰로부터 좋은 대우를 받을 수 있다. 경찰은 부자와 빈민 간의 분쟁에서 어느 경우든 부자들을 지지해줄 수 있다. 우즈베키스탄의 당가라에서 어느 빈민에 따르면 "경찰은 보통 사람들을 적대시하는 부자들의 회초리 역할을 하게 되었다."[33] 고 한다. 방글라데시의 시골 마을 사람들은 인터뷰에서 "빈민들은 경찰서, 관공서, 마을 법원 판사들에게 접근할 수가 없고 부자들이 이러한 기관을 모두 점령했다."고 했다. 문맹이고 가난한 사람들은 재산권을 주장할 때 문서화된 양식과 공식적인 절차를 따르는 데 어려움이 있다.

경찰에 범죄를 신고하는 것은 종종 역효과를 내는데, 이는 경찰 스스로가 빈민들이 소유한 것을 탈취하든지 범죄자와 공모하기 때문이다. 러시아의 오제르니에서는 한 강도 피해자가 범인을 신고하고 경찰에 상황을 진술했다. 그 후 그 피해자는 '자신에게 강도짓을 한 놈과 그 경찰이 함께 술을 마시는 것'[34]을 보고 낙담했다.

나쁜 정부 다루기

서구의 대외 원조 계획가들은 비서구 세계의 나쁜 정부에 대해 어떻게 대처해야 할지 간파하지 못하고 있다. 이 장 도입부에 설명한 바와 같이, 우리 공여국들은 일부 나쁜 정부의 역사적인 뿌리가 깊다는 점을 공식적으로 인정하기를 꺼린다. 개인적으로는 알고 있다고 해도 말이다.

원조 기관들은 다음과 같은 어려운 문제와 씨름하고 있는데, 즉 그들은 부국이 아닌 빈국에 원조를 제공하기를 원한다는 것이다. 부국 정부들은 원조 기관들이 거의 대부분 수원국 정부에 원조를 하도록 하는 결정을 내렸다. 예를 들면, IMF와 세계은행의 헌장 원문을 작성한 국가들 —— 주로 미국과 영국 —— 은 수원국 정부를 통해서만 원조가 운영될 수 있다고 결정했다. 사실상 모든 빈국 정부가 나쁜 정부라면, 원조 기관들은 나쁜 정부를 둔 국가에 원조를 제공하게 되는 셈이다.

또 한 가지 문제는, 동맹국 정부가 아무리 문제가 많다고 하더라도, 대외 원조가 동맹국 정부에 대한 정치적 보상으로 사용되는 것이다. 미국의 중요한 전략적 도구로서 빈국에 대한 미국의 군사 원조는, 그 국가가 IMF와 세계은행의 구조 조정 차관을 받을 수 있을 것인지를 예측하는 데 도움이 될 수는 있다. 그럼에도 불구하고 전략적 지정학은 국가들의 원조 수급에서 작은 차이만을 설명할 뿐이다. 왜냐하면 전략적 중요성을 가지고 있지 않은 많은 나쁜 정부들도 여전히 많은 원조를 받고 있기 때문이다.

그래서 (세계은행의 199개국에 대한 민주주의 평가에 따르면) 세계에서 가장 비민주적인 국가 25개국의 지도자들이 대외 원조로 2002년에만 90억 달러를 수령해 갔다. 이와 유사하게 세계에서 가장 부패한 25개 국가가 대외 원조로 2002년에 94억 달러를 받았다. 2002년 대외 원조를 가장 많이 받은 15개 국가는 각각 10억 달러 이상을 지급받았는데, 2002년에 (민주주의와 부패 순위에서) 그 국가들의 중앙값 순위가 모든 정부의 최하위 4분의 1을 기록하였다. 부국의 부자들로부터 빈국의 빈민들에게로 원조가 지급되는 것이 좋긴 하겠지만, 우리가 목격하고 있는 것은 원조가 세계 최상의 정부에 의해 사용될 수 있는 돈을 세계 최악의 정부가 사용하도록 자금 이동이 이루어지게 한다는 것이다. 이 수십억 달러가 빈민들에게 도달할 수 있는 가능성은 얼마나 될까?

이러한 안타까운 수치에도 불구하고, 공여국들은 현재 수원국 정부를 변혁시키는 데 목표를 두고 있다. 10년 전에 공여국, 세계은행, IMF는 부패나 독재에 대해 별로 논하지 않았다. 그 이후 공여국의 라디오 방송은 '굿 거버넌스'에 대한 수다로 가득했다. 그러나 공여국들은 굿 거버넌스가 가능하도록 하기 위해 무엇을 해야 할지, 또는 누구에게 자신들의 원조금을 주어야 할지 선택 기준을 여전히 파악하지 못하고 있다. 수치가 보여준 것처럼 갱단들이 원조의 많은 부분을 아직도 수령해 가고 있는 것이다.

좀 더 체계적으로는, 하버드대학교의 알베르토 알레시나와 마인츠대학교의 베아트리체 베더Beatrice Weder는 공여국들이 부패 국가에 원조를 덜 제공한다는 증거를 찾지 못했다. 사실 그들이 가진 통계 분석에 따르면 공여국들은 이러한 국가에 더 많은 원조를 제공하고 있다는 것이 밝혀졌다.[35] 그럼 지난 수년간 상황이 변화되었을까? (1인당 국민 소득과 인구와 같은 1인당 원조액의 다른 결정 요소를 대조했을 때) 1996년 개발 도상국이 받은 원조액과 세계은행의 부패 평가 간에는 관련성이 발견되지 않았다. 그로부터 6년이 지난 2002년, 수많은 부패 사례가 밝혀진 이후에도 원조가 지급된 국가와 그 국가의 부패 수준에 대한 관련성은 발견되지 않았다.[36] 이와 유사하게 1996년과 2002년 모두, 1인당 국민 소득과 인구 규모를 대조했을 때, 한 국가에 공여된 원조와 그 국가의 민주주의 간에는 아무 관련성이 발견되지 않았다.

그래서 수원국 관료들이 자국의 빈민들에 대해 우호적이지 않을 때조차도, 공여국 관료들은 자신들의 원조 사업 실행에서 수원국 정부의 관료들과 계속 결탁하였다. 세계은행 경제학자인 디온 필머Deon Filmer와 랜트 프리쳇은 탄자니아 무타사 지역의 정부 보건 센터에서 진행한 설문 조사 결과를 보고했다. 그 조사에서 정부 간호사의 도움을 받은 초보 엄마들은 분만 전후의 가장 좋지 않았던 경험에 대해서 보고하였다. 불쌍한 예비 엄마들은 "(22퍼센트가) 아기 옷을 준비하지 않은 것 때문에 간호사들에게 조롱을 당했고 (13퍼센트는) 간호사들이 분만 중인 산모를 구타하였다."[37]고 말했다.

열대 지방의 좋은 정부

대외 원조가 개혁과 좋은 정부를 지원한 몇 가지 사례가 존재하기는 한다. 한 가지 우리를 기쁘게 하는 사례는 이미 언급한 바 있는 보츠와나의 경우이다. 독립 이전에 보츠와나에서는 세레체 카마Seretse Khama가 가장 중요한 전통 부족령의 계승자였다. 그는 백인 여성과 결혼하여 인접국인 남아프리카공화국 백인들에게 충격을 안겨주었는데, 이 때문에 영국의 식민주의자들은 그가 족장직을 포기할 때까지 그를 보츠와나에서 추방했다. 어쨌든 간에 카마는 1966년 독립과 함께 보츠와나의 지도자로 등극했다.

국토의 대부분이 사막인 보츠와나가 독립할 당시에는 국가의 미래가 그리 밝지 않았다. 보츠와나는 가뭄으로 큰 타격을 받아 대규모 대외 원조를 수락했는데, 특히 이타주의적인 스칸디나비아 국가들의 도움을 많이 받았다. 1960년대와 1970년대에 원조는 보츠와나 세입의 16퍼센트를 차지했다. 1960년대 후반에 대량의 다이아몬드가 발견된 이후 카마 정부는 이미 논의된 바와 같이 앙골라, 나이지리아, 시에라리온, 자이르와 같이 광물 자원 부국을 괴롭혀온 자원의 저주를 피해 가기 위해 애를 썼다. 보츠와나 정부는 경제 성장에 충분한 원조금과 다이아몬드 세입을 지혜롭게 관리하였고, 그 결과 경제가 연간 10퍼센트 성장되었다.

급속한 성장은 카마의 민주적 후임자인 케투밀레 마지레Ketumile Masire 치하에서도 계속되었는데, 마지레는 1980년에 정권을 이양 받고 1998년까지 통치했다. 마지레 정부는 가뭄으로 작물 수확에 엄청난 피해를 입은 1981~1987년에 기근을 방지했다. 또한 농촌 지역에 깨끗한 물과 보건소, 좋은 도로망의 공급을 확대했다. 민주주의적 책임을 증대하기 위해 지역 당국에 정부 기능을 분산했다.[38] 보츠와나 정부는 완벽하지는 않았다. 세계 최악의 에이즈 위기를 막지 못했으니 말이다. 그러나 보츠와나의 사례는 좋은 정부를 갖췄을 때 아프리카에서 얼마나 많은 발전이 가능한지를 시사한다.

공여국들이 깊게 관여하지 않아도 좋은 정부를 이룩한 또 다른 사례들이 있다. MIT대학교의 원조 전문 연구자 주디스 텐들러Judith Tendler는 『열대 지방의 좋은 정부Good Government in the Tropics』라는 훌륭한 저서에서 브라질 북동부의 세아라 주 정부의 성공 사례를 다루었다. 전통적으로 세아라 주는 브라질에서도 가장 부패하고 발전이 더딘 주 중의 하나였는데, 두 명의 개혁주의적 주지사 —— 타수 헤레이

사티Tasso Jereissati와 시루 고메스Ciro Gomes ―― 가 1987년부터 2001년 까지 교대로 주지사를 역임하면서 변화했다. 그들은 국가보건부로 하여금 지역 공동체의 보건 인력을 활용하여 새로운 예방적 보건 프로그램을 시행하도록 했다. 이 프로그램이 시작되고 난 이후 몇 년 지나지 않아 홍역과 소아마비 예방 접종률이 25퍼센트에서 90퍼센트로 증가했다. 세아라의 영아 사망률도 3분의 1로 떨어졌다.[39]

이러한 성공 사례에 대해 주지사 헤레이사티와 고메스에게만 공을 돌리는 것은 지나친 단순화가 될 것이다. 세아라 프로그램의 일부 성공 사례는 그들이 빈민들로부터 구축한 피드백 체계에 있었다. 국가는 새로운 프로그램을 공표했고, 지역 공동체가 새로운 보건 인력과 같은 정부 인력으로부터 더 많은 것을 기대하도록 (그리고 그들을 감독하도록) 이끌었다. 보건 인력들은 그들이 좋은 결과를 얻었을 때 공동체의 지지를 받았다는 사실에 스스로 고무되었다. 세아라 이야기는 좋은 정부가 열대 지방에서도 가능하며 자생적 목적으로도 좋은 정부가 생길 수 있다는 것을 보여준다.

원조가 정부 상태를 더 악화시킬 수 있는가?

우리는 원조가 좋은 정부를 진작시킨다는 견해와 원조가 정부에 전혀 영향을 미치지 않는다는 견해, 그리고 심지어 원조가 나쁜 정부를 발전시킬 수 있다는 견해 중 무엇이 가장 전형적인 것인지를 확인하기 위해 교차 국가 자료를 살펴볼 수 있다. 나는 이미 이 장에서 ―― "자원의 저주"를 살펴본 것 같이 —— 석유 자원이 민주주의와 좋은 정부의 탄생에 어떻게 방해가 되었는지에 대해 언급했다. 좀 더 최근의 연구에서는 "원조의 저주"도 있다는 것이 발견되었다. 아마 석유 자원의 저주와 동일한 이유에서 나온 것일 것이다. 국내 정부로 전달되는 높은 원조 세입은 정치권력의 중심에 있는 정치적 내부자political insider 중 종종 부패한 내부자들에게 그 혜택이 돌아가게 된다. 이들은 원조를 더 공평하게 분배하려는 민주주의 정신을 격렬히 반대하는 사람들이다. 최근의 몇 차례 연구에서 볼 수 있는 체계적인 증거에서는 원조가 사실상 민주주의를 위축시키며 정부에 악영향을 주고 있음을 보여준다. 세계은행의 스티브 낵Steve Knack은 더 많은 원조가 관료들의 수준을 떨어뜨리며 더욱더 무사안일주의와 부패에 젖게 하여 법률 위반 행위로 이끈다는 것을 발견했다. 아마도 죄인들에게 텔레비전에 나와서 설교하는 복음주의자가 매력적이듯이 나쁜 정부에게도 그 정부를 변화시키길 원하는 공여국들이 매력적일 것이다. 당신이 이러한 영향을 제어한다고 하더라도 공여국들은 나쁜 정부의 상태를 더 악화시키게 된다.[40]

이와 유사하게 (세계은행의) 시미온 잔코프, (바르셀로나의 폼페우 파브라대학교의) 호세 몬탈보Jose Montalvo, (세계은행의) 마르타 레이날-케롤Marta Reynal-Querol도 대규모 원조가 1960~1999년의 민주주의에 장애가 되었다는 사실을 발견했다.[41] 그들은 민주주의에 대한 원조의 영향이 민주주의에 대한 석유의 영향보다 더 큰 악영향을 끼쳤다고 밝혔다.

차관에 대한 사회적 행동 프로그램

나쁜 정부는 가장 좋은 의도로 만들어진 원조 프로그램도 고의로 방해할 수 있다. 발전을 위해 정부가 할 수 있는 또 다른 한 가지 중요한 일은 훌륭한 공공 서비스 수행이다. 빈국 정부는 종종 기본적인 보건 서비스와 교육 서비스 제공에 실패하곤 한다. 공여국들이 고쳐보려 했던 악명 높은 사례가 파키스탄인데, 이 나라는 소득 수준이 비슷한 다른 빈국과 비교해도 보건과 교육의 질이 낮다. 파키스탄은 훈련된 의료 인력이 참여하는 분만 비율이 평균보다 36퍼센트가 낮다. 저체중으로 태어나는 신생아 수는 평균보다 11퍼센트가 더 많으며, 국민 1인당 보건비 지출은 42퍼센트가 적고, GDP에서 공공 보건 지출 비율은 1.6퍼센트가 적다. 천 명당 영아 사망률은 27명이 넘으며, 천 명당 어린이 사망률은 19명이 넘는다. 위생 시설 접근성에서는 국민 한 명당 돌아가는 혜택이 평균보다 23퍼센트가 낮다. 소득 수준이 비슷한 다른 국가와 비교해보면 파키스탄의 초등학교에는 재학 중인 취학 연령 아동의 수가 20퍼센트 더 적은 걸 알 수 있다. 이러한 격차는 초등학교에 다니는 취학 연령 여자 어린이의 수가 40퍼센트 더 적다는 사실로도 충분히 설명된다. 파키스탄과 같은 소득 수준에 있는 다른 국가와 비교해볼 때 중등 교육 기관의 재학생 수는 14퍼센트가 떨어지며, 여자 청소년의 경우 그 수치는 20퍼센트로 떨어진다. 파키스탄은 같은 소득 수준의 다른 국가의 평균치보다 문맹이 24퍼센트 더 많으며, 여성의 경우 문맹률이 32퍼센트에 이르고, 남성의 경우 16퍼센트가 문맹이다.

1993년 세계은행은 파키스탄에 '사회적 행동 프로그램Social Action Program, SAP'을 지원함으로써 이러한 사회적 인력 양성의 허점을 보완하려고 했다. 이는 '사회 서비스의 적용 범위와 수준을 개선'하는 데 목표를 두고 있었다. 지구개발센터의 독자적 분석가인 낸시 버드솔Nancy Birdsall 박사는 후에 결론을 내리기를, '몇 가지 미미한 성공 사례를 제외하고는 SAP가 실행되었던 시기에 경제 침체와 함께 매우 적은 개선만을 목격하였으며 심지어 —— 몇몇 경우에는 —— 사회 지표가 하락했다고 밝혔다. 예를 들면, 1990년대의 전체 학생 등록률은 정체되었고, 공립학교 학생의 등록률은 약간 감소했다.[42]

세계은행 직원은 그 프로젝트의 첫 단계인 SAP I을 실패로 간주했다. 이에 따라 세계은행 수뇌부는 두 번째 단계인 SAP II를 승인했다. 이 사업에 깊이 착수하였던 2000년에는 세계은행의 한 관측통이 다음과 같은 사실에 동의했다. "서비스 수행 개선은 실행이 되든 안 되든, 아주 느린 속도로 진행되고 있다고 할 수 있다." 약 10여 년간의 실패 이후 SAP는 2002년 6월에 결국 폐기되었다.

버드솔 박사는 '왜 건전한 아이디어가 사실상 재앙으로 변해버릴까?'라고 질문하였다. 그녀는 '실력에 기초하지 않은 직원 채용, 교사와 의사의 장기 결근, 핵심 직원의 잦은 전근에서 알 수 있듯이, 실행상의 실패가 만연했고 …… 정치인들은 자신들의 일가친척을 배불리기 위해 학교 및 병원의 직원 채용, 공사 계약, 부지 선택의 결정권을 이용했다.'고 말한다. 파키스탄의 한 경제학자는 2003년의 실패에 대해 더 근원적인 이유를 말해준다. "빈민들은 그들을 차별하는 시장, 국가 기관, 권력의 편협한 구조에 맞서게 된다. …… [그들은] 상품과 서비스와 같은 공적 권리를 누릴 수가 없다." 대외 원조는 파키스탄에서 강력한 농업 엘리트 계층과 격심한 민족 분열과 같은 나쁜 정부의 근원을 제대로 다루지 못했다.

나쁜 정부의 매각

흔히들 이해할 수 있는 것처럼, 공여국들은 자신들이 나쁜 정부를 상대하고 있다는 것을 인정하고 싶지 않기 때문에, 원조 기관의 외교적 수사는 예술의 경지에 이르게 된다. 그들에 따르면, 전쟁은 "분쟁 관련 자원 재분배"[43]이다. 살인을 저지른 군벌들을 다루기 위한 원조 노력은 "어려운 협력 관계"[44]로 표현된다. 대통령이 국가 재정을 노략하는 국가는 "통치에 관한 문제governance issues"를 겪고 있는 것이다. 빈약한 실적은 "빈곤 감축 전략 보고서PRSP에서 계획된 대로 신속하고 포괄적인 진전이 이루어지지 않고 있음"[45]으로 묘사된다. 원조 기관이 개발을 위해도 정부 관료가 도둑질을 시도하려 한다면 '조정될 필요가 있는 …… 우선순위와 접근 방법에는 차이'가 발생한다. 채무 구제 지원금이 빈민들에게 도달하기도 전에 사라진다면, "과다 채무 빈국Heavily Indebted Poor Country, HIPC 이니셔티브의 혜택을 최대화하기 위해 지출 관리 및 규제 프로그램Expenditure Management and Control Program에 대한 지속적인 진행이 필요할 것"[46]이라고 한다.

외교술에 능한 공여국들은 상황이 나빠도 점점 좋아지고 있다고 주장하며 심각한 상황에 있는 수원국 정부를 긍정적으로 평가하기도 한다. 원조 관련 서류에서 '발전하고 있는developing', '떠오르는 emerging', '개선되는improving' 등과 같은 진보를 가리키는 동명사는 어디서나 발견된다. 이러한 언어들은 좋지 못한 결과에 대해 책임을 져야 할 정부의 성적표에도 영향을 준다. 최근의 원조 기관들은 (1982년부터 집권하고 있는) 카메룬의 부패한 독재자인 폴 비야Paul Biya가 만들어낸 새 천년 개발 목표를 달성하기 위한 '협력적 환경supportive environment'에 대해 평가했다.[47] 원조 기관들이 작성한 평가 항목은 '강력함', '공정함', '취약함'으로 되어 있다. 그들은 이 평가에서 "취약하지만 개선되고 있음"을 선택했다.

"취약하지만 개선되고 있음"이라는 말은 아프리카의 원조 기관들 사이에 꽤 인기 있는 말이다. 세계은행은 지난 20여 년간 아프리카의 발전상에 대한 보고서를 계속 발행했다. "국내 정치의 부적합성과 …… 무역 및 환율 정책이 산업을 과보호했고 농업을 방해했다."(세계은행, 1981) "아프리카 프로그램의 중요한 변화가 있지 않는 한 …… 외부 원조는 소득 수준을 증대시킬 수 없다."(세계은행, 1984) "취약한 공공 부문 경영은 공기업 손실, 빈곤한 투자 선택, 비싸기만 하고 신뢰할 수 없는 인프라, 가격 왜곡이라는 결과를 낳았다."(세계은행, 1989) "대부분의 아프리카 국가는 여전히 건전한 정책을 결여하고 있다."(세계은행, 1994) "수십 년간의 조정 기간 동안 많은 국가에서 공공 기관 품격의 실질적 악화와 공무원의 도덕적 타락, 서비스 수행 효율성의 하락이 발생했다."(세계은행, 2000) 아프리카는 "세계 제일의 개발 과제로 남아 있다. 많은 국가들은 국가 기관의 취약성과 내전으로 계속 몸살을 앓고 있다.……"(세계은행, 2004)[48]

당시 공여국들은 이따금씩 호전되려는 초기의 상태를 감지하면서, 더 좋은 미래를 위한 변화라는 끊임없는 약속으로 이러한 아프리카의 재앙과도 같은 상황에 응수했다. "많은 아프리카 정부는 자국 경제의 …… 효율성을 개선시켜야 할 …… 필요를 더욱 명확하게 인식하고 있다."(세계은행, 1983) "아프리카 지도자들은 자국의 개발 전략을 수정할 필요를 점점 더 절감하고 있다. …… 일부 국가들은 정책 및 조직 개혁을 도입하고 있다."(세계은행, 1984) "발전은 확실히 진행 중이다. 특히 지난 2년간 더 많은 국가들이 행동하기 시작했고, 그들이 이루고 있는 변화는 이전보다 더 깊이 진행되고 있다."(세계은행, 1986) "1980년 이후 아프리카는 정책 및 경제 실적에서 중요한 변화가 있었다."(세계은행, 1989) "아프리카 국가들은 정책 개선과 성장 회복에서 큰 진전을 이뤄냈다."(세계은행, 1994). "1990년대 중반 이후 개선된 경제 관리가 성과를 내기 시작했다."(세계은행, 2000) "아프리카 지도자들은 …… 정책을 개선할 필요를 인식하였고, 이는 '아프리카 개발을 위한 새로운 파트너십New Partnership for African Development, NEPAD'의 창안으로 이어졌다. …… 〔그들은〕 자국민에 대한 굿 거버넌스를 추구할 것을 서약했다."(세계은행, 2002) "지난 해 여러 아프리카 국가에서 주목할 만한 성과가 있었다."(세계은행, 2004)

'취약한 제도weak institutions'와 '주목할 만한 성과remarkable progress' 사이의 모순은 전쟁의 마지막까지 모든 전투에서 승리했다고 자축했던 2차 세계 대전 당시 일본 정부의 프로파간다를 생각하게 한다. 오랫동안 고통 속에 있던 일본 국민들은 황군의 영광스러운 승리가 그 어느 때보다 일본에 더 가까이 다가오고 있음을 주목하는 것에서만 전쟁의 추이를 살필 수 있었다.

국가 및 부문에 따라 다른 정부의 실적

혹자는 아프리카의 나쁜 정부에 대한 인식이 인종주의 때문에 생겨났다고 탓하기도 한다. 이는 자신들의 생명과 안전의 위험을 무릅쓰고 압제적 지도자들에게 저항했던 수많은 용기 있는 아프리카 인들에 대한 모욕이다. 양극단으로 가는 것 —— 아프리카의 나쁜 정부를 그냥 눈감아주거나 아프리카 정부를 항상 악하거나 비효율적이라고 하는 고정관념을 받아들이는 것 —— 은 모두 잘못된 것이다.

위에서 언급한 보츠와나는 아프리카에서도 민주주의를 오랫동안 지속시키고 있는 국가이다. 베냉, 가나, 말리와 같은 국가들은 과거 수십 년간 동안 독재를 경험한 이후 이제야 민주 정부를 세울 수 있게 되었다(그림 16 참조). 케냐와 나이지리아와 같은 다른 국가의 민주주의는 독재 정권 시기보다는 개선되었지만 아직도 혼란스러운 상태에 있다. 민주주의 평가 점수(정체 IV에서 다시 인용)에서 아프리카의 민주주의는 (보츠와나가 달성한 것과 같은) 높은 점수를 받지는 못했지만 1990년대 초반보다 향상되고 있음을 보여준다.

더욱이, 아프리카 정부들이 —— 대외 원조와 더불어 —— 실패했다는 전반적인 기록은 없다. 한 가지 성공한 측면은 1970년부터 2000년까지 성인의 문해율文解率이 급격히 증가한 데에서도 알 수 있듯이 교육이 점차적으로 확대되었다는 것이다. 또 다른 성과는 문해율에서 남성에 대한 여성의 비율이 지난 30년간 꾸준히 증가하여 여학생들도 교육의 혜택을 받게 되었다는 것이다(그림 17 참조). 여성과 남성의 높은 문해율이 아직까지는 소득 수준의 증가로 연결되고 있지는 않지만, 교육은 그 자체로 가치가 있고 다른 많은 분야의 발전에 크게 기여한다. 아프리카의 경제는 여러 왜곡된 측면으로 인해 교육 인력의 부적절한 활용, 교사의 낮은 성취동기, 교과서 부족과 같은 일부 질적인 문제가 남아 있다. 이러한 이유로 인해 교육은 소득 증가로 이어지지 않았던 것으로 보인다.

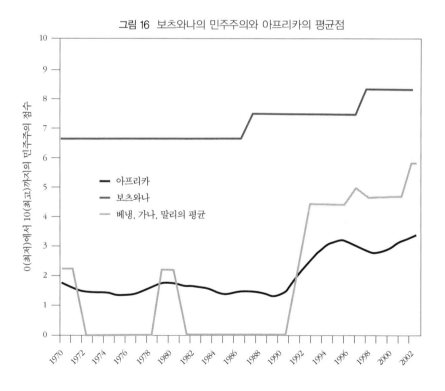

그림 16 보츠와나의 민주주의와 아프리카의 평균점

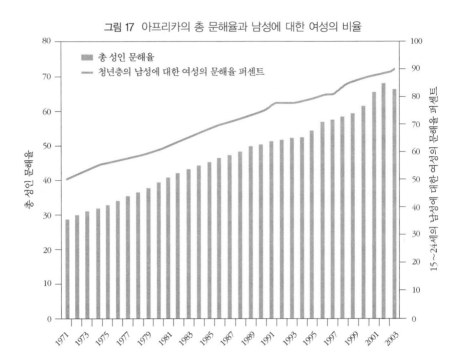

그림 17   아프리카의 총 문해율과 남성에 대한 여성의 비율

■ 총 성인 문해율
— 청년층의 남성에 대한 여성의 문해율 퍼센트

(왼쪽 축) 총 성인 문해율
(오른쪽 축) 15~24세의 남성에 대한 여성의 문해율 퍼센트

그림 18   아프리카의 1인당 전기 생산

(세로축) 아프리카의 1인당 중앙값(킬로와트)

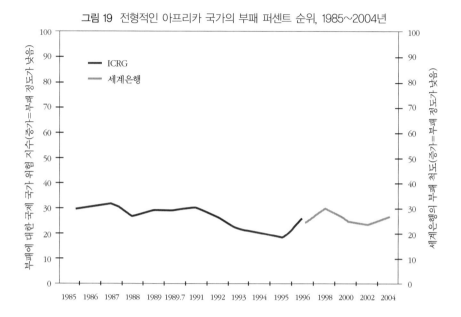

그림 19 전형적인 아프리카 국가의 부패 퍼센트 순위, 1985~2004년

전기 보급도 1990년 이후에 정체되긴 했지만, (국영 기업의 지원을
받아) 1990년까지는 상승세를 탔다. 1인당 전기 생산은 1973년부터
1990년까지 50퍼센트가 증가했다. 즉 잦은 정전과 일부 질적인 문제
가 있긴 하지만 전력량 증가는 어느 정도 발전이 이루어졌음을 의미
한다(그림 18 참조).

반면 노력한 흔적이 잘 드러나지 않는 좀 더 일반적인 분야 ——
부패 문제 —— 에서는 진전의 기미가 전혀 보이지 않고 있다(부패에 대
해 두 가지 다른 척도가 사용된 그림 19 참조). 아프리카의 일부 민주 정부
는 일부 독재 정부와 마찬가지로 부패한 것으로 밝혀졌다. 위대한 앨
프리드 E. 뉴먼Alfred E. Newman은 언젠가 이렇게 말한 적이 있다. "범

죄는 정치만큼이나 …… 무익하다.”

아프리카의 정부 수행 실적은 약간의 진전이 이루어지고 있다. 아프리카에 아무런 진전도 이루어지지 않았던 지역에서 아무런 진전도 이루어지지 않았던 시기 동안에 공여국들이 스스로 아프리카를 발전시켰다고 생색을 내지만 않았어도, 이들은 그로부터 더 많은 것을 배웠을 것이다. 한편 이러한 사례들은 아프리카의 정부들과 공여국들 간의 공조가 가끔씩은 무언가를 성취할 수 있다는 것을 보여주기도 한다. 다시 말해서 교육과 전력 생산과 같은 가시적 성과가 있는 점진적 개입은 부패 억제, 경제 성장 자극과 같이 노력을 측정하기 어려운 일반적인 프로그램보다 더 많은 성과를 낸다는 것을 보여주는 것이다. 공여국들은 가시적이며, 점진적인 개선책에 대해 더 많은 책임을 지게 된다. 심지어 비민주적인 정부라도 이렇게 많은 수요가 있는 가시적인 서비스에 대해서는 더 큰 책임을 지게 될 것이다. 공여국들과 아프리카 정부 사이의 상호 작용은 이러한 면에서 더 기분 좋은 결과를 창출할 수 있게 되는데, 이는 아마도 공여국들이 갖는 더 큰 책임성으로 인해 이들이 아프리카 정부들을 대하는 데 실용적인 방법을 강구하도록 하기 때문이다. 또는 아프리카 정부들이 이러한 분야에서 공여국들과 자국의 공공 분야를 대하는 데 좀 더 책임 있는 자세를 가졌기 때문에 이러한 결과가 나온 것이라고도 볼 수도 있다.

아프리카의 민주주의 확대 추세는 (그림 16에서 볼 수 있듯이) 공여국들이 아프리카의 정부 변화라는 일반적인 목표의 진전에 기여했던 예외적인 경우가 될 것이다. 그럼에도 불구하고 이 장은 이에 반하는 증거로 두 가지 사항을 언급했다. 첫째, 수원자가 누구인지는 민주주의와 관련성이 없었고, 따라서 공여국들이 어떻게 압력을 가했는지 분명하지 않다는 것이다. 둘째, 공식적인 통계 자료로는 원조가 민주주의를 약화시켰지, 강화시키지 않았다는 것이다. 아프리카 인들은 아마도 아프리카의 민주주의가 확대된 것을 어느 정도는 자신들의 공로로 인정할 수 있지 않을까?

국민에게 권력을

세계은행과 IMF는 대외 원조를 지급하는 데에서 갱단을 상대해야 하는 문제를 확실히 인식하고 있다. 그들은 최근에 비정부 기구의 두뇌 집단과 자선 단체(소위 '시민 사회')의 자문을 강조하고, 보통 사람들이 경제 정책 구상에 참여하도록 하면서 그들이 빈곤 감축 전략 보고서PRSP에 영향을 끼칠 수 있도록 하고 있다. 이는 세계은행과 IMF가 정부 밖의 국민들과 이야기할 수 있게 한다는 측면에서 긍정적인 조치이다.

그러나 이것은 좋은 정부를 만들기 위해 구상된 장치임에도 불구하고 정상에 도달하기 위해서는 몇 개의 골짜기를 더 지나야 할 필요가 있다. PRSP는 민주주의의 대체물이 되지는 못한다. 시민 사회가 주변의 모든 사람들과 그들의 사촌들까지 참여시켜 PRSP를 준비한다 하더라도 우리 관료들이 권력을 가진 사람들에게서 그렇지 못한 사람들에게로 권력을 재분배할 수 있을지는 확실치 않다. 예를 들면 2002년 4월에 세계은행과 IMF는 부르키나파소에 2차로 부채를 경감했는데, 이는 부르키나파소가 참여적인 성격을 띤 PRSP를 만족스럽게 완결한 것에 기초하였다.[49] 부르키나파소는 1987년에 집권한 지도자가 현재까지 계속 국정을 운영하고 있는데, 그는 2001년 세계 부패도 조사에서 최하위 5분의 1에 들었던 지도자였고, 앙골라, 라이베리아, 시에라리온에서 오랫동안 잔혹한 만행을 저질러온 반란군 군벌들을 지지했던 사람이다.

원조 기관에게 참여란 빈민들의 의사를 묻는 비정치적인 기술적 과정이다. 1960년대에 대니얼 패트릭 모이니한Daniel Patrick Moynihan은 이와 유사한 참여적인 아이디어에 대해 다음과 같이 말했다. "사회적 관심을 가지고 있는 지식인들은 …… 권력을 가진 자들이 권력을 탈취하도록 놔두는 것이 나중에 권력에 연루되었다는 것이 사실로 밝혀지게 될 경우보다 훨씬 더 쉽다고 여기는 것 같다."[50]

IMF와 세계은행의 PRSP 원본原本에서 참여에 관한 장章은 가난한 '당사자들'의 의견을 묻는 것을 지지한다. PRSP의 원본은 원조가 폭정과 정치적 갈등에 어떻게 대처하는가를 다루고 있지 않다. 즉 '당사자들'이, 예상되는 바와 같이, 독재자에 동의하지 않는다면 IMF와 세계은행은 누구의 말을 들어야 하는가? 당사자들의 의견이 서로 다를 경우 어떻게 할 것인가? IMF와 세계은행은 폭정에 대한 정치적 갈등과 반대를 중재하는 등의 건설적인 일을 하는 위치에 있다고 보기 어렵다.

종종 사회 및 정치는 지역 또는 민족에 따라 분열하고, 대외 원조는 그 사이에서 중립성을 지키기가 힘들다. 예를 들면 스리랑카의 마하웰리 관개 사업 연구가 보여주는 것은 신할리 족Sinhalese 거주 지역에 편중된 원조가 현재까지 계속되고 있는 내전 기간 동안 타밀 족 Tamil과 신할리 족 간의 증오심을 심화시켰다는 것이다.[51] 심지어 인도주의적 원조humanitarian aid가 정치적 갈등을 호전시키기는커녕 악화시킬 수도 있다. 1990년대 초반 소말리아에서는 최악의 시나리오가 현실화되었는데, 식량 원조가 식량을 탈취하기 위해 싸웠던 경쟁 부족의 민병대 간의 폭력을 오히려 증가시킨 것이다. 심지어 군벌들이 더 많은 식량 원조 물자를 확보하기 위해 기아를 촉발했을 수도 있다. 하지만 이것이 전형적인 사례는 아니었다. 가장 빈곤한 국가의 지도자들도 소말리아의 군벌들보다는 상황이 나았기 때문이다(다소 내키지 않는 칭찬이긴 하지만).

역설적으로 공여국들이 '참여'를 실행시키는 방법은 종종 현존하는 민주주의 체계와 갈등을 빚는다. 탄자니아에서 민주적으로 선출된 정부는 의회의 자문을 얻는 과정에서 국가 빈곤 퇴치 전략National Poverty Eradication Strategy을 이미 고안했지만, IMF와 세계은행은 어쨌든 PRSP를 위한 새로운 과정만을 고집했다. "그들이 과다 채무 빈국 구호품을 확보하길 원하는 긴급함 때문에 탄자니아 인들은 초기에 세계은행이 잠정 빈곤 감축 전략 보고서I-PRSP를 작성하는 것을 묵인했다."[52]

IMF와 세계은행은 민주주의가 확립되기 시작할 때에도 이를 크게 존중하는 표시를 보이지 않는다. 예일대학교 정치학 및 문화인류학 교수인 제임스 C. 스콧James C. Scott이 지적한 바와 같이, 계획(그가 '하이 모더니즘(high modernism: 과학적·기술적인 진보에 대한 강한 믿음으로 단순화·표준화·획일화·대규모화 등을 추구하는 경향. — 옮긴이)'이라고 부르는 것)과 민주 정치 사이에는 내재적 모순이 존재한다. 즉 "정치적 이해관계는 전문가들이 분석에 적합한 과학적 도구로 고안한 사회적 해결책을 좌절시킬 뿐이다. 하이 모더니스트들이 개인적으로 인민 주권에 대해 민주주의적인 견해를 견지할 수도 있다. …… 그러나 이러한 신념은 하이 모더니스트의 확신과 무관하거나 종종 충돌한다."[53]

IMF 총재인 미셸 캉드쉬Michel Camdessus는 1990년대에 아이티 의회에서 다음과 같이 말했다. 만일 아이티 의회가 국영 기업의 민영화를 거부한다면 이는 "국제 사회가 아이티에 꼭 필요하다고 보는 [지원책을] 국민들이 거부하는 것을 의미한다. 이는 또한 의회가 그러한 정책과 지원책을 거부하여 큰 대가를 치르게 될 것을 의미한다."[54] 이와 유사하게 2004년에 세계은행이 볼리비아에 대해 설정한 주요 목표 중 하나는 볼리비아 국민들이 가스 수출에 대한 국민 투표에서 '찬성' 표를 던지도록 하는 것이었다.[55]

이는 민주적으로 선출된 정부라 해서 자동적으로 신성시된다는 뜻이 아니다. 정부 역시 잘못된 선택을 할 수 있다. 이는 이 장의 주요 쟁점을 강화시킨다. 즉 민주주의를 잘 운영하기란 지극히 어려운 일이라는 것이다. 그리고 IMF와 세계은행은 볼리비아를 위한 최선의 선택이 대중의 지지를 받지 못함에도 불구하고 이러한 입장을 꿋꿋하게 유지할 것이다. 그러나 외부의 간섭은 정부가 문제들을 개선하고, '올바른' 일을 수행하도록 하는 데 그다지 좋은 성적을 거두지 못했다.

복화술

계획가들은 빈국 정부들에게 보스처럼 행세하는 것이 좋게 보이지 않는다는 점을 인식하고 있으며, 자신들이 이렇게 행동한다는 점을 점점 더 부인하고 있다. 동시에 IMF와 세계은행은 해당 정부가 자금을 잘 사용하고 있다는 것을 확인하기 위해 원조와 차관에 조건을 붙이기를 원한다. 계획가들은 차관 조건과 주권 사이에 해결될 수 없는 모순을 해결하려 하면서 스스로를 수사적인 매듭에 묶어두고 있다. 2001년에 세계은행은 빈곤 감축 전략 보고서PRSP가 이러한 모순을 해결하기 위한 수단이라고 기술했다. 'PRSP는 …… 대외 원조의 효율성을 높이는 데 핵심적인, 개발 프로그램에서의 수원국 주인 의식을 높이는 중요한 발걸음이었다.'[56] IMF도 다음과 같이 동의했는데, 즉 'IMF 업무에서 가장 광범위하고 기초적인 변화는 〔IMF〕 지원 프로그램에 구현된 목표와 정책이 그 국가 자체적인 빈곤 감축 전략에서 직접적인 영향을 받아 나타날 것이라는 사실에 근거한다.'[57] (여기에서 "국가"는 대외 원조에서 거의 항상 그렇듯이 정부를 의미한다.)

코넬대학교의 정치학자인 니콜라스 반 드 왈Nicolas van de Walle은 PRSP 과정을 IMF와 세계은행에 의한 '복화술(목소리를 다른 곳에서 들려오는 것처럼 여기게 하는 기술 — 옮긴이)'의 하나로 묘사한다.[58] IMF와 세계은행은 정부들이 무엇을 해야 할지 일일이 가르쳐주는 것을 포기했다고 주장한다. 그 대신 IMF와 세계은행은 정부가 차관을 받기 위해 스스로 무엇을 할 것인지 말해주기를 원한다. 물론 IMF와 세계은행은 현금 유입에 대한 대가로 수락 가능한 행동만을 승인할 것이다. 그래서 빈국 정부는 무엇을 해야 할지 알게 되는 대신 국제기구들로부터 어떤 일을 승인 받을 수 있을지에 대해서 추측하려고 한다. PRSP 계획은 IMF와 세계은행이 빈국에 부여하는 조건들을 기록한 긴 목록과 유사하다. 정부가 처음에 어떤 일을 승인 받을 수 있을지에 대한 추측에서 올바른 답을 찾지 못한다면, IMF와 세계은행은 각 PRSP에 대한 '공동 직원 평가joint staff assessment'를 준비하게 될 것이다.

동료 평가

좋은 정부가 '현지인 주인 의식local ownership'을 가질 수 있도록 하기 위해 공여국들이 고안한 또 다른 장치는 아프리카의 국가 지도자들이 서로 심사하는 '동료 평가peer review' 제도이다. 이른바 아프리카개발을 위한 새로운 파트너십NEPAD의 일부분인 이것은, 아프리카 지도자들로 하여금 굿 거버넌스의 기준을 서로에게 강제하는 것으로 여겨진다. 그러나 공여국들이 자국에서조차 결코 적용해보지도 않는 책임에 관한 메커니즘을 왜 아프리카 정부에게 채택하도록 하는지에 대한 이유에 대해선 도무지 이해할 수 없다. (미국 정부가 과연 캐나다 인이 주관하는 동료 평가를 받으려고 할까?) 어쨌든, '동료 평가'는 다른 국가 정부가 아닌 바로 자국민에 대한 정부의 책임성을 강조하는 민주주의의 전반적인 핵심을 놓치고 있다.

IMF와 갱단

IMF 헌장은 국내 정치에 관여하는 것을 금하고 있다. 가끔 이러한 접근 방식은 행복한 결과를 낳기도 한다. 지난 10년 동안 멕시코는 민주주의로 이행하며, 친시장적 개혁과 거시 경제의 안정을 추구했다. 부패, 마약 밀매, 폭력이 아직 문제시되는 가운데에서도 멕시코는 IMF 차관 지원으로 이러한 성과를 거둘 수 있었다. IMF는 과거 멕시코 정부가 독재 정권이었던 것을 재치 있게 눈감아주었다.

그러나 비정치적 접근이 가지고 있는 문제는 실제로 정치적 의미가 없는 게 아니라는 것이다. 현 정부에 자금을 지원하는 것은 정치적 행위라는 점을 피할 수 없다. 이러한 접근은 IMF가 최악의 지도자들에게 힘을 실어주는 것을 막을 만한 적절한 보호 장치를 가지고 있지 않다. 그 결과의 일부를 보고 싶다면 다음의 자질구레한 질문에 대답해보라. 지난 반세기 동안 어느 국가가 IMF로부터 대기성 차관을 가장 많이 받았는가? 이에 대한 답은 22번의 대기성 차관을 받은 아이티이다. 사실상 정답은 아이티만이 아니라 (파파독Papa Doc과 베이비독 Baby Doc으로 알려진) 아이티의 뒤발리에Duvalier 가문이다. 아이티는 뒤발리에가의 통치하에서 1957년부터 1986년까지 총 22차례 중 20차례의 대기성 차관을 받았다.

뒤발리에 가문 통치 당시 정치는 안정적이지 않았지만 경제 상황은 그보다 더 좋지 않았다. 아이티 인의 평균 소득은 뒤발리에 가문 통치 초기보다 통치 말기에 더 낮았다. 파파독이 집권한 이후 아이티 어린이의 절반은 초등학교에 진학하지 못했고, 베이비독의 집권이 종식되었을 때에도 전체 어린이 인구의 절반가량이 여전히 학교를 다니지 못했다.

뒤발리에 왕조의 출현은 아이티의 지독한 역사적 소용돌이 속에서 단지 가장 최근의 사례일 뿐이다. 아이티 인들은 200년 역사 속에서 최근 5년(1990년, 1994~1998년) 동안에만 민주주의에 대해 어느 정도 알게 되었을 뿐이다. 아이티 역사의 대부분 기간 동안 0에서 10까지의 등급으로 민주주의를 측정했을 때 아이티는 최악의 수준에 머물렀다.[59] 독립 후 발생한 200여 차례의 쿠데타, 혁명, 폭동, 내전을 거치며 아이티 인들은 오늘날에도 여전히 전 세계에서 가장 비민주적이며, 부패하고, 폭력적이며, 불안정한 정부를 두고 있다.[60] IMF는 이러한 역사를 확인해보지 않았다. 두 세기 동안 제대로 기능하지 않았던 국가에 IMF가 과연 얼마나 큰 도움이 될까?

이러한 기능 장애 상태의 국가는 유럽 정착민이 소수인 국가 중에서도 최악의 사례라 할 수 있는 역사의 유산을 부분적으로 반영한다. 1789년 아이티(당시 프랑스령 생도밍그)는 세계에서 가장 부유한 곳 중 하나이자 가장 불평등한 국가였다. 백인 4만 명과 자유인 물라토(노예주가 부리는 하녀의 자손) 3만 명, 노예 45만 명이 오늘날 8억 달러에 해당하는 것을 수출했다. 수출 품목은 사탕수수, 커피, 면화, 인디고, 코코아였다.[61] 생도밍그는 전 세계 커피의 60퍼센트를 공급했으며 프랑스와 영국은 아이티로부터의 설탕 수입이 전체의 40퍼센트를 차지했다.[62] 노동자 1인당 생산 가치는 미국을 훨씬 웃돌았다.[63]

그러나 오늘날 아이티는 서반구의 최빈국이면서 전 세계 10대 최빈국에 들어간다. 아이티 인구 830만 명은 상품과 서비스 수출로 4

억 6300만 달러를 벌어들인다. 1인당 수출액은 1789년이 2002년보다 31배가 더 컸다.

노예 제도는 1789년의 수출 호황을 주도했다. 노예제의 유산은 정치 및 경제 발전에서 아이티의 실패와 관계가 있다. 1789년의 수출은 아이티 땅이 가진 잠재력이 얼마나 큰지를 보여준다. 그러나 2002년의 수출은 두 세기가 지났어도 그 잠재력을 잘 사용하지 못한 경우를 보여준다.

1791~1804년의 아이티 혁명은 증오의 대상이던 노예주들을 타도했다. 그러나 물라토와 그 후손들은 오늘날까지 지속되고 있는 과두제로 백인의 지위를 차지했으며, 다수 흑인들은 백인 노예 소유주에 대한 증오심을 물라토 엘리트에게로 전이시켰다. 아이티 역사의 대부분은 물라토 엘리트와 (독립 전쟁의 지도자들에 기원을 둔) 흑인 군부 엘리트 간의 투쟁으로 점철되어 있다. 이는 동맹, 배신, 분열이 순서를 바꾸며 끝없이 지속되면서 안정과 번영은 더욱 실현되기 힘든 요원한 꿈이 되었다.

19세기 내내 아이티의 흑인들과 물라토들은 번갈아가며 집권하였다. 그 과정에서 아이티 독립 헌장의 서명자 34인 중 자연사한 사람은 다섯 명에 불과했다. 아이티 지도자 중 단지 한 명만이 생전에 헌법이 보장한 임기를 마쳤다.[64] 19세기의 후반부 동안에 아이티 정치는 물라토 측 자유당Liberal Party과 흑인 측 국민당National Party으로 양분되었다.[65]

예를 들면, 물라토 지도자 장피에르 부아예Jean-Pierre Boyer는 1818년부터 1843년까지 집권했는데, 그가 통치할 당시 모든 중요한 정치적 직위는 물라토로 채워졌다.[66] 그는 프랑스의 식민지 정책을 흉내 내면서 물라토를 위한 학교를 설립했으나 흑인들을 위해서는 하나도 세우지 않았다. 당시 이를 지켜본 한 영국인은 "현 정부는 국민의 가난과 무지를 자신들의 재산과 권력 유지를 담보할 수 있는 최선의 안전장치로 생각하는 것 같다."[67]라고 말하였다. 국민 다수가 문맹이고 무기력에 빠진 모습은 뒤발리에 가문 통치와 IMF 도래 훨씬 이전부터 아이티를 저개발 상태에 머무르게 했고, 이는 오늘날도 마찬가지이다. IMF가 아이티에 신용 차관을 계속 지급하는 것은 아이티의 저개발 상황은 말할 것도 없고, 수백 년간 지속되어온 거시 경제적 불안정의 정치적 근원을 해결하는 데 전혀 도움을 주지 못했다.

다시 속은 국제 금융 기관

원조 기관이 정부를 어떻게 대하는가에 대해 알 수 있는 한 가지 방법은 그들이 일부 최악의 사례에 어떻게 반응하는가를 지켜보는 것이다. 아이티가 IMF 차관을 얻은 국가들 중 유일하게 실패한 국가는 아니다. 또 다른 악명 높은 사례는 모부투Mobutu 치하의 자이르였다. IMF는 모부투에게 그의 임기 동안 열한 차례의 구제 금융을 제공했다. 당시 모부투의 도둑질이 탄로 나지 않은 것도 아니었다. IMF는 1978~1979년에 에어빈 블루멘탈Erwin Blumenthal이라는 독일인 은행원을 자이르 중앙은행에 파견했다. 그는 모부투가 얼마나 많이 공급을 횡령했는지를 조심스럽게 문서화했고 이를 IMF와 세계은행에 보고했다.

모부투는 뇌물 수수뿐 아니라 강도·살인도 저지를 수 있었다. 1970년대 후반 자이르 군대는 IMF와 세계은행의 비협력적인 주재원 한 명을 습격했다. 군인들은 그를 구타하고 그의 아내와 딸을 강간했는데, 이 사건에 모부투가 공모했다는 확실한 증거가 있다.[68]

그럼에도 불구하고 두 기관은 계속해서 차관을 지급했다. 자이르는 1976~1989년 동안 74퍼센트의 시간을 IMF 프로그램에 쏟아부었다. IMF는 개혁을 위해 모부투에게 당근을 쥐어주는 것이 국민들을 돕는 길이라고 생각했다. IMF와 세계은행은 모부투의 25년간의 실정 이후, 결국 1990년에 그에 대한 지원을 철회했다. 모부투가 집권하는 동안 자이르가 받은 대외 원조 액수는 총 200억 달러에 달했다.[69] 모부투는 냉전에서 서구의 보호를 받은 것이 확실했으나, IMF와 세계은행은 이에 대해 아무런 정치적 의미도 없다고 주장한다.

비정치적 접근이 초래할 수 있는 좀 더 극단적인 사례는 1994년 4월 7일에 시작된 르완다 제노사이드 직전에서 찾아볼 수 있다. 국제 금융 기관(IFIs: 각국 정부가 주주 격으로, 국제법의 통제를 받는다. 대표적인 것으로 세계은행, IMF, 지역 개발 은행 등이 있다. — 옮긴이)은 제노사이드 같은 보기 드문 격변을 예상하지 못했다. 그러나 이미 수많은 불미스러운 일들이 자행되고 있었다. 르완다 후투 족Hutu 정부는 오랜 기간 동안 투치 족Tutsi에 대한 공식적 차별 정책을 적용해왔다. 르완다의 143개 코뮌(지방 정부) 가운데 수장으로 투치 족이 임명된 경우는 단 한 곳도 없었다. 1990년에 투치 족이 주도하는 반란군이 르완다를 침략하면서 사태는 악화되었다. 후투 족 정부는 1990년 10월,

1991년 1월, 1991년 2월에 있었던 후투 족 폭도들에 의한 수백 명의 투치 족 학살을 공모한 바 있다.[70] 이러한 사건이 발생함에도 불구하고, IMF는 르완다 문제를 '구조 조정' 문제로 결론을 짓고, 1991년 4월 24일 후투 족 정부에 차관을 지급했다. (그 차관은 완전히 지급되기 전에 중단되었으나, 차관이 왜 지급되었는지 이해하기 어렵다.) 제노사이드가 일어나기 전에 해외 관측통들은 1990년대 초반 후투 족의 증오로 가득 찬 연설과 투치 족의 공포를 이미 알고 있었다. 어쨌든 1991년 세계은행은 "르완다는 사회 경제적 발전에 대해 칭찬할 만한 노력을 했다."고 결론지었다. 또한 세계은행은 1991년에 대규모 차관을 지급하고, 1991~1993년 기간에는 추가 신용을 지급했다. IFIs의 주도로 르완다에 대한 대외 원조는 1989~1990년 기간부터 1991~1993년 기간까지 50퍼센트 증가되었다. 이러한 사실을 알려준 원조 실무자 피터 어빈Peter Uvin은 당시 상황을 다음과 같이 묘사했다.

개발 원조 체계는 르완다 사회의 분열상에 대해 알고 있었다. 원조 기관이나 협력 단체인 비정부 기구에서 일하는 수많은 투치 족들이 학대 받고, 위협을 받으며, 살해당하는 것을 목격했고, 이러한 문제를 논의하고, 확실히 슬퍼했지만, 겉으로 보기에는 그것이 자신들의 업무 또는 개입 능력 밖에 있는 것으로 느꼈다. 그래서 그들이 할 수 있었던 것은 평상시대로 업무를 진행하는 것뿐이었다. 따라서 원조는 제노사이드가 시작될 때까지 쓰러져가는 르완다 정부와 함께 평소에 진행하던 사업을 계속하면서 별 대안 없이 그럭저럭 진행되었다.[71]

대외 원조 사상 가장 최악의 타이밍으로 볼 수 있는 상황에서, 세계은행은 당시 제노사이드가 계속 진행되고 있었던 1994년 5월에 르완다의 발전에 관한 진통제 효과를 내는 보고서를 발행하였다. 그 보고서의 서문은 1994년 4월에 시작된 무시무시한 학살에 대해 서술하면서도 덤덤하게 자신들의 권고 사항을 적어 내려갔다.[72] 그 보고서는 1993년 말에 작성되었음에도 불구하고 당시 투치 족 박해가 심해지는 것을 언급하지 않았다.[73]

IFIs가 부패, 독재, 폭력 문제에 대해 더 많이 인식하게 되면서 지난 10여 년 동안 상황은 다소 개선되었다. 안타까운 사실은 IFIs가 형편없는 정부를 모조리 회피하기보다는 나쁜 정부를 변화시킨다는 더욱 오만한 노력을 해왔다는 사실이다. 그래서 그들은 '분쟁 이후 재건 post-conflict reconstruction'이라는 제목으로 최근까지도 일부 지극히 극악한 행위자들과도 계속 관계를 유지해왔다. 이는 다시 말하면 내전 중에도 차관을 지급했다는 것이다. 이와 같은 사례에는 앙골라와 자이르의 후속 국가인 콩고민주공화국이 있다.

평화를 강구하는 사회에 원조를 하는 경우를 찾아볼 수는 있을 것이다. 그러나 '분쟁 이후 재건'은 평화 시기의 상황보다 심지어 더욱 극악한 갱단과의 접촉을 의미하고 있다는 점을 주목하라. 그리고 분쟁 이후 사회에서 평화를 사랑하는 민주적인 정치인들은 멀리하면서 폭력배들에게 원조금을 주는 것이 어떠한 인센티브를 만들어낸다는 것인가? 그들 중 다수는 전쟁 범죄를 저지르기도 했는데 말이다.

앙골라가 1980년대 말에 스탈린식 경제 체제로부터 시장 경제로 방향 전환을 한 것이 IMF와 세계은행을 열광하게 했지만, 부패 문제는 경제 개혁 노력에 큰 손상을 가져왔다. 풍부한 석유 세입은 재무부, 중앙은행, 국영 석유 회사(소낭골Sonangol)로 이루어진 버뮤다 삼각 지대의 어딘가에서 사라져버렸다.[74] 호세 에두아르도 도스 산토스 José Eduardo dos Santos 대통령은 약탈된 석유 세입을 지급받기 위해 서 있는 긴 줄의 맨 끝에 있다. 앙골라에 한시적으로 머무른 소수의 유럽 정착민들은 동화된 메스티소mestizo 엘리트로 구성된 '100가구'를 남기고 떠났는데, 이 동화된 메스티소들이 현재 앙골라의 경제와 정치를 모두 장악하고 있다.[75] 195개 국가들 중 세계은행은 앙골라를 전 세계에서 가장 부패한 국가 순위 15위로 평가하고 있다.

세계은행은 내전과 부패에도 불구하고, 1992년부터 1999년까지 앙골라 정부에 1억 8000만 달러를 이미 지급했다. 수년간의 내전 이후 앙골라에 평화가 도래하자, 앙골라는 1300만 명의 인구가 석유로 풍부한 수익을 올리고 있었음에도 불구하고, 2002년에 대외 원조로 4억 2100만 달러를 지급받았다.[76]

내전 종식 이후 세계은행은 2003년에 새로운 보고서를 발간했다. "재앙적인 상황이지만 개선되고 있음"과 같은 일반적 표현 이후에 세계은행은 "정부 내 개혁가들이 공적 자원 관리의 투명성과 책임성 구현에서 점진적 개선을 이루고 있다."는 점을 간파해냈다. 세계은행은 "앞으로 더 많은 개선이 필요하다."[77]는 점을 인정했다.

2003년 IMF 사절단은 "부패와 부실 경영의 위험을 줄이기 위해 …… 소낭골 운영에 대한 정기적 보고 및 감사가 필요했다."고 앙골라 공무원들에게 "설명했다."[78] IMF 사절단은 "당국이 이에 동의했다."고 기록하고 있다.

아마 세계은행과 IMF의 노력은 소낭골에 대한 보고, 감사, 투명성을 통해 심각한 상황을 좀 더 호전시키는 데는 도움이 될 수 있을 것이다. 그러나 IFIs의 노력은 세계은행이 앙골라의 부패에 관해 평가한 성적에서는 아직 나타나지 않았다. 앙골라의 부패 수준은 1996년부터 2004년까지 전혀 변하지 않았던 것이다.

이웃 국가인 콩고민주공화국은 두 차례의 끔찍한 내전을 치른 후 원상 복구를 시작하면서 최근 IMF 사절단이 방문했다. 물론, 전쟁 직후 콩고민주공화국 정부의 상태는 상당히 심각하고, 굿 거버넌스를 지향하는 움직임 역시 느리게 진행되고 있다. 2003년의 미국 국무부 인권 보고서는 새로운 콩고 정부의 "안보 병력이 불법 살인, 고문, 폭행, 강간, 금품 강탈, 학대 등을 저질렀으나 대부분 처벌 받지 않았던" 사실을 기록했다.[79] 2004년 IMF 사절단은 연립 정부를 구성한 네 명의 부통령 중 두 명을 만났는데, 장피에르 벰바Jean-Pierre Bemba (우간다가 후원하는 콩고해방운동MLC의 수장이며, 2003년 초에 대량 학살 혐의로 기소되었다.)와 아자리아스 루베르와Azarias Ruberwa (르완다가 후원하는 콩고민주연합RCD의 실질적 수장이며, 2002년 5월 키상가니 폭동 중 즉결 처형 혐의로 기소되었다.)가 있다.[80] 2004년 IMF는 "사절단은 평화를 공고히 하기 위한 당국의 꾸준한 노력에 대해 칭찬한다."고 말했다. IMF와 세계은행은 독재자들과 군벌들이 '확대된 협의 과정을 통해' 잠정 빈곤 감축 전략 보고서I-PRSP를 완성한 것으로 알고 있다. 그 독재자들과 군벌들은 '친빈민 지출'로 전환할 것을 약속했다.

위의 내용은 IFIs에 관한 최악의 경우를 묘사한 극단적인 사례이다. 즉 정부를 자칭하는 극악무도한 갱단의 응석을 IFIs가 받아주고 있는 것이다. 빈민 대중은 자신들에게 결코 도달하지도 않는 IMF 차관을 변제해야 할 책임을 지게 되었다.

　　나쁜 정부를 추리는 데 IMF의 전반적인 성적은 어떠한가? 이에 대한 소식은 앙골라, 콩고민주공화국, 아이티, 르완다의 상황이 말해 주는 것보다는 조금 낫다. 우리는 1996년부터 2002년까지 부패와 민주주의에 대해 세계은행이 평가한 국가별 평균을 가지고 있다. 그리고 이 시기에 이 국가들은 IMF의 프로그램을 적용하였다. 개발 도상국 중 최악의 부패 국가 10위권에 들었던 정부들은 IMF 협정에 평균 20퍼센트의 시간을 들였는데, 이는 나머지 표본의 평균 41퍼센트보다 상당히 적은 것이다. 최악의 독재 국가 10위권에 속한 정부들은 IMF 협정에 9퍼센트의 시간을 들였는데, 이는 표본 평균에 크게 못 미치는 것이다. 정말로 IMF는 가장 끔찍한 나쁜 정부에 차관을 적게 지급하려는 의지를 보이고 있다. 안타까운 사실은 일단 최하 10위권에서 벗어나면 나쁜 정부를 벌하려는 경향이 더 이상 없어진다는 것이다. 예를 들어 민주주의와 부패 순위에서 최하 10위권 바로 다음 정부들(최하 11~20위 — 옮긴이)은 나머지 표본들과 마찬가지로 IMF 프로그램에 시간을 쏟아부을 것 같다.

유엔과 갱단

유엔은 나쁜 정부를 다루는 문제에서 IMF와 세계은행보다 더 나은 점이 없다. 리비아 정부에 인권위원회Human Rights Commission의 위원장을 맡긴 국제기구는 좋은 정부에 대한 높은 기준을 가지고 있는 것 같지 않다. 휴먼라이트워치Human Rights Watch는 "〔리비아 인시〕 정치적 반대파에 대한 유괴, 강제 실종과 암살, 구금자에 대한 고문과 학대, 무혐의이거나 재판을 거치지 않았거나 심하게 불공평한 재판을 받은 이후의 장기 구금 등을 제기하면서 리비아의 인권위원장 자격을 문제 삼았다. 오늘날에도 수백 명의 사람들이 임의 구금이 되어 있고, 어떤 사람은 10년 이상 그런 상태로 지내는 사람도 있다."[81]

2005년 1월의 유엔 밀레니엄프로젝트 보고서는 빈민이 직면하고 있는 주요한 문제가 나쁜 정부는 아니며, 나쁜 정부가 실제로 존재한다면, 이는 자금 부족으로 인한 것이라고 주장했다(이는 이미 거론된 '석유의 저주'와 '원조의 저주'와는 상충되는 주장이다.). "합법 통치가 이뤄지는 수많은 국가들은 …… 통치 개선을 위한 인프라, 사회 서비스, 심지어 공공 행정에 투자할 회계 자원이 부족하다. 공공 부문에서의 적정 임금, 정보 기술, 공공 경영은 만성적으로 취약하다."(34쪽, 주요 보고)

비록 나쁜 정부가 문제는 아니라고 확신하면서도, 유엔 보고서는 전 세계에서 가장 끔직한 통치자 네 명에게 원조를 금지하였다. 이 보고서는 그러한 네 정부로 벨라루스, 버마, 북한, 짐바브웨를 지목했다. 이는 전 세계의 나쁜 정부의 수와 비교할 때 상당히 적은 숫자이다. 투르크메니스탄의 독재자 사파르무라트 니야조프Saparmurat Niyazov는 국가를 공포 분위기로 만든 가운데, 자신과 죽은 모친의 이름을 따서 그해의 월 이름을 재지정하기도 했는데, 그 역시도 유엔의 극악한 독재자 축에는 들어가지 못한다.

2005년의 밀레니엄프로젝트 보고서는 당시 대부분의 국가가 이른바 빈곤의 덫에서 빠져나올 수 있도록 하는 '빅 푸시'의 수혜 자격을 얻어야 한다고 제안하였다. 그래서 "잘 통치되고 있는 저소득 국가는 국제 사회로부터 '신속 지원fast-track MDG 지위'를 부여 받고, MDG 기반의 빈곤 퇴치 전략을 실행하는 데 필요한 개발 원조의 규모가 상당히 증가될 수 있다."[82]는 것이다.

정의하기 어려운 "잘 통치되고 있는 저소득 국가"에 대한 탐색이 광범위하게 이루어졌다. 이 보고서는 "잘 통치될 가능성이 있는" 국가로 63개 빈국을 들었는데, 이에 따라 이 국가들은 대외 원조가 대규모로 증액될 가능성이 있다. 이 명단에는 2004년 10월 국제투명성기구Transparency International가 선발한 7개 국가 중 5개 국가가 포함된다. 이 국가들에는 아제르바이잔, 방글라데시, 차드, 나이지리아, 파라과이가 있다. '잘 통치될 가능성이 있는' 국가에는 프리덤하우스가 '비자유' 국가로 분류한 15개 국가의 정부가 포함된다. 카메룬의 폴 비야, 캄보디아의 훈센Hun Sen, 아제르바이잔의 일함 알리예프Ilham Aliyev 같은 독재자들이 그 명단에 들어 있다. 아제르바이잔의 알리예프는 2003년에 역시 독재자였던 부친의 대통령직을 승계하기로 하는 '선거에서 당선'된 후 가장 독재적이고 가장 부패한 지도자로 이중으로 평가 받았다.[83]

제프리 삭스는 자신의 책 『빈곤의 종말』에서 수많은 아프리카 국가들이 소득 수준이 비슷한 다른 나라와 비교할 때 특별히 나쁜 정부를 두고 있는 것은 아니라고 강조한다. 불행히도 국민의 복지를 위해 정말 필요한 것은 정부의 소득 수준이 얼마나 좋은가에 있지 않고 정부 자체가 얼마나 좋은 정부인가에 있다. 원조 기관들은 현실을 직시해야 한다. 나쁜 정부에게 지급되는 자금이 빈민들에게 도달될 것인가? 아마도 국가가 가난한 이유는 나쁜 정부와 관련이 있는 것이 아닐까?

공여국들은 단지 실용적인 선택을 하고 있다고 말할 수도 있다. 즉 나쁜 정부의 환심을 사서 그 국가를 자기들의 뜻대로 움직여 빈민들에게 다가가고자 한다는 것이다. 공여국들이 해당 국가 정부를 우회함으로써 자신들의 뜻대로 여러 가지 일을 하는 것은 사실이다. 안타까운 것은 공여국들이 회유 이론에서 예측하는 것보다 훨씬 많은 시간을 들여가면서 나쁜 정부를 고치려고 하면서도 바로 그 나쁜 정부를 통해서 일하고 있다는 것이다.

나쁜 정부 선별하기

부시 행정부의 새천년도전기금Millennium Challenge Account은 갱단의 수중에 돈이 들어가지 못하도록 하는 아주 재미있는 실험이다. 미국의 새천년도전공사MCC는 민주주의, 인적 투자, 부패로부터의 자유, 정부의 시장 간섭으로부터의 자유와 같은 특정 기준에 부응하는 정부에만 원조를 지급한다. 갱단에게 돈을 주는 것과 비교해볼 때, 이는 환영 받을 만한 움직임이며 이것이 어떻게 소비되는지 지켜보는 것은 흥미로울 것이다.

그러나 여기에는 몇 가지 잠재적인 함정이 있다. 정부가 훌륭하게 기능할 때와 악하게 기능할 때를 외부인들이 실제로 가늠할 수 있는가? 외부인들은 그 정부의 국민으로부터의 피드백 체계 없이 자신들이 훌륭하다고 생각하는 정부를 지지해야 하는가? 나쁜 정부에는 이 장에서 제시된 사례와 같이 수많은 극단적인 경우가 있는 것이 사실이다. 이들을 명단에서 지우는 것은 다른 원조 기관들이 배워야 할 중요한 조치가 된다. 그러나 여기에도 협상하기에는 불안정한 타협점이 있다. 예를 들면 2005년 6월 현재, MCC는 두 나라 —— 온두라스와 마다가스카르 —— 와 원조 프로그램에 대한 협정을 체결했다. 2004년 세계은행은 온두라스 정부의 부패 등급을 세계 3위로 평가한 바 있다. 마다가스카르의 경우는 그보다는 조금 나은 것으로 부패 등급이 중간 수준이다. 그러나 또 다른 문제는 이러한 부패 평가가 정확하지 않다는 데 있다. 세계은행은 평가 수치의 오차를 보고했고 57개 다른 국가들은 부패도에 대한 마다가스카르의 평가 수치 오차 범위 안에 있다. 오차가 높은 것은 서로 다른 외부 평가 기관이 어떤 국가가 어느 정도 부패한지에 대해 합의하는 것이 어렵다는 것을 반영한다. 실로 좋은 정부를 선택하기란 쉽지만은 않은 것 같다.

다시 시작하기

이 장에서 설명했던 그다지 유쾌하지 않은 사례들에서 보듯이 공식 원조 기관들은 원조라는 도구를 가지고 어떻게 나쁜 정부를 좋은 정부로 변화시킬 수 있을지에 대한 방법을 모르고 있다. 나쁜 정부는 서구가 영향을 미칠 수 있는 어떤 영역보다도 훨씬 더 깊은 뿌리를 가지고 있다. 설상가상으로 원조 기관들은 심지어 나쁜 정부라도 원조 수원국의 역할을 하도록 함으로써 계속해서 자금을 순환시킬 빈국 정부가 필요하다.

원조 체계는 정부 개혁, 개혁에 대한 '정부의 주인 의식'의 고취, 원조 자금 순환 지속이라는 상충된 조합을 계속 추구한다. 현행 체계는 당신들과 같은 외부 관찰자들을 몹시 화나게 한다. 그래서 우리는 이에 대한 과감한 구제책을 권하려는 경향이 있다. 현재 대외 원조는 악몽과도 같은 중간 지대에 발목이 잡혀 있다. 즉 공여국들은 (1) '좋은 행동'을 강요하는 시도로 해당 정부의 시간을 많이 빼앗고 있고, (2) 정부가 행동을 자유롭게 선택할 것을 주장하기도 하고, (3) 어찌됐든 공여국의 사업을 진행하기 위해 가끔씩은 정부를 우회하기도 한다. 원조 관측통들 사이에서는 원조가 정부를 더 많이 우회해야 하는가 아니면 우회를 좀 더 자제하고 저소득 정부의 강화를 시도해야 하는가로 극명하게 의견이 나뉘어 있다.

이 장에 제시된 증거 자료는 해당 정부를 통해서만 원조 사업을 진행해야 한다는 집착을 버리는 편이 낫다고 조언하고 있다. 그럼에도 불구하고 대외 원조를 받는 국가를 위해서는 이와 반대로 충격 요법과 보편적 청사진을 고수해보기로 하자. 이러한 변화는 점진적이고, 실험적인 방식으로 시도되어야 한다. 그리고 이러한 의문에 대한 해답은 서로 다른 국가와 서로 다른 부문에 따라 달라질 것이다. 대규모 기반 시설 사업은 수의 계약을 창의적으로 활용할 수 있긴 하겠지만, 아마도 정부를 통해서 이뤄져야 할 것이다. 일부 국가들은 민주적으로 충분히 잘 기능하며 효율적인 정부를 두고 있어서, 원조국 사회가 그런 정부에게는 백지수표를 줄 수 있다고 생각할 수도 있다. (그러나 우리는 어떤 정부가 이 범주에 해당하는지를 외부인이 결정하는 것이 얼마나 어려운지를 보아왔다.)

서구의 정치 지도자들과 사회 활동가들이 비서구 지역의 독재를 드러내고 고발하도록 하자. 그러나 서구 정부나 원조 기관들이 나쁜 정부를 좋은 정부로 변화시킬 수 있을 것이라고는 기대하지 말라.

오늘날의 대외 원조 시스템은 나쁜 정부를 감싸주고 (그러면서 아마도 더 악화시키고) 있다. 카메룬의 독재자로 장기 집권한 폴 비야는 대외 원조로 획득한 정부 수입의 41퍼센트를 갈취했다. 현재 아프리카에 대한 원조의 대폭 증대 제안으로 그 수치는 55퍼센트로 증가할 것이다.[84]

사회 경제적 상호 작용이 모든 지역의 일반 국민들 사이에서 계속되도록 하자. 그러나 서구 정부 또는 공식 원조 기관들은 부패한 독재자들을 상대할 필요가 없다. 그런 부패한 정부와 함께 공조한 후 빈민을 위한 뚜렷한 결과물을 내지 못하면 원조 기관들은 그 밖의 다른 것을 시도해야 한다. 공여국들은 나쁜 정부로부터 원조금을 환수하여 빈민의 손에 쥐어줄 수 있는지 살필 수는 없는가?

그리고 수원국들의 원조 수령 목적에 정치적 의미가 없다면, 공여국들의 원조 지원 목적에도 정치적 의미가 없어야 한다. 서구 세계의 유권자들은 원조 기관들이 그들의 돈을 흉악한 독재 우방국이 아니라 최빈민층에게 도달될 수 있도록 감독할 것을 요구할 수는 없는가?

민주주의가 잘 기능하는 곳에서조차 모든 일이 정부를 통해서 이루어지는 것은 아니다. 나는 부시 대통령의 허가 없이도 미국 경제 정책에 대해 논의하기 위해 해외 참여자들을 동원하여 뉴욕에서 워크숍을 주관할 수 있다. 나는 주택 및 도시개발부 장관과 협의를 거치지 않고도 할렘 지역의 빈곤 퇴치를 위해 해외 모금을 주선할 수 있다. 왜 공여국들은 그와 유사한 행위가 반드시 빈국 정부를 통해서 이뤄져야만 한다고 주장하는가?

몇몇 저자들은 원조가 나쁜 정부를 정치적으로 발전시키기 위해서는 심지어 이런 정부들을 통해서라도 제공되어야 한다고 주장한다. 이 주장은 정치적 변혁이라는 지나치게 원대한 목표에 근거한다. 그러나 이는 이제까지 실패를 거듭했다. 원조의 목적이 정부 변혁에 있지 않고 단지 가장 절박한 필요를 가진 빈민 개개인을 돕는 것에만 있을 경우 이 주장은 설득력이 너무 떨어진다.

원칙은 **불간섭**이다. 나쁜 정부를 통해 원조 사업을 진행함으로써 이 정부들에게 보상해주는 짓은 하지 말라. 그러나 이 나쁜 정부들에게 상전 행세를 하거나 그들을 전복시키려고도 하지 말라. 공여국과 갱단의 현 상태는 새로운 변화를 절실히 필요로 한다.

펠라 쿠티

펠라 쿠티Fela Kuti(1938~1997년)는 아프로비트(미국의 블루스·재즈·
펑크를 전통적인 요루바 음악과 융합시켜 만든 아프리카풍의 현대 음악. ―
옮긴이)의 제왕이자, 전 세계에 널리 알려진 음악인이며, 용기 있는 정
치 운동가이기도 했다. 그는 자신의 노래에서 나이지리아 국민을 괴
롭혀온 군사 지도자를 조롱했다. 그는 한 노래에서 'VIP'가 '권력을
쥐고 있는 깡패Vagabonds in Power'를 의미한다고도 했다. 또 다른 노
래로는 〈권한 훔치기Authority Stealing〉라고 불리는 노래도 있다. 또한
그는 서구의 인종차별과 아프리카에 대한 간섭을 비난하기도 했다.
군부로부터 끊임없이 고문을 당했고, 그는 소총 개머리에 맞으며, 투
옥되었는데, 이는 아마도 군사 정권을 타도하자는 내용이 담긴 그의
노래가 나이지리아 인들에게 큰 인기를 끌었기 때문이다. 그는 1977
년의 노래, 〈좀비Zombie〉에서 나이지리아 군인들이 국민을 괴롭히기
위하여 상부 명령에 복종하는 영혼 없는 로봇이라며 조소했다. 분노
한 군부는 라고스에 있는 펠라 쿠티의 집을 습격했고, 그의 주변 사람
들을 괴롭히고, 강간하고, 살해했다. 군인들은 쿠티의 노모를 2층 창
문에서 던져버렸고, 결국 그의 노모는 부상으로 사망하기에 이르렀

다. 쿠티는 당시 군사 독재자였던 올루세군 오바산조Olusegun Oba-sanjo를 절대로 용서하지 않았는데, 그 이유는 오바산조가 쿠티 습격 사건에 대해 결코 공개 사과를 하지 않았기 때문이다. 1979년 오바산조가 민간인에게 권력을 이양하자, 쿠티는 어머니가 살해당한 사건에 항의하기 위해 가짜 관을 지고 자신의 추종자들과 함께 오바산조의 저택으로 향하는 시위 행렬을 주도했다. 1980년 펠라 쿠티는 〈ITT〉(International Thief Thief, 진짜 국제 도둑)라는 노래를 녹음했는데, 이는 오바산조의 부패를 비난하는 내용을 담고 있다.

　오바산조는 1990년대 사니 아바차Sani Abacha의 군사 독재 기간 동안 야당 편에 붙었다. 아바차가 사망한 이후 과거 군사 독재자인 오바산조가 1999년에 대통령으로 선출되었다. 오바산조는 나이지리아의 악명 높은 부패를 근절하겠다고 공약했으나, 그의 반부패위원회 Anti-Corruption Commission는 오바산조의 4년 임기 동안 하급 공무원 한 명만 기소했다.[85] 2003년 오바산조는 재집권에 성공했는데, 당시 선거를 두고 유럽연합의 감시단들은 '심각한 부정 행위'가 있었다고 보고했다. 하지만 오바산조는 2005년에 또 다른 반부패 운동에 착수하였는데, 이 운동을 시작한 부분적 이유는 나이지리아의 높은 외채를 경감 받기 위함이었다. 독립 후 나이지리아 정부는 국가의 풍부한 석유 자원을 잘못 관리한 나머지, 나이지리아 국민의 60퍼센트가 빈곤선 이하에 머물러 있다.[86] 민족 집단 간의 만성적 폭력과 취약한 경제 성적은 오바산조의 대통령직 수행을 망쳐놓았다. 펠라 쿠티는 더 이상 우리와 함께 있지 않지만, 그의 음악은 아직도 대중적으로 인기가 있다. 부패 관행과 군대의 압제로부터 자유를 추구한 그의 용기 있

는 투쟁은 지금도 계속 살아 있다.[87]

뉴욕대학교 교수 레너드 원체콘*

나는 1960년대에 인구 3천 명 정도인 베냉 중부의 자그나나도에서 자랐다. 이 지역은 베냉에서도 가장 가난한 지역 중의 하나이다. 포장도로는 물론이고 전기도 들어오지 않는 지역이지만 다행히 베냉에서 가장 오래된 초등학교가 있었다. 우리 집은 짚, 흙, 벽돌, 시멘트 또는 가끔 알루미늄 골판으로 만들어진 것이다.

나의 부모님은 문맹이셨지만 교육에 큰 가치를 두셨고, 이러한 면에서 자식들에게 큰 희망을 가지고 계셨다. 여러 가지 면에서 나의 부모님은 마을 관습에 맞지 않게 생활하셨다. 마을의 대부분 가정들은 2년 정도 터울로 열에서 열 두 명의 자식을 두었다. 나의 어머니는 아들 넷, 딸 하나의 자식 다섯 명만 두기로 결심하셔서, 4년 터울로 자식을 낳았다. 우리 모두는 최소한 열 네 살이 될 때까지는 학교를 다녔는데, 이것은 당시 그곳에서 상당히 놀라운 일이었다. 한 가족당 열 두 명의 자녀 가운데 겨우 한 명 정도가 정식 학교 교육을 받는 것이 보통이기 때문이다.

---

* 이 글은 원체콘 교수가 1인칭 시점으로 쓴 글을 내가 축약한 것이다.

자그나나도에서는 마을에서 멀리 가면 갈수록 비옥한 땅이 많았다. 나의 아버지가 좋은 밭을 발견했던 지역도 마을에서 15킬로미터나 떨어져 있었다. 아버지는 수확한 것을 저장하기 위해 동굴에 간단한 거처를 만들어놓고 수확 기간 동안에 밭에서 머물렀다. 마을은 밭에서 너무 멀어서 집으로 돌아가기가 불가능했기 때문이다. 아버지는 수 주일을 홀로 떨어져서 아무 연락 수단도 없이 지냈다. 용감했던 나의 아버지는 동굴에서 뱀과 원숭이에 둘러싸여 밤을 보냈다. 아버지가 유일하게 바랐던 것은 아들들이 주말에 와서 수확물을 가능한 많이 가져가는 것이었다. 우리는 이것을 팔아 공부에 필요한 책, 연필, 종이를 살 수 있었다. 아버지는 지방 정부 관리에게서 삯빨래를 해서 부수입을 올리기도 했지만 자식들의 교통비와 학용품을 대느라 종종 빚을 져야 했다.

30년이 지난 후 나는 자그나나도에서 대학교수 열 명과 의사 열세 명, 건축가 두 명, 외교관 네 명, 학사 학위자만 적어도 100여 명 이상이 배출되었음을 알게 되었다. '우리의' 교수들과 의사들 중 최소 일곱 명이 미국, 독일, 프랑스에서 일하고 있다. 자그나나도는 바티칸에 있는 추기경단Sacred College of Cardinals의 전 학장이었던 간틴Gantin 추기경의 고향이기도 하다. 그는 2002년에 추기경직을 은퇴하였다.

자그나나도와 인접 마을에는 야생 동물이 서식하는 수많은 호수와 강이 있어, 이 지역은 최소한 주요 관광지가 될 수 있었을 것이다. 자그나나도의 이야기는 사실 베냉 전체의 이야기가 될 수도 있다.

왜 개인의 성공과 재능에 대한 감동적인 이야기들이 경제적 번영으로는 연결되지 않을까?

나는 민주주의의 부재가 이 문제의 근원이라고 생각했다. 언젠가 우리 아버지는 연간 소득의 90퍼센트에 해당하는 세금을 내라는 요구를 받았다. 아버지의 연세를 고려하면 이것은 누구에게도 징수가 불가능한 정도의 세금이었다. 아버지는 이미 연로했고 병환으로 인해 일을 할 수가 없었다. 공무원들은 한밤중에 우리 집에 와서 아버지를 깨워 체포하고, 아버지로 하여금 자그나나도 전역을 돌면서 다음과 같이 자아비판을 하게 했다. "나는 무책임한 놈입니다. 나는 세금을 내지 않았습니다. 이 무시무시한 광경을 보십시오. 나는 나의 역할을 다하지 않았습니다. 나는 미련하고 비천한 사람입니다. 나는 세금을 내지 않았습니다." 이 자아비판은 내가 이제까지 알고 있는 사람 중에서 가장 친절하고, 부드러우며, 관대했던 한 사람을 겨냥해 이루어졌다. 아들들을 부양하기 위해 수 주일 동안 계속해서 동굴에 홀로 지냈던, 그렇게 용감한 분에 대한 처우가 바로 이것이었다. 이 일이 있었을 때, 나는 '아니야, 이건 가능하지 않은 일이야, 이런 일은 있을 수 없어.'라고 생각했다. 그리고 아버지가 이런 모욕을 당한 것을 보았을 때, 나는 우리나라의 상황을 변화시키기로 결심했다. 그 순간부터 정치적 변화의 길을 위해 내 자신을 바쳤다.

1979년 그리고 다시 1985년에, 나는 베냉국립대학교의 학생으로서 민주화 운동을 조직했다. 나는 1985년 7월에 체포되었고, 1986년 12월에 도주했다. 민주화 운동은 점점 확대되어, 1990년에 들어서는 국가 내 주요한 민주개혁들을 이끌었다. 그 사이, 나는 1988년에 캐나다로 이민한 후, 1992년에는 미국으로 이민했다. 그 후 캐나다의 레이

벌대학교와 베냉국립대학교, 미국 노스웨스턴대학교의 대학원 과정에 등록했다. 나는 1995년에 학교를 졸업하면서 그해에 예일대학교의 조교수가 되었고, 2001년에는 뉴욕대학교의 부교수가 되었다.

오늘날, 레너드 원체콘은 국제적 인지도가 있는 뉴욕대학교의 정치학 교수이며 베냉에 적합한 개발 프로그램을 실험하기 위해 베냉에서 연구소를 운영하고 있다. 그는 이렇게 다음 세대를 훈련하고 대국민 서비스 수행을 책임질 새로운 민주 정부를 지지하기 위해 방법을 강구하고 있다.

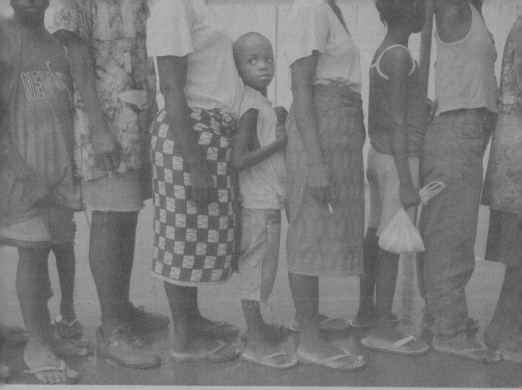

THE WHITE MAN'S BURDEN

2부

|

의무를 행동으로 옮기기

제5장

부자에게는 시장이, 빈민에게는 관료가

사람은 실수할 뿐이지만,
위원회는 일을 망쳐버린다.

＿미상

대외 원조의 공여국들은 지난 20여 년간 탄자니아에 도로 건설을 하
는 데 20억 달러를 사용했다. 그러나 도로망은 개선되지 않았다. 부실
한 관리 탓으로 공여국이 새 도로를 건설하는 것보다 도로가 훼손되
는 것이 더 빨랐던 것이다.[1] 나는 아프리카의 부실한 도로를 체험해본
적이 있는데, 어떤 상황인가 하면 도로 사정이 너무 안 좋아서 차가
시속 8킬로미터 정도로 기어가는 수준이다. 도로 문제는 그다지 중요
하지 않다고 생각할 수 있지만, 만약 진통 중인 아내가 생명을 위협하
는 심각한 합병증을 앓고 있어서 당신이 병원으로 데리고 가야 하는
상황에서, 도로 사정 때문에 시속 8킬로미터로 운전할 수밖에 없는
남편이라면 아마도 생각이 바뀔 것이다. 빈민들에게는 도로가 필요하
다. 그러나 원조 관료제는 이를 실행하는 데 실패하고 있다. 우리는
원조 자금을 빈민을 위한 중요한 서비스로 전환하지 못하고 있는 관

265

료 체제에 대해 강경하게 대처할 필요가 있다.

국제 원조의 관료제에는 세계은행, 미국 국무부 산하 국제개발처 USAID와 기타 정부 기관, 미주개발은행IDB과 같은 지역 개발 은행, 유엔 산하 기관 등이 포함된다. 과연 나를 포함한 대외 원조 관료들은 빈민 문제에 사용한 2조 3000억 달러로 얼마나 좋은 성과를 내왔는 가?

사실 탄자니아에서 관료제는 하나의 '성장 산업'이라고 할 수 있다. 탄자니아는 공여국들에 연간 2400편이 넘는 보고서를 써낸다. 공여국들은 수원국(탄자니아 — 옮긴이)에 관료들로 구성된 사절단을 매년 천여 차례 파견했다.[2] 나 역시 관료로 재직할 동안에 다섯 개 대륙에서 정부 관료들의 많은 시간을 허비하게 했다. 대외 원조는 빈민에게 정작 필요한 것(도로 등)은 공급하지 않으면서 아마도 거의 필요가 없는 것(나와 내 동료 관료들)은 엄청나게 많이 공급한 셈이다.

이를 효율적인 상향식 탐색가들과 대조해보자. 우리는 시장을 위한 여러 조건이 갖춰지지 않은 것을 종종 봐왔지만, 부국에서처럼 그런 조건이 갖춰지기만 하면 시장의 탐색가들은 놀라운 일들을 행한다. 탄자니아에서 도로로 145킬로미터를 가는 것도 어렵지만 뉴욕에서 로스앤젤레스까지 한 시간 반 뒤에 떠나는 직항 비행기 편은 인터넷으로 즉시 예약할 수 있으며, 오늘 오후면 4828킬로미터 떨어진 곳으로 실어다준다. 당신이 내년에 항공편이 필요한지 평가해주는 관료는 없다. 당신은 다음 회계 연도에 출장 계획이나 전략을 보고하지도 않는다. 사우스웨스트항공은 세계를 변화시킨다는 거창한 목표가 아니라 승객을 로스앤젤레스로 바로 이송할 수 있는 방법을 탐색하여 소비자로 하여금 비행기 표를 구입하게 하고 자사의 이익 창출에 도움이 될 수 있도록 할 뿐이다. 이 과정 속에 관료제가 존재하지 않음에도 불구하고 뉴욕에서 로스앤젤레스까지 항공편은 299달러만 있으면 어느 누구나 구할 수 있다.

아마 이와 같은 비교가 공평하지 않다고 생각할지도 모르겠다. 시장은 모든 상품을 부자들을 위해 공급하지는 않는다. 도로와 같은 공공 서비스 상품은 국가가 공급한다. 국가는 이러한 필요를 충족시키기 위해 관료제를 활용하는 것이 사실이다. 그러나 부국의 관료제는 빈민들을 위한 원조 기관의 관료제보다는 더 원활하게 운영된다. 앞 장에서 민주주의가 수반된 공공 서비스가 얼마나 더 원활하게 운영되는지를 살펴보았기 때문에, 이제 여기에서는 한 가지 일화만을 소개하고자 한다. 미국 메릴랜드 주 타코마파크의 우리 집 앞에 웅덩이 하나가 생긴 적이 있었다. 나는 세 가지의 손쉬운 단계를 거쳐 시청이 웅덩이를 메워주는 작업을 하도록 했다. 첫 번째 단계로 우리 시의 여성 시의원인 캐시 포터Kathy Porter에게 전화를 걸어 시청에서 제발 그 웅덩이를 메워달라고 부탁했다. 두 번째 단계로는 그 다음날, 타코마파크공공사업의 직원이 그곳에 와서 웅덩이를 메워주었다. 세 번째 단계는 사실 있지도 않았다. 이것이 가능했던 것은 시의 관료제가 캐시 포터와 같은 선출된 정치인들에 대해 책임을 지고 있기 때문이다. 한편 캐시 포터는 나와 다른 유권자들에 대한 책임을 진다. 캐시 포터는 탐색가이다. 그녀는 유권자들의 필요에 반응하면서 타코마파크에서의 자신의 정치적 생명을 강화했다. 현재 그녀는 8년째 타코마파크 시장직을 맡고 있다. 물론 부국의 민주주의가 항상 이렇게 잘 운영되는 것은 아니지만 부국 시민들에게 수많은 공공 서비스를 제공할 수 있을 정도로 비교적 잘 운영되고 있다.

이러한 예는 관료제가 언제나 비효율적인 것은 아니라는 점을 보여준다. 시장은 자체적으로 관료제를 활용하고 있다. 사우스웨스트항공은 다른 모든 기업들과 마찬가지로 고객에 대한 여행 서비스를 주관하는 기업 내 관료제를 갖추고 있다. 원조 관료제와 그것이 다른 점은 기업 관료들은 동일한 고객에게 책임을 진다는 점이다. 그들은 상품 서비스를 제대로 하지 않으면 업계에서 퇴출된다. 시장은 고객이 최고로 만족하는 가장 저렴한 서비스를 제공하는 방법을 강구하기 위해 기업 관료제가 탐색가들을 활용하도록 영향력을 발휘한다.

전 세계 최빈민층의 비극은 자신들의 절박한 필요를 해결할 수 있도록 탐색가들에게 동기를 부여할 수 있는 자금력이나 정치력이 없다는 것이다. 반면 부자들은 돈과 권력을 가지고 잘 발전된 시장과 책임 있는 관료제를 활용하여 자신들의 문제를 해결하게 한다. 대외 원조 관료제는 이런 방식을 써본 적이 없다. 그들이 가진 문제의 핵심은 빈민들은 고아와 같다는 것이다. 빈민들은 자신들의 필요를 알리거나 다른 사람들이 그 필요를 충족시키도록 동기를 부여할 수 있는 돈도 정치적 목소리를 내지 못하고 있다.

설상가상으로, 원조 업무를 맡은 관료들은 빈민들뿐 아니라(또는 빈민들 대신에) 원조 자금을 제공하는 부국을 만족시켜야 하는 인센티브를 가지고 있다. 빈민 구제의 여정에서 한 가지 간과한 것은 그들이 지명한 조력자들의 인센티브를 알아내는 데 실패했다는 점이다. 관료적인 책임자들은 단순히 빈민 개개인들을 돕는 것보다는 비서구 지역의 변혁을 약속하며 부국의 허영심을 충족시키는 인센티브를 가지고 있다. 내부 관료제의 인센티브 역시 소시민에게 필요한 것을 얻게 해 주는 것보다는 대규모의 국제적 계획을 선호한다.

이것은 자기 잇속만 차리는 인센티브가 시장 또는 관료제에서 모든 것을 결정짓는다는 뜻은 아니다. 사람들은 민간 조직이든 공공 조직이든 선한 일을 하며, 목표한 결과물을 내고, 다른 사람을 돕는 일에서 긍지를 느낀다. 빈민 구제에 헌신한 수많은 원조 기관 직원들은 근면하며, 타인을 배려하며, 성품이 정직한 전문가들이다. 문제는 그 인센티브가 직원의 선한 의도에 부합하는지 아니면 반대되는지의 문제이다. 민간 시장에서 선한 일을 하는 것에 대한 인센티브와 자긍심은 서로를 강화시킨다. 민주적 관료제에서 정치적 인센티브는 훌륭한 성과라는 전문가적 규범의 연장선 위에 있다. 안타깝게도 원조 관료제에서 정치적 인센티브는 결과물을 내려고 하는 전문가들의 노력에 상반된 방향으로 너무나 자주 사용된다.

빈민의 이익을 위해 봉사하는 데 따르는 관료적 장애물을 이해하는 것은 좀 더 효과적으로 빈민을 구제하는 길을 알려줄 수 있다. 이 장은 관료제의 어두운 단면 일부를 드러내고 다른 이들도 이와 동일한 일을 하게 하는 작은 발걸음이다. 이는 원조의 조력자들이 계획보다는 결과물을 창출할 수 있도록 인센티브를 바꾸도록 하기 위함이다. 이 장은 원조 기관의 관료제가 왜 잘 운영되지 않는지에 대한 몇 가지 가설을 제시하고 난 후에 이 가설들을 가능한 한 많은 연구 사례를 가지고 검증할 것이다. 안타깝게도 이 부분에서 체계적인 자료보다는 사례 연구와 일화만을 소개할 수밖에 없다. 왜냐하면 이 책이 다루고 있는 다른 것들보다 관료적 행동을 정량화하기가 어려웠기 때문이다.

상향식 피드백의 재등장

개인에 초점을 두는 시장의 매력은 고객의 선택이 공급자에게 피드백이 된다는 것이다. 로스앤젤레스로 가는 사우스웨스트항공의 항공편이 모두 매진되어 당신이 추가 좌석을 예약하려 한다면, 이는 사우스웨스트항공에 항공편을 더 늘리도록 조정하든지 가격을 올리든지 해야 하는 신호를 주는 것이다. 시장의 놀라운 점은 무수한 개인의 선택을 조정한다는 것이다. 시장에서 매겨지는 가격은 난방용 온도 조절 장치와 같다. 집이 너무 추워지면, 온도 조절 장치는 자동으로 난방을 시작한다. 집이 너무 따뜻해지면, 온도 조절 장치는 난방의 전원을 끈다. 당신이 온도 조절 장치의 현재 설정에서도 너무 춥다고 느끼면, 그것을 바꿀 수 있다. 너무 추운지는 당신이 결정하며, 그 온도 조절 장치를 조절하는 것은 당신이다. 시장도 이와 같은 방식으로 작용한다. 초과 수요가 있으면 가격이 올라간다. 초과 공급이 있으면 가격은 내려간다. 민주주의는 또한 피드백을 특징으로 한다. 한 시민이나 시민의 압력 단체가 어떤 문제를 알아내고 이를 수정하기 위해 공무원을 호출한다면, 문제는 종종 해결된다. 정부가 국민 다수를 정말 분노하게 하는 특정 행동을 한다면, 유권자들은 정부가 그 행동을 바꾸도록 목청을 높여 외칠 것이다.

잘 운영되는 피드백 시스템이 얼마나 독특한 것인지를 알기 위해 일전에 내게 일어났던 혼란스런 상황을 보자. 나는 아내와 함께 이중 제어 장치가 달린 담요를 덮고 추운 밤을 지낼 요량이었다. 우리 각 사람은 자기 쪽에 있는 담요의 온도를 조절할 수 있었다. 그런데 조정을 잘못해서 나는 아내 쪽의 온도를 조절하고, 아내는 내 쪽을 조절하고 있었다. 나는 너무 더워서 조절기 온도를 낮췄고, 이는 아내 쪽을 더 춥게 만들었다. 그래서 아내는 자기 쪽의 조절기를 더 올렸고 결과적으로 내 쪽은 더 뜨겁게 되었다. 그래서 나는 내 조절기의 온도를 더 많이 내려 아내의 쪽은 더욱 추워졌고, 결국 아내는 자기 쪽 조절기 온도를 더 올렸다…….

대외 원조 기관이 가진 어려움은 관료 한 사람이 저 멀리 떨어진 곳에 사는 어떤 빈민의 담요 온도 조절기를 조정하고 있다는 것이다. 그 빈민은 자기가 너무 더운지 아니면 너무 추운지조차 의사 표현을 할 수 있는 능력이 부족하다. 관료적 계획가들은 빈민들에게서 피드백을 거의 혹은 전혀 받지 않는다. 그래서 가난한 대외 원조 수급자들은 그들이 전혀 원하지 않는 일부 물품들을 수급하게 되며, 정작 그들이 절실하게 원하고 있는 것들은 얻지 못한다. 반면 탐색가들은 빈민들과의 대화, 현지 조사와 같은 피드백 시스템을 고안하고, 지역 상황에서 실제 운용할 수 있는 것들을 실험함으로써 현장에서 일을 더 잘해낼 수 있다.

나는 주인, 당신은 대리인

대외 원조에서 쉬운 해결책은 없다. 원조 문제는 고유의 난점을 가지고 있다. 부국 정치인들은 대외 원조 기관을 장악한다. 부국 정치인들과 원조 관료제 사이의 관계를 좀 더 분명히 하기 위해 주인과 대리인 (대리인은 주인을 대신하여 행동하는 사람이다. 이 설정에 대해서 경제학에서 많은 연구가 이루어져 있다.) 관계에 대해 생각해보자. 부국의 정치인을 주인이라 하고 원조 기관의 관료를 대리인이라고 하자. 이미 언급한 한 가지 중요한 문제는 주인이 실제 고객이 되어야 할 빈국의 빈민이 아니라 부국의 정치인이라는 것이다. 부국의 유권자들과 유권자 대표들은 대외 원조 기관의 행동을 선택하는 장본인들이다. 그들이 좋아하는 것은 대계획, 쉬운 해결책을 담은 약속, 유토피아적 꿈, 부국의 정치 경제적 이해관계를 위한 부수적 이득이다. 이것들은 모두 원조 기관에 불가능한 임무를 전달할 뿐이다.

그러나 유권자들과 유권자 대표들이 빈민 구제를 위한 실현 가능한 행동에 좀 더 초점을 맞추었다고 해도 문제는 여전히 남아 있다. 일반적인 주인-대리인 설정에서 주인은 자기 스스로 모든 임무를 수행할 수 없다. 그래서 그는 그중 일부를 대리인에게 위임하고, 대리인은 그 임무를 주인을 대신해서 수행하게 될 것이다. 예를 들어 상점 주인은 항상 계산원 역할을 할 수 없으므로 점원을 고용한다. 그러나 주인과 대리인이 동일한 이해관계를 가지고 있는 것은 아니다. 상점 주인은 점원이 상점의 이익을 극대화하기 위해 가능한 한 많은 고객들을 온 힘을 다해 맞아주길 바란다. 점원은 퇴근 후 술집을 전전할 요량으로 자신의 힘을 다 쓰지 않으려 한다. 주인이 원하는 것을 점원이 수행할 시 보상을 약속하는 계약서를 씀으로써 점주와 점원은 서로 다른 목표의 상충을 해결할 수 있다. 점원은 고객을 잘 섬기면 보상을 받게 되고 반대의 경우 해고당하게 된다.

그러나 주인-대리인 계약은 주인이 대리인의 업무 수행 상황을 관찰할 수 없을 경우 제대로 실행되지 못한다. 주인이 대리인을 감독할 수 있는 능력이 없으면 대리인은 주인의 이익을 위해 열심히 일할 인센티브를 가지지 못하게 된다.

이러한 문제는 세계 빈곤 퇴치와 같은 몇몇 유토피아적인 목표를 가지고 있는 계획가의 의식 구조하에서 더욱 악화된다. 부국 정치인은 전반적 빈곤의 영향에 기초하여 원조 기관을 평가할 수 있다. 이는 대외 원조 노력과 빈곤 경감 사이에 관계가 있다고 가정하고 있다. 그러나 실제로는 비서구 지역의 빈곤 문제는 관료제 이외에도 수많은 요소들에 기초하기 때문에 현장에서의 원조 기관 공헌도는 잘 드러나지 않는다.[3]

원조 기관들이 거의 해결할 수 없는 문제를 가지고 있다는 점은 너무 안타깝다. 원조 기관은 비서구 지역을 변혁시키고자 하는 주인인 부국의 포부를 만족시켜야 한다. 원조 기관은 빈곤 감축에 별로 신경을 쓰지 않을 해당 지역의 정부 기관 및 엘리트 집단과 공조해야만 한다. 정치적 변동, 가뭄, 수출 가격 하락과 같은 예기치 못한 요소들로 인해 빈곤의 결과에 대한 변이를 제어하기가 어렵다. 이성적인 주인들이 환경적 난관을 제어할 수 있다 하더라도 조건 평가conditional evaluation에는 원조 기관들만이 가지고 있는 내부 지식이 필요하다.

다시 말해서 문제의 핵심은 개별 원조 기관의 노력이 비가시적이라는 점과 그로 인한 결과이다. 가시성이 어떻게 문제가 되는지 알아보기 위해 당신이 대리인인데 주인을 당신 집으로 저녁 식사에 초대했다고 가정해보자. 여기서 식사를 하게 될 장소와 다락방의 청결도를 비교해보자. 저녁 식사 손님이라면 식탁 주변을 살펴보겠지만 다락방은 보지 않는다. 따라서 식탁 주변은 다락방보다 훨씬 깨끗할 것이다. 당신은 다락을 청소하는 것보다 식탁 주변을 청소하는 데 훨씬 더 많은 노력을 기울인다. 사실 청소하는 과정에서 식탁 주변의 잡동사니들을 다락으로 가져다 놓으면서 다락을 더 지저분하게 만들 수도 있다. 어떤 사람이 당신의 다락을 깨끗하게 바꾸려는 유토피아적인 계획을 가지고 나타난다 할지라도 그 계획이 성공할는지 실패할는지 알지 못할 것이다. 원조 기관의 노력이 변화를 이루어내는지 아닌지를 아무도 알 수 없다면, 원조 기관 책임자들은 노력을 다하기까지 약한 인센티브만을 가지고 있는 것이다. 이는 이 책에서 밝히고 있는 한 가지 중요한 예측으로 회귀하게 한다. 비가시성은 계획가에게 권력을 부여하지만 가시성은 탐색가들에게 더 많은 권력을 준다는 것이다.

원조의 문제는 가난한 사람들이 대부분 잘 보이지 않는다는 것이다. 대외 원조와 기타 개발 노력들은 부유한 사람들이 살고 있는 세상의 다락에서 일어나고 있다. 비효율적인 유토피아적 비전이 대외 원조에서 살아남는 것은 아무도 관심을 갖고 주목하지 않기 때문인가? 우리가 대중들이 볼 수 있도록 다락을 공개함으로써 원조가 더욱 잘 수행되도록 할 수 있는지 알아보도록 하자.

아이들이 만들어낸 화장실 유머

모든 일을 대외 원조로 처리하려고 하는 것은 수많은 주인들과 대리인들이 얽힌 상황을 연출한다. 주인-대리인 이론은 복수複數의 주인들(수많은 부국 정부와 문제성 로비 집단)이 대리인(국제기관)에 대한 인센티브를 약화시킨다. 비서구의 모든 문제를 해결하려는 서구의 메시아적 충동은 원조 기관에 대해 무수한 목표를 생성시킨다. 각각의 주인(말하자면 각각의 문제성 로비 집단)은 그 목표들을 추구하기 위해 대리인에게 영향력을 행사하고 다른 주인의 목표는 무시한다. 이로서 대리인이 한 가지 목표라도 달성하려는 인센티브를 약화시킨다.[4] 상사가 한 명 이상인 사람은 이것이 무엇을 의미하는지 알 것이다. 상사한 명이 당신의 미온적인 실적에 대해 불평할 때 당신은 다른 상사를 위해 일하고 있었다는 핑계를 댈 수 있다.

이 문제에 대한 해결책은 목표의 가짓수를 줄이는 것이다. 원조 사업이 유토피아적인 꿈에 현혹되지 않았더라면, 해결책이 있다는 것이 증명된 현실적인 문제들을 더 많이 처리할 수 있었을 것이다. 더 나아간 단계로는 각 원조 기관이 해결 가능한 부분에서 더욱더 전문성을 가지고 일하게 하는 것이다.

대외 원조는 수많은 대리인 —— 각기 다른 상사들을 응대하고 있는 수많은 원조 기관들 —— 이 있어 복잡해지기도 한다. 볼리비아 산맥에 진출한 기관들은 국제통화기금IMF, 세계은행, IDB, USAID, 미국 마약단속국DEA, 영국 국제개발부DFID와 부국의 다른 모든 원조 기관들과 여러 비정부 기구들, 그리고 보노가 있다. 이 기관들은 특정한 결과에 대해 책임을 지는 기관이 아니며, 그들의 개인적인 노력은 감독이 불가능하다. 그들은 볼리비아의 경제 발전에 생기는 사건에 대해 공동으로 영향력을 행사한다. 이 기관들이 수년간 노력한 후에도 볼리비아에서 1999~2005년의 경제 위기 및 정치 위기와 같이 무슨 악재가 생기면, 누구에게 책임을 돌려야 하는가? 우리는 알지 못한다. 그래서 어떤 기관도 책임을 지지 않게 된다. 이는 원조 기관들의 바람직한 행동을 이끌어낼 인센티브를 약화시킨다.

우리 아이들과 토론하면서 그들이 알고 있는 수많은 화장실 유머에서 떠오른 비유를 생각해보자. 촌스러운 한 아이가 있다고 가정해보자. 그 아이가 다른 아이 한 명만 태운 학교 승강기에 타고 있으면 그 아이가 방귀를 참아야겠는가? 대답은 '그렇다.' 이다. 다른 아이가 그 아이를 혐오스럽게 여기는 것을 피하기 위해서이다. 그러나 그 아이가 사람이 꽉 찬 승강기에 타고 있다고 생각해보자. 우리 아이들이 이 민감한 주제를 분석하는 것처럼, 방귀를 참아야 한다는 인센티브는 그렇게 강하지 않다. 왜냐하면 승강기에 타고 있는 다른 아이들이 방귀를 뀐 것에 대해 누구를 탓해야 할지 모르기 때문이다.

마찬가지로 기능 장애 상태의 관료제는 누구를 탓해야 할지 모르는 기관 또는 기관들의 집단이다. "그건 우리 부서 소관이 아니에요." 주인들은 나쁜 일이 일어나도 누구에게 책임을 지워야 할지 알지 못한다. 문제는, 목표가 일반적일수록 문제가 더욱 심각하다는 것이고, 그래서 그와 같은 결과를 초래하는 데 기여할 수 있는 대리인이 더 많아진다는 것이다.

이는 새 천년 개발 목표MDGs와 같은 국제 협력에서 나타난 실행상의 약점이다. 모든 부국 정부와 국제 원조 기관은 MDGs를 달성하기 위해 공조하기로 되어 있다. 따라서 그 목표가 달성되지 않는다 해도 어느 대리인도 책임을 지지 않게 되어 있다. 이는 대리인이 목표에 도달하기 위해 최선을 다하도록 하는 인센티브를 약화시킨다. 목표에 대한 집단적 책임은 중국에서 농지의 집단 소유가 제대로 기능하지 않는 것과 마찬가지 이유로 제대로 기능하지 못한다.

그러나 집단적 책임을 찬성하는 것은 개별 원조 기관들이 대외 원조에 적대적인 정치 환경으로부터 스스로를 보호하는 최적의 전략이라 할 수 있다. 대외 원조의 원대한 목표가 원조 기관의 노력 이외에도 수많은 다른 요소에 좌우된다고 볼 때, 무엇인가 잘못되는 경우에 원조 기관들이 그에 대한 책임을 가능한 한 다른 많은 원조 기관들과 나누려고 하는 것은 충분히 이해할 수 있다.

부국의 자유 시장은 다수의 주인과 다수의 대리인의 문제를 해결해준다. 거기에는 다수의 소비자(주인)에게 상품을 공급하는 수많은 회사(대리인)가 있다. 기업과 소비자 양쪽 모두 자유 시장을 통해 분산된 탐색을 하는데, 이는 수많은 상호 조화를 이루는 짝들matches을 만들어낸다. 각각의 짝은 소비자와 회사 간에 한시적인 주인-대리인 관계를 형성시킨다. 회사의 상품에 결함이 있으면 소비자는 누구에게 그 책임을 묻고 환불을 요청해야 할지 알고 있다. 그래서 회사는 불량품을 생산하지 않을 인센티브를 갖게 된다. 이와 전혀 다르게 대외 원조 시장에서는 수많은 주인들이 어떤 대리인에게 환불을 요청해야 할지 모르고 있다.

앞 장에서 논한 바와 같이 관료제는 정부가 국민들에게 민주적 책임을 지는 국가에서 —— 완벽하게는 아니지만 —— 더 잘 운영된다. 민주주의에서 시장의 피드백과 유사한 것은 유권자의 의견이다. 국민들은 정부 관료제로부터 원하는 결과를 얻지 못하면, 국민들의 투표에 호소하는 정치인들에게 불만을 제기한다. 정치인(주인)들은 유권자에게 소기의 성과를 가져다주기 위한 인센티브를 가지고 관료제(대리인)를 고안하려 한다. 부국의 민주주의에서 관료제는 실현 불가능한 야망보다는 간단하고 실행 가능한 업무(타코마파크공공사업, 미국 재향군인부U.S. Government Veterans Affairs, 주고속도로부State Highway Department, 사회 보장 제도Social Security)로 배정될 가능성이 많다. 그것들이 제대로 된 성과(웅덩이 고치기, 퇴역 군인에 대한 혜택, 새로운 도로 건설, 퇴직금 승인)를 내지 못하는 경우 정치인들은 관료제에 책임을 돌릴 것이다(그리고 유권자들은 정치인들에게 책임을 돌릴 것이다.).

웅덩이 고치기

이제 탄자니아 시골의 한 가난한 사람이 자기 집 앞에 있는 웅덩이를 메우길 원한다고 가정해보자. 이 장 서두에서 살펴본 것과 같이 탄자니아 인들은 잘 갖춰진 도로망의 혜택을 누려보지 못했다. 내가 타코마파크의 집 앞 웅덩이를 쉽게 메울 수 있었던 것과 대조적으로 그 가난한 탄자니아 인은 자기를 대신하여 행동해줄 사람을 찾을 길이 없다. 탄자니아 정부는 공공사업에 대한 자금을 지원하기 위해 대외 원조에 눈을 돌린다. 그 가난한 사람이 어떻게든지 해서 자신의 원하는 바를 '시민 사회 대표'나 비정부 기구에 이야기하면, 이 기관들은 탄자니아 정부를 통해 국제 원조 공여국에 그의 요구 사항을 분명히 표현할 수 있다. 탄자니아 정부는 세계은행의 빈곤 감축 지원 차관poverty reduction support credit, PRSC과 IMF의 빈곤 감축 성장 지원 금융Poverty Reduction and Growth Facility, PRGF의 도움을 청한다.

IMF와 세계은행으로부터 차관을 얻기 위해 탄자니아 정부는 시민 사회, 비정부 기구, 기타 공여국 및 채권국에 자문을 구하여 빈곤 감축 전략 보고서PRSP를 만족스러운 수준으로 써내야 한다. 비록 그들이 자유 시장을 실제로 옹호한다 하더라도, IMF와 세계은행은 PRSP를 만들어내는 국가적 계획가들을 미묘하게 선호한다.

그러면 세계은행은 PRSC의 내부 수순을 따른다. 여기에는 국가 지원 전략의 준비, 사전 평가 업무, 평가 업무, 협상, 위원회 승인이 포함되는데, 이는 포괄적 개발 체계, 운영 지시 8.60, 운영 정책 4.01, 잠정 PRSP의 지침에 따른 것이다. 탄자니아 정부는 새로운 차관이 예전 차관의 이자 지불에 쓰이지 않도록 확대 과다 채무 빈국Heavily Indebted Poor Country, HIPC 부채 이니셔티브의 자격 조건을 알아보기도 한다. 채권국과 정부는 채무-지속 가능성 분석을 한다. HIPC, PRSC, PRGF는 다음과 같은 수많은 개혁 조건을 요구했다. 즉 계획 입안에서의 빈민 참여, 해마다 공공 지출 평가를 통해 감시되는 빈곤 감축 정부 지출, 재정 적자 목표 설정, 세입 동원 목표 설정, 그리고 정부 내 금융 정보 관리 시스템 실시 같은 구조 개혁, 바젤 표준(은행 감독에 관한 글로벌 스탠더드를 정하는 바젤은행감독위원회가 정한 것으로 BIS 기준 자기 자본 비율 등 25개 핵심 원칙이 있다. ― 옮긴이) 및 IMF와 세계은행이 권고한 국제 표준 및 법령International Standards and Codes 의 11개 영역과 일치하는 금융 부문 개혁, 돈 세탁 통제, 민영화, 세계 무역기구wTO가 관리하는 —— 아마도 최빈국LDC의 무역 관련 기술 지원 에 통합적 체계를 적용하는 방식의 —— 무역 장벽 완화 등이다. PRSP 계 획은 이 가난한 사람을 위해 도로 보수 자금으로 쓰일 돈을 포함할 수 도 있고 포함하지 않을 수도 있다. 도로 보수에 사용되는 자금의 액수 는 수년에 걸친 '중기 재정 관리 체계MTEF'의 지출 우선순위를 설정 할 때의 다양한 필요에 좌우될 것이다.

한편 괴롭힘을 당한 탄자니아 정부 관리가 시간이 있다면, 빈곤 감축 전략 보고서PRSP 원전은 그들이 빈곤, 기아, 영아 및 산모 사망, 초등 교육, 깨끗한 물, 피임약 사용, 에이즈, 양성 평등, 환경에 대한 새 천년 개발 목표 달성을 위해 정부가 성과를 내는 모든 다양한 방법 에 비용을 치를 것도 제안한다. 한편 다른 국제기구들도 탄자니아의 PRSP를 검토할 것인데, 이러한 기구들에는 유엔개발계획UNDP, 아프 리카개발은행AFDB, 유엔무역개발회의UNCTAD, 식량농업기구FAO, WTO, 세계보건기구WHO, 국제노동기구ILO, 유럽연합, 유엔아동기 금UNICEF, 비정부 기구들과 그리고 오스트리아, 벨기에, 캐나다, 핀 란드, 프랑스, 독일 아일랜드, 이탈리아, 일본, 네덜란드, 노르웨이, 스페인, 스웨덴, 스위스, 영국(DFID), 미국(USAID)의 국가 원조 기관 이 있다. 국제부흥개발은행(IBRD: 약칭은 세계은행이다. — 옮긴이), IMF, UNDP, FAO, WTO, EU, WHO, AFDP, DFID, USAID가 PRSP를 승인하고 중앙 정부에 새로운 자금을 풀기로 한다면, 정부는 그 자금 을 중기 재정 관리 체계, 공공 지출 평가, 포괄적 개발 체계, 빈곤 감축 성장 지원 금융, 빈곤 감축 지원 차관, 빈곤 감축 전략 보고서에 따라 분배할 것이다. 그 후에 그 자금은 주 정부와 지방 정부로 내려갈 것이며, 지방 정부는 가난한 사람의 집 앞 웅덩이를 메워줄 수도 있고 메워주지 않을 수도 있다.

이러한 분석은 개선이 가능하다는 것을 보여준다. 각 원조 기관이 모든 것을 책임지게 하는 것보다는 원조 기관들이 특정 국가에서 특정 문제 해결에 더욱 전문성을 가지게 하자. 그런 후에 각 기관들이 특정 문제에 대해서 진행되는 발전에 책임을 지게 하자. 이는 관료적 형식주의를 끊을 수 있도록 장려할 것이다. 그리고 나서 가난한 사람들에게 탄자니아의 캐시 포터의 전화번호를 알려주자.

> 당신이 얼마나 열심히 노력하는가와 상관없이, 뭔가 한두 가지는 잘 되어간다.
>
> 머피의 법칙에 따른 귀결[5]

성공

희망을 모두 포기하지는 말길 바란다. 원조를 진행하는 데에서 발생할 수 있는 모든 관료제의 함정에도 불구하고, 원조는 종종 잘 진행된다. 예를 들면 세계은행 기록에서 성공적인 사업들을 볼 수 있다. 1990년대 초 세계은행은 학교 출석의 대가로 부모들에게 현금을 지급하여 방글라데시 소녀들이 계속 학교에 다니게 하는 '교육을 위한 식량the

Food for Education' 프로그램 기금을 지원했다(이는 에티오피아의 아마레치를 도울 수 있는 프로그램의 일종이다.). 이 프로그램이 적용된 지역에서 여자아이들의 학교 등록률은 두 배로 증가했다. 세계은행은 방글라데시에서 다른 사업을 통해 어린이 영양실조를 13퍼센트에서 2퍼센트로 감소시키는 데 도움을 주었다. 세계은행의 페루 농촌 도로 프로젝트는 안데스 산맥 주민들이 농작물을 시장에 내다 놓는 데 들이는 시간을 사업 시작 전보다 10분의 1로 줄이는 데 일조했다.[6]

1991년에 세계은행은 중국에서 결핵으로 인한 사망을 제어하기 위해 기간 10년에 1억 3000만 달러 상당의 사업에 공동 출자했다. 해당 지역의 결핵 진료소에서는 1991~2000년까지 800만 명의 결핵 여부를 진단했다. 이 중에서 180만 명이 양성인 것으로 판명되었다. 의사들은 결핵 환자들에게 검증이 완료된 스트렙토마이신 및 기타 약물을 투여했다. 결핵 환자들은 약을 규칙적으로 복용하는 것이 중요하기 때문에(이는 이전에 있었던 수많은 결핵 퇴치 사업의 약점이었다.) 이 사업은 보건 인력들로 하여금 환자들의 약 복용을 지도하는 데 주안점을 두었다. ('단기 직접 관찰 치료directly observed treatment short course'로 알려진 이 새로운 접근법은 WHO가 개척한 것이다.) 지역 단위 보건소는 담당 치료 건수와 치료에 대해 지방위원회 및 중앙위원회에 보고했고, 이로 인해 사업의 원활한 진행 여부를 끊임없이 평가할 수 있었다. 이 사업은 성공적이었다. 결핵 치료율은 52퍼센트에서 95퍼센트로 증가했다. 이번 장은 보건 분야에서 성공한 다른 사례들도 논할 것이다.

WHO와 UNICEF는 1983년부터 탄자니아 이링가 지역의 어린이 영양 공급 사업을 지원했다. 이 사업은 어떤 어린이가 영양실조인지 확인할 수 있도록 지역 보건의 날을 정하여 연령 대비 체중을 측정하도록 했다. 이 사업은 또한 영양실조 징후를 미리 파악할 수 있도록 마을의 보건 인력과 전통 주술사들을 훈련시켰다. 급식소에서는 영양실조 어린이들에게 급식을 했다. 이 사업은 운영된 지 5년 안에, 극심한 영양실조율을 70퍼센트 줄이고 가벼운 영양실조율을 32퍼센트 감소시켰다. 세계은행과 기타 공여국들은 1990년대에 탄자니아의 다른 지역에서도 이와 유사한 사업에 착수했다.[7]

그림 20 사하라 이남 아프리카의 영아 사망률

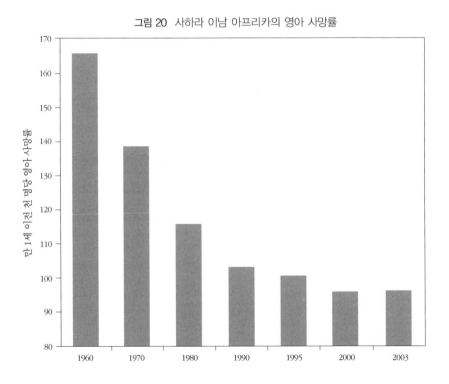

빈국의 보건 및 교육 지표가 놀랍게 개선된 것과 같이 해외 원조는 국제적 규모에서 몇 가지 주목할 만한 성공 사례를 만들어내는 데 기여했다고 할 수 있다. 전형적인 빈국에서 기대 수명은 지난 40여 년간 48세에서 68세로 증가했다. 40년 전에는, 빈국에서 태어난 신생아 천 명당 131명이 첫돌이 되기 전에 사망했다. 오늘날에는 신생아 천 명당 36명만이 첫돌을 맞이하기 전에 사망한다. 전형적인 빈국의 연령 집단에서 초등학교 진학률은 1960년의 65퍼센트에서 오늘날의 100퍼센트로 증가했다. (100퍼센트 이하인 국가들이 다수지만, 빈국의 절반 이상이 100퍼센트 진학률을 보이게 되었다. 향후에 '전형적인' 빈국은 100퍼센트 진학률을 보인다.) 중등 교육에서 연령 집단 대비 진학률은 이보다 훨씬 놀라운 성과를 자랑한다. 1960년에는 9퍼센트에 불과했던 것이 오늘날에는 70퍼센트가 되었기 때문이다. 아프리카의 경우 원조로 경제 성장률 제로라는 결과를 얻었음에도 불구하고, 영아 사망률(그림 20 참조)이 하락하고 중등학교 진학률(그림 21 참조)은 증가했다.

IMF와 세계은행과 같은 조직들에 빈곤 감축이라는 사명에 헌신하는 전문가들이 잘 유입되는 것이 사실이다. 전문가다운 행동이라는 강력한 규범을 갖춘 직원들은 원조 기관의 인센티브가 부자들을 기쁘게 하는 데 있다는 냉소적 분석에서 시사하는 것보다는 훨씬 일을 잘 한다. 상부에서 원조가 잘 이뤄지지 않는다 하더라도 하부의 대리인들은 어쨌든 이를 잘 수행해온 것이 사실이다. 전문적인 현장 인력들은 빈민들에게 실질적인 혜택을 줄 수 있는 사업들 —— 예를 들면 더 나은 경제 정책, 더 나은 보건, 교육 및 위생, 접근성이 높아진 물과 위생 시설 및 전력 등 —— 을 발견해낼 수 있다.

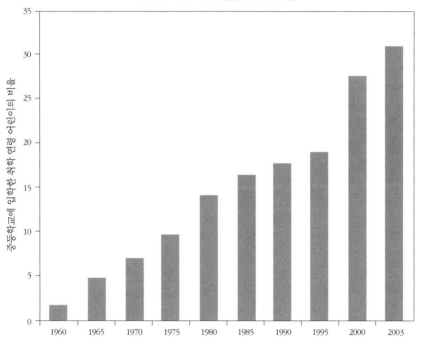

그림 21 아프리카의 중등학교 진학률

원조는 보건, 교육, 물, 위생과 같은 일부 부문에서는 정상적으로
진행되는 것 같다. 예를 들면, 원조 기관들은 아프리카의 식수 및 위
생 개선에 어느 정도 기여를 한 것으로 보인다. 1970년부터 2000년까
지 깨끗한 물을 이용할 수 있는 인구는 20퍼센트에서 60퍼센트로 증
가했고, 전형적인 아프리카 국가에서 개선된 위생 시설을 이용할 수
있는 인구는 6분의 1에서 3분의 2로 증가했다. 이러한 성공 사례들이
전적으로 원조의 덕을 본 것이라고 하면 이는 억측이다. 왜냐하면 원
조 사업의 영향을 평가하기 위한 원조 기관들의 과학적 시도가 충분

하지 않았기 때문이다. 그러나 적어도 원조도 가끔씩 제대로 기능한다는 약간의 희망을 제시해주고 있다.

관료적 행동의 예측

이전에 논의한 개념들은 우리 관료들이 감독할 수 있는 활동에 대해서는 더 많은 노력을 기울이고 감독이 쉽지 않은 활동에 대해서는 노력을 덜 기울일 것이라는 점을 보여준다. 이와 마찬가지로 우리 관료들은 실체적이고 계량이 가능한 목표를 가지고 있을 때 훨씬 더 좋은 성과를 내고, 희미하고 분명하게 규명되지 않은 환상을 가지고 있을 때는 적은 성과를 낼 것이다. 우리는 노력에서 결과까지가 분명하게 연관되어 있을 때 더 좋은 성과를 내고, 결과가 노력 이외의 수많은 요소들을 반영한다면 그보다 못한 성과를 낼 것이다. 우리는 적은 수의 목표를 가지고 있을 때 더 좋은 성과를 낼 것이며, 너무 많은 목표를 가지고 있을 때는 그보다 못한 성과를 낼 것이다. 우리는 해결 가능한 특정 문제에 전문적으로 관여할 때 더 좋은 성과를 내고, 유토피아적인 목표를 달성하려고 할 때는 그보다 못한 성과를 낼 것이다. 우리는 고객들이 원하는 것에 대한 더 많은 정보가 있을 때 더 좋은 성과를 내고, 고객의 필요에 대해 혼란이 있을 때는 그보다 못한 성과를 낼 것이다. 우리는 하층의 대리인들이 동기 부여가 되어 있고 책임을 질 때 더 좋은 성과를 내고, 모든 것이 상층의 관리자들에게 달려 있을 때는 더 좋은 성과를 내기 어려울 것이다.

이러한 모든 긍정적인 요소들은 계획가에서 탐색가로 힘을 이동시킨다. 원조 노력이 이러한 기준에 부합될 때, 탐색가들은 관료제에 가시적인 결과를 제공한다. 이는 그들의 외적 이미지를 더욱 빛나게 하고, 동시에 정치적으로 적대적인 환경에서 보호한다.

안타깝게도 원조 노력의 많은 부분들이 성공할 수 있는 좋은 기회가 될 수 있는 기준은 충족하지 못하면서, 계획가에게 권한을 위임한다. 우리는 관료들이 자신들의 고객 —— 빈민 —— 에 대해 책임감을 적게 가지고 있기 때문에, 고객의 수요에 맞게 서비스를 공급하는 데 사기업보다 잘하지 못할 것이라고 예측하게 된다. 관료제에서 행동 평가에 대한 과학적 접근법이 없다는 것은 마찬가지로 책임감 또한 없다는 것을 반영한다.

원조 기관들은 그들이 헌신적인 인력을 채용할 수 있을 때 더 좋은 성과를 내고, 다른 기준에 따라 직원을 채용하라는 정치적 압력을 받을 때는 그보다 못한 성과를 낼 것이다. 또한 분명하게 규정된 특정 임무를 달성하도록 함으로써 전문가들의 사기를 진작시킬 수 있을 때 전문가들을 더 쉽게 끌어들일 수 있을 것이다.

우리는 이러한 예측에 근거해 우리가 방금 논의했던 일부 성공 사례를 어떻게 확보하게 되었는지 생각해볼 수 있다. 보건 분야의 개입 사례가 좀 더 성공적일 것인데, 그 이유는 결과가 특정하게 규명되어 있고 관찰이 용이하기 때문이다. 즉 질병으로 인한 사망률은 계속 점검할 수가 있다. 특정 질병은 추적해 관찰할 수 있다. 당신은 특정 질병에 대해 원조 기관이 얼마나 잘 대처하고 있는지 피드백을 하게 된다. 보건 분야는 또한 보건 개선이라는 한정된 목표를 가진 거대 조직 —— WHO —— 으로부터 혜택을 받을 수도 있다. 성공했다는 지표가 가시적이면, 하향식 노력조차도 잘 이뤄질 수 있다. 영아 사망률 하락에 부분적으로 기여를 했다고 알려져 있는 WHO의 백신 주사 운동은 많은 부분에서 하향식 통제가 이뤄졌다. 그러나 백신 투약이 어느 정도까지 이뤄지는지에 대한 평가를 통해 하층인 밑바닥의 의견을 구할 수 있었다. 마찬가지로 학생 취학률도 쉽게 추적 관찰할 수 있다. 그래서 취학률 증가는 신속한 피드백이 나타난다. 또한 영양 공급 사업도 어린이의 체중과 신장의 계측 및 추적 관찰이 가능하고, 그래서 그들의 노력이 실제 성과를 내고 있는지 더 나은 피드백을 할 수 있다. 해외 원조 역사에서 대부분 기간 동안 보건, 교육, 영양의 특정한 목표가 두드러진 것과 이 목표에 대한 모든 가시적인 원칙을 합의한 것은 바로 여기서 성과를 내는 데 일조했다. 깨끗한 물과 위생 시설에 대한 접근성 확대에 성공한 것은 더 비실체적인(그리고 비가시적인) 목표일 때보다 가시적인 인프라 프로젝트에서 더 크게 성공했다는 것을 보여준다.

관료주의 청산 또는 더 좋은 은행 규제 보장과 같은 부분에서 점진적 개혁을 촉진하는 원조는 사업 외적으로 움직이면서 가시적인 성과 —— 즉 새로운 사업의 개시일 수, 사업 개시에 들어간 사업체 수, 은행 파산의 횟수 등 —— 를 내고 있다. 우리는 포괄적인 개혁을 장려하는 원조보다 점진적인 정책 자문으로부터 더 나은 결과를 얻을 수 있다. 포괄적 개혁에서는 무엇이 무엇을 유발하는지 아무도 알 수 없다.

노력 투입 —— 약품, 백신, 식량, 교실 건축, 물 인프라, 발전發電, 규제 간소화 —— 이 결과와 맺는 관련성은 전반적인 경제 성장 달성과 같은 좀 더 일반적인 목표보다는 보건, 교육, 영양, 물, 전기, 점진적 정책 개혁에서 더욱 단순하고 명확하게 나타난다. 이러한 부문에서 더 쉽게 고객의 필요를 알 수 있다. 굶주린 어린이들은 당연히 음식을 원할 것이기 때문이다. 탐색가들의 상위에는 그리고 주변에는 관료제가 버티고 있다 하더라도 이러한 분야에서 가시적 결과에 대한 희망이 있을 때 탐색가들은 유리한 입장에 서게 된다.

물론, 원조에서 모든 성공을 탐색가에게 돌리고 모든 실패를 계획가에게 돌리기만 하는 것은 순환 논법에 불과할 것이다. 그 대신에 우리는 그 결과가 얼마나 점진적으로 추진되었는가, 얼마나 가시적인가, 개별적으로 책임을 물을 수 있는가와 같은 특정하게 시험 가능한 예측을 확보하게 된다. 마을에 깨끗한 물을 공급하는 것과 같이 점진적이고 가시적이며 개별적인 책임이 부여되는 결과들은 탐색가들이 처리할 가능성이 크다. 반면 경제 성장 기여와 같이 일반적이고, 비가시적이며, 책임 소재가 불분명한 결과들은 계획가들이 다루게 될 가능성이 크다. 점진적, 가시적, 개별적 책임이 부여되는 분야들은 성공을 경험하게 되겠지만, 목표가 일반적이고, 노력이 드러나지 않으며, 개별적 책임 추궁이 불가능한(또는 비켜나 있는) 분야는 실패하게 될 공산이 크다.

이 담론은 타당성을 갖고 있지만 몇 가지 억측도 포함하고 있다. 왜냐하면 원조 기관들이 무엇이 제대로 운영되는지와 그 이유에 대해 (독립적으로) 평가할 충분한 인센티브를 갖지 못했기 때문이다.

원조의 양

다른 분야에서 감독 가능한 지표에 대해 강조하는 것은 그다지 생산적이지 못했다. 원조 기관들은 그 목표가 빈국의 발전과 변화인 상황에서 어쨌든 새 천년의 꿈을 위해 진전된 모습을 보여야 했다. 개발결과에 대한 원조 기관의 기여도를 관찰하는 것이 불가능할 때, 원조기관의 계획가들은 개발에 대한 자신들의 투입량을 홍보하게 된다. 대외 원조 기관들이 선전하는 투입의 한 가지 가시적 지표는 그들이 지급하는 자금량이다. 이에 대해 주디스 텐들러가 1975년에 대외 원조에 대해 썼던 글은 오늘날에도 여전히 유효하다.

> 그런데 공여국 기구가 인식한 사명은 반드시 경제 발전이라고만 할 수 없고, 자원 투입, 자금 이동 등과 관련되어 있다. …… 그동안 공여국 기구들은 공급과 관련된 개발 지원에 필요한 전체 자본 추정치를 자신들의 행동 지도와 실적 판단의 암묵적인 기준으로 여겨왔던 것 같다. …… 정량적 계측은 필적할 상대가 없이 우월적 지위를 얻게 되었다. 개발 원조 노력의 성공과 실패에 대한 다른 정의는 찾아보기 어렵다.

오랫동안 세계은행 총재를 역임한 로버트 맥나마라는 과거에 베트남에서 군사 개입과 원조 사업의 결합에 대한 경험을 쌓았다. 맥나마라는 베트남전에서 시신屍身 수와 같은 수치를 사용해 전쟁의 성공을 측정하길 좋아한 것으로 악명이 높다. 그가 세계은행에 부임하게 되었을 때, 자신의 성공을 차관 액수로 계측한 것은 그보다는 덜 섬뜩했다. "우리는 이전의 1964~1968년의 5개년 기간과 비교해 1969~1973년 회계 연도에서 세계은행의 사업을 두 배로 증가시킬 것을 제안했고, 그 목표는 충족되었다."(맥나마라, 1973)

전 세계 빈민의 지지자들은 수십 년 동안 대외 원조의 양을 늘리는 데 초점을 맞추었다. 권장 증가액은 두 배에 대한 이상한 집착을 보여준다. "공적 개발 원조ODA의 현행 공급량은 …… 국제적으로 수용된 제2차 개발 10개년을 위한 유엔 전략United Nations Strategy for the Second Development Decade이 설정한 근소한 목표의 절반에 불과하다."(맥나마라, 1973) "북대서양조약기구NATO 회원국들이 군사 지출의 10퍼센트만 절감해도 원조를 두 배로 증액하기 위한 자금을 댈 수 있다."(세계은행, 세계 개발 보고서, 1990) "우리가 유익한 세계화와 우리 모두 서명한 다자적 개발 목표를 충족할 수 있으려면 ODA를 연간 500억 달러 상당의 현 수준에서 두 배로 증액해야 한다."(세계은행 총재 제임스 울펀슨, 2001) 새 천년 개발 목표에 도달하기 위해 요구되는 비용에 대한 세계은행의 기술적 연구는 두 배 증액에 대해 의견이 모아졌다. "현재 이루어지는 대외 원조에 상응하는 양만큼의 대외 원조 증가는 …… 개발 목표 달성을 위한 올바른 규모이다."(세계은행, 2002) 원조 기관들이 원조의 양을 강조했을 때 원조는 증가했다(그림 22 참조).

당시 영국의 토니 블레어 총리와 고든 브라운 재무부 장관은 대외 원조에서 특히 대對아프리카 원조를 증가시켰다. 이는 2005년 G8 회담의 주요 의제였다. 권장 증가액은 역시 두 배였다. 제프리 삭스는

『빈곤의 종말』 2005년도 판에서 2006년에 원조를 두 배로 증액할 것을 촉구했고, 2015년까지 이를 거의 두 배로 재차 증액할 것을 제안했다.

원조는 1990년대 상반기에 감소했는데, 이는 냉전 종식과 원조 성과의 부진으로 인한 피로감 때문이라 할 수 있다. 그러나 원조 확대의 새로운 물결이 새 천년에 시작되었고 이는 국제적인 테러와의 전쟁하에서도 누그러질 기세가 보이지 않고 있다.[8] G8은 2005년 7월에 아프리카에 대한 원조를 두 배 증액하기로 합의하였다.

유일하게 남아 있는 문제는 대외 원조의 양이 개발에 대한 투입량이지 산출량이 아니라는 점이다. 관료들과 정치인들이 투입량 —— 소비된 원조의 총액 —— 에 초점을 둔다는 것은 이상하게 보인다. 《캣우

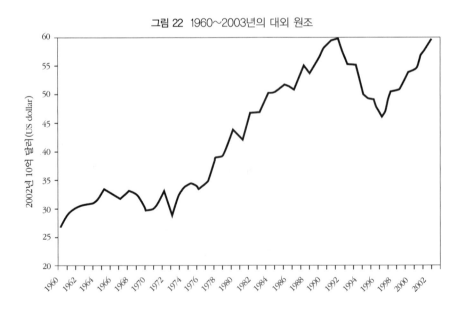

그림 22 1960~2003년의 대외 원조

먼Catwoman》을 만든 할리우드 프로듀서들은 2004년에 최악의 영화상을 받기도 했는데, 프로듀서들은 영화 제작에 1억 달러가 사용되었다는 이유로 이 영화가 그렇게 나쁘지만은 않다고 영화 팬들과 언쟁을 벌일 수는 없을 것이다. 우리는 원조에서 영화표 값을 지불하는 부자들이 그 영화를 보는 사람이 아니라는 병리적 측면을 감안할 때만 원조량에 대한 강조 현상을 이해할 수 있다.

이 특유한 병리학은 적어도 이론적으로는 해결책이 있다. 원조 기관에 대한 부국의 감독관들은 성공의 척도로서 원조 지급(과 자금 소비)을 부적합한 것으로 평가해야 한다. 원조 기관들은 자체적으로 원조 지급을 덜 강조하려 했지만, 원조 지급을 홍보함으로써 얻는 정치적 보상 때문에 이러한 노력은 헛수고였다. 원조 비평가들은 얼마나 많은 돈이 동원되는지가 원조 기관에 대한 보상이 되지 않도록 부국의 대중들과 정치인들을 설득시켜야 한다. 정작 중요한 것은 원조의 결과이기 때문이다.

열대의 요세미티 샘

원조 기관의 최고 책임자들은 부국 대중들에게 관찰 가능한 노력을 보여주어야 할 인센티브를 가지고 있다. 이로 인해 수많은 가시적인 기본 틀, 특별 전담반, 보고서, 국가 원수 회동이 성사되었다. 1997년의 세계은행 활동 평가는 "사회 경제적 개발 환경을 조성하는 관계 기관 특별 전담반"에 대해서 보고했다. 이는 "1994~1995년 두 차례의 중요한 회담 이후 이루어졌는데, 코펜하겐 사회 정상 회의(1994년 3월)와 제4차 세계 여성 회의(1995년 9월)가 바로 그것이다." 1994~1996년 기간 동안 세계은행은 "90차례 공식 회동의 의장직을 수행했고 다른 공여국들이 38차례 공식 회동에서 의장직을 수행하는 데 실질적으로 노력했다." 이와 마찬가지로 UNDP는 회동 개최의 성공에 대해 다음과 같이 보고했다.

> 7개 아프리카 국가의 사회 부문 지출 검토서의 준비와 배포를 지원하기 위해 신탁 기금이 사용되었다. …… 이 중 다섯 편의 보고서가 이미 완료되었고, 그들의 조사 결과와 권고안을 논의하기 위해 워크숍이 개최되었거나 앞으로 개최될 예정이다. 이 연구의 예비 조사 결과는 UNDP와 UNICEF가 공동 주관한 3개 지역 회담에서 공유되었다. 이 기관들은 정책 결정자들에게 20/20 이니셔티브(1995년 세계 사회 개발 정상 회의에서 건의된 개발 원칙. 해외 원조 기금과 국가 재정의 20퍼센트를 사회 서비스에 투자하는 것을 말한다. — 옮긴이)에 대해 일깨워주고 1998년 10월에 하노이에서 개최되었던 국제회의를 준비하도록 하였다.[9]

2005년 유엔 밀레니엄프로젝트는 10개의 다른 특별 전담반 회동을 정리하는 보고서를 발행했다. 이는 2004년에 보고서를 발행한 빈곤 및 경제 개발에 대한 기존의 특별 전담반에 기초하여 창설되었다. 그 보고서에는 (UNDP에티오피아가 지원한) 유엔아프리카경제위원회 UNECA와 (UNDP태국이 지원한) 유엔아시아태평양경제사회위원회

ESCAP가 주최한 회동 내용이 정리되어 있다.

이와 같이 원조 기관들은 보고서를 쓰는 데 엄청난 노력을 들인다. 그들은 서로서로를 위해서 또는 부국 언론을 위해 보고서를 쓴다. 세계은행과 IMF는 2005년 4월에 새 천년 개발 목표MDGs 회의에 대한 256쪽의 공동 보고서를 주목했는데, 이 보고서는 "원조 효율성과 공여국의 관행에 대한 경제협력개발기구OECD의 개발원조위원회DAC 실무 팀의 조사, 아프리카를 위한 전략적 파트너십SPA의 조사, 아프리카개발을 위한 새로운 파트너십NEPAD이 존재하는 상황하에서의 개발 효율성에 대한 UNECA와 DAC의 상호 검토"[10]에 기초하였다.

2004년 말과 2005년 초에 유엔의 3751쪽 분량의 보고서인 「개발에 투자하기: 새 천년 개발 목표 달성을 위한 실행 계획Investing in Development: A Practical Plan to Achieve the Millennium Development Goals」외에 영국 정부가 내놓은 453쪽 분량의 「우리 공동의 미래: 아프리카 위원회 보고서Our Common Future: Report of the Commission for Africa」가 있고, 이와 함께 IMF와 세계은행의 최근 활동 현황을 담은 1246쪽 분량의 빈곤 감축 전략 보고서PRSP 원전이 있다.

세계은행은 2001년에 서로 다른 원조 기관에 의해 만들어진 기본 틀에 대해 논의했는데, 한 기구가 이룬 성과가 또 다른 기구에 투입되는 현상도 언급하였다. 유엔 국가 공동 평가CCA, 세계은행의 경제 및 부문별 연구ESW, IMF의 분석 및 기술 지원은 여러 PRSP를 위한 정부의 분석적 기초를 형성하는 데 기여할 것이다. [세계은행은] 또한 유럽연합이 PRSP에 아프리카·카리브 해·태평양 지원 프로그램을 기초하기로 한 결정을 환영했다. 2002년에만, 세계은행의 기본 틀은 다음과 같은 국제회의에서 만들어진 프로그램들을 포함했다. 즉 개발 자금 조달에 관한 몬테레이 국제회의, 아프리카와 MDGs에 대한 카나나스키스 G7/8 정상 회의, 지속 가능한 발전에 대한 요하네스버그 정상 회의 등이 있다. 약간의 휴식 이후 2005년에는 블레어아프리카위원회와 7월에는 스코틀랜드 글리니글에서 아프리카와 MDGs에 대한 G8 정상 회의, 9월에는 MDGs에 대한 유엔 새 천년 정상 회의와 함께 더 많은 정상 회의와 기본 틀이 생겨났다.

정상 회의 및 기본 틀의 확산은 원조 기관들이 관찰 가능한 성과에 대해 자신들의 노력을 왜곡시킬 것이라는 예측을 확증한다(이러한 회담과 기본 틀은 언론으로부터 무수한 관심을 받는다.). 또한 기본 틀과 정상 회의는 원조 기관들이 **집단적 책임**을 수용할 것이라는 예측을 확증한다. 왜냐하면 정상 회의는 보편적인 전 세계적 목표에 대한 **공동의 약속**을 위한 특별한 행사이며 다른 원조 기관의 기본 틀은 상호 의존적이기 때문이다.

원조 기관들은 목표에 도달하는 것보다 목표를 설정하는 것을 통해 보상을 받는다. 왜냐하면 결과는 부국이 관찰하기가 쉽지 않은 반면 목표는 관찰하기 쉽기 때문이다. 비정부 기구의 문제성 로비 집단이 활발하게 활동함에 따라 발생한 의도하지 않은 부작용은 대외 원조가 달성하고자 했던 일련의 목표들을 더욱 확대해왔다는 데 있다. 어떤 문제성 로비 집단도 원조 기관의 희소한 원조와 행정 수단에 대해 자신들의 요구가 다른 문제성 로비 집단에게 미치는 효과를 고려하지 않기 때문에, 각 로비 집단은 자기 집단의 목표를 지나치게 중시한다. 이는 너무 많은 소를 공동 소유인 목초지에서 지나치게 많이 방목하게 된다는 "공유지의 비극"과 유사하다. 설상가상으로, 각기 독립된 원조 기관은 자신들의 부국 후원자들에 답하여 이 목표들을 모두 담아야 한다는 정치적 압력에 시달려왔다. 이는 양자적 원조 기관들이 여러 가지 목표를 가진 부국의 대중들을 각각 가지고 있고, 세계은행 같은 다자적 기구는 전 세계 로비 집단의 만만한 표적이기 때문이다. 이 책은 피드백과 책임의 덕목을 강조하고는 있지만, 여기서 말하는 피드백은 수혜자의 의견이며 이는 필수 물품 목록과 같다. 빈민을 대표하지 않는 부국 로비 집단의 의견은 상황을 개선하기보다는 그르칠 가능성이 많다.

최종 결과는 원조 기관들이 모든 방향으로 무작위로 퍼부어대는 요세미티 샘(미국 만화의 캐릭터로 벅스 바니를 못 잡아먹어 안달하는 다혈질의 카우보이 — 옮긴이)과 같다는 것이다. 최상부의 경영 책임자들은 모든 것을 약속해야 한다는 중압감을 느낀다.

예를 들면, 세계은행 총재 제임스 울펀슨은 1999년에 포괄적 개발 기본 틀을 제시하였다. 여기에는 여러 개의 하위 항목이 달린 14개 항목의 체크 리스트가 있었다. 기특하게도, 울펀슨 총재는 개발이 복잡하다는 것을 인식한 것이다. 그러나 이러한 복잡성을 처리하기 위한 세계은행의 활동 체크 리스트로는 작동이 불가능하다. 이 긴 목록에는 "역량 구축", "자산, 계약, 노동, 파산, 상법, 개인의 권리에 관한 법률", "국제적으로 용인되는 회계 및 감사 기준", "원주민과 사회 공동체의 관행 및 역사에서 얻는 교훈", "하수 처리 계획", "목재 및 화석 원료 사용"[감소], "배터리 없이 태엽을 감아 듣는 라디오", "사적지, 문화 유물 및 도서뿐 아니라 구전과 예술"[보전], "농촌 개발에 대한 통합적 해결", "적합한 법률"이 포함된다.[11] 2002년의 지속 가능한 발전에 대한 요하네스버그 정상 회의는 부국 및 빈국에 185가지 행동을 제안함으로써 분담금을 인상하였다. 여기에는 "소똥의 효율적 사용"도 포함되어 있다.

유엔 밀레니엄프로젝트는 개발 전문가 250명의 도움으로 2005년에 또 다른 기본 틀을 발전시켰는데, 10개 조사단에 13개의 보고서 작성을 의뢰하였다. 이 모두는 밀레니엄프로젝트가 자체 기본 틀을 수립하도록 도왔는데, 8개 MDGs에 대한 18개 표시 항목과 10개의 권고안(모든 중요 항목을 세면 권고안은 사실 36개이다.) "대담하고, 수요에 기초한, 목적 지향적인 향후 10년간의 투자 체계", 즉시 해야 할 17개의 단기 변화 과제Quick Wins, 7개의 "주요 투자 및 정책 클러스터", 그리고 국제 원조 체계에서 해결되어야 할 10가지의 문제를 포함하고 있다.

한편, 원조 기관들이 자기네 조직의 목표가 우선순위 중 일순위라고 주장할 때, 수원국 정부와 원조 기관의 최일선 직원들은 고달파진다. 가능한 많은 빈민들에게 다가간다는 것은, 비용은 적지만 혜택이 큰 목표에 더 많은 노력을 기울이고, 혜택에 비해 비용이 상대적으로 큰 목표에는 노력을 적게 기울이거나 아예 노력하지 않는다는 것을 의미할 것이다. 또 한 가지 목표에 더 많이 치중하는 것은 다른 목표에는 덜 치중한다는 점을 함축하고 있음을 인식하게 될 것이다. (정치인들과 관료들은 "상충 관계"라는 단어에 질색한다.)

원조 관료들은 어릴 때 초콜릿 바와 아이스크림 중에 무엇을 고르겠냐고 하면, "둘 다"라고 말하던 내 아이들과 같다. 원조 기관들은 각 목표에 대해 아주 조금씩 일을 한다. 그러면서 전문화에 따른 이득은 잊어버리고, 비용은 적지만 혜택은 큰 활동에는 재정 지원을 하지 않은 채로 남겨둔다. 공여국 사회의 "모든 것을 다 해보는do every-thing" 식의 접근은 그래서 정말 필요한 사람들에게 충분히 다가가지 못하고 있다. 원조 기관 관리자들이 우선순위 설정에 대해서 이야기하는 것은 사실이지만 그들의 행동은 딴판이다. 즉 모든 것을 시늉에 그치는 수준만 추구하는 정치적 인센티브가 너무 강력하다.

이와 대조적으로 부국을 위한 자유 시장 탐색가들은 소비자를 위해 모든 것을 다 하는 총괄적인 "기본 틀"을 제공하는 대신 소비자의 요구에 부응하는 전문화된 상품과 서비스를 제공한다. 소비자들은 상품이 추가적 목표에 부응할 경우에 비용을 지불하기 때문에, 한 가지 상품에 대한 목표에서 "공유지의 비극"에 따른 초과 수요 문제가 없다. 소비자들은 가장 낮은 가격에 가장 높은 수준의 만족을 주는 상품을 선택하면서 대체 상품 간의 상충 관계에 맞닥뜨리게 된다.

애덤 스미스 이후 경제학자들은 전문화로 인한 효율성 획득에 대해서도 강조해왔는데, 이는 조직과 개인이 적은 수의 일에 초점을 맞추고 다른 일들은 하지 않아야 한다는 것이다. 기업들이 전문화와 한정된 목표를 통해 좀 더 저렴하게 소비자의 목표를 부응하기 때문에 자유 시장 역시 전문화된 공급자를 생산하는 경향이 있다. 당신은 자동차 수리공이면서 토크 쇼를 진행하는 치과의사에게 진료를 받으러 가지는 않을 것이다. 그러나 시장은 소비자들에게 치의술, 자동차 수리, 토크 쇼와 같은 다중적 목표를 어렵지 않게 공급한다. 이것은 분산된 시장이 가격 시스템을 통해 이 서비스들을 각각 전문적으로 제공하는 것을 조정하기 때문이다.

부유한 민주주의는 대외 원조보다는 더욱 전문화된 관료제를 특징으로 한다. 각 이해 집단은 그들의 문제를 처리하는 데에서 관료제에 집중할 수 있다. 지방 정부는 지역적인 문제를 처리하며, 중앙 정부는 국가적인 문제를 처리한다.

부분적 해결책은 원조 기관이 직면하는 부국의 정치 시장을 변화시키는 것이다. 서구 정부와 비정부 기구가 빈민의 삶의 질을 높이기를 진정으로 원한다면 한꺼번에 모든 것을 다 하는 것이 공상에 불과하다는 것을 인정하는 정치적 용기가 어느 정도 필요할 것이다. 부국의 대중은 원조 기관이 실제로 성취할 수 있는 몇 가지 구체적인 방법을 통해 빈민들의 삶의 질을 끌어올리는 일을 위해 인내해야만 한다.

관찰 가능한 좋은 것들

원조 기관들이 펴낸 그럴듯한 일부 보고서들은 가치가 있다. 세계은행과 IMF가 이런 연구에 기초해 노력을 기울일 때 가시적인 의무와 빈국의 필요가 좀 더 행복하게 교차하는 양상을 보인다. 양 기관 모두 개발 문제에 관한 연구에 깊이 관여하는 대규모 연구 부서를 두고 있는데, 학계 외부에서 전문성을 인정 받는 연구자들이 직원으로 일하고 있다. 그들은 경쟁력 있는 학술 잡지를 두루 출판한다. 이는 직업적인 규범을 준수하는 상향식 직원들의 사례이다. 이들은 그들의 노력에 대해 외부 세계를 향해 책임을 지고 있고, 좋은 수행 실적을 낼 수 있는 힘도 갖추고 있고 동기 부여도 되어 있다. 이 책 역시 IMF와 세계은행 연구자들의 작업에 크게 힘입었다.

연구 부서 외부에는 개발 문제의 엄격한 분석에 깊이 관여하고 있는 원조 기관 전문가들이 다수 포진하고 있다. 이 전문가들은 경제 개발에 대한 많은 가치 있는 보고서와 연구물을 만들어낸다. 외부의 평가는 무언가 유용한 것을 출간할 수 있게 하는 자극제 역할을 한다.

IMF의 주요 출판물은 「세계 경제 전망World Economic Outlook」이다. 이는 세계 경제 상황과 전망에 대한 뛰어난 분석을 담고 있으며, 출간될 때마다 경제 언론에서 폭넓게 다루어지곤 한다.

세계은행이 매년 내놓는 출판물 중 최고는 「세계 개발 보고서 World Development Report」이다. 2004년 세계 개발 보고서는 보건과 교육과 같은 정부 서비스 수행의 결정 요소를 연구했다. 2004년 세계 개발 보고서의 발간 책임자인 샨타 데바라잔Shanta Devarajan은 다음과 같이 말하였다. "빈민들이 서비스 공급의 중심에 설 때 —— 빈민들이 단골이 되어 좋은 공급자들에게 보답함으로써 형편없는 공급자들을 피할 수 있을 때, 그리고 정치인들에게 빈민들의 목소리가 전달될 때 —— 즉, 서비스 공급자들이 빈민을 섬길 인센티브가 있을 때 서비스는 잘 이루어질 수 있다."[12] 2002년 세계 개발 보고서는 성공한 기관에 대한 것이다. 2002년 세계 개발 보고서 책임자인 루먼 이슬람Roumeen Islam은 기관들이 지역의 상황과 전통에 적응해야 할 필요에 대해 기록하였고, 공여국들과 정부가 국민들의 피드백을 할 필요에 대해서도 기록하였다. 이러한 사례는 세계은행의 일부 탐색가들이 빈민들의 의견 수집의 필요에 대해서도 잘 인식하고 있다는 것을 보여준다.

IMF와 세계은행은 모두 빈국에 대한 개별 보고서를 마련하고 있고, 이는 그들의 웹 사이트에서 구할 수 있다. 더불어 이러한 보고서들은 미국 언론들이 대부분 주목하지 않는 전 세계 개별 국가의 경제 상황에 대한 세계 최고의 정보를 제공한다.

관리 · 유지 비용이 낮은 개발

안타깝게도 관찰 가능한 성과를 이루어내려는 인센티브는 원조 기관 서비스와 빈국 필요의 잘못된 조합을 만들기도 한다. 이 장 서두의 탄자니아 사례에서 예시된 것처럼, 원조 기관은 가시적인 사업인 도로 건설에는 성공하지만 (그보다는 덜 가시적인 사업인) 도로 관리 · 유지에는 실패하는 것이 문제이다. 수십여 년간, 원조 보고서는 인프라 조성 사업이 완결된 이후 운영에 필요한 물자의 공급 부족과 유지 소홀에 대해 안타까움을 표명해왔다. 공여국들은 유지 및 운영 물자에 대한 자금 조달을 계속 거부했는데, 이는 비록 이러한 물자에 대해 고객의 수요가 많다 하더라도 수원국 정부에 책임이 있다는 생각에서였다.

새로운 건설 사업과 같이 가시적인 성과를 추구하는 편향 외에도, 유지를 위해 충분한 자금을 공급하지 못하는 것은 "지속 가능성"이라는 달성하기 어려운 목표를 반영한다(진부하기는 하지만, 물고기를 잡아줄 것인지 물고기 잡는 법을 가르쳐줄 것인지 같은 표현에서 가장 잘 드러난다.). 공여국들은 수원국 정부가 이 사업을 맡아주기를 기대하며, 그렇게 하는 것이 원조 사업을 지속하는 데 반드시 필요하다고 생각한다.[13] 이러한 통찰은 당시 호소력이 있었지만 그 후 수십여 년간 보여준 증거는 그것이 설득력이 없는 것으로 나타났다. 하버드대학교의 마이클 크레머와 버클리대학교의 에드워드 미겔이 논한 바와 같이 원조 사업을 "지속할 수 있도록" 만들려는 시도는 대부분 그것이 "지속할 수 없을 것"임을 보장한다. 우리는 이미 수많은 정부가 개발에 대해 책임 의식이 약하고, 공여국들이 정부를 변화시킬 만한 능력을 갖추지 못한 것을 보아왔기 때문에, 이 사업의 완전한 인수는 보통 발생하지 않는다. 그러나 공여국들은 이렇게 실행 불가능하지만 변경도 불가능한 목표에 대해 실패를 거듭하고 있다.

이는 간소한 목표 대신에 거창한 목표를 가지는 것이 상황을 개선하기보다 그르친다는 것을 보여주는 또 다른 예다. "지속 가능한 사업"이라는 실행 불가능한 목표에 고정시킴으로써(새로운 사업이 정부 행동의 변화와 결합되게 하여 그러한 사업을 정부가 떠맡게 하는 것을 의미), 공여국들은 관리 상태가 좋은 도로 공급, 어린이에 대한 교과서 전달, 병원에 대한 약품 전달과 같은 좀 더 단순한 업무에는 실패했다.

여기서 원조가 더 잘 실행되도록 하는 한 가지 방안이 있다. 공여국들이 하기 싫어도 참고, 도로 유지 비용과 교과서, 병원 약품 및 기타 개발 사업의 운영 비용을 영구적으로 대는 것이다. 유지 업무를 제대로 하지 않는 정치적으로 기능 장애 상태인 정부는 다른 일들에 집중할 수 있다.

아프리카에 대한 세계은행의 정기 보고서는 그들도 유지 소홀 문제에 대해서 알고는 있지만 거대 목표로 인해 이에 대한 수정이 불가능하다는 것을 보여준다. "차량과 장비는 종종 여분의 부품, 수선비,

휘발유, 또는 기타 필수품이 없어서 무용지물이 되곤 한다. 학교는 직원의 봉급과 수업 자료를 대기 위한 자금이 부족하며, 농업 연구 부서는 자금 부족으로 현장 조사를 하지 못하고 있다. 도로, 공공건물, 가공 공장들도 관리 소홀로 어려움에 처해 있다."(세계은행, 1981) "도로보수 요원들은 연료와 아스팔트가 부족하다. …… 교사들은 책과 분필이 …… 보건 인력들은 배분할 약품이 없는 상황이다."(세계은행, 1986) "학교는 현재 책이 부족하며, 병원은 약품이 부족하며, 인프라의 관리는 회피되고 있다."(세계은행, 1989) "대체로 농촌 도로망의 50퍼센트가 재보수가 필요하다."(세계은행, 1995) "수많은 국가들은 현재 만성적 자금 부족으로 어려움을 겪고 있으며, 특히 운영, 유지, 비임금 투입에서 그렇다."(세계은행, 2000)

세계은행 연구원인 디온 필머와 랜트 프리쳇은 교육 부문에서 교수 자료에 지출한 것으로 얻는 수익은 시설물에 쓰는 지출로 얻는 수익보다 14배가 높다고 한다. 그러나 공여국들은 눈에 잘 안 보이는 교과서보다는 눈에 띄기 더 쉬운 건물을 계속 선호하고 있다.[14] 이는 앞에서 살펴본 바와 같이 학생들의 진학률 증가에 관한 공여국들의 성공 기세에 찬물을 끼얹고 있다. 교육의 양은 늘어났지만, 교육의 질은 아직도 낮은 상태인 것이다.

의견 조정

원조의 초기부터 모든 참여자들의 관심은 모든 원조 기관의 의견 조정에 있었다. 관련 문헌을 읽고 나면, "조정"이라는 용어를 덧붙이지 않고서는 원조를 말하기 어려울 것이다. 원조의 관료제가 지나치게 과도한 이유 중 한 가지는 다수의 원조 기관들이 모든 것을 다 하려고 시도하고 있기 때문이다. 이는 그들이 서로서로를 복제하고 있다는 뜻이다(각 원조 기관은 자신들의 후원자들의 요구를 충족시키기 위해 다수의 목표를 설정하려고 하는 인센티브를 가지고 있다.). 1969년에 한 원조 위원회는 말하기를 "다자 및 양자 공여국들과 수원국들의 노력을 조정하기 위해 진지한 노력이 꼭 필요하다."(Pearson Commission, 1969)고 했다. 그로부터 36년이 지난 후 "다자 기구들은 자신들의 지원에 대한 의견을 조정하고 있다."(유엔 밀레니엄프로젝트 보고서, 2005)

의견 조정의 부족에 대한 불만 제기와 의견 조정에 대한 요구가 끊이지 않는다는 점은 누구나 그것이 바람직하다는 것은 알지만 이를 성취하기 위해 무엇이라도 변화시킬 수 있는 능력은 없다는 것을 보여준다. 물론, 이에 대한 계획가의 해답은 계획이다.

> 외부 원조 전략을 〔정부는 협상해야 한다.〕 …… 즉 원조 자금 조달을 위해 우선순위가 될 부문과 사업 계획을 구체적으로 규명하는 것들이다. …… 그리고 난 후 주요 공여국들과 계열 기구들이 참여하는 부문별 실무 집단을 통하여 핵심 분야를 위한 좀 더 상세한 외부 원조 전략이 개발될 수 있다. …… 이는 양자 협정을 통해서보다 전 지구적 외부 원조 전략 체계 안에서 개별 공여국을 위해 우선순위의 영역에 자금 조달을 합의하는 것이다.[15]

이 제안은 다수의, 비조정된 공여국들이 갖는 주요 문제의 한 가지를 개선하기보다는 악화시킨다. 즉 공여국들이 수원국 정부의 소수 정책 결정자에게 쏟아붓는 무리한 원조와 같은 것을 말한다. 공여국들은 엄청난 양의 원조금, 공여국 사절단, 원조 사업을 깔때기에 쏟아붓는 것처럼 총력을 다한다. 그 깔때기의 좁은 부분은 수원국 정부의 행정부이다. 이전의 모든 계획을 조정하기 위해 또 다른 계획을 실행하는 것은 수원국 행정부에게는 더욱더 많은 것을 요구하는 것이다.

조정 계획들은 지난 40여 년간 조정에 실패했다. 모든 기관들이 서로 다른 의제를 가진 서로 다른 상부 기관에 보고할 때, 현행 원조 체제하에서 조정은 불가능하다. 다시 한 번, 우리는 계획가들이 불가능한 해법으로 인해 실패하고 있음을 본다. 일부 권고안은 가능한 해법 —— 공여국을 전문화하고 정부를 건너뛰는 것 —— 에 초점을 맞출 것을 주문했는데, 이것은 성가신 조정 작업을 줄일 수 있다.

부수적 이익, 부수적 손해

원조 기관들이 수혜자의 목소리를 듣지 못하거나 피드백이 되지 않아서만이 아니라 부유한 고객들 —— 실제로 자금을 대는 부국들 —— 중에도 잡음을 내는 고객들이 있기 때문에 빈민 구제의 비효율성이 가중된다. 원조 기관들은 부국의 유권자들을 충족시켜줘야 할 필요가 있기 때문에, 종종 그들은 비서구 지역을 변혁시키는 동시에 부국을 위한 부대 효과를 창출하기 위해 애를 쓴다. 그래서 부국의 공여자들은 원조의 일부분을 자국의 수출업체로부터 구매하는 것으로 제한시킨다("구속성 원조"). 미국은 미국 원조의 4분의 3 정도에 대하여 수원국이 원조 수령액으로 미국 기업 상품을 소비하도록 요구하고 있다.[16] 다른 공여국들도 (구속성 원조의 비율이 미국의 경우만큼 높지는 않지만) 이와 유사한 제한 규정이 있다. 원조의 구속성은 수원국이 받는 원조의 가치를 떨어뜨린다. 왜냐하면 이는 어떤 상품을 구매할 수 있는지와 누구에게서 구매할 수 있는지에 대한 선택권을 제한하기 때문이다. 빈국에 대한 기술 원조는 더 심각한데, 그 이유는 부국들이 자국민만이 기술 자문을 할 수 있다고 주장하기 때문이다. 더 나아가, 기술 지원 원조의 대부분은 두 주 동안 접촉을 통해서 얻은 깊이 있는 통찰을 전해주는 일부 부국의 컨설턴트에게로 다시 흘러간다. (원조의 구속성은 부국의 위선을 보여주고 있으나, 이러한 위선 때문에 원조가 경제 성장을 이끌어내는 데 실패하는 것은 아니다. 이 점에 대해서는 제2장을 참조하라.)

　　원조 기관들은 부국의 정치적 동맹국에게 원조로 보답할 필요에 대해서도 신경을 쓴다. 유엔에서 수원국이 공여국에 표를 던지는 빈도, 그리고 수원국이 공여국의 옛 식민지였는지가 그 국가가 얼마나 많은 원조를 받을지의 향방에 영향을 미친다.[17] 2001년 9월 11일 이후 원조 기관들은 중앙아시아, 파키스탄, 터키와 같은 테러와의 전쟁의 동맹국들에 대해 신규 원조를 지급했다.

평가

관료제가 부유한 공여국으로서의 권한을 가졌지만 목적이 불분명하고, 또한 수혜자인 빈민들에게 책임을 지지 않는다면, 원조에서 무엇이 실행 가능한지를 찾는 작업의 인센티브는 약한 것이다. 비록 원조에 대한 평가가 오랫동안 이루어져왔다 하더라도 이는 종종 그 사업을 실행했던 사람들의 보고를 활용한 자체 평가에 불과하다. 내가 가르치는 뉴욕대학교 학생들도 만일 내가 학생들에게 자신들의 성적을 매길 수 있는 권한을 준다면 열심히 공부하지 않을 것이다.

세계은행은 운영평가부Operation Evaluations Department, OED의 독립성을 확보하기 위해 몇 가지 노력을 한다. OED는 세계은행 총재가 아닌 이사회에 직접적으로 보고한다. 그러나 직원들은 OED와 세계은행의 나머지 사람들 사이에서 오락가락한다. 부정적 평가는 직원의 향후 이력을 훼손시킬 수 있다. OED의 평가는 주관적이다. 불확실한 평가 방법으로 인해 말리의 경우에서 세밀하게 묘사된 것과 같이 내부 평가가 현장을 반영하지 못하게 된다.[18] "주로 긍정적인 평가 결과가 같은 기간(1985~1995년) 동안 관찰된 저조한 개발 결과 및 해당 지역민들의 비우호적인 시각과 어떻게 융화될 수 있는지 질문해보아야 한다."(26쪽)

설령 내부 평가가 실패를 지적한다고 해도, 원조 기관이 다른 누군가에게 책임을 묻거나 그 기관의 관행을 변화시킬 수 있는가? 세계은행의 평가 웹 사이트로 미루어보자면, 그런 일은 일어나기 어려운 듯하다. 2004년의 OED는 여덟 개의 "영향력 있는 평가"가 서른 두 가지의 방식으로 채무국 행동에 어떻게 영향을 주었는지를 지적했지만, 정작 세계은행 자체 내에 영향력을 끼치는 사례로서 언급된 것은 단 두 가지뿐이었다(그중 한 가지는 부정적인 사례이다.).[19]

　　문화인류학자인 제임스 퍼거슨James Ferguson은 독립적인 외부 인사에 의한 원조 사업에 대해 보기 드물게 세심한 사례 연구를 제공하고 있다. 캐나다 국제개발기구International Development Agency와 세계은행의 사업은 레소토의 산맥(타바-체카 지역)에 거주하는 농부들의 시장 접근성을 돕고 현대적 축산 경영 방법과 작물 생산을 개발하도록 돕는 것이었다. 이 사업은 축산 경영 및 현금 작물 생산에서 서구의 전문성을 제공해주고, 원조 수혜자들이 자신들의 상품을 시장으로 가져갈 수 있도록 도로를 건설하는 것이다.

　　남아 있는 유일한 문제는 수혜자들이 농경에 그다지 관심을 가지고 있지 않았다는 것이다. 왜냐하면 그들은 주로 남아프리카공화국에서 일하는 이주자였기 때문이다. 그들은 이미 시장에 접근할 수 있었는데, 지역이 농사를 짓기에는 조건이 좋지 않았기 때문에 현금 작물 생산이 그 시장에서 경쟁력이 없다는 것을 깨달은 지 오래였다. 캐나다/세계은행의 타바-체카 사업은 과학적인 목장 경영을 통해 가축 생산을 개선시키는 것이다. 과학적인 목장 경영에는 그 토지를 8개의 목초지로 나누고, 가축의 휴식과 순환을 통하여 초과 방목을 조절하는 목초지 연합을 운영하는 것이 포함된다. 이 사업의 고안자들은 과학적 목장 경영을 통해 얼마 안 있어 동물 수가 현재의 두 배가 되고, 각 동물들의 무게가 20퍼센트씩 증가하도록 그 토지가 뒷받침하게 될 것이라고 약속했다. 유일한 걸림돌은 이 사업이 다른 사람들의 무단

방목을 제한하는 법률적 권위를 갖추지 못했다는 것이다. 왜냐하면 레소토의 토지는 공공 소유이고 가축 소유주들은 목장에서 자유롭게 방목을 할 수 있기 때문이다. 과학적 목장 경영은 이뤄지지 않았다.[20]

이 사업은 식량 수확량이 300퍼센트 증가한다고 약속했다. 하지만 시험적으로 실시된 감자 사업은 악천후, 질병, 부실 경영으로 인해 손실을 보았다. 다른 현금 작물 실험도 "지역의 냉해와 이상 강우로 인해 손실을 보았다." 이 사업 책임자들은 지역 주민들이 "패배주의자"였고 "농부라는 인식이 없었다."고 불만을 호소했다. 아마도 지역 주민들은 그들이 과거에 농부가 아니었기 때문에 자신들을 농부로 생각하지 않았던 것 같다. 그들은 남아프리카공화국 광산의 이주 노동자였다.[21]

이 사업의 주요 성과는 곡물을 실은 남아프리카공화국 화물 트럭들이 (남아 있던 몇 안 되는 지역 농부들을 파산 상태로 내몰면서) 해당 지역으로 들어갈 수 있도록 도로를 건설한 것이었다.

원조 기관 감시관들이 책임을 강화하려는 목적으로 대외 원조에 압력을 가하고 있다면, 그러한 재해에 대해 엄격해야 한다. 그래야 우리는 계획가 편에서 탐색가 편으로 힘을 이동시킬 수 있다. 앞으로 나아갈 길은 정치적으로 어려움이 많을 것이다. 국내 개발 사업 전체에 대한 광범위하고 전반적인 평가가 아니라, 특정한 원조 노력에 대한 개별적인 과학적 평가가 이뤄져야 한다. 원조 기관들이 그로부터 배울 수 있는 특정한 개입 양상을 구체적이고 지속적으로 평가하는 것이 필요하다. 오직 원조 기관에 대한 외부의 정치적 압력만이 이러한 평가를 시행하려는 인센티브를 만들 것 같다. 2000년 세계은행의 평가에 대한 연구는 다음과 같은 자성으로 시작된다. "매년 개발 원조로 수십억 달러가 사용되었음에도 불구하고, 빈민들에 대한 사업의 실제적 영향에 대해서는 알려진 바가 극히 미미한 상태이다."[22]

수십 년간의 압력이 있은 이후에 IMF는 2001년에 독립평가국 Independent Evaluation Office을 설치했다. 2004년, 세계은행은 장하게도 개발영향평가특별조사단Development Impact Evaluation Task Force을 설치하였다. 특별조사단은 의도된 수원국에 대하여 선택적 개입의 영향을 조사하기 위해 제2장에서 논의된 무작위 대조 실험을 사용할 것이다. 이 특별조사단은 5개 영역(저소득 국가에서의 조건부 현금 지급, 학교 단위 책임 경영, 기간제 교사, 학생 성적에 대한 교사의 책임을 묻기 위한 정보의 활용, 빈민가 개선 사업)에서 24가지의 새로운 평가를 시작했다. 이 평가 결과가 세계은행의 운영 측면에서 사업을 효율적으로 수행하기 위한 인센티브를 변화시키는지의 여부는 지켜봐야 할 일이다.

평가 —— 나쁜 평가에 대한 결과와 함께 —— 는 원조의 책임에 대한 열쇠 중의 하나이다. 당신은 우리 관료들이 성취하는 것을 평가하고, 그에 대해서 우리에게 책임을 묻는다. 원조에 대한 책임은 계획가에서 탐색가로 힘을 이동시킬 것이다. 아마도 그렇게 되면 어떤 사람이 탄자니아에 생긴 웅덩이를 어떻게 고칠지 알게 될지도 모른다.

계획을 통한 참여?

대외 원조의 한 가지 문제가 빈민들이 자신들의 필요 충족에 책임지게 할 수 있는 힘이 거의 없다는 것이라면 세계은행과 IMF는 기특하게도 이 문제에 대해 다소 인식하는 태도를 보이고 있다. 그들은 빈민의 선택을 위한 어떤 역할을 탐색한다. 그들은 최근에 "빈민의 참여"를 부쩍 강조하고 있다. 빈민과의 피드백 문제가 일부 인식되고 있는 것은 다행이다.

그러나 상향식 참여를 위해 선택된 수단이 세부적인 중앙 정부의 계획(이미 언급한, 빈곤 감축 전략 보고서PRSP)이라는 점은 관료적 인센티브가 얼마나 고집스러운가를 보여준다. 여러 권에 달하는 세계은행의 PRSP 원전은 일부 아주 세부적인 계획을 제안한다. PRSP는 중기 재정 관리 체계MTEF를 포함시킬 필요가 있다.

> 그 영역의 부처들은 영역의 핵심 목표를 제시하는 중기 전략 계획을 준비하며, 이러한 핵심 목표와 관련된 결과, 생산, 그리고 (내각이 동의한 한도 내의) 예상 지출을 함께 준비한다. 이러한 계획은 진행 중인 사업과 새로운 사업 모두의 비용을 고려해야만 한다. 이상적으로 지출은 사업과 지출 범주에 의해 표시되어야 하는데, 지출 범주는 직원 급여와 운영 및 유지, 그리고 투자에 필요한 자금이 확실히 구별되어 있어야 한다.[23]

아하, 우리가 형편없는 참여를 상상할 때조차 우리는 중심부의 계획을 포기할 수가 없다. 이러한 계획은 불가피하게 맨 꼭대기에 있는 계획가들에게 더 적은 권력이 아닌, 더 많은 권력을 부여하는 것을 의미한다. 더 큰 민주적 책임을 위해 빈국에게 마지막으로 필요한 것은 이미 강한 권위주의적 관리들의 권력을 더 강화하는 계획이다.

"참여"와 "현지인 주인 의식"에 대해 이야기하는 관리들은 자신들의 권력을 수원국의 지역민에게 이양할 수 있을 것 같지 않다. 권력 이양에 반하는 관료적 인센티브가 너무 강한 탓이다. 자신의 거주 지역에서 사립 학교를 설립한 한 아프리카 인은 역설적으로 "참여"를 추구하는 계획가들과 마주하여 일을 처리할 때 오는 자괴감에 대해 내게 이야기한 적이 있다. 그는 가난한 가정의 어린이들에게 많은 장학금을 제공하면서 아프리카에 훌륭한 사립 학교를 설립했다. 그는 자신의 보유 자금으로 학교를 시작했지만 외부 기부금을 통해 학교 활동과 장학금 기회를 확대하려 했다. 그는 자금 조달 제안을 가지고 세계 최대의 공식 원조 기관 가운데 한 곳과 접촉했다. 그들은 그의 제안을 거부했다. 학교 설립자는 그 이유를 물었다. 그들은 자신들이 승인하느냐 거부하느냐에 상관없이 설립자가 자신의 아이디어를 제출함으로써 "현지인 주인 의식"을 증명해야 한다고 말하면서 그 이유를 말해주지 않았다. 그는 당신들이 승인하는 것이 무엇인지 파악하기 위해 많은 시간을 허비해가며 제안서를 제출할 수도 있지만, 그냥 사업 승인 기준이 무엇인지 솔직하게 이야기해줄 수 있는 것 아니냐며 분통을 터뜨렸다. 결국 원조 기관의 관리는 그가 제안한 학생-교사 비율이 너무 낮다는 점을 이야기해주었다. 그들의 계획 인센티브는 원조 장학금이 가능한 한 많은 학생들에게 돌아가는 것을 보여주는 것이었고, 그들은 학생-교사 비율을 50 대 1로 만들라고 했다. 이는 아프리카에서 질 높은 교육을 촉진하겠다는 설립자의 목표와 상반된 것이었고, 그래서 그는 그들에게 당장 꺼지라고 말하였다.

원조 몽상가들에게 계획의 호소력은 너무 강력해서 그들은 "현지인 주인 의식"을 강조하고 자신들이 하향식 계획을 선호한다는 사실을 단호하게 부인하는 동시에 세밀하게 하향식 계획을 세운다. 앞의 사례를 보충하기 위해 새 천년 개발 목표MDGs를 어떻게 실행하는가에 대한 유엔 밀레니엄프로젝트의 설명(MDGs는 "모든 중요 이해 당사자들을 포함하는 개방적이고 협의적인" 것이다.)을 생각해보라.[24] 유엔 밀레니엄프로젝트의 수장은 내게 이것이 하향식 계획이라는 것을 개인적으로 부인했다. 그래서 나는 이를 상세히 인용하여 독자 여러분의 판단에 맡기려고 한다.

각국에서 그 프로젝트(밀레니엄프로젝트 — 옮긴이)와 현지(수원국 — 옮긴이)의 연구 협력자들은 …… 국가가 2015년까지 MDGs를 달성하는 데 필요한 투입 목표를 규명하기 위한 국제적인 최고의 관례를 토대로 하였다. 이 추정치는 …… 목표를 충족시키기 위해 제공될 필요가 있는 …… 수백 건의 개입안을 포함한다. 계획 과정의 두 번째 단계는 MDGs의 요구 분석 결과를 바탕으로 각 국가가 MDGs 달성을 위한 장기적(10~12년)인 기본 틀을 개발하도록 하는 것일 것이다. …… 이 MDG 체계는 공공 지출 및 서비스를 늘리기 위한 정책 및 공공 부문 운영의 기본 틀을 포함해야 할 뿐만 아니라 계획을 지원하기 위해 광범위하게 규정된 금융 전략도 포함해야 한다. 계획 과정의 세 번째 단계는 각국이 중기(3~5년) 빈곤 감축 전략 PRS을 구축하도록 하는 것일 것이다. 그리고 적절한 지역에서 MGDs 계획에 기초한 PRSP를 작성하는 것이다. …… 그리고 중기 재정 관리 체계에 부속되어야만 한다. …… 네 번째, 10개년 체계와 3개년 PRS는 공공 부문 유지 전략을 포함해야만 한다. …… 전문가 자원으로부터 다양한 정보를 가져와서 밀레니엄프로젝트 사무국은 국가 수준의 MDGs 요구 분석 방법론을 개발하기 위한 다차원적 과정을 조정해왔다.

계획은 "참여"를 촉진하기는커녕 자신들이 무엇을 원하고 필요로 하는지 제대로 목소리를 내지 못하고 있는 빈민에게 선심 쓰는 척하며 그들을 펌훼한다. 안타깝게도, 수십 년간 참여에 대한 수사修辭는 대외 원조에서 세력 균형을 변화시키지 않았다. 언젠가 공여국들은 수원국들이 자신들의 이해관계를 추구하기에 충분할 만큼 자립할 수 있고, 원조로 인해 만들어진 기회를 수원국들이 포착할 수 있도록 수원국들을 신뢰해야만 한다. 특정한 종류의 원조는 빈민들을 위한 기회를 창출할 수 있고 빈민들이 스스로 선택하도록 허용하여 그로 인한 보상을 극대화시킨다. 즉 최고의 기회를 만들기 위해 열심히 노력하려는 의지를 보이는 것이다.

나는 언젠가 그러한 원조 프로그램에서 기분이 고양된 적이 있다. 국립과학재단National Science Foundation, NSF은 내게 경제학 박사 학위를 취득하는 데 펠로십(fellowship: 특별 연구원 지위. ― 옮긴이) 3년을 부여하고 수업료와 장학금도 지원해주었다. 이것이 없었다면 나는 박사 학위를 받지 못했을 것이다. NSF는 내가 공부할 때 나를 감시하기 위해 직원을 파견하지 않았다. 그들은 박사 학위 진흥 전략 보고서를 쓰도록 하기 위해 "이해관계 당사자" 회의에 참석하라고 요구하지 않았다. 그들은 내가 학교에 등록하는 것과 성적 불량으로 퇴학당하지 않는 것 외에 다른 조건을 걸지 않았다. 그들은 내게 자립이라는 존엄성을 허용했다. 나는 수업을 몽땅 빼먹고 우디 앨런Woody Allen 영화제에 가서 내 시간을 낭비할 수도 있었다. 그러나 NSF는 박사 학위 과정생들의 선택을 믿어주었고, 박사 학위 과정생들이 학위 취득을 위해 주어진 기회를 자신들의 최고의 이익을 위해 잘 행동할 것이라고 생각했다. NSF는 이러한 확신을 가지고 있었다. 왜냐하면 펠로십 신청자들이 스스로 선택했기 때문이다. 박사 학위 취득이라는 어려운 일을 하려는 의지가 있는 사람들만이 여기에 신청을 한 것이다.

이와 유사하게 가난한 개인 또는 사업가를 위한 장학금이나 매칭 그랜트(matching grant: 기업의 임직원이 비영리 단체에 후원금을 내면 기업에서 그 후원금과 같은 액수를 조성하는 사회 공헌 프로그램. ― 옮긴이)는 빈민이 그들 스스로 선택할 수 있도록 하는 진정한 "참여"를 진흥시킬 수 있다. 당신이 정말 운전석에 빈민을 앉히고 싶다면 이를 직접적으로 할 수 있는 방법이 있지 않을까? 당신은 가난한 학생들에게 더 많은 장학금을 줄 수 있는가? 당신은 자신의 자금을 걸고 새로운 사업을 시작한 가난한 사업가에게 매칭 그랜트를 줄 수 있는가? 당신은 원조 사업을 선택(또는 거부)하는 주민 선거를 실시할 수 있는가? 당신은 빈민들에게 "원조 바우처(voucher: 정부가 특정 수혜자에게 교육· 의료 등의 서비스 구매 비용을 보조해주기 위해 지불을 보증하여 내놓는 전표. ― 옮긴이)"를 주어서 그들이 자신이 선택하는 원조 기관 서비스에 사용하도록 할 수 있는가? 이들 중에 쉽게 답할 수 있는 것은 없고 이 모두는 함정이 있지만, 새로운 사고는 필요하다. 이 책의 마지막 장에서는 이러한 아이디어를 더욱 깊이 탐구할 것이다.

　원조 기관 직원으로서는, 대계획의 비용을 추산하는 것보다 빈민들에게 귀를 기울이기 위한 더 효과적인 방법은 원조 전문가들이 특정 지역에서 특정 분야에 대해 학습하는 데 시간을 들이는 것이다. 다시 말하자면, 원조 기관의 직원들이 효과적인 탐색가가 되도록 충분히 전문화되도록 하는 것이다. 원조 관료제는 그 반대로 가는 경향이 있다. 즉 원조 관료제는 직원들을 종종 다른 국가와 다른 부문으로 재배치하며, 지역적 해결책보다는 대계획을 양산하는 데 더 능한 만능인generalist를 생산하게끔 한다. 그들은 전문성보다는 보편성을 선택하며, 각 현장에서 실행 가능한 것들보다 세계적으로 "최고의 관례"를 선택한다. 제임스 C. 스콧이 지적한 것처럼, 계획가들은 수원국 현지의 특수성에 대해 인내심을 가지고 있지 않다. "맥락과 특수성에 대한 인식의 부족은 부주의로 볼 수 없다. 이는 모든 대규모 계획의 실행에서 첫 번째로 필요한 전제이다."[25] 관행을 바꾸기 위해 우리는 원조 기관들이 자신들의 유토피아적인 계획을 포기하고 점진적 개입을 선호하도록 설득해야 한다. 이는 현존하는 원조 기관 책임자들의 권력과 위신이 계획적 접근을 유지하는 데 달려 있을 때는 쉽지 않다.

역사적 기억의 부족

민간 시장의 한 가지 특징은 그들이 혁신을 촉진한다는 것이다. 신상품, 신사업 기술, 신금융 상품, 간단히 말해서 새롭고 더 나은 방식 말

표 3 반복해봐야 결국은 그게 그거다

원조 아이디어	석기 시대	철기 시대	실리콘 시대
공여국 조정	모든 국가들이 유엔과 유엔 산하 전문 기관을 통해 공조할 수 있는 협력적 경영(트루먼, 1949)	원조 조정은 …… 점점 더 중요하다고 인식되어왔다.(세계은행, 1981)	개발 협력에서 …… 더 나은 조정과 더욱 강력한 파트너십이 [공여국에 필요하다]. (세계은행, 2001)
원조량 증대	1인당 국민 소득 증대는 …… 연간 30억 달러 정도의 자금 없이는 실현될 수 없다.(유엔 전문가 집단, 1951)	현재 유입된 ODA는 …… 국제적으로 용인된 유엔이 정한 근소한 목표의 절반에 불과하다. (세계은행 총재 로버트 맥나마라, 1973)	우리가 모두 서명한 다자적 개발 목표에 대해 진지하게 생각한다면, 우리는 ODA를 현재 연간 500억 달러 수준에서 두 배로 증액해야 한다.(세계은행 총재 제임스 울펀슨, 2001)
누구에게 원조할 것인가에 대한 선택권	제1의 목표: 개발 도상국 원조에 …… 좀 더 엄격한 선택 기준을 적용(존 F. 케네디 대통령, 1963)	빈곤 구제는 원조와 수원국의 정책에 달려 있다.(개발위원회 특별 전담반, 1985)	[세계은행]은 건전한 정책 환경을 갖춘 차관 차용국에게 더 많은 원조를 쏟음으로써 그 선택성을 증대해야 한다.(세계은행, 2001)
빈곤에 대한 강조점 증대	절대 빈곤 문제 해결에 달려들기 시작할 정책 및 사업에 대한 훨씬 더 강한 강조(맥나마라, 1973)	[세계은행] 프로그램에서 빈곤 감축에 대한 더욱 강력한 강조(세계은행, 1990)	무엇보다도 가장 중요한 목표인 빈곤 감축에 대한 강조점 증대(세계은행, 2001)
수원국 주인 의식	개발 정책은 "수원국만의 책임이다."(개발 협력 파트너들, 1969)	서비스 공급에서 공동체 참여에 대한 참신한 접근(세계은행, 1981)	개발 사업의 국가적 소유권 증대(세계은행, 2001)
채무 구제	1969년 초 이미 심각했던 부채 이자 상환 문제는 점점 더 어려운 지경으로 가고 있다.(세계은행, 1970)	최빈 채무국을 위한 더 많은 채무 상환 조정(G7 정상 회의, 1990)	채무 탕감과 같이 국내적 조치 및 국제적 조치를 적절하게 심화(유엔, 몬테레이 컨센서스, 2002)

이다. 탐색가들은 이전의 실수를 되풀이하지 않는 것을 배운다. 피드백을 하지 못한 계획가들은 똑같은 실패한 계획을 계속해서 반복하고 있다.

《사랑의 블랙홀Groundhog Day》이라는 영화에서 빌 머리Bill Murray가 연기한 텔레비전 리포터는 마멋이 자신의 그림자를 보는지에 대해 보도해야만 하는 날이 끊임없이 반복되도록 선고받았다 (Groundhog Day는 우리의 경칩과 유사하며, 그라운드호그(마멋)는 토끼만 한 크기의 다람쥣과의 포유류이다. — 옮긴이). 원조 기관들도 표 3에서 볼 수 있듯이, 이와 유사한 불완전한 순환에 고착되어 있는 것 같아 보인다. 빌 머리는 앤디 맥도월Andie MacDowell이 연기한 아름다운 프로듀서와의 관계를 해결할 때 비로소 고통에서 벗어날 수 있다.

원조 사회에서 역사적 기억의 부족은 사람들이 실수를 통해 배우지 못하도록 한다. 더 나아가 이러한 바람직한 수많은 목표에 대한 변함없는 접근은 원조 기관들이 성취 불가능하지만 이미 결정된 목표에 도달하기 위해 더욱 더 많은 자원을 투여하고 있음을 다시 한 번 보여준다.

원조 관료제 사이의 차이점

나는 원조 기관 관료제에 대해 세계은행에서 대부분의 사례를 취했는데, 이는 내가 개인적으로 세계은행 운영에 정통하기 때문이다. 그러나 국제기구 간에는 차이점이 존재한다. 이는 원조가 성공할 때와 실패할 때에 대한 몇 가지 통찰을 제공한다. IMF는 실패하긴 했지만 작은 규모의 목표를 달성하는 데 좀 더 성공적인 편이다(다음 장을 보라.). 세계은행은 무의미한 체계를 만들고 목표를 확산시키는 경향이 더 많지만 내가 소개한 일부 긍정적인 사례에서 본 것 같이 사실은 더 나은 원조 기관에 속한다.

국내 원조 기관 간에도 차이점이 존재한다. USAID가 소개하는 결연한 목표는 "미국의 대외 정책 목표"[26]를 심화하는 것이다. 영국의 원조 기관인 DFID는 그 목표가 세계 빈민 구호에 있다고 말하며, 다른 대부분의 원조 기관보다 사업을 독립적으로 평가하기로 되어 있다고 말한다.

다른 극단으로 가면서, 나는 "경제 및 사회 분야의 주요 유엔 회의 및 정상 회의 결과에 대한 통합적 및 조정적 실행과 사후 점검에 관한 개방형 특별 실무 집단"으로 이름 붙인 일부 유엔 문서를 지금 막 읽었다. 이 개방형 특별 실무 집단은 몇 가지 과제에 직면해 있다. 국가 수준 조정에 대한 9개의 보고서에 대한 사후 점검과, PRSP에 대한 4개의 보고서, 브레턴우즈 제도(소위 세계은행과 IMF)에 대한 11개의 보고서, MDGs에 대한 11개의 보고서, 조정에 대한 행정이사회의 연례 보고서, 유엔의 5개 지역 위원회의 보고서, 기타 유엔 산하 5개 전문 기구의 보고서, 18개의 유엔 세계 회의에 대한 사후 점검을 종합해야 하는 것이다.[27] 실무 집단은 그 노력에 대한 배경 지식을 제공하는 논문을 "비논문non-papers"으로 명명했다. (내가 이렇게 이름을 붙인 것이 아니다. 다음을 보라. http://www.un.org/esa/coordination/ecosoc/wgga/nonpapers.htm.) 첫 번째 비논문은 개방형 특별 실무 집단의 작

업이

결의안 50/227 조항과 각 유엔 회의 및 정상 회의에서 결정된 사후 점검 체계가 일치해야 하며, 각 회의의 주제상 통일성뿐만 아니라 그 결과상 상호 연관성을 존중해야 한다. …… 현존하는 구조 전반을 더욱 깊게 숙고하기 위한 교차 부문 주제 토론은 정부 간 수준에서 결정되어야만 하며, 실행에 초점을 두어야만 한다. 이때 경제, 사회 및 관련 분야의 유엔 회의와 정상 회의 결과에 대한 통합되고 조정된 사후 점검 과정이 공정하며 균형 잡혀 있어야만 하며, 다자주의 원칙과 유엔 헌장에 명시된 원칙을 준수해야 한다는 것을 명심해야 한다.

공정하게 말하면, 투자 안내서 또는 공학 설계와 같은 민간 부문의 문서에서도 이해할 수 없는 언어가 존재한다. 차이점은 민간 부문의 문서에서는 그러한 전문 용어들이 실제로 전문가들에게 어느 정도의 의미를 가지고 있다. 유엔 문서에서 그러한 전문 용어는 어떤 사람에 대해서도 실질적인 내용을 갖고 있지 못하다.

"유엔의 업무에 초점을 맞추도록" 돕기 위해서, 비논문 1은 과거에 경제사회이사회가 제시한 12개의 "분야를 넘나드는 주제cross-cutting theme"를 설명한다(예를 들면 12번째 주제는 "참여, 민주주의, 인권, 책임 및 주요 집단 및 비정부 기구와의 파트너십이다."). 그런 후에 비논문 1은 사무총장이 규정한 11개의 "더욱 주의를 요하는 분야" 목록으로 간다(가령, "아프리카 개발 지원에서 유엔 결의의 더 강한 일관성"). 마지막으로, 그 비논문은 하위 주제를 가진 최근 수많은 유엔 회의에서 등장한 "분야를 넘나드는 주제"로 끝을 맺는다. 비논문 3은 그것이 기초하고 있는 모든 유엔의 비회의UN non-conferences를 열거하고 있다.

관찰 가능한 산출을 양산하는 다른 원조 기관과 같이 유엔은 대규모 세계 정상 회의를 개최한다. 유엔 관리들은 이 모든 공상주의적 회의에 참여하느라 피곤하다. 즉 환경과 개발(3회 정상 회의), 세계 식량 정상 회의(2회), 세계 아동 정상 회의(2회), 세계 고령화 총회(2회), 세계 인종 차별 철폐 회의, 개발 재원 국제회의, 유엔 총회 에이즈 특별 회의, 유엔 인간 정주 회의(3회), 유엔 최빈국 회의(3회), 새 천년 정상 회의, 세계 사회 개발 정상 회의(2회), 세계 여성 회의(5회), 군소 도서 개발 도상국의 지속 가능 개발 지구 회의(2회), 국제 인구 개발 회의(2회), 세계 인권 회의가 있다. 이런 회의에 참여하는 관리들은 의도야 좋겠지만, 회의가 이렇게 자주 반복된다는 것은 과거 개최되었던 회의가 그 목표를 달성하지 못했다는 것을 의미한다.

또 다른 유엔의 비효율성을 보여주는 징후는 유엔의 미심쩍은 경제 분석이다. 이는 IMF와 세계은행에서 인용한 높은 수준의 분석과는 대조적이다. 가장 최악의 사례를 들자면, 최빈국이 처한 곤경에 대해 유엔무역개발회의UNCTAD가 분석한 것인데, 그림 23의 루드 골드버그 도해이다. 빈국들은 빈곤의 덫에 걸려 있지는 않겠지만, UNCTAD 자체는 화살표가 모든 방향으로 향하는 모종의 지적인 미로에 갇혀 있다고 할 수 있다.

다른 원조 관료제보다 유엔의 상황을 더 악화시키는 것은 무엇인가? 관료적 행태의 환경은 유엔에 더 불리한데, 그 이유는 "1국 1표"

그림 23 유엔무역개발회의가 설명하는 빈곤

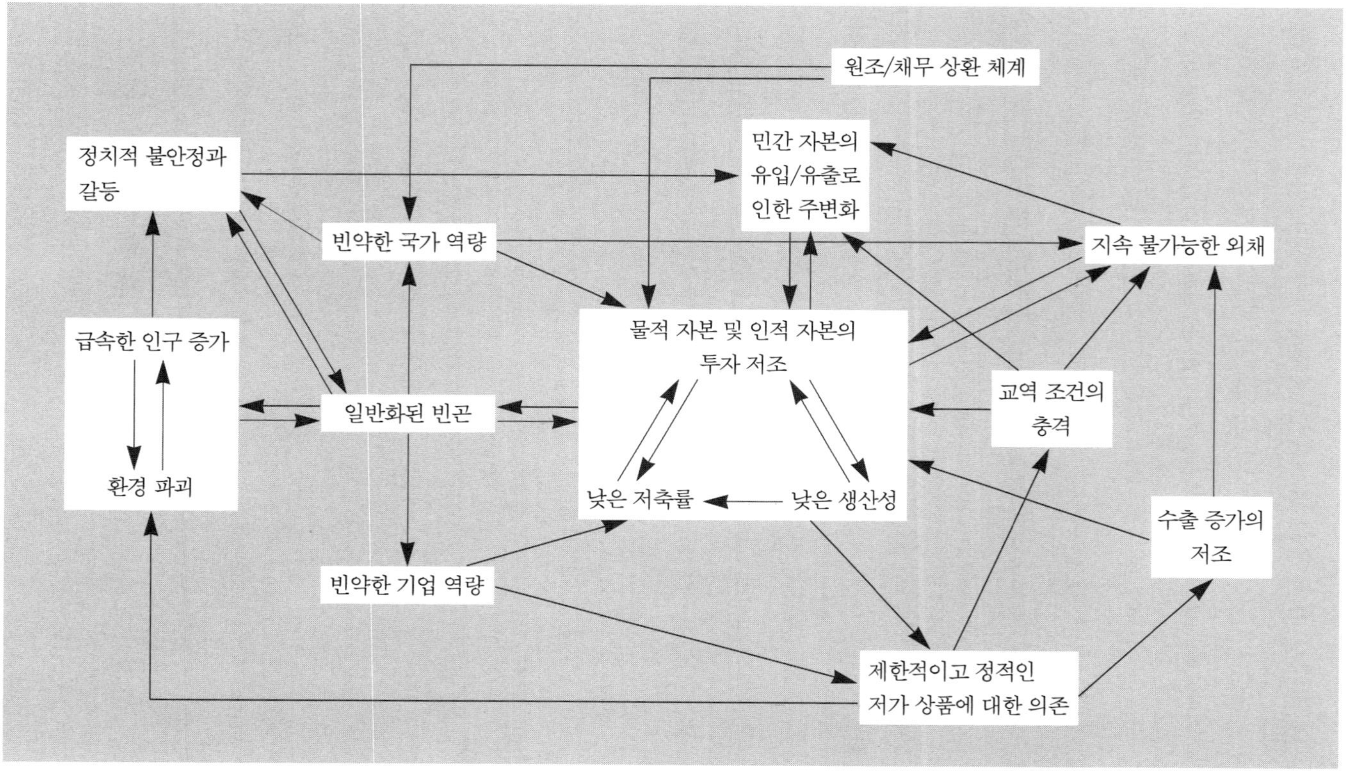

의 거대한 유엔 총회가 이를 운영하기 때문이다. 191개 회원국(이들 중 다수는 비민주주의 국가)에 동등하게 책임지면서, 유엔은 다수의 주권국들과 공동의 책임이라는 심각한 문제를 안고 있다. 다수의 주권국들은 유엔이 충분한 수의 직원을 자국 출신으로 고용하도록 하는 것과 같은 정치적 목표를 가지고 있다. 아마도 이러한 제한 때문에 유엔은 수준 높은 전문가들을 영입하는 데 세계은행과 IMF보다 뒤지는지도 모른다. 비민주적인 국가들로 구성된 거대 집단의 투표권은 유엔을 독재자들의 연합에 취약하게 만든다. 유엔은 특별히 어느 누구를 대표하지 않기 때문에 아무도 유엔의 활동에 대해 크게 주목하지 않고 있다. (내가 인용한 유엔 문서 일부를 자발적으로 읽은 사람으로는 내가 처음일 것이다.) 부국이 유엔이 하기를 원하는 몇 가지 남의 이목을 끄는 일들을 제외하고, 유엔은 다락방에서 운영되고 있다.

진보 만들기

이 장은 왜 우리 원조 관료들이 빈민이 그토록 절실히 필요로 하는 것을 공급할 수 없는지에 대해 논의한다. 이 분석은 몇 가지 개선 방법을 지적한다. 다시 말해서 과거에 원조를 개혁하려는 모든 노력들 때문에 지극히 겸손한 태도를 취하는 것은 적절하다. 개선을 위한 나의 제안은 물론 허점이 있겠지만, 현상 유지를 위한 것들보다는 허점이 적을 것이다. 나의 이러한 제안은 계획가의 권력을 탐색가에게로 이동시키려는 개혁가뿐 아니라 현장에 있는 탐색가까지 겨냥한 것이다.

이 문제의 큰 부분은 원조 기관의 임무를 설정하는 부국 정부들에서 기원起源하고 있다고 할 수 있다. 친애하는 부국의 자금주들이여, 제발 비서구 지역을 변화시킨다는 망상에서 깨어나라. 원조 기관들이 불가능한 목표를 설정하는 것에 대해서는 설령 정치적으로 호소력이 있다 해도 보상하지 말라. 제발 원조 기관들이 제한적이고 해결 가능한 문제에 초점을 맞추라고 요구하라. 예를 들어 그들이 보건, 교육, 전기 시설, 물 문제, 민간 부문 진흥을 위한 점진적 정치 개혁에 초점을 맞추도록 하라. 즉 그들이 이미 성공한 경험이 있는 분야에서 말이다. 그리고 나서 운영 및 유지에 필요한 자금을 공여국이 거절하는 것과 같은 남아 있는 문제를 해결하라.

새 천년 개발 목표 또는 다른 목표들에 대한 공동 책임은 잘 작동되지 않는다. 원조 기관들이 개별적으로 자체 사업에서 달성한 결과에 대해 책임을 지고, 더 이상 세계적 목표에 책임을 지지 않도록 하라. 서로 다른 기구들이 서로 다른 분야에서 전문성을 갖게 하면 조정의 문제를 줄일 수 있다.

전문성과 효율성 모두를 증진시키기 위해서 (비정부 기구를 포함한) 원조 기관들이 개발 서비스를 공급하기 위해 경쟁할 수 있는 방안을 생각해보라. 그렇게 하면 특정 국가에서 특정 업무에 가장 뛰어난 사람들이 그 개발 서비스를 공급하기 위한 "계약을 체결할" 것이다. 어떤 일을 신뢰할 만하게 그리고 효과적으로 수행하는 데 실패한 사람들은 그 계약을 체결하지 못하게 될 것이며, 그들이 더 잘할 수 있는 일에 집중하게 될 것이다.

누가 업무를 잘 수행하는지 어떻게 말할 수 있는가? 원조 기관들은 수행 가능한 업무를 찾는 데 동기를 부여하기 위해 자신들의 사업이 빈민에게 미치는 영향을 독립적으로 평가하는 것이 필요하다. 현재 원조 기관은 대부분 자체 평가를 이용하고 있다. 심지어 독립적 평가로 나아가기 위한 칭찬할 만한 조치를 취하면서도 세계은행과 IMF는 조직 내에 평가 부서를 계속 유지하고 있다. 세계은행과 IMF 창설 60년 후, 독립적 평가가 늦은 감은 있지만 뒤늦게나마 이루어졌다. 원조 기관과 국제기구들이 자신들의 예산 일부를 위탁 관리 계좌escrow account에 보관하면 어떨까? 이렇게 하면 (평가 결과에 이해관계가 없는 행위자에 의해 선출된) 독립적인 평가자들이 무작위로 추출된 원조 기관의 사업과 프로그램을 살펴보고 자금 지원을 하게 될 것이다.

연구자들은 공식적인 독립적 평가가 부재한 상황에서조차 좀 더 효과적인 역할을 감당할 수 있을 것이다. 학계는 원조 기관들이 하고 있는 사업 및 프로그램, 접근 방법에 대한 자신들의 연구 기술을 적용하여 공공 서비스에 이바지할 수 있다. 그들은 학술지를 출간하면서, 원조 기관의 자체 연구를 통해, 원조 기관에 대한 컨설팅을 하면서 이러한 일들을 이미 하고 있다. 그러나 이러한 표현 수단들 중 어느 것도 현재 닥친 업무에 적합하지 않다. 학술지에서 발표되고 있는 것들은 아주 훌륭한 과학적 평가 기준에 의해 선택되지만, 이 잡지들은 독창적이지는 않아도 원조 기관 평가에는 적합한 연구를 과소평가하는 경향이 있다.

원조 기관의 연구 부서들과 컨설턴트들은 그들이 어쨌든 일정 부분 훌륭한 연구 자료를 펴낸다고 해도 원조 계획가들의 노선에서 크게 벗어나지 않을만한 인센티브를 가지고 있다. 원조 기관의 연구자들에게는 더 독립적일수록 더 좋다. 한 가지 좋은 아이디어는 바로 모든 원조 기관들이 연구 기금을 마련하여 원조와 개발 정책을 연구할 독립된 연구소를 설립하는 것이다.

사업가들 역시 원조 감시에서 상당한 미개발 자원이다. 우리는 원조 결과에서 민간 기업에게 지분을 주는 계획을 한번 상상해볼 수 있는데, 이렇게 함으로써 이 민간 기업들은 좋은 결과를 위한 감시단의 일부를 구성했다. 수원국 내 감시관까지 포함하여 만약에 독립적인 원조 감시관들이 원조 기관들을 주시한다면 어떤 일이 발생할지에 대해 생각해보라.

대외 원조 문제에는 개발의 복잡성, 빈민의 약한 권력, 원조 수혜자와의 피드백이 어렵고 실패로부터 교훈을 얻기 힘들다는 점 등 내재적인 어려움이 있다는 점을 부디 이해하라. 모든 것들을 망라하는 포괄적인 기본 틀과 중앙집권화된 계획, 전 세계적인 목표는 쓰레기통에 던져버려라. 단지 어려운 상황에 처한 사람들이 필요하고 원하는 것들이 무엇인지에 부응하여 각각의 현지 상황에 반응하기만 하라.

슬픈 것은 빈민들이 원조 기관에 책임을 지울 만한 권력이 너무 미약하다는 것이다. 그래서 원조 기관들은 무엇이 실행 가능하고 빈민들이 실제로 원하는 것이 무엇인지를 찾는 데 충분한 인센티브를 갖지 못했다. 가장 중요한 제안은 작은 개선책을 탐색하는 것이고, 그런 후에 빈민들이 원하는 것을 얻고 더 잘 살게 되었는지를 면밀히 조사하고 검증하고, 또 이러한 과정을 반복하는 것이다.

빈민들에게 해야 할 일을 말해주는 것은 효과가 없었다. 단지 자기 자신의 이익에 따라 행동할 것 같은 사람들을 선별하여 원조 수혜자의 자격을 심사하라. 그리고 바로 그들에게 자신들의 삶을 개선할 수 있는 인센티브와 기회를 주라. 그런 후에 조건을 달지 않은 채 그들이 자립하리라는 점을 믿고 신뢰를 보여주라. 이와 같은 프로그램들은 이미 잘 작동하고 있다. 방글라데시의 '교육을 위한 식량 프로그램'은 빈민 가정에서 자신들의 딸들을 학교에 다니도록 할 것인지를 스스로 선택하게 한다. 또한 그렇게 할 수 있도록 빈민 가정에 음식과 돈을 공급하여 이 선택을 더욱 가능하게 만든다. 멕시코에서 (자생적으로 만들어져 운영되는) 프로그레사PROGRESA 프로그램은 이와 유사하게 부모들에게 현금을 지급하여 빈민들을 위한 기회를 더 많이 창출하고 있다. 부모들은 그 돈으로 아이들에게 계속 학교 교육을 시키며, 영양 보충제를 공급해준다.

빈민들에게 직접적으로 원조 자원의 통제권을 부여하며, 빈민 스스로가 무엇을 가장 원하고 필요로 하는지 선택하도록 하는 체계에 대한 더욱 심도 있는 탐구가 필요하다. 참여는 원조에서 전략이나 체계가 아닌 빈민들의 수중에 구매력과 투표권을 더 많이 보장하는 것을 의미해야 한다. 이는 쉽지 않지만 나는 이것이 대외 원조의 미래가 아닌가 생각한다.

원조 기관들에 대한 비평가의 애정은 엄격할 필요가 있다. 비평가들은 원조 기관들을 완전히 없애버려서는 안 되지만 그들에게 압력을 가해서 원조가 빈민들에게 다다를 수 있도록 해야 한다. 이는 그 자체로 망상적인 것일 수도 있는데, 사실 우리는 이미 50여 년간 원조가 제대로 작동되도록 노력하지 않았는가?

그러나 진전이 공공 정책에서 보이고 있다. 시끌벅적한 반세계화

시위자와 열심히 뛰고 있는 비정부 기구, 록 밴드 및 영화배우와 9·11 이후 비서구 지역에 대한 관심이 커진 부국 정부에 좋은 소식은 빈민들의 옹호층이 증가하고 있다는 것이다. 이제 부국의 대중들이 빈민들에게 원조금이 실제로 다다를 수 있도록 강제해야 할 때다. 탄자니아 인들이 어린이 환자와 임산부의 생명을 구하지 못하게 만드는 망가진 도로를 실제로 수리해주는 것에 대해 공여국들이 책임을 질 때가 이미 지나지 않았겠는가?

민간 기업이 인도를 돕다

설사는 빈민들의 행복을 바라는 외국인들이 종종 지나치는 또 다른 치사병이다. 설사와 이로 인한 탈수로 고생하는 아기는 심장 박동이 빨라지고, 눈언저리가 푹 꺼지며, 두개골이 함몰되고, 세포 조직과 신체 중요 기관에 영양이 제대로 공급되지 않게 된다. 아이가 생존한다 해도 설사병으로 인한 영양실조에 걸리게 된다. 그 아이는 발육이 부진하게 되며 비정상적으로 마른 체형을 갖게 될 것이다. 일반적으로 설사에서 유발된 탈수 증상은 쇼크를 일으키며 사망에까지 이르게 한다. 손을 씻지 않고 음식을 준비하는 것은 설사를 유발하는 박테리아와 바이러스를 확산시킨다.

2005년에 미국 미시간대학교 경영대학 교수인 C. K. 프라할라드 C. K. Prahalad 교수는 『피라미드 밑바닥의 행운: 이윤을 통한 빈곤 퇴치The Fortune at the Bottom of the Pyramid: Eradicating Poverty Through Profits』라는 훌륭한 책을 펴냈다. 그는 전통적으로 원조 기관들이 처리하던 빈민 문제의 일부를 어떻게 민간 기업들이 자신들의 이윤을 추구하면서 해결할 수 있는지를 보여준다. 자유 시장의 탐색가들은 특정한 빈민 문제를 해결하는 데에서 원조 기관보다 훨씬 잘한다. 비록 여기에서 이윤이라는 인센티브를 가지는 것이 반드시 전형적인 사례는 아니지만 말이다. 그러나 프라할라드의 책은 자유 시장에서 배울 수 있는 것들에 대해 상기시켜준다. 스스로의 이익을 추구하는 행동도 타인을 위해 선한 일이 될 수 있다는 것이다.

프라할라드 교수는 힌두스탄레버Hindustan Lever Limited, HLL의 사례를 든다. 이 회사는 거대 다국적 기업인 유니레버Unilever의 계열사이다. HLL은 아주 단순한 상품인 비누를 팔았다. 이 회사는 자신들의 상품을 빈민들의 설사병 예방과 결합시킨다면 더 큰 시장을 확보할 수 있을 것이라는 것을 알게 되었다. 비누로 손을 씻는 것은 설사병을 유발하는 바이러스와 박테리아의 확산 방지에 필수적이다. HLL은 인도 시장에서 점유율이 높은 항박테리아 비누의 장점을 빈민들에게 더 많이 알린다면 판매를 크게 늘릴 수 있을 것이라는 것을 알게 되었다.

사람들이 비누를 쓰게 하는 것은 생각만큼 쉽지 않았다. 빈민들은 질병 전염에 대한 과학적 지식이 없었다. 빈민들 대부분은 눈으로 보기에 더러울 때만 손을 씻고, 용변을 본 뒤나 아기 기저귀를 갈아준 뒤에 손이 눈에 보이지 않는 세균으로 덮여 있을 때는 씻지 않았다. 손에 있는 눈에 보이지 않는 세균들은 설사병의 주요 전염 매개이다. HLL은 이러한 사람들의 행동을 변화시켜야 했다.

이러한 잠재적 시장을 현실화하기 위해 HLL은 보건 상품에 대한 빈민의 신뢰를 얻을 방법을 강구해야 했다. 그 결과 정부, 원조 기관, 비정부 기구와 공조하면서, '라이프부이 스와스티야 체트나Lifebuoy Swasthya Chetna '(건강을 활기차게 하는 구명대)라는 사업을 포함한 교육 사업을 시작했다. 이는 사원들을 2인 1조로 꾸려 학교에 파견하고 학생들에게 라이프부이 비누로 손을 씻음으로써 위, 눈, 상처의 감염을 피할 수 있는 방법을 알려주도록 했다. 조원들은 마을 의사들의 도움을 얻어 학부모들에게 비누로 손 씻기가 설사를 예방하고 다른 합병증을 예방할 수 있음을 전해주었다. '라이프부이 스와스티야 체트나' 사업은 마을에 헬스클럽도 만들었다.

HLL의 항균 비누 판매는 실제로 증가했고, 이익을 창출하는 과정에서 질병 예방 상품을 사도록 마을 주민들을 설득하는 데 성공했다.

제6장

빈민 구제

비밀은 콩을 세는 데 있지 않다. 더 많은 콩을 기르는 데 있다.

__로베르토 고이수에타Roberto Goizueta, 1931~1997년

나는 아디스아바바에 있는 수많은 슬럼가 중 한 곳을 걸어가고 있다. 진흙 담장과 초가지붕으로 된 주거 지역을 통과하고 있는데, 어떤 집들은 지붕과 벽에 구멍이 나 있어 콘크리트 벽돌로 지어진 부유한 집들과 대조를 이룬다. 몇몇 집은 전면이 꽃밭으로 말쑥하게 단장되어 있는데, 이는 마치 그러한 시도들은 있을 수 없다고 여기는 '빈곤 비하 고정 관념'에 도전하는 것 같다. 한 할머니가 내게 미소를 지으며 나뭇가지와 진흙으로 만든 초라한 집으로 안내한다. 이 할머니는 깜짝 손님에게도 커피를 대접하였고, 호기심 많은 아이들은 이 모습을 보며 즐거워한다. 가난은 이곳저곳에 가득하다. 넝마를 걸친 어린이들은 하수 처리가 되지 않은 개울가의 붉은 오물 구덩이에서 뛰어논다. 에티오피아 인들 중 12퍼센트만이 보건 위생 시설을 이용하고 있다고 하는데, 이러한 슬럼 거주민들은 포함되지 않는다.[1] 아이들은 자기 나이에 비해 유난히 마르고 키가 작아 보이는데, 어린이 인구의 절

반 이상이 영양실조인 이곳에서는 쉽게 예상할 수 있는 일이다.[2] 에티오피아의 식량 생산은 토양 침식과 주기적인 가뭄으로 인해 어려움을 겪고 있다. 또 에티오피아의 에이즈 위기가 심각하기 때문에, 어떤 아이들은 에이즈 고아가 될 가능성이 크다. 전체 어린이 인구 중 14퍼센트만이 질병 예방을 위한 예방 접종 혜택을 받고 있는데, 어린이 인구 중 17퍼센트가 5세 생일을 맞지 못하고 사망하는 것도 이와 연관성이 있다.[3]

　도시에서는 에티오피아 재정경제개발부 장관인 수피안 아흐메드Sufian Ahmed가 에티오피아의 향후 경제를 계획하기 위해 국제통화기금IMF에서 보낸 직원 여섯 명과 (그리고 여성 비서 한 명과) 회의를 하고 있다. 그들은 에티오피아 정부의 세입과 지출에 대해 논의한다. 이 회의는 IMF의 "빈곤 감축 성장 지원 금융PRGF에서 3개년 협정하의 제5차 평가"의 일환이다. 에티오피아 경제는 심각한 가뭄의 영향에서 다시 회복하고 있다. 세입은 외부 차관과 마찬가지로 예상보다 하락했다. 아흐메드 장관은 IMF와 협의한 한도 내에 정부 지출을 묶어두기 위해 이를 삭감했다. IMF 직원들은 아흐메드로 하여금 "빈곤 감축을 목표로 한 지출poverty-targeted expenditure"을 보장하라고 촉구하면서도 지출 삭감을 승인한다. (IMF 직원들이 "빈곤 감축을 목표로 한" 것을 어떻게 결정했는지는 명확하지 않다. 왜냐하면 어떤 결과를 가져오는 거의 모든 지출은 그렇게 빈곤한 사회에서는 어떻게든 빈곤을 감소시킬 것이기 때문이다.) 가뭄에 대한 대응으로 에티오피아 정부는 "식량 안보 프로그램"을 추진하고 있다. 비록 이 보고서는 "IMF 직원은 식량 안보 프로그램을 환영한다."고 역으로 지적하고 있지만, IMF 직원은 식량 안보 지출이 "거시 경제 안정"[4]에 위협이 되지 않도록 에티오피아 정부가 신중하기를 권고한다.

    IMF는 국제 외환 보유고, 중앙은행의 순 국내 여신, 정부 적자에 대한 국내 자금 조달, 정부의 지불 잔금, 정부의 외부 차입에 대해서 에티오피아가 지켜야 할 강제성을 띤 목표를 명시한다. 아흐메드 장관이 IMF와 맺은 다른 협정에는 세제 개혁(납세자 주민 번호의 전산화와 부가 가치세 도입을 포함)이 포함된다. 이와 함께 국방비 지출 제한, 정부의 임금 법안 제한, 지역 및 연방 예산과 특별 예산 계정의 통합, 회계 및 금융 자산 통계의 대조, 시장의 환율 결정 허용, 대출금 연체에 대한 상업은행의 충당금 지원, 상업기업은행CBB의 민영화, 에티오피아개발은행DBE의 구조 조정, 에티오피아국립은행NBE의 구조 조정, NBE의 자치성 증대, 국제적 기업인 KPMG의 감사와, 수치상의 실적 목표를 명시한 IMF와 협의한 구체적 계획에 기초하여 에티오피아상업은행CBE의 대출의 기한 연장을 2회로 제한하고, 공동 출자한 대부금을 CBE에서 DBE로의 이체하는 CBE 개혁, 최빈국의 무역 개발을 위한 통합 체계에서 예비 단계로서의 무역 자유화, 전력 공급, 우편 서비스, 국내 항공사에 대한 정부의 역할 제한을 위한 투자 법률 개정, 빈곤 감축을 위한 채무 경감 수단의 조회, 국제 수지, 금융 지표, 외화 보유고, 농업 및 공업 생산의 통계 산출상의 문제 개선 등을 포함한다. 정부는 빈민, 시민 단체, 비정부 기구, 민간인, 해외 공여국에 자문을 구하는 한편, 빈곤 감축 전략 보고서PRSP에 대한 연례 발전 보고서Annual Progress Report, APR의 맥락하에서 빈곤 감축을 위해 이 모든 것들을 해내야만 한다. 2001년 1월부터 2003년 11월까지 재정부 장관은 소득세 입법에서부터 은행 간 외환 시장에 이르는 주제에 대해, IMF가 장관에게 기술적 권고를 위해 준비한 21건의 기초적인 보고서를 통해 도움을 받았다.

IMF가 지구 먼 곳 구석구석의 빈민들을 섬기는 데 효율적인 기관이었는가? IMF는 다음의 가설을 시험해볼 수 있는 흥미로운 사례이다. (1) (원조) 기관들은 많은 목표보다는 적은 목표를 갖고 있을 때 더 잘 작동된다. (2) 무책임한 기관들은 책임성 있는 기관보다 더 좋지 않은 성과를 낸다. (3) 하향식 계획가들은 현장에서 벌어지는 현실에 대한 정보 부족으로 인해 어려움을 겪는다. 그리고 앞으로 알게 되겠지만, IMF는 다른 서구 원조 기관들보다 더 적은 목표를 가지고 있을 때 효과를 보았다(1). 그러나 그 효과성은 책임의 부재(2)와 하향식 계획가들이 이용할 수 있는 형편없는 정보들 때문에 큰 어려움을 겪었다(3).

서구는 심각한 무역 불균형과 통화 불안정을 예방하기 위해 첫 번째로 IMF를 설립하였다. IMF는 초기 단계에서 매우 성공적이었다. 그리고 난 후 IMF는 서구 이외의 세계 기타 지역 국가에 구제 금융을 제공하는 쪽으로 방향을 전환했다. IMF는 국제 수지상 금융 위기를 겪고 있는 빈국에 단기 구제 금융을 제공했지만, 장기적 발전의 증진은 더 어려워졌다. 게다가, IMF의 임무 성명서가 점점 더 부풀려지고, 그 조건들은 더욱 더 많아지고, 간섭은 더더욱 심해지면서 지난 20여 년간 상황은 더욱 악화되었다. IMF는 빈민들의 장기적 이익을 위해 행동하거나 그들의 복지를 개선하는 일에서 빈민들에게 책임을 지는 체계를 갖추지 못했다. IMF는 교정하고자 하는 국가들의 문제에 대한 불확실한 통계 자료에만 과도하게 의지하고 있다. 비록 IMF가 많은 좋은 일들을 해냈지만, 오늘날 IMF의 실적은 백인의 의무라는 고압적인 계획가의 망상을 더욱 닮아가고 있다.

세계에서 가장 강력한 채권자

미국 워싱턴 D.C.에 본부를 두고 있는 IMF는 빈국과의 관계에서 서구의 가장 강력한 기구이다. IMF는 빈국의 금융을 감독한다. 빈국 정부가 수입 대금import bills을 지불할 수 없거나 서구 채권국에 부채를 상환할 수 없을 때, IMF는 문제 해결을 위해 등장한다. IMF는 차관 차용국이 갚아나갈 수 있는 선에서 채무 상환의 새로운 기한을 정한다. 차관 차용국 정부가 현금 압박을 견딜 수 있도록 (2~4년 이내에 되갚을 수 있는) 단기 자금을 대부한다.[5] IMF는 해당국 정부가 (IMF 자체 차관을 포함해) 필수적인 상환을 할 수 있도록 일련의 지출 삭감 또는 세금 인상을 협상하기도 한다.

IMF는 많은 자금을 보유하고 있다. 차관으로 지급 가능한 자금으로 1570억 달러를 보유하고 있는데, 이 중 2004년 8월에 실제 차관으로 사용된 금액이 960억 달러이다.[6] IMF는 회원국(전 세계 대부분의 국가)이 낸 기금에서 이를 충당하며, 그 자금은 차관 차용국들에 순번제로 돌아가도록 한다.

IMF의 기능에 대한 설명은 빈국에 돌아가는 혜택에 강조점을 둔다. "IMF의 주요 기능은 국제 수지 문제를 경험하고 있는 국가들에게 차관을 지급하여, 이 국가들의 경제 성장이 지속될 수 있는 환경을 회복시키는 것이다. IMF의 금융 지원은 각국의 외환 보유고 재구축과 통화 안정, 수입 대금 지불을 가능하게 한다."[7]

　　IMF 역할의 일부는 차관 차용국이 대금을 완납하고 채권자에게 채무 상환을 할 수 있도록 "금융 규율"을 강화하는 데 있다. 추심업자들은 항상 환영 받지 못하지만 그들이 가치 있는 역할을 하는 것은 사실이다. 차관 차용국들이 디폴트 결과에 대한 두려움 없이 채무를 이행하지 않을 수 있다면 채권국들은 차관을 대부하지 않으려 할 것이다. 차관은 차관 차용국들이 자체적으로 자금을 댈 수 없는 생산 투자에 자금을 댈 수 있다. 차관은 그 나라들이 불황기를 잘 헤쳐 나갈 수 있게 한다. 그리고 호황기에는 차관을 상환할 수 있다. 민간 시장에서는 추심업자들이 협박과 협상을 통해 채권을 추심하는데, 그 결과 어쨌든 차용인이 향후 대부를 지급 받을 수 있게 된다. IMF의 고객 국가들은 현재의 고통을 덜기 위해 IMF 차관을 지급 받는 한편(또는 더 정확히 말하자면 차관을 상환할 수 있을 때까지 그 고통을 미루면서), IMF의 지시를 따름으로 향후 서구의 다른 차관을 받을 수 있게 한다. 비평가들은 악성 채권국들이 차관 차용국의 마지막 피 한 방울까지 짜낸다는 고정 관념 때문에 IMF를 편파적으로 비방한다. IMF를 포함한 국제 체제는 빈국에 대한 큰 차관 시장을 만드는 데 일조했다. IMF는 과거 서구의 채권 추심 방법 —— 빈국의 관세 수입을 포탈하기 위해 포함砲艦을 보내거나, 심지어 정권 인수를 위해 그 나라를 침략하기도 하는 것 —— 을 지금도 선호한다.

　　당신은 IMF의 차관 조건에 대해 채무 상환을 보장하기 위한 수단으로 볼 수도 있다. 만약 평소에 내게 잘하지 않던 사촌이 돈을 빌려달라고 한다면, 나는 그가 대출금을 상환할 수 있도록 자신의 행동을 바꾼다는 조건을 달고서만 돈을 빌려주려 할 것이다. 즉 술을 끊거나 직업을 구하거나 하는 등의 조건 말이다.

IMF는 몇 가지 주목할 만한 성공 사례를 만들어냈다. IMF는 1980년대 재정 압박에 처해 있던 한국과 태국을 도왔으며, 이후 양국은 급속한 성장을 이루었다. 1994~1995년 IMF의 구제 금융은 당시 많은 비판을 받았지만 좋은 성과를 냈다. 멕시코 정부는 만기 전에 채무를 상환했고 경제 성장도 재개되었다. 가장 최근에 IMF는 1997~1998년의 동아시아 금융 위기에서 어느 정도의 성공을 이끌어냈는데, 특히 한국의 경우가 그러했다.

IMF는 전문적 분석 규범을 준수하는 뛰어난 경제학 박사들을 채용한다. IMF는 빈국의 회계 및 금융 시스템에 대한 귀중한 기술 자문을 지원하는 탁월한 연구 부서와 기타 전문 부서를 갖추고 있다. IMF는 정부의 지불 능력을 갖추는 현명함과 과도한 정부 채무 및 적자를 발생시키는 우매함에 대하여 국가들이 경제 자문을 얻을 수 있는 유용한 출처가 되고 있다. (현재 이러한 자문을 경청하지 않는 후진적인 국가〔미국 ― 옮긴이〕가 하나 있는데, 공교롭게도 IMF가 주재한 도시가 바로 그 나라의 수도이다.)

빈국 경제를 개혁하려는 IMF의 더 야심찬 시도는 절반의 성공인 경우가 많았다. 금융 규율 강화라는 핵심 기능조차 주제넘게 참견하는 계획가의 사고방식 때문에 흠집이 났다. 그들은 중요한 정부 행동 지표에 임의적으로 수치적 목표를 설정했다. 모든 계획가들과 마찬가지로 IMF는 복잡한 경제 체제의 현실을 그러한 복잡성과 별 상관이 없는 획일적으로 제도화된 수치적 목표에 꿰맞춘다. 차관 조건은 종종 간섭이 지나쳐서 국내 정치를 흔들어놓는다. 그리고 결국에는 그러한 조건이 차관 상환에 얼마나 기여했는지 그 결과조차 불확실하다.

IMF는 그 나라 정부가 강제로 협정에 참여하도록 하지 않는다. 정부가 자원해서 그렇게 할 뿐이다. IMF 협정이 종종 역효과를 낸다면 왜 정부들은 그러한 협정을 채택할까? 보통 이는 정부들의 시각이 근시안적이기 때문이다. 즉, 장기적 파급 효과에 상관없이 금융 위기 때문에 정부들은 차관이 당장에 절실해진다. IMF는 그러한 차관을 얻는 유일한 방법이 되곤 하는 것이다.

페소는 너무 많고, 달러는 너무 적고

IMF의 차관 기준은 "대기성 차관 협정(standby arrangement: 회원국이 실제 필요를 예상해서 미리 대출 한도액을 협상할 수 있도록 하는 것 — 옮긴이)"이다. IMF 차관은 정부로 하여금 차관을 신속하게 상환할 수 있도록 자금 수령에 조건이 붙는다.

IMF의 접근 방식은 단순하다. 빈국은 중앙은행의 달러가 바닥나면 자금 부족을 겪는다. 중앙은행은 두 가지 이유로 적절한 달러 공급이 필요하다. 첫째, 해외 상품을 구매하려는 빈국 거주자들이 국내에서 유통되는 자금(이를 페소라고 부르기로 하자.)을 달러로 교환할 수 있다. 둘째, 외국인들에게 빚진 빈국 거주민들이나 기업, 정부는 그들이 가진 페소를 달러로 교환할 수 있고, 이 달러로 그들은 외국인 채권자들에게 채무를 상환할 수 있다.

중앙은행의 달러가 바닥나게 되는 원인은 무엇인가? 중앙은행은 국가의 공식적인 달러 공급(외환 보유고)을 유지할 뿐 아니라, 정부에 차관을 공급하고 국가 경제를 위해 국내 통화를 공급하기도 한다. 회계 전문 용어로 말하면, 중앙은행은 두 개의 자산(외환 보유고와 정부 대출금)과 한 개의 부채(국내 통화)를 가진다.

많은 빈국 정부에서 조세 수입 이상의 과다 지출을 할 수 있는 주요 자금원은 중앙은행에서 신용을 지급 받는 것이다(또 다른 주요 자금원은 해외 차입이다. 이에 대해서는 추후 언급할 것이다.). 중앙은행은 정부에 신용을 확대 지급하며, 대부 수익금으로 정부에 양도할 그에 상응하는 양의 화폐를 찍어낸다. 정부는 그 통화를 사용하고 그 페소는 경제 전반에 걸쳐 국민들의 손에 전달된다.

그러나 국민들은 과연 그 화폐를 보유하기를 원할까? 더 많은 화폐를 찍어냈을 때 국민들이 현존하는 상당한 상품들에 그 통화를 사용한다면 통화 가치는 하락하게 된다. 국민들은 가치가 하락하고 있는 페소를 보유하지 않는다. 이는 이자율이 마이너스인 저축 계좌와 같다. 그래서 그들은 페소를 달러로 바꾸기 위해 중앙은행으로 되가져간다. 그들이 더 이상의 페소를 보유하려 들지 않기 때문에, 보유한 페소 양이 예전과 같아질 때까지 페소를 달러로 바꾼다. 마지막으로 동일한 양의 페소가 미결제된 상태에서 중앙은행은 정부에 대해 더 많은 신용과 더 적은 달러 보유고를 유지하게 된다. 사람들이 원하지 않는 화폐를 더 많이 발행한 효과는 중앙은행의 달러 보유고를 고갈시키는 것이다.

이는 IMF 금융 프로그램의 창시자이자, IMF 창설 초기의 임원이었던 자크 폴락Jacques Polak의 통찰에서 비롯되었다. 중앙은행의 달러 보유고가 줄어드는 이유는 중앙은행이 페소를 너무 많이 발행했기 때문이며, 그렇게 되면 사람들은 중앙은행에서 이를 달러로 환전하길 원한다.[8]

이러한 상황에서 중앙은행으로부터 달러를 매입하는 데에는 종종 패닉을 유발하는 요소들이 있을 것이다. 페소를 보유하려는 사람들의 의지가 핵심 변수이다. 중앙은행이 화폐 발행을 너무 많이 하고 있다고 대중들이 의심하기 시작하면 공급이 바닥나기 전에 달러를 매수하려 들 것이다. 현재 보유하고 있는 페소의 양에 비해 달러의 양이 적을 경우, 이는 가지고 있는 구명보트의 수가 너무 적은 타이타닉호와 같다. (달러를 사재기하듯이) 사람들은 앞 다투어 구명보트를 타려고 할 것이고, 중앙은행의 달러 보유고는 하락할 것이다. 수입 대금 또는 외채의 이자 지급을 위해 달러를 매수하려는 사람들은 그렇게 될 경우 사양길로 접어들게 될 것이다. 그러면 그 국가는 IMF에 구조를 요청하게 된다.

과도한 화폐 발행은 IMF 프로그램의 또 다른 중요 목표인 인플레이션 억제에 영향을 주기도 한다. 상품에 비해 돈이 너무 많을 경우 상품 가격을 끌어올리게 되어 인플레이션을 초래한다. 다시 말해서 문제의 핵심은 물건 구입에 대해 사람들이 얼마나 많은 돈을 보유할 것인가이다. 지갑 속에 돈을 계속 넣어두고 싶은 욕구가 늘어나면, 상품을 구입하는 데 쓰는 그 돈이 시중에 공급되지 않을 것이다.

IMF 금융 프로그램의 마지막 통찰은 과도한 정부 적자가 과도한 화폐 발행을 유발한다는 것이다. 정부는 중앙은행의 융자를 받아 적자를 면한다. 그리고 중앙은행은 화폐 발행으로 융자금을 조달한다. 그래서 보유고를 재구축하라는 IMF의 표준 처방은 정부에 대해 중앙은행 신용 거래 계약을 맺도록 강제하는 것이다. 이를 위해서는 정부의 재정 적자를 줄여야 한다.

이 모두는 너무 형식적이고 중립적인 것처럼 들리지만, IMF는 그 후에 (어떤 품목을 줄일 것인지와 같이) 정부의 자금 지출 방식에 관여한다. 이는 종종 빵 또는 식용유에 대한 보조금 삭감과 같이 정부가 인기 없는 일을 하도록 하게 한다. IMF 차관을 지급 받는 국가의 국민은 종종 정부가 그렇게 행동할 경우 IMF를 비난하며, IMF가 강제한 긴축을 반대하기 위해 거리 시위에 나선다. IMF 안정화 계획에서 큰 문제가 되는 한 가지 신호는 국내 정치의 동요이다.

IMF 폭동

키토(에콰도르의 수도 — 옮긴이)는 IMF 직원들이 잘 가는 지역이다. IMF는 1960년부터 2000년까지 에콰도르에 16차례의 대기성 차관을 지급했다. 최근 2000년도 IMF 차관 도입에 따른 긴축 조치는 교사 임금 삭감과 연료 및 전력 가격 인상을 유도했다.

2000년 1월 22일, 에콰도르 원주민 시위대 3천 명이 의회를 점거

했다. 1만 명 이상의 시위대는 의회 밖에서 시위를 벌였다. 민주적으로 선출된 대통령인 하밀 마우아드Jamil Mahuad 정부는 3만 5000명 이상의 군인과 경찰을 동원해 이들과 대치했다. 그러나 무장 병력의 지도부는 재앙의 조짐을 알아차렸고, 구스타보 노보아Gustavo Noboa 부통령의 손을 들어주면서 2000년 1월 23일에 마우아드를 권좌에서 쫓아냈다. 노보아는 IMF 개혁을 지속할 것이라고 강조했다.

2000년 5월, 에콰도르 교사들은 임금 삭감 반대 시위를 5주 동안 벌이면서 파업에 돌입했다. 정부는 최루 가스를 뿌리고 진압 경찰을 수도에 배치하여 교사 시위대를 해산시켰다. 2000년 6월 15일, 시위대는 총파업에 들어갔고, 여기에는 (다시) 교사, 정부 공무원, 의사, 정유 노동자, 노조가 참여했다. 키토의 진압 경찰과 시위대 간에 또 한 번의 최루 가스 대치 상황이 벌어졌다. 군대는 시위대 해산을 위해 루시오 구티에레스Lucio Gutiérrez 대령 휘하의 부대를 파견했다. 그러나 구티에레스 대령은, 비록 실패로 끝이 나긴 했지만, 원주민 시위대 편에 서서 쿠데타를 시도했다. 군대는 쿠데타를 진압했고 구티에레스를 파면했다.

노보아는 한시적으로 시위에서 어찌어찌 살아남았지만, 에콰도르는 IMF의 조건에 응하는 처지로 전락하게 되었다. 시위자들은 그 다음 선거인 2002년 11월 선거에 투표로 보복했다. 유권자들은 과거 쿠데타 주동자이자 포퓰리스트 영웅인 루시오 구티에레스를 대통령으로 선출했다.

2004년 2월, 원주민 집단들은 또다시 IMF에게 환심을 사려고 했다는 이유로 구티에레스에 반대하는 시위를 벌이기 시작했다. 2005

년 4월 20일, 구티에레스는 전임자들과 마찬가지로 영원히 대통령궁을 떠나야 했다.[9]

에콰도르만 IMF에 반대하는 시위를 한 것이 아니었다. 2000년의 첫 9개월 동안, 아르헨티나, 볼리비아, 브라질, 콜롬비아, 코스타리카, 온두라스, 케냐, 말라위, 나이지리아, 잠비아 등지에서 IMF 프로그램에 반대하는 시위가 벌어졌다.[10] 우리는 시위자들이 국민 다수의 대표라고 항상 결론을 지을 수는 없지만, 최소한 이는 국내 정치에 미치는 IMF의 영향을 나타내는 표시라고 할 수 있다.

IMF가 국내 정치에 관여한 것은 이게 끝이 아니다. IMF의 개입과 완전한 국가 붕괴와 같은 가장 극단적인 정치 사건 사이에는 연관성이 있다. 물론, 사회 붕괴의 평행 우주 속으로 사라지기 전에 이러한 정부들은 이미 IMF 차관을 받을 당시 상태가 아주 좋지 않았던 것이 사실이다. 이렇게 불운한 국가들의 잇따른 붕괴에 대해 IMF가 얼마나 비난을 받아야 할지는 확실하지 않지만, 금융 규율의 결여는 그들의 문제 중에서 가장 작은 문제였다. 라이베리아는 1985년 이후 무정부 상태로 최종 붕괴하기 전, 1963~1985년간 77퍼센트의 시간을 IMF 프로그램에 투자했다. 소말리아는 1980~1989년의 10년 가운데 78퍼센트를 IMF 프로그램에 쏟아부었다. 그 이후 군벌들은 소말리아를 갈기갈기 찢어버렸다.

표 4는 세계적으로 알려진 8가지의 국가 실패 또는 국가 붕괴 사례를 보여주고 있는데, 이 중 7가지 사례가 붕괴되기 10년 전에 IMF 프로그램에 많은 시간을 투자했던 것을 알 수 있다. 통계적으로 IMF 프로그램에 많은 시간을 투자한 것은 국가 붕괴의 높은 위험성과 관

표 4 1990년대 이후 전 세계의 8가지 국가 실패 사례
및 이전의 IMF 프로그램 참여 경험

국가	국가 실패 개시 연도	국가 실패가 시작되기 10년 전의 IMF 프로그램 참여 시간(%)
아프가니스탄	1977	46
앙골라	1981	0
부룬디	1995	62
라이베리아	1986	70
시에라리온	1990	59
소말리아	1991	74
수단	1986	58
자이르	1991	73
평균		55
1970~1990년도 개발 도상국 평균		20

국가 실패 자료 출처 : Richard Rotberg, 2002

련이 있다.

IMF는 이렇게 허약한 정치 체제를 가진 국가에 대해 포괄적인 개혁을 강제하는 데 좀 더 주의를 기울였어야 했다. 이러한 국가에서 프로그램을 시행하고 있는 IMF의 행동은 손발이 부러진 환자에게 기껏해야 매일 아침 심장에 좋은 미용 체조를 추천하는 것과 같다. IMF는 자신들의 임무가 금융상 난관에 봉착한 모든 국가를 돕는 데 있다는 것을 감지하고 있다. 그러나 IMF가 모든 국가에게 동일한 유형의 프로그램을 적용하는 식의 계획가적 사고방식은 그와 같이 병든 사회에서는 잘 어울리지 않는다. 뒤돌아보면, IMF가 이런 모든 사례에 관여하지 않았다면 더 나았을 것이다.

시에라리온은 IMF가 수년간 깊이 관여하면서 1990년 국가 붕괴 후 무서운 내전을 겪었다. 미친 반군들은 무작위로 공포를 확산하기 위해 민간인 수천 명의 손을 잘랐다. 내전 휴전 기간 동안, IMF는 시에라리온에 차관 지급을 위해 다시 진입했다. 시에라리온은 1994~1998년간 83퍼센트 시간을 IMF 프로그램에 투자했다. 1998년에 내전이 다시 일어났고, 2001년에 영국군을 비롯한 유엔 평화유지군이 개입하면서 내전은 종식되었다. IMF는 재빠르게 재진입하였고, 신규 차관을 공급하였다. 병세가 너무나 악화되어 IMF가 무의미한 처방을 하지 않으려 하는 사회가 과연 존재하기나 하는 걸까?

아래는 2001년에 시작된 IMF 프로그램의 주요 특징 가운데 일부이다.

* 정부에 대한 순 국내 은행 신용과 관련된 2001년 9월 말 정량적 실적 기준은 약간 초과되었다. 이는 지원 예산의 지급이 실질적으로 절차상 지연되는 상황에서 국내 금융에 대한 상환 청구권 제한에 직면한 우리의 난관을 반영한다. …… 그러나 2001년 9월 말까지 중앙통계국에 자치권을 부여하는 법안 통과에 관련된 구조적 기준은 과중한 입법 일정으로 인해 그 수준에 도달하지 못하였다.

* 구조 조정 개혁 실행과 역량 구축에서도 진전이 이뤄졌다. 그러나 중요한 구조 조정 방안의 실행이 상당히 지연되었다. 경제적 관리의 영역에서 중기 재정 관리 체계MTEF의 개발 작업이 계속 이뤄졌다.

IMF의 이코노미스트인텔리전스유닛EIU은 2004년 이후부터 시에라리온의 상황을 다음과 같이 요약했다.

*특별히 시골 지역의 일반 대중[옛 반군]은 대부분 실업 상태로 남아 있다. …… 정부는 여전히 동부의 다이아몬드 광산 지역을 장악하지 못하고 있다.

*500만 명 가운데 내부적 또는 외부적으로 쫓겨난 200만 명은 과거 고향집으로 돌아오고 있다. 한편, 정신적 충격을 받은 사지 절단자들은 만행을 자행했던 군인들보다도 더 적은 혜택을 받고 있다.

*전쟁 종식 이후 표면상의 평화와 안정에도 불구하고, 지역 고유의 제도들은 여전히 취약한 상태로 남아 있으며 평화는 비록 그 수가 줄어들고 있긴 하지만 대규모로 파견된 평화유지군에 의해 유지되고 있다. 대부분의 유엔 평화유지군이 2005년 중반까지 철수하기로 되어 있는데[최근에 2005년 말로 연기되었다.] 대통령이 국가를 하나로 단합시킬 수 있을지는 불확실하다.

IMF 경영진은 제발 현실 점검을 위해 본부에 전화를 해보길 바란다. 당신들이 도울 수 있는 몇몇 지역이 있긴 하겠지만, 시에라리온은 그런 지역에 포함되지 않는다.

흐트러진 숫자들

비록 IMF가 그렇게 하지 말았어야 할 때 약소국에 혼란을 가져왔다고 해서 우리는 이를 비난할 수는 있지만, IMF에 대한 모든 비난이 정당한 것은 아니다. 사람들은 정부가 자원이 부족한 것은 IMF 때문이라고 종종 비난한다. 빈국 정부는 IMF 때문이 아니라, 가난하기 때문에 국가 자원이 부족한 것이다. 정부들은 제한된 외환 보유고를 완전히 고갈시키면서까지 중앙은행의 신용에 의지해 분수에 맞지 않게 살 수는 없다.

정부 지출, 재정 적자, 중앙은행 신용 대부의 어떤 조합이 회계 장부의 대차 계정을 일치하게 하는가? 그에 대한 해답은 IMF가 인정하는 것보다 훨씬 더 부정확하다. IMF 금융 프로그램 모델은 원조 계획가들의 빅 푸시 모델과 맞먹는 통화 계획가들의 모델이다. 숫자가 그렇게 믿을 수 없는 것이라면, IMF의 조건이 차관의 상환 가능성을 실제로 증대시키는지는 불명확하다.

마치 의사들처럼 IMF 관리들은 금융 위기에 대한 확실한 진단과 치료를 장담하는 기술을 계발한다. 그들은 이것이 2+2처럼 단지 산술적인 것이라고 끈기 있게 설명한다. 정부에 대한 중앙은행의 신용 대부는 (현행 환율에서 국내 통화로 평가되는) 필요한 달러 보유 수준 이하로 제한되어야 한다. 은행 시스템 전반에서, (정부에 대한 신용을 포함한) 신용 확대는 은행 시스템의 외환 보유고 이하로 통화와 은행 예금을 유지하려는 대중의 수요를 초과해서는 안 된다. 만약 신용이 너무 높으면 이 시스템은 사람들이 중앙은행에 원하지 않는 돈을 달러로 바꾸기 위해 모여들면서 외환 보유고를 잃게 될 것이다.

여기에 두 가지 문제가 있다. 하나는 현장에서 실제로 벌어지고 있는 상황에 대한 부적절한 지식이며, 다른 하나는 금융 프로그램 모델에서 포착되지 않는 복잡성이다.

모든 지역의 계획가들은 숫자를 가지고 규칙에 따라 관리하기를 좋아한다. 산술적인 계획은 겉보기처럼 올바르지만은 않다. 정직한 관세 징수관을 만나기가 어려운 것처럼 중앙은행 대차 대조표상의 모든 항목에 대해 정확한 정보를 얻는다는 것은 많은 빈국에서 어려운 일이다.

나는 세계은행에서의 첫 번째 출장으로 감비아 중앙은행을 방문했던 기억이 있다. 미결제 화폐와 중앙은행 신용, 외환 보유고에 대한 수치가 회계 장부에 있었고, 나는 눈으로 이를 확인했다. 수치는 연필로 씌어 있었다. 그 수치들은 지워지고 여러 번 다시 계산된 흔적이 있었다. 맨 밑의 총계는 항목에 기입된 수치들의 합과 맞지 않았다. 나는 이 일로 중앙은행 회계를 신뢰할 수 없게 되었다.

IMF의 금융 프로그램에 대한 표준 훈련 지침은 터키의 중앙은행 계정을 예로 든다. "기타 항목, 순other items, net"이라고 불리는 출처를 알 수 없는 이상한 항목이 갑자기 나오는데, 이는 중앙은행 자산 (외환 보유고와 정부에 대한 국내 신용)을 중앙은행의 채무(은행들의 통화와 예금)와 대차 계정이 일치하게 만든다. "기타 항목, 순"이 무엇인지 아무도 모르고, 그것이 내일 아침 어디에서 떠오를지 알지 못한다. "기타 항목, 순"의 변화는 IMF 훈련 지침의 터키 사례에서 나타났듯이 한 해에서 다음 해까지 국내 신용의 변화 중 4분의 1에 해당하는 것이었다.[11] 이러한 수치는 지난 40년간 모든 국가의 중앙은행 계정에 관한 모든 자료에서 대체로 발견할 수 있다.

IMF 자체의 숫자는 내부적으로 일관성을 가지지 못한다. IMF는 두 가지 방식으로 자료를 보고한다. 통계 간행물은 국제 금융 통계 International Financial Statistics, IFS가 담당하고, 국가 보고서는 IMF 직원이 국가에 대한 프로그램을 고안할 때 준비한다. 두 종류의 숫자들이 핵심 변수의 순 외환 보유고(국내 통화의 교환 대가)와 같은 동일한 개념을 측정한다. 그러나 그 숫자들은 종종 상충한다.

나는 2004년 2월 IMF 웹 사이트에 제시되었던 것처럼 IMF 프로그램을 반영한 가장 최근의 국가 보고서 표본을 무작위로 모아보았다. 그리고 그들의 자료를 IFS의 자료와 함께 동시에 비교했다. 표 5는 통화 개관표(통화 당국과 예금 은행을 합한 통화 금융 기관의 연결 대차 대조표. 금융 기관을 통해 조달된 자금이 어떤 경로로 공급되었는가를 보여주

표 5 IMF의 IFS와 IMF 국가별 담당 부서에 의한 통화 개관표상
2002년 12월 순 외환 보유고에 대한 국내 통화의 교환 대가 추산치

국가	보고 날짜	IFS	국가별 담당 부서	퍼센트 차이
불가리아	2004년 2월	9,881	9,892	-0.1
부룬디	2004년 2월	18,405	21,100	-12.8
가봉	2004년 2월	1.9	36.1	-94.8
레소토	2004년 1월	3,770	3,201	17.8
말리	2004년 1월	324	285	13.7
터키	2003년 10월	-6.6	-6.5	1.6
우루과이	2003년 8월	20,831	-31,044	-167.1

며 간접 금융의 메커니즘을 파악할 수 있다. — 옮긴이)에서 일부 국가의 순 외환 보유고가 매우 다른 수치로 나타나고 있음을 보여준다.

이러한 통화의 불확실성이 의미하는 것은 IMF 직원이 이렇게 불확실한 숫자에 기초하여 중앙은행 신용, 외환 보유고, 화폐 공급을 위한 프로그램의 목표를 설정한다는 것이다. 화폐 공급 수치는 매우 중요하다. 왜냐하면 이것이 달러 준비금의 상실이나 인플레이션의 증가 없이 안전하게 신용을 확대할 수 있는 양을 결정하기 때문이다.

GDP 성장은 얼마나 많은 화폐 수요 또는 기타 중요한 변수가 얼마나 많이 늘어날 것인지를 예측하는 데 중요한 역할을 한다. 2003년 3월, IMF 직원은 말리의 GDP 성장률을 2001년의 1.5퍼센트로 정했다. 2003년 8월에는 IMF가 2001년도 수치를 3.5퍼센트로 올렸다. 그로부터 단 5개월만인 2004년 1월에는 IMF 직원이 2001년의 말리 성장률을 13.3퍼센트로 증대시켰다! 이는 IMF가 통계에 능력이 없다는 것을 말하려는 것이 아니다. 단지 매우 빈곤한 국가들에서 통계는 매우 불확실하다는 점을 말하려는 것이다.

정부의 재정 적자가 재원의 원천과 균형을 이루어야 한다고 말하는 산술상에서는 상황이 더 악화된다. 세입을 제외한 정부 지출은 재정 적자에 대한 하나의 추산치를 제공한다. 재정 적자 극복을 위한 모든 재원들(중앙은행 신용, 해외 차입 등)을 총합하면 이는 또 다른 재원 공급처를 발생시키게 된다. 수치는 일치하지 않는다. IMF 프로그램들은 두 개의 서로 다른 수치를 일치시키기 위한 "조정adjustment"을 포함할 것이다. IMF의 정부 재정 통계Government Finance Statistics의 공식 통계에서 그 "조정"은 국내 신용의 평균 55퍼센트와 동일하다.[12] 그래서 우리는 정부의 재정 적자 또는 국내 신용이 현재 얼마나 되는지 정확히 알지 못한다. 따라서 우리는 정부가 재정 적자 또는 국내 신용을 얼마나 삭감해야 하는지를 확신할 수 없다.

IMF가 모든 긴축 재정에 대해 비난을 받아서는 안 되는 것처럼 예산의 수지를 맞추기 위한 IMF 프로그램 또한 반드시 필요한 것은 아니다. 설사 IMF가 없다 해도, 정부는 이용 가능한 세입과 기꺼이 대출해주고자 하는 대부자들에 의해 여전히 예산 운용의 제약을 받게 될 것이다. 만약에 책임감이 없는 지출자라면 사적 대부자들은 대부를 제공하지 않을 것이다. 정부는 화폐를 발행할 수 있지만 그렇게 해서 생겨난 세입은 한계가 있고 높은 물가 상승률이라는 희생을 치르게 되어 결과적으로는 대개 국민들의 지지를 받지 못한다. 정부 스스로는 IMF의 우왕좌왕하는 통계에 똑같이 의존하지 않는다. 왜냐하면 정부는 자체적으로 얼마나 많은 재원을 가지고 있는지를 알지 못한다고 해도 실질적인 재원의 제약을 받게 될 것이기 때문이다. 당신은 적당히 얼버무린 회계 장부 때문에 당신의 당좌 예금 계좌의 잔고를 알지 못할지도 모른다. 그러나 당신이 지나치게 많이 지출한다면 당신의 수표는 부도 처리될 것이다. IMF가 없어도 정부가 했을 일에 IMF의 우왕좌왕하는 회계가 어떤 개선을 가져왔단 말인가?

불안정한 행동

두 번째 문제는 거시 경제 프로그램의 설계가 회계뿐만 아니라 거시 경제의 안팎에 있는 국민들의 행동에도 영향을 받는다는 것이다. 예를 들면, 정부에 대한 중앙은행의 신용 확대와 화폐 발행의 효과는 외환 보유고를 고갈시키는 동시에, 국민들이 여유 자금을 중앙은행에 가서 달러로 교환하도록 한다는 점을 기억하라. 그러나 무슨 이유로든지, 국민들이 더 많은 화폐를 보유하길 원한다면 어떻게 될 것인가? IMF는 GDP에 대한 통화의 비율이 안정적일 것이라는 가정하에 화폐 수요를 추정한다. 안타깝게도, IMF로부터 자료를 입수할 수 있었던 수년 동안 구제 금융을 받는 모든 차관 차용국들에 대한 자료를 검증한 결과, 나는 이 비율이 역사적으로 술 취한 외바퀴자전거 곡예사와 같은 경로를 밟아왔음을 발견했다.

화폐 보유 수요보다 화폐 공급이 더 많은 경우 역시 가격을 상승시킬 수 있다. 다시 말해서 국민들이 기꺼이 보유하려는 것과 비교해 볼 때 실질적인 화폐 공급이 어떨 것인지는 불확실하다. 이는 아마도 IMF가 금융 규율과 구조 조정 프로그램하에서 인플레이션을 예측하는 데 어려움을 갖는 이유가 될 것이다. IMF하에서 구조 조정 프로그램을 적용한 이후에 발생한 인플레이션은 1990년대에 전 세계 표본 국가들에서 그 프로그램의 목표치보다 대체로 더 높았다.[13]

반면, 국내 통화를 보유하고자 하는 국민들이 갑자기 공황 상태에 빠져 이를 중앙은행의 달러로 교환하길 원한다면 어떻게 되겠는가? 왜 그들이 그런 공황 상태에 빠지는지 그 이유가 항상 확실하지는 않지만, 그런 일은 발생할 수 있다. 외환 보유고는 정부의 재정 적자와 관계 없이 급격히 하락할 것이다. 많은 경제학자들은 이것이 1997~1998년의 동아시아 금융 위기를 잘 설명해준다고 생각한다.

동아시아 국가들은 대규모 재정 적자를 겪은 것은 아니었지만, 똑같이 통화 공황 상태와 외환 보유고가 사라지는 고통을 감수해야 했다.

재정 적자와 외환 보유고와의 관계에서 또 다른 허점은 정부가 중앙은행 신용뿐 아니라 외채로 재정 적자를 메운다는 점이다. 해외 투자자들과 은행들이 그 나라 국채를 매입할지가 또 다른 변수이다. 이는 최빈국, 또는 정치적으로 불안정하거나 낭비가 심하다는 나쁜 평가를 받고 있는 국가에 대한 해법으로는 그다지 적절하지 않다. 월스트리트의 '신흥 시장'이라는 용어를 이 국가들에게 붙이기에는 적합하지 않다. 그러나 다른 빈국들은 신흥 시장의 자격을 갖추고 있으며, 민간 투자자들과 은행들은 국채 매입을 통해 이러한 국가 정부에 자금 조달을 돕고 있다. 한 웹 사이트에 따르면, 45개의 신흥 시장(국가)이 존재했고, 이를 다 합하면 26억 명에 이른다고 한다.[14] 국채에 대한 해외 투자자들의 수요가 급증하면 긴축 재정을 할 필요 없이 달러 보유고를 강화시킬 수 있는 동시에, 이 국가들의 정부가 중앙은행으로부터 돈을 적게 빌리도록 유도할 수 있다. 반면, 1994년 멕시코 경제 위기, 1997~1998년 동아시아 경제 위기, 1998년의 러시아 경제 위기, 2001년의 아르헨티나 경제 위기 이후에 발생한 바와 같이 신흥 시장에서 국채로부터의 도피는 외환 보유고를 고갈시키면서 정부로 하여금 중앙은행 신용을 재차 이용하도록 갑작스럽게 압력을 가할 수 있다.

할라피뇨(멕시코의 매우 고추. — 옮긴이)를 삼키고 뛰어다니는 나의 애견 밀리처럼 국내 통화 보유에 대한 열망이 뛰어오를 때 중앙은행 신용을 얼마나 많이 삭감할 필요가 있겠는가? 국채에 대한 외국인들의 수요가 요동친다면 정부 적자를 줄일 필요가 있을까? 그 나라 통화 또는 국채를 보유하겠다는 의지는 중앙은행 신용 또는 재정 적자를 줄이는 정부 정책에 달려 있을 것이다. 이것은 순환적이다. 즉, 정부가 재정 적자와 중앙은행의 차입을 줄이길 원한다면, 국민들은 더 많은 통화와 더 많은 국채를 보유하려 할 것이고, 따라서 긴축 재정을 하고 중앙은행에서 돈을 빌려야 할 필요를 감소시킨다. 이 복잡한 과정이 평형에 도달하는지를 알아보는 것은 시차로 피곤한 IMF 직원이 스프레드시트(표에 숫자나 문자 자료를 입력하여 자료를 처리하는 프로그램. — 옮긴이)에 숫자를 추가하여 데이터를 저장할 수 있는 것보다 훨씬 까다롭다.

이 이야기에서 얻을 수 있는 교훈은 중앙은행 신용과 정부의 재정 적자를 얼마나 삭감할지에 대한 IMF의 처방이 종종 불확실한 토대에 기초를 두고 있다는 것이다. IMF는 금융 평형financial equilibrium이라는 복잡한 체계를 전부 다 이해하고 있다는 생각을 버려야 한다. 이것은 유토피아적인 사회 공학의 또 다른 형태의 질병이다.

IMF는 무기력한 겁쟁이인가?

IMF의 접근 방법에 대한 실질적인 시험은 거시 경제의 불안정을 안정화시키는 데 효과가 있는가의 여부에 있다. 대체로, 가장 놀랄 만한 사실 중의 하나는 거시 경제 실패에 대해 IMF가 경제 개혁 조건을 강제하는 데 무기력했다는 점이다.

IMF와 세계은행의 조정 차관(adjustment loan: 구조 조정 차관. ―옮긴이)을 함께 분석해보자. 왜냐하면 두 기관은 "구조 조정"(예를 들어, 재정 문제를 해결하고 자유 시장을 진작시킬 개혁 프로그램들)을 촉진하는 동일한 역할을 하고 있으며 세계은행의 조정 차관은 종종 IMF 프로그램을 위한 재정 지원을 하고 있기 때문이다. 가장 주목해야 할 점은 두 기관이 재정 적자에 어떠한 영향을 끼치느냐이다. 놀랍게도 1980~1999년 동안에 제공된 조정 차관 시점부터 그 다음 조정 차관 제공 시점에 이르기까지 재정 적자가 개선되지 않았다는 것이다.[15]

다음으로, 다양한 지표들을 포함하여 나쁜 정부의 정책에 대한 정의를 확대시켜보자. (1) 물가 상승률이 40퍼센트 이상인지, (2) 달러가 외환 암시장에서 공식 환율보다 40퍼센트 더 비싸게 거래되고 있는지, (3) 공식 환율이 수출에서 경쟁력 있는 수준을 40퍼센트 이상 벗어났는지, (4) 이자율이 물가 상승률보다 5퍼센트 더 낮은 수준에서 통제되는지를 알아보는 것이다. 만약 이 항목들 중에 어느 하나라도 속한다면 그 나라의 경제 정책은 나쁜 것으로 분류된다. 바로 이런 것들이 정확히 IMF와 세계은행이 타킷으로 삼는 나쁜 경제 정책이다. 즉, IMF와 세계은행은 이 모든 문제가 시정되어야 한다는 조건으로 "구조 조정 차관"을 제공한다. 그러나 이러한 조건들 중 하나 이상을 위반하는 구조 조정 차관 수원국 수는 구조 조정 차관을 수령하고 난 뒤 그다음 차관을 수령할 때까지 감소하지 않았다(그림 24 참조).

무엇이 이러한 놀라운 결과를 설명해주는가? 한 가지 가능한 설명은 매번 새로운 차관으로 과거의 실수를 깨끗이 지워버리는 IMF의 경향이다. 만약 새로운 관리가 수원국에서 권력을 잡고 있다면 특히 그렇다. 비록 IMF 차관은 단기 또는 중기의 구제 금융으로 되어 있지만 국가들은 종종 구제 받고 있는 것 같아 보이지 않는다. 다른 국가들은 기존 차관에 붙은 조건을 달성하는 데 실패하지만 어쨌든 신규 차관을 받게 된다. 에콰도르와 파키스탄과 같은 국가들은 단 한 번도 이전에 IMF 프로그램을 완전히 이행하지 못했지만(이는 두 번째 차관 수령 조건을 이행하지 않았음을 의미한다. 물론 그 이후에도 마찬가지다.)

그림 24 조정 차관 누적 수에 따라 거시 경제적 왜곡이 일어난 국가 비율

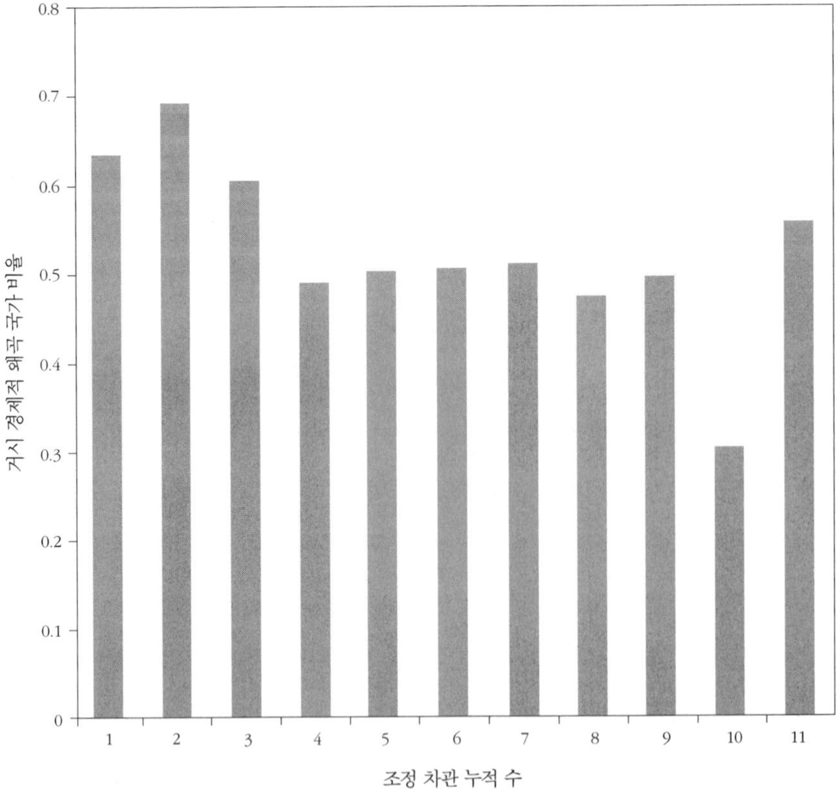

IMF 차관을 20년 이상 계속 제공 받았다.[16] 아프리카의 여러 사례들도 동일한 문제를 가지고 있었는데, 이는 아프리카의 채무 위기에 한몫했다.

IMF와 고객과의 관계는 변덕스럽기 짝이 없다. 첫째, IMF는 재정 적자 축소에 강경한 입장을 취하며 폭동을 촉발한다. 그다음에 새 정부가 들어서게 되고 다시 심각한 재정 적자를 경험하게 된다. 그러면 IMF는 (정부가 아니라 적자를) 다시 억제하려고 시도한다.

채무와 파급 효과

IMF는 더 과중한 채무 부담이 채무에 대한 이자 비용을 증가시켜 향후 정부 적자를 증대시킬 것이라는 점을 알기 때문에 정부 채무도 감독한다. 지나치게 많은 채무는 채권국들로 하여금 지속적인 차관 제공 의지를 꺾어버릴 것이다.

IMF는 이에 대해 자체적인 이해타산을 가지고 접근하는데, 이는 한 국가가 너무 많은 빚을 진다면 IMF에 다 상환할 수가 없다는 점을 알고 있기 때문이다. IMF는 이 정부들이 항상 다른 채권국(기관)들보다 먼저 IMF에 상환하기로 하는 차관 협정에 있는 규정으로 이러한 상황을 방지하여 자신을 보호한다. 그러나 국가가 지급 불능이 된다면 IMF는 자신의 임무를 다하는 데에 실패하게 된다. IMF 역할의 일부분은 단지 합리적인 양만큼의 차관을 빌리도록 설득하여 이러한 파국을 막는 것이다. 그러나 얼마만큼이 합리적인 양인가? IMF는 이 질문의 해답을 찾는 데 애를 먹고 있다.

그러니까 IMF 차관을 상환하는 것 자체가 문제이다. 바로 앞에서 언급된 IMF와 일부 고객 간의 변덕스러운 관계는 IMF 차관의 1회분이 불입되어도 진정한 거시 경제적 조정은 이뤄지지 않는다는 것을 의미한다. 이는 국가들의 IMF 차관 상환 능력에 대한 밝은 미래를 보여주는 전조가 되지 못한다.

너 자신을 구제하라

IMF가 이러한 상황에 적응해온 한 가지 방법은 기존 차관의 상환을 위해 신규 차관을 계속 발행하는 것이다. 일단 한 국가가 IMF와 깊은 관련을 맺게 되면, 이 국가가 이전의 구제 금융으로 인해 IMF에 빚을 지고 있을 경우 거기에서 빠져나오기가 어렵다. 비록 월스트리트 투자자들을 구제하는 IMF에 대해서 논란이 많지만, 실제 문제는 IMF가 스스로를 구제하고 있는가의 문제이다. IMF가 신규 차관을 조성하지 않았다면, 그 국가는 이전의 IMF 차관을 상환하지 않을 것이다. IMF는 종종 본부가 있는 워싱턴 19번가 맞은편에 있는 세계은행을 자신의 단짝으로 끌어들이는데, 세계은행은 구제 금융의 일환으로 그 국가에 "조정 차관"을 조성한다.

자력 상환의 한 가지 신호는 '19번가의 자매들'을 위한 높은 차관 반복률repetition rate이다. 신규 차관 획득 가능성은 이미 지급 받은 IMF와 세계은행의 조정 차관 횟수와 함께 내려가지 않는다. (그림 25

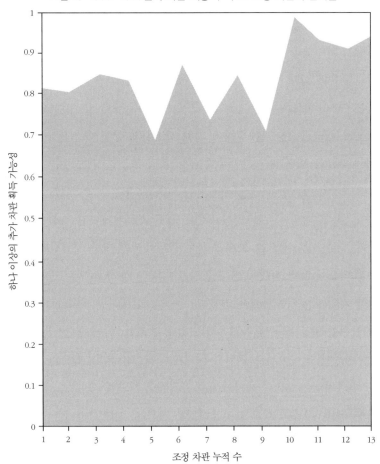

그림 25 1980~1999년의 차관 제공 후 구조 조정 차관의 반복률

(세로축) 하나 이상의 추가 차관 획득 가능성

(가로축) 조정 차관 누적 수

참조)

　　IMF의 독립평가국은 IMF 자금의 '장기간 사용' 문제를 부각시
켰다.[17] 이는 10년 중 7년 동안 IMF 프로그램하에 있었던 국가들을
'장기 사용국'으로 지정했다. 44개국이 1971~2000년 기간 동안 IMF

중독에 대한 정의를 충족시켰다. '장기간 사용'은 최근에 좀 더 일반화되었다. 2001년 장기 사용국에 대한 차관은 전체 IMF 차관의 절반가량을 차지했다.

중독과 함께 일어나는 문제로, IMF의 반복적인 차관 지급 습관에는 어느 정도의 자기기만을 내포한다. IMF는 장기간 사용국의 GDP 그리고/또는 수출 성장에 대해 과도하게 긍정적인 전망을 내놓았다. IMF는 반복적인 위반국에 대해 차관 조건을 면제해주었다. 독립평가국이 이러한 과정을 바보같이 얼빠진 차관 제공이라고 설명하듯이, "IMF 내의 내부적 인센티브는 프로그램의 지나친 낙관을 독려한다. 이는 상대적으로 프로그램의 단기적인 틀에서 기인하며 구조조정 속도에 대한 낙관적 가정을 강요한다. …… 이는 위험 발생 가능성을 가볍게 여기는 경향을 낳는다. 종종 그러했지만, 내부 심사 과정에서 위험 발생 가능성이 잘 규명되었을 때조차, 이에 대한 평가는 집행이사회에 솔직하게 보고되지 않았다." 독립평가국은 IMF의 반복적인 차관 지급이 IMF가 국가들에게 조건들을 강제할 수 있는 영향력을 약화시키는 경향이 있다고 언급하였다.

IMF는 계획가가 가지고 있는 고질병의 한 가지 징후를 보여준다. 즉 수많은 국가에서 IMF는 한 번도 달성한 적이 없는 목표에 도달하기 위해 계속하여 동일한 일을 반복하고 있다는 것이다. 이러한 반복 자체는 이전에 시도한 "단기적 안정화"의 실패를 보여주는 것이다.

과다 채무 빈국의 위기

반복된 차관 제공은 채무 상환에 아무런 도움이 되지 못하는데, 그 이유는 국가들의 차관 이자 상환 능력은 증대되지 못하고 채무만 계속 쌓이기 때문이다. 세계은행의 '구조 조정 차관' 뿐 아니라 수많은 IMF 차관을 제공 받은 최빈국들의 곤혹스러운 문제는 역시 금융 규율을 회복하는 것이었다. 최빈국들은 서구 정부와 수출 신용 기관들로부터도 차관을 제공 받았다. 그들의 채무 부담은 극도로 심각하여 1996년 이후 IMF와 세계은행은 역사상 최초로 그들의 차관 일부를 탕감해주었다. IMF와 세계은행은 이러한 극빈 상태에 처한 차관 차용국들을 과다 채무 빈국HIPC이라고 명명하였다. IMF와 세계은행의 구조 조정 차관을 평균 이상 제공 받은 빈국들 사이에서 18개국 중 17개국이 HIPC가 되었고, IMF와 세계은행은 이 국가들의 채무를 부분적으로 탕감해주었다. IMF와 세계은행의 차관을 평균보다 적게 제공 받은 빈국들 사이에서는 17개국 중 8개국만 HIPC가 되었다. 이는 분통 터지는 선택의 문제를 다시 드러낸다. 즉 경제가 취약한 국가들은 빚이 쌓일 가능성이 높고, 도움을 받기 위해 세계은행과 IMF에 의존할 가능성이 크다는 것이다. 그러나 이것이 국제 금융 기관IFIs이 현명한 차관을 제공한다는 것을 의미하지는 않는다. 왜냐하면 심지어 가나와 우간다와 같은 '성공적인 사례'에서도, 탕감되었어야 했던 HIPC 채무의 상당 부분은 IMF와 세계은행에서 직접적으로 출연한 것이었기 때문이다. IMF와 세계은행은 합리적인 채무 부담을 지탱할 수 있도록 돕기는커녕 자신들이 스스로 HIPC의 과도한 채무에 기여하고 있었던 것이다.

HIPC는 초기의 차관을 제공 받을 때 충족시키지 못했던 (혹은 처음에는 충족시켰지만 그다음에는 되돌아왔던) 동일한 일부 조건을 충족함으로 채무 구제의 자격을 얻었다. 2005년 3월 현재, 540억 달러에 상당하는 채무 구제를 제공하는 채무 감축안이 27개국에 대해 승인되었다. 이는 그들의 미지불 채무 중 약 3분의 2를 감축하는 것이다.[18]

HIPC 채무 탕감은 채무 문제를 해결할 최종적인 해결책으로 여겨졌다. IMF와 세계은행은 종종 HIPC의 GDP 성장에 대한 낙관적인 전망을 내놓았다. 이 기관들이 희망했던 성장은 HIPC가 GDP 대비 채무 비율이 다시 증가하는 것을 막는 것이었다. 그러나 채무 구제는 성장을 활성화시키지는 못하였다.

볼리비아가 그 예이다. 볼리비아는 1998년 최초의 HIPC 구제 이후 IMF의 보호를 받았다. IMF와 세계은행은 1999~2003년에 1인당 소득에서 볼리비아의 급속한 성장을 예견했다. 그러나 볼리비아의 생활 수준은 하락했다(그림 26 참조).

성장을 활성화시키기 위한 채무 구제가 실패한 것이 문제가 된 이유는 성장을 활성화시키기 위해 제공된 초기 차관의 실패가 애당초 채무 문제를 유발했기 때문이다. IMF와 세계은행이 선호했던 반복적인 차관 제공 지역인 아프리카 또한 부채 상환이 가능할 정도의 성장 달성에 실패하였다는 사실을 우리는 이미 확인하였다. 일반적 패턴은 바로 프로그램 적용 국가의 성장이 IMF 자체 목표에 미치지 못하였다는 것이다. 1990년대 IMF 프로그램은 평균적으로 GDP 성장 목표가 4퍼센트였지만, 실제 성장은 2퍼센트에 불과했다.[19] 인구 성장률 역시

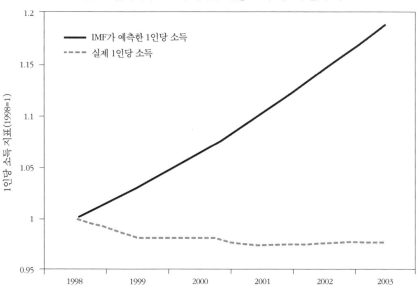

그림 26 볼리비아: IMF가 예측한 1인당 소득 지표와 실제 지표

2퍼센트였기 때문에, 이는 실제 1인당 성장률이 거의 제로에 가까웠다는 것을 의미했다.

　진짜 마지막이라 여겨졌던 1996년의 채무 탕감은 1999년에 더 많은 국가에 더욱더 심화된 채무 구제를 제공하기 위해 확대된 HIPC 이니셔티브로 대체되었다. 그러나 확대된 HIPC 이니셔티브도 충분한 것은 아니었다. 2005년 7월 G8 정상 회의는 이미 HIPC 채무 구제 자격을 갖춘 18개 저소득 국가에 100퍼센트 채무 탕감(400억 달러 상당의 액수)을 제공하기로 결의했다. 여기에는 볼리비아와 14개 아프리카 국가가 포함되었다.

　저소득 국가들은 1960년대 이후부터 계속 부채 문제를 가지고 있었지만, IMF와 세계은행은 여전히 아주 불안정한 차관 차용국들에게도 차관을 반복해서 제공해야 한다고 주장해왔다.[20] 이는 원조 공동체가 고정된 목표에 자원을 쏟아붓는 수많은 사례, 즉 원조 차관과 함께 '개발' 자금을 지원한 사례 중의 하나이다. 국가들이 부채 상환을 하기가 그 어느 때보다 어려운 상황에 놓였을 때조차도 IMF와 세계은행은 기존 차관의 상환을 위해 신규 차관을 계속해서 조성하였다.

이러한 상황에서, 언제나 확대되는 부채 탕감은 자금 조달을 하는 믿을 만한 수단으로 저소득국의 채무를 구제하였다. 차관 차용국들은 부채가 정기적으로 탕감되는 것을 보면서 부채 상환을 해야 할 인센티브를 거의 갖지 못하게 된다(경제학자들은 이를 "도덕적 해이"라고 명명한다.). 최빈국에 대한 대부를 "차관"이라고 부르는 것은 그 어느 때보다 허구적인 것이 되었다. 원조 기관인 세계은행은 최빈국들에게 차관이 아니라 무상 원조를 지급하여야 한다(이는 대외 원조에 대한 부시 행정부가 가진 좀 더 나은 아이디어 중 하나였다.). 원조 기관이라 할 수 없는 IMF는 최빈국과 가장 지불 능력이 부족한 국가들에게 돈을 대부해주는 사업을 그만두어야만 한다. 만성적인 금융 위기로부터 빠져나오지 못하는 국가들에게 계속해서 구제 금융을 제공해야 할 이유가 있을까?

아르헨티나여 울어라

IMF가 최근에 곤혹스러웠던 또 다른 사례는 2001년 12월 아르헨티나 정부가 채무 불이행을 선언한 것이었다. IMF는 아르헨티나의 이해하기 어려운 금융 안정에 깊이 관여하고 있었다. 불행했던 수십 년간의 금융 혼란 이후 아르헨티나는 1991년이 지나서야 금융 안정 시대를 맞았다. 아르헨티나는 IMF의 다른 고객인 멕시코, 러시아, 브라질, 동아시아 국가들이 위기를 경험했을 때에도 IMF로부터 가장 총애 받는 제자였다. 그러나 아르헨티나는 1999년에 곤란한 상황에 빠지기 시작했다. 10여 년간의 금융 안정 기간 동안 아르헨티나를 이끌었던 카를로스 메넴Carlos Menem 대통령이 3선 연임을 위해 공공 지출을 증대시켰다. 이 3선 연임 시도가 실패하자, 다른 경쟁자들 간의 선거 정치electoral politics가 도래하게 되었다. IMF의 전직 고위 관리인 마이클 무사Michael Mussa의 세련된 표현에 따르면, "선거가 치러지는 연도의 관심은 보통 …… 아르헨티나 정치인들이 보여주었던 긴축 재정 조치에 대한 낮은 수준의 관심도를 더욱더 떨어뜨렸다."[21] 아르헨티나는 1999년과 2000년에 신흥 시장 투자자들에게서 과도하게 차입하였다. 이 점에 비춰볼 때, 게임은 끝난 것이었다. 즉 아르헨티나는 해외의 민간 채권 기관들과의 약속을 존중하지 않았다. 신흥 시장의 색다른 언어를 빌리자면, 민간 채권 기관들은 "자기 머리를 깎는 희생을 감수해야만 했다." 이 시점에서 IMF는 손을 놓았어야 했다. 그러나 IMF는 IMF 자체적으로 140억 달러를, 미주개발은행IDB과 세계은행에서 50억 달러를, 에스파냐로부터 10억 달러를, 그리고 2001년 1월 12일에 발표된 민간 채권 기관으로부터 지원 받기로 한 200억 달러를 포함하여 총 400억 달러의 구제 금융안을 마련하였다.

2001년, 채권 기관들은 아르헨티나 정부 부채에 대해 다른 지역의 차관보다 10퍼센트 높은 이자율을 요구했다. 우리 팀이 2000년도 말까지 뒤쳐져 있었다면, 이 게임은 2001년도 상반기에 참패했을 것이다. 은행들에 기탁된 예금과 외환 보유고가 바닥났다. 2001년 8월, 마이클 무사가 말한 바와 같이, "좋은 결과에 대한 전망은 그야말로 망상에 불과했다." IMF는 2001년 1월 구제 금융하에 아르헨티나로 예정되었던 지출 금액을 삭감해야 했다.

그 대신, 2001년 8월에 IMF는 지출 금액을 아르헨티나에 50억 달러 이상 증가시켰고, 민간 채권 기관들에 대한 아르헨티나의 채무 상환을 지원하기 위해 30억 달러를 추가로 제공했다. 무사가 말하는 바와 같이, "납득할 만한 성공 가능성이 전혀 없는 정책에 대해 상당한 양의 추가 지원을 거절하는 데 필요한 도덕적 용기가 발휘되지 못했다."

2001년 8월 구제 금융의 유일한 효과는 아르헨티나가 해외 채권단에게 밀린 810억 달러의 채무 불이행을 몇 달 동안 연기해주는 것이었다. 아르헨티나는 2001년 11~12월에 단계적으로 채무를 이행하지 않았다. 2001년 말에 발생했던 폭동은 지방에서부터 부에노스아이레스까지 확산되었다. 폭도들은 상점 유리창을 부수고 약탈했다. 대통령은 사임하였다. 계속해서 정치 희극이 이어졌는데, 세 사람의 임시 대통령들이 집권하였고 10일 만에 모두 사임하였다.

채무 불이행의 결과로 양측에 많은 비난이 쏟아진 이후, 아르헨티나는 2005년 2월 달러당 35센트를 채권단에게 지급하겠으니 그 돈이라도 챙기든지 아니면 그냥 떠나라는 식의 양자택일 안을 내놓았다. 이는 채권단에게는 최근에 경험한 사례들을 비춰볼 때 전례 없는 규모의 손실을 야기하는 것이었다. 대부분의 채권단은 그 제안을 받아들였다. 과거의 채무 위기에서는 IMF가 종종 채권단과 차관 차용국 정부들 간의 중재 역할을 했다. 그러나 아르헨티나에 대한 오판으로 겁을 집어먹어서인지 이번에는 IMF가 방관자로 있었다.[22]

국제 통화 천국

IMF는 이따금씩 세계 금융 체제에서 유익한 역할을 하는데, 즉 일시적인 현금 부족에 직면한 국가들이 비난을 받지 않도록 도와준다. 세계는 IMF와 같은 일종의 국제 금융 위기 관리자가 필요하다.

그러나 IMF는 단기 구제 금융을 제공하는 것을 넘어서 "구조 조정"을 촉진한다는 생각으로, 빚을 떼어먹는 정부에게 반복적으로 차관을 제공하면서 자신의 임무를 왜곡하였다. 더욱이, IMF는 오웰리즘 (Orwellism: 선전 목적의 사실 조작과 왜곡. — 옮긴이)으로 명명된 구조 조정 차관의 새로운 이름인 "빈곤 감축 성장 지원 금융PRGF"을 활용하면서 최빈국에 대한 장기 차관을 제공하는 기관이 되었다. IMF는 구조 조정 차관의 "국가 주인 의식" 확대, "대중 참여" 강화, "빈곤 감축에 대한 좀 더 명확한 초점 부여"에 관여하고 있다.[23] IMF의 독재적 상황과 "대중 참여" 간의 모순을 어떤 수사로도 호도할 수는 없다. 우리는 당신이 무엇을 해야 할 것인지에 대해 말해줄 것이며 또한 당신이 그것을 당신 스스로 자유 의지를 가지고 행할 수 있을 것이라고 약속한다.

이러한 참여 열기는 귀찮게 떠들어대는 관료주의적 병이 IMF로 확산되고 있음을 의미한다. IMF는 환경 정책까지도 참여를 고려하고 있는데, 이는 IMF의 핵심적 임무로부터 크게 동떨어진 것이다.[24]

이 장의 서두에서 예시되었던 에티오피아 사례처럼 IMF의 지나치게 긴 조건 목록은 각각의 차관을 점진적 개혁을 위한 것보다는 천국을 설계하는 시도로 만든다. IMF는 이전 장에서 살펴본 원조 관료제와 매우 흡사하게 점점 더 모든 것을 다 시도해보려는 것 같다.

결론

IMF가 다른 개발 기구보다 더 좁은 범위의 임무를 가지고 있어서 유리한 입장에 서 있지만, IMF 역시 하향식 경제 개혁을 추구하는 과정에서 빈민 수혜자들에 대한 책임 부족으로 어려움을 겪고 있다. IMF의 고압적인 적용 방식은 이 기구가 가지고 있는 임무의 단순성을 압도해버린다. 정부들이 해야 할 의무에 대해 IMF는 확신을 가지고 선언하는데 이것은 백인의 의무를 반영하는 생색내기 식의 태도를 지니고 있다. (윌리엄 파프William Pfaff의 말에 따르면) 백인의 의무는 "아시아, 아프리카, 아메리카 대륙 원주민들이 자신들의 오류에 대비되는 서구의 진리를 인정하도록 유도하였다."[25]

IMF는 지나친 간섭을 줄이는 방식을 통해 빈국과의 관계를 크게 단순화시킬 방법을 모색해야 할 필요가 있다. 첫째, 빈국들 중에서 정치적으로 그리고 제도적으로 상당히 문제가 있는 국가들이 있는데

IMF는 이 국가들의 내정에 절대 관여하지 말아야 한다. 저소득 국가들의 채무에 관한 대실패는 IMF 조건이 최빈국의 채무 상환에 얼마나 효과가 없었는지를 보여준다. IMF가 본래 잘하는 분야는 최빈국이 아니라 신흥 시장인 것으로 보인다. 최빈국은 아프리카 대부분의 국가를 포함하는데, 이 지역에서 IMF는 손을 떼고 전통적인 원조 기관들이 관리할 수 있도록 해야 한다.

둘째, IMF는 간섭적이고 복잡한 조건을 철폐할 방법을 강구할 필요가 있다. 우리는 그 조건들이 어쨌든 채무 상환을 보장하는 데 효과적이지 않다는 것을 보아왔기 때문에 그 조건들이 IMF가 기능하는 데 반드시 필요하다고 주장하기는 어렵다. 한 가지 가능성이 있다면, 모든 채권자가 그러하듯이, IMF가 채무 상환이 가능하다고 판단할 때에만 구제 금융 차관을 조성하는 것이다. 내가 내 돈을 어떻게 사용하는지는 비자카드사의 관심사가 아닌 것처럼 차관 차용국이 어떻게 차관을 상환하는가는 전적으로 차관 차용국에게 달려 있다. IMF는 채무 상환을 하지 못하는 국가에 대해 향후 차관 제공을 거부할 수 있는 강제 장치enforcement mechanism를 가지고 있다. 또한 IMF는 제일 먼저 채무 상환을 보장 받는 채권자라는 권력을 가지고 있기 때문에 한 국가가 IMF에게 상환을 진지하게 실행하지 않는다면 민간 채권 기관들은 차관을 제공하지 않게 될 것이다. (이는 HIPC의 붕괴를 막는 데 효과를 보진 못했지만, 이것은 최빈국들 —— 나는 IMF가 최빈국들에게 어쨌든 간에 차관을 지급해서는 안 된다고 주장해왔다. —— 이 민간 채권 기관에 접근하기가 쉽지 않았기 때문이다.) 공급자들의 신용은 무역의 생명줄이고, 이를 차단하는 것은 매우 효과적인 위협이 된다. 이는 제3장에서 논의한 상인들의 네트워크에 대한 다자적 처벌 전략과도 매우 흡사하다. 이것은 민간 시장에서 작동되는 강제 장치와 똑같다. 만일 당신이 채권자에게 빚을 갚지 못하고 파산을 선고하면, 당신은 오랫동안 신규 대출을 받을 수 없을 것이다. 이 모든 것이 충분치 않다면, IMF는 정부에 담보 같은 것을 설정해달라고 요구하는 것처럼 몇몇 다른 시장 기반적 장치와 함께 신규 차관 거절이라는 여신 제재를 추가할 필요가 있다. 내정 간섭의 성격을 띤 IMF 조건으로부터 탈피하여 단순한 신용 지급 시행으로의 전환은 IMF가 빈국의 정치에 관여하는 것을 예방할 것이다. 실제로 IMF에 반대하는 폭동 사건에서 볼 수 있는 바와 같이, IMF가 빈곤한 국가들의 정치에 관여하면 너무나 끔찍한 결과를 낳았다.

　IMF는 유토피아적인 계획의 억측을 공유하는 총체적인 경제 분석에 기초한다는 점을 고려해볼 때, 이 기구는 빈민들에게 무엇이 가장 필요한지를 알고 있다는 과도한 자신감을 벗어버릴 필요가 있다. IMF는 금융 안정화와 같은 좁은 범위의 임무로 돌아가야만 한다. IMF의 재능 있는 전문가들은 신흥 시장 국가들의 복지에 기여하면서 구제 금융을 제공하는 채권 금융 기관이라는 단순한 역할을 효과적으로 담당할 수도 있을 것이다.

송수관

에티오피아의 그레이트 리프트 밸리(아시아 남서부 요르단에서 아프리카 동남부 모잠비크까지 이어지는 세계 최대의 지구대. — 옮긴이)에서 나는 서구 세계가 비서구 세계에 가진 원대한 꿈과 대계획과는 거리가 먼 한 마을을 방문했다. 영국의 비정부 원조 기구인 워터에이드Water Aid 는 공식적인 원조 기관으로부터 자금을 지원 받는데, 이 마을에서 새로운 사업을 개시했다. 이 원조 기관은 외국의 원조 계획가라기보다는 좀 더 탐험가다운 모습으로 활동하는 것처럼 보였다. 워터에이드는 그레이트 리프트 밸리의 아주 가난한 마을 일부에 깨끗한 물을 공급하는 방법을 찾아냈다. 그들은 그레이트 리프트 밸리와 인접한 산 정상의 수원지에서 생성된 깨끗한 물을 공급할 수 있는 송수관을 구축했다. 이 사업은 원조 기관 이사회의 위원직을 맡고 있는 마을 대표와 함께 전적으로 에티오피아 인들이 주도하여 운영되었다.

한 마을의 북적거리는 수도 시설에서 마을 주민들은 가축에게 줄 물을 길어 나르고 이 시스템을 유지하기 위해 워터에이드에 명목상의 요금을 내고 식수를 얻었다. 이전에 마을 주민들은 이틀에 한 번꼴로

3킬로미터를 걸어서 오염된 강에서 물을 길었다. 주민들, 특히 아이들은 오염된 물로 인해 질병에 걸려 있었고 일부는 죽어가고 있었다. 아이들은 학교에 다니지 못하고, 농부들은 농사일에 종사하지 못하면서 시간을 상당히 허비하고 허리가 끊어질 만큼 힘든 물 긷기를 계속해야 했었다.

이제 삶은 나아졌다. 부자들의 일부 자금이 극도로 가난한 사람들에게 **실제로** 도달한 것이다.

제7장

치유자들: 승리와 비극

오, 눈물 가득한 그녀의 모습은 슬픔의 풍경 너머로 무겁게 드리
워진 하늘처럼……

__라이너 마리아 릴케, 「눈물의 날O Lacrimosa」

1989년, 탄자니아 국경의 인근 지역인 우간다 남부에서 현지 조사 연구 팀은 초가집에 홀로 살고 있는 한 노인과 마주쳤다. 그는 자신의 이야기를 조리 있게 설명하지는 못했지만, 이웃들이 그의 이야기를 전해주었다. 그의 아내와 여덟 명의 아이들은 에이즈로 모두 사망했다고 한다. 그 남자의 미래에 대해서 묻자, 마을 주민들은 "그 사람은 앞으로 결혼하지 않을 것"이라고 했다.

그로부터 14년 후, 나는 지금 남아프리카공화국 소웨토 지역의 보건소에 앉아 콘스탄스라는 이름의 한 젊은 여성과 이야기하고 있다. 콘스탄스는 내게 자신이 HIV 양성이며, 아이 셋을 키우려면 일을 해야 하는데 몸이 너무 아파 일을 못 하고 있다고 말한다. 그녀는 심지어 몸 상태가 조금 나아졌다고 느낄 때조차도, 일자리를 구할 수 없다. 애아버지도 실업자이고, 얼굴도 거의 보지 못한다고 한다. 콘스탄

375

스는 친정 엄마에게 자신이 HIV 양성임을 말하지 않았다. 엄마와 계부가 이를 알게 될 경우 자신과 아이들이 가족으로부터 쫓겨날 것을 두려워하기 때문이다. 계부는 콘스탄스가 현재 일을 하지 않고 있고, 그로 인해 아이들을 돌보는 데 드는 비용을 대지 못하는 것에 대해 불만이 크다고 한다. 콘스탄스의 운명에 대해 우리는 이야기하지 않았다. 그리고 그녀가 에이즈로 사망하게 되었을 때 아이들의 운명이 어떻게 될지에 대해서도 이야기하지 않았다.

우간다 남부는 1980년대 초반 에이즈가 최초로 발생했던 곳 가운데 하나다. 그러나 그로부터 수년이 흐르는 사이, 에이즈는 아프리카 남부 및 동부 대부분 지역으로 확산됐다. 최근에는 남아프리카공화국에서 에이즈로 인한 희생자 수가 증가했다. 남아프리카공화국의 임산부 클리닉에서는 20대 임산부의 34퍼센트가 HIV 양성으로 판명되었다.

보츠와나, 레소토, 스와질란드, 짐바브웨의 성인 인구 3분의 1은 현재 HIV 양성이다. 다른 동남부 아프리카 국가에서는 성인 인구의 10~25퍼센트가 HIV 양성이다. 에이즈는 에티오피아에서 남아프리카공화국을 관통하는 "에이즈 회랑 지대AIDS corridor" 밖의 다른 아프리카 국가에도 확산되고 있다. 아프리카 대륙 전체에는 2900만 명의 에이즈 양성 환자가 있다. 우간다 남부의 그 남성과 콘스탄스가 겪은 비극은 아프리카에서 지난 수십여 년간 숱하게 발생했고, 향후 더욱 증가될 것이다. 2002년 아프리카에서는 200만 명 이상이 에이즈로 사망했다. 사망으로 줄어든 에이즈 보균자 수는 2002년 새롭게 감염된 350만 명의 아프리카 인들로 다시 채워졌다.

에이즈는 사람들의 주목을 받고 있다. 빌 클린턴과 넬슨 만델라 Nelson Mandela에서부터 보노와 애슐리 저드(Ashley Judd: 영화배우 — 옮긴이)에 이르는 유명 인사들과 정치인들이 에이즈에 대한 행동을 촉구하고 있다. 반세계화 운동가들 역시 에이즈에 초점을 맞추고 있다. 옥스팜Oxfam은 아프리카의 에이즈 환자들이 구호 약품을 이용할 수 있도록 하라고 촉구하고 있다. 국제 에이즈 회의에서 미국의 에이즈 퇴치 운동가들은 (2002년 바르셀로나 회의에서의 미국 보건부 장관 토미 톰슨Tommy Thompson처럼) 이 문제에 충분히 민첩하게 대응하지 않는 사람들에 대해서는 누구든 큰소리로 반대하고 있다. "다른 이들에게 용기를 불어넣기 위해서pour encourager les autres" 말이다. (볼테르가 소설 『캉디드』에서 영국이 미노르카 해전 패전의 책임을 물어 존 빙 제독을 처형한 것을 두고 한 말로 반어적 표현이다. — 옮긴이)

대외 원조를 주도하는 국가들도 이 문제의 중요성을 인식하고 있다. 이 문제의 행위자 집단에는 유엔 산하 기구인 유엔에이즈계획 UNAIDS, 세계은행이 주관하는 아프리카에이즈퇴치다국가프로그램, 세계보건기구WHO 산하의 거시경제보건위원회, 에이즈 · 결핵 · 말라리아퇴치글로벌펀드가 있다.

2003년 연두 교서에서 조지 W. 부시 대통령은 에이즈 퇴치를 위해 150억 달러의 대외 원조 자금을 제공하기로 발표했다. 이 제안은 의회에서 통과되었고, 부시는 2003년 5월 27일에 이를 법제화하는 데 서명했다.

유명 인사들이 에이즈 희생자들의 어려움을 공론화하는 것은 훌륭한 일이다. 많은 사람들은 에이즈 확산이 계속될 것이라는 두려움과 함께, 사형 선고를 받은 것이나 다름없는 아프리카의 수백만 에이즈 양성 보균자에 대해 동정심을 가지고 있다.

그러나 에이즈에 대해 서구 세계가 최근 관심을 보이는 것의 이면에는, 지난 20여 년간 동일한 서구의 정치 행위자들과 원조 기관들이 에이즈 문제를 외면하고, 발뺌하며, 해결에는 무능하고 소극적이었던 사실이 존재한다. 연구자들은 1989년 우간다 남부 지역에서 조리 있게 설명하지 못했던 희생자를 찾기까지, 그리고 심지어 그 이전에도 서구는 아무런 대처도 하지 않을 경우에 전 세계적으로 그리고 특히 아프리카에서 아무런 대처도 못할 경우에 수천만 명의 에이즈 사망자가 발생할 것이라고 예측할 수 있는 (그리고 모든 전문가들이 예측했던) 모든 정보를 가지고 있었다.

악의 역설과 백인의 의무

종교학자들은 악의 역설에 대해 이야기한다. 그것은 (1) 하느님은 자비롭고, (2) 하느님은 전지전능하신데도, (3) 착한 사람들에게 나쁜 일이 일어난다는 것이다. 만일 당신이 자비롭고 전지전능하신 하느님을 믿는다고 가정하면, 왜 하느님은 착한 사람들에게 나쁜 일이 발생하도록 허락하실까?

이와 유사하게 백인의 의무에서 다음의 세 가지가 다 이뤄진다고 주장할 수는 없다. (1) 백인의 의무를 지는 것은 비서구 지역에서 빈민들의 이익을 위해 행동하는 것이다. (2) 백인의 의무를 지는 것은 빈민 문제 해결에 효과적이다. (3) 예방이 가능했던 수많은 나쁜 일들이 빈민들에게 발생하고 있다. 만일 (3)번이 발생한다면, (1)이나 (2)는 유효하다고 주장할 수 없다. 종교는 눈에 보이지 않는 지고의 존재에 대한 신앙의 문제이다. 그러므로 악의 역설에 내재하는 모순은 진정한 신앙인들에게는 더 쉽게 용인되는 부분이다. 그러나 대외 원조는 신앙에 기반한 문제가 아니다. 이는 육안으로 볼 수 있는 사람들을 돕기 위해 출연된 달러를 사용하는 가시적인 정책인 것이다.

에이즈에 대한 원조 체계의 붕괴는 대외 원조에서 악의 역설을 검증할 수 있는 좋은 사례이다. 이는 최상층 계획가들이 최하층 사람들의 비극에서 얼마나 멀리 떨어져 있었는지를 보여주며, 수혜자들의 힘이 얼마나 미약한지를 다시 한 번 보여준다. 이는 계획가들이 대외 원조를 진행하는 데 얼마나 비효율적인지를 보여준다. 빈민들의 관심사 가운데 치명적인 질병의 확산을 예방하는 것보다 더 중요하게 생각되는 것은 없을 것이다. 오늘날 서구 원조 사회는 마침내 에이즈 문제의 심각성을 인식하기 시작했다. 그런데 이 원조 공동체는 이제 아무런 행동도 취하지 않던 상황에서 비효율적인 활동으로 방향을 전환했을 뿐이다. 에이즈를 위한 원조(Aid for AIDS: 미국의 비영리 단체로 에이즈 환자들의 삶을 개선하는 데 헌신하고 있다. — 옮긴이)는 빈민의 선택과는 여전히 궁합이 맞지 않고 있다.

보건의 승리

보건 분야가 대외 원조에서 가장 두각을 나타낸 성공 분야로서 그 영예를 향유했던 점을 생각하면 에이즈에 대한 실패는 더욱 충격적이다.[1] 아마도 질병 문제를 처리하는 일부 백인의 의무는 다른 분야의 기능 장애 상태의 관료제보다는 더욱 희망적인 청사진을 제시할 것으로는 보인다. 에이즈 치료사들은 빈민들의 요구needs와 필요wants가 좀 더 명백한 —— 빈민들은 죽고 싶어 하지 않는다. —— 사안에 대해 일을 하고 있고, 따라서 빈민들의 의견을 수렴하는 피드백은 덜 중요할 수 있다. 에이즈로 인한 사망은 타인들에 의해 확인되는 경향이 있기 때문에 에이즈 치료 사업의 성과는 더 잘 관찰될 수 있다.

성공 사례들은 원조 기관이 빈민들의 요구에 들어맞거나 혹은 인명 구호처럼 부국에서 정치적 지원을 받을 수 있는 논쟁의 여지가 없는 목표, 즉 제한적이고 관찰 가능한 목표를 가지고 있을 때 원조가 가장 효과적이었음을 말해준다. 앞 장들에서 논의한 바와 같이 가시적인 개별 성과를 낸 분야에서는 탐색가들이 책임을 맡고 있는 경향이 있다. 이는 경제 성장과 같이 어느 누구에게도 개별적으로 책임을 지울 수 없는 분야에서 계획가들이 가지는 권력과는 대비된다. 나는 또한 계획가들이 자신들이 설정한 좀 더 일반적인 목표에서 성공할 가능성보다는 탐색가들이 세운 한정된 목표에서 성공할 가능성이 크다고 본다.

남부 아프리카의 예방 접종 운동은 어린이들을 사실상 죽음으로 몰아갔던 홍역과 같은 질병들을 근절시켰다. 1996년에 시작된 남부

아프리카의 7개 국가에서 홍역 예방 접종과 결합된 아동들의 정기 예방 접종은 2000년까지 해당 국가의 홍역을 사실상 근절시켰다. 이집트에서 1982년부터 1989년까지 경구 수분 보충 요법을 부모들이 활용할 수 있도록 국가적으로 계몽 운동을 펼쳤는데, 이는 같은 기간 동안의 어린이 설사 사망률을 82퍼센트 감소시켰다. 1985년 이후 라틴 아메리카에서 소아마비 근절을 위해 시행한 지역 프로그램은 아메리카 대륙에서 공중 보건에 큰 위협이었던 소아마비를 퇴치시켰다. 모로코에서는 예방 가능하지만 또한 시력 상실의 원인이 되는 트라코마(눈의 결막 질환 — 옮긴이)의 10세 이하 어린이 발병률이 1997년 이래 90퍼센트 감소했다. 이는 수술, 항생제, 세수, 청결한 환경을 권장한 덕분이다. 스리랑카에서는 분만 중 산모 사망에 대한 예방 노력으로 지난 40여 년간 분만 10만 건당 산모 사망이 486건에서 24건으로 크게 감소되었다. 중국의 결핵 억제 사업은 1990년에서 2000년까지 결핵 발생 건수를 40퍼센트 감소시켰다. 공여국들은 1974년에 시작된 서아프리카의 회선사상충증(파리가 강에 알을 낳아 주로 강변에 거주하는 사람들에게 전염시키는 병 — 옮긴이) 퇴치 프로그램에 협력했다. 이는 사실상 질병의 전염을 중지시켰다. 이 사업이 적용된 20개국의 1800만 어린이들은 사업 시작 이후 회선사상충증의 감염에서 자유로워졌다. 국제적인 노력을 통해 전 세계의 천연두도 근절되었다. 공여국들의 또 다른 협력 사안은 아프리카 및 아시아 20개국의 풍토병이었던 메디나충을 거의 근절시키는 데 기여했다. 우루과이, 칠레, 및 파라과이와 브라질 대부분 지역에서 1991년부터 실시한 감독 프로그램, 가택 소독, 전염 경로에 대한 환경 통제는 이 지역의 샤가스병(흡혈 곤충에 의해 전염되는 라틴아메리카 지역의 풍토병. ― 옮긴이)의 전염을 막았다. 제3장에서 살펴본 바와 같이 전 세계적으로 빈국의 영아 사망률은 감소했고 기대 수명은 증가하게 되었다.

이러한 많은 사업들은 공여국의 자금 지원과 기술적 자문에 크게 힘입었다. 예를 들어 이집트의 어린이 설사와의 투쟁은 미국국제개발처USAID의 지원금과 WHO의 기술 자문으로 가능했다. 중국의 결핵 퇴치 운동은 세계은행 차관과 WHO의 자문에 힘입었다. 모로코에서는 제약회사 화이자Pfizer사가 트라코마 치료를 위한 항생제를 기증했다. 원조 기구들은 원조의 영향을 과학적으로 정밀하게 계산하지는 않았지만, 여러 광범위한 사실들이 원조는 위에서 언급한 보건에 대한 개입의 많은 부분에서 효과적이었다는 믿음을 뒷받침한다. 안타까운 것은 국제 보건계가 수많은 보건 분야의 성공 사례를 확대하는 대신에 베트남전과도 동일시되는 에이즈 문제로 인해 궁지에 빠졌다는 점이다.

임박한 폭풍

보건 분야의 성공으로 에이즈에 대한 실패는 더욱 도드라진다. 다른 전염병과 마찬가지겠지만, 초기 대응이 사후 대처보다는 훨씬 효과적이다. 캠프파이어를 끄려면 물 한 양동이면 족하지만 산불을 끄려면 훨씬 더 많은 물이 필요한 것과 같은 이치이다.

긍정적 측면은 에이즈의 원인이 무엇인지에 대한 과학적인 문제를 서구 세계가 해결함으로써 에이즈 예방이 가능해졌다는 것이다. 불행하게도 이러한 지식은 아프리카에서 효과적인 에이즈 예방으로까지 이어지지는 않았다.

세계은행은 자신들이 "에이즈 퇴치 사업에 관한 한 세계 유일의 최대 자금원"이라고 홍보한다(WHO와 USAID도 그와 마찬가지로 주장하고 있다.). 그러나 세계은행은 1993년 이전에는 에이즈에 관련해서는 겨우 한 가지 사업(1988년 당시 자이르의 모부투에게 지급한 800만 달러의 차관)만 진행했다는 사실은 언급하지 않고 있다. 오늘날 세계은행은 에이즈 예방을 위해 아프리카에 연간 10억 달러가 필요하다는 WHO의 계산에는 찬성한다. 그러나 1988~1999년의 기간 동안 세계은행은 아프리카의 모든 에이즈 관련 사업에 연간 1500만 달러만을 지출했다. 1992년의 세계은행 연구에 따르면 세계은행은 "에이즈 확산 위험이 높은 국가에서 에이즈 초기 예방에 크게 한 일이 없다."

왜 서구는 에이즈 위기에 대해 진작부터 강력하게 대처하지 않았을까? 그 위기가 얼마나 큰 악영향을 미칠 것인지를 알지 못했기 때문인가, 아니면 대처 방법이 비효율적이기 때문인가, 아니면 신문의 헤드라인을 장식할 정도로 수백만 명의 사망자가 나와야 대응 가치가 있다고 여겼기 때문인가?

서구가 에이즈 위기에 대해 알지 못했다는 방어적인 주장은 신뢰성이 없다. 아프리카의 에이즈는 1986년에 이미 국제적 관심을 끌고 있었다. 1986년 10월 27일에 런던의 『타임스Times』에는 이런 기사가 실렸다. "대재앙의 전염병인 에이즈가 아프리카를 휩쓸고 있다. ……수백만 아프리카 인들이 에이즈에 감염되었고, 이는 아프리카의 20개

이상의 국가들에게 엄청난 보건 문제로 부상했다. …… 또한 '에이즈는 모든 아프리카 인에게 주요한 보건 위협이 되었고 에이즈 감염의 예방 및 억제는 …… 모든 아프리카 국가의 공중 보건에서 급박한 우선순위가 되었다.'는 보고서가 미국의 주요 과학 저널에 게재되었다."

에이즈의 유행이 임박할 것이라는 전조는 이미 과거부터 있었다. 1983년 르완다 부타레의 윤락 여성들을 표본 조사한 결과 75퍼센트가 에이즈에 감염되었음이 발견되었던 것이다. 이 통계를 보고했던 집단의 후속 연구에서는 중앙아프리카가 에이즈 확산 위험에 처해 있다는 일반적 인식이 확산된 연도가 역시 1983년인 것으로 보았다.[2]

세계은행은 1988년에 에이즈에 관한 최초의 전략 보고서를 펴냈다. 이 보고서는 에이즈 위기가 긴급한 상황이라고 보고했다. 그리고 많은 아프리카 국가가 "에이즈 확산에 크게 일조하는 환경"에 처해 있음을 인정했다. 보고서는 에이즈 전염이 전면적으로 발생하지는 않았지만, "아프리카의 에이즈 전염은 비상사태이며 적절한 조치가 지금 바로 취해져야 한다."[3]고 보고했다. 그러나 당시에 에이즈에 대해 이루어진 노력은 실망스러운 수준이었다. 세계은행은 1988/1989년 회계 연도에 에이즈와의 투쟁을 위해 WHO에 100만 달러의 보조금을 지급했을 뿐이다.

1988년 전략에 대한 1992년 세계은행의 회고는 칭찬 같았지만 실상은 비난이었다. "꾸준히 증가하는 사업 프로그램을 다루어야 했던 소규모 PHN(인구, 보건, 영양) 직원들과 현존하는 자원 수준을 활용하여 에이즈에 대처하려는 1988년의 결정을 고려해보면, 우리는

1988년 전략 보고서의 주요 과제들이 합리적으로 잘 실행되었다고 결론지을 수 있다."[4]

보건을 주제로 한 세계은행의 1993년 세계 개발 보고서는 "에이즈 억제를 위한 세계적 관심과 계획의 구상 및 실행을 위한 WHO의 노력에도 불구하고 현재 대부분의 국가적 차원의 에이즈 사업들은 적실성이 떨어진다."고 밝혔다. 이는 다시 말하여 WHO의 오류라는 의미이다.

1991년 세계은행/IMF 계간지의 한 기사는 에이즈에 대해 아무런 조치를 취하지 않을 경우 2000년까지 3억 명이 감염될 것이라고 예측했다.[5] 실제 수치는 4억 명으로 나왔지만 문제는 바로 여기에 있다. 십여 년 전부터 수많은 사람들이 대재앙과 같은 에이즈 확산의 진행을 이미 알고 있었다는 것이다.

1992년 세계은행의 연구 결과는 에이즈 문제에 대한 진전이 이루어지지 않고 있음을 언급하면서, 단지 진전 중이라는 의무감 섞인 말만 반복했다. 특히 "국가들은 세계은행이 에이즈에 대해 더 많은 관심을 기울이고 있음을 알고 있었다."는 것 때문에 더욱 그렇다.

세계은행은 자체적으로 "현재 에이즈로 타격을 받고 있는 국가들"에 대한 소규모의 자금 유입을 지휘하고 있었다. 반면 "확산 가능성이 높지만, 아직 타격이 심하지 않은 국가에서의 예방 대처는 미진했다."[6] 1992년 보고서는 "아프리카의 인구, 보건, 영양 문제에 대한 세계은행의 의제를 에이즈가 주도하도록 해서는 안 된다."는 희한한 훈계로 끝난다. 1온스의 예방은 1파운드의 치료와 맞먹는다는 점에서, 에이즈 유행 초기에 이런 문제 제기가 있었다는 것은 이상한 일이다.

이제 에이즈 문제는 아프리카에서 다른 치명적 위협이 되는 질병 치료들을 압도하였는데, 이는 에이즈 확산을 막아내지 못했기 때문이다. 에이즈가 "세계은행의 주요 의제"가 되는 것을 막기 위한 최선의 방법은 그 확산을 예방하는 것이었다.

에이즈 예방이 부국의 대중들에게 그다지 가시적인 문제가 아니라는 것을 깨닫는다면, 에이즈 예방에 관해 원조 공동체가 겪는 어려움에 대해서 더 잘 이해할 수 있을 것이다. 문제의 내부에 있는 사람들은 무서운 에이즈 위기가 1980년대 후반과 1990년대 초반의 아프리카를 달구고 있었다는 것을 알고 있었지만, 서구 언론과 정치가들의 관심은 크게 끌지 못했다. 이 문제의 일부분은 아마도 원조 기관들이 위기 대처 방법을 잘 몰랐다는 것이었지만, 위의 사례로 보면 그들이 실제로 해답을 구하고 있었는지도 확실하지 않다. 에이즈는 사실상 엄청나게 많은 사람들이 HIV에 감염되고 난 이후에야 행동을 위한 충분한 가시적 수준을 확보하게 된 것이다.

당신이 내놓은 충고를 따르지 않는 것

1998년까지 세계은행은 열 개의 독립적인 에이즈 사업을 추진했다. 줄리아 데이턴Julia Dayton 연구원은 이 프로그램들을 분석하기 위해 세계은행에 채용되었다.[7]

데이턴은 세계은행의 에이즈 관련 사업 51개 중 절반가량만이 콘돔 사용을 증진시켰거나 또는 콘돔 구매를 증진시켰다는 것을 발견했다. 이러한 저조한 성과를 이해하기 위해서는 데이턴이 발견한 또 다른 사항을 볼 필요가 있다. 즉 51개 사업 중 어느 사업도 효과적인 에이즈 문제 개입에 대한 경제적 분석을 하지 않았던 것이다.

또한 데이턴은 세계은행의 국가별 연구 조사 팀들이 에이즈에 대한 연구 조사 활동을 빠뜨렸다는 사실을 발견했다. 에이즈는 1990년 대에 코트디부아르, 아이티, 케냐, 잠비아에서 이미 대유행 수준에 도달해 있었다. 이 국가들을 위해 1990년대에 마련된 세계은행의 국가 지원 전략 문서Country Assistance Strategy Documents는 HIV 유행과 전파에 대해 설명하지 않았고, 성병 또는 HIV/AIDS 예방 및 간호에 대해 권고하지도 않았으며, 사실상 HIV/AIDS에 대한 분석을 전혀 해놓지 않았다. 종종 모든 것을 다 시도하려고 하는 원조 기구의 아이러니는 "모든 것"이 때로는 몇 가지의 우선하는 것을 빠뜨린다는 것이다.

심판의 날

데이턴의 보고서가 발간된 지 얼마 지나지 않아, 세계은행은 또 다른 에이즈 보고서를 발간했다. 세계은행의 아프리카 부총재는 이 2000년도 보고서의 서두에 "에이즈를 확실히 예방할 수 있다."고 썼다. 그는 다음과 같이 예고했다. "이 시대를 회고하는 사람들은 우리가 산불처럼 아프리카 전역을 휩쓸고 있는 이 에이즈 확산의 위협을 간파했는지, 또한 우리가 이 불을 끄기 위해 최선을 다했는지의 여부로 우리 기관을 크게 심판할 것이다. 그들이 이렇게 하는 것은 옳은 일일 것이다."[8] 그는 우리가 그 미래 시제를 사용하지 않도록 해줄 수 있었다.

세계은행은 UNAIDS의 공동 작업으로 감독 및 평가 실행에 관한 지침Monitoring and Evaluation Operations Manual을 선보였다.[9] 이 지침은 "감독 및 평가M&E 체계가 복잡할수록 실패 가능성도 크다."는 현명한 경고를 담고 있다. 그리고는 지나치게 복잡한 감독 및 평가 체계를 설명하는 데 52쪽을 할애했다. 여기에는 10단계의 감독 및 평가 프로그램을 포함하고 있다(제3단계: "국가에이즈위원회National AIDS Councils, NAC와 이해관계자들은 특별히 전체 감독 및 평가 체계와 사업 감독을 위한 주인 의식 구축과 원조를 위한 집중적인 참여 과정에 관여한다."). 여기에는 34개 지표의 목록(이 목록에서 에이즈를 전염시키는 "핵심 전달자core transmitter"에 대한 감독을 포함하는 것은 단 하나도 없다.)이 포함되어 있고, NAC에 대해 감독 및 평가 자문에 관한 19개의 위탁 사항이 포함되어 있다. 또한 "전문화된 프로그램 활동에 대한 감독체monitoring entity를 위한 위탁 조건의 요약문이 포함되어 있다." 사업 평가를 위해 일반적으로 인정된 과학적 기준, 즉 무작위 대조 시험은 이 지침에 포함되지 않았다.

키티 제노비스 효과

윈스턴 모즐리Winston Moseley는 1964년 뉴욕 퀸스에서 술집 지배인이었던 28세의 키티 제노비스Kitty Genovese를 살해했다. 그 사건은 나의 어린 시절에서 첫 번째로 기억나는 뉴스 기사이다. 모즐리는 먼저 키티를 칼로 찔렀고, 이웃들은 그녀의 비명소리를 들었지만 경찰에 신고하지 않았다. 모즐리는 차를 몰고 나갔다가 다시 돌아와서 그녀가 죽을 때까지 여러 번 칼로 찔렀다. 이후 경찰은 그 사건을 목격했거나 살해당하는 소리를 들었던 이웃들만 서른 여덟 명이 있었음을 확인했다. 목격자들이 경찰에 신고하지 않은 사실은 미국 도시민들의 냉담성을 상징적으로 보여주는 것이었다. 우리 어머니도 대도시 시민들의 극악함을 설명해주기 위하여 내게 그날 신문을 보여주었던 것 같다.

내가 그런 나쁜 사마리아 인들을 방어하려는 것은 아니지만, 경제학자들은 각 개인의 냉담함은 그들이 보여준 집단행동만큼 크지는 않다는 점을 지적한다. 이웃들은 모두 키티의 생명을 구하는 것이 가치 있는 일이라는 데에는 동의했다. 분노한 논평가들은 서른 여덟 명 중 단지 한 명만이라도 경찰에 신고를 했어야 했다는 점을 지적했지만, 안타깝게도 그것이 바로 문제의 본질이었다. 경찰에 신고하는 것은 개인에게 어느 정도의 대가를 치르게 하는 것이다. 그 사람은 나중에 증언을 해야 할 것이고, 살해자의 동료로부터의 보복을 두려워했을 수도 있다. 서른 여덟 명 개개인은 키티의 생명을 구하기 위해 이러한 대가를 치르려고 했을 수도 있지만 그보다는 다른 사람이 신고하는 것을 더 원했다. 현장에 그렇게 많은 증인이 있는 상황에서, 각 개인은 다른 사람이 신고 전화를 하고 키티를 구하리라는 생각에 더 높은 가능성을 둔 것이다. 따라서 사람들은 아무 일도 하지 않았다. 만약 증인이 한 명만 있었더라면, 그리고 그 사람이 자신이 유일한 증인이라는 것을 알았더라면 그는 경찰에 신고했을 가능성이 높다.

키티 제노비스 효과는 제5장에서 언급했던 것과 같이 관료적 태만을 낳는 집단적 책임 문제의 또 다른 사례이다. 각 개발 기구는 빈국의 위기 해법을 책임지기 위한 많은 기구들 중 하나에 불과하다. 각 기구들은 빈민에 대해 이타적인 관심을 가질 수 있다. 한 기구의 행동으로도 문제 해결에 충분하고, 모든 기구들이 성공의 영광을 함께 나눈다고 가정해 보자. 이 경우 어떤 기구의 노력이 그러한 차이를 만들었는지 알기 어렵다. 노력에 대한 비용이 크고 그 노력이 조직의 자원을 다른 목표들에서 딴 곳으로 돌린다면, 각 기구는 다른 기구가 관여할 것을 바랄 것이다. 행동할 수 있는 기구들이 많을수록 행동으로 연결될 가능성은 더 적다.

제노비스 효과는 원조 관료제 안에서 작동될 수 있다. 각 부서는 결과가 발생하기를 바라지만 다른 부서가 이를 달성하고 모든 기구들은 이에 대한 영예만 얻기를 희망할 수 있다. 그러면 부서들은 어려운 업무에 대한 책임을 다른 부서로 이양하는 게임에 빠져들게 된다. 이는 지극히 결과 지향적인 원조 기관의 지도자들조차 화나게 하는 일이다.

현상 유지가 태만으로 인해 악화되면서 이러한 행동이 발생할 가능성은 한층 더 높아지게 된다. 결국 위기는 다른 사람이 행동하기를 기다리는 선택을 능가할 정도로 심각해질 것이다. 키티 제노비스 사례에서도 한 이웃이 결국 경찰에 신고를 하기는 했다. 하지만 키티는 이미 죽어 있었다.

이와 같은 이야기는 에이즈 위기에 대한 장기적 태만의 이유를 설명하는 데 도움이 될 수 있다. 이 위기가 너무 심각해지자 원조 기관들은 결국 행동하기 시작했다.

폭풍우 속의 고아들

65세 정도 된 메리 반다Mary Banda는 잠비아의 루사카에 살고 있다.[10] 그녀의 여덟 자녀 중 다섯 명이 에이즈로 죽었다. 잠비아에서 성인이 된 자녀들은 연로한 부모들을 돌보는 것이 일반적이다. 에이즈는 메리 반다 가정의 상황을 뒤바꿔 놓았다. 자식들이 그녀를 돌보는 대신에 그녀가 고아가 된 여덟 명의 손자들을 돌보고 있는 것이다. 손자들의 나이는 여섯 살에서 스무 살까지 걸쳐 있다.

음부야Mbuya(할머니) 반다는 생존한 자녀들에게서 별 도움을 받지 못한다. 자녀 중 한 명은 남아프리카공화국에 있고, 음부야는 소식을 듣지 못한 지 오래이다. 막내딸은 미혼이고 실업자이다. 나머지 딸 한 명은 결혼은 했지만 일을 하지 못하고 있다. 사위는 이따금씩 일을 구할 수 있을 뿐이다. 결혼한 딸은 가끔씩 옥수수 가루 한 자루를 들고 집에 찾아오곤 한다.

반다 부인에게 가장 큰 문제는 고아가 된 손자들에게 먹을 것을 구해다 주는 일이다. 그녀는 길에서 땅콩을 팔고, 약간의 옥수수, 고구마, 채소를 재배한다. 이것만으로는 절대 충분하지 않다. 손자들 중 두 명만이 학교를 다니고, 그조차도 종종 학비, 신발 및 교복이 없어서 등록을 거부당하기도 한다.

그녀는 자녀들이 에이즈로 고통 받을 때 병원뿐 아니라 전통적인 치료사들에게도 치료를 받아보게 했다. 메리 반다는 자식들이 주술 때문에 죽었다고 믿고 있다. 이는 지역 상황에 예방적 메시지를 가지고 대응해야 할 필요를 보여주는 신호이다. 그녀의 사망한 네 명의 딸들은 사업가였는데, 그들은 루사카에서 헌 옷을 구입해서 자신들의 마을에서 땅콩과 맞교환한 뒤에 다시 루사카에서 이 땅콩을 판매하였다. 그녀는 마을 사람들이 딸들의 성공을 시기해서 주술을 걸었다고 믿고 있다. 그녀는 아들의 죽음도 아들이 직장에서 승진을 하자 이를 시기한 세력들의 주술 탓으로 돌린다. 그녀는 손자들이 주술사에게 가서 발에 바르는 예방약을 타오기를 바라고 있다.

주술에 대한 아프리카 인들의 믿음을 논하는 것은 원조 기관들 사이에서 터부가 되고 있다. 왜냐하면 어느 누구도 잘못된 고정관념 (아프리카 인은 미신을 잘 믿고 어리석다는 관념 — 옮긴이)을 강화시키고 싶지 않기 때문이다. 안타깝게도, 정치적 올바름political correctness은 정책 형성에 방해가 된다. 그 이유는 사람들이 정말 주술이 질병을 유발시킨다고 믿고 전통적인 주술사들에 의존한다면 기존의 공중보건 접근법은 효과가 없을 것이기 때문이다. 미국인들과 유럽 인들도 아프리카의 소득 수준과 유사한 수준에 있었을 때는 주술사들을 신봉했다(그리고 많은 미국인들은 오늘날까지도 그러하다. 따라서 그리니치빌리지 —— 미국 지성의 수도 중 하나 —— 의 반스앤드노블 서점에서 심령술 섹션은 과학 섹션보다 세 배나 더 크다.). 더욱이 많은 미국의 복음주의자들은 하느님이 직접 질병을 치유할 수 있다고 믿는다.

과학자들만 볼 수 있는 바이러스로 건강하던 젊은이들이 죽어가고 있는 이때 아프리카에서 눈에 보이지 않는 악한 세력의 존재를 믿는 것은 놀라운 일이 아니다. 프린스턴대학교의 정치학자이며 민족지 학자인 애덤 애시포스Adam Ashforth는 남아프리카공화국 소웨토에 널리 확산된 주술 신봉 사례를 기록했다. 즉 주술이 많은 질병을 유발한 다는 것인데, 그중에는 에이즈와 비슷한 증상도 포함되어 있다.[11] 따라서 정치적 민감성 때문에 주술 신봉을 무시하는 것보다 HIV 확산 방지를 위해 전통 주술사들과 함께 공조하는 것이 에이즈를 예방하는 데 훨씬 효과적일 것이다.

반다 부인은 음부야 세대를 대표하여 말한다. "나는 고통 받고 있는 노인네입니다. 어렸을 때는 이렇게 잔인한 일들이 일어날 것이라고는 생각지도 못했어요. 그 일들을 생각하면서 기도할 때마다 울지만, 나는 아이들을 힘들게 하고 싶지 않아 더 이상은 울지 않습니다."

적어도 반다 부인의 손자들은 돌봐줄 할머니라도 있다. 이보다 더 불행한 집단은 루사카의 늘어나는 거리의 아이들이다. 돌봐줄 사람이 아무도 없는 에이즈 고아들은 길거리에 나와 있다. 버려진 아이들을 위한 보호 시설을 운영하고 있는 로저스 음웨와Rodgers Mwewa는 루사카에 유입되는 고아들이 증가하고 있음을 알게 되었다. 어린이를 돌보는 전통적인 대가족 체제는 와해되고 있다. 왜냐하면 너무 많은 성인 가족 구성원들이 죽었기 때문이다. 음웨와는 "HIV가 가족과 가족 관계를 파괴시키고 있다."[12]고 말한다.

거리의 아이들은 오래 살 수 없다. 그들은 종종 자동차에 치이기도 하고, 싸움질을 일삼기도 하며, 경범죄, 마약, 본드 흡입 등에 의지해 살아간다. 그들은 경찰들에 의해 몰매를 맞기도 한다. 최악의 경우 이 아이들은 성매매에 나서게 되고, 얼마 지나지 않아 자신들의 부모를 죽게 했던 HIV 바이러스에 감염된다.

보다 덜 일화적인 증거들(즉 개인이 자기 경험 혹은 타인의 경험을 직접 보고하는 것이 아닌 통계적 증거들을 말한다. — 옮긴이)은 아프리카의 고아들이 험한 상황에 직면하게 된다는 것을 증명한다. 고아들이 가족에 의지하는 정도가 덜할수록, 그들은 더 좋지 않은 상황에 빠지게 된다. 프린스턴대학교의 앤 케이스Anne Case, 크리스틴 팩슨Christine Paxson, 조셉 아블라이딩어Joseph Ableidinger는 아프리카 10개국 고아들을 대상으로 한 연구에서 부모가 아닌 친족과 사는 고아들은 부모와 사는 어린이들보다는 학교 교육을 덜 받지만 친족 관계가 없는 성인과 사는 고아들보다는 학교 교육을 더 많이 받는다는 사실을 발견했다. 이러한 효과는 가족 내에서조차 차별적으로 나타난다. 예컨대 이모나 삼촌과 사는 고아는 보통 사촌지간, 즉 이모나 삼촌의 아이들보다 학교 교육을 덜 받는다.[13]

아프리카의 에이즈 위기는 충분한 교육을 받지 못하고 영양실조에 걸리게 되는, 부모 없는 고아 세대를 남기고 있다. 이들은 곧 어른이 될 것이다. 마치 아프리카의 개발 위기가 현 세대에 그다지 나쁜 영향을 주지 않는 것처럼, 에이즈 고아들은 개발을 더욱 복잡하게 만든다.

환자 돌보기

아프리카에서 2900만 명이 HIV 양성 환자라는 점에서 이들을 돌봐야

겠다는 동정심이 생기지 않는가? 그러나 동정심이 행동을 취하는 데 늘 신뢰할 만한 지침이 되는 것은 아니다. 비극적인 아이러니 때문에, 이러한 동정심은 아프리카에서 에이즈와의 싸움을 인명을 구하기보다는 오히려 더 많은 사람을 희생시키는 방향으로 몰아가고 있다. 부국에서 에이즈 치료에 대해 문제 제기를 하는 것은 정치적 자살 행위이다. 빈민을 가장 잘 도울 수 있는 방법이 무엇인지가 아니라 부국에서 정치적 호소력이 있는가가 관건이 되고 있다는 점은 너무나 안타깝다. 이러한 정치적 압력은 계획가들이 에이즈 문제를 치료라는 목표에 고정시키도록 한다. 이는 엄청난 비용 때문에 탐색가들이 발견한, 더 적은 비용으로 더 많은 인명을 구할 수 있는 활동으로 자금을 돌릴 때에도 그렇다.

서구의 원조국 사회는 소 잃고 외양간 고치는 것도 모자라, 이제 금으로 도금한 외양간 문을 달고 있는 중이다. 대외 원조 프로그램들은 "3종의 약을 혼합·처방하는 칵테일 요법triple-drug cocktail"에 자금 지원을 시작했다. 이는 고활성 항레트로바이러스 요법(HAART: HIV의 복제를 억제하는 요법 — 옮긴이)으로 알려져 있는데, 서구에서 에이즈 사망률을 크게 감소시키고 있다. 이전에 언급한 모든 행위자들은 에이즈 치료에 대한 자금 지원에 동의했다. 유엔특별총회The UN Assembly Special Session는 에이즈 치료를 촉구하는 결의안을 통과시켰다. 이는 높은 약품 가격(환자 1인당 연간 1만 달러) 때문에 소득이 낮은 아프리카 에이즈 환자들에게는 적용할 수 없었던 것이다. 그러나 점점 수가 늘어나는 에이즈 카피약 경쟁은 가격을 하락시켰고, 이제 치료 수가도 환자 1인당 연간 304달러로 낮아졌다.[14] 이에 대해 WHO 전 사무총장이었던 그로 할렘 브룬틀란Grö Harlem Brundtland은 다음과 같은 질문을 던졌다. "하루에 2달러에 불과한 구호를 받을 수 없어서 사형 선고를 받아야 할 사람이 누구인가?" WHO는 2005년 말까지 300만의 HIV 양성 환자들이 항레트로바이러스 요법을 받을 수 있도록 하자는 "스리 바이 파이브3 by 5" 캠페인을 시작했다.

생명을 구하는 일은 그리 단순하지 않다. 무엇보다 약품 가격에 초점을 두는 것은 치료 비용과 치료의 어려움을 과소평가하게 한다. 1차 약물 요법의 연간 의료 수가는 304달러에 불과하다. 환자들은 먼저 누가 HIV 양성인지 진단 받을 필요가 있다. 환자들은 약을 복용하기 시작해야 하는지 그리고 복용한 후에 약이 에이즈 바이러스 농도를 감소시키는 효능이 있는지를 보기 위해 혈중 에이즈 바이러스 농도를 검사해볼 필요가 있다. 약은 중독성이 있으며 심각한 부작용 위험도 있다. 보건 인력들은 부작용이 너무 클 경우 약의 혼합 비율을 조정할 필요가 있다. 환자들이 약을 복용하고 있다는 것을 확인하기 위한 상담과 감독이 필요하다(치료를 충실하게 받지 않는다면 바이러스는 약물에 대한 내성을 강화시킨다.). 환자들은 또한 에이즈로 고통 받는 사람들을 괴롭히는 기회 감염(opportunistic infection: 면역 기능이 정상이라면 발생하지 않는 감염 질환이 면역 기능이 떨어지면서 생기는 것. — 옮긴이)에 대한 치료가 필요하다. 그래서 치료에 드는 비용은 약품 가격보다 크다. WHO는 1년에 에이즈 환자의 수명을 연장시키기 위한 치료에 환자 1인당 연간 1500달러를 지출한다. WHO가 약품 가격을 더 내릴 수 있다 해도 연간 치료 비용은 1200달러 정도가 될 것이다. 다른 전문가들은 이와 유사한 수치를 사용한다.[15] 그러나 한 사람이 1년의 생명 연장을 정당화하기에 이 수치가 지나치게 큰 것이 아닌가?

치료 옹호자들은 비용에 상관없이 생명을 구하는 의료 서비스를 받아야 하는 HIV 양성 환자의 보편적 인권을 강조한다. 이는 위대한 이상이지만 유토피아적인 망상에 불과하다. 한편 또 다른 이상도 있는데, 그것은 먼저 에이즈의 확산을 예방하는 것이다. 또한 다른 치사병에 대한 의료 서비스, 기아로부터의 해방, 깨끗한 물에 대한 접근성을 위한 보편적 인권은 어떠한가? 누가 다른 인권보다 에이즈의 보편적 치료라는 인권을 선택했는가? 비유토피아적인 접근은 사람들에게 그들의 가장 절박한 필요에 접근하는 방식으로서 대외 원조의 자원을 사용하도록 하는 어려운 선택을 하게 할 것이다.

빈민들은 에이즈 치료 이외에도 필요한 것들이 아주 많다. 세계의 거의 30억 빈민들을 위한 대외 원조 금액은 연간 1인당 2달러에 불과하다. 에이즈 치료를 위한 자금이 "새로운 자금"이 될 것인가, 아니면 이미 부족한 상태의 기금에서 나오게 될 것인가? 부시 대통령의 2005년 예산안은 미국의 에이즈 프로그램(특히 에이즈 치료)에 대한 지원을 확대했지만, 아동 보건과 다른 국제 보건에서 우선순위를 두어야 하는 자금은 약 1억 달러 정도를 감축시켰다(이 예산안은 이에 대한 반대 시위가 벌어지자 뒤집어졌다.).[16]

부시의 보건 지출 예산 삭감은 특히 유감스럽다. 에이즈로 사망하는 아프리카 인들의 2.5배 정도가 다른 예방 가능한 질병으로 죽는다. 이러한 질병에는 홍역이나 기타 어린이 질병, 호흡기 감염, 말라리아, 결핵, 설사 및 기타 질병이 있다. 전 세계적으로 2002년에 이러한 원인으로 죽은 사망자 숫자는 1560만 명이었고, 이는 280만 명의

에이즈 사망자 수와 대비된다.[17]

공중 보건에 대한 확실한 원칙은 생명을 구하는 데 더욱 큰 대가를 치르기 전에, 살리기 쉬울 때 살려야 한다는 것이다. 이렇게 하면 얼마 안 되는 보유 자금을 사용하여 더 많은 생명을 살릴 수 있다. 이러한 기타 질병의 예방과 치료는 에이즈 치료보다 치르는 비용이 훨씬 적다.

에이즈 예방 자체를 통한 생명 구호는 에이즈 치료보다 훨씬 더 적은 비용이 든다. 에이즈 감염 예방을 위한 1년 치 콘돔 공급에는 약 14달러 정도가 든다. 2002년, 의학 저널인 『란셋The Lancet』에 게재된 기사에서 WHO의 앤드류 크리스Andrew Creese와 공동 저자들은 생명 구호를 위한 콘돔 공급, 모자 간 에이즈 전염 차단, 자발적 상담 및 테스트에 드는 비용이 연간 1달러에서 20달러밖에 들지 않는다고 추정했다. 그리고 (가능성에 대한 확신이 다소 과장되었다 할지라도) HIV 감염을 막는 데 한 건당 20달러에서 400달러가 든다고 했다. 다른 연구도 이와 유사한 결과를 발표했다.[18]

(비록 우리는 계획가들의 원조 주도가 이를 방해한다는 것을 보아왔지만) 탐색가들은 비용이 저렴한 개입안을 다른 질병에서도 발견했다. 결핵 치료 약품은 질병 한 건당 10달러밖에 안 든다. 산모 및 영아 사망을 예방하기 위해 고안된 종합적인 개입 방안은 연간 1인당 3달러가 채 안 든다. 비록 예방 주사 비용이 1회분에 몇 페니밖에 들지 않지만, 전 세계의 모든 어린이들이 결핵 예방 접종을 완전하게 받는 것은 아니기 때문에 연간 3백만 명의 어린이들이 결핵으로 사망한다. 전 세계인의 네 명 중 한 명은 회충으로 고생한다. 하지만 이에 대한

치료비는 연간 1달러에 불과하다. 약물 내성이 있는 어린이 말라리아 환자를 완전히 치료하는 데 드는 비용은 1달러밖에 되지 않는다. 사실 비교적 가난한 국가인 베트남은 1991년부터 1997년까지 모기장과 항말라리아 약품 공급 캠페인으로 말라리아로 인한 사망률을 97퍼센트까지 감소시켰다.[19] 탄자니아의 모기장 사업도 사망률을 크게 감소시켰다.[20] (이러한 저렴한 치료가 가능한데도 말라리아가 아직도 이렇게 많이 퍼져 있다는 것은 비극적인 일이다. 우리는 세계 빈민의 두 번째 비극으로 다시 돌아오게 된다.)

전반적으로 세계은행은 이와 같은 다양한 보건적 개입 비용에 연간 5달러에서 40달러 정도가 들 것으로 추정하고 있다. 이는 항레트로바이러스 치료법으로 에이즈 환자의 생명을 연장하는 데 연간 1500달러가 드는 것과 좋은 대조를 이룬다. WHO가 환자 300만 명의 1년 수명 연장을 위한 항레트로바이러스 치료를 위해 계획한 45억 달러는 수많은 사람들, 즉 그 다섯 배에 해당하는 1500만 명의 7~60년의 생명을 연장하는 데 사용될 수 있다. HIV 양성 환자들을 위해서도, 결핵과 같이 에이즈 감염자들을 죽음에 이르게 하는 기회 감염을 치료하면 그들 중 더 많은 사람들의 생명을 연장시킬 수 있다.

다른 연구자들도 이와 비슷한 수치를 내놓고 있다. 예를 들어 하버드대학교의 경제학자인 마이클 크레머는 2002년의 『저널 오브 이코노믹 퍼스펙티브Journal of Economic Perspectives』에 다음과 같이 기고했다. "1년 동안 항레트로바이러스 요법으로 치료 받은 모든 사람들 대신에, 목표가 있는 에이즈 예방 노력이나 쉽게 예방할 수 있는 질병 예방 주사를 통해 25~110년간의 장애 보정 생존 연수(전반적인 질병 부담을 계측하기 위해 WHO가 만든 개념. 조기 사망에 따른 손실 수명 연수에 장애로 상실된 건강 생활 연수를 합하여 산출한다. — 옮긴이)를 얻을 수 있다."

한 전문가 집단은 2003년 7월에 권위 있는 의학 저널 『란셋』에서 2003년에 550만 명의 어린이 사망률을 예방할 수 있었다는 점에 대해 기록하면서 "어린이 생명 구호가 그 초점을 잃었다."고 탄식했다. 그들은 "새롭고, 복잡하며, 값비싼 에이즈 문제에 개입하느라 어린이 사망은 적은 부분만 예방하도록 하는 관심과 노력의 수준에"[21] 부분적으로 책임을 돌렸다.

WHO는 항레트로바이러스 치료를 받은 에이즈 환자에게 추가되는 수명이 3년에서 5년에 불과할 것이라고 보고 있다. 이는 기적적인 치료와는 거리가 멀다.[22] 유엔 인구분과는 2005년에 이와 유사한 수치를 내놓았는데, 항레트로바이러스 치료로 추가되는 기대 수명이 중앙값인 3.5년이라고 예상했다.[23] 그 이후 1차 치료(남아프리카공화국 외부의 모든 아프리카에 깔린 값싼 치료 약품)에 내성이 생기게 되고 완전히 성숙해져버린 에이즈가 시작된다. 다른 예상 수치는 심지어 더욱 비관적이다. 대규모 치료 사업이 이뤄지고 있는 브라질에서 1차 치료 효과의 평균 지속 기간은 14개월에 불과했다.[24]

문제는 가난한 아프리카 인들 스스로가 에이즈 치료로 일부 아프리카 인의 생명을 연장하는 데 부족한 자금을 사용할 것인가이다. 이는 다른 보건적 개입을 통해 많은 인명을 살리는 것과는 대치된다. 하루에 1달러의 소득으로 살아가는 절박한 빈민들이 과연 항레트로바이러스 치료를 위해 1500달러를 지불하겠는가? 서구는 서구인들의 기분을 좋게 만든다는 이유만으로 홍역 희생자 대신에 에이즈 희생자를 구하는 일에 더 뛰어들어야만 하는가?

정치적으로 가장 쉽고 간단한 길

알약 하나를 복용하여 복잡한 에이즈 및 개발 위기를 억제한다는 것은 정치인들과 원조 기관들과 운동가들에게는 거부할 수 없는 유혹이다. 우리는 여기서도 원조 기관들이 관찰 가능한 행동에 더 편향되어 있음을 엿볼 수 있다. 운동가들의 대의는 서구 언론에서 잘 언급된다. 왜냐하면 에이즈 희생자들의 비극은 이 운동의 대의를 위한 동원을 한결 수월하게 만드는 악당 —— 인명 구호 약품의 가격 인하를 꺼려 했던 국제적인 제약회사들 —— 이 있기 때문이다.

에이즈 치료는 SIBD 신드롬의 또 다른 사례이다. 즉 부국 정치인들은 유권자들에게 아프리카의 비극적인 에이즈 문제에 대해 "무언가가 이뤄지고 있다(SIBD: 'something is being done')."는 것을 확신시키기를 원한다. 정치인들과 원조 관리들이 이미 환자인 사람들을 다루고 있다면 SIBD가 주는 카타르시스에 도달하기가 더 쉽다. 이는 더 많은 사람들이 에이즈에 걸리지 않도록 섹스 파트너가 여러 명인 사람들에게 콘돔을 사용하도록 설득하는 것보다 더 쉽다. 빈민의 관심사는 이렇게 정치적 편의에 의해 희생되고 있다. 미국 의회가 (에이즈 구호를 위한 대통령 긴급 계획PEPFAR으로 알려진) 부시 대통령의 150억 달러 규모의 에이즈 프로그램을 2003년 5월에 통과시켰을 때, 의회는 에이즈 예방에 자금의 20퍼센트 이상이 초과되지 않도록 하는 제한 규정을 두었고, 반면 자금의 55퍼센트는 에이즈 치료에 할당되도록 했다.[25]

종교적 열정으로 인해 미국 의회는 기금을 받는 기관들이 공개적으로 성매매를 반대하도록 요구했다. 이는 여성을 성매매로 몰아가는 요인을 이해하기 위해 실용적이고 동정적인 접근법을 취하는 효율적인 조직까지도 제거해버리게 한다. 윤락 여성들을 비난하는 프로그램이 이러한 윤락 여성들에게 위험한 행동을 회피하도록 설득하더라도, 그들은 쉽게 수긍하지 않게 된다.

설상가상으로 미국의 종교계 우파들은 자체 규범을 옹호하기 위해 에이즈 예방 사업의 자금 마련을 어렵게 하고 있다. 즉 섹스를 금하거나 법적인 배우자와의 섹스만을 허용하는 것이다. 그러나 미국 내 연구는 금욕 프로그램이 콘돔 사용을 막는 것 외에는 젊은이들의 성적 행동에 별다른 영향을 미치지 못함을 발견했다.[26] 복음주의자들의 메시지는 미국 청소년들을 설득시키지 못했고, 그래서 이들은 이제 이 메시지를 아프리카 청소년들에게 전파하려 한다. 한편 혼인 관계 안에서만 성교하는 원칙을 따르는 신실한 여성들도 여전히 위험에 처해 있다. 그들의 남편들이 혼전 또는 결혼 기간 동안 다른 여성들과 콘돔을 사용하지 않고 성교를 한 경우에 말이다. 종교계 우파들은 공격적인 콘돔 마케팅을 벌이는 비정부 기구들이 성적인 난잡성을 부추긴다는 이유로 공식적인 원조를 중단해야 한다며 이들을 위협한다. 종교계 우파들의 압력을 받은 의회는 이미 얼마 안 되는 PEPFAR의 에이즈 예방 예산의 최소 3분의 1을 절제 일변도의 성교육 프로그램에 사용할 것을 요구했다.

바티칸 역시 산아 제한을 금하는 교리 때문에 신도들이 아프리카에서의 콘돔 보급에 반대하도록 압력을 가하고 있다.[27] 이렇게 어리석은 종교적 행동은 비서구 지역 빈민에게 최선책으로 내놓는 부국 국민들의 선택이 무엇인지를 보여주는 가장 극단적인 사례 중 하나이다.

에이즈 예방이 종교적 족쇄에 묶여 있는 반면, 에이즈 치료는 모두 동의하는 것 같다. 종교계 우파와는 보통 하나가 되지 않는 동성애자 집단도 치료를 강조한다. '권력으로부터의 해방을 위한 AIDS 연대 ACTUP'와 같은 운동가 집단도 에이즈 치료의 추진을 도왔다. 그들은 2002년 바르셀로나 에이즈 회의를 앞두고 자신들의 웹 사이트에서 "치료"라는 단어를 열 여덟 번이나 언급했지만 "예방"이라는 단어는 한 번도 언급하지 않았다.[28] 예방접근성연대Prevention Access Coalition 는 없는데 왜 잘 알려진 치료접근성연대Treat Access Coalition는 존재할까? 왜 WHO는 2005년 말까지 300만 명의 환자를 치료하는 "3 by 5" 캠페인을 하면서 300만 건의 새로운 에이즈 발생을 예방하기 위한 "3 by 5" 캠페인은 하지 않았을까? 운동가들은 예방 대신에 치료에 초점을 두는 데만 성공했다. 지난 2년간 『이코노미스트』에서 아프리카의 에이즈에 관한 렉시스넥시스LexisNexis 검색은 "치료"에 대해서 88개의 기사를 찾아냈지만, "예방"에 대해서 언급한 기사는 22개밖에 찾아내지 못했다.

에이즈 치료를 위해 향후 3년간 100억 달러를 사용하는 대신, 그 돈을 2800만 HIV 양성 아프리카 인들과 6억 4400만에 이르는 HIV

음성 아프리카 인의 에이즈 예방에 사용할 수 있다. 태국은 윤락 여성 콘돔 사용을 통한 예방 캠페인을 성공적으로 수행했다. 이로 인해 콘돔 사용을 15퍼센트에서 90퍼센트로 증가시켰고, HIV 신규 감염을 획기적으로 감소시켰다. 세네갈과 우간다는 용기 있는 정치 지도자들이 장려한 강력한 예방 캠페인을 통해 성공을 거두었다(우간다 정부는 종교 지도자들의 압력하에 현재 콘돔 사용을 철회한 상태이다.).

자금이 치료 대신 효율적 예방에 쓰인다면 매년 에이즈 환자 한 명의 수명을 늘리면서 30건에서 75건에 이르는 HIV 신규 감염을 예방할 수 있다. 에이즈 자금을 예방보다 치료에 사용하는 것은 에이즈 위기를 개선시키기보다는 더욱 악화시킨다. HIV 감염을 피함으로써 각 개인의 수명이 여러 해 연장된다는 것을 고려한다면 치료 대신에 예방을 옹호하는 것이 더욱 큰 타당성을 얻게 된다. 에이즈 환자 한 명이 1년의 수명을 연장하는 데 사용되는 자금을 에이즈 예방에 쓴다면 나머지 인구에게 75년에서 1500년에 이르는 추가 수명을 부여할 수 있을 것이다.

우리는 원조 기관들이 왜 이렇게 많은 자금을 2900만 에이즈 환자 치료에 쏟아붓고 있는지 질문해야 한다. HIV 확산 방지를 위하여 사용한 만큼의 자금으로 2900만 명의 감염을 방지할 수 있는데 말이다. 이러한 과거의 무지는 오늘날 이뤄지는 행동의 특정한 방향에 찬성하거나 반대하기 위한 근거가 되지 못한다. 우리는 우리가 현재 있는 곳에서부터 전진해야 한다. 그러나 정치인들과 원조 관료들은 소규모의 원조 예산으로 인구 대부분에 혜택을 줄 수 있는 쪽을 따르기보다는 근사한 신문 헤드라인이나 유토피아적 이상에 수동적으로 반응하고 있음을 보여준다. 빈민들이라면 과연 이런 것에 자금을 사용하려고 할까?

상충 관계

상충 관계에 대해 논하는 것은 경제학자들의 일이고, 정치가들과 계획가들의 일은 상충 관계가 존재한다는 것을 부인하는 것이다. 에이즈 캠페인 참여자들은 에이즈 치료 자금이 다른 경우라면 생성될 수 없었던 "신규 자금"이라고 주장한다. 그러나 그들은 이 새로운 자금이 가장 잘 쓰일 수 있는 분야가 어디인가 하는 질문은 회피한다. 왜 어린이 설사 방지 캠페인의 성공을 더욱 확산시킬 수 있는 캠페인은 없는가? 동일한 재원에서 조달된 자금이 에이즈 치료를 위한 자금보다 더욱 많은 사람들에게 도달할 수 있는데 말이다.

유토피아적 대응은 서구 세계가 위에 언급한 모든 보건 사업을 감당하는 데 "필요한 모든 것"을 다 사용할 것이다. 이는 2001년 WHO의 거시경제보건위원회가 취한 접근 방법이다. 이 위원회는 부국들에게 2007년까지 빈국 보건에 270억 달러를 추가 사용할 것을 권고했다. 이는 당시 빈국에 대한 전 세계 원조 예산의 절반을 넘는 것이었다. 그들은 2015년까지 이를 470억 달러로 늘릴 것이며, 이 중 220억 달러는 에이즈를 위해 쓰일 것이다. 위원회 보고서는 빈국의 에이즈 치료를 위한 옹호자 확보에 영향력을 발휘했다.

위원회는 이 보고서 중 눈에 잘 띄지 않는 각주 한 곳에 기록하기를 사람들은 더 적은 금액만을 얻게 될 경우 위원회의 우선순위가 무엇인지를 종종 질문했다고 밝혔다. 그러나 위원회는 "윤리적으로 그리고 정치적으로" 그 우선순위를 선택하는 것이 불가능했다고 말한다. 이 말은, 최대한 관대하게 봐준다 해도, 위원회가 원하는 자금을 획득하기 위한 전략에 불과하다. 그렇지 않다면 이러한 선택 거부는 변명이 되지 않는다. 공공 정책은 제한된 수단으로 최적의 행동을 하는 기술이다. 즉 전문 경제학자들이 상충 관계를 회피하는 것은 직무 태만이다. 심지어 새로운 자원을 얻게 될 때에도 그것들을 어디에 사용하는 것이 최적인지를 결정해야 하는 것이 당연한데도 말이다.

당신이 우선순위와 상충 관계를 원한다면 WHO 내에서 그것들을 얻을 수 있다. WHO의 2002년 세계 보건 보고서World Health Report는 다음과 같은 지극히 상식적인 내용을 담고 있다. "모든 것이 모든 환경에서 다 시행될 수는 없으므로 환경적으로 우선순위를 설정하는 몇 가지 방법을 강구할 필요가 있다. 다음 장은 국민 보건에 대한 다양한 개입책에 대한 비용과 영향을 밝히고 있는데, 이는 위험 축소를 위한 전략 개발의 기초가 된다."[29]

WHO 보고서의 다음 장에서는 윤락 여성 교육에 사용되는 자금이 항레트로바이러스 치료에 사용하는 동일한 양의 자금보다 100배에서 1000배 사이의 더 많은 인명을 구할 수 있다고 사실상 진언하고 있다.[30]

WHO 거시경제보건위원회를 다시 돌아가서, 자체 추정에 따르면 위원회의 자금 총액으로는 빈국에서의 모든 회피 가능한 죽음을 막지 못했다. 이 자금은 전체 대외 원조는 말할 것도 없고 전 세계 30

억 명의 절대 빈곤 인구의 필요와 비교하면 얼마 안 되는 것이다. 위원회는 부국들이 빈국의 인명 구호에 사용하려는 자금에 대해 일부 한도를 설정하기는 했다. 모든 사람들은 건강을 위해 사용하는 돈에 대해 한도를 설정한다. 부국 국민들도 매일 MRI(자기 공명 영상)를 찍어서 치사 질병을 최대한 조기에 알아내는 것이 가능하기 한다. 그러나 우디 앨런 같은 사람을 제외하고는 아무도 이렇게 하지 않는다. 왜냐하면 살아 있는 동안 얻을 수 있는 예상 소득, 그리고 부자들이 쓰고 싶어 하는 다른 소비 항목들과 비교해볼 때 비용이 지나치게 비싸기 때문이다. 사실, 칵테일 요법으로 사용되는 칵테일 약drug cocktail의 비용이 연간 만 달러 이상을 웃돌았을 때, 아프리카의 에이즈 치료를 지지한 사람은 아무도 없었다. 정치적 활동가들을 제외한 다른 모든 사람들은 자금이 "신"자금이든 "구"자금이든 한도가 있다는 점을 알고 있다.

구호 약품 없이 죽어가는 에이즈 환자를 도표화하여 설명하는 정치 운동가들은 앞에서 설명한 상충 관계에 대해 냉담한 반응을 보이는데, 이들을 반대하기란 쉽지 않다. 그러나 자금 사용이 서구 세계가 가장 극적인 고통으로 여기는 것에 따라 좌우되어서는 안 된다. 다른 질병을 가지고 있는 사람들도 자신들만의 고통의 기록이 있다. 저널리스트인 대니얼 버그너Daniel Bergner는 홍역으로 자식을 잃어 통곡하는 시에라리온 어머니들을 묘사한 바 있다. 홍역이 유행하는 동안 마을에서는 통곡 소리가 그치지 않았다. 홍역으로 인한 고열은 회충을 자극하여 회충이 자녀의 코로 튀어나오게 한다. 입안에는 물집이 잡힌다. 절박한 부모들은 자녀의 목에 등유를 붓는다. 종려나무 가지

로 덮인 죽은 어린이들의 흙무덤은 부모들의 움막 뒤에 마련된다.[31]

또한 설사로 고통을 받아 엄마 품에서 죽어가는 어린 아기의 예를 들어보자. 이는 경구 요법을 통해 너무 쉽고 저렴한 방법으로 예방할 수 있다. 에이즈보다 더 저렴한 방법으로 수많은 사람들의 죽음을 예방할 수 있고, 제한된 원조 예산으로도 고통 받는 더 많은 사람들을 도울 수 있다. 그들이 처한 여러 다른 위험과 달리, 에이즈 치료에 가장 "새로운" 자금이 사용되는 것을 보기 원하는지를 아프리카 빈민들에게 묻는 사람은 없다. 서구 세계의 에이즈 운동가들은 "그들이 정말 죽음에 처해야만 하는가?"가 아니라 "우리가 누가 죽어야 할지 결정할 만한 자격이 있는가?"의 질문을 던져야 한다.

내가 이 장 서두에 언급한 소웨토의 HIV 양성인 어머니는 이 우선순위에 대해 흥미로운 관점을 가지고 있었다. 내가 소웨토의 가장 큰 문제가 무엇인지 물었을 때, 그녀는 에이즈나 항레트로바이러스 치료의 부족을 언급하지 않았다. 그녀는 대신 "실업"을 이야기했다. 그녀에게는 자신과 자녀들을 부양할 수 있도록 돈 버는 방법을 강구하는 것이 언젠가 에이즈로 죽는 것보다 더 큰 압박이었다.

상충 관계의 존재를 부인하는 좀 더 세련된 방법은 각 부분의 예산이 모든 것을 운용하는 데 필수적이라는 점을 강조하는 것이다. 총과 버터 중에 어느 하나를 선택하라는 질문을 받았을 때, 신중한 정치가라면 버터를 지키기 위해서 총이 반드시 필요하다고 주장할 것이다. 에이즈 분야에서 전략적 대응은 "치료 없이 예방은 불가능하다."라는 주문을 우리에게 주었다. 이 주장은 사람들이 치료에 대한 희망이 없는 한 검사를 받으러 나서지 않을 것이라는 그럴듯한 추론에 기초한다(대부분의 HIV 양성 아프리카 인들은 그들이 HIV 양성이라는 사실을 알지 못한다.). 몇 가지 단편적 증거들이 이러한 직관적 지식을 지지하지만, 이 개념은 실제로 충분히 경험적으로 조사된 부분이 아니었다. 또한 치료가 예방을 더욱 어렵게 한다는 주장 역시 그럴듯하고 이에 대한 증거도 조금 있다. 고활성 항레트로바이러스 요법이 가능하게 된 이후, 부국 국민들은 더 위험한 성행위를 하게 되었다는 증거 자료가 있다.[32] 세네갈, 태국, 우간다에서 예방 운동은 치료에 기반 하지 않고도 잘 진행되었다. 결국 불완전한 집착으로 하는 치료는 HIV 내성이라는 위험성을 남기게 될 것이고, 그리하여 치료 자체가 파멸의 씨앗을 뿌리게 될 것이다.[33]

기능 장애 상태에 빠진 보건 시스템

이러한 상충 관계가 지나치게 단순화된 것은 틀림없다. 비용 효과 분석cost-effectiveness analysis은 혜택(늘어난 생애 연수)과 비용(약품, 의료 인력, 보건소, 병원)에 따른 서로 다른 형태의 보건적 개입을 비교해 이런 수치를 우리에게 제공한다. 이는 국제 공공 보건 분야에서 주류를 이루는 접근 방법이다. 그로 할렘 브룬틀란과 WHO 직원들과 같이 치료를 지지하는 사람들 중 다수는 이러한 접근 방법을 찬성한다. 그들은 단지 자신들이 에이즈 치료에 사용한다고 제안한 자금을 기타 보건적 개입 —— 에이즈 예방을 포함 —— 에 사용하여 더 많은 생명을 구할 수 있다는 결론을 따르지 못하고 있는 것 뿐이다.

하버드 케네디스쿨의 랜트 프리쳇, 제프리 해머Jeffrey Hammer와 세계은행의 디온 필머는 이러한 비용 효과 분석이 그 자체로 지나친 단순화라는 측면에서 이를 비판한다. 한 사람의 질병 치료에 1달러가 들므로 국가 보건 체제에 1달러를 기부한다고 해서 그 사람을 치료할 수 있는 것은 아니다. 우리는 단순한 형태의 개입이 성사되도록 하는 데에도 국제 원조 계획가들이 얼마나 애를 먹었는지 이미 알고 있다.

이미 언급한 바와 같이 보건 분야의 성공에도 불구하고, 필머와 해머, 프리쳇은 기부자의 달러 기부로부터 환자의 치료로 이끄는 "사슬에서 약한 고리weak links in the chain"에 대해 이야기한다. 세계 빈민의 두 번째 비극은 앞 장들에서 언급된 계획가들의 일부 어리석은 행위들로 인해 수많은 효율적인 개입안들이 빈민들에게 도달하지 못하고 있다는 것이다.

정부를 통한 자금 운용을 견지하는 태도로 인해 자금은 (국제 보건 관료제는 물론) 과보호를 받는 국가 보건 관료제로 사라져버린다. 부패 문제가 에이즈와 같이 고질적 문제인 국가의 보건 당국 관리들은 종종 원조 자금에서 지원된 약품을 암시장에 내다 팔기도 한다. 카메룬, 기니, 탄자니아, 우간다에서는 30~70퍼센트 정부 약품들이 환자에게 전달되기도 전에 사라졌다는 연구 보고가 나왔다. 한 저소득 국가에서는 보건부가 원조 자금에서 5000만 달러를 유용한 사실을 어느 개혁적인 기자가 고발했다. 이에 대해 보건부는 다음과 같이 항변했다. 사실상 자금 유용은 3년에 걸쳐 이루어졌는데, 그 기자는 1년에 5000만 달러가 무단이탈해버렸다는 무책임한 추측을 기사화했다는 것이다.

나는 여러 재원에서 출연된 원조 자금이 실제 피해자 또는 잠재적 피해자에게 도달하기 전에 사라지는 경우에 대해 알고 있다. 세계은행은 카메룬의 에이즈 문제에 대해 거액의 차관을 지급했지만 카메룬 보건부는 이를 지역 에이즈위원회에 송부했다. 이에 대한 아무런 감독 장치나 규제 장치가 없었고, 지역 위원회도 어렴풋이 "에이즈 감작(感作: 생물체에 어떤 항원을 넣어 그 항원에 대하여 민감한 상태로 만드는 일. — 옮긴이)"을 규정한 것 외에는 무슨 일을 했는지가 명확하지 않았다는 데 비평가들은 의문을 제기한다. 전하는 바에 의하면 지역 에이즈위원회 의장은 "에이즈 감작"의 범주 안에서 딸의 결혼식을 위해 성대한 파티를 열었다고 한다.

한편 많은 의사, 간호사 및 다른 보건 인력들이 제대로 된 훈련 과정을 이수 받지 못하고 있고 적절한 봉급도 받지 못하고 있다. 에이즈 치료 운동가들은 빈국의 가혹한 의료 현실은 안중에도 없다. 에이즈 치료를 위한 진심 어린 자금 호소에서 최악의 부분은 그것이 운동가들이 약속하는 것보다 훨씬 더 적은 수의 인명을 구할 것이라는 점이다.

물론 이와 유사한 주장은 설사, 말라리아, 홍역과 같은 질병에 대해 좀 더 비용 효율적인 것으로 알려진 보건 개입의 사례 또한 약화시킨다. 그러한 보건 개입은 이 책의 나머지 부분이 밝히는 바와 같이 모든 곳에서 마땅히 그래야 하는 만큼 잘 운용되지는 않는다. 그러나 이러한 복잡성은 아프리카의 에이즈 치료를 위해 자금 지원을 해야 한다는 주장을 강화시키지 않는다. 이미 언급한 바와 같이 저렴한 개입은 일부 성공한 경우가 있었다. 그러한 개입들은 탐색가들이 관리 방법을 강구하기가 좀 더 단순하기 때문에 저렴하다. 예를 들면 홍역 예방 주사는 어린이들 각각에게 한 군데의 고정된 장소에서만 이루어져야 한다. 방충제가 뿌려진 모기장은 각각의 잠재적 말라리아 희생자에게 한 번씩만 전달되어야 하고, 사용법을 알려줘야 하며, 그 후에 정기적으로 방충제를 모기장에 살포해주어야 한다.

에이즈를 약품으로 치료하는 것은 엄청나게 복잡하며, 수많은 "사슬에서의 고리"에 의존한다. 즉 내성 및 중독성 부작용이 발생할 경우에는 냉장(치료를 위해 체온을 일부러 낮추는 것. ─ 옮긴이), 실험실 테스트, 전문가 감독, 적응 요법에 의존하고, 환자에게 약품의 복용법을 교육시킨다. 유럽과 북미에서 에이즈 환자의 20~40퍼센트는 약품을 처방대로 복용하지 않는다. 약품의 정확한 복용법을 지키지 않을 경우 내성이 생긴다. 정부 관료들은 선한 의도를 가지고도 현재 약품 공급이 현장에서 수요에 부응하도록 하는 데 좋은 실적을 내지 못하고 있다. 환자들에게는 안타깝게도, 에이즈 치료가 약품 부족으로 중단되지 않도록 하는 것이 중요하다(이는 효율성을 위해서뿐 아니라 내성을 예방하는 차원에서 중요하다.). 2004년『미국의학협회보The Journal of American Medical Association』에 실린 한 논문에서는 개발 도상국의 치료에 대해 일반적으로 긍정적인 입장을 보였지만 몇 가지 우려 사항을 기록했다.

마지막으로, HIV 구호 전략의 국제적 실행을 위해 요구되는 수십만 명의 보건 전문 인력들을 어떻게 훈련하고, 동기를 부여하며, 감독하고, 자원을 공급할 것인가? 그리고 이 복잡한 질병에 필요한 수준의 구호를 보장하기 위해 어떻게 적절한 배상을 할 것인가? 훈련된 의료인, 안전하고 믿을 수 있는 약품 조달 체계, 단순하지만 효율적인 지속적 구호 모델을 포함한 인프라 구축 없이는 HIV를 위한 항레트로바이러스 요법을 증대하는 것은 재앙과 같은 일이 될 것이다. 이는 비효율적인 치료와 내성의 급속한 진행을 초래할 것이다.[34]

심지어 누가 HIV 양성이며 치료에 적합한지를 발견하는 데 요구되는 엄청난 양의 검사 수행도 빈국의 보건 예산과 인프라를 압도할 것이다.

에이즈 위기에 대한 뒤늦은 반응은 그것이 더 이상 견딜 수 없는 비극을 만들어냈음을 의미한다. 수백만 명의 인명을 구호하기에는 너무 늦은 시점까지 온 것이다. 에이즈 희생자 세대 모두를 구호하려는 가장 부질없는 시도에 자금을 사용하는 것은 다음 세대의 생명을 구호하는 데 자금이 미치지 못하게 하며, 이는 결국 비극을 영속화한다. 치료를 위한 정치적 로비는 많은 양의 치료로도 이 위기를 그치게 할 수 없다는 점은 언급하지 않는다. 정치적 호소력이 얼마나 없건 간에 혹은 성에 대한 담론이 얼마나 불편하건 간에 아프리카 인들과 다른 이들에 대한 위협을 막을 수 있는 유일한 방법은 예방이다. 지금 해야 할 일은 너무 늦기 전에 다음 세대를 구호하는 것이다.

아프리카의 에이즈 치료에 자금을 사용하기 원하는 운동가들의 헌신과 동정심은 칭찬해주자. 그러나 그러한 동정심의 일부를 최적의 효과를 낼 수 있는 방향으로 재조정할 수 있지 않을까?

다시 피드백과 이상주의로

다른 분야에서보다 공중 보건 분야에서 대외 원조의 성공이 좀 더 흔하게 나타났음에도 불구하고 보건 체계는 왜 에이즈에 대해서는 실패했을까? 에이즈 위기는 피드백에 대한 민감성이 떨어졌고, 빈민의 이해관계는 부국 정치와 일치하지 않았다. 필수적으로 취해야 할 행동은 예방 분야에 있었다. 이는 다른 많은 성공 사례와 같이 알약 복용 또는 주사를 맞는 것에만 연관되는 것이 아니다. 공여국들은 에이즈 확산을 유발하는 성행위 연구 또는 그러한 행동을 변화시키기 위한 예방 전략 연구에는 수치스럽게도 거의 관심을 보이지 않았다. 공여국들은 이렇게 질문했어야 했다. "우리는 얼마나 많은 사람들을 HIV 양성이 되지 않도록 예방하였는가?"

이미 HIV 양성인 환자는 도움이 필요한 아주 명백하게 눈에 띄는 대상이다. 미래에 감염될 것이 예상되는 사람이나 그것을 모르고 있는 사람보다는 훨씬 더 가시적이다. 부국의 정치가들과 원조 기관들은 빈국의 관심사가 우선적으로 질병에 걸리지 않도록 하는 구호 요청이라 하더라도, 일단 아픈 환자들을 살리는 것으로 인한 홍보 효과를 더 많이 얻는다. 이는 원조 기관들이 가시적으로 드러나는 결과를 위해 그들의 노력을 왜곡할 것이라는 예상을 재차 확인시켜준다. 그 결과, 눈에 덜 띄는 개입보다는 더 적은 이득을 얻게 될 때에도 말이다.

정치가들과 원조 기관들은 인간의 성행위를 어떻게 변화시킬지에 대한 불편한 질문에 맞설 용기를 갖지 못했다. 에이즈의 실패는 관료주의적인 치료자들이 단순히 약을 전달하는 것으로 만족했음을 보여준다.

영웅들

아프리카에서 에이즈 재앙은 비효율적인 관료들은 많지만 강력한 구조대원들은 몇 안 된다는 특징을 갖고 있다. 그러나 여기에도 몇 명의 영웅들이 있다. HIVSA라는 조직은 콘스탄스와 같은 사람들을 도우면서 남아프리카공화국 소웨토에서 활동하고 있다. 이 조직의 활력 넘치는 지도자인 스티븐 위팅Steven Whiting은 부유한 인테리어 디자이너 출신이다. 그는 소웨토의 가장 큰 병원에 있는 주생기에이즈바이러스연구원Perinatal HIV Research Unit(주생기는 임신 20주부터 출산 후 28일 정도의 시기. — 옮긴이)의 본부 건물의 개보수 계약을 따내면서 우연히 에이즈 문제에 대해 알게 되었다. 그는 자신이 거기서 목격한 것들에 감동하여 직장을 그만두고 에이즈 투쟁에 헌신했다.

　　HIVSA는 변화를 이뤄내는 작은 일들을 하고 있다. 이 조직은 어머니에게서 신생아에게로 전염되는 HIV 바이러스 차단을 위해 네비라핀을 공급한다. 의사들은 분만 중 1회분만 이를 투약한다. 다른 에이즈 치료와 비교해볼 때 비용을 크게 절감시키는 효과적인 개입이다. 추적 검사를 위해 HIVSA는 HIV 양성인 초보 엄마들에게 영아용 분유를 제공한다. 왜냐하면 모유 수유를 통해 HIV 바이러스를 신생아에게 전염시킬 수 있기 때문이다. 눈에 잘 띄지 않는 활동이지만,

HIVSA는 소웨토 전역의 보건소에서 지원 그룹 모임을 열어 HIV 양성인 어머니들이 HIV로 인한 불명예와 다른 문제들에도 잘 대처하도록 돕는다. (그러한 문제가 무엇인지 한 가지 힌트가 있다. 보건소 전역에 있는 표지판에는 보건소에 총기류 반입이 금지되어 있다고 고지하고 있다.) 어머니들은 보건소를 방문하면 음식과 영양제를 무료로 제공 받는다. 어머니들과 HIVSA 직원들은 음식을 공급하기 위해 각 보건소에 딸려 있는 공동 텃밭에서 일한다. HIVSA 직원들은 거의 모두가 소웨토 지역 사회 출신이며 HIV 양성이다.

콘스탄스는 힘겨운 문제들을 가지고 있긴 하지만, 가장 최근에 낳은 아이는 네비라핀 덕분에 HIV 음성으로 태어났다. HIVSA의 무료 음식, 영양제 공급과 정서적 지원은 그녀의 삶을 좀 더 견딜 만하게 해주었다.

에이즈와의 싸움을 위한 서구 세계의 모든 노력이 빈민 피해자들에게 그들이 원하고 필요로 하는 것을 공급할 수 있도록 건설적으로 진행되었으면 한다. 서구는 에이즈가 거대한 인도주의적 위기로 대두되고 있을 때 이를 대부분 묵과했다. 그러고 나서 지금은 재앙의 악화를 막는 데 너무나 중요한 예방은 무시하고 많은 돈이 드는 치료에만 초점을 맞추고 있다.

에이즈 예방에 나서는 윤락 여성들

인도 캘커타의 홍등가인 소나가치의 윤락 여성들은 세상을 자신들에게 향하도록 만든다. 인도에서 여성의 성적 행동에 대한 사회적 규범 중 성매매는 다른 어떤 나라보다도 더 큰 낙인을 찍는다. 넓은 세상으로부터 단절된 채 윤락 여성들은 상류층인 마담과 포주와 더불어 그들만의 하위문화를 가지고 있다. 다른 하위문화에서와 같이 구성원들은 더 나은 지위를 얻기 위해 애를 쓴다. 더 높은 지위를 차지하려는 윤락 여성들은 가장 보편적인 방식인 장기 고객 끌어들이기로 이를 달성한다.

많은 선의의 관료들은 윤락 여성들을 "구제하여", 봉제 등 다른 직업에서 종사할 수 있게 훈련하는 보호 시설에 데려가 도움을 주려 한다. 그러나 윤락은 재봉일보다는 훨씬 더 많은 월급을 받을 수 있고, 과거에 성매매를 했던 여성들은 외부 세계의 학대와 차별에 직면하게 된다. 심지어 가장 잘 "구제된" 여성들까지도 윤락업으로 다시 돌아갔다. 그러나 인도에서의 에이즈 발생과 에이즈 확산에서 윤락 여성의 잘 알려진 역할은 이러한 실패에 대한 우려를 증대시켰다.

전인도위생및공중보건연구소All India Institute of Hygiene and Public

Health 소장인 스마라지트 자나Smarajit Jana 박사는 1992년에 새로운 아이디어를 얻었다. 그와 팀원들은 윤락 여성의 하위문화를 배우고 이를 에이즈와 싸우는 데 활용했다. 그들은 마담, 포주, 윤락 여성, 고객과 서로 존중하는 관계를 형성했다. 그들은 소나가치 내의 계급 체제를 주목했다. 시행착오를 거쳐 그리고 윤락 여성들의 반응을 수집하여 자나 박사와 그의 팀원들은 에이즈와 싸울 전략을 고안해냈다. 그 전략은 돌이켜보면 지극히 단순한 것이었다. 그들은 윤락 여성 12명을 훈련시켜 동료들에게 에이즈의 위험과 콘돔 사용의 필요성을 교육하도록 했다. 윤락 여성 교관들은 자신들이 공중 보건 업무를 하고 있을 때는 녹색 의료 가운을 입었다. 그리고 소나가치에서도 더 높은 지위를 얻을 수 있었다. 소나가치의 콘돔 사용은 획기적으로 증가했다. 1999년까지 소나가치의 HIV 발생률은 6퍼센트에 불과했다. 이는 인도의 다른 홍등가에서 HIV 발생률이 50퍼센트에 육박하는 것과 크게 비교된다.

이 사업은 또 다른 예기치 않은 결과를 낳았다. 윤락 여성 교관들의 자신감 증대와 예방 노력의 성공에 대한 언론의 관심은 지역 사회로 하여금 더 큰 것들을 기대하게 했다. 윤락 여성들은 윤락 합법화 운동, 경찰 학대 방지, 축제와 보건 박람회 주관을 위해 노조를 조직했다. 다른 많은 에이즈 예방 사업이 실패했을 때 미리 지목한 수혜자들의 의견에 기초한 자나 박사의 접근은 성공을 거두었다.[35]

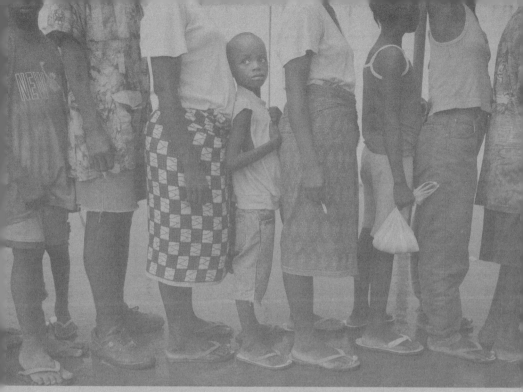

THE WHITE MAN'S BURDEN

3부

|

백인의 군대

제8장

식민주의에서 탈근대 제국주의로

경제학의 별난 임무는
인간이 계획할 수 있는 것을 상상하는 데
얼마나 지식이 짧은지를 증명하는 것이다.

__프리드리히 아우구스트 폰 하이에크, 「치명적 자만: 사회주의
의 실수」, 1988년[1]

제국주의의 유행이 서구에서 재현되고 있다. 서구 기자들은 식민주의
에 대한 향수를 품는 시에라리온 인들과, 심지어 소수 백인 정권에 대
한 향수를 품는 짐바브웨 인들에 대해 보도한다. 유명한 한 서구 기자
는 "미제국의 사례The Case for American Empire"[2]에 대해 기사를 쓰기
도 했다.

저명한 정치학자인 제임스 피어론James Fearon과 스탠퍼드대학
교의 데이비드 레이틴David Laitin은 2004년 봄에 다음과 같은 글을 썼
다.

미국은 현재 새로운 신탁 통치 또는 좀 더 도발적으로 말해서 탈근

대 제국주의postmodern imperialism로 설명되는 국제 거버넌스를 향해 나아가고 있다. 이는 보스니아, 코소보, 동티모르, 시에라리온, 아프가니스탄과 가능하면 장기적으로 이라크에서 전개되고 있는 국제 및 국내 거버넌스 구조의 복잡한 혼합을 의미한다. 고전적 제국주의와 유사하게 이러한 노력들은 국내 정치와 기본적인 경제 기능이 상당한 정도로 타국의 규제를 받는 것을 수반한다.

피어론과 레이틴은 "현재 특별하게 한시적으로 만들어진 합리성이 떨어지는 제도들은 '사실상의 신탁 통치de facto trusteeship'의 방향으로 개혁되어야만 한다."[3]고 결론을 짓는다.

정책을 결정하는 엘리트층에게 성경이나 다름없는 『포린 어페어스Foreign Affairs』에 실린 다섯 편의 논문은 지난 몇 년 동안 병든 국가를 위한 "탈근대 제국주의"의 몇 가지 변형 사례에 대해 고찰했다.[4] 같은 맥락에서, (역시 스탠퍼드대학교의) 정치학자인 스티븐 크라즈너Stephen Krasner는 2004년 가을에 다음과 같은 글을 썼다.

제멋대로 하도록 내버려둬서, 붕괴되고 형편없이 통치되는 국가는 스스로 개혁할 수 없을 것이다. 왜냐하면 특히 국내 안보 유지에 관한 그들의 행정적 능력이 제한되어 있기 때문이다. 권력 쟁취는 새로운 통치 구조를 조성하고 유지하는 것에 대한 불가피한 선택을 의미한다. 그러한 정치 형태에서 국제적 위협을 줄이고 개개인의 미래를 개선하려면, 사실상의 신탁 통치와 주권 공유와 같이 외부 행위자의 지지를 받는 대안적인 조직적 협의가 정책 선택의 항목에 추가

되어야만 한다.

그는 다음과 같이 결론짓는다. "사실상의 신탁 통치, 특히 주권 공유는 폭정이 행해지는 국가의 국민들에게 평화와 번영을 가져올 수 있도록 정치 지도자들에게 더 좋은 기회를 제공할 것이다." 당시 콘돌리자 라이스Condoleezza Rice 미국 국무부 장관은 2005년 2월 4일 국무부의 정책계획부장으로 스티븐 크라즈너를 임명했다.

나오미 클라인Naomi Klein이 2005년 5월 2일자 『네이션The Nation』에 기고한 바와 같이, 미국 국무부는 다음과 같이 새롭게 신설된 흥미로운 직책을 두고 있다.

2004년 8월 5일, 백악관은 재건 및 안정 조정관의 자리를 만들어, 이전에 우크라이나 대사를 지냈던 카를로스 파스쿠알Carlos Pascual 에게 맡겼다. 그의 임무는 아직 분쟁이 일어나지 않은 25개국을 위한 자세한 "분쟁 후" 계획을 짜는 것이었다. …… 파스쿠알은 청중들에게 말하기를 …… 10월에 아직 붕괴되지 않은 국가 재건을 위한 약정서의 "조기 완성본'"을 갖추게 될 것이라고 했다. …… 파스쿠알의 부서 직원들이 세운 계획이란 "한 국가의 가장 기본적 구조"를 바꾸는 것이었다. …… 이 부서의 임무는 기존의 낡은 국가를 재건하는 것이 아니라 "민주적이며 시장 지향적인 국가"를 창설하는 것이다. …… 그는 설명하기를 재건이 종종 의미하는 바는 "낡은 국가를 해체시키는 것"이라고 말했다.

스티븐 크라즈너와 카를로스 파스쿠알은 2005년 7/8월호『포린 어페어스』에 논문을 기고하여, 이 모든 것이 향후에 어떻게 운영될 것 인지에 대해 설명했다. 크라즈너와 파스쿠알은 대외 원조의 해당 상 대들과 마찬가지로 계획가들이다.

> 미국의 평화 유지 작전 기간과 기타 군사 작전 기간 동안 새롭게 설 치된 부서는 민간 기구와 군대 사이의 안정화와 재건 활동을 조율할 것이다. 관계 부처 합동 기관의 민간인 팀은 군대의 계획 수립 노력 의 일환으로 안정화와 재건을 위한 전략 개발을 위해 지역 전투사령 부에 배치될 것이다. 이러한 종류의 개입은 민간인 재건 역량에 대 한 추정이 현실성을 계속 유지하게 하는 데 확실한 도움을 줄 것이 다. 이 계획 단계 이후, 상급 민간인 팀은 안정화 및 재건 사업 지휘 에 도움을 주도록 군대와 함께 배치될 것이다.

더 나아가서 그들은 미국국제개발처USAID, 세계은행, 국제통화기금 IMF이 연관된 다른 종류의 대외 원조와 함께 조정 작업이 있을 것이라 고 말했다. 크라즈너와 파스쿠알은 "미국이 평화, 민주주의, 시장 경 제의 혜택을 더 많은 사람들이 향유할 수 있도록 할 것이라는" 희망을 제시한다.[5]

과거에 사람들은 제국주의의 해악에 대해 모두 동의했다. 그러나 식민 지배 이후 아프리카의 비참한 결과에 대한 실망은 수많은 사람 들에게 과거 식민지의 평화와 번영을 상상하도록 했다. 좀 더 노련한 학자들은 식민주의의 해악에 관한 일반적 통념에 도전하기도 했다.

나는 하버드대학교의 역사학자 니얼 퍼거슨Niall Ferguson이 이 주제에 대해 논한 것을 상당히 존중하는데, 그는 "자유주의적 제국주의의 존재는, 전반적으로 …… 여러 경제적 '후진성'의 사례에서 …… 좋은 것이었다. 자유주의 제국은 민족 국가보다 더 좋은 결과를 낼 수 있다."[6]고 했다.

이러한 야심찬 주장은 이 경제학자(경제 사학자인 니얼 퍼거슨을 말한다. — 옮긴이)로 하여금 정상적인 경제학의 영역 밖으로 나가도록 했고, 경제 발전을 군사 점령, 침공, 국가 건설을 통해 추구되는 것으로 여기도록 했다. 확실히 그 책의 이 부분은 책의 나머지 부분과는 다른 행위자들을 주시하고 있다. 대외 원조의 지지자들 대부분은 제국주의와 식민주의에 대해, 새로운 것이든 낡은 것이든 상관없이, 그 아이디어 자체를 섬뜩하게 생각한다. 그래서 이 장은 그들과는 관련이 적다. 그러나 신제국주의자neo-imperialist들은 마땅히 해결해야 할 세계의 빈곤 종식에 대한 영향력 있는 접근법을 주장하고 있다.

우리에게 친숙한 성장 신드롬 이후, 서구의 침투 실패는 서구가 좀 더 침략적이 될 수 있도록 동기를 부여한다. 1960년대와 1970년대의 원조는 정부가 나쁜 정부였기 때문에 실패했고, 서구는 1980년대와 1990년대에 정부의 변화를 유도하기 위해 구조 조정을 정당화하는 데 원조를 활용했다. 그러나 구조 조정은 정부를 바꾸는 데 실패했고, 일부 서구인들은 가장 극단적인 실패 사례에 대해 이제 중앙 정부를 완전히 "신탁 통치" 또는 "주권 공유"로 대체하는 것까지 생각하고 있다.

이 장은 일반적 통념이 옳았다는 것을 주장한다. 즉 과거의 제국주의 시기는 경제 발전을 도모하지 않았다. 대신에 이는 오늘날 가장 실패한 개입을 유발한 일부 상황, 즉 실패 국가failed state와 나쁜 정부 bad government를 양산했다. 서구는 특히 국경을 임의로 획정하는 등, 탈식민지화의 혼란을 더욱 가중시켰다. (식민주의자들의 착취뿐 아니라 그들의 무능력함으로 야기된 수많은 문제들과 마찬가지로) 비록 많은 사람들이 식민지 경험은 오늘날의 이른바 인도주의적 관행이라고 알려진 것과 부합하지 않는다고 말할지라도, 나는 비서구 지역이 과거 서구 개입의 여파로 많은 교훈을 얻었다고 주장한다. 과거 백인의 의무가 남긴 난잡함을 청소하기 위해 누군가가 새로운 백인의 의무를 부여한다는 사실은 아이러니가 아닐 수 없다.

서구가 비서구의 나쁜 정부를 양산한 유일한 주도 세력이라고 말하는 것은 아니다. 이는 백인의 의무가 서구의 긍정적 잠재력을 과장하는 것과 마찬가지로, 서구의 부정적 영향을 과장하는 것이다. 서구의 도래 이전에는 수많은 폭정과 악덕 정치가 팽배했다. 서구만이 정복으로 제국을 건설한 유일한 사례는 아니다. 가령, 아즈텍제국, 이슬람제국, 몽골제국을 떠올려보라.

식민주의자들은 대중적 정당성을 구축할 기회가 거의 없었던 신생 독립국들에 자신들이 멋대로 그어놓은 국경을 남겨놓았다. 종종 신생 독립국의 정부들은 독립운동가, 군대, 대외 원조 예산을 합쳐놓은 수준에 불과했다. 신생 국가들은 뿌리는 깊지 않았지만 새로운 지도자들에게 혜택을 가져다주었다. 새로운 통치자들은 천연자원과 다른 가치 있는 경제 활동에 높은 세금을 부과하기 위해 기존의 식민지 군대를 활용했고, 독재적 식민 통치와 계획 경제의 전통을 가지고 있었다. 이러한 새로운 국가의 대부분이 경제적 자유와 정치적 자유 모두에 비우호적이었다는 것은 놀라운 사실이 아니었다.

원주민 독재자 지원

설상가상으로, 식민 정부는 독재를 강화시켰다. 식민 정부가 선호했던 방법은 원주민 통치자 또는 조정자에 의지하는 "간접 통치indirect rule"였다. 컬럼비아대학교의 마흐무드 맘다니Mahmood Mamdani 교수는 아프리카의 이와 같은 시스템 "분권형 독재decentralized despotism"라고 명명했다. 식민주의자들이 식민지 행정을 위해 소수인 유럽 인을 더 많이 안착시키려 하지 않았고, 그렇게 할 수 있는 능력도 없었다는 점에서 간접 통치는 불가피했다. 유럽 인들의 수는 식민지가 되기 전의 기존 제도(유럽 인들이 생각한 빈 서판과는 거리가 멀었다.)에 혼란을 주기에는 충분했지만, 훌륭한 제도와 유사한 것을 창조해내기에는 충분치 않았다. 무엇을 만들어내는 것보다는 파괴하는 것이 늘 더 쉬운 법이다.

1893년 인도에서의 계약직 공무원제Covenanted Civil Service는 인구가 3억 명에 달하는 한 대륙을 통치하는 데 영국인을 고작 898개의 직위에만 배치하였다. (나머지에 해당하는) 전체 인도인 공무원 수는 4849명이었다. 1857년의 인도 폭동(세포이 항쟁 — 옮긴이) 이후 정부는 영국 군인의 수를 늘렸지만 1885년까지도 (휘하의 인도 군인 15만 4000명에) 영국 군인은 7만 8000명에 불과했다.[7]

표 6 1939년 아프리카의 유럽 인 공무원과 원주민 인구

국가	유럽 인 공무원	원주민 인구(백만 명)
영국령 나이지리아	1,315	20
벨기에령 콩고	2,384	9.4
프랑스령 적도 아프리카	887	3.2
프랑스령 서아프리카	3,660	15

과거에 18세기 동인도회사와 관련하여 에드먼드 버크는 거만한 영국인들이 인도를 어떻게 망쳐놓았는지를 다음과 같이 상술했다. "그들이 이해할 수 없는 방법으로, 목적도, 한계도 알지 못하는 권력을 거머쥔 일부 미천한 젊은이들이 시대와 국가를 초월하여 가장 오래되고 가장 존경받는 제도를 …… 마구 굴리고, 뒤엎고, 산산조각 냈다."[8]

아프리카에서의 인구 대비 유럽 인들의 비율 역시 낮았다.[9]

이 소수의 백인들은 신생 국가의 기틀을 새롭게 다질 충분한 자격을 갖추질 못했다. 그들은 성과 기준을 낮게 설정했고, 이를 달성하는 데에서는 실패를 거듭하였다. 한 벨기에 인 교수는 콩고의 벨기에 식민 행정가들이 "너무 나이가 어리고 무능하며, 원주민 언어를 모른 채, 진지한 훈련 과정도 밟지 않고, 수습 기간도 없이, 주로 단독 근무하게 될 머나먼 지역으로 파견되었다."고 했다. 또한 "고립되고 무력하며, 본부를 벗어나는 것은 거의 할 수 없었기 때문에 그들은 자신의 관할 구역을 충분히 돌아보지 않으며, 주민들을 알지도 못한다."고 했다.[10] (이 구절은 나 역시 세계은행의 젊은 관리였다는 사실을 떠올리게 한

다!)

채용에서의 이러한 미숙함은 "세금 징수원, 인구 조사원, 경찰, 판사, 농업경제학자, 토목 공사 요원, 위생 관리 요원, 상담원" 모두에 적용되었고, 심지어 와병 중인 사람들을 채용하기도 했다. 나이지리아의 이그보 족은 영국의 관할 관리에 대해 "견습 치안 판사"라며 조롱하면서 가면무도회를 벌였는데, 거기서 "정부"는 종이 한 장을 쥐고 있는 정체 불명의 인물로 묘사되었다.[11]

이러한 행정적 한계를 고려할 때, 아프리카의 식민주의자들은 종종 자신들을 위해 통치해줄 "족장들chiefs"을 의지했다. 그러나 누가 "족장들"이었는가? 현지인들에 대한 실내 온도 지능 지수(IQ가 화씨 70~80도에 머무르는, 두 자릿수라는 말로 멍청하다는 의미. — 옮긴이)를 보여주는 식민주의자들은 아프리카의 수많은 비부족 사회non-chief society에 어떻게 접근할지 알지 못했다. 나이지리아의 이그볼란드는 분권화된 마을 자치 정부를 둔 비국가 사회non-state society였다. 비국가 사회의 다른 사례들로는 우간다 북부의 화전 농민들과 동아프리카 리프트 밸리의 유목민 공동체들이 있었다. 영국인들은 무조건 족장을 임명하였고 때로는 한 마을의 족장이 다른 마을을 다스리게도 했다. 1930년 탕가니카의 식민주의자들은 "모든 유럽 인들이 국가에 소속되듯이 모든 아프리카 인들은 부족에 소속되어야 한다."는 규정을 채택하였다. 식민 관리들은 "각 부족은 독립된 단위로 간주되어야 한다. …… 각 부족은 반드시 족장 아래에 있어야 한다."고 말했다. 비록 "많은 사람들이 족장을 두고 있지 않았다는 점을 대부분의 행정가들이 알았음에도" 불구하고 말이다. 독일은 더 일찍이 탕가니카에서 족장 제도를 고안해냈다. 강제로 지도자를 임명하는 외부인들에게 불쾌감을 느낀 아프리카 인들은, "간접 통치"로부터 직접적으로 유발된 두 건의 반란을 일으켰다. 탕가니카의 마지마지 폭동과 이그볼란드에서 (식민 관리에게서 권한을 '위임 받은') '위임 족장'에 대한 반란이 그것이다.[12] 새로운 질서에 의해 야기된 주요 희생자 중의 하나였던 여성들은 이그볼란드의 반란을 주도했다.[13]

족장이 존재했던 때조차도 족장들은 식민지 기간 이전에 제한된 권력만을 가졌다. 가나에서는 아칸 인Akan, 아샨티 인Ashanti과 판티 인Fanti의 느슨한 연합체만 존재했다. 이 연합체들의 족장들은 자신들에게 조언을 해주는 자문가들의 의견을 찬성하는 정도의 제한된 권력을 가졌다. 식민주의자들은 아프리카의 분권화된 통치 체제를 인수했지만 통치 기반인 균형과 견제 기능은 제거해버렸다. 영국의 지배하에서 1935년에 회복된 아샨티연합은 과거에 족장과 권력을 공유했던 자문가들이 없었다. 이 연합은 부족 권력에 대한 또 다른 전통적 견제 세력이었던 "청년협회"를 재빠르게 해체하였다.[14]

한 유럽 인 평론가는 나이지리아에 대해 이렇게 기록했다. "족장은 곧 법이다. 그는 유일한 고위 권력, 즉 자문가로서 그 국가에 주재하는 백인 관리의 지배를 받는다. 족장은 자기만의 사설 경찰을 고용할 수 있다. …… 그는 종종 검사와 판사의 역할을 겸하여 활동하며, 자신의 임의대로 피해자를 구금할 수 있는 교도관을 고용하기도 한다. 동양의 어떤 전제 군주도 흑인 압제자보다 더 큰 권력을 향유하지 못했다. 이는 조용히 뒤에서 든든하게 후원해주는 백인 관리들의 지원 덕분이다."[15]

따라서 유럽 인들은 아프리카의 독재 정치를 사실상 강화시켰다고 볼 수 있다. 맘다니 교수에 따르면, "아프리카의 어느 지역도 식민주의가 '관례적인 것'으로 만든, 한 지역에 대한 배타적 사법권을 가진 중앙집권화된 사법 조직"을 가지고 있지 않았다. 수단의 영국인 총독은 "부족장"을 복귀시키는 자신의 정책이 수단을 안전하게 독재할 수 있는 환경으로 만들기 위함이라고 설명한 바 있다.[16]

　유럽 인들은 세금 징수와 강제 부역의 감독을 "족장들"에게 위임했다. 1900년 부간다 협정Buganda Agreement에서 영국인들은 족장에게 세금 부과 및 징수권과 사법적 권한을 부여했다. 족장은 도로의 시설 유지를 위해 매년 한 달에 세 가구당 한 명의 노동자를 차출하도록 했다. 프랑스 식민지에서 족장의 역할은 "세금 징수, 인력 징발, 강제 경작 및 강제 징집"에 있었다. 벨기에령 콩고에서 추장들은 "강제 노동, 강제 경작, 징병, 노동 인력 채용과 기타 국가 요구 사항"[17]을 실행하도록 했다. 족장들은 종종 자신들을 위한 추가 세금 징수와 노동력 차출에 아무런 규제 없는 막강한 권력을 이용했다. 독일령 탕가니카의 한 선교사는 족장이 징수한 세금과 식민지에 넘긴 세금의 비율이 7대 1이었다고 추정했다. 북부 나이지리아에서 간접 통치 방식을 고안한 영국의 프레더릭 루가드 경은 족장들에게 봉급을 지급하여 이러한 폐단을 종식시키려 했다.[18] 후에 원조 기관이 공무원 봉급 인상을 통해 부패를 척결하라고 권고했을 때와 마찬가지로, 봉급 지불은 권력 남용을 막지 못했다. 부정 이득의 취득에 대한 효과적인 저지책 없이는 두 가지 경우 모두에서 그들이 그렇게 할 것이라고 기대할 수가 없었다. 유럽 인들은 자신들이 세운 독재자들에게 계속 책임을 부여했는데, 이는 아프리카 인들에 대해서가 아니라 유럽 인들에 대한 책임을 지도록 했다. 부간다에서는 카바카의 족장 임명권을 두고 유럽 인들과 다툼이 벌어지면서 1929년에 부간다 수상이 해임되기도 했다.

프랑스는 1890년에 현재 말리에 있는 세구Segu왕국을 점령했을 때, 그들은 투콜로Tukolor 통치자를 세네갈로 추방하고, 자신들의 마음에 드는 밤바라Bambara 왕조 출신의 족장을 권좌에 앉혔다가, 그의 충성심을 의심해 그를 처형해버렸다. 그러고 나서 밤바라 인 경쟁자를 족장에 임명하였다가, 결국에는 족장 제도를 3년 안에 전면적으로 폐지했다. 영국인과 프랑스 인들은 자신들의 입장에서 "적합한 원주민"을 지명하려고 애썼다.

케임브리지대학교의 존 일리페John Iliffe 교수는 아프리카 역사에 대한 그의 훌륭한 저술에서 아프리카의 "직접 통치direct rule"로 분류된 프랑스와 벨기에의 체제조차 실제로는 간접 통치 체제였다고 기록하였다. 프랑스 인과 벨기에 인들이 피라미드의 최상부에 있으면서 지역 주민 중에서 (식민주의자들에 대한 충성심으로 보통 선발되는) 군郡의 지도자chefs de canton를 임명했는데, 그도 마을 족장들을 의지했다.[19]

식민주의자들은 상황을 통제하고 있다고 허세를 부렸지만, 기회주의적인 지역 주민들은 쉽사리 그들을 기만했다. 이그볼란드에서 영국에 협력했던 원로 협력자들은 자신들의 이익을 위해 종종 여성들과 어린이들을 희생시키면서까지 "관습법"을 새로 작성하기도 했다. 이그볼란드에서 여성들이 족장에 대한 반란을 주도했던 것은 우연이 아니었다. 의사 결정을 직접 했던 유럽 인 지역 장長들도 원주민 서기들과 통역관들에게 의지해야 했다. 다호메이의 통역관 중 한 사람은 자신의 개인 법정을 설치하고, 거기에서 "백인들은 자신이 말하는 것은 다 믿을 것"이라고 주장하면서, 식민지 행정관에게 제출하기 전에 결론을 지어야 한다며 뇌물을 받기도 했다. 부간다에서 영국과 동맹 관계에 있는 족장들은 왕국의 토지를 분배하는 데에 1900년도에 체결된 협정을 부당하게 이용하기도 했다.[20] 오늘날 공여자들(공여국과 원조 기관 — 옮긴이)과 탈근대 제국주의자들처럼, 식민주의자들은 현장의 현실을 결코 알 수 없는 외부의 계획가들이었다. 식민주의자들은 현대의 탈근대 제국주의자들처럼 종종 내부 권력 균형을 뜻하지 않게 불안정하게 만들었다.

아프리카 쟁탈전이 시작되기 이전에 식민 정권에서 일부 권력을 점유한 아프리카 지식인들이 존재했었다. 선교사들은 1827년 시에라리온에 포라베이칼리지라는 대학을 세웠다. 서아프리카 인들은 자녀들을 그 학교에 보냈고, 런던법률대학원에도 보냈다. 이 중 많은 수의 졸업생들이 식민지 행정부에서 직위를 얻었고, 개중에는 1850년대에 황금해안(가나의 악심부터 볼타 강에 이르는 지역. 금의 주산지. — 옮긴이)과 라고스의 법률을 제정하는 자리를 차지하기도 했다. 아프리카 지식인들은 1890년대에 이 두 식민지에서 고위직의 절반 이상을 차지했다. 아프리카 쟁탈전으로 과거 연안에 고립된 식민지에 내륙 영토가 추가되자, 영국과 프랑스는 아프리카 지식인 동맹 세력을 배반했다. 식민주의자들은 내륙 영토를 장악하기 위해 전통적 지도자가 필요하다는 결정을 내렸고 연안의 지식인 아프리카 인들의 권력을 제거했다. 1898년에 로열니제르Royal Niger Company의 조지 골디 경Sir

George Goldie은 "권력이 지식인층에서 전통적 족장들에게로 반드시 이양되어야 한다."고 말했다. 절망에 빠진 지식인층은 범아프리카주의(Pan-Africanism: 1900년 트리니다드토바고의 H. S. 윌리엄스가 주도하여 범 아프리카 회의를 소집하면서 시작된 운동. 초기에는 전 세계 흑인의 통합을 목표로 하다가, 아프리카의 독립으로 목표를 전환했다. ― 옮긴이)로 전환했고, 이후에 독립운동에서 일익을 담당했다. 식민주의자들은 이미 사회적 분열이 존재했고, 자신들이 조장한 바는 별로 없었던 것처럼 가장하여, 지식인층과 전통적 지도자들 사이에 불신의 유산을 남겨놓았다. (전통적 지도자를 부실하게 관리하지 않은, 상당히 예외적인 경우로 보츠와나가 있다. 영국은 종족적으로 단일한 츠와나 부족의 전통적 구조를 전반적으로 크게 손대지 않았다. 보츠와나의 초대 대통령인 세레체 카마는 영국에서 법학으로 학위를 받은 전통적 지도자이기도 했다.)

식민주의에서 나이 많은 전통적 지도자들에 대한 선호는 청년 남성과 중년 남성 간의 해묵은 세대 갈등을 악화시키는 또 다른 결과를 초래했다. 일리페 교수는 아프리카 역사의 일관된 흐름은 풍부한 토지에 대한 노동력의 희소성이라고 강조한다. 풍부한 토지는 아프리카 사회에서 경작 산출을 극대화하도록 했다. 산출력 증대를 위한 제도 중 한 가지가 일부다처제이다. 이 제도로 청장년 남성들은 동일한 여성들을 놓고 경쟁을 벌이게 되었다. 간접 통치는 장년 이상의 독재자들에 대한 견제와 균형을 제거시켜 이들에게 유리하게 권력을 이양시켰다. 독립된 아프리카의 일부 정치적 갈등은 청년 남성들의 반란이었던 것으로 드러났다. 이들은 정치 폭력을 사용하여 원로들을 누르고 종종 승리를 거두기도 했다.[21]

아프리카 외부의 몇몇 다른 식민지들 역시 간접 통치를 활용했다. 네덜란드는 19세기 초반에 인도네시아의 원주민 지도자들로 하여금 강제 노동으로 커피 플랜테이션을 유지하고, 자신들에게 커피 조공을 하도록 강요했다.[22] 벵골에서, 영국은 할당된 지역에 고정된 액수를 지급하면서, 세금 징수를 위해 지주 귀족정인 자민다르(zamin-dar: 무굴제국하의 공조貢租 징수 관리. 18세기 말 영국은 그들에게 토지 소유권을 주고 농민에게서 세금을 징수하도록 했다. ― 옮긴이)를 유지시켰다. 영국은 심지어 처음에 지주 귀족정이 시행되지 않았던 곳에도 자민다르를 지명하기도 하여, 아무것도 없던 상태에서 엘리트층을 창조했다. 오늘날 과거에 자민다르가 지배했던 지역들은 인도의 다른 지역보다 개발이 악화일로를 걷고 있다.[23]

인도의 다른 지역에서도 영국은 세금 징수를 인도인 "징세원"에게 계속 위임하기는 했지만 직접 통치를 더 많이 했다. 인도의 600개가 넘는 토후국princely state에서는 간접 통치와 더 유사한 한 체제가 시행되었다. 이 지역에서 영국은 주권을 주장했지만 토후에게 자문해줄 한 명의 거주민만을 남겨놓는 것에 만족했다.[24]

인정은 많으나 무능력한

식민주의의 결함은 순전히 서구의 착취에 있다고 보는 것이 일반적이다. 오늘날 국가 건설자들nation-builder은 자신들이 식민주의자들보다는 이타적이라고 주장할 것이다. 그러나 식민지 시기에도 (오늘날 이

기적인 목적들이 있는 것과 마찬가지로) 오늘날의 국가 건설 시기에 나타난 것과 유사한 인도주의적 본능이 꿈틀거리고 있었다. 더욱이 식민주의가 양산한 특정한 문제들은 유럽 인들의 탐욕보다는 그들의 무능력함을 반영하는 듯하다.

확실히 16세기부터 18세기까지의 원주민 절멸과 아프리카 노예제 시대부터 19세기와 20세기의 좀 더 인정 많고 자비로운 제국까지 많은 변화가 있었던 것은 분명하다. 이는 오늘날 국가 건설이 식민 통치보다는 훨씬 인정 많고 자비로운 것과 마찬가지이다. 키플링은 1898년 제국주의 시대의 정점에 「백인의 의무」를 썼다. 그 이전에 영국 정부의 1807년 노예 무역 금지 조치는 더욱 인도주의적인 제국주의 시대를 열어놓았다. 영국은 1808년에 특허 회사(chartered company: 국왕의 특허장을 받아 설립된 회사. ― 옮긴이)로부터 시에라리온을 인수하기로 협의했는데, 이 특허 회사는 자유인이 된 노예들의 안식처가 되는 데에는 실패했다(이 노예들의 대부분은 사망했다.). 영국은 노예 무역 방지를 위한 기지가 되고자 하는 바람과 함께 인도주의적 배려에서 행동한 것이다. 프리타운에서 영국은 그들의 함선이 이송 중이던 노예선에서 탈취한 노예들을 재정착시켰다. 영국의 기독교인들은 시에라리온 정착자들의 거주지 건설을 지원하기 위해 기부했다. 후일의 세이브더칠드런Save the Children과 같이, 이러한 자선 행위는 일대일 연계성에 초점을 두었다. 선교사들은 5파운드의 선물을 받는 쪽이 된 해방 노예에게 후원자의 이름으로 세례를 베풀었다.[25]

제국주의의 자애는 식민 지배를 본국에서 정당화시키는 데 강력한 선전 요소였다. 토머스 매콜리Thomas Macaulay는 1833년 하원에서 인도의 법안을 토론하는 동안 다음과 같이 말했다. "(인도는) 우리의 예술과 도덕, 문학, 법률에 관한 한 불멸의 제국이 될 것이다. …… 나는 잔인하며 퇴폐적인 미신들이 점차 힘을 잃어가는 것을 본다. …… 나는 우리가 최악의 정치 경제적 폭정으로 타락하고 위축되었다고 보았던 인도 대중의 정신이, 정부 목표에 걸맞게 공정하고 숭고하게 확대되고 있는 것을 본다."

제국주의자들은 후에 "개발경제학"으로 발전될 아이디어들을 처음부터 가지고 있었다. 1828년부터 1835년까지 인도 총독은 "인도인들의 행복에 끼친 영국의 위대함을 발견하면서" 인도에서 어떤 "개선"이 이루어졌는지에 대해 언급했다.[26] 영국의 한 논평가는 인도에 대해 1854년에 같은 의견을 냈다. "기독교도 정부와 이교도 정부 간의 영향력 차이를 감안한다면, 그리고 비참하게 살아가는 수백만 명의 사람들이 확대된 영국의 통치를 받아 말로 다할 수 없는 축복을 받는다는 점을 고려한다면, 이 나라 전체를 얻고자 하는 바가 가리키는 바는 야망이 아니라 자비심이다."[27]

19세기 경제학자인 존 스튜어트 밀John Stuart Mill은 대영제국이 대규모 원조와 구조 조정의 식민지적 결합으로 여겨지는 것을 공급한다고 보았다. "더 나은 정부는 더 안전한 재산, 적당한 세금, 더 영구적인 토지 보유 …… 외국 예술의 소개 …… 대외 자본의 도입이 이뤄지는 정부이며, 이는 거주민들의 검약이나 행운에만 더 이상 의존하지 않는 생산의 증대를 가능케 한다."[28] 파머스턴 경Lord Palmerston은 맨체스터의 자본가들이 제국주의 정책을 지시했다는 비판에 이의를 제기하면서, 1863년에 "인도는 맨체스터 사람들을 위해 통치된 것이 아니라 인도를 위해서 통치되었다."[29]고 말했다.

인도에서 영국인들은 1891년부터 1938년까지 관개 사업으로 영토를 두 배 넓혔고, 우편 및 전신 체계를 도입했으며, 643만 7000킬로미터에 이르는 철도 구간을 구축했다.[30] 철도는 1820년 이후 인도의 "개발 계획"의 일부분이었고, 인도가 상업을 "전면 개방"을 하도록 하는 데 중요한 열쇠가 되었다.[31] 1853년에 인도에서 공무원으로 일했던 찰스 트리벨리언Charles Trevelyan은 하원 위원회에 철도가 "가장 위대한 선교사"[32]가 될 것이라고 말한 적이 있다. 그러나 개발 노력은 오늘날의 대외 원조 또는 국가 건설보다 더 성공적이지는 못했다. 즉 1820년부터 1870년까지 인도의 1인당 소득은 증대되지 못했고, 1870년부터 1913년까지는 연간 0.5퍼센트만 증가했으며, 1913년부터 1947년 독립 시까지는 성장하지 못했다.[33]

필리핀의 미제국American empire에서, 미국인 교사들과 그들의 필리핀 인 후임자들은 종족적으로 분열된 섬나라인 필리핀의 문해율을 높이고 영어를 공용화하여, 최소한의 교육을 해주었다. 미국인들은 댐과 관개 시설, 광산 및 목재의 채굴권 및 벌목권, 도로, 철도, 항만, 법률 개혁, 조세 제도, 화폐 개혁에도 일조하였다. 그들은 필리핀인들에게 물을 끓여 먹도록 교육하여 콜레라가 자취를 감추도록 했으며, 모기를 억제하여 말라리아를 감소시켰고, 예방 접종을 의무화하여 천연두를 억제했다. 그들은 고무, 대마, 설탕, 담배, 목재의 생산을 증대할 것을 주장했다.

제국주의자들은 아프리카 전역에 철도를 건설하기도 했는데, (벨기에령 콩고(콩코민주공화국의 옛 이름. — 옮긴이)를 제외하고는) 민간 자본의 관심이 부족했기 때문에 공공 자금을 사용했다. 프랑스 인들은 1883년 세네갈에서 첫 번째로 철도를 건설했다. 훗날 프랑스령 서아프리카에 생긴 철도는 내륙의 플랜테이션과 연안의 항구를 연결했다. 벨기에령 콩고의 구리 광산들은 1910년 이후 광석을 남쪽으로 운송했는데, 이는 남아프리카공화국에서부터 뻗어 나오는 철도와 만나는 데 박차를 가했다. 대영제국의 계획가인 세실 로즈Cecil Rhodes는 철도와 전신을 "대륙의 열쇠"[34]라고 불렀다. 철도는 아프리카의 오랜 저주와도 같은 높은 운송 비용을 90퍼센트까지 절감시켰다.[35] 또한 20세기 들어 도로의 출현은 농장에서 철도 종점까지의 운송 비용을 그와 비슷한 정도로 감소시켰다.[36]

다른 선의의 활동으로는, 프랑스 식민지 장관인 알베르 사로Albert Sarraut가 1923년 아프리카 식민지의 일반 위생 및 의료를 개선하기 위한 프로그램에 착수한 것이 있다. 여기에는 보건소, 인력 양성소, 산모 보호실, 구급차가 포함되어 있었다. 그는 오지 인구 중 최고소외층 인구가 의료 서비스를 받을 수 있도록 하는 데 목표를 두었다. 같은 시기에 이뤄진 다른 프로그램으로는 농업 지식 보급을 위한 "시범 농장pilot farm"이 있었다.

유럽의 의약품 도입은 20세기 상반기에 천연두와 수면병을 막아 내는 데 큰 진전을 이루었다. 식민지의 산모 병원 역시 영아 사망률 하락에 기여했다. 그 결과 20세기 아프리카 식민지의 사망률은 하락하고 인구는 증가했다.

식민주의자들은 공공 교육 보급에서 훨씬 더 불균등한 실적을 내었는데, 이로 인해 진보를 갈망하였던 아프리카 인들은 균등한 교육 발전에 대한 요구가 상당히 강하였다. 1949~1950년에, 벨기에령 콩고에서는 아동 33퍼센트가 초등학교에 다녔고, 케냐에서는 26퍼센트, 나이지리아에서는 16퍼센트, 프랑스령 서아프리카에서는 고작 6퍼센트만이 초등학교에 다녔다. 중등 교육에서는 그 수치가 훨씬 더 떨어져서, 1950년에 아프리카 청소년의 1~2퍼센트만이 중등학교에 진학했다.[37]

아프리카의 코코아 농장과 커피 농장은 영국 및 프랑스 식민주의 자들 치하에서 지역 주민들에게 혜택을 가져다주며 자리를 잡았다. 식민주의자들의 철도(와 이후에 건설된 도로)는 아프리카의 코코아 및 커피 재배 농부들이 세계 시장에 접근할 수 있도록 해주었다.[38] 가나의 코코아 생산은 영국령 인도에서보다 훨씬 빠르게 1인당 성장률을 증대시켰다. 즉 1870년부터 1913년까지 연간 1.3퍼센트가 증가되었다.[39]

그러나 훌륭한 동기를 가지고도, 식민지 관리들은 오늘날의 백인의 의무를 특징짓는 동일한 문제로 어려움을 겪었다. 즉 관료들의 지나친 자신감, 강압적인 하향식 계획, 지역 환경에 대한 단편적 지식, 실행 가능한 것에 대해 지역 주민의 의견을 수렴하지 않는 태도 등이 이에 포함되었다. 식민주의자들은 "백인들이 가장 잘 안다."고 생각하여, 지역 주민들의 경제적 선택을 존중하기보다는 개발 계획을 밀어붙였다. 1925년 우간다에 대한 영국 식민지 지령은 다음과 같았다. "원주민들에게는 세 가지 방식이 열려 있다고 알릴 것. 즉 면화 재배, 정부에 대한 노역, 농장주를 위한 노동 …… 그들이 아무것도 하지 않도록 허용해서는 안 된다." 그들은 콩고, 니아살란드, 탕가니카, 상부

볼타에서 면화 재배 계획을 강압적으로 추진했다.

아마도 이러한 강압적 방식의 선택은 원주민들이 "아무것도 하지 않는 동안" 수수와 같은 산출이 많은 곡물 생산을 선택했기 때문인 것 같다. 면화에 대한 집착은 종종 이러한 생산성이 높은 곡물을 대체했다.[40]

영국은 시에라리온에서도 유사한 정책을 추구하여, 기름야자와 같은 현금 작물 생산에 박차를 가하기 위해 오두막에 세금을 부과했다. 한 구역의 위원은 그 세금이 "원주민들의 무관심과 게으름을 일깨우고 그들을 문명의 영향권에 접촉할 수 있도록" 하는 데 필수적이었다고 말했다. 원주민들이 자신들의 이익을 위해 조세에 저항했을 때, 영국 군인들과 원주민 조력자들은 저항하는 사람들을 살해했다.[41]

시에라리온에서 영국 관리들이 그 다음에 내놓은 좋은 아이디어라고는 지역 농부들이 이미 재배하고 있던 단섬유(목화나 양모와 같이 짧은 섬유 — 옮긴이) 목화를 대체하기 위해 장섬유(견絹과 같이 가늘고 길게 연속된 섬유 — 옮긴이) 목화를 도입하는 것이었다. 그 결과는 무서웠다. 폭우가 장섬유 밭을 침식시켰던 것이다. 농부들은 우연히 그들의 방법을 채택한 것이 아니었다. 단섬유를 식량 작물과 함께 간작間作하는 것은 토양 침식을 억제했고, 해충을 방지했으며, 식량 안보를 확보했다. 단섬유는 지역에서 생산된 직물에 적합했다.

시에라리온의 영국인 지방 관리들은 수도(水稻: 논에 물을 대는 관개 농법으로 심는 벼 — 옮긴이)를 소개했는데, 이 벼의 소출은 관개의 부산물인 산도와 염도의 상승으로 인해 급속히 하락했다. 지역 농부들은 맹그로브(열대와 아열대의 갯벌이나 하구에서 자라는 목본 식물의 집단 — 옮긴이) 늪지대에서 재배되는 쌀 수확으로 큰 수익을 올리고 있었다. 영국인들은 자신들이 틀렸다는 점을 인식하지 못한 채 1950년대에 시에라리온에 트랙터를 도입했다. 트랙터 역시 이익을 전혀 가져다주지 못했는데, 노동력이 풍부한 곳에서 트랙터는 경제성이 없었기 때문에 이는 당연한 결과였다. 트랙터 농장들은 시에라리온의 쌀 생산량의 4퍼센트를 담당했지만, 식민지농업부는 이를 위해 지출의 80퍼센트를 소비했다.

1940년부터 1960년까지 말라위의 시레 밸리에서 영국의 관리들이 소작농들에게 농사짓는 방법을 가르쳐주었다. 그 관리들이 알려준 방법은 토양 침식을 막기 위해 두렁을 만드는 표준적인 방법으로 유효성이 증명된 영국 농부들의 기술이었다. 하지만 이 방법을 말라위 농부들은 반대했는데, 영국 관리들은 그 이유를 알지 못한 채 어리둥절해 하였다. 안타깝게도, 시레 밸리의 모래흙에서 이랑을 만든다는 것은 건기에 식물의 뿌리가 흰개미들의 공격에 노출되도록 하는 것이며 우기에는 토양을 더욱 침식시키는 것이었다.[42]

또 한 가지 유명한 식민지 사업은 1940년대의 탕카니카의 땅콩 재배 사업이었다. 식물성 기름으로 비누를 제조했던 유니레버의 자회사는 영국인들이 요리용 기름과 다른 식량의 부족을 겪는 동안 탄자니아에 땅콩 재배를 제안했다. 그러나 회사에서도 민간 사업체가 이 원대한 계획을 다 처리할 수 있을 것으로 생각하지 않았다. 결국 이 사업은 전후 영국의 사회주의자이며 식량부 장관이었던 존 스트레이치John Strachey가 떠맡게 되었다. 영국 정부는 국영 기업을 설립하는데, 이를 군사 작전으로 인식하여 데즈먼드 해리슨Desmond Harrison

육군 소장을 지명하였다. 해리슨 소장은 최저 강우 지대인 콩와에 본부를 설치하였다. 헨리 스탠리Henry Stanley는 이 지역을 "가시덤불이 뒤섞인 정글" 지대라고 설명하였다. 정글 청소 작업에는 군함 닻줄로 연결한 두 대의 불도저로 이뤄진 팀들이 필요하였다(이마저도 늦게 도착했는데, 본국의 관리들이 탄자니아 한가운데에서 배의 닻이 필요하다고 한 것을 농담으로 여겼기 때문이다.). 이 피츠카랄도 지역은 수많은 벌들의 서식지여서 불도저 운전수들은 병원에 입원해야만 하였다. 불도저 작업으로도 뿌리는 제거하지 못하였고, 뿌리 절단 장비가 망가져버렸다. 이 사업으로 원래 계획한 325만 에이커 중에서 고작 1만 에이커만 개척되었다.

그러나 이 사업은 계속되었다. 땅콩은 습기가 있을 때 경작할 수 있는데, 추수 시점에는 건기가 되어 땅이 딱딱하게 굳어버렸다. 땅콩이 땅 밑에서 자라기 때문에 이것은 큰 문제였다. 이 사업으로 총 4천 톤의 땅콩 종자를 구입했는데, 두 계절이 지난 이후 땅콩 생산량은 2천 톤에 불과했다. 영국 정부는 4천 톤의 땅콩이 2천 톤이 되게 한 국영 기업의 사업 결과를 보면서, 결국 이 사업을 취소했다.[43]

이러한 영웅적인 노력에도 불구하고 (또는 이러한 노력으로 인해), 제국주의 치하에서 이뤄진 아프리카의 경제 성장은 미미했다. 1870년부터 1913년까지 경제 성장률은 연간 0.6퍼센트가 증가했고, 1913년부터 1950년까지 연간 0.9퍼센트가 증가했을 뿐이었다.[44] 아프리카, 인도, 인도 주변의 다른 아시아 식민지들을 함께 볼 때, 식민지 기간 동안 유럽과 식민지 간의 격차는 더 커졌음을 볼 수 있다(그림 27). 독립 이후 아프리카는 유럽보다 훨씬 더 뒤쳐졌고, 반면 인도와 다른

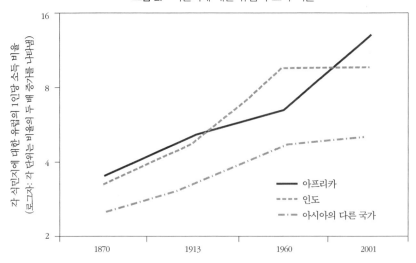

그림 27 식민지에 대한 유럽의 소득 비율

아시아 식민지들은 유럽의 경제 성장에 뒤떨어지지 않았다. 신생 독립국들과 비교해볼 때 식민 지배의 긍정적 효과를 발견하기란 쉽지 않다.[45]

비식민화의 이익

잘 알려진 동아시아의 성공 신화 —— 중국, 일본, 한국, 대만, 태국 —— 는 이 국가들이 유럽 인들에 의해 전면적으로 식민화된 것이 아니라는 점이 흥미롭다. 이와 대조적으로 동아시아의 가장 큰 실망거리인 필리핀은 에스파냐와 미국에 의해 식민화되었던 경험이 있다.

유럽 인들에 의해 공식적으로 식민화되지 않았던 세계의 몇몇 지역은 백인의 의무가 없었더라면 어떤 일이 일어났을지에 대한 불완전하긴 하지만 흥미로운 사례를 보여준다. 이 지역들은 무작위로 추출된 것이 아니라는 점에서 식민주의의 시험대로서는 불완전하다. 즉이 국가들은 사회 발전에 영향을 미친 요소들로 인해 그러한 결과를 얻게 된 것이라고 볼 수 있다. 중국이 유럽 인들에게 내준 악명 높은 조계지租界地처럼 이 국가들의 일부 영토에서도 유럽 인들의 지배가 어느 정도는 존재했다. 한국과 대만은 20세기의 일부분을 일본의 식민지로 보내기도 했다.

나는 이 비식민지들을 유럽 인들이 정착하지 않았던 유럽 식민지에 비교하려 한다. 유럽 인들이 정착한 식민지들(아메리카와 오스트레일리아 등 — 옮긴이)은 앞장에서 이미 논의한 바와 같이 특별한 경우이다. 비정착 식민지들은 지리적으로 멀리 떨어진 유럽이 개입한 좀더 자연스러운 실험이었다. 1960년부터 2001년까지 비식민지의 중등교육은 더욱 급속하게 증대되었다. 1950년부터 2001년까지 1인당 경제 성장률은 비정착 식민지보다 비식민지에서 1.7퍼센트가 더 높았다. 이는 51년 동안에 엄청난 차이를 만든다. 2001년경에 소득은 과거 비정착 식민지에서보다 비식민지에서 2.4배가 더 높았다.

미국 브라운대학교의 경제학자인 루이스 푸터만Louis Putterman은 오랜 역사의 국가성statehood(이는 많은 경우에서 식민화를 예방하는 요소가 되었다.)을 가지는 것은 전후 시대에 경제적 기회를 포착하는데 유리하게 작용하였고, 이것이 비식민지에서 식민지와 다른 결과를 내는 이유가 된다고 주장했다. 자연스럽게 형성된 국가들은 인위적으로 형성된 식민지에서보다 더 우수한 성과를 나타냈다.

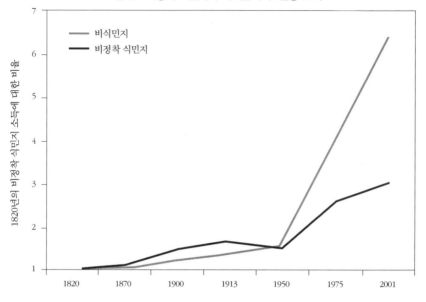

그림 28 비정착 식민지와 비식민지의 1인당 소득

2001년 1인당 소득의 차이는 비식민지들이 겪은 매우 큰 변화를 숨기고 있다. 중국, 일본, 남한, 대만은 소득이 엄청나게 증가되었고, 태국과 터키는 그보다는 덜 인상적인 성장세를 보였으며, 이란과 사우디아라비아는 석유로 인한 뜻밖의 소득 증가를 누렸다. 부정적 측면으로는, 북한의 스탈린식 개발 전략은 과거의 남한 동포들이 걸어온 개발의 여정과는 사뭇 다른 결과를 초래했다. 아프가니스탄은 부족 갈등, 공산주의, 외국 개입으로 큰 불행을 겪었다. 부탄, 에티오피아, 네팔도 역시 유럽 지배를 회피함으로써 이익을 보았던 대표적인 국가라고 보기는 힘들었다. 우리는 중국이 1951년에 티베트를 삼켜버리지 않았다면 티베트에 어떤 일이 벌어졌을지 알 수 없다. 그래서 백인의 의무가 존재하지 않았던 것이 곧 천국을 보장하는 것은 아니었다. 이는 단지 식민주의보다는 평균적으로 더 나은 결과를 제공했을 뿐이다(그리고 좀 더 나은 결과라면 비식민지의 경제적 성과가 천차만별임에도 불구하고 식민지와 통계적 구분이 가능했다는 점이다.).

국가적으로 자조가 항상 잘 이뤄지는 것은 아니다. 재앙도 기적과 마찬가지로 쉽게 자생할 수 있다. 경제적 기적은 어떤 상황에서든 보기 드문 일이긴 하지만 식민지에서보다 비식민지에서 일어날 가능성이 높다. 또한 지난 40여 년 간의 경제적 대성공 신화들은 유럽 인들에 의해 한 번도 식민화된 적이 없는 지역에서 주로 이뤄졌다. 이는 백인의 의무를 회피함으로 얻는 혜택에 대해 우리에게 무언가 시사하는 바가 있다.

이제 식민주의자들과 국가 건설자들이 남기고 간 몇 가지 문제를 설명하고, 이 문제들이 이후의 서구 개입과 어떻게 맞물렸는지 한 가지 사례를 살펴보도록 하자.

가장 심하고 가장 긴 시간 동안의 학대

1483년 중앙아프리카로 항해하던 포르투갈 선박의 선장 지오구 캉 Diogo Cão은 어느 강에 이르렀다. 지역민에게 그 강의 이름을 물어보았더니, 모든 사람들을 삼켜버리는 강, '은제레 강'이라고 말해주었다. 그는 그 이름을 유럽식으로 자이르라고 불렀는데, 모부투는 후에 포르투갈이 발견했던 불행한 이 국가의 "진정한" 이름을 자이르라고 명명하게 된다.

캉은 이름 짓기보다는 이익을 취하는 데 더 큰 관심을 가지고 있었다. 그는 지역의 왕이었던 은징가 음벰바Nzinga Mbemba와 관계를 구축했다. 캉은 그를 강력한 콩고왕국의 알폰소 1세Alfonso I라고 칭했다. 콩고 인(일명 바콩고Bakongo)들은 철 제조, 구리 제조, 직조, 도기 제조, 목재 및 상아 조각 일을 해왔다. 콩고는 노예 제도도 갖추고 있었는데, 포르투갈의 사제들은 콩고의 일부다처제를 문제시했지만, 노예제에 대해서는 별다른 신경을 쓰지 않았다. 얼마 지나지 않아, 포르투갈 인들은 바콩고 노예들과 상아를 얻기 위해 총기류 거래와 사치품 제조에 매달렸다. 노예를 얻기 위한 포르투갈 인들의 요구가 끝이 없자, 콩고 인들은 인근 마을 주민들을 습격했고, 그들도 동일한 방법으로 콩고 인들에게 보복했다. 노예 약탈전은 왕국의 힘을 약화시켰으나, 벨기에 인들이 도래하기 전인 19세기 후반까지 가까스로 명맥을 유지하고 있었다.[46] 포르투갈 인들은 (이후에 가세한 네덜란드, 프랑스, 영국의 노예 상인들과 함께) 자이르(일명 콩고) 강에 있는 보마에 노예 수출항을 만들었고, 루안다에서는 (수많은 바콩고들을 실은) 배편으로 브라질과 카리브 해의 사탕수수 농장으로 노예들을 호송했다.

벨기에의 레오폴드Leopold 왕이 1877년부터 1908년까지 콩고 인들을 혹사시킨 사실은 잘 알려져 있다(애덤 혹실드Adam Hochschild의 명저 『레오폴드 왕의 유령King Leopold's Ghost』 참조). 벨기에의 레오폴드 왕은 콩고자유국에 대한 목표를 "아직 문명이 침투되지 않은 이 지역에 문명을 도래시키고, 전 국민을 뒤덮은 암흑을 헤치는 …… 시대 발전에 합당한 개혁의 추진"[47]이라고 했다. 그의 이상에 깊은 인상을 받은 유럽 열강은 베를린 회의를 통해 그에게 콩고를 하사했다. 그들은 국경을 정하는 데에도 일반적인 독단성을 보였다. 예를 들면, 그들은 투치 족을 벨기에령 콩고와 독일령 동아프리카로 분할했다. 이 지역은 르완다와 부룬디 지역을 포함시키는 지역이다. 이는 한 세기 이후 엄청난 파장을 불러일으켰다.

벨기에 인들은 종족 갈등을 격화시켰다. 모든 사람들은 통행증에 종족이 기재되었고, 이는 과거에는 유동적이던 종족적 정체성을 강화시켰다.[48] 일부 종족 집단들은 벨기에 인들이 선호하는 세력에 저항했다. 레오폴드빌의 콩고 인들은 강 상류에서부터 레오폴드빌까지 이주해온 링갈라어 이주자들에 반대하여 자신들의 이익 보호를 위해 바콩고동맹ABAKO을 조직했다.[49]

벨기에 인들은 콩고의 독립을 잘 준비시키지 못했다. 그들은 벨기에의 법학 교수인 A. A. J. 판 빌센A. A. J. Van Bilsen이 콩고를 콩고 인들에게 이양하기 위한 "30년 계획"을 발표한 1956년까지도 콩고 독립에 대해서는 고려조차 하지 않았다.[50] 벨기에 인들의 이러한 장기 체류를 원하지 않았던 ABAKO와 이를 이끈 지도자 조셉 카사부부 Joseph Kasavubu는 같은 해에 콩고의 즉각적 독립을 촉구했다. 벨기에 인들은 결국 1957년에 선거를 허용했지만, 지역 수준의 선거만을 허용했다. 이는 대부분의 정당들이 종족 및 지역의 노선을 따라 형성되었다는 뜻이다. ABAKO는 레오폴드빌의 170개 시의회 의석 중 133개를 차지했고, 다른 종족 정당들은 타 지역에서 승리를 거두었다.[51]

1959년 1월 4일, 벨기에 군대는 ABAKO의 정치 집회를 강제 해산시켰다. 그러자 폭동이 발생하여, 콩고 인 수천 명이 유럽 인 상점에 침입하여 약탈을 자행했다. 벨기에 인들은 공황 상태에 빠져, 30년 계획을 6개월 계획으로 급히 변환시켰다. 결국 콩고는 1960년 6월 30일에 독립 국가가 되었다.

독립 당시, 준비된 지도자의 수는 많지 않았다. 1960년 전체 콩고 인구 중 대학의 학사 학위 소지자는 단 17명에 불과했다. 조셉 카사부부는 레오폴드빌과 콩고 강 하류 지역에서 강력한 기반을 가지고 있었다. 그의 주요 경쟁자였던 패트리스 루뭄바Patrice Lumumba는 고등학교 퇴학생이자 예전에 맥주 판매원과 우체국 직원으로 일했는데, 웅변에 능했다는 점이 도드라진 자질이었다.[52]

혼돈은 계속해서 이어졌다. 공화군Force Publique은 그로부터 며칠이 지나지 않아 자신들의 벨기에 장교에 대항하여 반란을 일으켰고, 장교들은 다음 편 비행기로 급히 출국했다. 반란자들이 백인들을 구타하고 강간한 이후 수많은 벨기에 인들이 급하게 콩고를 빠져나갔다. 새 정부는 카사부부를 대통령으로, 루뭄바를 총리로 하는 불편한 조합을 이루었다. 공화군의 공석을 메우기 위한 인재 탐색 과정에서, 루뭄바는 조셉 데지레 모부투Joseph Désirée Mobutu(그는 루뭄바와 마찬가지로 중등학교를 제대로 마치지 못한 인물이다.)라고 하는 아직 임관되지 않은 무명 장교를 계급의 밑바닥에서 찾아냈다.[53]

카사이 지방과 카탕가 지방이 분리를 선언했을 때 루뭄바는 국가를 단결시키기 위한 절박한 심정으로, 국제적 동맹 세력을 두루 탐색했다. 한편 레오폴드빌에 있는 소련과 미국 요원들은 콩고를 자신들의 진영으로 끌어들이고자 계책을 찾았다. 유엔군이 도착했지만, 콩고 내부 갈등에 개입할 수 있는 지시를 받지 못한 상태였다. 미국과 유엔이 제시하는 바에 만족하지 못한 루뭄바는 카탕가 분리 운동과 맞서 싸우기 위해 소련에 지원을 요청했다. 카사부부와 모부투는 이를 흔쾌히 받아들이지 않았고, 편협한 경향을 보였던 미국의 중앙정보국CIA도 이를 반기지 않았다. 결국 카사부부는 1960년 9월에 라디오 방송으로 루뭄바의 해임을 공표했고, 루뭄바는 다른 라디오 방송에서 카사부부를 해임한다고 발표했다. 모부투는 단명한 쿠데타를 일으켰고, 이후 루뭄바를 카탕가로 보냈다. 국가 요원들은 비행기에서 루뭄바를 폭행하고 암살해버렸다. CIA의 음모도 이 사건에 일부분 기여한 바가 있다고 한다.

1961년부터 1965년까지는 더욱 기이한 사건들이 콩고 정치에 전개되었다. 루뭄바의 고향이었던 콩고 동부에서는 마르크스주의자의 반란이 일어났다. 이는 국제적인 마르크스주의자의 호기심을 자극하여 체 게바라Ché Guevara가 이 지역을 방문하기까지 하였다. 체 게바라는 로랑 카빌라Laurent Kabilia라는 젊은 마르크스주의 지도자의 형편없는 용병술과 여성 편력, 음주 습관에 질려버렸다.[54] 1965년에 콩고 정치는 종족 및 지역 노선을 따라 교착 상태에 빠져 있었다. 모부투는 또 다른 쿠데타를 감행했는데, 이번에는 진짜 쿠데타였다. 카빌라는 금광과 상아로 마련한 자금으로 탕가니카 호수 서부의 마르크스주의 소국으로 후퇴하였고, 탄자니아에 있는 동물학자 제인 구달Jane Goodall의 영장류 연구 센터에서 서구 학생 네 명을 납치했다.[55]

경제적 실패를 무마하기 위해, 모부투는 국명을 자이르로 변경했다. 이는 은제레(콩고) 강을 포르투갈어로 잘못 발음한 것이다. 용맹스러운 에티엔 치세케디Étienne Tshisekedi가 이끄는 고립된 민주 야당

이 등장했다. 그는 그 뒤 몇 십 년간 모부투 치하에서 수많은 체포, 고문, 추방을 견뎌냈다.

모부투의 악명 높은 콩고 자연자원 탈취와 서구 원조국들로부터 원조를 끌어들이는 능력에 대해서는 더 이상 할 말이 없다. 모부투는 반대 세력으로 부상할 가능성이 있는 자들을 서구의 원조 자금으로 매수하고, 리비에라 해안의 빌라 구입에도 자금을 유용했다. 결국, 모부투는 1997년에 우간다와 르완다가 선동한 무장 반란으로 권좌에서 쫓겨났다. 르완다는 당시 콩고에서 난민 생활을 하고 있던 인터함웨 Interhamwe —— 1994년에 르완다 거주 투치 족 80만 명을 학살한 후투 민병대 —— 를 격파시키려 했다. 콩고 동부에 상당한 수의 투치 족 콩고 인이 거주하고 있었기 때문에, 르완다 인들은 지역 동맹 세력을 보유하고 있었다.[56]

콩고 인들에게는 안된 일이지만, 우간다의 요웨리 무세베니 Yoweri Museveni 대통령은 30여 년 전까지 활동했던 방탕한 반역자인 로랑 카빌라와 함께 다르에스살람대학교를 같이 다녔다.[57] 무세베니와 르완다의 폴 카가메Paul Kagame(카빌라를 환대한 또 다른 친구) 대통령은 카빌라가 모부투 축출 반란에서 거의 한 역할이 없음에도 불구하고 그를 신임 대통령 자리에 앉히기로 결의했다. 카빌라는 콩고의 조지 워싱턴으로 등장했다. 그의 독재적 방식(그는 치세케디의 정당 활동을 재빨리 금지시켰다.)과 인터함웨 제압 실패는 해외 지지 세력조차 그에게 등을 돌리게 만들었다. 우간다와 르완다는 카빌라 정부를 지원하거나 반대하는 6개 인접국이 연루된 두 번째 반란을 일으켰다. 해외 세력들은 잡다한 지역군들과 함께 콩고에서 더 많은 약탈을 자행했다. 1998년 8월부터 2002년 11월까지, 약 330만 명의 콩고 인이 이 전쟁으로 사망했고, 이는 2차 세계 대전 이후 세계에서 사망자가 가장 많은 분쟁이었다.[58]

로랑 카빌라는 2001년에 잘 알려지지 않은 파벌에 의해 암살되었다. 무능력한 독재자인 로랑 카빌라는 그 이전에 서른 두 살 된 자신의 아들인 조셉 카빌라Joseph Kabila를 급하게 후계자로 임명했었다. 조셉은 아버지보다 더 민주적이라고 할 것은 없었지만(그 역시 치세케디의 정당 활동을 금지시켰다.)[59] 국제적인 공여국들과 외국 침략자와는 훨씬 더 나은 관계를 유지했다. 평화 협정으로 반란군과 군벌들은 조셉 카빌라 정부 치하에서 한데 모였고, 그 어느 때보다 희망에 부푼 국제 사회는 이를 민족 연합 정부로 간주했다. 콩고민주공화국으로서는 식민지와 유사한 새로운 상황에 처하게 되면서, 대외 원조의 물꼬는 다시 트였고 유엔군이 도착했다. 2001년 이후 세계은행의 전략은 "당시 새로운 정부의 실적을 쌓기 위해 '초기 승리early wins' 를 증진시키는 것이었다."[60] 그러나 세계은행은 폭력 사용으로 능력을 증명한 정치 행위자들로만 구성된 정부가 콩고 인들에게 주어지길 원했던 이유에 대해서는 설명하지 않았다.

오늘날 콩고 인들의 평균 소득은 하루 29센트 정도이다. 세계은행은 2001년 이후 콩고 '정부'에 15억 달러의 차관을 지급했다. 이 자금이 군벌들과 독재자들을 통해서 전해질 때 콩고 인들에게 어떤 혜택이 주어지는지는 분명치 않다. 340만 명이나 되는 콩고 인들은 여전히 난민 상태이다.[61] 콩고민주공화국은 유럽이 개입한 지 5세기가 지난 오늘날에도 언제까지 최악 및 최장수의 악정惡政을 유지할 것인지 경합하는 상태에 있다.

독립 이후 생겨난 이러한 많은 문제들은 자생적이었다는 점을 인정할 수밖에 없다. 또한 나는 콩고민주공화국에 유럽 인들이 오지 않았다면 과연 이 나라가 번영했을지에 대해서도 확신이 없다. 그러나 5세기 동안의 유럽 인들의 폭력, 노예 제도, 간섭 정치, 식민주의, 착취와 더불어 독립 후 악질 지도자를 지원하는 원조 이후, 콩고민주공화국은 착취, 식민화, 대외 원조, 국가 건설이라는 서구의 연속적 개입이 왜 좋은 결과를 낳지 못했는지에 대한 극단적인 사례가 되었다.

백인의 해악

유럽의 식민화가 나빴다고 생각했다면, 탈식민화가 그보다 훨씬 나은 것도 아니었다. 계획가들은 완전히 새로운 국가들을 단숨에 만들어내는 단기 속성의 유토피아적 프로그램으로 탈식민화를 추진했다. 탈식민주의자들은 탈식민의 경계를 위로부터 인위적으로 결정했다. 유럽 인들은 지역 주민들의 바람은 거의 고려하지 않고, 단지 식민지 국경을 보존하는 데에만 신경을 썼다. 비록 그 국경이 아주 최근에 그어진 것이거나 유럽 인 관리들이 분할 경계선을 만들어낸 것인데도 말이다. 오늘날의 국가 건설자들이 식민주의자 선조들에게 한 가지 배워야 할 것은 무엇이든지 한번 발을 들이면 거기에서 나오는 것이 구조적으로 어렵다는 점이다.

서구는 새로운 국가의 경계를 결정지으면서 **국가의 내재적 속성까**

지 결정해버렸고, 어떤 민족은 국가를 갖고, 어떤 민족은 갖지 못할지를 결정했다. 그 결과는 비서구 지역에서 서구의 다른 하향식 계획이 낳은 결과와 마찬가지로 좋지 못했다. 서구는 수천여 개의 언어 집단, 종교적 신념, 부족 및 인종으로 구성된 퀼트에 자신들의 세계 지도를 강요했다. 서구의 술 취한 평행사변형들은 현존하는 민족 집단(예를 들면 쿠르드 족)에도 민족성nationality을 허락하지 않았지만, 과거에 존재하지 않았던 다른 민족 집단(예를 들면 이라크 인)에게는 민족성을 만들어냈다.

이로 인해 만들어진 '국가들'은 종족적 및 민족주의적 불만과 함께 불행한 여행을 시작해야만 했다. 서로 다른 집단들이 자신의 영토를 주장하는 국가는 불안한 재산권을 가진 토지 소유주와 같다. 불안한 토지 소유주는 토양을 비옥하게 하고 주택을 멋지게 건축하는 데 투자하는 대신 소송이나 재산의 강제적 보호에 신경을 쓰게 된다. 국경 지대가 불안한 민족들은 내전이나 국제전에 휘말릴 가능성이 더 높다. 그들은 국가 방위에 더 많은 노력을 투자할 것이며 국가의 잠재적 생산 증대를 위해서는 많은 노력을 투입할 수 없을 것이다. 갱단은 자신들의 이기적인 목표를 이루기 위하여 종족적 혐오감을 이용할 것이다.

조지 버나드 쇼George Bernard Shaw가 말한 바와 같이, "건강한 사람이 자신의 뼈에 대해 특별히 인식하고 살지 않듯이, 건강한 국가는 민족성에 대해 특별히 신경 쓰지 않는다. 그러나 그 국가의 민족성이 손상된다면, 그 국가는 어떻게 하면 민족성을 회복할까만을 생각할 것이다. 또한 민족주의자들의 요구가 관철될 때까지는 어떤 개혁

가나 철학자, 설교자의 말을 듣지 않을 것이다. 그 국가는 통일이나 해방에 관련된 사업 이외에는 아무리 중요한 것이라도 다른 사업에 참여하지 않을 것이다."[62]

모든 민족주의 및 종족 갈등이 서구의 잘못이라고 말하는 것은 아니다. 서구가 어떻게 지도를 그렸건, 어느 정도의 갈등은 존재했을 것이다. 단 서구의 지도 그리기 계획은 유토피아로 이끌지 못했다.

그러나 서구는 이에 대해 답할 것이 많다. 1차 세계 대전 이후 중동 역사에 관한 데이비드 프롬킨David Fromkin의 훌륭한 저술, 『모든 평화를 끝내는 평화A Peace to End All Peace』에서 언급된 바와 같이, 우드로 윌슨이 서구가 비서구 지역의 국경을 획정하는 기간 동안 발생하지 않을 일에 대해 연설한 것은 실제 발생할 일에 대해 뛰어나게 예측한 셈이었다. 윌슨은 말하기를, "사람과 땅은, 마치 동산動産이나 체스 게임의 졸卒처럼 한 주권에서 다른 주권으로 교환되지 않을 것이며", 확실히 "자신의 외부적 영향력 또는 지배력을 위해 …… 다른 국가 혹은 인민의 물질적 이익이나 이권에 기초하지 않을 것"이라고 했다. 그 후 서구는 외부적 영향력 또는 지배력을 위해 체스 게임의 졸인 것처럼 사람들을 교환했다. 서구는 지역 주민들에 대한 장기적 파급 효과는 거의 고려하지 않고 단기적 이익을 위해 영토를 분할했다. 탈식민화 이후에도, 서구는 서구만의 안보 추구를 위해, 해당 국가 국민들이 자신들의 미래를 선택할 수 있는 권리를 짓밟고 그들을 체스 조각처럼 가지고 놀았다.

이스라엘-팔레스타인 분쟁, 이라크 전쟁, 카슈미르 분쟁, 테러와의 전쟁, 아프리카의 잔인한 내전과 같이 오늘날 신문 기사의 헤드라인을 장식하는 정치적 위기들은, 서구가 과거에 아프리카 국민들을 "체스 게임의 졸"로 취급했던 것과 동일한 뿌리를 가지고 있다. 요즘 신문의 헤드라인을 살펴보면 오랫동안 잊힌 식민지 계획가들의 음모를 발견할 수 있다.

서구의 해악이 오늘날 비서구 지역의 슬픈 현실에 기여한 것에는 세 가지 다른 방식이 존재한다. 첫째, 서구는 다른 집단이 이미 차지했다고 믿었던 토지를 한 집단에 부여했다. 둘째, 종족 집단을 둘 또는 그 이상으로 분할하여 국가들에 걸치게 함으로써 그 집단의 민족주의자들의 야망을 좌절시키고 그로 인한 둘 또는 그 이상의 국가에서 소수 민족 갈등을 유발했다. 셋째, 역사적으로 적국이었던 둘 또는 그 이상의 집단을 한 국가에 묶어 놓았다.

하버드대학교의 알베르토 알레시나, 자니나 마투제스키Janina Matuszeski와 나는 인위적 국경을 둔 국가들의 경제 발전이 악화되는지 여부에 대한 통계 분석을 시도했다.[63] 우리는 국가 형성에서의 식민주의적 해악에 대해 두 가지 척도로 분석했다. 첫째, 종족 집단이 인접 국가의 국경으로 나뉜 인구의 비율이다. 분할된 비율은 그 인구의 종족적 이질성과 강력한 상관관계가 있다. 이전의 연구는 이를 저개발의 또 다른 결정 요소로 판정한 바 있다. 이는 충분히 가능하다. 왜냐하면 그 인구가 이질성이 더 많을수록, 인위적 국경은 더 많은 종족 집단을 나누어놓을 것이기 때문이다. 분할된 민족들의 비율이 종족적 이질성을 단지 대표하는 것만이 아니라는 점을 확인하기 위해서, 우리는 이질성을 따로 대조한다. 분할된 민족이 많은 구 식민지들은 오늘날 민주주의(이에 대한 사례로 그림 29 참조), 정부 서비스 수행,

그림 29 구 식민지의 민주주의와 영토 분할

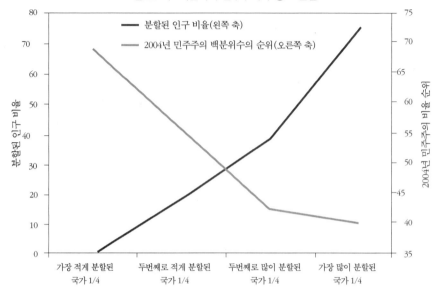

법치, 부패 평가에서 더 낮은 결과를 내는 것이 사실이다. 더 많이 분할된 국가들은 영아 사망률, 문맹률, 홍역, DPT(디프테리아 · 백일해 · 파상풍) 예방 접종, 깨끗한 물 공급과 같은 특정한 공공 서비스에서 더 안 좋은 결과를 내고 있다.

　　인위적 국경에 대한 우리의 두 번째 척도는 아주 무모한 것은 아니지만 좀 더 색다른 것이다. 우리는 "자연적으로 생성된" 국가들이 어느 정도 복잡한 유기적 절차에 의해 국경을 결정할 것이며, 또한 통일적인 문화의 확산 또는 종족 집단의 위치와 같은 요소들에 의존할 것이라고 추론했다. 그러나 식민지 관료들은 현장의 현실에 대한 고려 없이, 지도상에 직선을 그려댔을 것이다. 그래서 우리는 전 세계 모든 국가 국경이 얼마나 꼬불꼬불하거나 직선인지를 가려내는 수학적 척도를 고안했다. 우리는 부자연스럽게 직선으로 그려진 국경이 국가의 비민주성 및 높은 영아 사망률, 문맹률, 어린이 예방 접종 부족, 정수 이용 부족과 통계적으로 연관되어 있음을 알아냈다. 이 모두는 오늘날의 수치이다. 식민지 지도 작성가들의 직선 그리기 솜씨는 그로부터 수십 년 뒤에 나타난 개발 결과에서 알 수 있다.

마크 사이크스 경부터 테러와의 전쟁까지

오늘날 세계의 많은 사람들이 잘못된 모든 것을 미국인들 탓으로 돌릴 때, 모든 것이 영국의 잘못이었던 시대로 돌아가보는 것도 주의를 환기시키는 좋은 방법일 것이다. 영국이 동일한 땅 —— 팔레스타인 —— 을 다른 세 집단에게 약속하지 않았다면 어떻게 되었을까?

이 이야기는 아랍 세이크(족장 — 옮긴이)와 영국의 한 외교관의 이야기로 시작된다. 그 아랍 인은 메카와 메디나의 샤리프(이슬람 지도자 — 옮긴이)인 왕족 에미르 후세인 이븐 알리 알-하쉬미Emir Hussein ibn Ali al-Hashimi이다. 후세인의 하심Hashemite 왕조 조상을 추적해보면 바로 예언자(무하마드 — 옮긴이) 자신이 선조이지만, 아랍 세계 전반에서 충성심을 이끌어내지는 못했다. 영국과 (아랍을 다스리던) 오스만제국이 서로 대치했던 1차 세계 대전 동안, 샤리프 후세인은 오스만 인들에 의해 해임될 것을 두려워했다. 그는 1915년에 카이로에서 영국과 교신을 하여 자신이 오스만에 저항하는 것으로 역할을 재조정하자고 제안하였다. 중동에서 영국의 대오스만 전쟁은 그다지 순조롭지 않았기에 영국은 이 제안에 끌렸다. 후세인은 다마스쿠스의 비밀 반란 결사와 접촉하고 있음을 언급하면서, 오스만에 대항하는 아랍 인들의 폭동을 제안했다. 그러나 거기에는 함정이 있었다. 아랍 인들은 한 제국주의 지배자를 다른 제국주의 지배자로 바꾸려 하지 않았다. 그래서 후세인은 (자신이 새로운 지도자가 될 것을 암묵적인 사실로 여기면서) 영국이 전쟁 이후 아랍 인들의 독립을 약속해야만 한다고 말했다.

후세인의 메시지는 카이로에 당혹감을 불러일으켰다. 주駐이집트 영국 판무관인 헨리 맥마흔 경Sir Henry McMahon은 지시를 받기 위해 런던에 연락을 취하였다. 영국은 신참 외교관인 마크 사이크스 경Sir Mark Sykes을 파견하여 협상을 지휘하도록 했다. 마크 사이크스 경은 단 한 가지 예외 조항과 함께 후세인이 내건 조건을 수락하기로 결정했다. 사이크스의 안내에 따라 맥마흔은 1915년 10월 24일에 후세인에게 다음과 같은 편지를 보냈다. "다마스쿠스, 홈스, 하마, 알레포 구역의 서쪽에 위치한 시리아에게 돌아갈 지역은 예외로 하고 주 장관Sheriff이 요구하는 한도(시리아, 아라비아, 메소포타미아를 포함한 아랍 사각 지대Arab rectangle)에서 모든 지역의 아랍 인 독립을 인정하고 지원할 것이다."[64] 프랑스는 레바논의 마론파(시리아에서 태동한 교파. 예수에게는 신성만이 존재한다는 단성론을 따른다. ― 옮긴이) 기독교인과의 오래된 유대 관계를 근거로, 시리아 서부 ―― 오늘날의 레바논 ―― 를 자신들의 영향권에 있는 것으로 생각했다. 영국은 동맹 세력인 프랑스를 화나게 할 수는 없었다. 맥마흔이 팔레스타인을 배제하려는 의도가 있었는지에 대해서는 아무도 몰랐다. 유대인과 아랍 인들은 이후 맥마흔이 오스만의 행정 용어가 아니었던 "구역district"이라고 말한 것이 무엇을 의미하는지에 대해 논쟁을 벌였다. 20년 후, 맥마흔은 팔레스타인을 아랍의 통제에서 배제시키는 것을 의미했다고 이야기했지만, 이러한 확언은 그 후의 사건들에 의해 아마도 각색된 것일 것이다. 과감하게 의견을 내놓는 용기 있는 대부분의 역사가들은 당시 맥마흔이 레바논을 배제하려고만 했다고 생각한다.[65] 맥마흔의 언어는 독립된 아랍 왕국의 일부분으로서 예루살렘을 점유하려는 아랍의 희망을 수용하기에는 (의도적으로?) 너무 모호했다. 후세인은 레바논을 배제하는 것에 반대하였지만, 전쟁 이후까지 그 문제를 연기하는 데 동의했다.

그러나 전쟁 종식 이전에 영국은 팔레스타인의 일부를 다른 두 집단에게 주기로 약속했다. 1916년에 사이크스는 동맹국 간에 전후戰後 중동 분할을 협상하기 위해 프랑스 외교관인 샤를 프랑수아 조르주-피코Charles François Georges-Picot를 만났다. 1916년 2월 4일에 그들은 파리에서 비밀 협정을 체결했다. 알레시나와 마투제스키 그리고 내가 파급 효과가 좋지 않다고 발견한 직선의 국경선 일부가 1916년에 파리에서 사이크스와 피코에 의해 그려졌다.

사이크스-피코 협정Sykes-Picot Agreement하에 북부 팔레스타인은 프랑스의 영역에 포함될 것이었고, 남부 팔레스타인은 영국에 귀속될 예정이었으며, 중부(예루살렘 포함) 팔레스타인은 영국과 프랑스(그리고 제정 러시아까지. 그러나 제정 러시아는 볼셰비키가 장악한 이후 제외되었다.)가 공유하는 공동 주권 동맹 체제로 편입될 예정이었다.

영국은 팔레스타인의 이양을 이행하지 않았다. 마크 사이크스 경과 다른 이들은 동맹국의 전쟁 지원에 대해 시오니스트(팔레스타인 지역에 유대인 국가를 건설하는 것을 목적으로 하는 유대 민족주의자. — 옮긴이) 지도자들과 논의했다. 영국은 답례로서 팔레스타인을 내주기로 약속했다. 1917년 11월 2일, 영국 외무부 장관은 유명한 밸푸어 선언 Balfour Declaration을 공표했다. "영국 국왕 폐하의 정부는 유대인들의 민족적 고향인 팔레스타인에서 유대인의 국가 수립을 우호적으로 본다."

마크 사이크스 경과 영국인들은 왜 동일한 땅을 아랍 인, 프랑스 인, 유대인의 세 당사자들에게 2년 내에 제공하기로 약속하였을까? 영국은 전쟁의 승패에 절박감을 느꼈고, 이 세 민족들을 자신들의 편에 모두 두길 원했다. 역설적이게도 나중에 유발된 모든 문제를 돌이켜 볼 때, 마크 사이크스가 팔레스타인을 다른 세 고객들에게 매각함으로써 얻은 소득이 거의 없었다는 점이다. 프랑스 인들은 전쟁에서 생사를 가르는 투쟁을 했고 영국과 교전할 필요를 느끼지 못했다. 아랍 봉기는 후세인의 아들 파이잘Faisal과 몇몇 베두인Bedouin 유목민들이 당시 팔레스타인과 시리아를 침공한 영국 군대에 배치된 것이나 다름없었다. 그것은 T. E. 로렌스T. E. Lawrence(아라비아의 로렌스 Lawrence of Arabia)의 소설과 영화에서 그려진 아랍 봉기와는 동떨어진 것이었다. 아랍 봉기의 인위성을 드러내는 한 가지 작은 신호는 마크 사이크스가 혼자서 아랍의 국기를 녹색, 적색, 검정, 백색의 조합으로 디자인했다는 점이다. 이 디자인을 변형시킨 것이 요르단, 이라크, 시리아, 팔레스타인의 공식 국기이다. 동맹의 편에 있는 유대인들의 가치에 대해, 말하자면 마크 사이크스는 확실히 세계정세에 끼치는 유대인의 영향력에 관한 반유대주의 음모론을 너무 많이 읽은 것 같다.

팔레스타인에 대한 영국의 삼중으로 겹친 정책은 오늘날에도 여전히 유혈 사태를 일으키고 있다. 우드로 윌슨과 국제연맹 헌장의 민족 자결을 위한 이상적 요구에도 불구하고, 영국과 프랑스는 제국주의적 이익에만 관심을 가졌다.

1차 세계 대전 이후, 영국이 시리아에 대한 프랑스의 통치를 인정하는 것에 대한 보답으로 프랑스는 팔레스타인에 대한 권리를 모두 포기하는 데 동의했다. 영국은 이미 다마스쿠스에 불안정한 아랍 정부를 구성했던 피후견인 파이잘을 저버렸다. 그러나 위로금 조로 그에게 이라크를 제공했다. 파이잘과 그의 후손들은 1958년까지 독립된 이라크에서 계속 권력을 향유했다. 그러나 이라크는 쿠르드 족, 시아파, 수니파가 포함된 오스만제국의 서로 다른 세 지역을 조잡하게 끼워 맞춘 것이었고, 따라서 안정적 국가를 건설하는 사전 준비를 거의 하지 못했다. 그 무대는 사담 후세인에게 제공되었는데, 그는 왕정 몰락 이후 일련의 군사 쿠데타로 등장했다.

문제를 더욱 복잡하게 만든 것은 영국이 이미 파이잘의 형제인 압둘라Abdullah에게 이라크의 권좌를 약속했다는 것이다. 압둘라는 전쟁 이후 왕국이 무너진 뒤 남은 하심 왕가의 유일한 구성원이었다 (가장인 후세인은 그의 아들이자 후계자인 알리Ali와 함께 메카와 메디나에 있는 고향을 계속 통치했다. 그러나 그들은 그 직후 경쟁 상대인 사우디가에게 정복당했다.). 압둘라가 문제를 일으키겠다고 위협한 이후, 윈스턴 처칠은 요르단 강 동쪽에 소수 인구가 거주하는 팔레스타인 일부(트랜스 요르단으로 불리지만, 당시에는 그냥 요르단이라고 했다.)를 분할하기로 결정하고, 이를 압둘라에게 주었다. 압둘라가 1951년 암살당한 이후, 그의 손자인 후세인 왕King Hussein은 아랍-이스라엘 갈등에 큰 역할을 담당했다. 하심가는 후세인 왕의 아들인 압둘라 2세Abdullah II 치하에서 오늘날에도 여전히 권력을 쥐고 있다. 이 나라는 공식적으로 요르단하심왕국Hashemite Kingdom of Jordan으로 알려져 있다.

시리아와 레바논에서 프랑스는 궁극적으로 독립을 가져다줄 국제연맹의 위임 통치를 수행하기로 되어 있었다. 레바논에서 프랑스는 마론파 기독교 동맹 세력에게 무슬림 다수 지역이던 곳의 통치권을 부여하면서, 마운트레바논 주변의 전통적인 마론파 지역에 트리폴리, 베이루트, 시돈을 추가했다. 이는 후에 독립국 레바논을 파괴한 기독교-이슬람 내전을 야기하였다.

프랑스는 시리아를 독립국으로 나아가는 위임 통치국이라기보다는 본국에 동화된 식민지와 같이 강압적으로 다루었다. 아랍이 프랑스의 배신에 느낀 아픔은 시리아가 독립한 뒤 민족주의적인 급진주의자들의 등장에 기여했다.

한편, 팔레스타인에서 영국은 자신들이 아랍과 유대인 거주민들에게 이미 내건 양립할 수 없는 약속들을 어떻게 조정할 것인지의 문제를 떠안게 됨과 동시에 팔레스타인을 위임 통치하게 되었다. 이는 그리 성공적이지 못했다. 당시 영국인들은 국제연맹의 위임 통치 체계를 통해 자신들이 팔레스타인, 요르단, 이라크를 간접적으로 지배했다는 점에 만족하고 있었다. 페르시아에서의 일부 영향력과 결합되어, 이는 영국에게 이집트를 점유하여 인도까지 연결하는 육로(그리고

표 7 마크 사이크스 경의 후예들

대상	주요 폭력 사건	주목할 만한 정치적 특징
이라크	쿠르드 족 제노사이드, 쿠웨이트와 이란과의 두 차례 국경 전쟁, 수많은 군사 쿠데타, 그 이후 30년간 학살자 사담 후세인의 통치	2005년 백인의 의무의 새로운 버전을 위한 모델
이스라엘	다섯 차례의 아랍-이스라엘전쟁	국민을 위한 민주주의. 그러나 팔레스타인 인들에게는 그다지 흡족한 수준이 아님
요르단 강 서안과 가자 지구의 팔레스타인 인	1967년 이후 이스라엘이 점령, 두 차례의 인티파다.* 이스라엘 민간인의 살인 테러	팔레스타인 당국은 미국의 지원을 받은 이스라엘군이 파괴한 지역을 재건하기 위해 많은 미국 자금을 지급 받고 있음
레바논	1975~1976년 내전, 시리아 점령, 1982년 이스라엘의 침공	하심 왕조 독재자들이 권력을 여전히 장악
요르단	1970~1971년의 팔레스타인 인들과 내전, 이스라엘과 전쟁	테러 운동의 본거지
시리아	내전 이후 레바논 침공 및 점령, 이스라엘과 전쟁	2차 세계 대전 이후 나치 전범들의 좋은 피난처 역할
쿠르디스탄	아직 존재하지 않음	

* 인티파다: 1987년 팔레스타인 인이 이스라엘 점령 지역인 서안 지구와 가자 지구에서 일으킨 봉기 — 옮긴이

후에는 항로)를 준 셈이 되었다. 아프리카에서 이집트는 카이로에서 케이프타운에 이르는 지역을 지배하는 데 정점이었다. 이는 영국의 일부 제국주의 계획가의 머릿속에서 근사하게 이루어졌지만, 우리는 이에 대한 대가를 오늘날에도 치르고 있다.

물론, 뒤섞인 중동의 민족은 서로서로를 증오하는 데 영국의 도움이 꼭 필요했던 것은 아니다. 중동이 현재와 같이 불행해지기까지는 그보다 훨씬 많은 일들이 일어났다. 그러나 팔레스타인과 아랍 독립에 대한 영국의 이중성은 이 지역이 평화적 발전의 길을 가는 데 큰 도움을 주지 못했다. 표 7은 마크 사이크스 경에 의해 분할된 이 지역에서 발생한 사건들을 요약해준다.

인도의 분할

1947년 영국은 인도 아대륙을 놓고 타국 국민의 지도를 다시 그리는 데 가히 천재적인 능력을 발휘했다. 인도 총독 마운트배튼 경Lord Mountbatten은 인도의 분할과 독립(인도와 파키스탄의 분리 독립을 말한다. ─ 옮긴이)을 관장했는데, 고국 국민들에게 자신의 이미지를 드높이기 위해 홍보 전문가를 고용했다. 분할 당시의 학살과 네 차례의 국제전, 두 번의 제노사이드, 여섯 차례의 독립운동, 그 뒤 발생한 수도 없는 학살 이후, 그는 자신의 인도 지배에 대해 할 수 있는 모든 종류의 홍보가 필요했던 것 같다.

물론 분할 시의 가장 중요한 문제는 힌두교도와 무슬림들에게 독립된 민족 자결권을 부여해야 하는지의 여부와, 그렇게 할 경우 이를 어떻게 해야 할 것인지의 문제였다(영국인들은 시크교도Sikhs와 같은 소규모 집단의 민족적 염원을 무시했고, 이는 나중에 불행한 결과를 초래했다.). 간디Gandhi와 네루Nehru의 회의당(Congress Party: 인도국민회의당Indian National Congress의 별칭 — 옮긴이)은 페샤와르(파키스탄 북서부에 있는 도시 — 옮긴이)에서 다카(방글라데시의 수도 — 옮긴이)까지 힌두교도, 무슬림, 시크교도를 아우르는 단일 국가로서의 인도를 위한 독립운동을 했다. 모하메드 알리 진나(Mohammed Ali Jinnah: 1876~1948년. 파키스탄 초대 대통령 — 옮긴이)는 처음에는 회의당 당원이었지만, 회의당 내 힌두교도의 소수 무슬림 지배를 두려워하여 탈당하였다. 그는 무슬림연맹Muslim League을 결성하여 무슬림을 위한 독립 국가 건설을 주장했다. 이것이 바로 "순혈의 땅the land of the pure"이라 불리는 파키스탄이다. 그러나 힌두교도와 무슬림이 아대륙 전역에 뒤섞여 있는 상황에서 어떻게 인도에서 이슬람 국가를 탄생시키겠다는 계획이 성립될 수 있겠는가?

이렇게 서로 뒤섞여 있는 상황은 복잡한 역사적 산물이다. 여기에는 영국 지배로 대체된 무슬림 무굴 왕조가 포함되어 있다. 이 왕조에는 식민 통치 최후의 날까지 다수의 힌두교도를 통치하는 무슬림 군주와 다수의 무슬림을 지배하는 힌두 군주가 존재했다. 무슬림이 다수였던 유일한 지역은 북서부 극단과 북동부 극단에 있었는데, 이 지역은 수천 킬로미터나 떨어져 있고, 여전히 시크교도와 힌두교도 공동체를 끼고 있다. 인도에서 무슬림이 가장 많은 주는 펀자브와 벵골이다. 이 두 주는 진나가 자신의 이슬람 국가에 포함시키려 했던 지역이다. 그러나 그곳의 무슬림들도 전체 인구의 50퍼센트를 겨우 웃도는 정도이다.

이러한 복잡성에 하나 더해서, 인도 아대륙의 무슬림 지역은 공통점이 크지 않았다. 벵골 무슬림들은 문화적 측면(언어, 음식, 의복, 음악 등)에서 벵골 힌두교도들과 사실상 구분하기가 어려웠다. 현재 인도 북부에 살고 있는 무슬림들은 우르두어(Urdu: 힌두스탄의 언어. 주로 인도의 무슬림 사이에서 쓰이며 파키스탄의 공용어. — 옮긴이)를 사용했다. 현재의 동파키스탄이 된 지역의 벵골어 사용자들은 우르두어가 이후에 파키스탄 전역의 국어가 되면서 수모를 당하게 되었다.

무슬림 북서 변경 지방NWFP에서 파탄 족Pathan(일명 곽툰Pakhtun, 파쉬툰Pashtun, 푸쉬툰Pushtun, 푹툰Pukhtoon)은 듀란드 라인Durand Line에 의해 아프가니스탄의 파탄 족 형제들에게서 분리되었다. 듀란드 라인은 과거 영국 관료들이 그어놓은 아프가니스탄과 영국령 인도 사이의 임의 국경이다. 북서 변경 지방의 수도인 페샤와르는 전통적으로 아프가니스탄 왕들이 겨울을 보내던 곳이었다. 파탄 족들은 모든 파탄 족 출신의 사람들을 연합하여 독립된 푹툰와Pukhtoonwa를 세우거나 파탄 족이 주도하는 대大아프가니스탄 건설을 원했다. 분할 당시, 북서 변경 지방은 비폭력을 옹호하고 카리스마 있는 칸 압둘 가파르 칸Khan Abdul Ghaffar Khan(프런티어 간디Frontier Gandhi)이 주도하는 회의당 동맹 정부를 두고 있었다.

영국령 인도에서 향후 파키스탄이 된 두 지방은 신드와 발로치스탄이었다. 신드 족의 봉건 지주들은 처음에는 파키스탄의 아이디어에 반대했고 이후에야 신드가 전반적 자치권을 가질 것이라는 순진한 생각에서 마지못해 지원을 해주었다. (이란과의 식민지 국경에 의해 민족 동포들에게서 분리된) 발로치 부족민들은 독립된 발로치스탄(stan은 땅 혹은 나라라는 뜻이며, 발로치스탄Balochistan은 발로치 족Balochi의 나라stan라는 뜻이다. — 옮긴이)을 선호했다. 이는 1970년대에 분리주의 시도로 이어졌고, 파키스탄의 무시무시한 억압에 부딪히게 되었다.

회의당은 펀자브와 벵골을 무슬림에게 넘기는 데 동의하지 않으려 했다. 이는 영국인들이 펀자브와 벵골의 힌두교도와 무슬림 (그리고 한때는 시크교도 국가였던 펀자브의 시크교도) 모자이크를 분할하려 했다는 것을 의미했다. 분할 이전 펀자브의 연합 정부Unionist government는 무슬림연맹과 회의당 중 어느 쪽도 지지하지 않았다.

빅토리아 여왕의 손자(그가 종종 내세우는 호칭)인 자작子爵 "딕키Dickie" 마운트배튼은 반목하는 민족주의적 열망의 아수라장으로 들어가게 되었다. 왕족으로서 그는 인도에 도착한 지 5개월 만인 1947년 8월 15일에 좀 더 앞당겨진 독립의 최종 기한을 제시하였다. 네루는 딕키를 매력 있는 친구로 보았고, 곧바로 그와 친한 사이가 되었다. 그러나 그 매력 공세는 진나에게는 잘 통하지 않았다. 진나는 그의 만만치 않은 법률적 소양으로 자신의 논지를 펴는 것을 좋아했다. 이에 대해 반감을 갖게 된 마운트배튼은 진나를 "악한 천재", "정신병 환자", "정신이상자", "사생아" 등으로 불렀다. 마운트배튼은 파키스탄을 앞으로 붕괴될, 보잘것없는 구조를 가진 국가라고 언급하기도 했다. 마운트배튼의 부인 에드위나Edwina는 여학생처럼 네루에게 (아마도 더) 반해버렸고, 불편부당의 공평성에 도움이 되지 않았다.[66]

파키스탄: 불행한 가족

1947년 인도가 영국으로부터 독립하면서 가장 불행해진 상속자는 파키스탄이다. 진나는 파키스탄이 "좀먹은 듯한" 모습을 하고 있는 것에 대해 불만을 토로했다. 파키스탄은 벵골과 펀자브의 절반을 잃었고, 카슈미르의 몇 안 되는 지역과 일부 변경 지역, 파키스탄 서부와 동부 두 개의 흩어진 지역을 영토로 두고 있다.

인도에서 파키스탄으로 이주한 무슬림들은 모하지르mohajir로 불리는데, 그들은 이후 환멸의 대상이 되었다. 그들의 정치 지도자 중 한 명인 알타프 후사인Altaf Hussain은 2000년에 다음과 같이 씁쓸하게 말한 바 있다. "내가 분할을 인류 역사상 최대의 실수로 설명한 것은 대중들의 뼈아픈 경험에 기초한 객관적 평가이다. …… 아대륙이 분리되지 않았다면, 방글라데시의 무슬림 1억 8000만 명, 파키스탄의 무슬림 1억 5000만 명, 인도의 무슬림 2억 명을 합쳐 총 5억 3000만 명에 육박하게 되고, 이들은 분할되지 않은 인도에서 아주 강력한 세력을 형성했을 것이다."[67]

1981년이 되어서도 파키스탄 인구의 7퍼센트만이 국어로 상용되어야 할 우르두어를 사용했다. 요약하자면, 파키스탄은 발로치스탄, 북서 변경 지방, 신드(이 지방들은 서로 다른 시기에 분리 의사를 가지고 있었던 지역이다.), 동벵골(서파키스탄 군대의 학살 압력을 받은 뒤에 1971년에 성공적으로 분리하여 방글라데시로 독립했다.), 인도 출신의 모하지르 이주자(이 중 다수는 이주를 후회하고 있다.), 서펀자브(세라이키Seraiki어를 사용하는 소수 부족들이 소규모의 자체적인 분리 독립 운동을 했다.)의 조합으로 복잡하게 얽혀 있다.

민주주의는 이러한 척박한 토양에서 뿌리를 내리지 못했고, 선출된 민간인 지도자 중 어느 누구도 임기를 채우지 못했다. 군 지도부는 인도와의 비우호적 관계를 이용하여 군사 지배를 정당화하려 했으며 엄청난 액수의 국방 예산을 요구했다.

이슬람교는 다양한 종파 집단들이 파키스탄에 충성 경쟁을 벌이면서 국가적 결속을 이루는 데 불완전성을 드러냈다. 파키스탄의 중앙은행 총재인 이쉬라트 후사인Ishrat Husain이 말하듯이, "신드 족 대 펀자브 족, 모하지르 족 대 파탄 족, 이슬람교 대 세속주의, 시아파 대 수니파, 데오반디 족Deobandis 대 바렐비 족Barelvis, 지식인 대 문맹, 여성 대 남성, 도시 대 농촌 등 상상할 수 있는 모든 분열 또는 차이가 분쟁의 극대화에 이용되었다. 이와 함께 극악무도한 피의 숙청은 증가했고, 증오심과 불관용은 더욱 커졌다."[68]

1980년대 아프가니스탄에서 반소련 지하드(jihad: 성전聖戰. 이슬람교를 옹호·전파하기 위해 이교도와 벌이는 전쟁. — 옮긴이)에 대한 미국의 지원은 스팅어 지대공 미사일을 포함한 엄청난 양의 무기들을 남겼고, 극단주의자 집단과 테러리스트들은 이를 사용했다. 소련 철수 이후, 미국인들은 파키스탄과 아프가니스탄에 대한 흥미를 잃어버렸고 이에 대한 뒤처리를 해야 할 필요성을 느끼지 못했다. 오늘날 아프가니스탄 국경에서, 과거 CIA를 위해 일했던 파탄 족 척후병들은 알카에다 탈주범들이 미국인들에게서 도피할 수 있도록 하는 데에 20년 전에 만들어진 CIA 경로를 이용한다.[69] 테러리스트들은 파키스탄 내 이슬람 급진주의를 보급시키기 위해 카슈미르와 아프가니스탄에 있는 전장에서 자유롭게 이동하고 있다.

그러나 미국 정부는 테러와의 전쟁에서 동맹을 맺은 보상으로 오늘날 파키스탄 정부를 다시 열심히 후원하고 있다. 동시에 세계은행과 IMF 차관 및 미국 대외 원조를 파키스탄에 쏟아붓고 있다. 파키스탄은 2002년에 세계 최대 규모의 대외 원조 수령국으로 기록되었고, 그 액수는 21억 달러에 이른다. 미국인들은 민주주의 억압, 테러리스트들과 연계된 정보기관이나 핵 확산과 같은 불미스러운 부분들은 전략적으로 간과하고 있다.

최근에 파키스탄에서는 이런 말이 회자되었다. "52년 전 우리는 희망의 불빛을 보고 시작했지만, 오늘날 그 불빛은 사라지고 우리는 어둠 속에 서 있다. 주위 어디에도 빛이 보이지 않음으로 인해 우리 주변에는 낙담과 절망이 가득하다. 그동안 하향 추세가 점진적이었지만, 지난 수년 동안에는 급속도로 빠르게 진전되었다. …… 폭력과 테러가 수십 년간 계속되었고, 우리는 이러한 칼라슈니코프 문화(칼라슈니코프AK-47는 러시아에서 만든 소총의 대명사. — 옮긴이)에 지쳐 있다."[70] 이는 급진적 반정부 인사가 한 말이 아니라 파키스탄의 현재 군부 지도자인 페르베즈 무샤라프Pervez Musharaf의 세력에서 나온 말이다.

파키스탄을 지나치게 악마화해서도 안 되며 완전히 인위적인 국가라고 결론지어서도 안 된다. 모든 국가의 국민들은 국가의 통계나 신문의 국제면 기사의 헤드라인에서 보이는 것보다는 훨씬 더 복잡한 양상을 띤다. 대부분의 파키스탄 인들은 자신들의 국적을 자랑스러워한다. 모든 난관에도 불구하고 경제는 성장해왔고 세계적 수준의 전문가 집단과 능력 있는 교포들은 많은 업적을 이루었다. 그러나 파키스탄의 영국 식민 지배에서 독립으로의 이행이 좀 더 건설적인 수준이었으면 하고 바라는 사람들이 있으며, 파키스탄 영토에서의 미국의 상호 군사 활동 지원은 그렇게 근시안적인 것만은 아니다. 파키스탄은 서구의 실수에도 불구하고 계속 살아남았다.

대참사의 중심지

수단은 북부의 아랍 인/무슬림과 남부의 아프리카 인/기독교도/정령 숭배자 간의 내전에서 탄생된 순간부터 사실상 수렁에 빠졌다. 인도 에서는 —— 하나의 식민지인 아대륙 전역에 뒤섞여 있던 —— 무슬림과 힌 두교도를 분할하여 재앙을 초래한 영국인들이, 무슨 이유에서인지 아 랍 무슬림과 아프리카 인 기독교도들을 결합시켜 더욱 분명하게 경계 가 획정된 독립된 식민지들을 하나의 국가인 수단으로 만들었다. 영 국인들은 북부 지식인들의 압력에 굴복했는데, 이들은 오래전부터 남 부인들을 자신들의 통제하에 두었다. 또 다른 해석은 수단의 운명적 인 통일이 영국의 관료적 언쟁에 의해 결정되었다는 것이다. 즉 북부 를 관리했던 영국인 아랍 전문가들은 남부를 관리했던 영국인 아프리 카 전문가들을 제압했다. 영국인들이 남부인들과는 거의 협의하지 않 자, 남부인들은 후에 내전을 통해 자신들의 감정을 표출했다.

영국인들은 수단의 남북 차이에 대해 모르는 바가 아니었다. 영 국의 특별위원회는 1956년의 보고서를 통해 "역사적인 이유로 남부 수단 인들은 북부 수단 인들을 오랜 숙적으로 여긴다."고 보고했다.[71] 수세기 동안 북부의 아랍 인들은 노예를 얻기 위해 남부를 습격했다. 북부의 노예 사냥은 1870년대에 정점에 올랐는데, 당시 북부에서는 남부인들을 활용한 국내 노예제가 확산되어 있었다. 영국의 식민지

지배는 서면으로는 노예제를 폐지했지만, 북부의 노예제는 다른 형태로 지속되었다. 즉 "노예들"은 "하인들"로 새롭게 명명되었다.[72] 1989년 영국인들을 대표하는 수단 감찰관은 남부의 아프리카 인들에 대한 그의 견해를 다음과 같이 피력했다. "이러한 타락한 돼지들은 자유롭고 독립적인 인간으로 취급 받을 가치가 없다."[73]

북부 아랍 인들은 이러한 계몽적 견해를 공유하면서 남부 아프리카 인들을 공공연히 "노예abid"로 부르곤 했다. 북부인들은 지금은 예전보다 사려가 깊어졌지만 사적으로 또는 공개적으로 농담할 때 여전히 이 단어를 사용한다. 수단 인 학자인 프란시스 뎅Francis Deng은 설명하기를, "아비드abid라는 용어는 미국인들이 즐겨 쓰는 '검둥이 nigger'와 똑같다."[74]고 했다.

영국인들은 독립 이전에 수십 년간 남북 간의 이주를 막을 정도로 남부를 북부와 따로 분리하여 독립적으로 처리하였다. 그러나 남부인들과의 협의조차 없이, 수단이 독립하기 이전 10년이 좀 못 되는 때에 영국은 이 정책을 뒤엎었다. 영국인 관료로서 행정 장관이었던 제임스 로버트슨 경Sir James Robertson은 1946년 12월 16일에 남긴 메모에서 수단의 통합을 공표했다.[75] 그리고 이 메모로 인해 50년에 걸친 내전이 발생했다.

영국은 새로운 수단에서 연방 체제 내 자치에 대한 헌법적 보호를 남부에 약속했지만, 그 약속을 지키지 않았다. 독립 직전에 영국 식민 관리 800명이 수단 인으로 교체되었다. 800명의 새로운 관리들 중에서 남부인은 단 여덟 명에 불과했다. 북부의 장교들은 남부로 이주했다.[76] 수단은 1956년 1월 1일에 독립했다. 국회는 새로운 국가 구성을 위해 헌법위원회를 구성했는데, 46명의 위원 중 세 명만이 남부 인이었다.[77] 한 역사가는 후에 요약하기를 "위태로운 독립과 국제적 개입이 민족 자결 과정을 앞지르면서, 일반 대중에게는 자신들의 미래에 대한 최종 투표권이 주어지지 않았고, 수단 인이 한 민족으로 살아갈 수 있게 하는 정부 형식에 대한 결정도 기약할 수 없는 미래에 맡겨졌다."[78] 내전은 1972년에 분쟁이 해결될 때까지 지속되었는데, 이 내전으로 수단 인 50만 명이 사망했다.[79]

10여 년의 평화 이후, 1983년에 내전이 재개되었다. 수단의 야파르 누메이리Jafar Numeiry 대통령은 위태로운 정권에 대한 이슬람 근본주의자들의 지원을 얻기 위해 전국에 이슬람의 샤리아 형법을 강제 적용하도록 했다. 영국이 독립 시 남부 지방을 저버린 것처럼, 이번에는 미국이 북부를 위하고 남부를 멀리했다. 1983년 당시 누메이리는 워싱턴 정가에 속했다. 미국인들은 그를 리비아의 카다피Qaddafi와 소련의 지원을 받은 에티오피아의 마르크스주의자들에 대항할 전략적 동맹자로 인식했다. 미국과 누메이리와의 우호 관계는 지미 카터 Jimmy Carter 대통령 때부터 시작되었고, 누메이리는 캠프데이비드 평화 협정을 지지하며 카터 대통령을 기분 좋게 해주었다. 이후 레이건 Reagan 대통령은 북부 수단과의 우호 정책을 지속하면서, 기자 회견에서 이에 대해 분명하게 설명한 바 있다. "우리는 카다피 대령이 이제까지 역내 불안정 세력이었고, 앞으로도 그럴 것이라는 점을 알고 있다. 그래서 우리가 놀랄 건 아무것도 없으며, 다만 우리가 알고 있는 사실은 수단이 …… 수단이 …… 수단이 …… 아프리카의 그 지역 내에서 그러한 국가 중의 하나라는 점이다."[80]

누메이리는 1985년에 동료들에 의해 쫓겨나기 전에 거의 15억 달러에 이르는 미국의 원조를 받았다.[81] 미국의 우호 관계는 누메이리를 승계한 북부의 이슬람 근본주의자들과도 지속되었다. 세계은행도 1983~1993년 기간 동안 북부 정부에 8억 달러의 차관을 대주었다. 1차 걸프전 이후에야 이슬람 근본주의 정부는 가치를 상실하고 테러리스트 국가 명단에 이름을 올리게 되었다.

2차 내전에서는 존 가랑John Garang이 남부 반란군을 지휘했다. 가랑이 리비아와 소련의 지원을 받는 에티오피아에서 무기와 은신처를 받아들이자, 워싱턴 정가는 북부와 가까워지려는 뜻을 더욱 굳히게 되었다. 게다가 가랑은 인권 침해와 학살을 자행하여, 성자의 모습과는 거리가 멀었다. 남부인들은 무자비한 반란군과 서구 지원을 받아 남부에 잔학 행위를 일삼는 북부 정부가 벌이는 타자들의 게임에서 볼모 역할을 했다.

오늘날의 수단

그러나 역사는 그 자체로 반복된다. 새 천년 들어 북부 수단 정부와 미국 정부는 테러와의 전쟁과 이전의 사건들을 바로잡기로 결의했다. 조지 W. 부시 대통령은 비록 수단 정부가 인도주의적 구호 단체에 잘 협조하지 않고 있다고 언급하기는 했지만, 수단이 평화와 인도주의적 지원에서 진전을 이루고 있음을 공인했다. 부시의 공인은 수단이 IMF 및 세계은행과의 관계를 다시 시작할 수 있도록 했다. IMF는 2002년 보고서에서 수단 정부의 5개년 경제 개혁을 높이 평가했고, "정부 당국이 빈곤 감축에 높은 우선순위를 두고 있다는 점"[82]을 들어 수단 정부를 칭찬했다. 세계은행의 아프리카 담당 수석 경제학자는 수단을 아프리카의 경제적 성공 사례의 하나로 높이 평가하기도 했다.

한편, 실제 수단에서는 아직도 이슬람 근본주의 독재가 행해지고 있고, 끊임없는 평화 협상에도 불구하고 내전이 진행되고 있었으며, 과거의 잔학 행위들이 재발하고 있었다. 2002년 국경없는 의사회 Médecins sans Frontières 보고서는 나일 강 상류 서부 지역에 대해 언급하면서 "반복되는 난민 발생과 교전의 지속, 보건과 인도주의적 원조에 대한 접근성 부족이 이 지역민들을 서서히 죽이고 있다."[83]고 말했다. 북부와 남부의 평화 협정은 2004년에 최종 선언되었고, 2005년에 서명되었다. 존 가랑은 국가 통합 정부에 합류했지만 헬리콥터 추락으로 사망했다.

그러나 수단에서 하나의 내전이 해결되자마자, 다르푸르 지방에서 또 다른 폭력 사태가 불거져 2004~2005년의 신문 헤드라인을 장식했다. 잔자위드 Janjaweed(아랍 민병대)는 아프리카 인들을 공격했고, 그중 일부는 차별과 학대에 저항하여 반란을 일으켰다. 아프리카 인 주민들은 차드로 피난했다. 다르푸르에서 난민의 수를 세어보면, 약 250만 명이 집을 잃고 40만 명이 사망했다. 이들은 잔자위드에게 살해되었거나, 끔찍한 상태의 난민촌에서 기아와 건강 악화로 간접 사망했다.[84] 잔자위드는 방화, 강간, 학살로 민간인을 탄압했다.[85]

한편, 내전의 영향으로 경제 발전을 위한 에너지는 소멸되었다. 수단의 1인당 소득은 수십 년간 정체되었다. 1994년의 1인당 소득은

1956년 독립 당시보다 더 낮아졌다. 수단 어린이의 10퍼센트는 만 다섯 살이 될 때까지 살 가망이 없다. 수단 인은 일곱 명 중 한 명만이 전화기를 가지고 있다. 중등 교육을 받고 있는 수단 청소년은 28퍼센트에 불과하다. 세계의 많은 지역에서는 초등학교 의무 교육이 보편화되었지만 수단에서는 전체의 절반을 약간 넘는 어린이만 초등학교에 다닐 뿐이다.[86] 수단에는 400만 명의 국내 난민이 있다.[87] 1994년 이후 수단의 석유 수출 확대는 1인당 소득의 상승을 가져왔지만, 우리가 이미 살펴본 바와 같이 석유는 장기적으로는 저주로 작용할 가능성이 크다. 이렇게 끔찍한 상황 가운데에서도 원조는 수단으로 계속 유입되었고, 1960~2002년의 기간 동안 총 원조액은 현 달러화로 230억 달러 정도로 추정된다.

결론

비서구 지역 정부에 대한 서구의 개입은 식민지 기간이든 탈식민지 기간이든 거의 도움이 되지 않았다. 서구는 신제국주의적 망상에 빠져들기 전에, 식민지 역사로부터 반드시 교훈을 얻어야만 한다. 그것은 과거에도 제대로 기능하지 않았고, 현재에도 마찬가지이다.

가나가 스와스모어를 발견하다*

패트릭 아우아Patrick Awuah는 1965년 가나에서 태어났다. 그는 가나가 역사상 최악의 시기를 통과하고 있을 때 장성했다. 패트릭이 열 일곱 살이었을 때 오랜 경제 침체가 바닥을 쳤다. 군사 정부는 소비재에 대한 엄격한 가격 규제 정책으로 경제를 파괴시키고 있었다. 패트릭의 어머니는 비누 같은 생활필수품을 공급하는 도매상인이었다. 가격 규제 정책으로 인해 비누의 소비자 가격은 그녀가 공급자에게 지불한 대금 이하로 떨어지게 되었다.

패트릭은 다행히도 이러한 힘든 상황을 빠져나갈 길을 찾았다. 가족들이 패트릭의 대학 진학에 대줄 수 있는 비용은 100달러밖에 되지 않았지만, 패트릭은 미국의 스와스모어대학교에서 장학금을 타면서 가나를 떠났다. 그는 공학과 경제학을 복수 전공했다. 그리고 새로 창업한 한 소프트웨어 회사가 스와스모어대학교를 갓 졸업한 패트릭을 고용했다. 이 회사의 이름은 마이크로소프트였다.

7년 후, 패트릭은 마이크로소프트의 백만장자가 되었고 모국인

---

* 이 글은 패트릭 아우아가 저널리스트 디언 맥킨과 한 인터뷰에 기초하였다.

가나를 도울 수 있는 방법을 강구했다. 그는 우선 버클리대학교에서 MBA를 이수하기로 결심했다. 그러고 나서 가나로 돌아가 아크라에 아쉐시대학교라는 사립 대학을 설립했다. "아쉐시ashesi"는 판티 족의 방언으로 "시작"이라는 뜻이다. 패트릭은 자신이 직접 기금을 준비하고, 마이크로소프트의 옛 동료들에게서 자금을 모금하여 신입생 중 절반에 해당하는, 가난하지만 똑똑한 학생들에게 등록금 전액을 지원해주었다. 부유한 가정 출신의 나머지 학생들은 수업료로 연간 4000달러를 내도록 했다. 패트릭은 성능 좋은 컴퓨터와 인터넷 시설, 교실이 구비된 멋진 시설을 만들었다.

나는 아쉐시대학교를 세 번 방문했는데, 학생들의 열의와 재능에 큰 감명을 받았다. 교육 커리큘럼은 인문학과 컴퓨터공학 및 경영학을 결합시킨 형태였다. 패트릭 아우아의 목표는 학생들이 단순히 기계적으로 암기만 하는 것이 아니라 문제 해결 능력을 갖도록 가르쳐주는 데 있다. 그는 "가나의 스와스모어대학교" 설립을 희망하고 있다. 그는 이렇게 말한다. "우리는 학생들을 비판적인 사고를 가진 사람으로 훈련하고 싶습니다." 그는 학생이 보낸 이메일에서 "아우아 씨, 나는 지금 사고思考하고 있어요."라고 전해줄 때가 가장 크게 희열을 느끼는 순간 중의 하나라고 한다.

대학을 운영하면서 패트릭이 크게 놀란 점은 그의 대학에 대한 공식적인 원조 기관들의 관심 부족이었다. 가나 인에 의해 운영되는 가나의 스와스모어대학교, 그들의 재능을 더욱 발전시키기 위해 젊은 서부 아프리카 인들에게 장학금을 지급하는 그런 학교가 왜 서구 공여국의 관심을 끌지 못하는지 도무지 알 수 없다. 공여국이 "현지인 주인 의식"과 "참여"를 그 이상으로 삼고 있음에도 불구하고, 아프리카 인들이 시작하고 주도하는 가치 있는 사업들을 공여국 사회가 거부하는 경우를 여러 번 경험했다. 그러한 경우로 (부룬디를 망쳐놓을 만큼 엉망으로 국가 경영을 한 갱단에게는 정부 자금의 88퍼센트가 지출된 반면) 부룬디에서 자생한 대학 한 곳과 뛰어난 실력을 갖춘 아프리카 학자 두 명이 운영하는, 미국에서의 아프리카 인들을 위한 석사 학위 프로그램에는 제대로 지원이 이뤄지지 않고 있다.

그러나 패트릭은 원조 자금의 부족을 그냥 보고만 있지는 않는다. 그의 직원들은 사기가 충천해 있다. 패트릭 아우아는 "아쉐시 인들은 이 대학이 가나 역사상 하나의 중요한 위치를 차지할 것이라는 점에서 자긍심을 가지고 있다."라고 말한다.

SNAPSHOT

킹스필드 교수, 인도에 가다

미네소타의 윌리엄 미첼 법과대학교 교수인 자얀스 크리시난Jayanth Krishnan은 "킹스필드 교수, 인도에 가다Professor Kingsfield Goes to India"라는 자신의 논문에서 인도 법률 교육에 대해 이야기했다.[88] 1950년대에 포드재단Ford Foundation은 인도의 법률 교육 진흥을 위해 수백만 달러를 투자했다. 포드재단은 인도의 민주 헌법에 대해 깊은 인상을 받았고, 민주 헌법과 법치 존중을 확산하기 위해 서구의 법률 교육 방식으로 인도인들을 훈련시키기로 결정했다. 포드재단은 1950년대와 1960년대에 미국식 법률 대학원 설립을 위해 저명한 미국인 법학 교수들을 인도에 여러 명 파견했다.

아마 미국인 교수들이 전문적인 개발 컨설턴트는 아니었기 때문인지, 포드재단에 이와 같은 생각이 무리가 있다고 건의했던 것 같다. 결국 미국식 법률 대학원 모델은 인도에 잘 옮겨지지 못했다. 그리고 설령 그랬다 하더라도 큰 효과를 보지는 못했을 것이다. 카스트 제도와 같은 사회 계급의 분절과 국가 및 대학에 팽배한 후원 정치 patronage politics 그리고 법대 교수와 학생들에 대한 존중의 부족은 당시 인도의 법률 교육을 저해하는 요인이었다. 인도의 법대 교수들과 법대생들은 미국과 인도의 평론가들이 모두 지적하는 바와 같이 결석이 잦고 학문적 기준이 낮은 데다 사회적으로 존중받기 위한 노력도 거의 하지 않았다. 변호사들은 뇌물을 수수하거나 상납했고, 수임료를 늘리기 위해 사건을 장기간 계류시켰다. 하버드대학교 법과 대학 교수인 아서 폰 메렌Arthur von Mehren은 인도의 법학 서적에 나와 있는 법률은 인도 토착민에 기원을 두고 있기보다 서구 세계에 기원을 두고 있어서 토착민들이 그러한 법률 체계를 받아들이는 데 실패했다고 주장했다. 그러나 포드재단은 계속해서 이 사업을 진행하여, 1964년에는 바나라스힌두대학교에 거액의 보조금을 지급했다.

다른 미국인 법대 교수는 1971년에 바나라스대학교에서 이뤄진 프로그램을 평가했다. 그는 이 사업이 실패했다고 결론을 내렸다. 졸업생 대부분은 법률직으로 진출하지도 않았다. 1971년 보고서가 발표된 이후, 포드재단은 인도에서의 법학 교육 노력을 크게 축소했다.

포드재단의 실패 경험을 지켜보았던 사람 중에는 N. R. 마다바 메논N. R. Madhava Menon이 있었다. 그는 잘 알려진 인사는 아니지만 델리대학교 인도법 교수로서 1960년대 미국의 일부 자문단을 만난 적이 있었다. 컬럼비아대학교에서 일 년 동안 안식년을 가진 후, 메논 교수는 1971년에 델리에서 법률 지원 상담소를 열었다. 이는 법대생들에게 현실 세계를 경험할 수 있는 기회를 부여하고 인도인들 사이에 법학 대학원에 대한 명성을 높인다는 두 가지 목적을 위해 만들어졌다. 메논은 수년간 이러한 교육적 실험에서 성공과 실패를 거듭하며, 1982년에 새로운 형태의 법학 대학원 설립을 제안했다. 그는 인도에서 수요가 크고, 인지도가 높은 공대 및 의대와 경쟁하면서 학생들에게 인문학사 및 법학사 학위를 모두 수여하는 엄격한 5년 과정 프로그램을 제안했다. 그는 법률 지원 상담소에서의 경험을 결합할 것을 제안했다. 그는 인도 전역에 있는 대학에 그의 아이디어를 전해주려 했지만, 대학들은 대부분 그의 제안을 거절했다. 포드재단은 그의 제안을 고려하기는 했지만 과거에 이미 아픈 상처가 있어서 여기에 다시 관여되는 것을 거절했다.

다행히도 메논과 인도의 다른 법률직 종사자들이 인도 법학 교육의 상태가 어떠한지 눈을 떴고, 새로운 독립적인 법학 대학원을 지지하기 시작했다. 1986년 9월 1일, 인도의 변호사협회와 카나타카 주 정부가 메논을 카나타카 주의 방갈로르에 신설된 인도국립법학대학원 교수로 임명하면서, 마침내 그의 꿈이 이루어졌다. 새로운 학교는 판례 연구 방법 등에서 일부 미국인들의 생각에 영향을 받았지만, 메논은 이 학교가 대부분 인도식으로 유지되도록 했다. 첫해 입학률은 대성공이었고, 메논은 이제 방갈로르의 낡은 건물을 신축하기 위해 자금을 모으고 있다. 그는 이후에 포드재단에서 거액의 보조금을 받았다.

오늘날 국립법학대학원은 인도의 앞서가는 법학 대학원이며 입학 시즌에는 엄청난 양의 원서가 도착한다. 인도가 세계화를 수용하면서 국립법학대학원 졸업생들은 민간 부문에서 그 수요가 크다. 이 학교는 증가하는 수요에 발맞추기 위해 꾸준히 규모를 확대해왔다. 메논은 1998년에 정년퇴직하게 되었지만, 이 학교는 그 이후에도 계속 발전하고 있다.

인도의 다른 주 지도자들도 곧 자신들이 속한 주에 법학 대학원을 세우는 데 메논을 초청하였다. 메논은 캘커타와 벵골 서부에도 유사한 학교를 세웠다. 벵골 서부 이외에도 네 개의 다른 주에서 메논식 모델을 따라 새로운 법학 대학원을 만들었다. 오늘날 메논 교수는 막 임관한 판사들을 연수시키기 위해 보팔에 있는 국립사법연수원을 이끌고 있다.

제9장

빈민을 침략하다

우리의 상업이 확산되면서 자유의 깃발은 지구를 에워쌀 것이고, 모든 인류에게 무역을 전해주는 대양의 수로는 공화국의 총포에 의해 보호될 것이다. 그리고 우레와 같은 소리로 그 깃발에 경례할 때, 미개한 민족들은 자유의 소리가 마침내 자신들에게 말하고 있다는 것과 …… 결국 문명이 이 미개한 사람들을 위해 새롭게 동트고 있다는 것을 알게 될 것이다.

_미국 상원 의원 앨프리드 베버리지Alfred Beverage, 1898년[1]

앞 장에서 다룬 신제국주의는 빈민 구호를 위해 서구 세계가 추구했던 또 다른 중요한 특징인 군사력 때문에 가능할 수 있었다. 미군은 민주주의 및 자본주의를 확산하고 호의적인 국가를 만들기 위해 이라크와 아프가니스탄을 점령했다. 미국 정부는 이러한 군사 개입이 "테러와의 전쟁", "국가 건설", 또는 "정권 교체regime change"의 일환으로 개발을 증진시킨다고 정당화한다.

이라크 침공 이후, 미국 주도의 연합국임시행정청Coalition Provisional Authority, CPA은 2003년에 어느 곳에서도 시도된 적 없는 가장 급진적인 자유 시장 개혁을 고안했다. 스탠퍼드대학교의 경제학자인 존 맥밀런은 이 계획을 구 공산주의 국가에서 실패했던 '빅뱅'식 자유 시장 프로그램에 비유했다. 2003년, 『이코노미스트』는 이라크에 대한 CPA의 의도는 "사실상 자유 무역 지대로의 갑작스런 경제적 전환"²이었다고 기술하였다. 나오미 클라인은 2004년 9월, 잡지 『하퍼스Harper's』에 침공 이후 "영년Year Zero"의 백지 상태에서 "신보수주의적 유토피아neocon utopia"로 이라크를 변혁시키려는 시도에 대한 글을 썼다. CPA 최고 행정관인 폴 브레머Paul Bremer는 군인과 국영 기업 인력 50만 명 해고, 국영 기업 200개 민영화, 비정유non-oil 부문의 외국인 투자에 대한 제한 철폐, 최소의 세금 부과, 수입 관세의 철폐를 발표했다. 미국국제개발처USAID는 KPMG(종합 회계, 재무, 경영 자문 기업. — 옮긴이)의 컨설팅 기업인 베어링포인트Bearing Point에 이라크 최초의 자유 시장 창설을 위임했다. 제이 헬렌Jay Hallen이라는 24세의 한 미국인은 이라크의 새로운 주식 거래소를 개설할 책임을 맡았다. 21세의 대학 4학년생인 스콧 어윈Scott Erwin은 과거 딕 체니Dick Cheney의 인턴사원이기도 했는데, 집에다 쓴 편지에 자신이 "이라크 재정 관리와 국내 보안 병력을 위한 예산 문제를 돕고 있다."³고 썼다. 이것이 육군과 해군이 주둔한 상태에서 이루어지는 구조 조정의 모습이다.

하버드대학교 역사학자인 니얼 퍼거슨은 그의 2001년도 책에서 다음과 같은 제안을 했다(그리고 2004년에 낸 책에 이 제안을 다시 인용했다.).

미국은 전 세계의 자본주의와 민주주의가 안전하게 뿌리내리는 장소가 되도록 미국의 광대한 자원을 더 많이 투자해야 한다. …… 미제국이 마땅히 해야 할 역할은 이러한 제도들을 그 제도가 부족한 곳에 …… 필요한 경우 군사력을 통해서라도 …… 구축하는 것이다. 미국이 전 세계의 "불량 국가rogue state"에 민주주의를 부여한다 해도 미국 국방 예산이 GDP의 5퍼센트 이상은 넘지 않을 것이다. 이렇게 하는 데에는 또한 경제적 근거가 있는데, 이러한 국가에서 법치를 확립하는 것은 무역의 부활 및 확대와 같은 장기 배당금을 가져다줄 것이기 때문이다.[4]

미국 육군이 경제 개발을 촉진시키려는 시도를 하지 않았더라면, 경제학자인 내가 군사 개입에 대해 논평하는 것 역시 주제넘은 것으로 보였을 것이다. 그러나 근황에 대한 자세한 설명 없이도, 군사 개입은 이 책에서 하지 말아야 한다고 주장하는 바를 보여주는 완벽한 사례이다. 이는 서구가 사실상 아무런 피드백이나 책임 없이 다른 사회를 운영하려 하는 것을 말한다. 군대는 원조 기구들보다 더더욱 빈민의 이해관계와 무관하다. 사람들은 총으로 위협당한 상태에서는 신뢰할 만한 의견을 내놓지 않는다. 침략하는 군인들과 드러나지 않은 불안정은 지역 주민의 이익을 확인할 수 있는 좋은 방법이 아니다. 이를 수용하는 대상인 빈민들은 미국인들로 하여금 자신들을 돕도록 할 것인지 말 것인지에 대한 투표권도 갖고 있지 않다. 군사 개입주의자들은 본래부터 계획가들이며, 군대에는 탐색가들이란 없다.

경제학자들은 군사 정책으로 인해 서구의 경제 지원이 빈민들에게 이익을 가져다주지 못하게 될 때 틀림없이 이에 대해 반대할 것이다. 과테말라 내전 중에 USAID는 농부들에게 더 많은 정치적 발언권을 주기 위해 농촌 지도자들을 훈련시키기 위한 원조를 제공했다. 그러나 이와 같은 시기에 미국 중앙정보국CIA은 군대의 반게릴라 작전을 지원했는데, 이것은 마르크스주의자인 게릴라들과의 교전 명목으로 농부들의 정치 활동을 억압했다. 이후의 연구에서는 미국이 훈련시킨 과테말라 군대가 미국이 훈련시킨 농촌 지도자들 중 750명 이상을 살해했다는 사실이 밝혀졌다.

이 장은 다음의 질문을 던지고자 한다. 계획가들이 자행한 이러한 군사 개입이 평화, 민주주의, 발전을 도모했는가? 우리 편에 있는 사람들은 선한 사람들이었는가? 이에 대해 일화와 사례 연구를 혼용하여 이 문제의 해답을 찾아보려 한다.

냉전

이러한 개입을 연구하기 위해 이 장이 사용할 실험실은 냉전이다. 여러 미국 대통령들은 그들이 빈국에서 냉전에 맞서 싸워야 했다고 생각했다. 소련이 지원했던 정권에 대항하는 사람은 누구나 미국의 군사 원조를 받을 수 있는 "자유의 전사freedom fighter"였다. 소련에 지나친 공감을 보였던 일부 정권은 CIA의 공작으로 전복되었다.

내가 냉전에 초점을 맞추는 이유는 장기적 결과를 평가하는 데 충분할 만큼 개입이 이미 오랫동안 지속되어왔기 때문이다. 오늘날 군사 개입을 논의하는 사람들은 종종 냉전을 하나의 일탈로 제쳐놓는다. 오늘날 서구의 군사 개입을 지지하는 세력들은 군사 개입을 민주적 자본주의를 소개하는 시도로 본다. 이와 대조적으로, 냉전에서 미국인들은 공산주의보다 더 나은 체제가 …… 민주적 자본주의임을 제3세계 국가들에게 납득시키려고 했다. 미국인들은 냉전의 추악한 과거 속에서 일부 독재자들을 동맹 세력으로 맞아들였다. 미국의 여러 차례의 군사 개입에는 일부 동일한 인물들이 연루되었다. 예를 들면 딕 체니 부통령은 1975년 앙골라 개입 기간 동안 제럴드 포드Gerald Ford 전前대통령의 수석 보좌관이었고, 1980년대에는 니카라과의 콘트라(Contra: 좌파 정부인 산디니스타민족해방전선에 반대하는 게릴라 세력 — 옮긴이)와 앙골라의 반군 지도자 조나스 사빔비Jonas Savimbi를 지원하는 데 의회 지도자로서 영향력을 행사했다. 존 네그로폰테John Negroponte는 1981~1985년에 온두라스 주재 미국 대사로서 니카라과의 콘트라에 대항하는 전쟁의 최전선에 있었고(온두라스는 미국의 중앙아메리카 테러 작전 기지가 있었으니, 니카라과 반군의 배후 조종은 온두라스 대사의 주요 업무였다. — 옮긴이), 2004~2005년에 이라크 주재 미국 대사를 역임했다. 냉전의 경험은 오늘날에 몇 가지 교훈을 남기고 있다. 나는 오늘날 인도주의적 군사 개입이 냉전 시기 군사 개입에 대한 획기적인 개선책이었는지 아니었는지를 알아보기 위해 이 장의 마지막 부분에서 이를 간단히 재고해보려 한다.

냉전 기간 중 미국의 군사 개입을 지지한 사람들은 선한 의도를 가지고 있었다. 공산주의는 악한 경제 및 정치 체제였다. 소련은 빈국에 간섭을 했고, 그에 대한 반응으로 미국의 간섭이 요구될 수 있었다. 아마도 소련의 지원을 받은 일부 나쁜 정부를 제거하기 위해 군사 행동이 반드시 필요했을지도 모른다.

그러나 심지어 나쁜 정부의 정치적 반대파들조차도 그들을 근대화하기 위한 미국의 침공에 대해서는 감사하는 마음이 거의 없다. 나는 미국의 안보나 냉전에서의 승리를 위한 군사 개입의 필요성에 대해서 논평하지는 않겠다. 이는 미국 국내 안보를 위해 현행의 군사 개입이 반드시 필요한지에 대해 내가 할 말이 없는 것과 마찬가지이다. 그러나 빈국을 위한 냉전적 개입의 영향에 대해서는 논평하려 한다. 빈국들은 오늘날의 군사 개입이 미칠 수 있는 영향에 대한 몇 가지 교훈을 얻게 될 것이다. 백인의 의무가 빈민들보다 부자들의 이익에 더 많은 비중을 두는 현실을 고려하면, 서구가 이를 통해 얻는 근소한 이익은 비서구 지역이 부담해야 할 높은 비용을 정당화하기에 충분했다. 다음의 목록들은 우리가 어디서부터 출발해야 할지를 알려준다.

표 8 냉전적 개입 사례

개입 내용	부정적 영향	미국에 주는 한 가닥 희망
베트남전, 1961~1975년	미국인 5만 8000명 사망 공산주의자들의 계속된 베트남 지배 베트남은 최빈국에 속함 수백만 명의 베트남인 사망	미국 내 베트남 식당의 급증
캄보디아, 1970~1973년 친미 군사 지도자 지원 미국의 침공과 폭격	크메르루주의 제노사이드 베트남의 캄보디아 침공 현재 최빈국에, 부패도가 높고, 폭정이 심각한 국가로 분류됨	캄보디아 음식에 대한 평판도 좋음

개입 내용	부정적 영향	미국에 주는 한 가닥 희망
아프가니스탄 내 반소비에트 무자헤딘(이슬람 무장 독립 단체. — 옮긴이)의 무장, 1979년부터 현재까지	소련 철수 이후에도 내전과 혼란 상황 지속 파키스탄의 불안정화 무자헤딘이 9·11 공격의 범인들을 지원	CIA는 9·11 사태 이후 무자헤딘과 교전으로 훈련이 많이 됨
CIA가 지원하는 과테말라 쿠데타, 1954년	수십 년간 내전 및 살인 분대 지속 인디오에 대한 제노사이드	과테말라 수공예품 시장이 미국에서 성행
한국 전쟁, 1950~1953년	남북한 한국인 250만 사망 불량 국가인 북한을 남김 북한은 기아와 핵무기 생산을 동시에 감당할 수 있는 유일한 국가	미국의 동맹국인 한국이 있음을 감사할 것!
CIA가 지원하는 이란 쿠데타, 1953년	샤(이란 국왕. — 옮긴이)의 압제 호메이니의 혁명 인질 사건 이란은 핵무기를 추구하는 성직자들이 지배하고 있음	망명한 이란 인재들이 미국이 운영하는 국제기구에서 일할 수 있게 됨
미군 기지와 미국의 소리 방송국 건립 대가로 1945~1985년에 거액의 대외 원조와 함께 라이베리아 독재자들을 지원	라이베리아는 1985년 이후 군벌인 찰스 테일러 치하에서 붕괴 테일러는 시에라리온과 코트디부아르 내전도 점화	과테말라에서 미국 TV 설교자 팻 로버트슨이 테일러와의 이익이 되는 비즈니스 거래를 추구
소련이 지원한 소말리아에 대항해 에티오피아의 하일레 셀라시에Haile Selassie를 지원	군대의 셀라시에 전복 및 소련과의 동조 20여 년간의 내전 에티오피아는 전 세계 최빈국 중의 하나	1985년의 에티오피아를 돕기 위해 열린 라이브 에이드 콘서트는 20년 후 아프리카를 돕기 위한 라이브 에잇 뮤지션들에게 좋은 경험이 됨

개입 내용	부정적 영향	미국에 주는 한 가닥 희망
소련이 에티오피아를 지원하자 미국이 소말리아 지원으로 돌아섬	전쟁과 기근으로 에티오피아-소말리아의 파괴 소말리아 국가의 붕괴 및 혼란으로의 추락 1994년 미국 개입의 실패	『블랙 호크 다운Black Hawk Down』은 훌륭한 책이자 영화
마르크스주의 반란군에 대항하는 엘살바도르 군대 지원, 1980년대	12년간의 내전으로 7만 명 사망 미국 가톨릭 수녀들과 같은 위험한 게릴라들을 우익 살인 분대가 강간, 살해	엘살바도르 난민들이 절박한 처지의 미국 주부들에게 저렴한 가정부로 고용됨
소련의 지원을 받는 산디니스타에 대항하는 니카라과 반정부 세력 콘트라를 후원, 1980년대	양측 모두에 잔학 행위를 일으키는 내전 발생 부패한 좌파들에 의해 니카라과 경제 파괴	1990년에 부패한 좌파가 축출되고, 현재 부패한 우파가 등장
루뭄바 암살 자이르에서 친서방파 모부투를 지원	모부투의 수십억 달러 착취 국가 붕괴 자이르의 모든 인접국들의 간섭을 통한 내전	미국 및 스위스 은행 산업에 자극을 줌
소련이 지원한 앙골라 정부에 대항하는 조나스 사빔비 후원, 1975년과 1980년대	여하튼 정부의 승리로 끝남 소련인과 쿠바 인이 떠난 뒤 내전이 지속되고 미국 원조는 중단 사빔비는 권력에 목마른 군벌 지뢰 수가 국민 수를 초과 엄청난 광물 자원이 있음에도 오늘날 큰 불행을 겪고 있음	아무 희망도 생각할 수 없음

이러한 국가들이 오늘날 얼마만큼의 평화적이고 민주적인 자본주의를 갖추고 있는지 좀 더 체계적으로 증명해보기로 하자. 2004년부터, 표 8에 설명된 전형적인 국가는 민주주의 지수의 하위 15퍼센트에 속했고, 법치 지수의 하위 18퍼센트, 경제적 자유 지수의 하위 22퍼센트에 포함되었다. 통계적으로, 표 8에 있는 냉전 국가들은 세계은행 연구원들이 평가한 여섯 개 항목 모두에서 다른 개발 도상국들보다 제도적 결과에서 훨씬 좋지 않은 성적을 내고 있다. 그 항목으로는 민주주의, 정치적 안정, 정부 효율성, 규제 수준, 법치와 부패가 포함되었다.

백인의 의무의 다른 측면과 마찬가지로, 냉전적 개입과 관련하여 선택의 문제가 있다. 미국이 냉전 기간 동안 개입하기로 선택한 국가들은 이미 혼란이 극에 달한 상태였다. 이 국가들은 이미 전쟁 중이거나, 공산주의 혁명 또는 위협에 처해 있었거나, 미국의 개입 없이도 어쨌든 전쟁을 치루고 있었을 것이다. 또한, 냉전의 양 진영이 이러한 많은 사례에 개입했기 때문에, 국가들이 처하게 된 상황이 미국인들의 잘못인지 공산주의자들의 잘못인지를 구별하기가 어렵다. 그러나 기억해야 할 것은 미국인들은 "냉전에서 이겼다."고 말한다는 사실이다. 미국인들이 냉전을 수행했던(그리고 그들을 위해서 싸웠다고 여겨지는) 빈국 대부분이 여전히 그리 좋지 않은 상황에 있다면 과연 승리는 누구의 것인가? 표 8을 대충 한 번 훑어보기만 하더라도 미국의 개입이 없었다면 상황이 더 악화되었을 거라고 믿기는 어렵다.

그러나 개입과 그로 인한 결과에 대한 표면적 조사의 한계를 뛰어넘기 위해, 미국의 개입이 어떻게 이뤄졌는지에 대한 좀 더 자세한 사례 연구를 살펴보자.

니카라과

> 당신은 …… 내 글에 표현된 슬픔을 어떻게 읽을 수 있을지 알 것
> 이다. …… 멀어져가는 기억과 흑인의 불행에 대한 나의 슬픔
> 을…….
>
> 니카라과 시인 루벤 다리오Rubén Darío, 「야상곡」, 1983년

우파와 좌파 모두는 1980년대 니카라과의 콘트라 전쟁을 뚜렷한 성
과로 꼽았다. 우파는 '자유의 전사'를 위한 레이건의 지원을 받아 냉
전 말기에 승리를 거두면서 결국에는 공산주의자인 산디니스타를 권
좌에서 축출했다. 좌파는 좌파대로 니카라과 농민들을 살해하는 자객
들에 대한 레이건의 군사 원조를 차단시키는 데 성공했다고 본다. 원
조 차단 이후, 니카라과의 콘트라 전쟁은 종식되었다. 좌파의 시각에
서 영웅적인 민족주의자들인 산디니스타는 선거 패배 이후 자발적으
로 권력을 내어줄 때까지 권력을 유지했다고 보았다. 좌파와 우파는
모두 일부 상황에 대해서 정확한 견해를 가지고 있었다. 즉 좌파는 미
국이 개입하지 말았어야 한다고 말했고, 우파는 소련을 등에 업은 산
디니스타가 나빴다고 주장했다. 반대로 말하면 미국의 좌파이든 또는
우파이든 간에 니카라과 인들에게 무엇이 최선의 선택이었는지를 결

정할 충분할 자격을 가지지 못했다는 것이다. 좌파는 산디니스타가 니카라과 인들을 위한 책임을 다하길 원했지만, 우파는 끔찍스럽기는 마찬가지인 콘트라가 니카라과 인들을 위해 책임을 다하길 바랐다. 결국 니카라과에는 국민 시인 다리오가 수십 년전에 묘사했던 슬픔만 이 남았다.

킬랄리의 냉전

워싱턴의 보수주의자나 자유주의자 그 누구도 온두라스 국경 근처 니 카라과 북동부 산맥의 작은 도시인 킬랄리에 대해 들어보지 못했다. 전쟁 기간 동안, CIA가 지원 공급한 것으로 콘트라(레이건은 콘트라에 대해 "건국의 아버지들에 필적하는 도덕성을 가졌다."고 말한 바 있다.)가 설 치한 지뢰는 킬랄리의 승객들을 태운 버스를 폭파시켰다. 이 사건으 로 17명이 죽었다. 그중에는 남자 열 명, 여자 두 명, 어린이 다섯 명 이 포함되었다. 가장 어린 희생자는 4개월 된 후안 카를로스 페랄타 Juan Carlos Peralta였다. 킬랄리의 초상집에서, 친척들은 흰색 천에 싸 인 후안의 시체가 놓여 있는 테이블 주위에 모였다. 꽃들로 시신을 둘 러싸고 발밑에는 촛불을 켰다. 그의 아버지는 콘트라의 지뢰가 버스 를 폭파시켰을 때 사망해 경야(장례식을 치르기 전에 가까운 친지들이 관 옆에서 밤을 새우는 일 — 옮긴이)에 참석할 수 없었다. 그 폭파 사건으 로 중태 상태인 그의 어머니 또한 이 경야에 참석할 수 없었다.[5]

무고한 시민의 죽음은 우연히 발생한 것이 아니었다. 1980년대에 인권 단체 아메리카스워치Americas Watch는 산디니스타와 콘트라에 의한 학대 사례를 언급했지만, 시골 지역의 "계획적인 테러의 활용"에 대해서는 콘트라만을 언급했다. 이 테러 작전은 민간인의 생명에 대한 고려 없이 CIA가 공급한 지뢰를 묻는 것이다. 콘트라는 산디니스타가 전쟁을 초래했고 농민들을 보호할 수 없었다는 것을 농민들에게 각인시키길 원했다. 모든 콘트라 폭력이 멀리 있는 것은 아니었다. 콘트라는 교사들과 커피 열매를 수확하는 농부들까지 산디니스타와 어울렸던 모든 민간인을 현장에서 처형했다.

콘트라의 수많은 군사적 승리에는 콘트라의 스파이들이 적군이 사라졌다고 보고하면 농민 협동조합을 부숴버리고, AK-47를 주거지에 난사한 것도 포함되었다. 이네스 델가도Inés Delgado는 1983년 12월 18일에 있었던 킬랄리의 엘코코 조합에 대한 공격을 다음과 같이 기억한다. "사람들은 탄약이 동이 나면 죽임을 당했고, 콘트라는 그들의 목을 베었다. 그들은 한 집에 마구잡이로 발포를 하고 침대 밑에 숨어 있는 아이들을 살해했다. 그리고 왕진 의사의 눈을 도려내기도 했다."[6]

미국 정부는 콘트라의 만행에 대해 알고 있었다. 그들은 "미국의 안보"에 대한 "위험 증대"로부터 미국을 방어하기 위해 살인적인 콘트라가 필요했던 것 같다.[7] 미국의 대통령은 평균 소득 420달러로 살고 있는 340만 인구의 이 국가가 어떻게 세계의 가장 강력한 국가를 위협할 수 있는지 자세하게 설명하지 않았다. 단지 그들이 "미국에 중요한 카리브 해 항로를 이용하지 못하게 할 수 있다."고만 언급했다. (기아에 처한 공산주의자들이 유람선의 항해를 방해하는 것일까?)[8]

후안 카를로스 페랄타의 유가족은 킬랄리에 사는 이웃인 갈레아노 가족에게 동병상련을 느낄 것이다. 전쟁 중에, 산디니스타 정부의 국가보안부 요원들이 킬랄리의 자택에 있던 갈레아노의 장성한 아들인 카탈리노 갈레아노Catalino Galeano를 앗아갔다. 그는 다시는 아들을 볼 수 없었다. 산디니스타의 통치 기간 동안 이러한 실종 사례는 한 번으로 그치지 않았다. 미국과 유럽의 좌파들이 이상적으로 본 산디니스타는 쿠바, 소련, 북한의 권고로 국가보안부 체계에 많은 투자를 했다. 과거에 독재자 소모사Somoza는 300여 명의 비밀경찰을 두었고, 산디니스타는 3000명 이상의 비밀경찰을 두었다.[9]

킬랄리의 갈레아노 가족은 많은 콘트라 지지자들을 포용했기 때문에 국가보안부(이 국가보안부의 수장은 레닌 세르나Lenin Cerna라고 불렀다.)에 나쁜 평을 받고 있었다. 갈레아노 집안은 소모사에 대항하여 산디니스타와 함께 싸웠던 프란시스코 갈레아노Francisco Galeano가 국가보안부 요원에게 체포되어 라페레라 감옥에서 고문을 당하고, 부인이 요원들에게 윤간을 당하는 것을 보고 나서 거세된 이후, 더 많은 콘트라 지지자들을 얻게 되었다. 후안 카를로스 페랄타와 킬랄리의 카탈리노 갈레아노는 콘트라 전쟁 동안 사망한 3만 865명 중 두 사람이었다.[10]

콘트라가 과거 국가방위군 신분의 CIA 용병이었다고 믿는 미국 좌파 세력의 믿음과는 대조적으로, 콘트라는 (그들이 민간인에게 자행한 폭력에도 불구하고) 북동부 산맥에서 니카라과 국민들의 상당한 지지를 받았다. 토지 문제를 제외하고, 지역민들은 (정치적으로 영향력 있는 도시인들에게 식량을 싸게 공급하도록) 자신들의 곡물과 가축을 싼 가격에 국가에 판매를 강요받는 현실과 (소련식 경제 체제가 어디에나 퍼져 있었음을 증명하는) 때때로 준비도 안 된 배급 식량을 얻기 위해 긴 줄을 서야 하는 것에 대해 불만을 가지고 있었다.

그러나 CIA가 이미 좋지 않은 상황을 더 악화시켰다는 좌파의 생각은 옳았다. 살상 무기를 전장에 투입하는 것은 니카라과 인들에게 유익하지 못했다. 한 콘트라 창설자에 따르면, CIA는 "니카라과에 많은 해를 가할 수 있는 능력"을 콘트라가 갖추도록 했다. CIA는 콘트라에게 "게릴라전, 사보타주, 폭파에 대한 훈련과, 공격용 자동 소총, 기관총, 박격포, 유탄 발사기, 그리고 …… 클레이모어 지뢰(작은 금속 파편을 비산시키는 지뢰 — 옮긴이) 사용을" 훈련시켰다. CIA 국장인 윌리엄 케이시William Casey가 국가 이름을 "니카와와Nicawawa"로 잘못 말해, CIA 측근들이 "당신이 발음할 수도 없는 국가의 정부는 전복시킬 수 없다."[11]고 말하기까지 했는데도, CIA는 이러한 일들을 이루어 냈다.

중앙아메리카에 대해 로널드 레이건 대통령이 품은 비전은 산맥의 현실을 반영하지 못했다. "금세기의 앞으로 남은 기간 동안 자유와 민주주의 이상의 점진적 성장을 보고 싶다면, 민주주의를 위한 군사적 지원 행동을 반드시 취해야 한다. …… 출애굽(구약 시대 유대인들이 이집트(애굽)에서 탈출한 사건 — 옮긴이) 이후, 역사가들은 자유를 위해 희생하고 싸워온 사람들에 대해 기록해왔다. 즉 테르모필라이에서의 저항, 스파르타쿠스 반란, 바스티유 습격, 2차 세계 대전 당시의 바르샤바 봉기 등이 바로 그것이다."[12]

레이건은 단지 엘살바도르의 마르크스주의 게릴라에게 제공되는 산디니스타의 무기 공급을 방해할 목적으로 산디니스타와의 전쟁을 의회로 하여금 승인하게 했다. 의회는 "니카라과 정부를 전복시킬 목적"의 미국 원조를 금지했던, 비밀 원조 법안에 반대하는 수정안(볼랜드 수정안Boland Amendment)을 통과시키기까지 했다. 그리하여 의회는 니카라과 정부 전복을 목표로 하는 콘트라에 원조를 지급했다.[13]

모호하게 둘러대는 언행이 미국 의회에서 계속적으로 콘트라 문제의 성격을 규정하게 되었다. 콘트라 원조에 대한 더 심도 있는 정치적 논의 이후, 상원은 콘트라에 "인도주의적 원조"를 해주기로 절충안을 냈다. 미국 하원 의원들이 새롭게 정의한 "인도주의"에는 트럭, 헬리콥터, 통신 장비가 포함되어 있었는데, 이 장비들이 "인체에 심각한 손상 또는 사망을 불러일으키는 데 사용되지" 않는 한 그렇다는 것이다.

탁월한 저술을 통해 이곳 킬랄리에 대한 많은 자료를 제공하고 있는 린 호턴Lynn Horton에 따르면, 협동조합은 원래 킬랄리에 있을 것이 아니었다. 산디니스타가 산속에서 은신하고 있던 소작농들을 강 유역의 산디니스타의 협동조합을 위한 자력 방위 민병대에 참여하도록 이들을 재정착시킨 것이다.[14] 1986년 7월 28일, 산디니스타 군대가 작전 수행을 위해 멀리 가 있다는 소식을 들은 40명의 콘트라가 어느 강 유역의 협동조합을 공격했다. 이 공격으로 어린아이 세 명을 포함하여 주민 여섯 명이 살해당했고, 스물 다섯 명이 부상당했다. 의회는 이런 종류의 인도주의적 이니셔티브에 혐오감을 가져, 1987년 결국 콘트라에 대한 원조를 중지하였다. 이러한 원조 차단은 콘트라의 실책보다는 이란-콘트라 사건(1986년 10월, 미국은 이란에 인질로 잡혀 있던 자국민을 돌려받는 대가로 레이건 대통령 승인하에 이란에 무기를 밀수출하고, 그 대금을 산디니스타 정부를 무너뜨리기 위해 콘트라에게 지원한 사건. — 옮긴이)에서 불거진 레이건 행정부의 실책과 더 깊은 관련이 있었다. 코스타리카의 오스카르 아리아스Oscar Arias 대통령은 (다른 중앙아메리카 대통령들의 지원으로) 니카라과와 평화 수립 계획을 협상했고, 그 공로로 노벨 평화상을 수상했다. 그 협정의 일환으로, 산디니스타는 민주 선거를 실시하는 데 동의했고, 이에 대해 산디니스타와 공평한 입장의 국제 감시단은 모두 그들이 이길 것으로 생각했다.

그러나 니카라과 인들과 킬랄리 인들은 미숙한 사회주의와 끝없는 전쟁을 원하지 않았다. 1990년 2월 25일에 실시된 선거에서, 소모사 항전 희생자의 미망인이며 야당 연합의 후보인 비올레타 바리오스 데 차모로Violeta Barrios de Chamorro가 55퍼센트의 지지를 얻어 41퍼센트의 득표를 한 다니엘 오르테가Daniel Ortega를 누르고 대통령에 당선되었다.

전후戰後의 킬랄리

1990년 5월과 9월 사이에, 약 500여 명의 구舊 콘트라와 1000여 명의 민간인 가족들이 온두라스의 난민촌에서 킬랄리로 돌아왔다. 미주기구OAS는 주방 가재도구, 연장, 아연 도금 지붕, 현금 50달러를 비롯한 각종 구호품을 구 콘트라에 제공했다. 구 콘트라는 일부는 자신들의 행동 때문에 그렇게 되었지만, 킬랄리의 기반 시설이 많이 파괴되었고 토지의 3분의 1이 휴한지가 되었음을 알게 되었다. 이 전쟁은 킬랄리 주민 300명을 죽음에 이르게 했고, 미망인과 고아 900여 명을 남겼다. 그 외에 주민 185명이 영구 장애인이 되었다. 1991년 조사에 따르면 킬랄리 인의 23퍼센트만이 우유를 규칙적으로 섭취할 수 있었고, 30퍼센트만이 육류를 섭취했으며, 70퍼센트는 (네 명에서 열 명의 가족이 한 방에서 숙식하는) 비좁은 집에 살고 있는 것으로 알려졌다. 열 살 이상 인구의 절반이 문맹이었고, 전체 어린이의 절반가량만 초등학교에 다니고 있었다.[15]

당시 대통령이었던 차모로는 구 콘트라에 토지를 무상으로 불하한다는 약속을 지키지 않았다. 미국도 옛 동맹 세력이 어려움에 처했는데도 관심을 보이지 않았다. 일반적으로 올곧은 성향을 가진 옛 전투병들은 이 문제를 자신들의 손으로 해결하려 했다. 킬랄리에서 구 콘트라의 스물 다섯 가구는 동원 해제 기간 동안 정부가 약속했던 토지를 되찾기 위해 1991년 2월 18일 파날리 협동조합의 땅에 침입했다. 파날리 협동조합원들은 이들과 대치했고, 칼로 무장한 두 집단 농부들 사이에 교착 상태가 이어졌다. 수년이 지난 후에도 그 갈등은 여전히 해결되지 않았고, 구 콘트라는 계속 그 토지를 점유하고 있다. 이들은 토지 소유권을 보유하지 못했기 때문에 은행 대출도 할 수 없었다. 구 콘트라에 토지를 잃은 파날리 협동조합원들은 그 어떤 보상도 받지 못했다.[16]

이 이야기는 국가적으로 혼란스러운 토지 문제의 징후를 보이고 있었다. 토지를 빼앗긴 혁명 이전의 토지 소유자들, 조합 회원들, 구 콘트라, 구 산디니스타, 그리고 이들에게서 토지를 매입한 투기꾼들

그림 30 1950~2002년의 니카라과의 1인당 소득

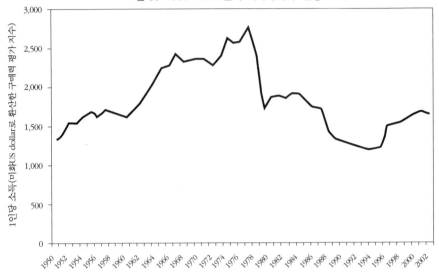

은 동일한 작은 토지들을 두고 경쟁했다. 차모로 정부는 자체적인 토지 개혁 프로그램으로 상황을 더욱 심하게 혼란스럽게 만들었다. 구 콘트라, 구 산디니스타, 그리고 이 두 집단의 혼합체는 토지를 위해 일부 농촌 지역에서 무기를 들었다. 2003년에 IMF는 이 상황을 "재산권의 부적절한 보호"[17]라고 요약했다. 누가 토지를 소유했는지에 대한 불확실성과 함께, 농업 생산량은 신정부 집권한 뒤에도 잘 만회되지 않았다.

탈혁명 시대의 니카라과 경제 성장은 산디니스타 치하에서처럼 비참하지는 않았지만 경기 침체에 빠져 부진하였다(그림 30 참조).

니카라과는 1990년대에 물밀듯 쏟아진 원조 자금에도 불구하고 경제 회복에 실패했다. 1990년부터 1999년까지의 원조 유입은 평균적으로 니카라과 총세입의 40퍼센트를 차지했다. 세계은행, 미주개발은행IDB, IMF는 다시 한 번 원조를 제공했다(그들은 1980년대 초반에 미국의 강한 압력으로 원조를 중지했다. 세계은행은 산디니스타의 실정과 미국의 개입을 "1980년대 경제·정치적 무질서"로 규정했다.).[18]

니카라과 정치도 혼돈 상태에 머물렀다. 최초의 두 포스트 산디니스타post-Sandinista 대통령인 비올레타 차모로와 아르놀도 알레만Arnoldo Alemán에 대하여 극심하게 학대를 받았던 니카라과 인들은 다음과 같이 말하였다. "산디니스타가 소모사를 성자로 만드는 데는 12년이 걸렸다. 비올레타는 산디니스타를 성자로 만드는 데 불과 5년이 걸렸다. 알레만이 비올레타를 성자로 만들려면 2년 정도밖에 필요치 않을 것이다."[19]

다니엘 오르테가는 차모로에게 패한 이후 두 번의 대통령 선거에서 낙마했다. 현재 대통령인 엔리케 볼라뇨스Enrique Bolaños는 전임 대통령인 알레만을 총체적 부패 혐의로 수감시켰다(이 책이 출간된 뒤인 2006년 대통령 선거에서 오르테가가 승리함으로써 현재는 오르테가가 대통령직을 수행하고 있다. ─ 옮긴이). 2003년 IMF는 니카라과의 문제가 "취약한 통치 및 법치"의 한 사례이며, "공공 부문 비효율성"의 한 사례라고 말한 바 있다.[20]

우리가 테러와의 전쟁을 위한 새로운 개입을 추구할 때, 미국인들은 냉전 사상 가장 유명한 교착 상태가 벌어졌던 곳에 대해서는 대부분 잊어버렸다.

앙골라

얼마나 많은 사람이 이 전쟁으로 죽었는가? 얼마나 많은 집이 버려졌고, 얼마나 많은 난민들이 이웃 국가에 피난을 갔으며, 얼마나 많은 가족들이 헤어지게 되었는가? 무엇을 위해서? 나는 이 모든 고통을 생각하면, 개인적인 희망은 파괴되고, 미래는 산산조각 난다. 나는 분노를 느낀다. 무기력한 분노를.

앙골라 소설가, 페페텔라Pepetela[21]

헨리 키신저Henry Kissinger는 1975년 12월 앙골라에서 소련이 후원하는 독립운동 진영과 미국이 후원하는 독립운동 진영의 대리전 격의 교착 상태에 대한 우려를 표했다. "나는 소련이 승리하고 우리가 아무것도 하지 않는 것을 아프리카 인들이 보게 될 때 그들이 보일 반응이 염려됩니다. 또 유럽 인들은 미국이 루안다를 지킬 수 없다면 어떻게 유럽을 방어하지[?]라고 스스로 되묻게 될 것입니다."[22] 이렇게 아프리카와 유럽을 공산주의로부터 구출해준다는 미국의 명성에 대한 상상은 앙골라에서 발생할 수십 년에 걸친 폭력 사태의 동기가 되었다.

앙골라 역사 속의 백인

구세주를 자칭한 유럽 인들과 앙골라와의 비극적인 관계는 과거로 거슬러 올라간다. 루안다는 20세기에 냉전의 최전선으로 다시 태어나기 훨씬 전인 16세기부터 포르투갈의 노예항이었다. 포르투갈은 루안다에서 아프리카 중개업자들에게서 노예를 매수하기 위해 내륙으로 노예 사냥꾼들을 파견하고, 노예들을 브라질과 쿠바로 호송했다. (이러한 쿠바 노예의 후손들 가운데 일부는 앙골라 내전에서 참가한 카스트로Castro 원정군이 되어 4백 년 뒤 앙골라로 돌아갔다.)

16세기 포르투갈 인들에 의한 첫 번째 희생자는 음분두 족Mbundu이었다. 이들은 20세기 후반에 독립 투쟁을 위한 마르크스주의 게릴라인 앙골라인민해방운동MPLA의 후원자가 되었다. 18세기경에 포르투갈 인들은 앙골라의 내륙 고원인 플라날투(planalto: 고원이라는 뜻의 포르투갈어. 앙골라 전체 면적의 60퍼센트를 차지한다. — 옮긴이)에 도착했고, 오빔분두 족Ovimbundu을 노예로 부렸다. 오빔분두 족은 앙골라완전독립민족동맹UNITA의 토대 역할을 했다.[23] 연안의 소수 포르투갈 인구는 대부분 남성들이었고, 이에 따라 메스티소로 알려진 혼혈 인종이 생겨났다. 19세기 후반에 소수의 아프리카 인종 집단이 선교사가 설립한 학교에 다녔고, 포르투갈어를 유창하게 말할 수 있도록 교육을 받았다. 그들은 아시밀라두assimilado로 알려졌다. 아시밀라두와 메스티소는 정부 관리와 무역업자로서 식민지 내에서 주도적인 역할을 했다.

그러나 1920년에 포르투갈은 포르투갈 정착민들을 위해 정부 내 아프리카 인들의 역할을 크게 제한하기로 결정하였다. 1932년부터 1968년까지 포르투갈은 안토니우 살라사르António Salazar 독재 치하에서 해외 팽창 정책의 일환으로 앙골라를 합병시켜, 백인 포르투갈 정착민들에게 그곳에 살도록 보조금을 지급했다. 전과자 같은 사회 밑바닥의 포르투갈 인들은 이 제안을 크게 환영하며 받아들였다. 그들은 설명이 필요없는 죄수인 데그레다두degredado로 알려졌다. 이 백인 죄수들을 우대하기 위해 아시밀라두와 메스티소 집단의 신분 상승을 제한한 조치는 왜 이 집단들이 포르투갈에 반대하는 반식민지 폭동의 주역이 되었는지를 설명해준다. 아시밀라두와 메스티소는 음분두 종족 집단과 함께 MPLA를 창설했다.

오빔분두 종족은 포르투갈 인에 대해 상반된 역사를 가지고 있다. 플라날투의 오빔분두 지역에 대한 백인들의 침입 증대는 두 집단 사이에 긴장을 조성하였다. 백인 정착민들은 900~1500미터 지대에 한 정착민이 말한 바와 같이 플라날투의 "항상 봄" 같은 온화한 기후는 백인 정착민들이 이 지역을 선호하게 만드는 주요한 원인이 되었다. 1902년에는 급작스런 사태로 인해 포르투갈 인에 대한 오빔분두 족의 전면적인 반란이 촉발되었다. 오빔분두 족은 아시밀라두와 메스티소를 식민지 건설의 일부분으로, 따라서 적의 일부분으로 보았다. 포르투갈 인들은 앙골라 다른 지역의 아프리카 군대를 활용해 그로부터 몇 개월 안에 반란군을 진압했고, 오빔분두 족 지도자들을 추방시켰다. 이렇게 처벌을 받은 이들 중에는 왕실 고문이었던 사카이타 사빔비Sakaita Savimbi가 있었다. 그의 손자인 조나스 사빔비는 1975~2002년 앙골라 내전 기간 동안 오빔분두 족의 지도자가 되었다.

그 이후, 20세기를 거치는 동안 메스티소와 오빔분두 족은 입장이 뒤바뀌었다. 메스티소가 포르투갈 인들에 대해 적대적이 된 반면, 오빔분두 족은 순응적인 식민지 국민이 된 것이다. 오빔분두 족은 지역민들의 반대 속에서 백인이 소유한 커피 농장에서 일하기로 합의했는데, 이곳은 전통적으로 음분두 족이 거주해왔던 본거지였다. 음분두 족, 메스티소, 아시밀라두는 오빔분두 족을 배반자라며 경멸하였다.[24]

1959년에 창설된 MPLA의 초대 지도자는 메스티소 지식인이며 시인이었던 마리우 데 안드라데Mário de Andrade였다. 두 번째 지도자는 아고스티누 네투Agostinho Neto라는 아시밀라두 시인이었는데, 그는 1975년 신생 독립한 앙골라의 초대 대통령이 되었다. 유럽 열강이 다른 식민지들에 독립을 부여했을 때, 포르투갈은 앙골라가 식민지로 남아야 한다고 계속 주장했다. 따라서 MPLA와 UNITA는 1961년의 폭동을 기점으로 1960년대에 독립을 위한 게릴라전에 착수했다.

역설적인 사실은, 앙골라의 백인 정착민이 최대 증가한 시점이 2차 세계 대전 말부터 1975년에 독립할 때까지, 식민지 생성의 마지막 25년 동안에 이뤄졌다는 것이다. 2차 세계 대전 이후 높은 커피 가격은 새로운 백인 정착민들에게 많은 이익을 가져다주었고, 이들은 내륙에서 더 많은 커피 농장을 시작했다. 1975년 앙골라에는 33만 5000명의 백인들이 있었는데, 이는 전체 인구의 5퍼센트를 차지했다. 백인들은 주로 앙골라 경제의 경영자, 상업적 농부, 자영업자, 기술자들로 구성되었다.[25]

포르투갈 식민주의자들은 다른 아프리카 식민지보다 앙골라의 탈식민화를 더 망쳐놓았다. 1975년 포르투갈에 사회주의 정부가 집권한 이후, 식민주의자들은 게릴라 운동 세력들이 서로 끝까지 싸우도록 내버려두면서, 누가 권력을 인수하든지 상관없이 서둘러 앙골라에 권력을 이양했다. 백인 공동체는 포르투갈로 한꺼번에 귀국했고, 이는 앙골라 경제 전반을 단숨에 도려내는 것과 같았다. 앙골라는 내전과 정착민 탈출이라는 두 번의 타격을 결코 만회하지 못하였다.

1975년의 내전

권력 분점과 선거에 합의하기 위해 모인 세 명의 이기적이고 독선적인 앙골라 지도자들이 보인 무능력함은 1975년 앙골라 내전의 주요 요인이 되었다. MPLA 지도자였던 아고스티누 네투, UNITA 지도자였던 조나스 사빔비, 앙골라해방민족전선FNLA ── 주로 북부의 바콩고 종족 집단에서 근거지를 두었다. ── 의 지도자였던 올덴 호베르투Holden Roberto는 앙골라 내전에서 끝까지 싸우기로 했다.

세 명의 앙골라 지도자들에게는 세 파의 백인 후원자들이 있었다. 잇따른 내전은 앙골라 내의 소련, 미국, 남아프리카공화국의 개입으로 더욱 파괴적인 양상을 띠게 되었다. 소련은 MPLA에 무기를 대량으로 쏟아내기 시작했다. 소련 무기에 대한 미국의 전형적인 대응은 소련 후원자들과 교전을 벌이는 쪽에 무기를 공급하는 것이었다. 미국은 자신들이 지원한 이러한 교전자 중 한 사람인 조나스 사빔비가 1965년 동유럽, 북한, 북베트남, 중국을 방문해 공산주의의 지원을 요청했던 인물이라는 점도 개의치 않았다.[26] 그는 1965년에 7월부터 11월까지 중국에 머물렀고, UNITA의 다른 열 한 명의 요원들(이들은 나중에 '중국 11Chinese eleven'으로 알려졌다.)과 게릴라 훈련을 전수 받은 바 있었다.[27] 그는 이후 마오주의Maoism의 몇 가지 특징을 흡수했고, 그중에서도 개인숭배와 프롤레타리아 독재를 받아들였다. (사빔비가 바로 그 프롤레타리아트였다.) 키신저의 세계관에 의하면, 미국이 1975년에 마오주의자 사빔비를 지원한 것은 미국과의 동맹으로부터 이탈이라는 "많은 국가들의 대외 정책에서의 중대한 변화"를 막는 데 결정적인 역할을 했다. 그러한 이탈은 "시간이 지남에 따라 미국 안보에 중대한 위협"[28]이 될 수 있었기 때문이다.

중국, 루마니아, 북한과 같은 공산주의 국가들은 앙골라의 세 번째 지도자인 올덴 호베르투를 지지했다. 그럼에도 키신저는 호베르투의 FNLA가 가장 "친서구파"인 것으로 규정하고, 그에게 대부분의 은밀한 지원을 하기로 결정했다.[29] 그러나 FNLA는 내전에서 패배한 이후 역사의 뒤안길로 사라졌고, 과거 지지 세력의 대부분은 MPLA에 합류했다. 1975년의 UNITA와 FNLA에 대한 미국의 지원 금액은 6400만 달러였다.[30] CIA의 앙골라특별수사대 대장인 존 스톡웰John Stockwell은 이후 계획가들의 전형적인 단점을 인정했다. "이 프로그램의 명백한 약점은 우리의 동맹 세력과 앙골라 내륙에 대한 정보 부족이었다. 우리는 신뢰할 만한 정보가 부족했음에도 불구하고 두 차례의 앙골라 해방 운동을 지원하기 위한 주요 비밀 작전에 착수하였다."[31] 연속적으로 미국의 아프리카 담당 차관보를 맡았던 인사 두 명은 앙골라에서의 비밀 작전 실패를 예상했는데, 키신저는 이들을 직위해제했다.[32]

MPLA는 포르투갈이 1975년 11월 10일에 공식 철수하던 때에 수도인 루안다를 장악하고 있었다. 그래서 그들은 자신들이 UNITA와

FNLA "반군"과 투쟁하는 "합법적인" 앙골라 정부임을 표방했다. 이를 쉽사리 믿어버린 세계의 많은 국가들은 이러한 뻔한 속임수에 걸려들었고 MPLA를 "앙골라 정부"로 인식했다.

중국은 남아프리카공화국이 반MPLA 측에 개입하자 FNLA에 대한 지지를 철회했다. 남아프리카공화국은 UNITA를 지원하면서, 1975년 10월에 나미비아(국경 근처 수력 발전소를 보호한다는 명목으로 — 옮긴이) 앙골라를 침입했다. 쿠바는 1975년 11월 파병을 통해 MPLA에 대한 이전의 지원을 계속 제공하였다. FNLA는 독립 이전에 수도에 도착하려고 필사적으로 노력했지만, MPLA와 쿠바 병력은 "스탈린의 오르간"(발사될 때의 독특한 소음 때문에 소련군의 공격을 받던 독일군이 붙인 별명이다. — 옮긴이)으로 알려진 소련이 지원해준 로켓탄을 이용하여 이들을 저지했다.

UNITA와 FNLA에 대한 미국의 비밀 지원 소식은 1975년 말에 외부로 유출되었고, 이에 의회는 앙골라 정치 분파에 대한 미국의 군사 지원을 금지하는 법안(클라크 법안(Clark Amendment: 의회의 승인 없이는 앙골라의 어떠한 반군 단체에도 무기 공급을 금지하는 법안 — 옮긴이))을 통과시켰다. 남아프리카공화국 사람들은 UNITA 지원에 대한 부담을 단독으로 지고 싶지 않아서 여기에서 철수했다.[33] UNITA는 1975년 내전에서 패배했고 향후 교전을 위해 농촌의 오빔분두 기지로 후퇴했다.

조나스 사빔비와 레이건 독트린

레이건이 미국 대통령에 당선되고 소련의 동맹 정권과 교전하는 반군 세력에 원조를 지급하기로 결정하면서("레이건 독트린"), 앙골라는 다시 냉전의 중심으로 떠올랐다. 아프리카 문제를 담당하는 레이건의 측근인 체스터 크로커Chester Crocker는 사빔비에 대한 원조는 "레이건 대통령 재임 기간 동안 아프리카에 '미국이 돌아왔다.' 는 메시지가 될 것이다."[34]라고 말했다. 이러한 냉전적 계획가에 따르면, 사빔비와 UNITA에 대한 지뢰 공급은 "준비가 잘 이뤄졌는데", 이는 미국인들에게 "자신들이 승리, 즉 심리적인 승리를 달성할 수 있는 공간"을 허락하는 것이었다.[35]

냉전에서 가장 기상천외한 에피소드를 든다면, 레이건 행정부가 민주주의인터내셔널Democratic International라는 조직을 후원한 것이다. 이 조직은 니카라과의 콘트라, 앙골라의 UNITA, 아프가니스탄의 이슬람의 무자헤딘, 캄보디아의 반군을 모두 모아놓은 조직이었다.[36] 이러한 여러 집단의 대표들은 1985년 여름, 사빔비의 근거지인 앙골라의 잠바에서 만났다. 이 집단들의 민주주의적 공신력 부재는 캄보디아 대표단의 경우에 가장 심했다. 그들은 베트남이 지원하는 캄보디아 정권과 교전하기 위해 제노사이드를 저지른 크메르 루주Khmer Rouge와 동맹 관계를 맺었다.[37] 다른 집단 역시 민주적이라고 하기는 어려웠다. 레이건은 1988년에 민주주의인터내셔널에 대하여 다음과 같이 말했다. "우리의 정신과 역사 속에는 이것이 우리가 싸워야 할 전쟁이며, 이에 저항하는 사람들 모두 우리의 형제이고 자매일 수밖에 없는 무언가가 있다."[38]

　사빔비에게 민주주의를 말하는 것은 패리스 힐튼Paris Hilton에게 순결함을 말하는 것과 같다. 그는 다음과 같은 사건 기록들로 인해 명예에 손상을 입었다. 즉 (1) 부부와 세 자녀를 산 채로 태우는 등의 반대파 살해, (2) 대외 원조 인력을 인질로 유괴, (3) 가뭄 피해자를 돕는 유엔아동기금UNICEF과 식량 수송을 하는 가톨릭구조봉사단 Catholic Relief Services에 대한 공격 등 기근을 전쟁 수단으로 활용, (4) 자신에 대한 전적인 복종을 요구하는 개인숭배 행위 구축 등이다.[39]

　1986년 2월 1일에 레이건 정부의 유엔 대사인 진 커크패트릭 Jeane Kirkpatrick은 사빔비를 "우리 시대의 몇 안 되는 확실한 영웅"으로 칭했다. 로널드 레이건은 1986년에 백악관으로 사빔비를 초청했고, 미국의 지원으로 UNITA는 "세계를 깜짝 놀라게 한 승리를 이루었고, 자유를 위해 투쟁하는 이들에 대한 엄청난 공감을 불러일으키며, 타국의 지원을 받게 했다."[40]고 말했다.

　레이건 행정부는 의회로 하여금 클라크 법안을 철회하도록 했고, 군사 지원으로 앙골라 전쟁의 참화가 폭발되도록 만들었다. 체스터 크로커는 이에 대한 동기를 설명했다. "군사 지원 금지 철회는 우리가 직면했던 평형 상태를 깨뜨렸다. 이는 모스크바, 아바나, 루안다에 신호 —— 유용한 신호 —— 를 보내는 것이었다. 즉 그들이 일방적인 군사적 목표 추구를 위해 외교를 계속 핑곗거리로 활용한다면 우리가 선택권을 가질 것이라는 신호였다. 이제 우리는 그 대가를 더 늘릴 것이라고 위협할 수 있다. 이제 우리는 우리 몫을 챙길 수 있는 기초를 갖게 되었다."[41] 후일에 체스터는 자신들의 몫에 대한 대가가 "파괴된 앙골라"와 "35만 명에 이르는 앙골라 인 사망"이었다고 인정했다. 하지만 앙골라 인들은 미국에서 열리는 선거에 참여할 참정권이 없다.

크로커는 1991년 5월 31일 MPLA와 UNITA가 평화 협정에 서명하자 승리를 선언했다. "나는 우리가 한 시대의 종말을 축하하게 될걸 이미 알았다. 앙골라 인들은 타국이 남긴 유산과 타국이 초래한 갈등을 안고 살면서 겪은 수세기 동안 타국 지배 이후 자신들의 운명을 개척해나갈 수 있게 되었다."[42]

죽음에 이르는 전쟁

앙골라에 남겨진 타국의 유산은 크로커가 종말을 예견했던 것보다 더 오래 지속되었다. 미국인들은 뒤처리를 잘 하지 않는 습관을 다시 한 번 보여주었다. 그들이 보호했던 사빔비는 MPLA에 대한 선거에서 패배한 뒤 곧 평화 협정을 위반했다.

냉전이 불씨를 지핀 내전은 냉전보다 10여 년 더 지속되었다. UNITA는 다이아몬드 광산을 새로운 자금원으로 삼아 그곳에서 나오는 소득으로 암시장에서 무기를 구입했다. 역설적인 사실은 UNITA의 주요 무기 공급원은 과거 소비에트 블록에 속하였던 신생 독립국들이었다. 이들은 냉전 종식 이후 남은 무기를 매각했다.

내전은 계속 지속되어, 마지막까지 앙골라 인 75만 명(인구의 7퍼센트)을 죽음으로 몰아갔고, 410만 명을 난민으로 만들었다.[43] 서구 세계가 앙골라에 대해 오랫동안 관심을 끊고 난 이후, 2002년 2월 22

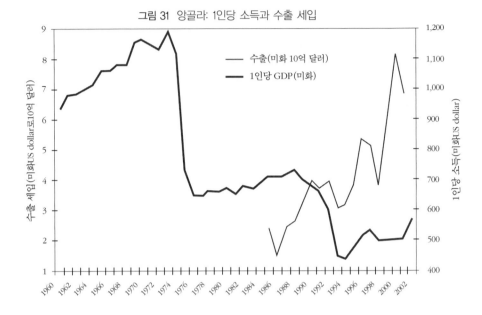

그림 31 앙골라: 1인당 소득과 수출 세입

범례:
— 수출(미화 10억 달러)
— 1인당 GDP(미화)

(세로축 왼쪽) 수출 세입(미화US dollar로 10억 달러)
(세로축 오른쪽) 1인당 소득(미화US dollar)

일에 MPLA 병력이 우리 시대의 진정한 영웅인 조나스 사빔비를 전장에서 살해하면서 앙골라에도 겨우 평화가 찾아왔다.

외부 간섭, 내부 부실 경영, 내전의 결합은 앙골라 경제를 사빔비와 함께 저만치 밑바닥에 머무르게 했다. 새로운 유전 발견으로 인한 수출 세입의 증가 역시 경제 회복에 도움이 되질 못했다(그림 31 참조). MPLA의 소련식 중앙 계획 경제와 도둑 정치는 이러한 재앙을 만들어내는 데 기여한 바가 컸다.

오늘날 앙골라는 식량 원조에 의존하고 있으며, 수출도 정유 이외의 분야에서는 거의 이루어지지 못하고 있다(서구 기업들은 정부를 위한다는 명목으로 정유를 추출했으며, 내전 기간 동안, 쿠바군은 미국이 지원한 UNITA 반군에 대항하면서 미국의 유정을 방어했다.). 각 주의 수도 역시 10년 또는 그 이상 기간 동안 전기 혜택을 받지 못했다.[44] 어린이의 26퍼센트가 5세 이전에 사망하고 있는데, 이는 세계에서 세 번째로 높은 사망률이다.[45] 에이즈는 이미 성인 인구의 5.5퍼센트가 감염되어 있고, 이 역시 빠르게 확산되고 있다.[46]

아메리카 대륙에서의 국가 건설

냉전의 유토피아적 국제주의utopian internationalism는 제어하기 어려운 아메리카 대륙의 공화국들을 안정화시키려는 미국의 노력으로 과거에 구체화되었다. 미국은 19세기 후반과 20세기 초반에 민주주의와 자유 시장을 전파하기 위해 멕시코, 카리브 해, 중앙아메리카에서 직접 군사 개입을 시행했다. 1916년 멕시코 혁명 기간 동안 베라크루스를 폭격한 이후, 우드로 윌슨은 "미국이 인류에 봉사하기 위해 멕시코에 갔다."[47]고 말했다.

아이티가 바로 그러한 사례이다. 우리는 제4장에서 아이티의 노예제 유산이 어떻게 물라토와 흑인 간의 치명적인 분열을 남겼고, 아이티 정치를 영구적으로 동요시켰는지에 대해 살펴보았다. 19세기에 걸쳐, 이 두 분파는 상대를 이기기 위해 외국에 개입을 요청하였다. 미국인, 영국인, 독일인들은 자국 국민들의 사업 이권을 보호하기 위해 어찌되었든 개입을 희망했다. 역사가인 한스 슈미트Hans Schmidt에 따르면, "미국 해군 선박이 '미국인들의 생명과 재산 보호'를 위해 아이티항에 정박했던 해가 1857년, 1859년, 1868년, 1869년, 1876년,

1888년, 1889년, 1892년, 1902년, 1903년, 1904년, 1905년, 1906년, 1907년, 1908년, 1909년, 1911년, 1912년, 1913년이었다."[48]고 기록했다.

결국, 미국은 왕복 여행에 지쳐, 1915년부터 1934년까지 아이티를 점령했다. 헌병대 사령관 스메들리 버틀러Smedley Butler에 따르면, "아이티의 두 번째 식민지 지배자들은 방대한 토지의 수탁자들이었다. …… 아이티 인들은 우리의 피보호자였고, 우리는 그들을 위해 비옥한 토지를 만들고 개발하기 위해 노력했다."[49] 이러한 후견인적인 태도를 반박하는 경우는 거의 없었다. 다만 미국인 기자가 아이티의 물라토 엘리트들은 "군인 또는 해군, 그리고 그들의 부인들보다 더 문화적으로 다양한 층으로 이루어져 있어서 그곳을 방문한 미국인들은 자국 대표단에 대해 부끄러움을 느껴야 한다."[50]고 지적하기는 했다. 그러나 아이티 인들은 외국 침입자들에 대항하기 위해 다시 한 번 뭉쳤고, 미국인들은 1934년에 아이티를 떠났다.

미국인들은 새롭게 훈련된 아이티 군대인 수비대Garde를 만들어 놓고 떠났다. 이는 흑인 병사와 대부분이 물라토인 장교로 이뤄졌다. 물라토들은 수비대의 흑인 다수파가 흑인들의 자긍심과 저력에 대한 새 전망을 가지고 흑인 운동을 일으키며 봉기한 1946년까지 정권을 지배했다. 계속된 정치적 불안정 이후, 흑인 지도자인 프랑수아 뒤발리에François Duvalier는 1957년 선거에서 물라토 반대파들을 누르고 승리하였다.[51] 파파독 뒤발리에Papa Doc Duvalier는 그가 사망했던 1971년까지 집권했고, 그 이후에는 베이비독Baby Doc이 1986년까지 아이티를 다스렸다.

뒤발리에가의 몰락 이후, 혼합된 군사 정권은 대중 선동가였던 장베르트랑 아리스티드Jean-Bertrand Aristide의 집권을 저지하려 했다. 1990년 아리스티드는 결국 대통령에 당선되었다. 1994년 또 한 차례 미국이 군사 개입을 하여 아리스티드는 쿠데타로 잃은 권력을 회복하였다.

아이티에 대한 미국의 두 번째 지배는 첫 번째보다는 야심이 그리 크지 않아서, 미국인 희생자가 발생하지 않도록 하는 데에만 크게 신경을 썼다. 저술가인 밥 샤코치스Bob Shacochis는 침공한 군인들(미군 — 옮긴이)을 그들이 침공하고 있는 자들(아이티 인/군 — 옮긴이)로부터 보호한다는 특이한 침공에 대해 지적한 바 있다.[52]

미국이 아리스티드의 권력 회복을 위해 20억 달러를 쓴 뒤,[53] 민주적으로 위협을 받은 아리스티드의 두 번째 집권 기간 동안 미국의 지원은 약화되었다. 아리스티드 정부의 장관들은 이전의 많은 선임자들처럼 원조 자금을 몰래 빼돌렸다. 2002년 세계은행은 195개국 중 아이티를 가장 부패한 국가로 꼽았다.[54] 2004년 2월 무장 반란 이후, 아리스티드는 아이티 인들이 전통적으로 이용했던 망명길에 올랐다.

세계은행이 공여국을 소집했을 때 아리스티드의 제트기는 아직 수평선을 넘어가지 못한 상태였다. 세계은행은 "공동 정부/다중 공여국 임시 협력 체계CCI"를 발표했다.[55] 2004년 7월, CCI는 아이티가 이제 "수많은 절박한 필요 및 중기적 개발 수요를 해결할 준비를 해야 한다."[56]고 믿었다. 2005년 6월, 『이코노미스트』는 포르토프랭스(아이티의 수도 — 옮긴이)에 주둔한 외교관들 같은 현실에 좀 더 밀접한 관련을 맺고 있는 사람들의 말을 인용했다. 그들은 아이티가 "실패 국가"의 운명에 처했다고 말했다. 2005년 8월호 『포린 폴리시Foreign Policy』는 아이티를 실패 국가로 분류했고, 아프가니스탄, 북한, 짐바브웨보다도 더 기능 장애 상태에 있는 것으로 평가했다.[57] 수년 동안의 군사 개입으로 아이티는 건설적인 상태를 창출하는 데 실패했다.

민주주의 진흥에 관한 한, 미국의 국가 건설의 역사적 기록에 대한 한 연구는 이 시도가 보통 잘 이루어지지 못한다고 보고 있다. 카네기재단으로부터 연구비를 지원 받은 민신 페이Minxin Pei와 사라 카스퍼Sara Kasper 같은 국제평화학 연구자들은 지난 세기에 있었던 미국의 16차례 국가 건설 노력을 분석했다.[58] 그중 4개국만이 미국 군대가 떠난 지 10년 만에 민주주의 국가를 이루었는데, 2차 세계 대전에서의 패배와 점령을 겪은 일본과 독일, 소국인 그레나다(1983년), 파나마(1989년)가 그에 속한다. 이미 언급한 국가들 이외에 20세기에 미국이 개입하여 크게 실패했던 국가로는 쿠바(1898~1902년, 1906~1909년, 1917~1922년), 도미니카 공화국(1916~1924년, 1965~1966년), 니카라과(1909~1933년), 파나마(1903~1936년)가 있다.

평화 강제

비서구 지역에 평화, 민주주의, 번영을 가져오게 하는 오늘날의 "인도주의적" 군사 개입은 어떠한가? 비서구 지역에 대한 인도주의적 개입은 너무 최근에 있었던 경우이기 때문에 인도주의적 개입에 대한 장기적 효과를 제대로 판단하기에는 이른 감이 있어, 이에 대해 자세히 고찰하지는 않겠다. 그래도 다른 인도주의적 개입에 대해 잘 다루고 있는 저자들이 있다(특히, 나는 데이비드 리프David Rieff의 2002년도 저서인 『잠들기 위하여: 인도주의의 위기A Bed for the Night: Humanitarianism in Crisis』를 추천한다.). 여기에서는 신개입주의(또는 미국 정부가 일컫는 바와 같이 "평화 강제Peace Enforcement")[59]가 냉전적 개입과 같이 얼마나 많이 동일한 우를 범했는지에 대해 간략하게 재검토해볼 것이다. 전통적인 대외 원조가 낳은 동일한 문제들도 이에 포함된다. 더 많은 원조를 해야 한다는 주장이 모든 것을 다 안다고 생각하는 계획가들의 문제 해결 가능성을 가정한다면, 인도주의적 개입에 대한 주장 역시 모든 것을 다 알고 있을 뿐만 아니라 공평하기도 한 외부 군사력이 존재함을 가정한다. 1990년대 보스니아, 소말리아, 르완다에서 유엔의 평화 유지 활동의 삼중 비극은 이러한 병력이 존재하지 않는다는 사실이었다. (현재까지 존재하는) 당시의 평화 유지 체계는 개입 여부와 개입 방법에 대해 올바른 결정을 내리지 못했다.

　　냉전적 개입처럼 새로운 인도주의적 개입은 비서구 지역에서 가상 수혜자들의 이익을 추구하기보다는 서구의 이익을 추구함으로써 왜곡되었다. 프랑스는 (중앙아프리카에서 프랑스의 영역을 계속 유지한다는 전략적인 이해관계에 의해 움직이는데, 영어를 사용하는 투치 족 반군에게 위협을 받았다면서)[60] 1994년 4월에 제노사이드가 시작된 이후에도 후투 족 극단주의자들에게 무기를 보내는 등 르완다에서 수치스러운 역할을 했다. 1994년 4월, 프랑스는 키갈리에서 대사관 직원과 시민들, 후투 족 엘리트 중 일부 동맹 세력, 대사관에 속한 개까지 피난시켰지만, 대사관의 투치 족 직원들은 죽게 내버려두었다.[61] 클린턴은 "국가 건설"을 비판하는 우파 비평가들에게 잘 보이기 위해 미국이나 유엔의 1994년 르완다 개입은 피했지만, 수년이 지난 후, 국가 건설이 아프가니스탄과 이라크 점령에 대한 유용한 근거가 되자, 우파는 결국 "국가 건설"을 찬성하기로 했다. 전략적 이해관계에 의해 국제 평화유지군은 자신들의 병력에는 희생자 발생을 피하도록 지시를 내렸지만, 이로 인해 몇 배나 되는 지역 주민들이 희생을 당하였다. 저술가인 알렉스 드 발Alex de Waal은 이것을 "인도주의적 면책 특권humanitarian impunity"[62]이라고 명명하기도 했다. 1993년 유엔/미국 병력에 대한 소말리아 인들의 적개심이 커진 것은 영화로도 제작된 『블랙 호크 다운』에서 보듯이 수많은 민간인들을 살해한 인도주의적 면책 특권과 큰 관련성을 가지고 있었다.

냉전적 개입과 각지에서 계획가들의 노력과 마찬가지로, 개입주의자들은 지역의 상황에 무지하여 많은 어려움을 겪는다. 1991년 옛 유고슬라비아에서 평화유지군을 물색하기 위해 파견된 유엔 팀은 "지프차 한 대에 2인"으로 구성되었는데, 이 중 유고슬라비아 전문가는 없었다.[63] 뉴욕의 유엔 계획가들은 르완다 현장으로부터 온 보고서를 "내전civil war" 또는 "폭력적인 혼란violent chaos"과 같은 편견에만 맞추었고, 후투 족 극단주의자들이 투치 족 극단주의자들을 전멸시키려는 군사 행동을 조직하고 있다는 증거·조사를 제대로 진행하지 않음으로써 개입을 반대하였다. 그러나 소말리아에서는 흉악한 총기 소지자와 기근 희생자의 이미지가 개입 찬성 주장에 활용되었다. 이는 사태를 과장하고(한 TV 기자는 원조 기관 실무자에게 "프로그램 제작을 위해 영양실조가 가장 심한 어린이를 선별하라."고 주문했다.) 씨족 정치의 복잡

성을 지나치게 무시하는 것이었다.[64]

평화 유지는 갱단과의 관계에서 대외 원조보다 훨씬 심각한 문제를 가지고 있다. 개입주의자들은 한 극단에서 다른 극단으로 왔다 갔다 한다. 그들은 (1) (양 당사자의 동의로만 이뤄지는) 정부와 반대파 간의 중립성을 유지하든지, (2) 몇몇 나쁜 정부를 강압적으로 변화시키든지(또는 몰살시키든지) 둘 중의 하나를 선택한다. 이렇게 갈피를 못 잡는 태도는 현장의 현실과는 관련성이 없어 보인다. 따라서 평화유지군은 세르비아 인들이 민간인을 살해하고 강간할 때 보스니아에서 동의 원칙을 처음으로 따랐다. 그리고 나서 분파들이 모두 비난 받아 마땅해지자 소말리아의 아이디드Aidid 파벌에 반대하는 편에 섰다. 그 후 제노사이드를 자행한 후투 족 정부와 투치 족 희생자 간에 너무 오랜 기간 동안 중립 상태를 유지시켰다(당시 유엔 안전보장이사회의 체코슬로바키아 대표는 이를 두고 "히틀러가 유대인과 정전 협정을 맺기를 원하는 것"과 같다고 설명했다.).[65]

국제적 개입도 대외 원조를 병들게 한 동일한 집단적 책임 체계로 인해 어려움을 겪고 있다. 평화 유지 자체는 좋을 수 있지만, 그 성공과 실패에 대해서는 누가 책임지려 할 것인가? 르완다 제노사이드와 같이 무언가가 크게 잘못되면, 유엔은 서구 열강을 비난하고, 서구 열강은 유엔을 비난하면서 서로를 비난하게 된다. 르완다 제노사이드 당시 유엔 평화 유지 담당 사무차장이었던 익발 리자Iqbal Riza는 "실수가 생긴 것"이며 어느 누구도 그 실수가 생기도록 조장한 것은 아니라고 말하면서 외교적으로 좀 더 소극적인 목소리를 내비쳤다. 리자는 "그건 내 부서 소관이 아니야"라는 식의 전형적인 관료주의적 핑계를 대며, "우리의 임무는 학살을 예상하는 것이 아니라 학살을 방지하는 것"[66]이라고 말하였다. 아무도 실수에 대해서는 대가를 치르지 않는다. 르완다 사태와 같은 국가 붕괴를 주도한 이후, 유엔의 전체 평화 유지 부서는 (이전에 평화 유지 담당 사무차장이었던) 코피 아난Kofi Annan이 유엔 사무총장이 되자 그 지위가 유엔의 전체 조직을 운영하도록 격상되었다.[67]

개입주의는 서구만이 현지인들 간의 살상을 막을 수 있다는 후견인이라고 생각하는 억측에 시달리고 있다. 스탠퍼드대학교의 정치학자인 제러미 웨인스테인Jeremy Weinstein은 평화는 외부인들에 의한 평화 협상 때문이 아니라 한쪽 편의 결정적 승리 때문에 전쟁에 뒤이어 오는 것이 일반적이라고 한다. 이러한 직관은 단순한 것이다. 군사적 승자들은 좀 더 안정적인 정부를 구성할 수 있는 가능성이 있지만, 외부 계획가가 강제로 부여한 반대파들의 새로운 연합은 불안정해질 가능성이 있다는 것이다. 웨인스테인은 안정적인 평화를 적어도 10년 동안 전쟁이 재개되지 않는 경우로 상정하고 그 가능성을 계산했다. 유엔의 개입은 짧은 시간 동안만 안정적인 평화를 이루게 했다. 유엔의 개입이 없었던 경우에 안정적인 평화는 거의 절반에 가까운 기간 동안 지속되었다.[68]

"국제 사회"는 소말리아에서 1991년에 정부가 전복된 이후 열네 차례의 별 성과 없는 평화 회담을 후원했다. 물론 실패한 유엔/미국 군사 개입도 이에 포함되었다. 한편 외부 개입, 대외 원조, 또는 국제적 인식조차 없었던 소말리아 북부의 소말릴란드공화국의 분리는 같은 기간 동안 평화, 경제 성장, 민주 선거를 향유하도록 했다. 선의의 승자만 있는 것이 아니라 극악한 군사적 승자도 있을 수는 있겠지만, 현지의 행위자들은 통계적으로 좀 더 자체적인 평화를 이룰 수 있다.

이러한 상식은 개입주의자들의 과도한 자신감에는 별 영향을 끼치지 못했다. 세계은행은 2003년 보고서에서 "내전의 원인과 결과에 대해 우리가 새롭게 이해한 것은 국제 행동에 강력한 토대를 공급한다. …… 국제 행동은 …… 무수한 고통을 피할 수 있도록 해주고, 가난을 경감시키며, 마약 밀수, 질병, 테러리즘으로부터 세계 시민들을 보호하는 데 도움을 준다."고 선언했다. 정확한 수량화를 좋아하는 계획가들의 성향과 함께, 이 보고서는 서구 주도의 평화유지군 병력, 서구의 자문에 기초한 개혁, 서구의 원조가 빈곤 국가들의 내전 위협을 44퍼센트에서 22퍼센트로 절감시킨다고 말한다.[69]

"정권 교체"를 지지하는 우파의 네오콘과, 헤드라인을 장식하는 모든 긴급한 인권 문제에 대해 군사 개입을 촉구하는 좌파의 인도주의자들은 독특한 합류점을 형성하고 있다. 데이비드 리프가 언급한 바와 같이, 인권 침해가 도처에서 발생한다는 점을 고려할 때, 이 논리는 "이타주의의 끊임없는 전쟁endless wars of altruism"을 필요로 할 것이다.[70] 이는 계획가들의 유토피아적인 목표 —— 보편적 평화, 민주주의, 인권, 번영 —— 가 살상 공격으로부터 무고한 민간인들을 구조하는 것과 같이 탐색가들이 더 잘할 수 있는 소규모 사업을 대체하는 또 하나의 분야이다.

정치·경제의 발전이라는 더 야심찬 목표를 증진시키기 위한 전냉전pre-cold war, 냉전cold war, 탈냉전post-cold war의 군사 개입 기록은 주의할 만한 교훈을 주기도 하고, 주지 못하기도 한다. 아마도 해서는 아니 된다고 부정적으로 말하는 것은 바람직하지 않을지 모르지만, 서구의 전형적인 실수가 비서구 지역에서 군사 개입을 너무 적게 한 것에 있는 것이 아니라, 너무 많이 하는 것에 있다는 점을 역사에서 배워야 한다.

실비아

앙골라 후암보에 사는 실비아 네얄라 징가Silvia Neyala Zinga는 불운한 사람이다. 그녀의 엄마 데오피나 치니마Deofina Chinima는 앙골라 내전에서 포탄에 왼발을 다친 이후 더 이상 걸을 수 없게 되었다. 그녀의 아빠는 사빔비가 선거에서 패배한 후 재무장한 1992년 말에 교전 중 전사했다. 큰 오빠인 알베르투Alberto는 1993년 1월 8일부터 착수한 UNITA 반군에 포위된 이후 실종된 상태이다. 가족들이 장기간 먹을 수 있었던 유일한 식량은 적십자가 배급한 옥수수죽 뿐이다. 실비아는 지금 두 살이다.[71]

서구의 조력자들이 지켜야 할 최고의 규칙은 무엇보다 아무런 해를 주지 않는 것이다.

빈민의 약사

우간다 인의 39퍼센트는 영양실조 상태에 있다. 어린이와 10대들의 영양실조는 피로, 무기력증을 유발하고, 질병에 대한 면역력 저하, 잇몸 부종, 충치, 관절 통증, 성장 저조, 학교에서의 집중력 저하를 유발한다. 영양실조에 걸린 임산부는 미숙아를 낳게 될 가능성이 크며, 이 아기는 생존 가능성이 희박하다. 일부 연구는 5세 이하 어린이 사망의 60퍼센트가 영양실조와 직간접적으로 관련이 되어 있다고 추정한다. 우간다의 빈민은 주로 약간의 단백질과 함께 (카사바와 바나나와 같은) 탄수화물 함량이 많은 식사를 한다.[72]

조지 음팡고George Mpango는 영국이 1922년에 세운 우간다의 마케레레대학교의 화학 교수이다. 조지는 이디 아민Idi Amin의 폭정 기간에도 마케레레대학교에서 공부했다. 그는 과외 지도로 돈을 벌어 미국행 비행기 티켓의 절반을 충당할 수 있는 돈을 저축했다. 그리고 나머지 비용은 부유한 아버지 친구 분이 대주었다고 한다. 그는 1980년 온타리오의 워털루대학교에서 화학 박사 학위를 취득했다.

장남인 음팡고 박사는 1980년대 후반에 부친이 사망한 후에 음팡고 가문의 가장 역할을 다하기 위해 우간다로 귀국했다. 그는 마케레레대학교의 조교수직을 수락했고 월급으로 한 달에 100달러를 받았다. 시골에 있는 가족 농장의 커피나무와 카사바 재배로 매월 100달러씩을 더 벌 수 있었다. 음팡고 박사는 배고픈 우간다 인들을 도울수 있는 아이디어를 가지고 있었다. 즉 고단백 비스킷을 만들고, 우간다의 차세대 화학자들을 가르치고, 가족 농장에서 품종이 개선된 카사바를 개발하는 것이었다. 이에 대한 장애물은 만만치 않았다. 마케레레대학교의 음팡고 박사의 실험실은 만성 적자에 시달렸고, 사용하는 화학 약품은 30년을 묵은 것들이었고, 지난 15년간 화학 실험용 새비커 한 번 써보지 못했다. 또한 pH계도 없었고, 1970년대 이후 학술잡지도 발간하지 못했으며, 요금을 내지 못해 정기적으로 단수가 되었고, 전구를 켜기에도 돈이 부족했다. 원조 후원자들은 설명서도 없이 독일제 반응기와 같은 불필요한 품목들을 기증했고, 이와 함께 소화기를 기증했다. 마케레레대학교의 화학과 학과장은 다음과 같이 말한다. "원조 공여자들은 우리가 필요한 것이 아니라 자신들이 가지고 있는 것을 우리에게 줍니다."

드디어 음팡고 박사에게도 일이 잘 풀리기 시작했다. 정부는 (이전에 전액 장학금 혜택을 받았던 학생들에게 빠짐없이 장학금을 제공하면서) 마케레레대학교의 수업료 면제 정책을 증가한 학생 수에 따라 수업료를 책정하는 정책으로 바꾸었다. 우간다 전역에서 그리고 인접 국가에서 온 학생들은 팡고 박사의 화학 수업을 듣기 위해 모여들었다. 이렇게 수업을 들으면 개인 식품 회사에서 화학자로서 근무하며 고액의 임금을 받을 수 있었다. 고단백 비스킷은 이제 시장에 출시될 준비가 되어 있다. 음팡고 박사는 현지 시장에 공급하기 위한 분말 오렌지 주스도 개발하였다. 그는 가족의 고향에서 사립 고등학교도 설립했다. 그가 이끌고 있는 대가족이 겪는 어려움과 오랜 기간의 난관에도 불구하고, 음팡고 박사는 자신의 성공과 더불어 자신의 주변 사람들에게 혜택을 주는 길을 발견했다.*

---

* John Stackhouse, *Out of Poverty and Into Something More Comfortable*, Toronto: Random House of Canada, 2000. 제6장에서 나온 이야기이다.

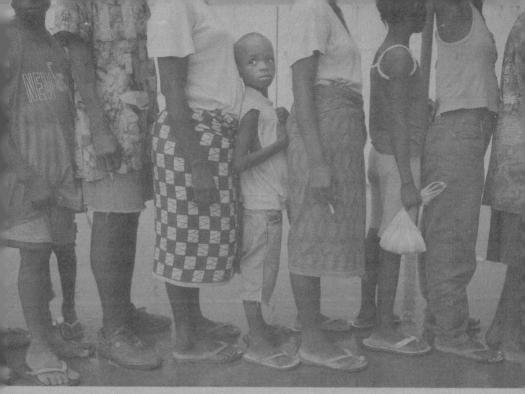

THE WHITE MAN'S BURDEN

4부

|

미래

제10장

자생적 발전

나는 모든 사람들의 평가를 주의 깊게 경청한다.
하지만 이제까지의 기억으로는
나는 나 자신의 의견만을 따라왔다.

__미셸 드 몽테뉴Michel de Montaigne, 1533~1592년_

열 두 살의 케일럽과 나는 도쿄의 아키하바라 구역에 있다. 우리는 지금까지 사원寺院 세 곳을 방문했는데, 한 곳은 불교 사원이고, 한 곳은 유교 사원, 지금 온 곳은 전자 제품의 사원이다. 우리는 구획 전체가 전자 제품 상가로 빽빽한 지역의 한 8층짜리 전자 제품 백화점에 와 있다. 최신 전자 제품들은 모두 전시가 되어 있다. (케일럽이 제일 좋아하는) 커다란 PDP TV와 풍선껌 한 개 정도 크기의 MP3 플레이어, 책한 권 크기의 노트북 컴퓨터, 신용 카드 하나 크기의 디지털 카메라, (내가 제일 좋아하는) 척추 마사지용 전기 안마 의자 등이 진열되어 있다. 고객 서비스도 훌륭하다. "우리는 기쁜 마음으로 당신을 도와드립니다WE CAN HELP YOU WITH OUR PLEASURE."라고 적힌 영어 문구도 눈에 띈다.

533

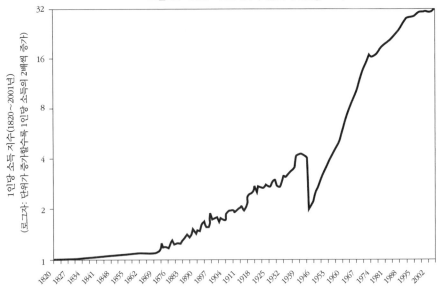

그림 32 1820~2001년의 일본의 1인당 소득

일본은 소비자 가전제품을 주도한 나라일 뿐만 아니라, 눈부신 경제 기적을 이룬 나라로도 유명하다. 일본에서는 급속한 성장과 완만한 성장이 연속적으로 이어져왔으며, 최근 일본의 경제 성장은 침체 국면에 놓여 있다. 그림 32를 보면(단위가 증가할 때마다 소득이 2배로 증가하는 것을 의미하는 로그자logarithmic scale를 가지고 있다.) 이러한 변이가 장기적 관점에서 근소한 정도라는 것을 알 수 있다. 1870년부터 일본 경제는 기적적인 성장세를 보였다. 일본은 2차 세계 대전 당시의 폐허에서 빠르게 회복했고 더 놀라운 기적 같은 성장을 일구어냈다. 1930년대와 1940년대에 흉악한 군국주의의 우회로를 거친 이후, 일본은 완전한 민주주의 체제로 이행했다. 오늘날 일본의 1인당 소득은 1870년대보다 23배 증가했다. 또한 일본은 서구의 식민화를 전혀 겪지 않았고, 이 모든 것을 '백인의 의무' 없이 일구어냈다. 그 대신에 일본에는 자생적인 탐색가들이 있었다.

1853~1854년, 매튜 페리(Matthew Perry: 미국 제독 — 옮긴이)의 일본 방문에 대한 첫 반응은 "천황을 존경하라. 야만인을 추방하라." 였다. 그러나 사무라이 반란 집단이 1868년에 쇼군(將軍: 일본 막부의 수장. 천황의 신하지만 천황의 뜻과 상관없이 정치, 경제, 행정 전반을 실질적으로 이끌었다. — 옮긴이) 권력을 전복하고 메이지 천황의 권력을 회복시키자, '화혼양재和魂洋才(정신(문화)은 일본이 우수하고, 기술(재능)은 서양이 우수하다.)'[1]라는 새로운 캐치프레이즈가 생겨났다. 젊은 혁명가들은 애국심과 실용주의를 결합시켰다. 그들은 서구가 앞서 있다는 것을 깨달았고, 이를 따라잡기 위해서, 일본의 제도·문화·독립성은 보존하면서도 서구의 방법을 차용하길 원했다. 그들은 집권 후(1868년 당시 메이지 천황明治天皇은 15세에 불과했다.) 서구의 제도와 기술을 배웠다. 그들은 서구인들을 도쿄로 초청했고, 자신들이 서구에 오랫동안 여행을 다녀오기도 했다. 그러나 이는 서구에 대한 의존을 불러일으키지 않았다. 실제로 그들의 표어는 "자조"였다. 신질서 합류에 실패한 과거 사무라이도 자조협회를 만들었다. 그들은 서구의 방식에 대해 특별한 이념이나 집착을 갖지 않았다. 그들의 유일한 신조는 일본에서 활용 가능한 것을 탐색하는 것이었다. 신정부 지도자 중 한 사람인 야마가타 아리토모山有朋는 자신들이 "일본의 독립을 확고히 하며", "국권과, 열강들 간의 이익을 보존"하길 원한다고 말했다.[2]

신정부는 수많은 경제 문제에 직면했다. 탐색가들은 기적의 토대가 된 해결책을 발견했다. 세입 기반이 결여된 상태에서, 일본은 1873년 7월 8일에 토지 가치에 3퍼센트의 세금을 부과하겠다고 선언했다. 더욱 혁명적이었던 것은 마을 관습에 따라 할당되던 모든 토지가 그것을 경작했던 사람들의 사유 재산이 된다고 천황이 선언한 것이다. 정부는 소유권 증서를 발행했다.³ 토지는 매수 또는 매도가 가능하게 되었고 대출의 담보로도 사용되었다. 이는 "자본의 신비"를 푸는 방법을 제시한 유명한 페루 경제학자인 에르난도 데 소토Hernando de Soto의 방식이다. 비록 외부적으로 부여된 토지 개혁이 종종 재앙적인 결과를 초래할 경우가 많지만, 현지의 관습을 존중한 자생적 개혁은 좀 더 성공적이었다.

그러나 토지세가 국가 재정을 다 채우기에는 부족하자, 경험이 없는 지도자들은 화폐를 찍어냈다. 그로 인해 인플레이션이 야기되었다. 토지 개혁의 고안자인 마쓰카타 마사요시松方正義는 1881년 10월에 재정부 장관이 되었다. 그는 지출을 삭감하고, 수많은 국영 기업을 민영화하고, 민영화로 얻은 세입을 활용하여 발행된 화폐를 다시 사들였다. 1882년, 그는 중앙은행인 일본은행을 창설해 지폐 발행에 대한 독점권을 부여했다. 그는 (이집트에서의 영국의 예처럼) 다른 비유럽 국가에서 서구의 개입이나 식민화를 불러왔던 함정인 외화 차입은 피했다. 인플레이션은 중단되었고, 민간 기업들은 민영화와 함께 도약하였다. 마쓰카타는 "정부가 산업이나 상업을 추구하는 데에서 국민들과 경쟁하려는 시도를 해서는 안 된다."⁴고 했다. 비록 그러한 개혁이 종종 오늘날의 국제통화기금IMF에 의해 외부로부터 부여되었을 경우에는 제대로 기능하지 않지만, 이러한 자생적 개혁은 제 역할을 했다.

민간 부문에서는 다른 탐색가들 또한 등장했다. 민영화된 국영 기업을 사들인 기업 중 하나가 미쓰이三井였다. 미쓰이 타카토시三井高利는 주류 상점과 포르노 숍(시대를 초월하는 훌륭한 비즈니스 공식)을 결합하여 17세기에 무역 회사를 세웠다. 200년이 지난 후, 유서 깊은 직물 체인 상점은 1876년에 미쓰이은행을 세웠다. 미쓰이의 핵심 지도자는 나카미가와 히코지로中上川彦次郎였다. 그는 1870년대를 런던에서 보내고 경제학과 미국 정치에 관한 책들을 일본어로 번역했다. 나카미가와는 미쓰이에게 사업을 다각화하도록 설득했다. 그들은 국영 기업인 토미오카제사를 사들였고, 이를 손실 기업에서 수익 기업으로 탈바꿈시켰다. 예전에 포르노 숍이었던 이 기업은 오지제지와 미이케탄광, 시바우라제작소(이 회사가 후일에 아키하바라 구역에 도시바東芝 같은 전자 제품으로 가득 메웠다.)도 추가로 설립했고, 세계 최대 기업의 하나가 되는 과정에서 도요타豊田를 일부 합병했다.[5]

민영화된 국영 기업을 매수한 또 다른 기업은 1870년 기선 회사 steamship line를 설립한 미쓰비시三菱였다. 미쓰이와 마찬가지로, 미쓰비시도 구리 및 석탄 광산을 사들였다. 이는 1884년에 정부로부터 나가사키조선소를 임차했고, 이곳에서 일본 최초의 철강 기선을 고안했다. 1890년에는 도쿄의 천황궁 근처에 80에이커의 습지대를 백만 달러에 매입했다. 습지대를 사들인 것에 대해 당시에는 비난을 받았으나, 이후에 이 지역이 수십억 달러의 가치를 가진 도쿄 시내의 상업 지구에 편성되면서 미쓰비시는 큰 수익을 올렸다. 자사 노동자들을 즐겁게 해주기 위해, 미쓰비시는 기린맥주를 세웠다. 20세기에, 미쓰비시는 거의 모든 분야로 사업을 다각화했는데, 그중 가장 유명한 것이 자동차와 카메라(니콘)이다. 오늘날 미쓰비시는 내가 케일럽과 아키하바라에서 본 컴퓨터 모니터와 휴대 전화, 고화질HD 프로젝션 TV, PDP TV, DVD 플레이어, VCR 플레이어를 만들어내고 있다.

미쓰비시의 형성 기간 동안, 미쓰비시 사장단에는 펜실베이니아대학교와 케임브리지대학교 출신들이 포함되었다. 그러나 해외의 학교들은 일본이 산업 열강이 되는 데 필요한 모든 기술을 공급해줄 수 없었다. 숙련된 경영 기술이 부족한 것을 메우기 위해, 미쓰이는 미래의 CEO들을 훈련하기 위한 히토츠바시대학교를 도쿄에 세웠다. 정부는 1877년에 도쿄대학교를 세웠고, 1880년대에는 초등 교육 체계를 구축했다. 이는 메이지 시대를 마감하면서 100퍼센트에 가까운 소년·소녀들을 성공적으로 학교에 등록시킨 방안이었다.[6] 교사들을 훈련하기 위한 사범 학교도 설립되었다. 메이지 지도자들은 1872년 선언에서 교육에 대한 그들의 열정과 과거와의 단절을 표출했다.

> 학교가 처음으로 설립된 지 수 세기가 지났다. …… 과거에는 배움을 사무라이와 그들의 상관의 독점적인 영역으로 인식하고, 농부, 장인, 상인, 여성들은 이를 무시했다. …… 미래에는 지역 사회에 문맹 가정과 가족 중에서 문맹이 사라질 것이다. …… 지금부터 …… 모든 가장은 자발적으로 그 무엇보다 자녀 교육을 가장 우선시해야 한다.[7]

1931~1945년 군국주의 시대 이후, 일본은 6년간 미국의 군사

통치를 받았고, 미국은 이 기간 동안 일본을 위에서부터 변혁하려는 자연스러운 야망을 품었다. 미국인 정복자들은 비서구 지역에 대한 서구의 후견적인 태도를 함께 가지고 왔다. 더글러스 맥아더Douglas MacArthur는 일본인들을 "열 두 살 소년"에 비유했다. 존 포스터 덜레스John Foster Dulles는 일본인 중역들에게 "일본인들은 우리가 원하는 것들을 만들지 않기 때문에 미국에서 큰 시장을 발견할 수 없을 것"이라고 말했다. 그 대신 일본인들이 칵테일 냅킨은 수출할 수 있을 거라고 보았다.

하지만 일본인들은 이보다 더 많은 지식을 갖추고 있었다. 전쟁 기간 동안에 이루어진 중공업과 화학 공업의 발전은 칵테일 냅킨보다는 더 진보된 상품들을 생산할 수 있는 첨단 기술과 관련 기술자들, 중간 관리자들, 숙련 노동자들을 남겼다.[8] 미국인들은 경쟁 촉진을 위해 미쓰이와 미쓰비시와 같은 대형 카르텔을 해체했지만, 그 기업들의 중추가 된 대형 은행들은 건드리지 않고 두었기 때문에 이 기업들은 곧이어 경제력의 중심으로 재등장했다.[9] 미국의 지배는 일본 특유의 국가 경영 자본주의를 실행시켰던 일본의 관료제를 보존시켰고, 심지어 강화시키기도 했다. 일본의 공공 및 민간 부문 탐색가들은 일본의 놀라운 전후 수출 붐을 가속화시킨 소비자 가전, 자동차, 강철 및 기타 산업을 신속하게 발굴해냈다.

2차 세계 대전 후 미국의 점령은 외부 세력에 의한 보기 드문 하향식 사회 변혁 사례 중 하나이다. 이것이 사실이라면, 이러한 사례는 또다시 발생하지는 않을 것이다. 왜냐하면 붕괴 상태가 되어서야 일본을 개조할 수 있는 기회를 얻게 되었기 때문이다. 그러나 이 사례가 남긴 증거 자료들은 이것이 자생적 요소 덕분임을 지적한다. 즉 미국인들의 역할은 기껏해야 이미 발전되어 있던 경제를 재건하는 정도에 그친 것이다. (그동안 많이 남용되었던 사례인 마셜 플랜 역시 마찬가지였다.)

성공과 자립

원래 남의 문제보다 자신이 가지고 있는 문제의 해결책을 찾기가 더 쉬운 법이다. 최근에 발생한 대부분의 성공 사례는 대외 원조를 받지 않고 IMF 프로그램에 많은 시간을 들이지 않은 경우였다. 이 두 가지야말로 바로 최근 모습으로 드러난 백인의 의무이다(표 9). 최근의 재앙 같은 실패의 대부분은 그 반대의 경우 —— 엄청난 양의 대외 원조와 IMF의 제약에 많은 시간을 들인 것 —— 를 보여준다. 이는 물론 내가 이 책 전반에 걸쳐 논하는 일부 역인과관계와 연관된다. IMF의 지원과 대외 원조를 받은 이유는 그 지원과 원조가 재앙이 되었기 때문이다. 반면 IMF와 공여국들은 그러한 국가들이 도움을 필요로 하지 않기 때문에 성공한 사례들을 무시했다. 이는 대외 원조가 재앙을 유발한다는 점을 입증하는 것이 아니라, 기이한 성공이 서구의 보호 감독 없이도 가능하다는 점을 보여준다. 반면 반복된 외부의 간섭적 원조는 실패 속에 나타나는 재앙의 밀물을 저지하는 것처럼 보이지 않는다. 세계 경제에서 최근 발생한 성공 사례의 대부분은 동아시아 및 남아시아에서 나오고 있다. 이는 빈곤을 퇴치하려는 일부 전 세계적 계획의

표 9 1980~2002년까지의 1인당 성장률 상위 10개국과 하위 10개국

지급	1980~2002년의 1인당 성장률(%)	1980~2002년의 원조/GDP(%)	1980~2002년의 IMF 프로그램 경험(%)
1980~2002년의 1인당 성장률 상위 10개국			
한국	5.9	0.03	36
중국	5.6	0.38	8
대만	4.5	0.00	0
싱가포르	4.5	0.07	0
태국	3.9	0.81	30
인도	3.7	0.66	19
일본	3.6	0.00	0
홍콩	3.5	0.02	0
모리셔스	3.2	2.17	23
말레이시아	3.1	0.40	0
중앙값	3.8	0.23	4
1980~2002년의 1인당 성장률 하위 10개국			
나이지리아	-1.6	0.59	20
니제르	-1.7	13.15	63
토고	-1.8	11.18	72
잠비아	-1.8	19.98	53
마다가스카르	-1.9	10.78	71
코트디부아르	-1.9	5.60	74
아이티	-2.6	9.41	55
라이베리아	-3.9	11.94	22
콩고민주공화국	-5.0	4.69	39
시에라리온	-5.8	15.37	50
중앙값	-1.9	10.98	54

결과로써가 아니라 자생적인 이유로 이뤄졌다.

더욱이 성공 사례들은 다양한 방식을 따른다. 아마도 각국의 독특한 역사와 특징을 반영하는 실질적 지표를 말해주는 듯하다. 한국 정부는 기업 경영에 개입했고, 홍콩은 자유방임 정책의 대표 주자였다. 중국은 공산당 독재, 국영 기업, 부분적인 시장 자유화를 독특하게 혼합시켰다. 인도는 오랫동안 민주주의를 유지해왔으며, 한국과 대만은 좀 더 최근에 민주주의로 이행한 경우이다. 이 모든 사례들은 시장에서 대부분 성공을 이뤄냈지만, 그중 일부는 자유방임적 모델과는 꽤 거리가 멀었다. 자유 시장과 민주주의가 서구 성공 사례의 큰 부분을 차지하는 반면, 다른 국가들은 이에 이르는 데 우회하는 경우도 있고, 자신들만의 고유한 비법을 가지고 있는 경우가 많다.

여기서 알 수 있는 바는 서구가 이러한 성공 사례에서 차지한 역할이 작았다는 점이다. 이미 언급한 바와 같이 모든 재앙적인 사례는 과거 식민지에서 발생한 반면, 다섯 개 성공 사례는 서구에 의한 전면적 식민화를 한 번도 경험하지 않은 국가에서 생겨났다.

두 특별한 식민지

싱가포르와 홍콩은 다른 식민지보다 상황이 훨씬 나았던 영국 식민지들이다. 이들은 무엇이 달랐는가?

이 두 식민지의 독특함은 미점령 영토이던 땅을 영국이 인근 지역 통치자들의 허락을 받아(또는 강압으로) 식민지화했다는 점이다. 영국인들이 원주민 인구에 대해 상전 행세를 하거나 학대하려 했더라도 그렇게 할 수 없었다. 왜냐하면 영국인들이 아무도 그곳에 살고 있지 않았기 때문이다. 자발적 이주를 통해 이 두 곳은 무역 기지로의 식민 작업이 이루어졌다. 영국인들은 중국 상인들이 그곳에 정착하도록 유도했다. 영국인들은 그 상인들을 착취하며 위협해 내쫓지 않았고, 무역에 대한 제한 규정도 두지 않았다. 그래서 홍콩과 싱가포르는 처음부터 자유 무역국이 될 수 있었다. 영국인들은 중국인 사회에 자신들만의 고유한 풍습을 추구할 수 있도록 자유를 주었고, 어느 정도 선에서 스스로 통치할 수 있도록 하면서, 사회적 격변이 있을 때만 개입했다. 중국 무역상들은 번영했고, 그중 가장 부유한 이들은 지역 내 영국인들보다 더 부유했다. 싱가포르에서는 중국인 대표들이 1889년부터 식민지 위원으로 자리 잡았고, 홍콩에서는 1880년부터 대표 역할을 했다.[10]

백지 상태에서 시작하여, 문화적으로 동질적이며(이민자들은 대부분 중국의 같은 지역, 즉 오늘날 중국에서 호황을 누리는 바로 그 지역인 남부 해안 지대 출신이다.), 자유 무역에 전념하는 이러한 중국인의 미소 국가microstate들은 다른 국가들보다 훨씬 더 나은 식민지적 유산을 가지고 출발했다. 이는 사후적인 합리화가 될 수도 있겠지만, 빈 영토의 식민화는 식민지 경험에 있어 상당히 독특한 경우이다.

싱가포르를 방문하는 동안, 나는 내가 참석하고 있던 국제회의의 한 싱가포르 여성 주최자와 함께 구아바 주스를 마신 적이 있었다. 우리는 골프장이 내려다보이는 베란다에 앉았다. 그녀는 자신의 가족 중에서 정식 교육을 받은 첫 세대라고 했다. 그녀는 아메리칸대학교와 로체스터대학교의 경제학 박사 학위를 가지고 있었다. 문맹이던

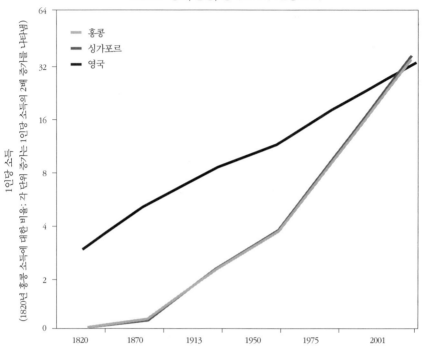

그림 33 영국, 홍콩, 싱가포르의 1인당 소득

그녀의 부모님은 수십 년 전 중국 남부에서 싱가포르로 이주해왔다.

　　1974년까지도 싱가포르에는 대학 교육을 받은 싱가포르 인들보다 대학 교육을 받지 못한 싱가포르 인들이 세 배가량 더 많았다. 오늘날, 이 비율은 역전되었다. 1996년에 경제협력개발기구OECD는 싱가포르가 선진국 대열에 올랐음을 인정했다. OECD에 의하면 싱가포르는 열대 지방 국가 중 최초로 공식적으로 부국 대열에 참여한 국가이다. 싱가포르의 불빛으로 반짝거리는 공항, 효율적인 전철 체계, 흠잡을 데 없는 도심 마천루를 경험한 여행자라면, 싱가포르의 번영을 쉽게 증언할 수 있을 것이다.

홍콩은 싱가포르와 마찬가지로 OECD 소득 수준에 도달했다. 2001년에 홍콩과 싱가포르는 과거 식민 통치국이었던 영국을 압도하기도 했다.

홍콩과 싱가포르는 대규모의 대외 원조를 받아본 일이 없고, IMF 프로그램이나 군사 개입과 같은 별다른 서구의 관심을 받아본 적이 없다.

동아시아의 동력

홍콩과 싱가포르의 성공은 잘 알려진 '동아시아의 호랑이들East Asian Tigers'의 성공 사례에서도 가장 앞서가는 경우였다. 이들의 성공 사례가 너무나 잘 알려져 있기 때문에, 이에 대해서는 장황하게 설명하지는 않고, 몇 가지 지표들만 언급하겠다.

가장 최근의 성공 사례는 과학 교육에서 찾아볼 수 있다. 2003년에 미국 대학에서 공학 박사 학위를 받은 동아시아 인의 수는 동일 학위를 받은 미국 시민 수와 맞먹는 수치였다.[11] 동아시아 국가에서 발행된 과학 학술지 논문 편수는 1986~1999년 동안 다섯 배가 되었다. 과학 전문 인력의 증대 현상을 반영하듯 동아시아의 하이테크 산업의 수출도 도약해 10년 동안 5배가 증가했다(그림 34 참조).

그림 34에 대만의 수치는 포함되지 않았는데, 이는 좁은 시야를 가진 국제기구들이 대만을 국가로 인정하지 않기 때문이다. 그러나

그림 34 동아시아 6개국의 하이테크 산업 수출: 중국, 홍콩, 한국, 말레이시아, 싱가포르, 태국

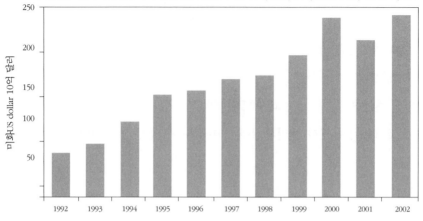

대만은 기술 분야의 성공으로 주목 받는 존재로 등장했다. 대만 반도
체 업체인 TSMC는 세계 최대 규모로 시스템 반도체를 생산하고 있
다. 연구 기관인 전자연구소Electronics Research and Service Organization
(IT 산업 도약을 위해 1970년대 초반에 정부에서 설립했다.)는 1987년에 네
덜란드의 필립스사와의 합작 형식으로 TSMC를 시작했다.[12] 오늘날
TSMC의 매출은 23억 달러에 이른다.[13] 또한 대만은 노트북과 데스크
톱 컴퓨터, 비디오카드, 사운드카드와 같은 다양한 품목을 생산해내
고 있다. 대만의 에이서Acer 컴퓨터는 세계 PC 제조업계에서 3위를
차지하고 있으며, 매출만 80억 달러에 이른다.[14] 이와 같이 대만의 놀
라운 경제는 대만에 열 명의 억만장자를 배출하기도 했다.[15]

다시 태어난 검은 대륙

그러나 군벌, 내부 갈등, 끊임없는 전쟁, 부패, 잔인한 독재자들로 인해 가난하게 된 지역에서, 이러한 사건들에 영향력을 행사하려 했던 서구의 헛된 시도 이후에 무슨 희망을 찾을 수 있을까?

나는 바로 21세기의 중국에 대한 이야기를 하고 있는 것이다.

20세기 후반, 중국의 1인당 소득 증가를 나타내는 그림 35에서 볼 수 있듯이, 사실상 중국의 전망은 밝다.

서구가 중국에 결코 많은 영향을 끼치지 못했다 하더라도, 그런 시도가 전혀 없었던 것은 아니다. 중국을 근대 세계로 이끌어낸 서구의 오랜 열정 가운데에는 기독교, 문명, 상업이 혼합된 일반적인 백인의 의무가 포함되어 있었다. 예수회는 17세기에 이미 서구의 과학으로 잘 포장해 중국 황실에 기독교 복음을 전파하려 했다. 예수회의 선

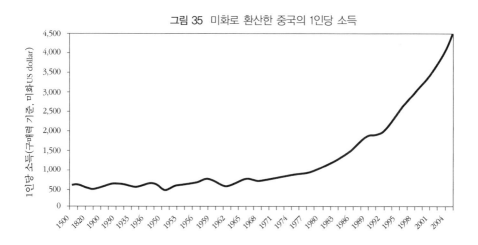

그림 35 미화로 환산한 중국의 1인당 소득

교사 요한 아담 샬Johann Adam Schall은 1644년 9월 1일 일식을 정확히 예측함으로써 중국에 진출할 수 있었다. (중국인 천문학자들도 일식과 월식을 예측할 수는 있었지만, 그렇게 정확히 해내지는 못했다.) 그러나 중국인들은 예수회의 천문학은 취하고 그들의 복음은 버렸다.[16] 중국인들은 서구의 지식과 기술을 활용하는 것을 좋아했지만, 자신들을 기독교화하고 문명화시키려는 서구의 노력에는 별다른 관심을 보이지 않았다.

미국인들은 기독교로 개종한 지 얼마 안 되는 장제스蔣介石가 1927~1931년 기간 동안 나라의 대부분에 대한 지배권을 공고히 하자 이를 대대적으로 환영했다. 미국 언론은 소망했던 바가 이루어졌다는 승리감으로, (특히 중국 선교사의 아들인 헨리 루스『타임』편집장의 주도하에) 장제스가 중국을 근대 세계로 인도하는 민주주의의 모범이라고 보았다. 웰즐리대학교를 나온 장제스의 부인은 홍보를 위해 미국을 방문했는데, 이는 미국인들로 하여금 발전하는 중국을 상상하도록 하는 데 도움을 주었다. 루스는 장제스가 "기독교 복음에 부분적으로 영향을 받아 방대한 개혁에 착수하게 되었다."[17]고 말했다. 장제스가 주도하는 중국은 "극동 지역에서 민주주의의 주역"이었다. 미국인들은 군사 원조를 통해 그들을 지원했고 구호 기금United China Relief Fund을 통해 개인적으로 후원금을 기부했다. 이 기관은 기아 상태의 어린이들에게 식량을 공급하고 산업 발전을 도모하였다.

후일 역사가들의 지원에 힘입은 소수 회의론자들은 장제스가 자신의 반대파들을 학살하여 권좌에 오른 무자비한 군벌이었다고 기록하고 있다. 장제스는 상하이의 암흑가인 청방靑幇과 맺은 오랜 인연의 덕을 보았다. 그는 1927년에 상하이를 장악할 때 공산주의자와 다른 적들을 학살하기 위해 청방을 기용했다.[18] 그의 암흑가 동지들은 이후에 다른 정적들을 암살하는 데 도움을 주었고, '시민권보호를 위한 중국연맹'의 지도자(1933년)와 상하이의 대표 신문 편집장(1934년)을 암살했다.[19] 장제스는 정치범들을 위한 강제 수용소를 설치했고, 세 개의 비밀경찰 병력을 두었으며, 언론·출판사·대학을 검열했다. 이 모두는 "자유 중국"의 이름으로 이뤄졌다. 한편 국민당 관료들은 그의 지배하에서 재산을 불렸다.[20] 이는 서구가 전 세계에 개발을 확산시키는 데에서 현지의 "파트너들"을 이상화하는 마지막 사례가 아니었다.

중국은 초기 형식의 대외 원조를 받기도 했다. 1929년과 1941년 사이에 국제연맹은 중국에 보건, 교육, 교통, 농촌협동조합 분야에서 30명의 개발 전문가들을 파견했다. 1933년 7월 18일에 국제연맹은 국제연맹과의 "기술 협력을 목적으로 중국국가경제이사회와 연락하기 위한" 대표 한 명을 임명했다.[21]

유럽 인들은 오랫동안 중국에 관여했지만 뚜렷한 발자취를 남기는 데 실패했다. 유럽의 관여는 1949년의 마오 혁명의 승리로 끝이 났다. 그 다음에 이어진 공산당의 폭정 이후, "대퇴보"(대약진 운동을 저자가 비꼰 표현 — 옮긴이)과 문화 대혁명은 중국 국민들을 끝없는 불행으로 몰아갔고, 예기치 않았던 일들이 계속 발생했다.

두 번째 중국 혁명

나는 언젠가 10대 소녀인 나의 딸 레이첼을 데리고 신발을 사러 갔다. (내 딸과 그녀의 10대 여자 친구들은 미국 신발 시장의 절반을 차지하는 고객들이다.) 나는 진열대의 신발을 뒤집어 보면서 그것들이 어디에서 만들어졌는지를 확인한다. 원산지는 거의 늘 중국제이다. 두말할 필요 없이 미국의 여성화 수입량의 63퍼센트가 중국제이다.[22]

중국은 신발만 수출하는 것이 아니다. 재빨리 우리 아파트를 조사해보았더니, 내 뉴욕 양키스 야구 모자도 중국제이다. 시계 달린 라디오도 중국제이다. 컴퓨터에 연결해 쓰는 USB 플래시 드라이브도 중국제이다. 아예 노트북 자체가 중국제이다.

1978년 샤오강 집단 농장이 문을 닫으면서 시작된 자유 시장을 위한 모색은 이전 장에서 언급한 바와 같이 농업 분야의 기업뿐 아니라 공업 분야의 기업에도 확산되었다. 2004년 12월 24일, 『뉴욕 타임스』는 중국의 섬유 생산 지대에 대한 기사를 실은 적이 있다. 다탕은 중국의 양말 생산 도시이다. 연간 90억 켤레의 양말을 생산하며 세계 양말 생산의 3분의 1을 차지한다. 1970년대 말까지도 다탕은 천여 명 미만의 주민이 거주하면서 벼농사를 짓는 조용한 마을이었다. 사람들은 여유 시간에 양말을 재봉하여 바구니에 담아 길가에 내다 팔기 시작했다. 동잉홍은 1970년대에 매월 9달러의 급료를 받으며 초등학교에서 교사로 일했다. 그러나 그녀는 집에서 양말을 만들기 위해 교사 경력까지 포기했다. 오늘날, 그녀는 저장양말의 소유자로 백만장자 대열에 올랐다.

다탕 근처 중국 연안에는 다른 생산 지대들이 있는데, 속옷 도시, 넥타이 도시, 스웨터 도시, 어린이 의류 도시 등이 그것이다. 홍콩의 투자자들은 1985년, 넥타이 도시에 현대적 기술과 디자인을 도입했다. 기업 설립 초기에 근무했던 직원들은 자신들이 직접 운영하는 넥타이 회사를 차리기 위해 퇴사하기도 했다. 중국의 공산주의 정부는 공공 토지 부여, 세금 우대 정책, 교통 시설 구축과 같이 이러한 생산 지대를 발전시킬 수 있는 방안을 알아냈다. 한 가지 무서운 사실은 중국이 이러한 성공을 거둔 시기가 섬유에 대한 국제 무역 제한 조치를 받을 때였다는 것이다. 이러한 제한 조치는 2005년 1월 1일에 종료되었다.

중국은 지난 20년 동안 발생한 가장 놀라운 성공 사례 중 하나이다. 매우 빈곤했던 한 국가가 경제 대국으로 급성장하여 서구 기업들과 다른 빈국들을 모두 깜짝 놀라게 한 것이다. 이는 어떻게 하면 근대성을 이룰 수 있는가에 대한 서구의 청사진을 따르지 않고 얻은 유래 없는 자생적 성공 사례이다. 중국은 재산권의 부재를 자유 시장과 결합시켰고, 공산주의 독재와 지역의 공공 서비스에 대한 피드백을 결합하는 한편, 민영 기업과 도시 국영 기업을 결합시켰다.

중국은 1989년 시장 친화적 개혁을 시작한 이후, 1978년에 590억 달러였던 산업 생산량이 2003년에는 8440억 달러에 이르게 되었다. 1982년에 440억 달러였던 수출액은 2003년에 4280억 달러가 되었다. 바오스틸Bao Steel과 같은 기업들은 기사들과 관리인들에게 해외 연수를 시켜 첨단 기술을 채택했다.[23]

성공은 그것이 어디에서부터 비롯되었는지 그 기원을 따지도록 유인한다. 세계은행은 중국의 성공에 대해 "외부의 지원이 개혁 발생에 도움을 주었고 개혁 구조에 기여했다."고 말했다. 세계은행은 약간의 자본 투입으로 중국 빈민들을 구해낼 수 있었다고 말한다. 2002년부터 중국 국민 개개인에게 하루 0.1센트 정도가 돌아가게끔, 연간 5억 6300만 달러를 사용했다는 것이다.[24]

나는 2003년 12월에 중국을 방문하면서, 내가 만나고 보았던 모든 사람들과 환경 여건의 역동성에 크게 놀랐다. 모두가 열심히 일하고 있었고, 여기저기에서 건축이 진행되고 있었다. 모두가 빠른 속도로 움직이고 있었다. 워싱턴에서는 워싱턴을 둘러싼 순환 도로 한 곳에서 항상 교통이 막히는데, 베이징에는 5곳의 순환 도로(여섯 번째 도로는 건설 중이었다.)가 있었다. 기술력 또한 급증하여 휴대폰과 컴퓨터가 없는 곳이 없었다.

내가 베이징대학교와 우한대학교에서 가르친 경제학 박사 과정 생들은 배우려고 하는 의지가 엄청났다. 나는 한 학기 분량을 5일 동안 가르쳤는데, 중국 학생들보다 내가 훨씬 더 지쳐서 녹초가 되어버릴 지경이었다. 나는 이후에 우한대학교에서 "자신을 개발하라. 끈기를 가져라. 진실을 추구하라. 혁신하라."는 분발의 메시지가 담긴 크리스마스카드를 받았다.

한 사회의 최종적인 경제적 시험대는 분명히 고속 성장이 아니라 높은 수준의 소득 달성이라는 점이다. 중국의 1인당 소득은 아직 미국의 6분의 1에 불과하다. 민주주의 부재와 국영 기업, 은행 체계의 문제 및 타국이 유도한 경제 왜곡으로 인해 발생한 비효율성의 잔존은 큰 문제가 되고 있다. 이 거품은 잦아들 수도 있고 아니면 앞으로도 놀라운 경제 붐을 지속시킬 수도 있지만, 변화는 내부에서부터 나타나고 있다.

인도

나는 인력거를 타고 오래된 델리의 거리를 활주하고 있다. 이 "거리"는 인력거와 중년 관광객 두 명이 겨우 다닐 수 있을 정도로 폭이 좁다. 이 거리는 과일·채소·꽃 행상, 오토바이, 길거리 아이들, 정서 불안증을 앓는 개들, 힘센 사람들이 벽돌을 가득 담아 미는 이륜 카트들로 늘 혼잡하다. 힌두 사원도 거리에 즐비하다. 우리는 그중 한 곳을 방문했다. 사원은 신들의 그림과, 낯선 글자가 새겨진 비문, 꽃에 둘러싸인 촛불, 향료의 향, 돌과 나무에 새긴 조각들로 아주 화려하다. 거만한 서구인이라도 인도 문명의 뿌리가 3천 년이 넘는다는 것을 알게 되면 겸손해지지 않을 수 없다. 이는 백인의 의무의 수명보다 좀 더 긴 시간이다.

어쨌든, 인도는 영국의 오랜 식민 통치 기간에는 발전하지 못했다. 독립 이후, 인도가 받은 해외 원조의 양은 GDP의 100분의 1 이상에는 미치지 못했다. 인도는 초기에 발전을 위해 엄격하게 계획된 개입주의적 접근을 채택했지만, 평범한 정도의 성장만을 이루었을 뿐이다. 잘 알려진 바와 같이 인도의 저조한 성장은 심지어 "힌두식 경제 성장률"이라는 악명을 얻기도 했다. 인도는 20세기 후반이 되어서야 인도 자본주의의 숨은 잠재성을 발견했다. (그림 36 참조)

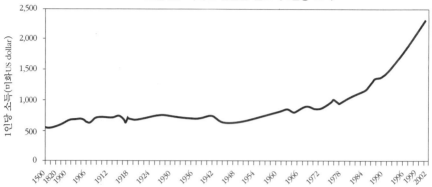

그림 36 미화로 환산한 인도의 1인당 소득

중국의 경우와 마찬가지로, 서구는 최근 인도의 성공 사례에 대해 그 공로를 인정받으려 한다. 세계은행은 중국에서와 같이 인도에서 피보호국의 급속한 경제 성장에 대해 자축했다. 세계은행 자체 평가에 의하면, 세계은행은 자유 무역을 증진시키고 인도의 중앙 정부와 공조했을 뿐 아니라, 인도의 무수한 주, 지방, 시 정부와 공조하여 인도 정부의 분권화를 지원했다고 한다. 중국의 경우와 마찬가지로, 이러한 원대한 성과를 위해 사용한 예산은 미미했다. 세계은행 신규 차관으로 연간 17억 5000달러, 즉 하루에 인도인 한 명당 0.5센트를 사용한 것이다. 이러한 근소한 액수로 얼마나 큰 변화를 이룰 수 있었을까? 세계은행의 수석 경제학자는 자신들의 "강력한 전시 효과"가 인도인들을 계몽시켰다고 설명했다.

다행히 인도에는 탐색가들이 있었다. 델리 출신의 젊은 사업가들인 라젠드라 파와르Rajendra Pawar와 비제이 타다니Vijay Thadani는 1980년대 초반에 사립 컴퓨터 학교를 설립했다. 그들이 세운 NIIT는 크게 히트해서, 입학을 원하는 사람들을 다 받아들일 수가 없을 정도였다. 이에 그들은 컴퓨터 교육을 맥도날드화한다는 기발한 발상을 내놓게 되는데, 입학을 원하는 사람들이 있는 곳이면 어디든지 새로운 학교를 체인점과 같이 세울 수 있게 한다는 것이었다. 가맹자들은 지역 전문가들로서 NIIT를 대도시에서 중소 도시로 옮겼다. NIIT는 교실의 표준화, 교사 연수, 광고뿐 아니라 학교 운영에 대한 빈번한 점검 및 엄격한 시험 제도를 통해 브랜드 가치를 유지했다. 오늘날, 훤칠한 키에 턱수염을 기른 48세의 라젠드라 파와르는 주식의 시가 총액이 20억 달러인 기업의 경영자이다. 그의 회사 중역 중 여덟 명이 백만장자이다. 결혼을 꿈꾸는 독신 남녀들은 NIIT 학위를 중요한 신상 명세 중 하나로 언급하기도 한다.[25]

잘 알려진 바와 같이 미국 시장을 위한 인도 IT 서비스의 아웃소싱 성공은 위프로Wipro Ltd.의 경우에서 잘 엿볼 수 있다. 이는 인도의 최고 가치 기업으로, 주식 자본이 100억 달러에 이른다.[26] 이 회사는 소니, 노키아, 홈디포Home Depot, 컴팩Compaq과 같이 유명 기업들을 포함한, 『포춘Fortune』 선정 1000대 기업과 전 세계 500대 기업 중 138개 기업에 IT 서비스를 공급한다. 또한 델타 항공과 같은 기업의 콜 센터를 운영한다.[27] 이는 1945년에 식용유 제조업체로 시작된 눈에 띄지 않던 기업이 일구어낸 성과로는 실로 대단한 것이다. 스탠퍼드대학교를 졸업한 위프로의 총수인 아짐 프렘지Azim Premji는 전 세계에서 58번째 부자이다.[28]

터키

나는 2001년 9·11 사건이 일어난 지 이틀 후에 파트마Fatma를 만났다. 그녀는 터키 앙카라에서 64킬로미터 떨어진 시골 지역에 살고 있다. 나는 비행기가 고국의 세계 무역 센터와 미국 국방부 건물Pentagon을 강타했을 때 앙카라에 도착했다. 아이들과의 연락을 위해 패닉 상태로 밤낮으로 애쓴 후에야, 마침내 나는 아이들과 통화할 수 있었고 모두 무사하다는 소식을 들었다. 하지만 비행기 편이 없어서 미국으로 돌아갈 수가 없었고, 친절하게도 터키에서 나를 초청한 사람들이 앙카라 근처를 여행할 수 있도록 선처를 베풀었다.

그 여행 중에, 고상한 중년 부인인 파트마[29]를 다시 만나게 되었다. 그녀는 진흙과 돌로 만들고 나무 막대기와 짚으로 덮은 방 네 개 짜리 집 밖에 앉아 있었다. 그녀는 가족들의 불확실한 미래에 대해 내게 이야기해주었다. 가족 중에 소득이 있는 유일한 사람이 문맹인 청소년 아들인데, 아들은 임시 단순 노동을 하고 있었다. 남편은 국가 복지 기관에 큰 빚을 지고 2년 전에 사망했다. 이 기관은 연금을 지급해주기 전에 빚을 상환하라고 요구했다. 빚을 갚기 위해 파트마는 가족 소유의 양을 모두 팔아야만 했다. 그러나 아직도 채무가 남아 있어, 그녀는 연금을 받지 못하고 있다. 고령의 모친과 농아에 정신지체인 자녀 둘을 부양하기 위해, 그녀는 가족 텃밭에서 나온 채소들을 거둬들인다. 2년간 계속된 가뭄으로 수확물이 말라버린 것을 볼 수 있었다. 파트마는 마을 외곽에 토지를 조금 가지고 있긴 했지만 비가 내리지 않으면 그조차도 별 가치가 없고, 게다가 우물을 파거나 관개 시스템을 설치할 만한 돈이 없다. 가족들은 파트마가 텃밭에서 거두는 채소로 생계를 유지한다. 이웃들도 파트마의 가족이 생계를 유지하도록 도움을 주고 있다. 미래에 대한 희망이나 두려움이 있냐고 묻자, 그녀는 신이 더 좋은 때를 허락하실 것이라고 말했다.

파트마의 집을 방문한 이후, 나는 마을 광장으로 갔다. 마을 남자들이 무엇인지는 모르겠지만 맛좋은 알코올 음료와 물을 대접하면서 불청객인 나를 친절하게 맞아주었다. 그들은 내가 마을에 대해 묻자 함께 웃으며 농담을 나눴다. 그중 일부는 쿠르드 족 후손이었지만 수십 년간 터키 중부에 있는 이 마을에 살고 있었다. 여자들도 보였는데, 대화에는 참여하지 않았다. 남자들은 자부심을 가지고 마을의 아름다운 모스크를 가리켰다. 광장에 있던 사람들 일부는 이슬람교의 자카트(이슬람법의 구빈세. ─ 옮긴이) 전통을 따르는 파트마의 후원자들이었던 같았다. 이 전통에 따라 진정한 무슬림들은 매년 빈민들에게 자신이 가진 부의 2.5퍼센트를 기부한다.[30]

파트마는 가난하지만, 매우 가난하다기보다는 중간 소득 경제에서는 그래도 형편이 나은 축에 속한다. 그녀의 빈곤은 내가 아프리카에서 보았던 것과 같은 수준이 아니다. 그녀는 그래도 텔레비전과 냉장고를 갖춘 편안한 집을 가지고 있다. 나는 터키 경제가 2001년 위기에서 크게 회복되면서 파트마의 생활도 나아지기를 바란다. 터키 경제는 한동안 강세를 보이기도 했다.

1917년, 평범한 문학가의 아들인 베흐비 코츠Vehbi Koç는 8달러를 투자하여 터키 앙카라에 채소 가게를 열었다. 그는 당시 16세였다. 그가 사망한 1996년에, 그는 『포브스』의 전 세계 억만장자 대열에 올랐다. 그의 회사인 코츠그룹은 소규모 무역 회사에서 터키 최대 민영 회사 중 하나인 전 세계적인 거대 복합 기업이 되었다. 코츠그룹은 자동차, TV, VCR, 냉장고, 오븐에서부터 성냥과 토마토 페이스트에 이르기까지 거의 모든 것을 생산해낸다. 이 그룹은 은행, 보험 회사, 관광용 토지, 소매 체인점을 운영한다. 이 그룹은 관세 인하와 유럽의 경쟁에도 불구하고 번영하고 있다. 코츠의 아들인 라흐미 코츠Rahmi Koç는 부친이 1984년에 퇴임한 이후 사업을 물려받았다. 그는 존스홉킨스대학교를 졸업했다. 라흐미는 2004년에 『포브스』 선정 전 세계 부자 순위 406위에 오르자, 회사의 경영권을 아들인 무스타파 코츠 Mustafa Koç에게 물려주었다.[31] 백인의 의무가 아니라 소비자의 선택을 가이드라인으로 삼았던 코츠는 성공했다.[32] 2002년에 수출은 45퍼센트 증가하여, 26억 달러에 이르렀다.

1970년부터 1995년까지, 터키의 수출에서 제조업이 차지하는 비율은 9퍼센트에서 74퍼센트로 증가했다.[33] 터키의 제조업은 전반적으로 1966년부터 2003년까지 5.6퍼센트의 급격한 증가율을 기록했다.

터키는 20세기에 나타난 성공 사례 중 하나이다. 서구에 의해 식민지화되거나 점령당한 역사가 없는 상태에서 1차 세계 대전 이후 오스만제국 붕괴와 그리스와의 전쟁의 상처를 회복했다. 그 후 터키는 꾸준한 성장세를 보이고 있다. 주기적인 거시 경제 위기와 쿠르드 족과의 수차례 갈등, 군사 쿠데타 발생에도 불구하고 오늘날 안정적인 민주주의를 유지하고 있다. 터키 학생들은 미국의 대학원으로 계속 진출하고 있고, 유명한 미국 대학에서 최고 교수직을 맡고 있기도 하며, 터키의 유수 대학에서 강의하기 위해 고국으로 돌아가기도 한다.

그림 37 터키의 1인당 소득

터키 정부는 유럽연합과 가입 조건을 협상하고 있다. 이는 서구
기독교계와 유럽 인들이 동쪽의 이교도로 간주했던 세력 간의 정치
경제적 통합이 이뤄지는 역사적 순간을 예고한다. 터키는 서구를 따
라잡고 있을 뿐만 아니라 서구와 비서구 사이의 경계를 허무는 역할
을 하고 있다.

보츠와나

1968년 남아프리카공화국 기업인 드비어스De Beers는 보츠와나에 매장된 상당한 양의 다이아몬드를 발견했다. 보츠와나 정부는 드비어스와 협력 계약을 체결했다. 일반적으로 중요 광물 자원을 보유한 국가의 정부들이 이를 국유화하는 것과는 달리, 보츠와나 정부는 다이아몬드 광업 및 매매에서 드비어스의 전문성을 구하는 방식을 취하며 영리하게 행동했다. 1976년 드비어스보츠와나광업회사De Beers Botswana Mining Company(줄여서 뎁스와나Debswana)는 보츠와나 남부의 주아넹에서 거대한 다이아몬드 광맥을 발견하였다. 이는 다이아몬드 발견 역사상 남아프리카공화국 킴벌리 이후 세계 최대의 발견이었다. 보츠와나는 다이아몬드 수익의 80퍼센트를 드비어스에게 주도록 한 드비어스와의 원래 계약을 재협상했다. 1986년 보츠와나는 드비어스 중역회의의 중역 중 2인을 지명할 수 있는 권리를 포함하여, 현금 교환 조건과 드비어스 자체 지분 중 이례적인 5.2퍼센트를 받는다는 조건으로 매장된 다이아몬드를 드비어스에 매각했다(과거에는 가격을 높게 유지하기 위해 이를 보유하고 있었다.). 보츠와나 경제는 다이아몬드 의존도가 높음에도 불구하고, 지난 40여 년간 가장 빠르게 성장했다. 이는 시에라리온과 앙골라와 같은 다른 다이아몬드 생산국과는 상당히 다른 결과이다.[34] 보츠와나의 소규모 제조업 부문은 그와 동시에 급속도로 확대되어, 1966년부터 2003년까지 8.7퍼센트 성장을 기록했다. 목축업 또한 수출 및 국내 소득을 위한 중요한 버팀목이었다. 2000년대 들어, 보츠와나는 다이아몬드 이외에 기타 생산품을 포함하도록 경제를 다각화하고 있고, 심각한 에이즈 위기에도 잘 대처하고 있다.

보츠와나의 성공은 족장과 시민들의 협의 기구(일종의 마을 전체 회의인 고틀라kgotlas) 같은 강력한 식민지 이전 제도의 혜택을 보았을 가능성도 있다. 또 다른 성공 요인으로는 식민지 시기 동안 영국의 외교적 무관심, 츠와나 인(소토 족 일파로 남아프리카공화국과 보츠와나에 사는 종족. — 옮긴이)들의 상대적 동질성으로 인한 종족 갈등 부재, 가축 보유에 기초한 원주민 재산권의 명료성 등을 들 수 있을 것이다.[35]

보츠와나는 많은 아프리카 국가에게 자생적 발전의 가능한 길을 보여준다. 아프리카의 풍부한 천연자원은 부패한 독재자들의 포획으로 인해 저주로 작용해왔다. 제4장에서 살펴본 것과 마찬가지로 천연자원은 역사적으로 나쁜 정부와 관련을 가지고 있다. 그러나 역사적 경향은 철옹성과 같은 법칙은 아니다. 어떤 국가들은 이를 깨뜨릴 수 있다. 아프리카 인들이 지도자들에게서 좋은 정부를 갖출 수 있다면, 풍부한 천연자원이 축복으로 바뀔 수 있을 것이라는 점을 보츠와나는 보여준다.

모든 아프리카 국가들이 풍부한 자원을 보유하고 있는 것은 아니지만, 많은 아프리카 국가들이 그러하다는 사실은 분명하다. 앙골라가 보유한 식량 작물, 커피, 사이잘삼(용설란과의 여러해살이 풀. 섬유의 소재. — 옮긴이), 기름야자, 사탕수수, 담배, 감귤류, 수력 발전, 다이아몬드, 석유와 같은 천연자원은 앙골라를 부유하게 만들 수 있다. 앙골라 인들은 식민지 시기에는 이 모든 것들을 생산하였지만, 독립 당시 포르투갈 인들의 급작스런 이탈과 내전으로 이런 잠재력이 파괴되었다. 포르투갈 인들이 설치한 철도는 앙골라의 벵겔라 항구로 향하는 국경을 넘는 수익성 운송로로서 과거에 콩고민주공화국과 잠비아의 광산 지역까지 이어졌다. 그러나 이 철도는 독립 이후부터 운영을 멈춘 상태이다. 더 나은 정부를 원하는 시민들의 요구가 현실화된다면, 콩고민주공화국과 앙골라의 평화는 이러한 가능성에 재도전하게하는 문을 열게 할 것이다.

칠레

나는 칠레 중앙은행을 시찰하는 동안 현지 에스프레소 카페를 방문하면서 칠레의 산티아고가 세계 경제에 얼마나 잘 통합되었는지를 목격하였다. 노출이 심한 옷을 입은 여종업원들은 주문을 받고, 커피를 나르며, 후한 팁을 챙겨갔다. 섹스, 카페인, 상업의 결합은 오늘날 세계 경제의 최상과 최악의 단면을 보여주는 것 같았다.

　　칠레의 경제 발전이 가져다준 혜택을 좀 더 있는 그대로 살펴볼 수 있었던 것은 산티아고의 빈민가를 방문하면서부터였다. 빈민가 주거 지역 개선을 위한 자선 단체를 운영하던 이상주의적인 상류층 학생들과 함께, 나는 잘 가꾸어진 거리의 깨끗하고 정돈이 잘 된 집들을 방문했다. 화분이 매달려 있고, 텔레비전과 편안한 가구로 장식된 시멘트 주택에 사는 한 할머니와 이야기를 나누었다. 이곳에도 가난은 존재했지만, 내가 여태껏 방문했던 세계의 다른 빈민가와는 비교할 수가 없었다. 칠레의 경제 성장은 부자들뿐 아니라 빈민들에게도 혜택을 주었다.

칠레의 상황은 현재 라틴아메리카가 겪고 있는 어려움과는 사뭇 예외적이다. 1970~1973년 살바도르 아엔데Salvador Allende의 사회주의 정부 이후 들어선 아우구스토 피노체트Augusto Pinochet의 잔인한 군사 정부는 자유 시장 개혁을 실시했다. 거시 경제 위기는 군사 정권을 위태롭게 했지만, 자유 시장 개혁은 1980년대에 그 빛을 발하게 되었다. 민주주의가 회복된 이후, 좌파 정당과 우파 정당은 모두 자유 시장 모델을 유지하는 데 찬성했다. 오늘날, 칠레는 안정적인 자유 시

그림 38 미화로 환산한 칠레의 1인당 소득

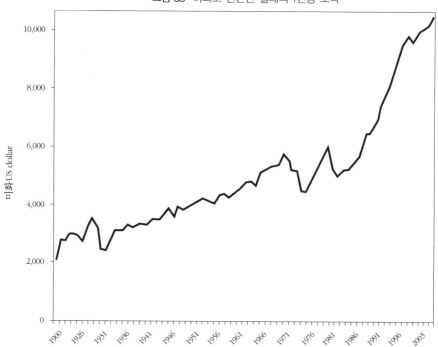

장 민주주의를 유지하고 있다.

2003년 7월 23일, 의회는 칠레와 미국 간의 자유 무역 협정을 승인했고, 이는 2004년 1월 1일에 발효되었다. 칠레는 2004년에 생선, 생과일, 목재, 목제품, 구리, 의류 등 다양한 종류의 상품들을 미국에 수출했다.[36] 생과일 산업의 성공은 세계 경제에서 틈새시장을 노린 칠레 탐색을 전형적으로 보여준다. 지중해성 기후와 남반구 수확 시기를 십분 활용하여 북아메리카 사람들에게 최상품의 생과일을 수출하는 기회를 포착해낸 것이다.

나는 미국이 여름이었을 때 칠레에 잠시 들른 적이 있었는데, 내비행기 편은 스키와 여행자 달러를 들고 겨울인 칠레로 향하는 미국 대학생들로 만원이었다. 공항에서 산티아고로 가는 도로는 새로 생긴 4차선 고속도로였는데, 이는 맨해튼에서 라과르디아(뉴욕에 있는 국제 공항. 맨해튼에서 13킬로미터 떨어진 곳에 있다. ― 옮긴이)까지의 숨 막히는 도로와 큰 대조를 이뤘다. 택시 안에는 남남 세계화South-South globalization의 좋은 예로서 세네갈 출신 가수인 유수 은두루Youssou N'Dour의 노래가 흘러나오고 있었다.

칠레 인들은 적절한 때에 미국식 경제 모델을 자유롭게 취했다. 유명한 시카고 보이스Chicago Boys ― 시카고대학교에서 교육을 받은 밀턴 프리드먼Milton Freedman의 제자들 ― 이 이를 실행한 것이다. 나의 대학원 동기들과 그 이후의 수많은 동료들이 칠레 출신이었고, 그들 대부분은 지금 칠레에서 경제계와 정부를 이끌고 있다. 칠레가 자유 시장 민주주의의 모델을 발견할 동안 대외 원조, 세계은행, IMF는 별다른 역할을 하지 못하였다.

자생적 발전

일본, 중국, 동아시아 호랑이들, 인도, 터키, 보츠와나, 칠레의 성공은 서구의 오만함을 우스꽝스러운 유물로 만들고 있다. 미국인들과 서구 유럽 인들은 훗날에 그들이 비서구 지역의 구세주가 아니었다는 점을 깨닫게 될 것이다.

서구가 비서구 지역을 '발전' 시키는 데 실패했을 때에도, 비서구 지역은 스스로를 개발해왔다. 비서구 지역의 수많은 성공 신화들은 비서구 지역이 자립적이면서 모험적인 시도와 합당한 경우에 서구의 아이디어·제도·기술을 취하면서 생겨난 것이다.

다시 말해서, 성공 사례들은 모방을 위한 단순한 청사진을 제공해주는 것이 아니다. 이 사례들에 일관적으로 흐르는 주제는, 성공한 사례들은 발전의 해법이 모두 국내 및 수출 시장의 결합을 활용하여 시장 검증을 거쳤다는 점이다. 피드백과 책임의 구현을 위해 시장을 활용하는 것은 성공을 위한 필수 조건으로 인식된다. 그러나 우리는 제3장에서 자유 시장의 창설이 그 자체로 쉽지 않으며, 성공 사례들도 원래의 자유방임 모델에 완전히 부합되지 않는다는 점을 살펴보았다.

자유 시장을 심각하게 침해하고 개인적으로 세력을 강화시키는 잔인한 독재자들은 성공을 가로막는다는 사실을 우리는 알고 있다. 이 분명한 사실 이외에, 성공을 위한 자동 공식은 없다. 단지 제3장과 제4장에서 살펴본 바와 같이 많은 장애물을 극복하고 점진적 개선을 모색하는 수많은 정치 경제적 탐색가들이 있을 뿐이다.

자립 역시 빈민을 위한 만병통치약이 되지 못하는데, 사실, 수많은 불행한 빈민들이 아무리 열심히 일한다 하더라도, 무수히 많은 이들은 갱단이 운영하는 것이나 마찬가지인 국가에서 살고 있거나 발전을 위한 숨겨진 경로를 아직 발견하지 못한 복잡한 사회에서 살아가고 있다. 서구의 원조가 과거의 경험 덕분에 겸손해지고 좀 더 순화된다면, 빈민의 고통을 경감시키는 데 아직도 어느 정도의 역할을 감당할 수 있다. 다음 장에서는 서구의 원조가 유토피아적 목표에서 벗어나기만 한다면 과거보다 얼마나 더 많은 일을 할 수 있는지 살펴보기로 한다.

쿠마우에서 온 세 명의 동기동창

롤런드 아코사Roland Akosah, 로버트 단소-보아케Robert Danso-Boakye, 요 냐르코Yaw Nyarko는 만 명 정도가 거주하는 가나 아산티 지역의 도시인 쿠마우의 트웨네보아코두아중학교를 다녔다. 이 학교에 다니는 것은 쉽지 않았는데, 학기 중에도 계속 단수가 되었다. 전기는 아침 6시부터 밤 10시까지만 쓸 수 있었다. 책도 별로 없어서, 학생들은 도서관에서 구할 수 있는 한두 권의 책을 같이 사용해야 했다. 그러나 요 냐르코는 선생님들이 매우 헌신적이었고, 자신과 다른 두 친구들을 매우 잘 가르쳐주셨다고 회고한다.

이 세 사람은 수도인 아크라 근처의 레곤에 있는 가나대학교로 함께 공부하러 갔다. 그리고 외국 대학에서 석사 학위를 받기 위해 제리 롤링스Jerry Rawlings의 군사 독재 기간 동안 가나를 떠났다.

펜실베이니아대학교 와튼스쿨에서 MBA를 획득하고 미국의 IBM과 유나이티드테크놀로지스United Technologies에서 수년간 일했던 롤런드 아코사는 가난한 어린 시절을 보냈다. 그의 어머니는 정식 교육을 받아본 적이 없었다. 그는 가나로 돌아가기로 결심하고, 2000년에 에노인터내셔널Eno International이라는 투자 은행을 시작했다. 에

노인터내셔널은 제약품과 소비자 가전제품 분야에 투자하기 위해 가나와 미국에서 자본을 마련했다. 이 은행은 오렌지 주스 공장을 곧 시작한다는 목표로 감귤 농장을 사들이고 있다.*

로버트 단소-보아케는 가족과 친구들의 도움으로, 에든버러에서 국제은행 및 금융 석사 학위를 받고, 서리대학교에서 경제학 석사 학위를 받았다. 그의 멘토들은 1980년대에 그에게 가나로 돌아와 은행 규제 철폐로 인해 생긴 새로운 기회에 참여하도록 설득했다. 오늘날 그는 아크라의 트러스트뱅크Trust Bank에서 중역으로 일하고 있다.

요 냐르코는 코넬대학교에서 장학금을 받으며 경제학 박사 학위를 취득했다. 그는 게임 이론 분야에서 잘 알려진 전문가가 되었고, "베이스의 최적 제어 문제에서 가치 기능의 볼록성에 관하여"와 같은 논문을 썼다. 그는 브라운대학교를 거쳐 뉴욕대학교의 경제학과 교수가 되었고, 현재 나의 동료이다. 그는 뉴욕대학교의 대외협력처 부처장으로 있으면서, 뉴욕대학교의 해외 연수 사이트와 아크라의 연구 사이트를 개발하는 데 도움을 주고 있다. 이는 패트릭 아우아가 시작한 역동적인 사립 대학인 아쉐시대학교와 레곤에 있는 가나대학교에 기반을 두고 있다. 요Yaw는 아쉐시대학교의 열성적인 학부생들에게 경제학을 가르치는 데도 시간을 할애했다. 그는 그보다 더 원대한 계획도 가지고 있다. 뉴욕대학교에 아프리카하우스Africa House라는 학제 간 연구 센터를 시작하는 일이다.

---

* 롤런드 아코사에 대한 자세한 이야기는 『포브스』에 실린 디언 매캔의 "Ghana's Moment"와 매캔의 풍부한 배경 설명에 기초하였다.

롤란드 아코사는 대외 원조가 가나에 기여한 것에 대해 회의적인 시각을 가지고 있다. "우리에 대한 평가는 끔찍합니다. 사람들은 우리가 거지라고 생각했는데, 사실 우리는 거지가 맞습니다. 우리나라 경제를 발전시키는 것은 이제 우리에게 달려 있습니다." 요 냐르코는 대외 원조가 "인센티브를 왜곡시킨다."고 덧붙인다. 그는 "대외 원조가 사람들이 자신들의 문제를 해결하는 데 타인에게 의지하도록 만든다."고 생각한다.

제11장

서구 원조의 미래

우리는 탐험을 그치지 말아야 한다.
우리의 모든 탐험의 끝은
우리가 출발했던 곳에 도착하는 것이며
그 장소에 대해 처음으로 다시 알게 되는 것이다.

__T. S. 엘리어트, 『네 개의 사중주Four Quartets』 중 「리틀 기딩
Little Gidding」, 1943년

개발 관련 인력인 데니스 위틀Dennis Whittle과 마리 쿠라이시Mari
Kuraishi는 이런 질문을 던진 적이 있다. 만약에 대외 원조가 하나의 국
가라면, 세계은행과 국제통화기금IMF의 충격 요법가들은 무엇을 자
문해주겠는가? 그들은 아마도 국가 소유를 철폐하고, 민영화와 대규
모 인원 감축을 위한 구조 조정을 급속도로 추진하고, 시장이 스스로
기능하도록 하며, 관료적인 중앙 계획을 종식시키는 일 등일 것이다.
나는 대외 원조에 의존하는 어려움에 빠진 나라에 좀 더 점진적인 접
근과 점진적 개혁을 추천할 것이다.

그렇다. 서구 원조가 비서구 지역의 빈민들에게 그들의 가장 절
박한 문제 중 일부를 도울 수 있다는 희망은 여전히 존재한다.

공적 원조

대외 원조가 가진 큰 문제는 세계의 복잡한 문제를 해결하려는 유토피아적인 청사진을 꿈꾸는 것이었다. 만일 내가 원조의 복잡한 문제에 대해 유토피아적인 청사진을 지금 당장 제공할 것이라고 독자들이 생각한다면, 내가 이러한 청사진이 가진 문제를 다루었던 앞 장에서 제대로 설명하지 못한 것이다.

그러나 나는 서구 원조가 점진적 발전을 이루는 데 몇 가지 유익한 교훈을 제공할 수 있길 희망한다. 만약 유토피아적인 목표가 원조 기관들이 실질적인 결과에 책임을 지지 않도록 하는 경향이 있다면, 여기서 취해야 할 첫 번째 단계는 유토피아적인 목표를 포기하는 것이다. 유토피아적인 의제는 각 원조 기관들이 다수의 목표에 대해 집단적 책임을 취하도록 만들었다. 이는 인류의 직립 보행 이후 고안된 최악의 인센티브 체계 중 하나일 것이다. 관찰 가능성observability에 대한 인센티브 편향incentive bias도 있었는데, 이는 요란한 기삿거리에나 적합한 것들을 만드는 데 비생산적인 노력을 기울이게 했다.

유토피아적인 의제들은 총체적인 정치 시스템을 변화시키려는 시도에 대해 비생산적인 초점을 맞추도록 유도하기도 했다. 현 상황 —— 대규모 국제 원조 관료제가 대규모 중앙 정부 관료제에 원조를 지급하는 상황 —— 은 빈민들에게 자금이 돌아가지 못하도록 하고 있다. 원조에 딸린 조건들은 정부의 행동을 변화시키지 못하고 있다.

당신이 구덩이 속에 들어가 있다면 우선 할 일은 땅을 파는 것을 멈추는 것이다. 당신이 다른 나라 국민들의 문제를 더 잘 해결하는 방법을 알고 있다는 후견인적인 자신감은 버려라. 정부나 사회를 고치려고 하지 마라. 다른 나라를 침범하지 말고, 내전을 치르고 있는 잔악한 다른 나라 군대에 무기를 보내지 마라. 조건부 융자를 멈추라. 정상 회의와 겉치레하는 데에 시간을 허비하지 마라. 총체적이며 고지식하기 짝이 없는 제도 개혁에 대한 계획을 포기하라. 우리의 목표는 정부나 사회를 변혁시키는 것이 아니라 개인들을 더 잘살게 하는 것이 되어야 한다.

서구가 정부보다 개인들에게 도움을 주려고 할 때, 대외 원조를 혼란스럽게 했던 문제들이 풀리게 된다. 군벌이나 약탈형 독재자 kleptocrat를 지도자로 둔 불행한 국민들은 여전히 원조의 수혜 대상이 될 것이다. 서구는 군벌들과 약탈형 독재자들을 받아주는 IMF, 세계은행, 다른 원조 기관들의 우스꽝스러운 광경을 종식시킬 수 있다. 서구는 융자 조건의 온정주의적 개입주의와 위선을 종식시킬 수 있다. 또한 "국가의 주인 의식"과 워싱턴(IMF, 세계은행 등 — 옮긴이)에서 내거는 지시나 다름없는 조건들 사이에 내재하는 모순을 종식시킬 수 있다.

기억하라! 원조는 빈곤의 종말을 성취할 수 없다. 자유 시장 안에서 개인과 기업의 역동성에 기초한 자생적 발전만이 이를 성취할 수 있다. 종합적인 경제 발전이라는 불가능한 임무를 제거해 버리고 나면, 원조는 빈민의 고통을 경감시키기 위해 현재 이루고 있는 것들보다 더 많은 것들을 성취할 수 있다.

초점을 원래 있던 곳으로 복귀시켜라. 세계 최빈층에게 예방 접종, 항생제, 식품 보충제, 개량된 종자, 비료, 도로, 시추공, 수도관,

교과서, 간호 인력과 같이 분명한 물품을 공급하라. 이는 빈민들이 기부 물자에 의존하도록 만들지 않는다. 최빈층에게 보건, 영양, 교육 및 다른 부분에서의 투입을 통해 더 나은 삶을 살려는 그들의 노력에 더 큰 보상을 해주는 것이다. (박사 학위 취득에 대한 미국 국립과학재단 NSF 펠로십이 앞으로의 진로에 대한 나의 노력을 더 많이 보상해주었던 것과 같다.)

나는 모든 원조가 프로젝트를 위한 것이 되어야 한다고 말하는 것은 아니다. 원조 기관들의 비교 우위가 가능한 분야들 중 다른 어떤 것들은 은행 체계 또는 주식 시장의 운영에 대한 실용적인 지식을 뽑아내는 것을 포함할 수 있다. 동시에 훌륭한 거시 경제적 경영에 조언을 해주고, 사업상 규제를 단순화하며, 성과 중심의 행정 사무를 진흥시킬 수 있는 점진적 개혁을 할 수 있다.

다른 원조 평론가들과는 달리, 나는 이러한 해결책을 실행하는 것이 쉽다고 말하는 것이 아니다. 또한 나의 해결책이 반드시 잘 기능할 것이라든지 이러한 해결책이 반드시 옳다고 말하는 것이 아니다. 정말로 절대 아니다. 왜 이러한 해결책이 잘 이뤄지지 않고 있는지에 대해서는 충분한 이유가 있다. 그 부분적인 이유는 단순한 개입이 이뤄지게 하는 것에도 사회적인 복잡성이 존재하기 때문이다. 그래서 골치 아픈 일들이 계속해서 생겨나게 된다.

그러나 이는 바꿀 수 있는 일부 요인들 때문이기도 하다. 부분적으로는 부국들이 빈민들에게 제대로 기능할 수 있는 원조를 실행하기 위해 충분한 관심을 가지고 있지 않고, 기능하지도 않는 거대한 유토피아적 계획을 설정하려 하기 때문이다. 또한 아무도 그 장소와 그 시

간에 그런 개입이 이뤄지도록 실제적으로 책임을 지려 하지 않는 것
도 부분적인 이유가 된다. 이에 대한 나의 제안은 우스울 정도로 잘못
오도될 수도 있다. 이 제안은 다른 모든 것과 마찬가지로 회의적인 검
증이나 사후 평가에 귀속되어야만 한다.

무엇보다, 이 책은 어떤 '계획'이 아니다. 그 대신에 지역 상황을
잘 알고 있고, 개입으로부터 경험적 결과를 가지고 있으며, 빈민의 의
견을 구할 수 있는 방법을 가진 탐색가들을 가리키고 있다. 빈민들은
원조의 효과적 운용에 대한 모든 변수와 복잡한 해답을 발견해낼(또
한 이미 발견하고 있을) 것이다.

나는 몇 가지 제안을 가지고 앞으로 돌진해갈 것인데, 그 이유는
현행 체제가 마음에 들지 않기 때문이다. 이 책은 탐색가들에게 길잡
이가 될 만한 몇 가지 역사적 교훈을 제시하였다.

여러 다중 목표에 대해 집단적인 책임을 지는 인센티브 제도를
재정비하라. 개별적인 목표에 대해 개별적으로 책임을 지우도록 하
라. 원조 기관들이 자신들 스스로 가장 잘 도울 수 있는 부문과 국가
를 전담하도록 하라. 그리고 나서 원조 기관들은 자신들의 노력에 대
한 확실한 독립 평가로, 자신들의 결과에 대해 책임을 지도록 하라.

아마 원조 기관들은 과학적인 방법으로 훈련 받은 부국과 빈국
출신 직원들로 구성된 국제 독립 평가 집단에 기여할 수 있도록 (지금
낭비되고 있는 자체 평가를 위한 예산처럼) 예산의 일부분을 따로 떼어놓
아야 할 것이다. 이 직원들은 각 원조 기구의 노력에 대한 무작위 표
본들을 평가할 것이다. 평가는 가능하면 무작위 대조 시험을 포함할
것이며, 그렇지 않다면 덜 순수한 통계 분석이 이뤄지게 될 것이다.

그리고 무작위 시험과 통계 분석이 모두 가능하지 않다면 평가는 적어도 완전한 독립성을 띠게 될 것이다. 빈민들에게 그들의 형편이 더 나아졌는지를 단순히 질문하는 식과는 다른 방식들로 실험하라. 부국의 이타주의자들을 동원하여 자신들의 돈이 빈민들에게 실제로 도달하도록 원조 기관들에게 압력을 가하도록 하고, 원조가 빈민들에게 도달하지 않을 때에는 분노를 표출하도록 하라.

적은 수의 업무들을 전문화하고 독립 평가에 따른 두려움과 보상 제도를 정비하면, 원조 기관들은 영양실조와 같은 문제를 해결할 수 있을 때까지 활용할 수 있는 다른 수단들을 계속 탐색하려 할 것이다. 원조 기관들은 다양한 전달 메커니즘을 실험해볼 수 있다. 즉 비정부 기구, 사기업, 빈민 구제를 위해 방법을 발굴하는 사회적 기업가들, 잘 운영되는 지방 정부 기관까지 활용할 수 있다. 무엇을 성취했든 간에 간소한 업무와 평가에 대한 전문화는 계획가에서 탐색가로 힘을 이동시킬 것이다.

내가 비록 현존하는 양자적 원조 기관 또는 다자적 원조 기관들과 빈국 정부가 제대로 할 일을 못했다고 생각한다 하더라도, 그들에게 책임이 부여되면 그들은 훨씬 더 나은 실적을 낼 수 있을 것이다. 공적 원조 기관들과 중앙 정부 관료제는 개발 서비스를 수행하는 데에서 가능한 수단의 목록만 가지고 있어야 한다. 다시 말하지만, 가장 중요한 것은 빈민들에게 도움을 주기 위해 무엇이 운용 가능한가에 있다.

관찰 가능성에 대한 편향은 어떻게 조정할 것인가? 당신이 눈에 보이는 결과들만 평가한다면, 그것은 단지 관찰 가능한 것들을 실행하는 것에 대한 편향성을 증가시키는 것이 되지 않겠는가? 나는 여기서 약간의 실용주의가 필요하다고 본다. 비가시적인 결과를 양산해내는 비가시적인 노력에 대해 크게 보상하는 인센티브 체계란 있을 수 없다. 포기하라. 소는 언제나 소일뿐이다. 국제 원조 기관들이 주도하여 관찰 가능한 일들을 실행하도록 하라. 그러나 평가자들은 이러한 원조 기관들이 빈민들을 위한 결과를 창출하도록 확실히 책임을 지우라. 평가자들은 정상 회담과 기본 틀 만들기와 같은 공허한 공적 제스처에 대해서는 빵점을 줄 것이다.

이러한 개혁을 실행하는 데에는 수많은 함정이 존재한다. 개혁가들은 교활한 원조 관료들이 정치적으로 강력한 현 상태를 유지하면서도 필수적인 변화를 일으키는 것처럼 보여주는 모든 방법들에 대해 긴장해야 한다. 원조 관료는 실질적인 것은 아니지만 자신들을 겨냥한 비판적인 수사를 채택하는 데 너무나 능수능란하다. 실제로, 원조 기관들은 자신들이 이미 "결과들을 관리하기managing for results"라는 접근을 채택하고 있다고 주장한다.

그러나 나의 웹 브라우저에 또 하나의 보고서가 떴다. 2005년에 마련된 "개발 결과의 관리와 행동 원칙: 새로운 모범 관행에 관한 자료집Managing for Development Results, Principles in Action: Sourcebook on Emerging Good Practice"이다. 익명의 저자들은 스스로를 "원조 효과성과 공여국 관행에 대한 DAC 실무 집단의 개발 결과 관리 공동 사업"이라 칭했다. 그들의 작업은 "원조 효과성에 대한 고위급 포럼 제출용"으로 "배경 지식"에 해당된다.

원조 산업이 하향식 계획과 집단 책임의 결점을 얼마나 인식하지 못하고 있는지는 새로운 모범 관행에 관한 자료집 팀이 개발 기구들을 이미 "결과들을 관리하기"로 묘사한 데서 드러난다. "개발 기구들은 상호 긴밀한 대화와 정부와의 대화를 통해 결과 기반적인 국가 원조를 창출하고 있다. 이러한 과정 중에, 다수의 기구들은 국가의 결과를 지원하기 위해 공조를 위한 절차를 협상하고 있다."[1]

원조 기관들이 "우유에서 크림 떠내기"를 할 위험도 있다. 즉, 결과를 나타내 보이기 위해 가장 유망한 사업을 선택하는 것이다. 이 중에는 원조 없이도 정부 스스로 실행할 수 있는 일도 포함될 수 있다. 원조 기관들이 이렇게 행할 때, 그들의 원조는 정부의 재원을 군대와 같이 좋지 않은 무언가에 쓰이도록 한다. 이러한 원조 자금의 "대체 가능성fungibility"은 원조 분석가들이 우려하는 것이지만, 너무나 많은 문제점들이 발생할 경우에는 그렇게 많이 우려하지는 않을 것이다. 소들이 크림만을 전달하는지 최소한 이것만은 확인하도록 하라.

개혁에 대한 장애물은 만만치 않다. 그러나 우리는 내가 여기에서 논한 전문화와 평가에 대한 문제들과 그리고 그 이상의 문제들을 해결하기 위한 창조적인 원조 체계를 생각해낼 수 있다. 선한 마음을 가진 수많은 사람들이 상층부의 전문가들보다 하층부에 훨씬 가까이 다가가서 세계 빈민들이 가진 문제의 해결책을 탐색하고 있다. 이러한 일부 노력들로부터 새롭고 희망적인 아이디어들이 떠오를 것이고, 그중 일부는 이미 떠오르기 시작하였다.

프로그레사 만들기

50세 된 엠마 가르시아Emma Garcia는 멕시코 부에나비스타의 연기 가득한 흙바닥 주방에서 대가족을 먹이기 위해 하루에 250개의 토르티야(밀가루와 옥수수 가루로 만든 빵. 속에 야채와 고기를 넣고 싸서 먹는다. — 옮긴이)를 만들어낸다. 부에나비스타에는 약 62가구가 가난과 영양실조에 허덕이고 있다. 이 지역은 미초아칸 주에 위치하고 있는데, 도로는 비포장이고, 수돗물이 공급되지 않으며, 하수 설비가 되어 있지 않다. 마을의 유일한 경제 활동은 자급자족적인 농업이다. 어린이들은 밭에서 일하기 위해 학교를 다니지 않으며, 학교에 다니는 학생들도 배고픔으로 공부에 집중하는 데 큰 방해를 받고 있다.

1997년, 잘 알려진 경제학자이며 당시 멕시코 재정부 차관이었던 산티아고 레비Santiago Levy는 엠마 가르시아와 같은 사람들을 도울 수 있는 혁신적 프로그램을 입안하였다. 프로그레사PROGRESA(교육·건강·식량 분야의 국가 프로그램)라고 불리는 이 프로그램은 어머니들이 자녀들을 학교에 계속 다니게 하고, 보건 교육 프로그램에 참여하며, 영양제를 받기 위해 보건소에 아이들을 데려오고 정기 검진을 받도록 할 경우에, 이들에게 현금 보조금을 지급한다. 멕시코 연방 예산이 모든 이들에게 이러한 혜택이 돌아갈 만큼 충분치 않다는 점을 고려하여, 레비는 프로그램이 과학적으로 평가될 수 있는 방법으로 부족한 자금을 나누어주었다. 이 프로그램은 혜택을 받을 수 있는 253개 마을을 무작위로 선정하였고, (혜택을 받지 않는) 다른 253개 마을을 비교 대상으로 선정하였다. 총 506개 마을에 대해 프로그램 시작

전후의 모든 자료가 취합되었다. 멕시코 정부는 국제식량정책연구소 IFPRI에 프로그램 평가 작업을 의뢰했고, 이 기관은 프로그램의 효과에 대한 학술 연구를 담당하였다.

학술적 연구 결과는 이 프로그램이 잘 운영되었다는 점을 확인시켰다. 프로그레사의 혜택을 받았던 어린이들은 질병 발생 건수가 23퍼센트 감소했고, 키가 1~4퍼센트 자랐으며, 빈혈 발생률이 18퍼센트 감소했다. 성인들은 질병 발생 일수가 19일 줄어들었다. 1학년에서 8학년까지 학교 재학률이 3.4퍼센트 증가했으며, 증가율은 6학년을 마친 여학생이 14.8퍼센트로 가장 큰 폭으로 증가했다.[2]

부에나비스타 사람들은 변화를 감지하였다. 엠마 가르시아는 프로그레사에서 받은 돈 덕분에 토르티야뿐만 아니라 일주일에 두 번씩 자녀들에게 고기를 먹일 수 있게 되었다고 말한다. 학교 교사인 산티아고 디아스Santiago Días는 부에나비스타의 두 칸짜리 학교의 출석률이 높아졌음을 주목했다. 또한, "어린이들이 전보다 더 잘 먹기 때문에, 더 오랜 시간 공부에 집중할 수 있게 되었고, 자신들이 학교에 잘 다니면 엄마가 혜택을 받는다는 것을 알기 때문에, 배우려 하는 의지가 더 커졌다."[3]고 말했다.

이 프로그램의 성공이 너무도 확실하게 기록되었기 때문에, 2000년 멕시코 민주 혁명에서 유권자들이 장기 집권을 한 정당을 거부했음에도 불구하고 이 프로그램은 계속 지속되었다. 당시까지 프로그레사의 혜택은 멕시코 가정의 10퍼센트에 미치고 있었고 800만 달러의 예산이 지급되었다. 새 정부는 이를 도시 빈민에게까지 확대하도록 했다. 인접 국가에서는 이와 유사한 프로그램들이 세계은행의

후원으로 시작되었다.[4]

원조 개혁가들에 대한 교훈은 자유로운 선택과 과학적 평가의 결합이 바로 작동 가능한 일들을 급속도로 확산시킬 수 있는 원조 프로그램에 대한 지원을 구축할 수 있다는 것이다. 교육과 영양 보급을 위한 현금 지급은 적합한 지역적 조정과 함께, 현재보다 더 많은 국가와 더 큰 규모로 확대될 수 있다.

케냐와 인도의 어린이 교육 돕기

교육 진흥가들은 어린이 교육을 위해 당황스러울 정도로 많이 개입해 왔다. 학비 폐지, 교복 지급, 교실 건축, 더 많은 교사 고용, 교사 교육, 무상 급식 지원, 무상 약품 지원으로 아동 건강 진흥, 교과서와 플립차트(강연 등에서 뒤로 한 장씩 넘겨가며 보여주는 차트. — 옮긴이) 지급, 보충 수업, 학생의 성적이 우수한 교사들에 대한 포상, 사립 학교에 대한 바우처 지급 등이 그것이다.

다행히도, 해결책을 강구하던 일부 탐색가들은 다른 접근 방법을 취했다. 그들은 이러한 개입을 받지 않은 대조군과 관련해서 그 효과를 규명하면서 개별적으로 각각의 개입을 연구한다. MIT대학교의 에스테르 뒤플로Esther Duflo와 하버드대학교의 마이클 크레머는 개발에 대한 이러한 접근의 개척자들이다. 케냐 서부에서의 프로젝트를 연구하고 있는 한 연구자는 무상 아침 급식이 실시된 경우, 유치원생들의 출석률이 25퍼센트 더 높은 수치를 나타냈다는 것을 밝혀냈고, 식사

시간이 교육 시간 중반에 끼어 있어 다소 시간을 빼앗음에도 불구하고 시험 성적 또한 더 높았다고 한다.

교과서 지급이 학생들의 성적을 높였을까? 케냐의 동일 지역에서 이뤄진 더 많은 연구 결과에서 학급의 상위 40퍼센트의 학생들은 교과서가 지급된 이후 성적이 더 좋아졌다는 것으로 보고했다. 나머지 60퍼센트 학생들에 대해서는 어떻게 할 것인가? 이에 대한 한 가지 기발한 아이디어는 플립차트를 이용하는 것이었다. 이는 아직 글자를 인지하는 능력이 부족한 학생들이 따라가기 쉬울 것으로 생각되었다. 그러나 신중하게 진행된 동일 연구 결과는 플립차트가 시험 성적에는 아무 영향을 미치지 못한 것을 알아냈다.

인도에서 성적이 부진한 학생들을 위한 다른 프로그램이 시행되었는데, 이는 지역 사회에서 학생들에게 개별 지도를 해줄 보충 교육 보조 교사들을 고용하는 것이었다. 뭄바이와 바도다라의 학생들은 보조 교사들에게서 하루에 2시간씩 보충 수업을 받았다. 결과는 어떠하였을까? 이 프로그램으로 학생들의 시험 성적은 더 높아졌고, 이 프로그램 시행 이전에 가장 낮은 성적을 보이던 학생들 사이에서 가장 큰 변화가 일어났다. 연구자들은 지역 사회로부터 보충 수업 인력 고용 프로그램이 동일한 비용으로 정규 교사들을 더 많이 고용했을 때의 결과보다 10배 더 많은 성과를 냈다고 추정했다.

또 다른 유망한 아이디어는 교사에 대한 인센티브를 개선하는 것이었다. 케냐 서부에서 이뤄진 실험은 학부모 집단이 표준 평가에서 학생들의 성적이 가장 좋은 교사들에게 포상하도록 했다. 이 프로그램의 적용을 받은 학생들의 성적은 처음에는 올랐지만, 차후 감독 결과에서는 프로그램 적용을 받지 않은 학생들과 같은 수준으로 퇴보한 것으로 드러났다. 교사들은 학생들의 성적에는 장기적 영향을 남기지 못한 채, "시험 성적을 위해 가르친" 셈이었다.[5]

이 모든 연구에서 얻을 수 있는 교훈은, 바로 똑같이 그럴듯한 몇몇 개입안들이 어떤 것들은 실행되는 반면 다른 것들은 실행되지 않는다는 점이다. 원조 기관들은 과학적 평가가 가능한 것을 입증하면서 끊임없이 실행 가능한 개입을 탐색해야만 한다. 학습이 이뤄지기 위해서는 정보가 있어야만 한다. 원조 기관들은 반드시 가장 과학적인 도구를 활용하여 빈민들에게 그들의 프로젝트가 끼치는 영향을 조심스럽게 추적해야만 하며, 프로젝트 관리자가 사적인 이익을 추구하지 않도록 외부의 평가단을 활용해야 할 것이다.

무엇이 실행 가능한가?

MIT대학교의 아브히지트 바네르지Abhijit Banerjee 교수는 대외 원조에서 비용 효율적 가치가 입증된 것으로 이미 언급된 것들 이외에 다른 유용한 사례를 제시한다. 즉 구충제, 철분·비타민 A·요오드와 같은 영양 보충제 지원, 에이즈 확산을 지연시키기 위한 콘돔 사용 및 기타 성병 교육, 말라리아 억제를 위한 실내 살충제 분사, 비료 보조금 지원, 백신 보급, 도시 수도 공급 등이다.[6] 일부 유토피아적인 계획에 따르면 이 중에서 어느 것도 개발에 대한 열쇠가 되지 못한다. 이것들은 사람들의 생활을 조금 더 나아지게 해주는 지극히 간소한 개입일 뿐이다.

무엇이 실행 가능한가에 대한 다른 증거는 국가 관행과 특정 결과에 대한 교차 국가 비교cross-country comparison에서 도출된다. 그리고 모든 점진적 개입안이 사회 서비스와 프로젝트를 위한 것은 아니다. 오번대학교의 제임스 바스James Barth, 윌리엄스칼리지의 제라드 카프리오Gerard Caprio, 브라운대학교의 로스 러바인은 금융 상태에 대한 정확하고, 시의적절하며, 비교 가능한 정보를 강제로 드러내도록 하는 은행 규정과 한 국가의 은행 발전 수준 사이의 강력한 연관성을 발견했다. 그들은 가능한 역인과관계를 통제하였는데, 그 결과가 여전히 유효하다는 점을 발견했다. 부실 은행들로부터 저축자들을 보호하기 위해 까다롭고 공식적인 은행 감독이 필요하다는 견해가 폭넓게 확산되어 있는 것과는 대조적으로, 그들은 은행 감독자들과 건전한 은행 산업 발전 사이의 **부정적인** 관계를 발견했다(또한 가능한 역인과관계에 대해 통제를 하였다.). 신용 대출을 통해 빈민들을 스스로 구제할 수 있게 해주는 요소로서 건전한 은행을 발전시키길 원한다면, 이러한 통계적인 연관성은 강력한 공식적인 은행 감독자들을 두는 것보다 은행 정보를 공개하는 방향으로 가도록 권고한다.[7]

실험과 통계 분석은 효과적인 원조에 대한 만병통치약으로는 턱없이 부족하다. 또한 개발 문제의 해결은 유체 역학 이론을 검증하는 것보다는 항해하는 법을 배우는 것과 좀 더 유사하다. 원조 기관들은 그 직원들이 특정 문제에 대해 특정한 지역 상황에서의 경험을 얻을 수 있게 해야 하며, 숙련된 직원이 무엇을 실행할 수 있는지 혹은 실행할 수 없는지를 현장에서 결정할 수 있게 해야 한다. 그러나 우리는 원조 관료들이 충분한 경험을 얻기도 전에 직원들을 이동시키고 있는 상황을 본다. 그 결과는 이 기관들이 현장 또는 전문적인 지식을 갖추지 못한 만능선수들을 양산하고 있는 것이다.

어떻게 원조 기관들이 과학적 평가, 통계적 분석, 현장 학습을 하도록 유도하는 인센티브를 갖게 될 수 있을까? 이에 대한 많은 노력 가운데, 당신은 모든 프로젝트의 전후에 프로젝트의 혜택을 받지 않는 대조군과 함께, 수혜자 ── 빈민 ── 의 의견을 조사할 수 있다. 모든 노력과 결과를 공개적으로 발표하라. 관심을 가지고 있는 관찰자 집단 ── 공여국과 수원국 모두 ── 으로 하여금 원조 기관이 그 결과에 대한 책임을 갖도록 하라. 홍보 활동보다는 지식을 실천하는 빈민들을 위해 끈질기게 목소리를 높이는 옹호자들을 둠으로써 원조 기관에 대한 언론의 자유 및 민주주의에 대한 압력을 증대시켜라. 부국의 정치인들로 하여금 특정한 원조 노력의 부정적인 평가가 대외 원조를 삭감시키는 핑계가 아니라 새로운 배움의 기회라는 점을 깨닫도록 하라.

당신의 아이디어는 제정신이 아니다.
그러나 그들은 충분히 제정신일까?

2004년 12월 31일 워싱턴의 새해 전야, 데니스 위틀과 마리 쿠라이시는 그날 자정을 기해 결혼했다. 결혼식은 셰이커교도들(18세기 중엽 미국에서 발흥한 기독교 분파. 천년왕국을 믿는 독신주의자 조직 ── 옮긴이)의

찬송과 유니테리언파(삼위일체의 기독교 교의에 반하여 그리스도의 신성神性을 부정하고 하느님의 신성만 인정하는 교파 — 옮긴이)의 목사님, 마리의 품위 있는 일본인 어머니, 데니스의 친절한 켄터키 출신 아버지, 국제적으로 섞인 다양한 친구들과 친척들의 참석 등으로 아름답게 어우러졌다.

데니스와 마리는 로맨틱한 부부일 뿐만 아니라 지적이기도 하다. 그들은 자신들의 결혼식 이외의 시간을 헌신하기로 한 혁신적인 생각 때문에 이 이야기에 등장한 것이다. 그들은 국제 원조 체계의 중앙 계획적 접근 방식을 비난하며, 원조 체계가 참여자 일부가 주장하는 자유 시장의 매력과 어울릴 수 있도록 하면서, 자유 시장과 좀 더 유사하게 작동할 수 있도록 하는 몇 가지 실용적인 단계를 구상해냈다.[8]

그들은 일종의 이베이eBay가 대외 원조를 만나는 식으로서 중앙 계획적 접근 방식 대신에 시장을 제안한다. 그들은 세 유형의 행위자를 제안한다. 즉 (1) 자신들의 필요 충족을 위해 프로젝트를 제안하는 빈민들과 가까운 사회적 기업가들, (2) 기술 및 실용적 지식을 갖춘 개인과 기관, (3) 자금을 제공하고 싶어 하는 기증자들이다. 현행 체계는 (3)하에서 (1)과 (2)의 중앙 계획을 진행하는 많은 수의 관료들로 이루어져 있다. 데니스와 마리는 그 대신에 각 범주가 다른 범주의 참여자들을 찾는 수많은 참여자들을 가지고 있으며, 자연스럽게 어울리는 분산된 시장을 구상한다(비유를 들자면, 원조의 온라인 데이트 서비스 같은 것이다.). 프로젝트들은 자금을 얻기 위해 경합할 것이고, 기술 전문가들은 채용되기 위해 경쟁을 벌일 것이며, 기증자들은 결과를 얻기 위해 경합하게 되어, 결국 더 많은 자금을 끌어들일 수 있게 될 것이다. 이 모든 행위자들은 결과를 낳는 과거 실적에 기초하여 평판을 얻게 된다. 참여자들은 (제3장에서 설명한 비즈니스망과 유사한) 사적 회동, 전자 통신, 인터넷을 통해 서로 영향을 주게 된다. 성공적 관계에 필수적인 신뢰는 반복된 상호 작용을 통해 쌓이게 될 것이다. 데니스와 마리는 이러한 어울리는 한 쌍을 촉진하는 글로벌기빙닷컴 GlobalGiving.com이라는 인터넷 플랫폼과 기업을 결합하였다. 그들은 자신들의 비전을 이렇게 요약한다.

> 프로젝트 고안, 자금 마련, 실행에서 가능한 참여자들의 수는 지난 수십 년간 크게 증가했다. 공식적인 원조 기관, 재단, 심지어 해외의 가난을 퇴치하고자 하는 민간 기업들은 HIV/AIDS 프로젝트를 돕든지 또는 소위 프로젝트 '대상'이 될 만한 마땅한 곳이 없는 개도국의 학교에 투자를 하고 있다. 또 다른 측면에는 프로젝트를 가진 사람들이 기증자들을 찾지 못한다. …… 글로벌기빙닷컴은 시장과 같이 대외 원조와 자선 행위를 취급하여, 이 시장에서 기증자들과 수혜자들이 정보와 자원을 교환하기 위해 모이게 된다. …… 수혜자들은 자금 지원이 필요한 프로젝트를 알릴 수 있고, 개인 및 기관 원조자들은 몇 달러에서 수천 달러에 이르는 자금을 자신들이 보기에 가장 가치 있는 프로젝트에 기부할 수 있다.

이러한 분산된 접근은 조정 문제를 피할 수 있게 한다. 이는 공적 원조가 반드시 통과해야 하는 수원국 정부의 좁은 행정적 통로를 회피할 수 있게 한다. 또한 이는 공여국 정부에 의한 전략적 조종과 수원국 정부의 부패를 피할 수 있게 한다.

이것이 실제에서는 어떻게 이뤄지는가? 여학생들이 사춘기 이후 종종 학교를 떠나곤 하는 것을 보고 가능한 해결책을 생각했던 인도 코임바토르의 학교 교사의 예를 들어보자. 『비즈니스 위크Business Week』는 이 이야기를 다음과 같이 소개했다.

교사들은 글로벌기빙에 소규모의 볼품없는 프로젝트를 공고하였다. 이 프로젝트는 너무 소규모여서 처음에 위틀을 당황케 했다. 프로젝트 광고는 다음과 같았다. "학교에 새로운 화장실 시설 필요. 5000달러." 몇 주 안에, 미국 전역에서 네 명의 기부자가 자금을 기부했다. 이 중에는 뉴욕 출신의 작가와 JP모건의 행원이 포함되어 있었다. 석 달이 채 안 돼서, 학교는 여학생들을 위한 독립된 화장실 시설을 갖추게 되었다. 기부자들은 감사 편지와 아이들의 사진을 받았다. 교사들이 추측했던 것이 맞았다. 생리를 시작했을 때, 여학생들이 이를 처리할 수 있는 개인적인 시설이 없어 느끼게 되었던 당혹스러움 때문에 한꺼번에 학교를 중퇴하였던 것이다. 이제, 그로부터 2년 후, 작은 화장실을 증축해 그 여학생들 중 100명이 계속 학교에 다니게 되었다.[9]

3장에서 살펴본 바와 같이 시장이 작동할 수 있도록 하기 위한 기관의 부재를 대체했던 네트워크를 기억하는가? 대외 원조에서 네트워크의 힘에 대해 생각해보라. 사회적 기업가들, 개발 인력, 부유한 공여국들이 반복된 상호 작용의 기초 위에 네트워크로 한데 묶여 있다면, 그 관계망은 훌륭한 프로젝트와 명성을 얻고 있는 현지의 사회적 기업가 —— 예를 들면, 가나 아쉐시대학교의 설립자인 패트릭 아우아 —— 들을 발견할 수 있을 것이다. 현지의 사회적 기업가들은 빈민들에게 좋은 결과를 가져다줄 경우 명성을 얻게 되며, 그렇지 못할 경우에는 그 관계망 내에서 인지도를 잃게 될 수 있다는 것에 자극을 받아 그 일에 대해 완전한 책임을 지게 된다.

수천 명의 잠재적 기증자, 프로젝트 제안자, 기술 자문자, 빈민들의 옹호자들은 엄청나게 중앙집중화된 관료제의 족쇄에서 자유롭게 되었고, 현장에서 실행 가능한 해결책을 발견할 수 있었다. 이는 모든 대외 원조를 다시 디자인하기 위한 만병통치약이 아니며, 원조가 빈민들에게 어떻게 미칠 수 있는지에 대한 전도유망한 실험일 뿐이다.

개발 바우처

시장 메커니즘에 대해 계속 제정신이 아닌 상태를 유지해보자. 우리가 특정한 극빈층 집단에 개발 바우처를 발행한다고 가정해보자. 이는 빈민들이 모든 비정부 기구나 원조 기관에서 그들이 원하는 개발 물자 —— 예를 들어, 예방 백신, 구호 약품, 보건 인력의 방문, 품질이 개선된 조리용 열기구, 교과서, 씨앗, 비료, 영양제 —— 를 얻을 수 있도록 해준다. 공적 원조 기관들은 원조 기관들과는 분리된 독립적인 "바우처 기금"을 위한 자금을 떼어놓는 것이다. 빈민들은 그들이 원했던 물자와 그들이 물자를 배달해주기 원하는 기관을 선택할 수 있고, 자신들이 가지고 있는 바우처를 원조 기관에 낸다. 그러면 원조 기관은 개발 서비스 공급 비용을 대기 위해 실제 돈과 바우처 기금에 제공한 그 바우처를 교환한다.

빈민들은 어떤 기관이 물자를 배달할 것인지를 선택할 수 있기 때문에 원조 기관들은 결과 도출에서 경쟁적인 압박을 가지게 될 것이다. 그들은 민간 기업들과 마찬가지로 더 적은 금액으로 더 많은 물자를 배달하려는 비용 부담을 가지게 될 것이다. (한 연구 결과에 의하면, 가장 비효율적인 기증자가 기니의 초등학교 부지의 1평방미터당 878달러에 원조 물자를 공급할 경우, 가장 효율적인 기증자는 이를 130달러에 공급할 수 있다고 한다.)[10] 원조 기관들은 빈민들에게 가장 매력적이고 혁신적인 서비스의 제공을 시도하면서 사회적 기업가와 같이 행동하도록 요구 받게 될 것이다. 빈민들이 원하는 것을 전달하지 않는 기관들은 예산이 삭감될 것이다. 왜냐하면 원조 기관이 그 돈을 바우처 기금에 넘겨도 다시 돌아오는 바우처가 없을 것이기 때문이다. 빈민들은 자신들이 원조 기관으로부터 원한 것과 원하지 않았던 것에 대한 의견을 표출하면서 단단히 책임을 지게 될 것이다.

각각의 바우처들은 도로, 보건소, 시추공, 학교처럼 집단에 혜택을 주기 위해 집단적으로 선택된 개발 서비스에는 맞지 않을 것이다. 그러한 물자에 대해서는 개인보다는 마을에 바우처를 지급하는 방안을 생각해볼 수 있다. 그러면 마을 주민들은 바우처를 사용하는 방법에 대해 투표할 것이고, 피드백은 개인 수준보다는 마을 수준에서 이뤄질 것이다. 다시 말해서, 원조 기관들은 그들이 끌어모은 마을 바우처의 수가 얼마나 많은가에 따라, 빈민을 만족시키는 일에 얼마나 좋은 성과를 내었는지를 알게 될 것이다. 이 바우처들은 원조 기관들에게 마침내 "시장 테스트"와 "유권자 테스트"를 제공하게 될 것이다.

빈민들에게 바우처를 지급하는 것은 대외 원조에서 이미 실패했던 아이디어들을 제외하고는 가장 어리석은 아이디어가 될 수도 있다. 글로벌기빙과 바우처 계획안은 둘 다 모두 잘 실행되는지 검증해 볼 필요가 있는 일종의 실험으로 취급되어야 한다. 그것들은 소규모로 시도되어야 한다. 다시 말하지만, 나는 원조를 고정시킬 미래의 유토피아적인 계획을 갖고 있지 않다. 왜냐하면, 그런 것이 실제로 존재하지 않기 때문이다. 우리는 우리가 기존의 원조 계획을 실행할 때와 마찬가지로 결과를 위해 이러한 계획을 면밀히 분석해야 한다. 글로벌기빙의 행위자들은 빈민들이 원하는 것을 지급하는 인센티브를 가지고 있는가? 현재 소규모로 유지되고 있는 것보다 더 큰 규모로 작동할 수 있는가? 바우처 시장은 소규모 거래를 위해 앞으로 효율성을 유지할 것인가?

우리는 (바우처에 대한 마을 투표와 같은) 시장과 민주주의가 잘 운영되기 위해서는 수많은 조건이 필요함을 살펴보았다. 한 가지 우려되는 것은 현지의 엘리트가 모든 바우처 또는 투표권을 사들임으로써 빈민들을 기만할 수 있고 지도층의 이익을 위해 원조 프로젝트를 추진할 수 있다는 것이다. 우리는 잘 알지 못하지만, 시장과 같은 어떤 것이 원조를 더 잘 운영되게 할 것이라는 직감이 훨씬 믿음직하게 들리는 것이 사실이다.

너무 빨리 잊어버리게 되는 한 가지 아이디어는 대외 원조가 최빈민층에게 가도록 되어 있는 현금 보조금을 단순히 지급하도록 하는 것이다. 이는 빈민들이 그들에게 필요한 것이 무엇인지 스스로 선택할 수 있도록 하는 가장 단순한 해결책일 것이다. 잠재적으로 많은 함정들이 도사리고 있긴 하지만, 원조 기관들이 진지하게 이러한 접근 방식을 실험하지 않았다는 점이 놀랍다. 이는 무작위 대조 시험을 실행하는 데 유망한 분야가 될 것이다.

MIT대학교 빈곤행동실험실의 레이철 글레너스터Rachel Glennerster와 하버드대학교의 마이클 크레머는 결과를 진척시키는 방식으로 대외 원조를 지급하는 또 다른 유망한 아이디어를 가지고 있다. 그들은 항말라리아 백신 개발에 성공한 사람에게 사전 구매를 약정하는 기금 창설을 제안한다. 이는 현재 말라리아에 대한 부적절한 연구 개발을 이끌었던 인센티브를 교정하게 될 것이다. 우리는 이 아이디어를 대외 원조의 다른 분야에도 확대하는 방안을 생각해볼 수 있다. 효과적인 원조 프로젝트와 프로그램을 위한 전 세계적 또는 지역적 경쟁을 시도해보라. 결과로 측정해볼 때, 독립적 심사 위원들의 판단에 가장 효과적인 원조 프로그램을 고안한 원조 기관이나 비정부 기구 또는 개인에게 큰 상을 주는 것이다.

빈민들과의 피드백

대외 원조의 주요한 문제가 빈민들의 피드백 부족과 빈민들에 대한 책임 부족이라면, 이 문제를 직접적으로 다루면 되지 않을까? 세계은행은 『빈민의 소리The Voices of the Poor』라는 세 권 분량의 훌륭한 출판

물을 발간했다. 나도 이 책에서 소개한 일부 국가 사례를 그 책에서 찾았다. 원조가 빈민들에게 도달되고 있는지 또는 그렇지 않은지에 대해서 빈민들에 발언권을 주는 것은 어떨까?

미국인들은 "대표 없는 곳에 과세할 수 없다no taxation without representation."는 원칙에 기초하여 혁명을 일으켰다. 미국인들과 서구의 다른 국가들은 비서구 지역에 이러한 원칙을 "대표 없는 곳에 간섭할 수 없다no intervention without representation."라고 확대 적용할 수 있지 않을까? (그리고 비서구 지역에서 대표성을 공인 받지 못한 독재자들이 그러한 "대표성"을 제공할 수 없다는 점을 나는 명확하게 제시하기를 원하였다.) 서구인들이여, 당신들이 다른 나라 국민들에게 또는 그들을 위해 무엇을 해주었는지를 알게 해주는 —— 그리고 당신에게 책임을 지우는 —— 방안 없이 다른 나라 국민들에게 또는 그들을 위해 일을 저지르려고 하지 말라.

원조가 빈민들에게 돌아가고 있는가? 대외 원조를 제공하는 행위자들이 그 빈민들에게 물어보도록 하라. 이러한 평가 노력에는 빈민들에 대한 조사도 포함이 될 것이다. 그들이 가장 필요로 했던 것을 얻었는지 그리고 원조 개입으로 인해 더 나은 삶을 영위하게 되었는지를 물어보기만 하라. 그리고 그 결과에 대해 원조 기관이 책임을 지도록 하라. 특정 결과를 비교해보기 위해 원조 프로그램 시행 이전과 이후의 국민 복지에 대한 조사를 시행하라.

서구의 공공 서비스에 대한 피드백과 책임의 주요 메커니즘은 민주주의이다. 원조 기관들은 현지 공동체 집단들이 원하는 서비스와 프로젝트에 대해 그들 자신 스스로가 투표권을 행사할 수 있게 하는 민주주의적인 메커니즘을 찾아볼 수 있지 않을까? 현지의 독립적인 감시단들은 물자가 실제로 도착하였는지 그리고 원조 기관이 약속한 것을 조달하였는지를 확인할 수 있지 않을까? 현지의 대학생들과 같은 수많은 자원 봉사자들은 메워야 할 웅덩이와 학생들의 교과서 부족, 보건소의 약품 품절과 같은 사례들을 쉽게 관찰할 수 있다. 그들은 웅덩이를 메우고, 교과서를 공급하고, 약품을 재공급할 수 있도록 관계 당사자들에게 알릴 수 있다. 이 결과를 공론화하여 공여국들과 현지 파트너들에게 압력을 가하라. 원조 기관들이 자신들의 원조 프로젝트가 "굿 거버넌스"인지에 대해서는 걱정하지 않은 채 수원국의 "굿 거버넌스"에 대해서는 지나치게 떠들어대는 것은 이상한 일이 아닐 수 없다.

원조는 소비자들을 만족시키기 위한 것들을 찾는 데 필요한 인센티브를 지닌 행위자 집단으로서 민간 기업들을 더 잘 활용할 수 있다. 예를 들어, 민간 기업들은 빈민들에게 도달하는 서비스를 공급할 수 있고, 감시관으로 기능할 수 있으며, 가난한 기업가들을 위한 자금을 지원할 수 있고, 소비자 만족을 위해 탐색가들처럼 생각하도록 원조 관련 인력들을 훈련시킬 수 있다.

이러한 것들이 조금씩은 벌써 목격되고 있지만, 원조 기관들이 진지하게 그리고 체계적인 방식으로 수렴하고 있지는 않다. 여론 조사, 투표, 감시관의 활용이 늘 믿을 만한 것은 아니지만, 일반적으로 이러한 것들은 원조 기관들이 현재까지 누려왔던 무책임 지대에서 큰 걸음을 떼는 것이다.

기본으로 돌아가기

나는 제정신이 아닌 것처럼 보이는 상기의 계획안들이 공적 원조 기관을 무시해야 한다고 생각하지는 않는다. 이 기관들은 좀 더 적당한 의제를 가지고 이 의제들에 책임을 질 수만 있었다면 훨씬 더 좋은 성과를 냈을 것이다. 다시 말해, 이러한 제안들 중 어느 것도 세계 빈곤에 대해서 또는 심지어 대외 원조를 어떻게 조정할 것인지에 대해서는 정답이 되지 못한다는 점을 나는 강조한다.

기본 원칙을 만드는 것보다 이를 말하는 것이 훨씬 쉽다. 원조 관련 행위자들은 빈민 구제를 위해 실행 가능한 것을 탐색하는 데 요구되는 인센티브를 갖추어야 한다. 만일 여러분이 빈민을 돕기 원한다면, 다음과 같은 사항들을 주지할 필요가 있다.

(1) 원조 관련 행위자들은 빈민들이 스스로를 향상시킬 수 있도록 개별적으로 개인이 실행 가능한 분야에서 책임을 지도록 하라.

(2) 원조 관련 행위자들이 과거에 맡았던 분야의 경험에 비추어 실행 가능한 것을 탐색하도록 하라.

(3) 탐색 결과에 기초하여 실험해보라.

(4) 수혜자와 과학적 검증 결과로부터 얻은 피드백에 기초하여 평가하라.

(5) 성공에는 보상을 하고 실패에는 벌칙을 주어라. 실행 가능한 개입에 대해 더 많은 자금을 지급하고, 실행 불가능한 개입에서는 자금을 회수하라. 각각의 원조 관련 행위자는 자신들이 최상으로 활동

할 수 있는 방향으로 길을 모색하고 더욱 전문성을 갖추어야 한다.

(6) 앞의 (5)단계에서 실행 가능한 개입을 더욱 추진할 수 있도록 인센티브를 확실하게 보장한 이후, 상기의 (4)단계를 반복하라. 행동이 실패할 경우, (5)단계에서 강조한 인센티브가 원조 관련 행위자를 다시 (1)단계로 보낼 수 있을 만큼 확실하게 보장하라. 이 행위자가 계속 실패한다면, 새로운 행위자를 구하라.[11]

이것은 너무나 당연하기 때문에 이것들을 죽 진열하여 설명하는 것은 당황스럽기도 하다. 그러나 이를 굳이 제시하여 언급하는 이유는 단지 이것이 현재 비서구 지역을 변화시키려는 서구의 노력과는 상반된다는 점에서 가치가 있기 때문이다.

원조는 가난을 지나간 역사로 만들지는 못할 것이다. 이것은 서구의 원조 노력으로 할 수 있는 일이 아니다. 빈민과 빈국 사회의 자립적인 노력만이 가난을 종식할 수 있으나, 다만 서구의 아이디어와 제도는 빈민과 빈국 사회에 적합하다고 판단되는 시점과 상황에 맞게 차용되어야 할 것이다. 그러나 실행 가능한 사안에 집중하는 원조는 동시에 수많은 절박한 처지에 있는 사람들의 고통을 완화시킬 것이다. 그것으로 충분하지 않을까?

원조 기관들이 효과적인 개입 —— 말라리아 감염 아동의 구호, 재배한 곡물을 시장에 내다팔고 가족들을 부양하는 데 필요한 도로 건설, 영양실조로 인한 발육 부진을 막을 수 있는 식량 및 영양제 공급 —— 을 위한 자신들의 방식을 면밀히 조사하고 실험했다면, 오랜 기간 동안 이것이 미칠 커다란 잠재력을 생각해보라. 성공적으로 시작된 양성 되먹임 고리가 더 많은 자원으로 보상을 받고 더욱 확대되었던 것을 생각해보라. 부국의 국민들이 추가로 1달러를 지원했던 것이 세계 최빈층의 절박한 필요에 부응하기 위한 1달러로 쓰였다는 사실을 알았다면 대외 원조에 대한 지원을 증대시키지 않았을까 생각해보라.

당신이 할 수 있는 일은 무엇인가?

계획가들은 지난 과거 세대에 비서구 지역을 도우려 한 서구의 노력을 주도했다. 유토피아적인 계획가들은 비서구 지역을 더 좋게 변화시킬 수 없다. 비서구 지역이 스스로를 변화시키는 동안, 계획가들의 지구적 사회 공학은 빈민 구제에 실패해왔고, 이는 계속 실패할 것이다. 계획가들은 세계 빈민의 두 번째 비극을 우리에게 선사했는데, 바로 12센트짜리 약품이 말라리아로 죽어가는 어린이들에게 공급되지 못하고, 4달러짜리 침대 모기장이 말라리아 예방을 위해 빈민들에게 공급되지 못하고 있으며, 수백만 건의 영아 사망률을 방지하기 위한 3달러가 어머니들에게 제대로 전달되지 못하고 있다. 계획가들은 세계 빈민의 첫 번째 비극에 대해 별다른 진전을 이루어내지 못했고, 빈민들은 피할 수 있었던 많은 재난으로 고통 받고 있다.

이러한 역사적 기록과 함께, 계획가들은 지난 60년 역사로도 충분할 것이다. 지금은 탐색가들에게 기회를 줄 차례인 것 같다. 최대의 보상이 자신들의 문제를 스스로 해결하는 현지 탐색가들로부터 오겠지만, 부유한 서구 출신의 탐색가들은 빈민들을 위해 선을 행할 수 있고, 특정한 일을 해줄 수 있다. 탐색가들은 두 번째 비극에 대해서도 성과를 이루어낼 수 있으며, 이를 통해 첫 번째 비극에 대해서도 성과를 낼 수 있다. 탐색가들로 하여금 약품, 모기장, 원조금이 최종적으로 빈민들에게 공급될 수 있도록 해보자.

당신이 할 수 있는 일은 무엇인가? (서구에서든 비서구 지역에서든) 빈민들에 대해 관심을 가지고 있는 사람들 모두가 제 역할이 있다. 당신이 원조 관련 운동가라면, 더 많은 원조금을 모금하는 것에서, 원조금이 빈민들에게 지급되는지를 확인하는 것으로 당신의 쟁점을 바꿀 수 있다. 당신이 개발학을 연구하는 연구원이거나 학생이라면, 원조 체제 개선을 위한 방안을 강구할 수 있고 빈민들의 삶의 개선을 위한 점진적인 혁신 방안을 강구할 수도 있다. 또한 향후보다는 조만간 이루어질 수 있는 자생적 발전 방안을 찾아낼 수도 있다. 당신이 원조 관련 종사자라면, 유토피아적인 목표에 대해서는 잊어버리고 빈민 구제를 위해 당신이 가장 잘할 수 있는 것에 의지할 수 있다. 당신이 빈민 구제 분야에서 일하지 않는다 하더라도, 당신은 시민으로서 빈민들에게 원조 물자를 전달하는 것에 대해 당신의 의견을 피력할 수 있다. 여러분과 시민들은 가난을 과거의 역사로 만들기 위한 거창하지만 공허한 계획을 감수할 필요가 없다. 여러분 모두는 계획가들에 대한 여러분의 불만을 나타낼 수 있으며, 더 많은 탐색가들을 요구할 수 있다.

그리고 여러분과 같은 탐색가들 중 한 사람은 장작을 나르는 사춘기 직전의 에티오피아 소녀 아마레치를 학교에 보낼 수 있는 방법을 찾아낼 수 있지 않을까?

감사의 말

나는 이 책의 초안에 대해 지식과 통찰력을 갖춘 몇 명의 동료들로부터 건설적이며 훌륭한 논평을 받을 수 있었다는 것에 대해 행운으로 생각한다. 펭귄 북스의 까다롭지만 공정성을 가진 편집장인 스콧 모이어스Scott Moyers에게 감사하며, 출판 편집자인 브루스 기퍼즈Bruce Giffords, 원고 편집자인 제나 돌런Jenna Dolan, 비범한 저작권 대리인 앤드류 와일리Andrew Wylie에게도 감사를 표한다. 오랫동안 나와 가장 가까운 지적 협력자들인 로스 러바인과 랜트 프리쳇에게도 고마움을 전한다. 이들은 내가 여기서 피력한 모든 견해에 대해 모두 동감하는 것은 아니었지만, 초안을 읽고 이 프로젝트가 완성되기까지의 여러 단계에서 예리한 논평을 해주면서, 나의 연구와 저술에 큰 영향을 끼쳤다.

나는 나의 모든 견해를 모두 공유한 것은 아니지만, 초안을 철저하게 읽어주고, 이에 대해 너무나 사려 깊은 논평을 해 준 앵거스 데턴Angus Deaton에게도 매우 감사한다. 그리고 일부 또는 이전의 초안을 모두 읽어주기 위해 자신들의 시간을 들이고 이에 대한 유용한 피드백으로 큰 도움을 준 다음의 모든 이들에게 감사한다. 마리암 아보파즐리Maryam Abofazli, 엠마 아이스베트Emma Aisbett, 알베르토 아레

599

시나, 나바 아슈라프Nava Ashraf, 도널드 부드로Donald Boudreaux, 제럴드 카프리오Gerald Caprio, 론 클라크Ron Clark, 마이클 클레멘스Michael Clemens, 라비나 다프타리Ravina Daphtary, 제스 다이아몬드Jess Diamond, 폴 다우어Paul Dower, 윌리엄 더건, 카렌 엘베이로우티Kareen El Beyrouty, 스탠리 엥거먼, 헬렌 엡스타인, 다프네 에비아타르Daphne Eviatar, 쿠르트 호프만Kurt Hoffman, 패트리샤 훈Patricia Hoon, 루먼 이슬람, 찰스 케니Charles Kenny, 피터 린더트Peter Lindert, 자니나 마투제스키, 타예 멩기스테Taye Mengistae, 에드워드 미겔, 호세파 미겔-플로렌사Josepa Miguel-Florensa, 프레더릭 미슈킨Frederic Mishkin, 조너선 모르두크Jonathan Morduch, 스튜어트 파킨슨Stewart Parkinson, 엘리자베스 포타마이츠Elizabeth Potamites, S. 라마찬란S. Ramachanran, 제임스 로치, 케네스 로고프Kenneth Rogoff, 사비에르 살라이마틴Xavier Sala-i-Martin, 줄리아 슈벤켄버그Julia Schwenkenberg, 리처드 실라Richard Sylla, 레너드 원체콘, 데니스 위틀, 제프리 윌리엄스Geoffrey Williams, 마이클 울콕Michael Woolcock, 트리나 우Treena Wu에게 감사한다.

나는 이 책에서 제시한 주제에 대해 너무나 박식한 사람들과 토론하면서 많은 것을 얻었다. 대런 애서모글루, 캐럴 아델만Carol Adelman, 마사 에인스워스Martha Ainsworth, 아브히지트 바네르지, 레자 바키르Reza Baqir, 로버트 배로Robert Barro, 윌리엄 보몰William Baumol, 제스 벤하비브Jess Benhabib, 아르네 빅스텐Arne Bigsten, 낸시 버드솔, 피터 뵈트케Peter Boettke, 로버트 보렌스Robert Borens, 에두아르도 보렌츠테인Euduardo Borensztein, 브루스 부에노 데 메스키타

600

Bruce Bueno de Mesquita, 크레이그 번사이드, 찰스 칼로미리스Charles Calomiris, 스티븐 코헨Stephen Cohen, 수잔 콜린스Susan Collins, 케빈 데이비스Kevin Davis, 앨런 드라젠Allan Drazen, 에스테르 뒤플로, 스티븐 듀로프Steven Durlauf, 마르셀 파프샹, 니얼 퍼거슨, 라켈 페르난데스Raquel Fernandez, 리카도 프렌치-데이비스Ricardo Ffrench-Davis, 스텐리 피셔Stanley Fischer, 폴 글레위Paul Glewwe, 에이프릴 하딩April Harding, 앤 해리슨Ann Harrison, 리카르도 하우스만Ricardo Hausmann, 피터 헬러Peter Heller, 아리에 힐먼Arye Hillman, 주디스 저스티스Judith Justice, 보이안 조바노빅Boyan Jovanovic, 라비 칸버Ravi Kanbur, 데베시 카푸르Devesh Kapur, 히로 코하마Hiro Kohama, 로렌스 코틀리코프Lawrence Kotlikoff, 마이클 크레머, 마리 쿠라이시, 루벤 람다니Ruben Lamdany, 애덤 레릭Adam Lerrick, 루스 러바인Ruth Levine, 데이비드 레비David Levy, 다이안 마찬Dyan Machan, 버틴 마틴, 존 맥밀런, 앨런 멜처Allan Meltzer, 자비에르 은쿠룬지자Janvier Nkurunziza, 요 냐르코, 호세 안토니오 오캄포José Antonio Ocampo, 미드 오버Mead Over, 산드라 피어트Sandra Peart, 기예르모 페리Guillermo Perry, 애덤 쉐보르스키, 딜립 라타Dilip Ratha, 샤미카 라비Shamika Ravi, 세르지오 레벨로Sergio Rebelo, 리차 레이니카Ritza Reinikka, 아리엘 레쉐프Ariell Reshef, 마리오 리소Mario Rizzo, 데이비드 로드먼, 대니 로드릭, 클라우디아 로세트Claudia Rosett, 프레데리크 소테Frederic Sautet, 아냐 시프린Anya Schiffrin, 폴 스모크Paul Smoke, T. N. 스리니바산T. N. Srinivasan, 조셉 스티글리츠, 앨런 스톡맨Alan Stockman, 주디스 텐들러, 프랭크 업햄Frank Upham, 니콜라스 반 드 왈, 이언 바스케스Ian Vasquez, 마이클

월턴Michael Walton, 데이비드 웨일David Weil이 그들이다.

나의 이런 아이디어들을 시험해보았던 뉴욕대학교 제자들(과 일부 컬럼비아대학교 제자들)에게도 깊이 감사한다. 그리고 뉴욕대학교와 지구개발센터의 다른 동료들에게도 감사한다. 또한 지난 몇 년 동안 나의 이런 아이디어에 대해 강연을 부탁했던 대학과 정부, 원조 기관, 두뇌 집단의 청중들에게도 감사한다. 이들은 내게 개인적으로 유용한 피드백을 해주었다. 이렇게 뛰어난 사람들과의 교감 속에서도 아직 고쳐지지 않은 실수가 있다면 이는 모두 나의 책임이다.

주

제1장 계획가 대 탐색가

1 http://news.bbc.co.uk/1/shared/spl/hi/picture_gallery/04/africa_ethiopian_wood_collector/html/7.stm.

2 CNN의 리처드 퀘스트Richard Quest가 진행하는 유명 인사인 활동가들의 행적을 추적하는 프로그램. 2005년 8월 11일 오전 10시 57분 EDT(캐나다 및 미국 동부 서머타임. — 옮긴이)(14시 57분 GMT(그리니치 평균시. — 옮긴이))

3 2005년 1월 6일, 스코틀랜드 국립미술관에서 이루어진 고든 브라운의 연설. 연설 주제는 "2005년의 국제 개발: 도전과 기회"였다.

4 http://www.msnbc.msn.com/id/8608578/. 이에 대한 고찰은 폴 시브라이트 Paul Seabright가 그의 책 *The Company of Strangers: A Natural History of Economic Life*, Princeton, N.J.: Princeton University Press, 2004에서 유사한 발언을 한 것을 토대로 이루어졌다.

5 Shaohua Chen and Martin Ravallion, "How Have the World's Poorest Fared Since the Early 1980s?" Development Research Group, World Bank Policy Working Paper no.3341, June 2004, http://www.worldbank.org/research/povmonitor/MartinePapers/How_have_the_poorest_fared_since_the_early_1980. pdf, p. 17.

6 www.wfp.org.

7 www.unicef.org.

8 http://www.unaids.org/en/resources/epidemiology.asp.

9 http://www.worldbank.org/watsan/.

10 http://www.sil.org/literacy/LitFacts.htm.

11 http://www1.worldbank.org/education/pdf/achieving_efa/chapter2.pdf, p. 42.

12 World bank, *Our Dream: A World Free of Poverty* (2000), Washington, D.C.: Oxford University Press and World Bank.

13 UNDP, "Human Development Report on Millenium Development Goals," 2003, overview.

14 Alan Cowell, "In Dovos, Spotlight Turns to Africa," *International Herald Tribune*, January 28, 2005, p. 1.

15 United Nations Habitat, "Water and Sanitation in the World's Cities," 2003, http://www.earthscan.co.uk/samplechapters/1844070042Intro.htm and http://portal.unesco.org/education/en/ev.php-URL_ID=37612&URL_DO= DO_TOPIC&URL_SECTION=201.html.

16 2003년 5월 21일 연안경비사관학교 졸업식 연설.

17 William Duggan, *The Art of What Works: How Success Really Happens*, New York: McGraw-Hill, 2003, p. ix.에서 인용.

18 "PSI Malaria Control, the Malawi ITN Delivery Model," February 2005.

19 Karl Popper, *The Poverty of Historicism*, London and New York: Routledge, 1957, p. 61(『역사주의의 빈곤』, 이석윤 옮김, 벽호, 1996년). 포퍼의 이 개념을 주목하도록 환기시켜준 스탠퍼드대학교의 존 맥밀런에게 감사한다. 그와 나심 탈레브Nassim Taleb는 나에게 포퍼의 책을 전반적으로 읽어보라고 권하였다. 탈레브는 자신의 매력적인 책 *Fooled by Ran-domness*,(『행운에 속지 마라』, 이 건 옮김, 중앙북스, 2010년)에서 포퍼에 대해 논한 바 있다.

20 James C. Scott, *Seeing Like a State: How Certain Schemes to Improve the Human Condition Have Failed*, New Haven: Yale University Press, 1998, p. 327(『국가처럼 보기』, 전상인 옮김, 에코리브르, 2010년)에서 인용.

21 *Herald*(Everett, WA)에서 인용한 것으로 James McCusker의 2005년 7월 5일자 칼럼.

22 Robert Owen, *The Life of Robert Owen: A supplementary Appendix to the First Volume*, Volume IA, [1858], *Reprints of Economic Classics*, New York: Augustus M. Kelly Publishers, 1967, pp. ii, 5.

23 WHO and World Bank, "Dying for Change," Washington D.C., 2003, p. 10.

24 ibid., p. 11.

25 http://www.cdc.gov/ncidod/dpd/parasites/schistosomiasis/factsht_schistos omiasis.htm.

26 WHO and World Bank, "Dying for Change," Washington, D.C.: World Bank, January 2002, p. 21.

27 Deepa Narayan and Patti Petesch, *Voices of the Poor: From Many Lands* (vol. 3), Washington, D.C.: World Bank and Oxford University Press, 2002, p. 383.

28 ibid., p. 86.

29 ibid., p. 63.

30 Gilbert Rist, *The History of Development: From Western Origins to Global Faith*, London: Zed Books, 1997, pp. 38-39에서 인용.

31 Lawrence James, *The Rise and Fall of the British Empire*, New York: St. Martin's Griffin, 1994, p. 186에서 인용.

32 Klaus Knorr, *British Colonial Theories, 1570-1850*, London: Frank Cass, 1968, p. 380에서 인용.

33 William J. Barber, *British Economic Thought and India, 1600-1858: A Study in the History of Development Economics*, Oxford: Clarendon Press, 1975, p. 138에서 인용.

34 Niall Ferguson, *Empire: The Rise and Demise of the British World Order and the Lessons from Global Power*, New York: Basic Books, 2003, p. 236(『제국』, 김종원 옮김, 민음사, 2006년).

35 "To the peoples sitting in darkness," in Charles Neider, ed., *The Complete Essays of Mark Twain*, Garden City, N.Y.: Doubleday, 1963.

36 Rist, p. 60.

37 M. J. Bonn, *Crumbling of Empire: The Disintegration of World Economy*, London: Allen & Unwin, 1938, Knorr, *British Colonial Theories*에서 인용.

38 Gunnar Myrdal, "Development and Underdevelopment," Cairo, 1956, pp. 63, 65, P. T. Bauer, *Dissent on Development*, Cambridge: Harvard University Press, 1971: rev. ed., 1976, p. 70에서 인용.

39 Peter Bauer, *Economic Analysis and Policy in Underdeveloped Countries*, Durham, N.C.: Duke University Press, 1957과 Bauer, *Dissent on Development*, Cambridge: Harvard University Press, 1971을 보라.

40 고든 브라운이 DFID/UNDP 세미나에서 한 연설, "Words into Action in 2005," 2005년 1월 26일, Lancaster House, London.

41 이는 현재 통용되는 미국 달러화에서 각각의 2002년 구매력 평가Purchasing Power Parity(PPP) GDP로 2003년 성장률을 배가시킴으로 이루어졌다. 출처: 국제개발네트워크성장Global Development Network Growth 자료.

42 http://news.bbc.co.uk/1/shared/spl/hi/picture_gallery/04/africa_ethiopian_wood_collector/html/7.stm.

43 이 인용은 피터 바우어의 고전인 *Dissent on Development* (1971년)의 마지막 행에 기초한 것이다.

44 http://www.astdhpphe.org/infect/guinea.html.

45 2003년 인구 및 보건 조사 자료. http://www.measuredhs.com/countries/country.cfm?ctry_id=14.

제2장 빅 푸시의 신화

1 Aart Kraay and Claudio Raddatz, "Poverty Traps, Aid, and Growth," World Bank mimeograph, January 2005: and Bryan Graham and Jonathan Temple, "Rich Nations, Poor Nations: How Much Can Multiple Equilibria Explain?" mimeograph, Harvard University, 2004.

2 Jeffrey D. Sachs, *The End of Poverty: Economic Possibilities for Our Time*, New York: Penguin Press, 2005, p. 191(『빈곤의 종말』, 김현구 옮김, 21세기북스, 2006년).

3 UN Millennium Project Report, "Investing in Development: A Practical Plan to Achieve the Millennium Development Goals," main report, p. 34.

4 Sachs, *The End of Poverty*, p. 226.

5 UN Millennium Project Report, "Millennium Development Goals Needs Assessment," January 2005, p. 119.

6 이것은 자료가 빠진 기간이 언제이든 자료를 이용 가능한 기간과 평균적으로 동일한 민주주의 수준을 보였다는 것을 암묵적으로 가정한다. 이 가정은 문제가 있다. 그래서 나는 이 접근에 대해 두 가지의 변형을 시도한다. 첫째, 나는 자료가 빠진 표본에서 대부분의 국가가 상당히 비민주적으로 여겨진 식민 통치 아래에 놓여 있었다는 점을 인식했다. 나는 식민 지배가 정체 IV에서 최하위 민주주의 등급과 동일하다고 가정했고, 수정된 변수로 민주주의 측정을 시도한다. 둘째, 나는 1820~2001년(또는 1870~2001년) 동안 적어도 75개의 정체 IV가 관찰되지 않은 국가는 단순하게 삭제했다. 이 자료의 세 가지 변형들은 유사한 결과를 낸다. 이 결과는 대런 애서모글루, 사이먼 존슨Simon Johnson, 제임스 로빈슨의 지난 연구 결과를 반영하고 있는데, 이들은 과거 부유한 지역이었던 카리브 해와 가난한 지역이었던 북아메리카 간에 소위 '행운의 역전reversal of fortune'이 이루어졌다고 주장한다.

7 이 논의는 내가 브라운대학교의 로스 러바인과 지구개발센터의 데이비드 루드먼

606

과 함께 쓴 공동 논문에 언급되어 있다. 이 논문의 제목은 "새로운 자료, 새로운 의구심: 번사이드와 달러의 '원조, 정책 및 성장'에 대한 논평New Data, New Doubts: Comment on 'Aid, Policies, and Growth' (2000) by Burnside and Dollar," *American Economic Review* 94, no. 3 (June 2004): 774-780. 나는 *Journal of Economic Perspectives* 17, no. 3 (Summer 2003): 23-48에 실린 "원조로 성장을 살 수 있을까Can Aid Buy Growth?"라는 논문에서 유사한 설명을 했다.

8 Craig Burnside and David Dollar, "Aid, Policies, and Growth," *American Economic Review* 90, no 4 (September 2000): 847-868.

9 부시 행정부의 결정 중 또 다른 한 가지 요소는 록 스타 보노가 개인적으로 로비 활동을 벌인 것이었다. 그는 원조 정책 집단에서 가장 영향력 있는 인물로 비춰지고 있다.

10 2002년 3월 14일 부시 대통령의 연설 전문은 http://www.whitehouse.gov/news/releases/2002/03/20020314-7.html을 보라. 2002년 11월 26일의 새천년 도전공사에 대한 발표는 http://www.whitehouse.gov/news/releases/2002/11/20021126-8.html#3을 보라. 이 새로운 원조의 배후에 있는 동기에 대해 알고 싶다면 http://www.whitehouse.gov/infocus/developingnations/>에 인용된 문장을 보라.

11 http://www.mca.gov/countries_overview.html.

12 Esther Duflo and Michael Kremer, "Use of Randomization in the Evaluation of Development Effectiveness," mimeograph, Harvard and MIT (2003)은 출판 편향(publication bias: 연구자나 편집자가 자신들의 의도와 맞지 않는 연구 결과는 숨기거나 배제하는 경향을 말한다. — 옮긴이)을 논하고 있다. 이 문제에 관한 고전적인 논문은 J. Bradford DeLong and Kevin Lang, "Are All Economic Hypotheses False?," *Journal of Political Economy* 100, no. 6 (December 1992): 1257-1272이다.

13 UN Millennium Project Report, "Investing in Development: A Practical Plan to Achieve the Millennium Development Goals," overview, box 8, p. 41.

14 Commissions for Africa, "Our Common Interest: Report of the Commission for Africa," p. 348; www.commissionforafrica.org/english/report/introduction.html.

15 Raghuram G. Rajan and Arvind Subramanian, "Aid and Growth: What Does the Cross-Country Evidence Really Show?," IMF mimeograph, April 2005.

16 Todd Moss and Arvind Subramanian, "After the Big Push? Fiscal and

Institutional Implications of Large Aid Increases," mimeograph, Center for Global Development, 2005.

17 Jeffrey D. Sachs, John W. McArthur, Guido Schmidt-Traub, Margaret Kruk, Chandrika Bahadur, Michael Faye, and Gordon McCord, "Ending Africa's Poverty Trap," *Brookings Papers in Economic Activity*, issue 1, 2004, Washington, D.C.

18 세부 사항을 알고 싶다면 http://nigerianembassy-argentina.org/nigeria/xsteel.shtml, http://www.nigeria-consulateny.org/News/Aug03/ajaokuta_prod.htm, http://www.nopa.net/Power_ and_Steel/ messages/8.shtml의 나이지리아 정부 웹 사이트를 보라.

19 FDA의 사례를 사용하게 해주고 무작위 대조 방법론 전반을 소개해준 아브히지트 바네르지와 에스테르 뒤플로에게 감사한다.

20 Stephen C. Smith, *Ending Global Poverty: A Guide to What Works*, New York: Palgrave Macmillan, 2005, p. 59.

21 Thorsten Beck, Asli Demirgüç-Kunt, and Ross Levine, "Small and Medium Enterprises, Growth, and Poverty: Cross-Country Evidence," World Bank Working Paper no. 3178, December 2003.

22 USAID, "Performance and Accountability Report," 2003.

제3장 시장은 계획될 수 없다

1 Edmund Burke, "Reflections on the Revolution in France," in Issac Kramnick, ed., *The Portable Edmund Burke*, Viking Portable Library, New York: Penguin Putnam, 1999, p. 443(『프랑스 혁명에 관한 성찰』, 이태숙 옮김, 한길사, 2008년).

2 Peter Murrell, "What Is Shock Therapy? What Did It Do in Poland and Russia?," *Post-Soviet Affairs* 9, no. 2 (April-June 1993): 111-140.

3 Ibid.

4 Ibid.

5 Peter Murrell, "Conservative Political Philosophy and the Strategy of Economic Translation," *East European Politics and Societies* 6, no. 1 (Winter 1992): 3-16에서 인용.

6 Clifford Gaddy and Barry Ickes, *Russia's Virtual Economy*, Washington D.C.:

Brookings Institution, 2002.

7 Ibid., p. 176.

8 David E. Hoffman, *The Oligarchs: Wealth and Power in the New Russia*, New York: Public Affairs, 2002, p. 318.

9 http://www.templetonthorp.com/en/news345.

10 UNDP, Russia Human Development Report, 2005.

11 http://www.cdi.org/russia/336-337.cfm.

12 William Easterly, "What Did Structural Adjustment Adjust? The Association of Policies and Growth with Repeated IMF and World Bank Adjustment Loans," *Journal of Development Economics* 76, no. 1 (2005): 1-22.

13 마크 트웨인, 『톰 소여의 모험』, 6장.

14 조셉 스티글리츠는 정보의 부족으로 인한 불완전한 시장에 대한 광범위한 연구로 노벨상을 (조지 애컬로프와 — 옮긴이) 공동 수상했다.

15 http://www.dl.ket.org/latin3/mores/techno/fire/.

16 Paul Seabright, *Company of Strangers*와 Avinash Dixit, *Lawlessness and Economics: Alternative Models of Governance*, Princeton, N.J.: Princeton University Press, 2004는 생물학적 특성과 거래에 관한 증거 자료를 논의한다.

17 이에 대해서는 Stephen Knack, "Trust, Associational Life and Economic Performance," April 2000, World Bank에 요약되어 있다.

18 Gary Hawes, "Marcos, His Cronies, and the Philippines' Failure to Develop," in Ruth McVey, ed., *Southeast Asian Capitalists*, Ithaca, N.Y., Cornell University Southeast Asia Program, 1992에서 인용.

19 Marcel Fafchamps, "Networks, Communities, and Markets in Sub-Saharan Africa: Implications for Firm Growth and Investment," *Journal of African Economies* 10, AERC supplement 2 (2001): 109-142.

20 Ibid., p. 116.

21 Narayan and Petesch, *Voices of the Poor*, vol. 1, chap. 4.

22 Fafchamps, "Networks," p. 119.

23 Nathan Rosenburg and L. E. Birdzell, *How the West Grew Rich*, New York: Basic Books, 1986.

24 Anthony Reid, "Flows and Seepages in the Long-term Chinese Interaction with Southeast Asia," in Anthony Reid, ed., *Sojourners and Settlers: Histories of Southeast Asia and the Chinese*, Honolulu: University of Hawaii Press, 1996. p. 50.

25 Avner Greif, "Contract Enforceability and Economic Institutions in Early Trade: The Maghribi Traders' Coalition," *American Economic Review* 83, no. 3 (1993): 525-548.

26 그리프가 쓴 단락을 제외한 이전의 세 단락은 James Rauch, "Business and Social Networks in International Trade," *Journal of Economic Literature* 39 (December 2001): 1177-1203에 기초하였다.

27 Fafchamps, "Networks," p. 122.

28 이는 Douglas North, *Institutions, Institutional Change, and Economic Performance*, Cambridge, UK: Cambridge University Press, 1990의 주요 내용이다.

29 Narayan and Petesch, Voices of the Poor, vol. 2, chap. 8.

30 Ibid., Vol. 1, p. 187.

31 Ibid., Vol. 3. p. 72.

32 Ibid., p. 71.

33 Martin Booth, *The Dragon Syndicates: The Global Phenomenon of the Triads*, New York: Carroll and Graf Publishers, 1999, p.268.

34 Nayaran and Petesch, *Voices of the Poor*, vol. 1, p. 186.

35 Dixit, *Lawlessness and Economics*, pp. 99-110.

36 Narayan and Petesch, *Voices of the Poor*, vol. 3, p.75.

37 Ibid., pp. 401-402.

38 Ibid., vol. 1, p. 202.

39 North, 1990, p. 88.

40 Ibid., p. 129.

41 World Bank, *Land Policies for Growth and Poverty Reduction*, Policy Research Report, World Bank, Washington, D.C., June 2003, chap. 1.

42 Dixit, *Lawlessness and Economics*, p. 112.

43 Janine R. Wedel, *Collision and Collusion: The Strange Case of Western Aid to Eastern Europe*, New York: Palgrave, 2001.

44 Wade Channell, "Lessons Not Learned: Problems with Western Aid for Law Reform in Postcommunist Countries," Carnegie Endowment for International Peace, Democracy and Rule of Law Projet, no. 57, May 2005.

45 Ibid., p. 6.

46 Parker Shipton, "The Kenyan Land Tenure Reform: Misunderstanding in the Public Creation of Private property," in R. E. Downs and S. P. Reyna, eds., *Land and Society in Contemporary Africa*, Hanover, N.H.: University Press of

New England, 1988, pp. 91-135.

47 이에 대해서는 Dixit, *Lawlessness and Economics*, pp. 128-129에서 논하였다.

48 Duggan, *The Art of What Works*, p. 37에서 인용.

49 Thorsten Beck and Ross Levine, "Legal Institutions and Financial Development" in Claude Ménard and Mary M. Shirley, eds., *Handbook of New Institutional Economics*, Norwell, Mass.: Kluwer Academic Publishers, 2005.

50 로스 러바인의 개인적 네트워크를 통해 얻은 수치이다.

51 Stephen Haber, "Mexico's Experiments with Bank Privatization and Liberalization, 1991-2003," mimeograph, Stanford University, draft of October 18, 2003.

52 F. A. Hayek, *Law, Legislation, and Liberty*, vol. 1 (Rules and Order), Chicago: University of Chicago Press, 1973(『법, 입법, 그리고 자유』, 민경국 옮김, 자유기업센터, 1997년), and Robert D. Cooter, "The Rule of State Law and the Rule-of-Law State," in *Annual World Bank Conference on Development Economics*, Washington, D.C.: World Bank, 1996을 보라.

53 http://www.festivalcinemaafricano.org/eng/index.php?pag=vis_film&id_film=178, http://www.newint.org/issue372/view.htm.

54 "Mobile Phones and Development: Calling an End to Poverty," *The Economist*, July 9, 2005.

55 Sharon LaFraniere, "Cellphones Catapult Rural Africa to 21st Century," *New York Times*, August 25, 2005, p.41.

56 John McMillan, *Reinventing the Bazaar: A Natural History of Markets*, New York: Norton, 2002, pp. 94-95.

57 Manish A. Desai, Sumi Mehta, and Kirk R. Smith, "Indoor Smoke from Solid Fuels: Estimating the Environmental Burden of Disease," WHO Environmental Burden of Disease Series, no. 4, 2004.

58 이 연구는 세계은행의 2002년 세계 개발 보고서의 후원을 받았는데, 후에 세계은행의 가치 있는 성과로 언급된다.

59 World Bank, *Doing Business in 2005: Removing Obstacles to Growth*, Washington D.C.: World Bank, International Finance Corporation, Oxford University Press, 2005, overview, p. 3.

제4장 계획가와 갱단

1 Federal Research Division, Library of Congress, Bolivia: A Country Study, Washington, D.C.: Library of Congress, December 1989.

2 Herbert S. Klein, *Bolivia: The Evolution of a Multi-Ethnic Society*, Oxford: Oxford University Press, 1992, p. 35.

3 Ferderal Research Division, *Bolivia*.

4 Klein, *Bolivia*, p. 52.

5 Ibid., p. 124.

6 Ibid., p. 152.

7 Ibdi., p. 122.

8 Ibid.

9 Ibid., p. 153.

10 Daniel Kaufmann, Massimo Mastruzzi, and Diego Zavatela, "Sustained Macro-economic Reforms, Tepid Growth: A Governance Puzzle in Bolivia?" in Dani Rodrik, ed., *In Search of Prosperity: Analytical Narratives on Economic Growth*, Princeton, N.J.: Princeton University Press, 2003, pp. 345-348.

11 Ibid., p. 358.

12 Ibid., p. 364.

13 Report No. 26838-BO, "Report and Recommendation of the President of the International Bank for Reconstruction and Development, International Development Association, International Finance Corporation, and the Multilateral Investment Guarantee Agency to the Executive Directors on a Country Assitance Strategy for the Republic of Bolivia," January 8, 2004.

14 "Corraling the Gas — and Democracy," *The Economist*, June 9, 2005.

15 이에 대해 다음과 같이 엄청난 양의 문헌이 존재한다. James Buchanan and Gordon Tullock, *The Calculus of Consent: Logical Foundations of Consitutional Democracy*, Ann Arbor: University of Michigan Press, 1962; Mancur Olson, *The Logic of Collective Action*, Cambridge: Harvard University Press, 1965; Anthony Downs, *An Economic Theory of Democracy*, Boston: Addison-Wesley, 1957.

16 Dani Rodrik, "Institutions for High-Quality Growth: What They Are and How to Acquire Them," *Studies in Comparative International Development* (Fall 2000).

17 Philippe Aghion, Alberto Alesina, and Francesco Trebbi, "Endogenous Political Institutions," Harvard University mimeograph, January 2004.

18 W. Easterly, R. Gatti, S. Kurlat, "Democracy, Development, and Mass Killings," New York University Development Research Institute Working Paper, 2004.

19 Daron Acemoglu, "The Form of Property Rights: Oligarchic vs. Democratic Societies," MIT mimeograph, April 2005.

20 Daron Acemoglu and James A. Robinson, *Economic Origins of Dictatorship and Democracy*, Cambridge, UK: Cambridge University Press, 2006.

21 Ibid., p. 27.

22 William Easterly, "The Middle-Class Consensus and Economic Development," *Journal of Economic Growth* 6, no. 4 (December 2001): 317-336.

23 Nathan Jensen and Leonard Wantchekon, "Resource Wealth and Political Regimes in Africa," *Comparative Political Studies*, 2005. Michael Ross, "Does Oil Hinder Democracy?" *World Politics* 53 (April 2001): 325-361도 참조하라. 이 결과를 확인시켜주는 또 다른 연구로는 Paul Collier and Anke Hoeffler, "Democracy and Resource Rents," *Department of Economics*, University of Oxford, April 26, 2005가 있다.

24 Daniel Kaufmann, Aart Kraay, and Massimo Mastruzzi, "Governance Matters IV: Governance Indicators for 1996-2004." World Bank mimeograph, May 2005.

25 이 부분은 W. Easterly and R. Levine, "European Settlers, Inequality, and Economic Development," New York University and Brown University, mimeograph, 2005에 기초하고 있다.

26 Edward L. Glaeser, "The Political Economy of Hatred," Harvard mimeograph, October 26, 2004, http://post.economics.harvard.edu/faculty/glaeser/papers/Hatred.pdf.

27 W. Easterly and R. Levine, "Africa's Growth Tragedy; Policies and Ethnic Divisions," November 1997, *Quarterly Journal of Economics* 112, no. 4 (November 1997): 1203-250; R. La Porta, F. Lopez-de-Shlanes, A. Shleifer, and R. Vishny, "The Quality of Government," *Journal of Law, Economics, and Organization* 15, no. 1 (Spring 1999); A. Alesina, R. Baqir, and W. Easterly, "Public Goods and Ethnic Divisions," *Quarterly Journal of Economics* 114, no. 4 (November 1999): 1243-84; and William Easterly, Jozef

Ritzen, and Michael Woolcock, "Social Cohesion, Institutions, and Growth," mimeograph, New York University and World Bank, 2005.

28 Daron Acemoglu, Simon Johnson, and James A. Robinson, "Institutions as the Fundamental Cause of Long-Run Growth," in P. Aghion and S. Durlauf, *Handbook of Economic Growth*, New York: Elsevier, 2005; W. Easterly and R. Levine, "Tropics, Germs, and Crops: The Role of Endowments in Economic Development," *Journal of Monetary Economics* 50, no. 1 (January 2003). D . Rodrik, A. Subramanian, and F. Trebbi, "Institutions Rule: The Primacy of Institutions over Geography and Integration in Economic Development," *Journal of Economic Growth* 9, no. 2, (June 2004). 애서모글루 등의 연구 결과물 일부는 버클리대학교 데이비드 알부이David Albouy의 뛰어난 연구에서 불완전한 데이터라는 이유로 이의가 제기되었다. 그러나 이 자료를 사용하지 않는 연구들은 좋은 정부와 국민 소득 사이의 인과적 관계를 여전히 찾아내고 있다.

29 Narayan and Petesch, *Voices of the Poor*, vol. 1, p. 181.

30 Ibid., vol. 3, p. 71.

31 Ibid., vol. 2, chap. 8.

32 Ibid., vol 1, p. 185.

33 Ibid., vol. 2, chap. 8.

34 Ibid., vol. 2, chap. 9.

35 Alberto Alesina and Beatrice Weder, "Do Corrupt Governments Receive Less Foreign Aid?" *American Economic Review* 92 (September 2002): 1126-37.

36 언급된 기간 동안 인구 변화에 대한 1인당 원조 변화, 1인당 소득 변화, 부패에 대한 카우프만-크레이 지표는 모두 퇴보하고 있다. (긍정적 원조가 유입되는 모든 국가들을 포함한) 표본은 1996년과 2002년 사이에 동일하게 유지되었다. 모든 자료의 원천은 세계은행의 세계 개발 지표에 있다.

37 Deon Filmer, Jeffrey Hammer, and Lant Pritchett, "Weak Links in the Chain: A Diagonosis of Health Policy in Poor Countries," *The World Bank Research Observer*, vol 15, no. 2 (August 2000), 199-244. 고객들이 발언권이 크지 않는 부국의 관료주의는 미국의 관세와 이민 분야에서 볼 수 있듯이 이와 똑같이 억압적일 수 있다. 클린턴 행정부 시기의 미국 정부는 다양한 정부 산하 기구들을 고객 중심적으로 만들려고 시도했다. 존 넬리스John Nellis가 남긴 일화에 의하면, 이 시도에 대한 관세청 관료의 반응은 "우리에게는 고객은 없고 용의자만 있을 뿐"이라는 것이었다.

38 http://www.thp.org/prize/89/masire.htm.

39 Judith Tendler, *Good Government in the Tropics*, Baltimore, Md.: Johns Hopkins University Press, 1997.

40 Stephen Knack, "Aid Dependence and the Quality of Governance: Cross-Country Empirical Tests," *Southern Economic Journal* 68, no. 2 (2004): 310-29.

41 Simeon Djankov, Jose G. Montalvo, and Marta Reynal-Querol, "The Curse of Aid," World Bank mimeograph, April 2005.

42 Nancy Birdsall, Adeel Malik, and Milan Vaishnav, "Poverty and the Social Sectors: The World Bank in Pakistan 1990-2003," prepared for the World Bank's Operations Evaluation Department, September 2004.

43 World Bank Ethiopia report, 2001.

44 OECD, *Poor Performers: Basic Approaches for Supporting Development in Difficult Partnerships*, Pairs: OECD, 2001.

45 World Bank PRSP Sourcebook 2001.

46 Interim Poverty Reduction Strategy Paper, Joint Staff Assessment, Ethiopia, 2001.

47 http://www.state.gov/g/drl/rls/hrrpt/2003/27716.htm.

48 http://web.worldbank.org/WBSITE/EXTERNAL/COUNTRIES/AFRICAEXT/0,,menuPK:258652~pagePK:146732~piPK:146828~theSitePK:258644,00.html.

49 http://lnweb18.worldbank.org/news/pressrelease.nsf/673fa6c5a2d50a6785 2565e200692a79/6b834179b3fd616b85256b990077a8a7?OpenDocument.

50 Daniel Patrick Moynihan, *Maximum Feasible Misunderstanding: Community Action in the War on Poverty*, New York: Free Press, 1969.

51 Ronald Herring, "Making Ethnic Conflict: The Civil War in Sri Lanka," in Milton Esman and Ronald Herring, eds., *Carrots, Sticks and Ethnic Conflict: Rethinking Development Assistance*, Ann Arbor: University of Michigan Press, 2001.

52 Sara Grusky, ed., "The IMF and World Bank Backed Poverty Reduction Strategy Papers." Comments from Southern Civil Society. Globalization Challenge Initiative, May 2000.

53 Scott, *Seeing Like a State*, p. 94.

54 Robert Fatton, Jr. *Haiti's Predatory Government: The Unending Transition to Democracy*, Boulder, Colo: Lynne Rienner Publishers, 2002, p. 126.

55 World Bank, Country Assistance Strategy for the Republic of Bolivia, January

8, 2004, Report no. 26838-BO, table 10.

56 International Development Association additions to IDA Resources: Thirteenth Replenishment, IDA/SecM2002-0488, September 17, 2002, p. 21.

57 www.imf.org/external/np/exr/facts/prgf.html.

58 Nicolas van de Walle, *Overcoming Stagnation in Aid-Dependent Countries*, Center for Global Development: Washington D.C., 2005, p. 67.

59 Polity IV database, University of Maryland Political Science Department, www.cidcm.und.edu/inscr/polity.

60 Robert Heinl, Nancy Heinl, and Michael Heinl, *Written in Blood: The History of the Haitian People, 1492-1995*, Lanham, Md: University Press of America, 1996, p. 7.

61 David Nicholls, *From Dessalines to Duvalier: Race, Color and National Independence in Haiti*, New Brunswick: Rutgers University Press, 1996, p. 19; Heinl, Heinl, and Heinl, *Written in Blood*, p. 3은 1789년의 노예 인구 수치가 더 높았음을 말해준다.

62 Federal Research Division, Library of Congress, *Haiti: A Country Study*, Washington, D.C.: Library of Congress, December 1989, chap. 6.

63 Standley Engerman and Kenneth Sokoloff, "Factor Endowment, Institutions, and Differential Paths of Growth Among New World Economics: A View from Economic Historians of the United States," in Stephen Haber, ed., *How Latin America Fell Behind*, Stanford, Calif.: Stanford University Press, 1997, p. 55.

64 Heinl, Heinl, and Heinl, *Written in Blood*, pp. 172, 204.

65 Federal Research Division, *Haiti*.

66 Nicholls, *From Dessalines to Duvalier*, pp. 69-72, 77.

67 Heinl, Heinl, and Heinl, *Written in Blood*, p. 158.

68 Michela Wrong, *In the Footsteps of Mr. Kurtz: Living on the Brink of Disaster in Mobutu's Congo*, New York: HarperCollins, 2001, p.207.

69 World Bank, World Development indicators for 1965-1997, in 2002 dollars.

70 Peter Uvin, *Aiding Violence: The Development Enterprise in Rwanda*, West Hartford, Conn.: Kumarian Press, 1998, p.65.

71 Ibid., p. 94.

72 Report No. 12465-RW, "Rwanda Poverty Reduction and Sustainable Growth," Population and Human Resources Division, South-Central and

Indian Ocean Department, Africa Region, May 16, 1994.

73 Ibid., 핵심 요약에서 16번째 문단.

74 Tony Hodges, *Angola from Afro-Stalinism to Petro-Diamond Capitalism*, Bloomington: Indiana University Press, 2001, p. 124.

75 Ibid., p. 37.

76 세계은행, 세계 개발 지표.

77 World Bank, "Transitional Support Strategy for the Republic of Angola," March 4, 2003, http://www.worldbank.org/ao/report/2003_Angola_tss.pdf.

78 IMF, "Consultation on Angola," 2003, Article IV, p. 9.

79 http://www.state.gov/g/drl/rls/hrrpt/2003/27721.htm.

80 Economist Intelligence Unit, "Country Profile 2003: Democratic Republic of the Congo."

81 http://www.hrw.org/press/2003/01/libya01117.htm.

82 UN Millennium Project, "Investing in Development: A Practical Plan to Achieve the Millennium Development Goals," January 2005.

83 http://www.underreported.com/modules.php?op=modload&name=News&file=article&sid=1241.

84 Todd Moss and Arvind Subramanian, "After the Big Push? Fiscal and Institutional Implications of Large Aid Increases," Center for Global Development, August 2005.

85 http://news.bbc.co.uk/1/hi/world/africa/3724520.stm.

86 http://news.bbc.co.uk/1/hi/world/africa/4497915.stm.

87 *The Best Best of Fela Kuti*, MCA Records의 레코드 재킷에 있는 설명.

제5장 부자에게는 시장이, 빈민에게는 관료가

1 World Bank, "Assessing Aid," 1998.

2 World Bank, Africa Development Indicators, 2002.

3 대외 원조의 피드백 문제와 주인-대리인 이론principal-agent theory에 대한 명석한 해석은 Bertin Martens, Uwe Mummert, Peter Murrell, and Paul Seabright, *The Institutional Economics of Foreign Aid*, Cambridge, UK: Cambridge University Press, 2002.

4 이에 대한 검토를 위해서는 다음을 참조하라. Dixit, *The Making of Eccentric*

Policy: A Transaction Cost Politics Perspective, Cambridge, MIT Press, 1996.

5 http://www.murphys-laws.com/murphy/murphy-laws.html.

6 World Bank, "The World Bank in Action: Stories of Development," Washington, D.C., 2002.

7 Anirudh Krishna with Urban Jonsson and Wilbald Lorri, "The Iringa Nutrition Project: Child Survival and Development in Tanzania," in Anirudh Krishna, Norman Uphoff, and Milton J. Esman, *Reasons for Hope: Instructive Experiences in Rural Development*, West Hartford, Conn.: Kumarian Press, 1997. 다음도 참조하라. Teresa A. Calderon, "Nutrition Education Training of Health Workers and Other Field Staff to Support Chronically Deprived Communities," *Public Health Nutrition* no. 6a (2001): 1421-1424.

8 OECD 온라인 자료(모든 공여국, 순 지출)에서 추출한 원조 통계.

9 UNDP, Poverty Strategies Initiative, 1998, http://www.undp.org/poverty/povertyarchive/initiatives/psi/.

10 World Bank and IMF, "Global Monitoring Report 2005, Millennium Development Goals: From Consensus to Action," World Bank, Washington, D.C., April 2005, p. 173.

11 http://worldbank.org/cdf/cdf-text.htm.

12 http://econ.worldbank.org/wdr/wdr2004/.

13 Michael Kremer and Edward Miguel, "The Illusion of Sustainability," mimeograph, Harvard University and University of California at Berkely, 2003 를 보라.

14 Deon Filmer and Lant Prichett, "What Educational Production Functions Really Show: A Positive Theory of Education Spending," World Bank Policy Research Paper 1795, Washington, D.C., 1997.

15 World Bank, *A Sourcebook for Poverty Reduction Strategies*, 2002.

16 OECD policy brief, "Untying Aid to the Least-Developed Countries," July 2001, Paris.

17 Alberto Alesina and David Dollar, "Who Gives Foreign Aid to Whom and Why," *Journal of Economic Growth* 5 (March 2002):33-64.

18 OECD and UNDP, 1999.

19 World Bank, Operations Evaluations Department, "Influential Evaluations: Evaluations That Improved Performance and Impacts of Development Programs," Washington D.C., 2004.

618

20 James Ferguson, The Anti-Politics Machine: "Development," *Depolarization, and Bureaucratic Power in Lesotho*, Minneapolis: University of Minnesota Press, 1994, pp. 170-71.

21 Ibid., pp. 231, 233.

22 Judy L. Baker, "Evaluating the Impact of Development Projects on Poverty: A Handbook for Practitioners, Directions in Development," World Bank, Washington, D.C., 2000.

23 World Bank, *A Sourcebook for Poverty Reduction Strategies*, 2002.

24 UN Millennium Project, "Investing in Development: A Practical Plan to Reach the Millennium Development Goals," main report, 2005, p. 61.

25 Scott, Seeing Like a State, 1998, p. 346.

26 http://www.usaid.gov/faqs.html.

27 http://www.un.org/esa/coordination/ecosoc/wgga/Home1.htm.

제6장 빈민 구제

1 World Bank, World Development Indicators, observation for 2000.

2 World Bank, World Development Indicators, 2000년도의 연령별 키와 신장별 체중 관찰.

3 Demographic and Health Surveys, http://www.measuredhs.com/countries/country.cfm.

4 International Monetary Fund, Federal Democratic Republic of Ethiopia, "Fifth Review Under the Three-Year Arrangement Under the Poverty Reduction an Growth Facility," February 4, 2004, pp. 15, 17.

5 http://www.imf.org/external/np/tre/lend/terms.htm.

6 http://www.imf.org/external/np/exr/facts/finfac.htm.

7 http://www.imf.org/external/np/exr/facts/howlend.htm.

8 Jacques Polak, "The IMF Monetary Model at 40," *Economic Modelling* 15 (1998): 395-410.

9 Juan Forrero, "Ecuador's Leader Flees and Vice President Replaces Him," *New York Times*, April 21, 2005, p. 43.

10 IMF, World Development Movement, "States of Unrest: Resistance to IMF Policies in Poor Countries," September 2000, http://www.wdm.org.uk/presrel

/current/anti_IMF.htm.

11 Richard Barth and William Hemphill, with contributions from Irina Aganina, Susan George, Joshua Greene, Caryl McNeilly, and Jukka Paljarvi, *Financial Programming and Policy: The Case of Turkey*, Washington, D.C.: IMF Institute, International Monetary Fund, 2000.

12 이것은 1970년부터 1999년까지 모든 이용 가능한 자료에서 총 국내 재정 공급에 대한 조정adjustment의 절대치의 중앙값 비율이다.

13 R. Baqir, R. Ramcharan, and R. Sahay, "The Consistency of IMF Program," mimeograph, IMF, October 2003.

14 http://www.emgmkts.com/research/intro.htm#TheEM.

15 Easterly, "What Did Structural Adjustment Adjust?"

16 두 국가는 최근에 처음으로 IMF 프로그램을 성공적으로 완수했다.

17 IMF, Independent Evaluation Office, "Evaluation of the Prolonged Use of Fund Resources," Washington, D.C., September 2002.

18 http://web.worldbank.org/WBSITE/EXTERNAL/TOPICS/EXTDEBTDEPT/ 0,,contentMDK:20260411~menuPK:528655~pagePK:64166689~piPK:64166646 ~theSitePK:469043,00.html.

19 R. Baqir, R. Ramcharan, and R. Sahay, "The Consistency of IMF Programs."

20 W. Easterly, *The Elusive Quest for Growth: Economists' Adventures and Misadventures in the Tropics*, Cambridge, Mass.: MIT Press, 2001(『성장, 그 새빨간 거짓말』, 박수현 옮김, 모티브 북, 2008년)의 "우리의 죄를 사하여 주옵시고" 장을 참조하라.

21 Michael Mussa, *Argentina and the Fund: From Triumph to Tragedy (Policy Analyses in International Economics* 67) Washinton, D.C.: Institute for International Economics, 2002. 이 부분은 무사Mussa의 글에 기초하였으나 여러 부분에서 초점과 결론이 다르다. 어쨌든, 여기에 언급된 모든 부분에 관해서 무사에게 책임이 전가되어서는 안 된다.

22 "Argentina's Debt Restructuring: Victory by Default?" *The Economist*, March 3, 2005.

23 http://www.imf.org/external/np/exr/facts/prgf.htm.

24 IMF, "Factsheet: The IMF and the Environment," April 2004.

25 William Pfaff, *Barbarian Sentiments: America in the New Century*, New York: Hill & Wang, 2000, p. 206.

제7장 치유자들: 승리와 비극

1 Center for Global Development, "Millions Saved: Proven Successes in Global Health," Washington, D.C., 2004.

2 Bekki J. Johnson and Robert S. Pond, "AIDS in Africa: A Review of Medical, Public Health, Social Science, and Popular Literature," MISEORE, Campaign Against Hunger and Disease in the World (Episcopal Organization for Development Cooperation), Aachen, West Germany, 1988.

3 World Bank, Africa Technical Department, "Acquired Immune Deficiency Syndrome (AIDS): The Bank's Agenda for Action in Africa," October 24, 1988.

4 Jean-Louis Lamboray and A. Edward Elmendorf, "Combatting AIDS and Other Sexually Transmitted Diseases in Africa: A Review of the World Bank's Agenda for Action," World Bank Discussion Paper no. 181, Africa Technical Department, 1992, p. 29.

5 Jill Armstrong, "Socioeconomic Implications of AIDS in Developing Countries," *Finance and Development* 28, no. 4 (December 1991): 14-17.

6 당시 세계은행은 최선의 접근법이 윤락 여성과 같은 질병의 '핵심 전달자' 들을 겨냥하는 것으로 생각했다. 에이즈 연구가인 헬렌 엡스타인Helen Epstein은 이런 생각은 착오라고 주장했다. 왜냐하면 아프리카의 에이즈 확산은 일반 대중의 장기간의 다중적 성관계 성행에서 주로 기인하기 때문이다. 이로써 에이즈가 급속히 확산될 수 있는 성적 연결망을 형성했다. 이에 대해서는 Helen Epstein, "Why Is AIDS Worse in Africa?," *Discover* 25, no. 2 (February 2004), and Daniel T. Halperin and Helen Epstein, "Sexual Networks Help to Explain Africa's High HIV Prevalence: Implications for Prevention," www.thelancet.com, vol. 364, July 3, 2004.

7 Julia Dayton, "World Bank HIV/AIDS Interventions: Ex-ante and Ex-post Evaluations," World Bank discussion paper no. 389, Washington, D.C., 1998, p. 9

8 World Bank, Africa Region, "Intensifying Action Against HIV/AIDS in Africa: Responding to a Development Crisis," 2000.

9 http://www.worldbank.org/afr/aids/map/me_manual.pdf.

10 이 이야기는 Emma Guest, *Children of AIDS: Africa's Orphan Crisis*, London: Pluto Press, 2001에서 가져온 것이다.

11 Adam Ashforth, *Witchcraft, Violence, and Democracy in South Africa*,

Chicago: University of Chicago Press, 2005, pp.8-10

12 Guest, *Children of AIDS*, pp. 144-147.

13 Ann Case Christina Paxson, and Joseph Ableidingers, "The Education of African Orphans," Princeton University mimeograph, 2003, http://www. wws.princeton.edu/%7Erpds/Downloads/case_paxson_education_orphans.p df.

14 WHO/UNAIDS, "Report on the Methods Used to Estimate Costs of Reaching the WHO Target of '3 by 5,'" February 10, 2004, p. 6.

15 Andrew Creese, Katherine Floyd, Anita Alban, Lorna Guiness, "Cost-effectiveness of HIV/AIDS Interventions in Africa: A Systematic Review of the Evidence," *The Lancet* 359 (2002): 1635-42; Lilani Kumaranayarake, "Cost-Effectiveness and Economic Evaluation of HIV/AIDS-Related Interventions: The State of the Art," in *International AIDS Economics Network, State of the Art: AIDS and Economics*, HIV/AIDS Policy Project, www.iaen.org/ conferences/stateofepidemic.php., 2002.

16 http://www.interaction.org/advocacy/budget_request_05.html, FY2005 Foreign Operations Budget Request Summary and Analysis.

17 WHO, World Health Report 2003, Annex 2.

18 예를 들어 다음을 참조하라. Emiko Masaki, Russell Green, Fiona Greig, Julia Walsh, and Malcolm Potts, "Cost-Effectiveness of HIV Prevention Versus Treatment for Resource-Scarce Countries: Setting Priorities for HIV/AIDS Management," Bay Area International Group, School of Public Health University of California at Berkeley, 2002.

19 http://www.massiveeffort.org/html/success_stories_vietnam.html, http://rbm. who.int/cmc_upload/0/000/017/025/vietnam-ettling.pdf.

20 Salim Abdulla, Joanna Armstrong Schellenberg, Rose Nathan, Oscar Mukasa, Tanya Marchant, Tom Smith, Marcel Tanner, Chrinstian Lengeler, "Impact on Malaria Morbidity of a Programme Supplying Insecticide-Treated Nets in Children Aged Under Two Years in Tanzania: Community Cross-Sectional Study," *British Medical Journal*, 322 (February 3, 2001): 270-73.

21 Gareth Jones, Richard W. Steketee, Robert E. Black, Zulfiqar A. Bhutta, Saul S. Morris, and the Bellagio Child Survival Study Group, "How Many Child Deaths Can We Prevent This Year?" *The Lancet* 362 (2003): 65-71

22 WHO/UNAIDS, "Report on the Methods Used to Estimate Costs of Reaching the WHO Target of '3 by 5,'" February 10, 2004.

23 United Nations Population Division (UNDP), "World Population Prospects," 2004 revision, 2005, p. 22.

24 David Canning, "The Economics of HIV/AIDS Treatment and Prevention in Developing Countries," Harvard School of Public Health, mimeograph, 2005, forthcoming in *Journal of Economic Perspectives*.

25 Center for Health and Gender Equity and Sexuality, Information and Education Council of the United States, "The U.S. Global AIDS Strategy: Politics, Ideology, and the Global AIDS Epidemic," May 2003.

26 Human Rights Watch, "The Less They Know, the Better: Abstinence-Only HIV/AIDS Programs in Uganda," *Human Rights Watch* 17, no. 4a (March 2005)

27 Helen Epstein, "God and the Fight Against AIDS," *New York Review of Books*, April 28, 2005.

28 Barcelona AIDS Conference Reports, "President Bush Is Killing People with AIDS by Lack of Leadership," http://www.actupny.org/reports/bcn/Bcnbush AUpr.html.

29 WHO, World Health Report 2002, "Reducing Risks, Promoting Healthy Life," Geneva, 2002, p. 92.

30 Ibid., pp. 123, 132.

31 Daniel Bergner, *In the Land of Magic Soldiers: A Story of White and Black in West Africa*, New York: Farrar, Straus, & Giroux, 2003, pp. 66-68.

32 Dr. Stan Lehman and colleagues, CDC, presentation at XIII International AIDS Conference, Durban, South Africa, 2000.

33 Warren Stevens, Steve Kaye, and Tumani Corrah, "Antiretroviral Therapy in Africa," *British Medical Journal* 328 (January 31, 2004): 280-82.

34 Merle A. Sande and Allan Ronald, "Treatment of HIV/AIDS: Do the Dilemmas Only Increase?" *Journal of American Medical Association* 292, no. 2 (July 14, 2004): 267. 내가 언급된 것을 처음 본 것은 뛰어난 소논문인 Roger Bate, "Slippery AIDS Statistics: Why Loose HIV Numbers Create False Hope and Bad Policy," *Health Policy Outlook*, AEI Online (Washington), May 6, 2005에서다.

35 이 설명은 Vijaayendra Ro and Michael Walton, eds., *Culture and Public Action*, Stanford, CA: Stanford University Press, 2004의 6~9쪽에 기초한 것이

다.

제8장 식민주의에서 탈근대 제국주의로

1 F. A. Hayek, *The Fatal Conceit: The Errors of Socialism*, edited by W. W. Bartley III, Chicago: University of Chicago Press, 1988, p. 76(『치명적 자만』, 신중섭 옮김, 자유기업원, 2004년).

2 Jeremy M. Weinstein, "Autonomous Recovery and International Intervention in Comparative Perspective," Center for Global Development Working Paper no. 57, April 2005에서 참고 문헌을 찾을 수 있다.

3 James Fearon and David Laitin, "Neotrusteeship and the Problem of Weak States," *International Security* 28, no. 4 (Spring 2004): 5-43.

4 Sebastian Mallaby, "The Reluctant Imperialist: Terrorism, Failed States, the Case for American Empire," *Foreign Affairs* 81, no. 2 (March/April 2002); Chester Crocker, "Engaging Failing States," *Foreign Affairs* 84, no. 5 (September/October 2003); Stuart Eizenstat, John Edward Porter, and Jeremy Weinstein, "Rebuilding Weak States," *Foreign Affairs* 84, no. 1 (January/February 2005); Stephen D. Krasner and Carlos Pascual, "Addressing States Failure," *Foreign Affairs* 84, no. 4 (July/August 2005); Stephen Ellis, "How to Rebuild Africa," *Foreign Affairs* 84, no. 5 (September/October 2005).

5 Krasner and Pascual, "Addressing State Failure."

6 Niall Ferguson, *Colossus: The Price of America's Empire*, New York: The Penguin Press, 2004, p. 198(『콜로서스: 아메리카 제국 흥망사』, 강규형, 김일영 옮김, 21세기북스, 2010년)

7 D. K. Fieldhouse, *The Colonial Empires: A Comparative Survey from the Eighteenth Century*, New York: Macmillam, 1982, pp. 276-77.

8 Edmund Burke, speech on Mr. Fox's East India Bill, December 1783, in Isaac Kramnick, *The Portable Edmund Burke*, Viking Portable Library, New York: Penguin Putnam, 1999, p. 374.

9 Mahmood Mamdani, *Citizen and Subject: Contemporary Africa and the Legacy of Late Colonialism*, Princeton, N.J.: Princeton University Press, 1996, p. 73.

10 Robert B. Edgerton, *The Troubled Heart of Africa: A History of the Congo*,

New York: St. Martin's Press, 2002, pp. 162-64.

11 John Iliffe, *Africans: The History of a Continent*, Cambridge, UK: Cambridge University Press, 1995, p. 198.

12 Mamdani, *Citizen and Subject*, pp. 79, 41.

13 Iliffe, *Africans*, p. 201.

14 Ibid., p. 201.

15 Mamdani, *Citizen and Subject*, p. 52.

16 Iliffe, *Africans*, p. 201.

17 Mamdani, *Citizen and Subject*, p. 52.

18 Ibid., pp. 54-56.

19 Iliffe, *Africans*, p. 200.

20 Ibid., p. 199.

21 Ibid., pp. 251-52.

22 Fieldhouse, *Colonial Empires*, p. 61.

23 Abhijit Benerjee and Lakshmi Iyer, "History, Institutions, and Economic Systems: The Legacy of Colonial Land Tenure Systems in India," MIT mimeograph, October 2004; Fieldhous, *Colonial Empires*, pp. 278-79; and Ravina Daphtary, "Systems of Land Tenure in Bengal: The Unyielding Legacy of the Zamindar," NYU undergraduate thesis, April 2005.

24 Fieldhouse, *Colonial Empires*, pp. 280-283.

25 Bergner, *Land of Magic Soldiers*, p. 29.

26 P. J. Cain and A. G. Hopkins, *British Imperialism, 1688-2000*, 2d ed., Harlow, UK: Longman, Pearson Education, 2002, p. 283.

27 Ferguson, *Empire*, New York: Basic Books, 2004, p. 116.

28 Ibid., p. 141.

29 Cain and Hopkins, *British Imperialism*, p. 291.

30 Ferguson, *Empire*, p. 22.

31 Cain and Hopkins, *British Imperialism*, p. 291.

32 James, *Rise and Fall*, p. 175.

33 Angus Maddison, "The World Economy: Historical Statistics," Development Centre of the Organisation for Economic Cooperation and Development, 2003.

34 Cain and Hopkins, *British Imperialism*, p. 308.

35 Iliffe, *Africans*, p. 204.

36 Ibid, p. 212.

37 Ibid., p. 222.

38 Ibid., pp. 203-204.

39 Madison, "World Economy."

40 Mamdani, *Citizen and Subject*, p. 158.

41 Bergner, *Land of Magic Soldier*, p. 97.

42 Scott, *Seeing Like a State*, pp. 226-228.

43 Thayer Watkins, "The Tanganyikan Groundnuts Scheme," San José State University Economics Department, at http://www2.sjsu.edu/faculty/watkins/groundnt.htm.

44 Maddison, "World Economy."

45 Ibid. 다른 아시아 식민지로는 방글라데시, 미얀마, 홍콩, 인도네시아, 요르단, 레바논, 말레이시아, 파키스탄, 싱가포르, 스리랑카, 베트남을 들 수 있다.

46 "Kongo" in Kwame Anthony Appiah and Henry Louis Gates, Jr., eds., *Africana: The Encyclopedia of the African and African American Experience*, New York: Basic Books, 1999, pp. 1104-05; and Edgerton, *Troubled Heart*, pp. 7-14.

47 Edgerton, *Troubled Heart*, p. 60.

48 Patrick Manning, *Francophone Sub-Saharan Africa, 1980-1985*, Cambridge, UK: Cambridge University Press, 1988, p. 129.

49 *Library of Congress Area Handbook on Zaire*, Washington, D.C.: Library of Congress, 1993.

50 "Congo, Democratic Republic of the," in *Africana*, pp. 503-507.

51 *Library of Congress Area Handbook on Zaire*.

52 Ibid.

53 Edgerton, *Troubled Heart*, p. 181.

54 Wrong, *In the Footsteps of Mr. Kurtz*, p. 83.

55 http://www.facts.com/wnd/kabila.htm.

56 Minorities at Risk website, http://www.cidcm.umd.edu/inscr/mar/assessment.asp?groupId=49003.

57 http://www.facts.com/wnd/kabila.htm.

58 http://www.theirc.org/index.cfm?section=news&wwwID=1704.

59 Edgerton, *Troubled Heart*, p. 237.

60 World Bank, "Democratic Republic of the Congo: Transitional Support

Strategy," February 4, 2004.

61 UNICEF, "State of the World's Children 2005," pp. 64-65.

62 Christopher Hichens, "The Perils of Partition," *Atlantic Monthly*, March 2003 에서 인용.

63 Alberto Alesina, William Easterly, and Janina Matuszeski, "Artificial Countries and Economic Developmet," Harvard and NYU mimeograph, 2005.

64 Howard M. Sachar, *The Emergence of the Middle East: 1914-24*, New York: Knopf, 1969, pp. 123-137.

65 Sachar이외에도 다음의 논의를 참조하라. Arthur Goldschmidt, Jr., *A Concise History of the Middle East*, 7th ed. Boulder, Colo.: Westview Press, 2002; David Fromkin, *A Peace to End All Peace: The Fall of the Ottoman Empire and the Creation of the Modern Middle East*, New York: Avon Books, 1989; Albert Hourani, *A History of the Arab peoples*, New York: Warner Books, 1991; and Tom Segev, *One Palestine Complete: Jews and Arabs under the British Mandate*, New York: Metropolitan Books, 1999. 나는 이 모든 자료들을 이 글의 본문에 사용했다.

66 Lawrence James, *Raj: The Making and Unmaking of British India*, New York: St. Martin's Griffin, 1997, p. 611f.

67 Owen Bennet Jones, *Pakistan: Eye of the Storm*, New Haven, Conn.: Yale University Press, 2002, p. 109에서 인용.

68 William Easterly, "The Political Economy of Growth Without Development: A Case Study of Pakistan," in Dani Rodrik, ed. *Searching for Prosperity*, Princeton N.J.: Princeton University Press, 2003, p. 396에서 인용.

69 Mary Anne Weaver, *Pakistan: In the Shadow of Jihad and Afghanistan*, New York: Farrar, Straus, & Giroux, 2002, p. 219.

70 Bennet Jones, *Pakistan*, p. 281에서 인용.

71 Francis M. Deng, *War of Visions: Conflict of Identities in the Sudan*, Washington, D.C.: Brookings Institution, 1995, p. 26.

72 Jok Madut Jok, *War and Slavery in Sudan*, Philadelphia: University of Pennsylvania Press, 2001, p. 92.

73 Ibid., p. 96.

74 Deng, *War of Visions*, p. 5.

75 Ibid., p.87.

76 Ibid., p.95.

77 Ibid., p.137.

78 Douglas H. Johnson, *The Root Causes of Sudan's Civil Wars*, Oxford: James Currey, 2003, p. 180.

79 Scott Peterson, *Me Against My Brother: At War in Somalia, Sudan, and Rwanda*, New York: Routledge, 2000, p. 179.

80 Bill Berkeley, *The Graves Are Not Yet Full: Race, Tribe, and Power in the Heart of Africa*, New York: Routledge, 2000, p. 179.

81 Ibid., p. 213.

82 International Monetary Fund, *Sudan: Final Review Under the Medium-Term Staff-Monitored Program and the 2002 Program-Staff Report*, November 2002, IMF Country Report, No. 02/245, p. 37.

83 http://wwww.msf.org/content/page.cfm?articleid=84CE9E44-BE8C-4882-83BE7C9305E2B7E4.

84 http://www.savedarfur.org/gp.php?q=currentSituation.html.

85 http://www.alertnet.org/thenews/fromthefield/108963973484.htm.

86 Global Development Network Growth Database, August 2003, Social Indicators and Fixed Factors file; www.nyu.edu/fas/institute/dri/index.html.

87 UNICEF, "State of the World's Children 2005," pp. 64-65.

88 Jayanth K. Krishnan, "Professor Kingsfield Goes to Delhi: American Academics, the Ford Foundation and the Development of Legal Education in India," William Mitchell College of Law Working Paper no. 3 March 2005.

제9장 빈민을 침략하다

1 http://www.socialstudieshelp.com/USRA_Imperialism_Justify.htm.에서 인용

2 John McMillan, "Aviod Hubris: And Other Lessons for Reformers," Stanford University mimeograph, July 2004.

3 Naomi Klein, "Baghdad Year Zero: Pillaging Iraq in Pursuit of a Neocon Utopia," *Harper's*, September 2004.

4 Ferguson, *Colossus*, p. 300.

5 Stephen Kinzer, *Blood of Brothers: Life and War in Nicaragua*, New York: Penguin, 1991, p. 34.

6 Lynn Horton, *Peasants in Arms: War and War in Nicaragua*, New York: Pen-

guin, 1991, p. 364.

7 인용한 내용은 1896년 레이건의 연설에서 가져온 것이다.

8 World Bank, *Country Assistance Strategy*, 2002.

9 Kinzer, *Blood of Brothers*, p. 179.

10 Horton, *Peasants in Arms*, p. 201.

11 Kinzer, *Blood of Brothers*, pp. 144-145.

12 Robert Kagan, *A Twilight Struggle: American Power and Nicaragua, 1977-1990*, New York: Free Press, 1996, p. 210, 212.

13 Ibid., p. 218; Kinzer, *Blood of Brothers*, pp. 97-98.

14 Horton, *Peasants in Arms*, p. 201.

15 Ibid., pp. 267-269.

16 Ibid., pp. 281-282.

17 IMF, Article IV Report, February 2003, executive summary.

18 World Bank, *Country Assistance Strategy*, December 18, 2002.

19 Worth H. Weller, *If This Soil Could Stop Bleeding: Nicaragua Before and After the Contra War*, North Manchester, Ind.:De Witt Books, 2003, p. 98.

20 IMF, Article IV, 2003.

21 Karl Maier, *Angola: Promises and Lies*, Rivonia, South Africa: William Waterman Publications, 1996 뒷면에서 인용.

22 Fernando Andresen Guimaraes, *The Origins of the Angolan Civil War: Foreign Intervention and Domestic Political Conflict*, New York: St. Martins Press, 2001, p. 194.

23 *Library of Congress Area Handbook on Angola*; and Maier, *Angola*.

24 Maier, *Angola*, p. 42.

25 Tony Hodges, *Angola from Afro-Stalinism to Petro-Diamond Capitalism*, Bloomington: Indiana University Press, 2001, p. 37.

26 Library of Congress, and Guimaraes, *Origins*, p. 78.

27 Library of Congress, and Guimaraes, *Origins*, p. 157.

28 Berkeley, *The Graves*, p. 80.

29 Mark Huband, *The Skull Beneath the Skin: Africa After the Cold War*, Boulder, Colo.: Westview Press, 2001, p. 34.

30 Guimaraes, *Origins*, p. 107.

31 Hubands, *Skull Beneath the Skin*, p. 41.

32 Guimaraes, *Origins*, p. 190.

33 Ibid., p. 112.

34 Chester A. Crocker, *High Noon in Southern African: Making Peace in a Rough Neighborhood*, New York: Norton, 1992, p. 68.

35 Huband, *The Skull Beneath the Skin*, p. 42; Elaine Windrich, *The Cold War Guerilla: Jonas Savimbi, the U.S. Media, and the Angolan War*, New York: Greenwood Press, 1992, p. 35.

36 Windrich, *Cold War Guerilla*, p. 35.

37 Ted Galen Carpenter, "U.S. Aid to Anti-Communist Rebels: The 'Reagan Doctrine' and Its Pitfalls," *Cato Policy Analysis* 74 (June 24, 1986), http://www.cato.org/pubs/pas/pa074.html.

38 Windrich, *Cold War Guerilla*, p. 84.

39 Maier, *Angola*, p. 47.

40 2002년 2월 25일, BBC News의 사빔비 부고 기사.

41 Crocker, *High Noon*, p. 297.

42 Ibid., p. 488.

43 World Bank, *Transitional Support Strategy for the Republic of Angola*, 2003, paragraph 9.

44 Hodges, *Angola*.

45 세계은행 세계 개발 지표의 2001년 자료이다.

46 UNAIDS, http://www.unaids.org/en/geographical+area/by+country/angola.asp. 2002년 초의 수치이다.

47 Pfaff, *Barbarian Sentiments*, p. 9.

48 Hans Schmidt, *The United States Occupation of Haiti, 1915-1934*, New Brunswick, N.J.: Rutgers University Press, 1971, p. 31.

49 Ibid., p. 89.

50 Ibid., p. 148.

51 *Library of Congress Area Handbook*; Nicholls, *From Dessalines to Duvalier*.

52 Bob Shacochis, *The Immaculate Invasion*, New York: Viking, 1999, pp. 15, 144.

53 Robert Fatton, Jr., *Haiti's predatory Government: The Unending Transition to Democracy*, Boulder, Colo.: Lynne Rienner Publishers, 2002, p. 124.

54 World Bank Institute "Government Indicators Dataset, 1996-2004," www.worldbank.org/wbi/governance/govdata/.

55 http://lnweb18.worldbank.org/External/lac/lac.nsf/3af04372e7f23ef6852567

d6006b38a3/be0614ec8b422d70852567de0058a3a0?OpenDocument.

56 http://web.worldbank.org/WBSITE/EXTERNAL/NEWS/0,,contentMDK: 20226165~menuPK:34457~pagePK:64003015~piPK:64003012~theSitePK:4607 ,00.html.

57 http://www.foreignpolicy.com/story/cms.php?story_id=3100.

58 Minxin Pei and Sara Kasper, "Lessons from the Past: The American Record on Nation-Building," *Carnegie Endowment for International Peace Policy*, brief no. 24, May 2003.

59 David Rieff, *A Bed for the Night: Humanitarianism in Crisis*, New York: Simon and Schuster, 2002, pp. 206-207.

60 David Rieff, *At the Point of a Gun: Democratic Dreams and Armed Intervention*, New York: Simon and Schuster, 2005, pp. 65, 69.

61 Michael Barnett, *Eyewitness to a Genocide: The United Nations and Rwanda*, Ithaca, N.Y.: Cornell University Press, 2002, p. 100.

62 Alex de Waal, *Famine Crimes: Politics and the Disaster Relief Industry in Africa*, Bloomington: Indiana University Press, 1997, pp. 185-188.

63 Barnett, *Eyewitness*, p. 31.

64 De Waal, *Famine Crimes*, p. 184.

65 Barnett, *Eyewitness*, p. 134.

66 Ibid., p. 114.

67 Ibid., p. 179.

68 Jeremy M. Weinstein, *Autonomous Recovery and International Intervention in Comparative Perspective*, Center for Global Development Working Paper no. 57, April 2005. 정치학자 로이 리클리더Roy Licklider의 초기 저작("The Consequences of Negotiated Settlements in Civil Wars, 1945-1993," *American Political Science Review* 89, no. 3 [September 1995]: 681-690)은 군사적 승리로 마감되는 전쟁들은 그 시기에 15퍼센트가 전쟁의 재발을 야기했다는 사실을 발견했다(이 역시 10년 이내에 전쟁 재발 여부로 평가하였다.). 반면 평화 협상 이후의 전쟁은 50퍼센트가 재개되었다고 한다. 다른 저자들도 비슷한 주장을 하였는데, 다음을 참고하라. Robert Harrison Wagner, "The Causes of Peace," in Roy Licklider, ed., *Stopping the Killing*, New York: New York University Press, 1993; and Monica Toft, "Peace Through Victory: The Durable Settlement of Civil Wars," unpublished manuscript, Harvard University Press, 2003 (Weinstein, *Autonomous Recovery*에서 인용).

69 World Bank, *Breaking the Conflict Trap: Civil War and Development Policy*, Washington, D.C.: World Bank, 2003, p. 168.

70 Rieff, *At the Point of a Gun*, p. 166.

71 Maier, *Angola*, pp. 11-12

72 http://pediatrics.aappublications.org/cgi/content/full/102/4/e45; Pediatrics 102, no. 4 (October 1998): e45; Joyce K. Kikafunda, Ann F. Walker, David Collett, James K. Tumwine, "Risk Factors for Early Childhood Malnutrition in Uganda," from, respectively, the Department of Food Science and Technology, Makerere University, Kampala, Uganda: the Hugh Sinclair Unit of Human Nutrition, Department of Food Science and Technology, the University of Reading, Whiteknights, Reading, United Kingdom; the Department of Applied Statistics, the University of Reading, Reading, United Kingdom; and the Department of Paediatrics and Child Health, Makerere University Medical School, Kampala, Uganda.

제10장 자생적 발전

1 Kenneth G. Henshall, *A History of Japan: From Stone Age to Superpower*, London: Macmillan Press, 1999, pp. 70-71.

2 James L. McClain, *Japan: A Modern History*, New York: Norton, 2002, p. 156.

3 McClain, Japan, p. 162; and Andrew Gordon, *A Modern History of Japan: From Tokugawa Times to the Present*, New York: Oxford University Press, 2003, pp. 70-71.

4 McClain, *Japan*, pp. 216-217.

5 Ibid., pp. 232-233; and Randall Morck and Masao Nakamura, "Been There, Done That - The History of Corporate Ownership in Japan," Center for Economic Institutions Working Paper Series no. 2004-4, Institute of Economic Research, Hitotsubashi University.

6 McClain, *Japan*, p. 264.

7 Marius B. Jansen, *The Making of Modern Japan*, Cambridge, Mass.: Belknap Press/Harvard University Press, 2000, pp. 402-403.

8 John W. Dower, *Embracing Defeat: Japan in the Wake of World War II*, New York: Norton, 1999, p. 537(『패배를 껴안고』, 최은석 옮김, 민음사, 2009년).

9 Ibid., p. 545.

10 Frank Welsh, *A Borrowed Place: The History of Hong Kong*, New York: Kodansha International, 1993, p. 247; and C. M. Turnbull, *A History of Singapore 1819-1975*, Kuala Lumpur: Oxford University Press, 1977, p. 89.

11 http://www.nsf.gov/sbe/srs/nsf05300/pdf/tables.pdf.

12 Alice Amsden, *The Rise of the "Rest": Challenges to the West from Late-Industrializing Economies*, New York: Oxford University Press, 2001, p. 221.

13 http://www.tsmc.com/english/a_about/a_about_index.htm.

14 Amsden, *Rise of the "Rest,"* p. 193, 199; http://www.brandingasia.com/cases/case1.htm.

15 http://www.forbes.com/lists/results.jhtml?passListId=10&passYear=2004&passListType=Person&resultsStart=1&resultsHowMany=25&resultsSortPropert ies=%2Bnumberfield1%2C%2Bstringfield1&resultsSortCategoryName=rank&c ategory1=Country+of+Residence&searchParameter1=7str%7C%7CPatCS%7C %7CTaiwan&category2=category&searchParameter2=unset.

16 Jonathan Spence, *To Change China: Western Adviser in China*, New York: Penguin Books, 1999.

17 Christopher Jespersen, *American Images of China, 1931-1949*, Stanford, Calif.: Stanford University Press, 1996, p. 37.

18 John King Fairbank and merle Goldman, *China: A New History*, Cambridge, Mass.: Belknap/Harvard, 1998, p. 284(『신중국사』, 김형종, 김성곤 옮김, 까치, 2005년).

19 Jonathan Spence, *The Search for Modern China*, 2d ed., New York: Norton, 1999.

20 Jespersen, *American Images*, p. 120; Fairbank and Goldman, *China*, p. 291.

21 Rist, *The History of Development*, p. 65.

22 For year ending in September 2004, http://www.census.gov/foreign-trade/statistics/product/naics/naicsctry/imports/i316214.html.

23 Amsden, *Rise of the "Rest,"* p. 217.

24 http://Inweb18.worldbank.org/eap/eap.nsf/Countries/China/42F2084B942 D74C68p.5256C7600687DBF?OpenDocument.

25 Gurcharan Das, *India Unbound: From Independence to the Global Information Age*, London: Profile Books, 2002, pp. 248-50.

26 http://www.wipro.com/aboutus/whoweare.htm.

27 http://www.businessweek.com/magazine/content/02_47/b3809168.htm.

28 http://www.forbes.com/finance/lists/10/2004/LIR.jhtml?passListId=10&pass
Year=2004&passListType=Person&uniqueId=1UFS&datatype=Person.

29 실명은 아니지만, 그녀에 대한 이야기는 사실이다.

30 http://www.islamicity.com/mosque/Zakat/.

31 http://www.forbes.com/finance/lists/10/2004/LIR.jhtml?passListId=10&pass
Year=2004&passListType=Person&uniqueId=HDKF&datatype=Person.

32 코츠그룹에 대한 자료.

http://secure.bookinturkey.com/main_info/aboutkoc_0.asp?id=1;

http://www.kocbank.com.tr/kocbank/english/aboutus/default.asp;

http://www.internationalreports.net/europe/turkey/stay%20close.html;

Metin Demirsar, "Koç-Sabanci rivalries divide Turkish economy," *Turkish Daily News*, 1996;

http://www.vekam.org.tr/en/ogutler.html;

http://www.bekoelektronik.com.tr/bekoen/kurucu.htm;

http://www.bekoelektroni.com.tr/bekoen/tarihce.htm;

Harvard Business School, Koç Holding: Arcelik White Goods, September 1997; Harvard Business Online에서 구할 수 있다.

33 Amsden, *Rise of the "Rest"*, p. 160.

34 Laura Alfaro, Debora Spar, and Faheen Allibhoy, "Botswana: A Diamond in the Rough," mimeograph, Harvard Business School, March 31, 2003.

35 Michael Houlihan, "Growth and Politics in Botswana, Burundi and Ghana: A Narrative Comparative Account," New York University mimeograph, 2004.

36 U.S. Census Bureau, U.S. International Trade Statistics, by year through October 2004, http://censtats, census. gov/sitc/shtml.

제11장 서구 원조의 미래

1 Development Assistance Committee Working Party on Aid Effectiveness and Donor Practices, *Managing for Development Results Principles in Action Sourcebook on Emerging Good Practice*, 2005, p. 1-11.

2 나는 에스테르 뒤플로와 마이클 크레머의 "Use of Randomization in the Evaluation of Development Effectiveness," MIT and Harvard University mimeograph, 2004의 요약문을 쉽게 설명하였다.

3 http://news.bbc.co.uk/1/hi/programmes/crossing_continents/412802.stm.

4 Duflo and Kremer, "Use of Randomization."

5 이 모든 사례들은 뒤플로와 크레머의 "Use of Randomization"에서 끌어온 것이다.

6 Abhijit Banerjee and Rumin He, "Making Aid Work," MIT mimeograph, October 2003.

7 James R. Barth, Gerard Caprio, and Ross Revine, *Rethinking Bank Regulation: Till Angels Govern*, Cambridge, UK: Cambridge University Press, 2005.

8 Dennis Whittle and Mari Kuraishi, "Competing with Central Planning: Market-places for International Aid," Global Giving.com mimeo, 2004.

9 http://www.businessweek.com/magazine/content/04_48/b3910407.htm.

10 Nancy Birdsall and Brian Deese, "Hard Currency," *The Washington Monthly*, 36, no. 3, March 2004, p. 39, Whittle and Kuraishi "Competing"에서 인용.

11 이는 Duggan, *Art of What Works*, p. 167와 유사하다.

옮긴이 후기

제2차 세계 대전 이후 저개발국에 대한 해외 원조가 본격화되고 국제 기구 및 각국 정부, NGO 등 다양한 주체에 의한 개발 원조 노력이 지속되어왔음에도 불구하고, 오늘날 세계 60억 인구 중 약 40퍼센트가 빈곤 상태에 놓여 있다는 사실은 원조의 접근 방식을 넘어 원조 자체에 대한 근원적인 논쟁을 불러일으키기에 충분하다(2007년 기준으로 전 세계적으로 소득이 하루 1달러 미만의 절대 빈민이 약 10억 명에 이르고, 1달러 이상 2달러 미만의 빈민들 또한 약 15억 명으로 추산된다.). 최근 원조에 대한 논쟁은 크게 상반된 두 가지 시각에서 열띠게 벌어져왔다. 하나는 『빈곤의 종말』을 저술한 제프리 삭스의 빅 푸시 이론에 기초한 대규모 원조를 지지하는 시각이며, 다른 하나는 이 책 『세계의 절반 구하기』를 저술한 윌리엄 이스털리가 대변하는 하향식, 계획가적 해외 원조에 대한 비판적 시각이다.

이 책의 저자 이스털리 교수는 밀턴 프리드먼의 시장 중심적 패러다임을 따르는 자유주의 경제학자로, 오랫동안 세계은행에서 개발 도상국에 대한 개발 원조 업무를 담당한 경험을 바탕으로, 자신이 일했던 세계은행 같은 국제기구와 선진국의 개발 원조가 후진국의 빈곤 퇴치에 사실상 별다른 효과를 주지 못한다고 강력하게 피력한다. 저자는 미개한 인종을 선도하는 것이 '백인의 의무'라고 밝혔던 영국 시인 키플링의 시에서 책 제목을 빌려와 인종적 편견과 우월감에 젖어 야만인 개화의 '고귀한' 의무를 다하려 했던 과거 서구 제국주의에 오늘날 서방 선진국들의 현장감 없는 의무적 원조 행태를 빗대어 말하고 있다.

저자는 특히 경제 활동에 참여하는 행위자들의 접근 방식에 따라 '계획가'와 '탐색가'로 구분하는데, 원조 현장의 현실을 고려하지 않는 상부 의사 결정자들의 '계획'은 그 자체로 큰 한계점을 가지고 있기에, 원조 받는 지역의 현실과 수혜자의 정확한 필요에 대한 원조 실무자들의 '탐색'에 따라 움직이는 원조 시스템이 원조의 지속 가능성과 실효성을 가져오는 것으로 보았다. 시장과 같이 수요에 맞추어 원조의 내용과 양을 탐색가들의 피드백에 따라 조정하고, 또한 이들에게 구체적인 책임을 지도록 하여 원조라는 큰 수레바퀴가 혼자서 헛도는 것이 아니라 수많은 작은 톱니바퀴들에 맞물려 제대로 돌아갈 수 있도록 하자는 것이다. '탐색'이 아니라 거창한 '대계획'에 따라 움직이는 시스템하에서는 피드백이 불가능하고 결과에 대한 책임을 물을 수 없기 때문에 결국 아무리 좋은 계획일지라도 실패할 수밖에 없다는 논리이다.

이스털리에 따르면 일반적으로 부유한 선진국들의 정치인들과 기업가들은 자신들의 정치 및 경제 활동에 중대한 영향력을 끼치는 유권자와 고객에게서 의견을 수렴하고 책임을 다하기 위해 '탐색가'로서 활동한다. 그러나 '탐색가'로서 경제 발전을 이루어온 선진국들이 빈곤한 저개발국에 대해 원조 활동을 시행할 때면 항상 '계획가'

로서 행동한다는 데 문제가 있다는 점을 지적한다. 사실 저개발국의 빈민들은 자신들이 진정으로 필요로 하는 것을 선진국에게 요구할 통로가 필요하며, 선진국 및 원조 기관들은 더 이상 원조의 직접 수혜자들의 필요를 외면한 일방통행식 원조를 지양해야 한다.

저자는 제프리 삭스를 포함한 해외 원조의 필요성과 가치에 적극적으로 지지하는 사람들이 일반적으로 원조 활동에서는 '대계획'을 통해 저개발국들의 빈곤 문제를 해결하려는 경향이 있다고 지적하면서, 이를 칼 포퍼가 마르크스, 헤겔, 플라톤의 사상을 빗대어 '유토피아적 사회 공학'이라고 비판한다. 따라서 빅 푸시에 기초한 대규모 원조로 단숨에 빈곤 퇴치가 가능하다고 보는 시각은 공상에 불과하며, 이러한 대계획의 구상을 포기하는 것이야말로 빈곤한 저개발국을 진정으로 도와주는 실마리가 될 수 있을 것이라고 주장한다. 원대한 계획을 포기하는 대신 빈곤한 저개발국들이 스스로의 힘으로 일어서게 도와주는 '자생적 발전'이야말로 진정한 의미의 원조라고 역설한다.

이러한 자생적 발전에 대해 많은 사람들은 이스털리가 원조 자체를 부정한다고 생각할 수도 있다(사실 원조에 대한 저자의 모호한 시각이 비판을 초래하기도 했다.). 하지만 저자는 그동안 분석되었던 실제 사례들을 제시하면서 원조가 성과 측면에서 기대에 미치지 못했고 실제로 상당한 문제가 있음을 인정하면서도, 원조가 모두 해롭기만 한 것은 아니라는 사실을 인지하고 있음을 간과해서는 안 된다고 말한다.

한편 저자는 원조를 제공하는 공여국과 IMF, 세계은행과 같은 다자 원조 기관 및 선진국의 개별 원조 기관 등 공여 기관들의 관료주의적 운영이 피드백 결핍과 민주적 책임 구현의 부재를 초래한다는 점을 지적하고 있다. 모든 관료주의가 제대로 작동하지 않는다는 것은 아니지만, 원조 기관이 탐색가 수준으로 피드백을 하고 책임을 질 수 있도록 관료주의의 효율성 제고가 필요하다는 것이다.

따라서 이러한 문제를 극복하기 위해 저자는 우선적으로 원조 기관의 관료 조직을 감독할 독립적인 평가 기구의 필요성을 강조하였고, 이 기구가 저개발국의 빈민을 대변하면서 원조 기관에 피드백을 제공할 수 있을 것으로 보았다. 또한 독립적인 평가 기구를 뒷받침하고 원조 기관의 관료주의를 견제 및 보완하기 위해, NGO나 기업, 연구소 및 관련 학자들로 이뤄진 민간 부문을 원조의 효과성을 보장하는 데 없어서는 안 될 중요한 행위자로 보고 있다.

또한 저자는 경제 원조에서 시장 경제의 원리인 자유주의적 사고에 뿌리를 두고 있지만, 동시에 정치 및 군사 원조에서는 이러한 자유주의적 사고가 세계화의 흐름 속에서 탈근대 제국주의를 잉태하고 있다는 비판적인 시각을 제시하고 있다. 즉 이스털리는 세계화의 추세 속에서 반세계화 운동을 통해 저개발국의 빈민들을 대변해줄 필요성을 역설함으로써 서구 중심주의적 사고를 탈피하려는 시도를 하고 있고 원조에 대한 비서구적 입장을 진지하게 고민하고 있다.

이러한 관점에서 볼 때 이스털리의 반서구중심적 및 '탐색가' 적 시각은 이미 시장의 효율성과 민주주의의 가치를 경험하고 있고, 서방 세계와 같은 '대계획' 적 원조가 현실적으로 어려운 우리나라의 원조가 나아갈 방향에 관하여 시사하는 바가 크다. 특히 최근 한국 대통령의 아프리카 순방으로 우리나라의 대對아프리카 원조가 주목을 받고 있는 시기에, 아프리카 국가들과 직접 눈을 맞추고, 그들의 필요에 귀 기울이려는 시도는 우리나라의 탐색형 원조에 중요한 발걸음이 될 수 있을 것이다. 이를 위해 이스털리의 주장과 같이 우리 정부 지도자를 비롯한 관료적 차원의 노력과 더불어, 그동안 수원국에서 활동해 온 경험 많은 원조 실무가들과, 수원국 주재 NGO, 기업 및 국내외 연구 인력들과의 피드백이 종합적으로 이루어져야 한다.

한편 서구 원조가 모두 빅 푸시와 대계획에 머무르는 것으로 보는 편협한 시각은 또 다른 위험성을 가진다. 비록 이스털리가 서구 세계 · 비서구 세계, 선진 공여국 · 후진 수원국, 세계화 · 반세계화와 같은 이분법적 사고 틀로 원조의 방향성을 언급하였지만, 그 본질은 진정한 의미의 원조가 무엇인지를 역시 '탐색' 하는 여정이었던 것으로 이해될 수 있다. 아무쪼록 원조를 받던 나라에서 원조를 주는 나라로 돌아선 우리 나라가 서구 세계의 성공과 실패에서 교훈을 얻어, 탐색가적 원조로 나아가는 데 이 책이 귀한 자료로 쓰이길 소망한다. 아울러 바람직한 원조의 방향성에 대해 역자를 비롯한 국내외 학자들과 원조 실무가들의 활발한 논의가 계속 이어지길 기대한다.

끝으로 번역 작업이 진행된 오랜 시간을 인내로 기다려주신 미지북스 이지열 사장님과 다수의 장章 통독하고 오류를 잡아준 편집인 정미은 씨에게 심심한 감사를 표한다.

황규득

찾아보기

646

마

마다가스카르
~에 대한 구조 조정 차관 117
~와의 새 천년 도전 협약 84, 252
~의 민주주의 206
~의 부패 252
말라가시 곡물 무역업자 136, 139
1980~2002년, 1인당 성장률 하위 10
개국 541
마셜 플랜 14, 540
마쓰카타 마사요시松方正義 536
마약왕 150
마우아드, 하밀Mahuad, Jamil 344
마운트배튼 경, 루이스Mountbatten,
Lord Louis 466, 469
마이크로크레디트 101~103, 127
마지레, 케투밀레Masire, Ketumile 220
마투제스키, 자니나Matuszeski, Janina
457, 461
마틴, 버틴Martens, Bertin 617 주 3
마피아 150
만델라, 넬슨Mandela, Nelson 377
말라가시 136, 139
말라리아
~ 백신 개발을 위한 인센티브 592
~ 예방을 위한 모기장 14, 30~32, 50,
412, 596~597
~ 예방을 위한 12센트 14, 19, 597
새 천년 개발 목표에서의 ~ 23
말라위
~ 빈민의 절박한 요구 43
~에 대한 구조 조정 차관 117
~에서 원조 기관의 성공 45

~에서의 모기장 사업 30~31
~에서의 식민 통치 442
~에서의 IMF 반대 시위 345
~의 경찰 부패 215
~의 약탈과 자위 조직 149
마을 지도자에 의한 분쟁 해결 150
말레이시아 541, 546
말리
~에 관한 단절된 평가 308
~에 대한 구조 조정 차관 117
~에서의 프랑스 식민주의 432
~의 민주주의 206~207, 228
~의 순 외환 보유고 351
맘다니, 마흐무드Mamdani, Mahmood
427, 431
매디슨, 앵거스Maddison, Angus 70,
77
매디슨, 제임스Madison, James 199
매콜리, 토머스Macaulay, Thomas 436
맥나마라, 로버트McNamara, Robert
113, 290~291, 318
맥도날드 29~30
맥마흔 경, 헨리McMahon, Sir Henry
460
맥밀런, 존McMillan, John 173, 488
맥아더, 더글러스MacArthur, Douglas
539
머렐, 피터Murrell, Peter 108
메넴, 카를로스Menem, Carlos 367
메논, N. R. 마다바Menon, N. R. Mad-
hava 483~485
메디나충증 62, 381
메사, 카를로스Mesa, Carlos 185, 189
멕시코

윌리엄 R. 이스털리 William R. Easterly

저명한 개발경제학자로, 현재 뉴욕대학교 경제학과 교수이다. MIT에서 경제학 박사 학위를 받았고, 2001년까지 16년간 세계은행에서 선임 경제 자문 위원으로 일했으며, 지구개발센터와 국제경제연구소의 수석 연구원을 역임했다. 『뉴욕 타임스』, 『워싱턴 포스트』, 『월스트리트 저널』, 『포린 폴리시』 등에 기고해왔다. 『포린 폴리시』는 2008년과 2009년에 그를 세계 100대 지식인으로 꼽았다. 저서로 『성장, 그 새빨간 거짓말』(2008년)이 있고, 공저로 *What Works in Development?*(2009년), *Reinventing Foreign Aid*(2008년) 등이 있다.

황규득

한국외국어대학교 아프리카어과를 졸업하고, 국제지역대학원에서 석사 학위를 받은 후, 남아프리카공화국 프레토리아대학교에서 국제 관계 및 아프리카 정치경제로 정치학 박사 학위를 받았다. 현재 한국외국어대학교 아프리카학부 조교수로 재직하고 있다. 『남아프리카공화국 들여다보기』(2010년), 『대통령제와 정치적 메커니즘』(2009년), 『한국의 대개도국 외교』(2009년), 『갈등과 통합의 국제정치』(2008년), 『정치@영화: 영화 속에서 본 정치』(2008년), 『아프리카의 역사와 정치·경제』(2007년) 등의 공저서와 아프리카의 정치·경제에 관한 논문을 썼다.

세계의 절반 구하기

2011년 10월 15일(초판 1쇄)
2018년 1월 15일(초판 4쇄)

지은이 윌리엄 R. 이스털리
옮긴이 황규득
펴낸이 이지열
펴낸곳 도서 출판 미지북스
서울 마포구 상암동 2-120 201호(우편 번호 121-830)
전화 070-7533-1848 팩스 02-713-1848
mizibooks@naver.com
출판 등록 2008년 2월 13일 제313-2008-000029호
책임 편집 정미은
출력 상지출력센터
인쇄 제본 한영문화사

ISBN 978-89-94142-18-0 93320
값 25,000원